ein Ullstein Buch

PROPYLÄEN WELT GESCHICHTE

Eine Universalgeschichte
Herausgegeben von
GOLO MANN
unter Mitwirkung von
ALFRED HEUSS
und
AUGUST NITSCHKE

Band I
Vorgeschichte · Frühe Hochkulturen
Band II
Hochkulturen des mittleren und östlichen Asiens
Band III
Griechenland · Die hellenistische Welt
Band IV
Rom · Die römische Welt
Band V
Islam · Die Entstehung Europas
Band VI
Weltkulturen · Renaissance in Europa
Band VII
Von der Reformation zur Revolution
Band VIII
Das neunzehnte Jahrhundert
Band IX
Das zwanzigste Jahrhundert
Band X
Die Welt von heute
Band XI
Summa Historica

Elf Bände in zweiundzwanzig Halbbänden

Siebenter Band
2. Halbband

Von der Reformation zur Revolution

DANIEL HEARTZ
MICHAEL MANN
EDMUND S. MORGAN
FRITZ SCHALK
ADAM WANDRUSZKA

*Karten, Zeichnungen und graphische Darstellungen im Text von
Klaus Willke.*

*Der Beitrag von Edmund S. Morgan ist von Dr. A. R. L. Gurland in die
deutsche Sprache übertragen worden.
Die Stammtafeln wurden von Georg Meerwein und Ferdinand Schwenkner
zusammengestellt.*

*Ullstein Buch Nr. 4734
im Verlag Ullstein GmbH,
Frankfurt/M - Berlin - Wien*

*Der Text der Taschenbuchausgabe
ist identisch mit dem der
Propyläen Weltgeschichte*

*Umschlag: Hansbernd Lindemann
Alle Rechte vorbehalten
© 1964 by Verlag Ullstein GmbH,
Frankfurt a. M./Berlin
Printed in Germany 1976
Gesamtherstellung: Ebner, Ulm
ISBN 3 548 04734 3*

INHALTSVERZEICHNIS

Adam Wandruszka

385 DIE EUROPÄISCHE STAATENWELT IM 18. JAHRHUNDERT

Das europäische Staatensystem *(387)* Friedenssehnsucht und Friedenspläne *(389)* Krieg im Osten *(392)* Alberoni und die »Quadrupelallianz« *(394)* Großbritanniens »langer Frieden« *(396)* Frankreich nach 1715 *(400)* Die Pragmatische Sanktion *(404)* Der Polnische Thronfolgekrieg *(409)* Rußlands und Österreichs Türkenkrieg *(411)* Der preußische Staat des Soldatenkönigs *(413)* Das Reich unter dem letzten Althabsburger *(418)* Der »Krieg um Jenkins' Ohr« *(419)* Der junge König Friedrich *(421)* Maria Theresias Kampf um ihr Erbe *(425)* Die theresianische Staatsreform *(430)* Der erste Diener seines Staates *(433)* Rußland unter Elisabeth I. *(435)* Der »Wechsel der Koalitionen« *(437)* Der Siebenjährige Krieg *(440)* Englands Sieg über Frankreich *(443)* Katharina II. und die erste polnische Teilung *(445)* Der »aufgeklärte Absolutismus« in Europa *(448)* Konflikte zwischen Staat und Kirche *(458)* Vor einer Zeitwende *(462)*

Fritz Schalk

467 DIE EUROPÄISCHE AUFKLÄRUNG

Edmund S. Morgan

513 DIE AMERIKANISCHE UNABHÄNGIGKEIT

Neues Land für Puritaner *(516)* Freiheit, Arbeit und Sklaverei *(520)* Finanzstreit mit dem Mutterland *(525)* Die Kolonien machen sich selbständig *(531)* Krieg und Frieden *(539)* Republikanische Tugenden und Laster *(546)* Staatenbund ohne Macht *(553)* Die Verfassung: machtvolle Union *(558)* Das Ideal und die Wirklichkeit *(564)*

INHALTSVERZEICHNIS

569 DIE EUROPÄISCHE MUSIK VON DEN ANFÄNGEN BIS ZU BEETHOVEN

Michael Mann

ÄSTHETIK UND SOZIOLOGIE DER MUSIK, 1600–1800

Das Blickfeld *(571)* Die Oper: Ideologisches Vorspiel *(573)* Die Oper: Aktion der Camerata *(575)* Der stilistische Dualismus *(578)* Die Tradition der Affektenlehre *(580)* Musikalische Pathologie *(581)* Musikalische Rhetorik und Malerei *(585)* Der Homme galant *(591)* Die Musikfeinde *(598)* Appell an das Herz *(600)*

Daniel Heartz

MUSIK UND MUSIKER IM WERDEN, 800–1800

In deutscher Bearbeitung von Michael Mann

Das Mittelalter *(604)* Das Goldene Zeitalter: Josquin des Près *(609)* Das 16. Jahrhundert: Reformation und Humanismus *(611)* Instrumente und Instrumentalmusik *(613)* Italienisches Seicento in seiner europäischen Auswirkung *(617)* Das 18. Jahrhundert: Reifezeit der Tonalität *(622)*

629 UNIVERSALGESCHICHTE IN STICHWORTEN

(Von *Winfried Schich*)

681 NAMEN- UND SACHREGISTER

(Von *Bruno Banke*)

736 QUELLENVERZEICHNIS DER ABBILDUNGEN

Adam Wandruszka

DIE EUROPÄISCHE STAATENWELT
IM 18. JAHRHUNDERT

Das europäische Staatensystem

Aus den beiden großen Kriegen zu Beginn des 18. Jahrhunderts, dem Krieg um das spanische Erbe im Westen und Süden und dem Nordischen Krieg Karls XII. im Norden und Osten des Kontinents, ist jenes europäische Staatensystem hervorgegangen, das bis zur Französischen Revolution und der Epoche der Napoleonischen Kriege das politische Leben des Erdteils bestimmte und das dann wieder in der Restaurationsepoche nach dem Wiener Kongreß bis zur deutschen und zur italienischen Einigung als die gegebene, historisch gewordene Form des Zusammenlebens der europäischen Staaten und Völker erschien.

Gewiß ist die »Pentarchie«, die Lenkung Europas durch die fünf Großmächte Frankreich, England, Österreich, Preußen und Rußland, erst das Ergebnis des Aufstiegs des jüngsten und kleinsten dieser Staatengebilde, Preußens, unter Friedrich dem Großen. Aber das Kollegium, zu dem das militärische und politische Genie des Preußenkönigs um die Mitte des 18. Jahrhunderts den Zutritt erzwang, war gleichsam schon vorher versammelt gewesen, was die Reserve und das Mißtrauen der anderen, gesicherten und unbestrittenen Großmächte gegenüber dem Neuankömmling und Eindringling erklärt und die lange nicht aufgegebene Hoffnung, ihn wieder in die Stellung einer zweitrangigen Macht herabzudrücken. Auch sind die Voraussetzungen für Preußens Aufstieg gerade zu Beginn des Jahrhunderts mit der Annahme der Königskrone durch Friedrich I. und mit der Ausbildung der preußischen Militärmacht durch Friedrich Wilhelm I. in weit stärkerem Ausmaß geschaffen worden, als dies in der traditionellen preußischen Geschichtsdeutung mit ihrer Überbewertung der europäischen Position des Großen Kurfürsten und ihrer Faszination an der Gestalt Friedrichs II. bisher zum Ausdruck kam.

Die Tatsache der Ausbildung eines solchen Staatensystems mag zunächst erstaunlich scheinen, wenn man bedenkt, daß die beiden großen europäischen Kriege trotz ihrer Gleichzeitigkeit und mannigfacher Verbindungen doch nicht ineinanderflossen, in dem Sinne etwa, daß es zu einem Bündnis und militärischem Zusammenwirken zwischen dem Frankreich Ludwigs XIV. und dem Schweden Karls XII., also zu einer Erneuerung der Konstellation des Dreißigjährigen Krieges, gekommen wäre. Im Jahre 1707, als der kriegerische Schwedenkönig mit seinem Heer durch das zur habsburgischen Ländermasse gehörende Schlesien nach Sachsen gezogen war und sich viel Konfliktstoff zwischen Karl XII. und dem jungen Kaiser Joseph I. angehäuft hatte, schien eine solche Gefahr oder Möglichkeit durchaus gegeben. Verschiedene, im Religiösen und Persönlichen gelegene Motive haben dies verhindert: vor allem die Abneigung des überzeugten Protestanten Karl gegen den Hugenottenverfolger auf dem französischen Königsthron, das politische Geschick des kaiserlichen Diplomaten Graf Johann Wenzel Wratislaw und die Bereitschaft des Kaisers zu Konzessionen gegenüber den schlesischen Protestanten. Mit der zwischen Karl XII. und Joseph I. am 1. September 1707 abgeschlossenen Konvention von Altranstädt war die Gefahr gebannt, daß Spanischer Erbfolgekrieg und Nordischer Krieg zu einem großen, ganz Europa von England bis zur Türkei und von Spanien bis Rußland umfassenden Kriegsbrand zusammenschlagen.

Wechselseitige Einwirkung des beiderseitigen Kriegsgeschehens hat es gleichwohl vorher und nachher gegeben, wobei vor allem die Mächte der europäischen Mitte, der Kaiser, Preußen, aber auch die Seemächte England und die Generalstaaten, diese Wechselwirkung empfanden. Weltgeschichtlich bedeutsamer aber erscheinen die Parallelen: In den beiden gleichzeitigen Kriegen wurde das Hegemoniestreben der beiden führenden europäischen Militärmächte des 17. Jahrhunderts, Frankreichs und Schwedens, gebrochen, vollzog sich der Aufstieg neuer Großmächte, England, Österreich, Rußland; wobei der Aufstieg dieser neuen Mächte gewiß nicht durch den Krieg allein herbeigeführt, wohl aber in ihm und seinem Ausgang sichtbar wurde. In beiden Kriegen siegten Koalitionen über eine bisher führende Macht und über die an der Spitze der beiden Mächte stehenden Herrschergestalten, die zugleich leitbildhafte Verkörperungen des die Epoche beherrschenden fürstlichen und staatlichen Machtwillens waren. Da dann auch beide Herrscher, Ludwig XIV. und Karl XII., sogleich von der geschichtlichen Bühne abtreten mußten, der greise französische König durch seinen natürlichen Tod am 1. September 1715, der junge schwedische König durch seinen gewaltsamen, bis heute nicht völlig geklärten Tod in den Laufgräben vor Fredrikshall am 30. November 1718, drängt sich rückblickender Betrachtung die Überlegung auf, daß fast gleichzeitig mit dem Ende der beiden Kriege auch der fürstliche Absolutismus seinen Höhepunkt bereits überschritten und durch seine Übersteigerung in den Gestalten der beiden Herrscher eine Reaktion hervorgerufen hatte, die dann für die ganze anschließende Epoche eine die Zeit gestaltende Kraft blieb.

So ist das Ergebnis beider Kriege, wie es in den Friedensschlüssen von Utrecht, Rastatt und Baden für den Spanischen Erbfolgekrieg und den von Stockholm und Nystadt für den Nordischen Krieg festgelegt wurde, der Sieg sowohl des Gedankens des europäischen Gleichgewichts als auch derjenigen Macht, die diesen in seinen geistigen Wurzeln weit zurückreichenden politischen Gedanken nun zur Maxime ihrer europäischen Politik erhob und seine Anerkennung bei den übrigen europäischen Mächten durchsetzte: der Sieg Englands.

Friedenssehnsucht und Friedenspläne

Der auffallende Parallelismus des Spanischen Erbfolgekriegs und des Nordischen Kriegs zeigt sich auch darin, daß die letzten großen und zugleich verlustreichsten Schlachten beider Kriege, Malplaquet und Pultawa, im Sommer 1709 im Abstand weniger Wochen in West und Ost geschlagen wurden. Die starken Verluste und schweren wirtschaftlichen und finanziellen Lasten, die alle beteiligten Staaten, besonders aber eben wieder Frankreich und Schweden, zu tragen hatten, riefen in ganz Europa und naturgemäß auch wieder besonders in Frankreich und Schweden eine heftige Reaktion gegen Krieg und Eroberung, gegen fürstliche Ruhm- und Herrschbegierde hervor. Man muß dabei, für den Westen und die Mitte Europas, stets auch bedenken, daß der über ein Jahrzehnt währende Spanische Erbfolgekrieg nach einer kurzen, mehr einem Waffenstillstand als einer Friedenszeit gleichenden Pause von nicht ganz vier Jahren auf jenen gleichfalls über ein Jahrzehnt währenden Krieg gefolgt war, der in der deutschen Geschichtsschreibung als »Dritter Raubkrieg Ludwigs XIV.«, in der englischen – vielleicht treffender – als »der Krieg der großen Koalition« bezeichnet wird; und daß für Kaiser und Reich im Osten der sechzehn Jahre während große Türkenkrieg gar erst 1699 mit dem Frieden von Karlowitz, ein Jahr vor dem Ausbruch des Nordischen Krieges, zwei Jahre vor dem des Spanischen Erbfolgekrieges, zu Ende gegangen war.

So blickte Europa um die Mitte des zweiten Jahrzehnts des 18. Jahrhunderts auf eine mehr als drei Jahrzehnte während Epoche fast ununterbrochener Kriege zurück, die die Kräfte aller Völker und Staaten des Kontinents kaum weniger, ja vielleicht sogar noch mehr überanstrengt und erschöpft hatten als der große Krieg in der ersten Hälfte des 17. Jahrhunderts. Ja, was die Weite und Ausdehnung des Kriegsgeschehens von Gibraltar bis Narwa und Pultawa und von Sizilien und Belgrad bis zur schwedisch-norwegischen Grenze betraf, hatte dieses mehr als dreißigjährige Kriegsgeschehen, das zudem noch so furchtbare innere Kriege einschloß, wie den Aufstand in den Cevennen und den großen ungarischen Aufstand des Franz Rákóczy, die Völker Europas vielleicht noch stärker in Mitleidenschaft gezogen als der Dreißigjährige Krieg.

Der konfessionelle Gegensatz war als Kriegs- und Kampfmotiv während des 17. Jahrhunderts nach und nach in den Hintergrund getreten. Dies konnte wohl, da es nun nicht mehr um den Einzelmenschen zutiefst berührende Entscheidungen ging, günstige Voraussetzungen für eine Humanisierung des Krieges schaffen. Andererseits aber beförderte die Tatsache, daß Offiziere und Soldaten meist für dynastische Interessen fochten, an denen sie persönlich oft weniger interessiert waren, den Übertritt in andere Dienste und das große, unausrottbare Übel im Kriegswesen jener Zeit, das Überlaufen zum Feind, die Desertion. Die Erinnerungen des irischen Hauptmanns Peter Drake, der ohne Scheu von seinem mehrmaligen Frontwechsel im Spanischen Erbfolgekrieg berichtet, zeigen dies ebenso wie das abenteuerliche Leben des Grafen Alexander Bonneval, der zuerst französischer General im Kampf gegen Österreich, dann österreichischer General im Kampf gegen Franzosen und Türken war und schließlich sein Leben als Mohammedaner und türkischer Pascha beschloß, der die türkische Armee zum Kampf gegen die Österreicher schulte. Gewiß hat es auch im Rahmen dieser dynastisch und staatspolitisch motivierten Kriege Kämpfe gegeben, in denen noch immer die alte Flamme der Glaubenskriege aufzüngelte, wie den erwähnten Aufstand in den Cevennen; aber ebenso andere Episoden, die wie eine Vorankündigung der späteren Volkskriege anmuten: den Widerstand der Tiroler gegen Bayern und Franzosen im Jahre 1703 und umgekehrt den bayrischen Aufstand gegen die österreichische Besatzung im Jahre 1705. Die Loyalität gegenüber dem angestammten Herrscherhaus war, wie gerade diese Beispiele oder auch das Verhalten der französischen Bevölkerung während der letzten großen Krise im Spanischen Erbfolgekrieg zeigen, in Europa im allgemeinen noch eine Selbstverständlichkeit. Aber eine immer lauter werdende Kritik, vor allem in den geistigen Führungsschichten, richtete sich gegen jene Herrscher, die allzu unbedenklich das Leben und Glück ihrer Untertanen zur Erreichung hochfliegender und ehrgeiziger politischer Ziele eingesetzt hatten.

So war es kein Zufall, daß gerade 1713, im Jahr des Utrechter Friedens, der Abbé Charles Irené de Saint-Pierre in zwei Fassungen sein Projekt für einen dauerhaften Frieden in Europa veröffentlichte, ein Projekt, das er dann bis zu seinem Tod 1743 in immer neuen Varianten vertrat und dessen Ideen von Rousseau und Kant aufgenommen wurden; wie es auch kein Zufall war, daß 1721, ein Jahr nach dem Ende des Nordischen Krieges, die *Institutio principis Christiani* des Erasmus von Rotterdam, das Handbuch für die Erziehung eines christlichen, weisen und friedfertigen Fürsten, eines »christlichen Philosophen« auf dem Herrscherthron, in schwedischer Übersetzung erschien. Eine weit größere Wirkung auf die Zeit haben die gleichen Gedanken allerdings durch einen anderen »Fürstenspiegel« ausgeübt, durch die »Abenteuer des Telemach«, die der Erzieher der Enkel Ludwigs XIV. und spätere Erzbischof von Cambrai, Fénelon, noch vor dem Spanischen Erbfolgekrieg verfaßt hatte; denn hier waren diese Gedanken in die gefällige, dem Zeitgeschmack entsprechende Form des antiken Bildungs- und Abenteuerromans gekleidet und in der universalen Sprache der politischen und geistigen Führungsschichten Europas, dem Französisch des klassischen Zeitalters, ausgedrückt. In diesem Werk, das in den folgenden Jahrzehnten zahlreiche Nachahmer fand, ferner in den anderen Schriften Fénelons, aber auch etwa in der berühmten volkswirtschaftlichen Abhandlung des Marschalls Vauban über den königlichen Zehnten finden wir die aus der engsten Umgebung des Sonnenkönigs und seines Hofes selbst stammenden Ursprünge einer prinzipiellen, leidenschaftlichen Kritik an der Politik Ludwigs XIV. und seines Finanzministers Colbert: die Verurteilung einer kriegerischen, ruhmsüchtigen, die Kräfte des Landes und des Volkes verzehrenden Außenpolitik, die Kritik an dem Aufwand einer prunkvollen Hofhaltung, an einem »despotischen« Regierungssystem und der dirigistischen, die Industrie einseitig fördernden, den Handel zu seinem Schaden reglementierenden, die Landwirtschaft vernachlässigenden, merkantilistischen Wirtschaftspolitik.

Die allgemeine Erschöpfung und Kriegsmüdigkeit in ganz Europa bildete eine günstige Voraussetzung für die Aufnahme solcher Ideen aus einem Lande, dessen politisches Hegemoniestreben zwar soeben von einer großen europäischen Koalition abgewehrt worden war, dessen kulturelle Führungsstellung aber zunächst unerschüttert blieb. Zudem hatten auch die Gegenspieler des Sonnenkönigs, vor allem der Wiener Hof und der jetzt, nach dem

DIE EUROPÄISCHE STAATENWELT IM 18. JAHRHUNDERT 391

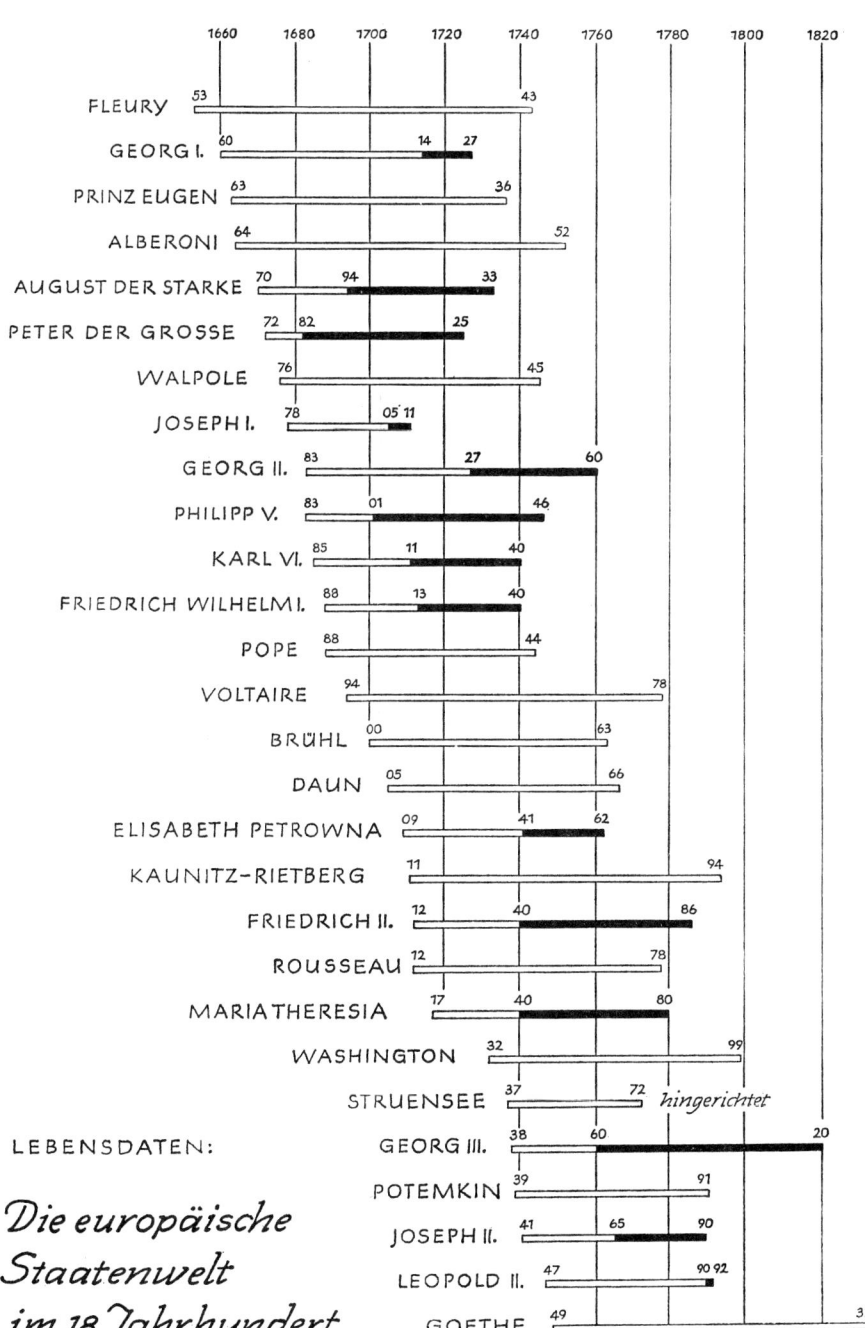

Die europäische Staatenwelt im 18. Jahrhundert

plötzlichen Tod seines Bruders Joseph, im Reich wie in den österreichischen Erblanden zur Herrschaft gelangte Karl VI., erfahren müssen, daß die Bäume nicht in den Himmel wuchsen, daß etwa die erträumte spanische Königskrone für die deutsche Linie des habsburgischen Hauses sich nicht gewinnen ließ. Zur Erschöpfung gesellte sich die Resignation: Gewiß nicht freiwillig, sondern durch die Macht der Umstände erzwungen, verzichteten fast alle Beteiligten auf die restlose Durchsetzung ihrer vor dem Krieg und dann vor allem während des Krieges in den Phasen eigener Überlegenheit hochgeschraubten Zielsetzungen. Der eigentliche Sieger war jene Macht, die für sich selbst kein positives, sondern nur ein negatives Kriegsziel, die Verhinderung einer erdrückenden politischen Hegemoniestellung Frankreichs in Europa, angestrebt hatte: England, dessen prekäre innere Situation nach dem Dynastiewechsel und dessen wirtschaftliche Interessen aber mindestens ebenso gebieterisch, wie es bei den kontinentalen Mächten der Fall war, die Bewahrung des mit so großen Opfern erkauften Friedens und des europäischen Gleichgewichts forderten.

Das politische Klima in Europa nach den Friedensschlüssen zeigte so manche Ähnlichkeit mit jenem ein Jahrhundert später, nach der Epoche der Napoleonischen Kriege. Im einen wie im anderen Falle hatten die Regierenden den festen Vorsatz, auf die lange Kriegszeit eine mindestens ebenso lange Epoche des Friedens folgen zu lassen.

Krieg im Osten

Die Friedenssehnsucht der europäischen Mächte konnte aber nur dann verwirklicht werden, wenn das kunstvolle, auf den Friedenskongressen in langwierigen Verhandlungen erzielte Gleichgewicht nicht von der Außenwelt gestört wurde. Das aber war nicht der Fall, da die europäischen Staaten kein sich geschlossenes politisches System darstellten. Hielt doch im Südosten des Erdteils die außereuropäische osmanische Großmacht noch immer den größten Teil der Balkanhalbinsel besetzt und war begierig, die schweren Gebietsverluste wieder wettzumachen, die die Hohe Pforte im Karlowitzer Frieden von 1699 hatte hinnehmen müssen. Die günstige Gelegenheit zum Kampf gegen Österreich, während dessen Kräfte durch den Spanischen Erbfolgekrieg und den großen ungarischen Aufstand gebunden waren, hatten die Türken allerdings nicht nützen können, da sie zunächst durch innere Unruhen geschwächt waren, die sich im Gefolge des verlustreichen Friedens von Karlowitz und der Abtretung Asows an Rußland entwickelten und 1703 in der Absetzung des Sultans Mustafa II. und seiner Ersetzung durch seinen Bruder Ahmed II. gipfelten. Das Asyl, das die Türken dem bei Pultawa geschlagenen Schwedenkönig Karl XII. gewährten, bot diesem Gelegenheit, durch seine Mitarbeiter und Verbündeten in Konstantinopel jene Partei zu stärken, die mit einem Sieg über Rußland die Schmach der jüngsten Gebietsabtretungen wettzumachen und das gesunkene Prestige der Pforte wieder zu heben suchte. Als dann der im November 1710 an Peter den Großen erklärte und im Frühjahr 1711 eröffnete Krieg innerhalb weniger Wochen durch die katastrophale russische Niederlage am Pruth tatsächlich mit einem türkischen Erfolg endete und Peter im Frieden von

Adrianopel von 1713 Asow, die im Asowschen Meer errichteten Anlagen und die dort gebaute russische Flotte den Türken überlassen mußte, schien den Türken die Zeit für einen neuerlichen Vorstoß nach Westen gekommen.

Ein Angriff gegen Österreich allerdings erschien jetzt, nach dem Ende des ungarischen Aufstands und des Spanischen Erbfolgekriegs, nicht ratsam, zumal die Erinnerung an die türkischen Niederlagen in den letzten Jahrzehnten des vergangenen Jahrhunderts noch nachwirkte. Ein Krieg gegen die venezianische Adelsrepublik, die im Spanischen Erbfolgekrieg wehrlos die Verletzung ihrer Neutralität durch die kaiserlichen wie durch die französisch-spanischen Truppen hatte hinnehmen müssen, versprach hingegen einen nahezu sicheren Erfolg, und die Halbinsel Morea, der Peloponnes, erschien als lockende Beute, zumal die Venezianer diesen vor drei Jahrzehnten im großen Türkenkrieg zurückgewonnenen und im Karlowitzer Frieden von 1699 bestätigten Besitz nur schlecht befestigt hatten. Nach umfassenden türkischen Rüstungen erging am 8. Dezember 1714 die Kriegserklärung der Pforte an die Markusrepublik, und im folgenden Frühjahr gelang, wie zu erwarten gewesen, dem türkischen Heer die leichte und schnelle Eroberung des größten Teils von Morea.

Zur gleichen Zeit suchte eine türkische Gesandtschaft ein Eingreifen des Kaisers in den Krieg zu verhindern. Doch hatte Venedig schon im Januar unter Berufung auf den Pakt der Heiligen Liga von 1684 die Hilfe des Wiener Hofes angerufen. Dort herrschten zunächst, ganz abgesehen von der militärischen und finanziellen Erschöpfung nach den langen Kriegsjahren, begründete Besorgnisse, daß das bourbonische Spanien die Bindung des Kaisers im Südosten zu einem Versuch benutzen könnte, die einstigen spanischen Nebenländer in Italien, die Karl VI. auf Grund der europäischen Friedensschlüsse aus dem spanischen Erbe erhalten hatte, der habsburgischen Herrschaft wieder zu entreißen. Erst als es dem um die Erneuerung der Heiligen Liga gegen die Türken bemühten Papst Clemens XI. gelang, die beiden bourbonischen Höfe von Madrid und Versailles im Herbst 1715 zu einer Garantie des habsburgischen Besitzes in Italien für die Dauer des Türkenkrieges zu veranlassen und der Papst selbst aus kirchlichen Einkünften dem Kaiser bedeutende Geldmittel für die Rüstungen zur Verfügung stellte, entschloß sich Karl VI., dem Rat des Prinzen Eugen entsprechend, den Krieg mit ganzer Kraft zu führen.

Im April 1716 wurde der Bündnisvertrag des Kaisers mit Venedig erneuert, und der kaiserliche Resident bei der Pforte überreichte eine Botschaft Karls VI. mit dem Angebot friedlicher Vermittlung, vorausgesetzt, daß die Türken Morea räumten und Venedig Genugtuung leisteten. Wie zu erwarten, lehnte die Pforte das Ansinnen ab und antwortete mit einem Ultimatum voll leidenschaftlicher Schmähungen, das von kaiserlicher Seite unbeantwortet blieb. So mußten die Waffen sprechen. Während die Insel Korfu von dem in venezianischen Diensten stehenden General Graf Johann Mathias von Schulenburg erfolgreich gegen die türkischen Belagerer verteidigt wurde, errang Prinz Eugen am 5. August 1716 bei Peterwardein einen glänzenden Sieg über das türkische Hauptheer. Nach mehr als anderthalb Monate währender Belagerung fiel im Oktober Temesvar, die seit hundertvierundsechzig Jahren in türkischer Hand befindliche Festung und Hauptstadt des Banats. Im Feldzug des folgenden Jahres aber krönte der Savoyer, in dessen Feldlager zweiundvierzig Angehörige europäischer Fürstenhäuser den Feldzug mitmachten, seine bisherige Feldherrnlaufbahn mit dem durch kühnsten Entschluß errungenen, dann im Volkslied vom »edlen Ritter« verherrlichten Sieg vor Belgrad am 16. August 1717, worauf am nächsten Tag die türkische Besatzung von »Stadt und Festung Belgerad« die Kapitulation anbot. Im Frieden von Passarowitz vom 21. Juli 1718 hat Prinz Eugen, der zwar selbst am Friedenskongreß nicht teilnahm, aber durch seine maßvollen und klugen Weisungen an die kaiserlichen Unterhändler den Abschluß des Friedens entscheidend förderte, die Ernte seiner Siege in den vergangenen Kriegsjahren für Österreich eingebracht: den Gewinn des Banats, des nördlichen Teiles von Serbien mit Belgrad, der westlichen Walachei. Ein Handelsvertrag, der den kaiserlichen Untertanen Handelsfreiheit, Schutz und freie Religionsausübung im ganzen Osmanischen Reich und auf der Fahrt von und nach Persien garantierte und die Bestellung von Konsuln, Agenten und Dolmetschern in den wichtigeren Handelsplätzen vorsah, wurde wenige Tage später, am 27. Juli 1718, geschlossen.

Alberoni und die »Quadrupelallianz«

Die Besorgnisse des Kaisers vor dem Entschluß zum Türkenkrieg, daß der neue bourbonische Herrscher von Spanien, Philipp V., dessen Königtum Karl VI. formell nicht anerkannte, die Bindung des Gegners im Südosten zur Wiedergewinnung der einstigen spanischen Nebenländer in Italien versuchen werde, waren nicht unbegründet gewesen. In Italien waren ja durch die Gleichgewichtspolitik der europäischen Friedensschlüsse die labilsten Verhältnisse geschaffen worden. Wohl hatte der Kaiser aus dem Erbe der spanischen Habsburger das Herzogtum Mailand und die dazugehörigen lombardischen Besitzungen – einen Herrschaftskomplex, der übrigens formell immer, auch in der Zeit der spanischen Herrschaft, als Lehen zum Heiligen Römischen Reich gehört hatte – erhalten sowie im Süden das Königreich Neapel und die Insel Sardinien, nicht aber die weit wichtigere Insel Sizilien, die Kornkammer für Neapel, die mit dem Titel eines Königs von Sizilien dem Herzog Viktor Amadeus II. von Savoyen, dem Schützling Englands, zugesprochen war. Es mußte daher das beständige Ziel der kaiserlichen Politik sein, die naturgegebene Verbindung von Neapel und Sizilien wiederherzustellen, wenn es nicht anders ging im Tausch gegen Sardinien; ganz abgesehen davon, daß Karl VI. sich innerlich noch lange nicht mit einem endgültigen Verzicht auf die spanische Königskrone abgefunden hatte, was allein schon darin zum Ausdruck kam, daß er die italienischen Besitzungen durch einen am Kaiserhof eingerichteten »Spanischen Rat« verwalten ließ, der vorwiegend aus spanischen Parteigängern des Kaisers aus der Zeit seines kurzen spanischen Königtums bestand.

An eine Verwirklichung dieser Pläne allerdings war nicht zu denken, zunächst einmal schon wegen der Bindung der kaiserlichen Kräfte im Türkenkrieg, dann aber auch, weil der Versuch einer Wiederherstellung des habsburgischen Weltreichs Karls V. auf den erbitterten geschlossenen Widerstand der übrigen europäischen Mächte gestoßen wäre.

Aussichtsreicher und daher für Frieden und Gleichgewicht Europas gefährlicher erschien das Bestreben der anderen Seite, der nun in Spanien etablierten bourbonischen Linie, die Regelung von Utrecht umzustoßen und, wenn schon nicht die früher spanischen, jetzt österreichischen südlichen Niederlande – da hier der Widerstand Englands und der Generalstaaten nicht zu überwinden war –, so doch die ehedem spanischen Nebenländer in Italien wieder mit der Krone Spaniens zu vereinigen. Mußte es doch für eine neue, im Lande noch nicht ganz fest verwurzelte Dynastie verlockend erscheinen, durch die Verwirklichung eines solchen Zieles erst recht zur legitimen Nachfolgerin und Erneuerin des »goldenen Zeitalters« Spaniens zu werden.

Zu diesen allgemeinen Tendenzen kamen persönlich-dynastische, und zwar vor allem das Verlangen der ehrgeizigen und energischen Elisabeth Farnese, der zweiten Gemahlin Philipps V., für ihre Söhne ein italienisches Fürstentum oder Königreich und damit für sich selbst nach dem Tode ihres Gemahls und dem Regierungsantritt eines seiner Söhne aus erster Ehe in Spanien einen standesgemäßen Witwensitz in ihrer italienischen Heimat zu sichern. Ihr Helfer bei diesen sich notwendigerweise zunächst gegen die österreichische Herrschaft in Italien, im weiteren Sinne aber gegen die in Utrecht gefundene europäische Gleichgewichts- und Friedensordnung richtenden Bestrebungen war ihr Landsmann Giulio Alberoni, der ihr seinen Aufstieg vom »Abate aus Piacenza« zum zeitweiligen Lenker der Geschicke Spaniens und zum Kardinal der römischen Kirche verdankte.

Man hat in Italien aus Alberoni zeitweise einen Vorläufer und Propheten des *Risorgimento* zu machen gesucht. Der dienstfertige Minister einer Prinzessin von Parma und Königin von Spanien wurde in einen italienischen Volksmann und »plebejischen«, ja »revolutionären« Vorkämpfer einer Befreiung und Einigung Italiens, in einen Mazzini des 18. Jahrhunderts, umgedeutet. Doch ist die ernste italienische Forschung heute längst davon abgekommen, aus der Tatsache, daß Alberoni die schon seit Petrarca und Machiavelli in Italien gebräuchliche Terminologie des Aufrufs zur Befreiung von fremden »Barbaren« in den Dienst seiner gegen die habsburgische Hegemonie gerichteten Politik stellte, allzu weitgehende Folgerungen zu ziehen.

Österreichs Bindung im Osten durch den Türkenkrieg schien Elisabeth Farnese und Alberoni die Gelegenheit zur Verwirklichung ihrer Pläne zu bieten. Im August 1717, zur gleichen Zeit, da bei Belgrad die Entscheidung im Türkenkrieg fiel, unternahm die spanische Flotte unter Bruch des seinerzeit vom Papst erwirkten Versprechens einen überraschenden Angriff auf die Insel Sardinien, dem ein Jahr später die Besetzung Siziliens folgte. Dieser Angriff auf das Utrechter System brachte nun eine geschlossene Front der europäischen Mächte gegen den Friedensstörer Alberoni zustande, zumal der *turbulentus minister*, wie ihn die Verbündeten daraufhin nannten, durch die Unterstützung des Stuart-Prätendenten England zu treffen suchte und selbst der Regent von Frankreich – wie es scheint, nicht ohne Grund – Aspirationen seiner bourbonischen Verwandten in Madrid auf den französischen Thron befürchtete.

So kam die »Quadrupelallianz«, ein Bündnis Englands, Frankreichs, Österreichs und – womit man sicher rechnete, wenngleich ein formeller Beitritt dann nicht erfolgte – der Generalstaaten, zustande, und diese »Quadrupelallianz« beschloß, Alberoni entgegenzutreten, gleichzeitig aber auch die in der Utrechter Regelung enthaltenen Gefahrenmomente durch eine gründlichere und endgültige Lösung zu beseitigen. Nachdem die englische Flotte in der Seeschlacht bei Cap Passero an der Südostecke Siziliens am 10. August 1718 die spanische Flotte vernichtend geschlagen hatte, konnten sich die nach dem Frieden von Passarowitz durch freigewordene Kontingente verstärkten österreichischen Truppen im Herbst 1718 und im folgenden Jahr in schweren Kämpfen auf Sizilien festsetzen und behaupten. Im Laufe des Jahres 1719 nahmen die Franzosen eine Reihe fester Plätze in Nordspanien, während eine, fast wie eine Karikatur der »großen Armada« Philipps II. anmutende spanische Expedition zugunsten des Stuart-Prätendenten scheiterte. Der nach diesen Mißerfolgen unvermeidlich gewordene Sturz Alberonis im Dezember 1719 machte den Weg frei zum Abschluß eines Waffenstillstands, zur Räumung Siziliens und Sardiniens durch die Spanier und zur Verwirklichung des von den Kabinetten der »Quadrupelallianz« inzwischen ausgearbeiteten Programms einer endgültigen Regelung, die die legitimen Ansprüche aller Beteiligten befriedigen sollte.

Der Kaiser erhielt nun das von ihm erstrebte Sizilien, während der Savoyer mit der seinen Stammlanden näher gelegenen, für Österreich aber zu weit entfernten Insel Sardinien und dem darauf übertragenen Königstitel abgefunden wurde. Als Gegenleistung für Sizilien mußte Karl VI. sich nun zu der von ihm bisher hartnäckig verweigerten Anerkennung des spanischen Königtums Philipps V. bequemen. Doch da die Mächte mit Recht in dem Wunsch der spanischen Königin nach Versorgung ihrer Söhne die eigentliche Triebfeder zur Abenteuerpolitik Alberonis erkannt hatten, sollte auch dieser Wunsch der willensstarken Elisabeth Farnese erfüllt werden. Das Erlöschen zweier Dynastien in Italien war in absehbarer Zeit zu erwarten, das der Medici in der Toskana und das der Farnese, der Familie der spanischen Königin, in Parma und Piacenza. Dort sollten die Söhne der Elisabeth Farnese zur Herrschaft gelangen, wofür der Kaiser die Zustimmung des Reiches erwirken sollte, da diese Gebiete, wie nun auch die Großmächte ausdrücklich anerkannten, als Reichslehen zum Heiligen Römischen Reich gehörten

Großbritanniens »langer Frieden«

Wie schon vorher in Utrecht, so hat auch bei der Korrektur der Utrechter Regelung durch die »Quadrupelallianz« das britische Inselreich eine führende Rolle gespielt, militärisch durch den Sieg der englischen über die spanische Flotte, vor allem aber durch seine Diplomatie. Die »Seemächte« Großbritannien – wie es seit der englisch-schottischen Union offiziell hieß – und die Generalstaaten der Niederlande, die sich seit der Zeit Wilhelms III. der britischen Außenpolitik weitgehend unterordneten, wurden in den Jahrzehnten nach dem Spanischen Erbfolgekrieg die Wächter und Garanten des von ihnen begründeten Systems des europäischen Gleichgewichts. Durch das Bündnis mit Portugal, die Handelsverträge mit Spanien und den Besitz der beiden wichtigen Stützpunkte Gibraltar und

Eine Sitzung des Kanzleigerichts in London während der Regierungszeit König Georgs I.
Gemälde von Benjamin Ferrers, 1720–1725
London, National Portrait Gallery

Gefängnisszene in der »Beggar's Opera« von John Gay
Gemälde von William Hogarth, 1728/29. Englischer Privatbesitz

DIE EUROPÄISCHE STAATENWELT IM 18. JAHRHUNDERT

Minorca standen die Iberische Halbinsel und das westliche Mittelmeer dem englischen Einfluß offen. In der Ostsee, wo 1715 eine englische Flotte erschienen war, waren nach dem Scheitern Karls XII. und dem englisch-schwedischen Frieden von 1719 die Voraussetzungen für Stärkung und Ausbreitung des englischen Handels gegeben. Und selbst am Zustandekommen des Passarowitzer Friedens im Südosten des Erdteils war englische und niederländische Vermittlung beteiligt.

Die *Act of Settlement* von 1701 hatte die protestantische Thronfolge des Hauses Hannover vorbereitet. Vergeblich versuchten Königin Anna und ihr bedeutender Staatsmann Henry Saint-John, Lord Bolingbroke, der Schöpfer des Utrechter Friedens, Haupt der Adelspartei der Tories und Vorbild der populären Figur des »John Bull«, doch noch eine Rückkehr der männlichen Linie des Hauses Stuart auf den Thron zu erreichen. Die Weigerung des James Edward Stuart, des *Old Pretender*, wie er später zur Unterscheidung von seinem Sohn Charles Edward genannt wurde, um des Königsthrons willen seinen katholischen Glauben aufzugeben, und der unerwartete Tod der Königin Anna am 1. August 1714 machten diese Hoffnungen zunichte. Die Tories, die Verteidiger des Königtums, spalteten sich über der Frage, ob man an dem Stuart trotz des verweigerten Glaubenswechsels festhalten solle. Ohne Widerstand zu finden, bestieg Kurfürst Georg Ludwig von Hannover, von den Whigs unterstützt, als Georg I. den Thron. Ein im folgenden Jahr unternommener Versuch des Prätendenten und des zu ihm nach Frankreich geflohenen Bolingbroke, durch einen Aufstand in Schottland und England die bereits gefallene Entscheidung doch noch rückgängig zu machen, scheiterte kläglich.

Die beiden ersten Könige aus dem Hause Hannover, Georg I. und sein Sohn Georg II., waren unbedeutende, menschlich wenig erfreuliche Herrscher, die mit den Verhältnissen des Landes nie vertraut wurden und auch die Sprache ihrer neuen Untertanen nur mangelhaft erlernten. So lag während ihrer Regierungszeit von 1714 bis 1760, also durch nahezu ein halbes Jahrhundert, die Regierungsgewalt in den Händen des Parlaments und der Adelspartei der Whigs, die dem Hause Hannover zur Krone verholfen hatten. Bedeutende Staatsmänner aus dieser Gruppe, zunächst Lord James Stanhope, dann aber vor allem Sir Robert Walpole, der von 1721 bis 1742 die Geschicke Englands leitete, haben England jenen »langen Frieden« gebracht, in dem nach den Jahrzehnten der Kriege und Bürgerkriege das im Innern wie nach außen Errungene konsolidiert und die Voraussetzungen für den Aufstieg zur Weltmacht geschaffen wurden.

Walpole, seit 1717 in der Opposition, gelangte zur Macht im Zusammenhang mit dem Platzen der *South Sea Bubble*, der »Seifenblase« der Südseegesellschaft, einem Unternehmen, das für den englisch-südamerikanischen Tauschhandel und den Negerhandel von Afrika nach Westindien gegründet worden war. Der Friede von Utrecht hatte diesen für die wirtschaftliche Entwicklung Englands so bedeutsamen Handel völkerrechtlich garantiert. Die Rivalität der Adelsparteien spielte auch bei Aufstieg und Sturz der Südseegesellschaft eine wichtige Rolle, während andererseits die Affäre in ihrem Verlauf durchaus jenen gleichzeitigen Unternehmungen des Schotten John Law in Frankreich entsprach; in beiden Fällen führte eine unbedenkliche Ausnützung und Übersteigerung von neuartigen und noch unerprobten Aktien- und Kreditoperationen nach schwindelhaftem Aufstieg und märchenhaften Gewinnen einzelner Spekulanten zu unvermeidlichem Zusammenbruch und schweren Verlusten für die Mehrzahl der gutgläubigen und unerfahrenen Aktionäre. Im Zeichen der Ernüchterung nach dem Südseefieber gelangte Walpole zur Macht und verfolgte in der Innen- wie in der Außenpolitik eine Linie der Mäßigung und Vorsicht, die bestimmt war durch die dauernde Sorge vor einer Restauration der Stuarts und vor den Bemühungen der Tories und der eigenen Rivalen in der Whig-Partei, ihn aus der Macht zu verdrängen. Eine der wichtigsten Stützen Walpoles war die wohl bedeutendste Persönlichkeit der königlichen Familie, die Gemahlin Georgs II., Karoline von Brandenburg-Ansbach. Die Bestechung als Mittel zur Sicherung der eigenen politischen Position hat Walpole, der selbst dem mittleren Adel entstammte, virtuos beherrscht, doch ist diese Praxis vor ihm wie nach ihm und ganz besonders auch von seinen Gegnern und Kritikern mit womöglich noch größerer Unbefangenheit geübt worden.

Die europäische Großmacht, die in allen Angelegenheiten des Kontinents ein gewichtiges Wort mitzureden hatte und sich eben auf dem Wege zu einem Weltreich befand, hat besonders in der Zeit des langen Friedens unter der Führung Walpoles allmählich ihre Regierungs- und Führungsorgane ausgebildet und sie mit der für England kennzeichnenden Verbindung von Traditionalismus und Empirismus jeweils den praktischen Erfordernissen angepaßt. Innerhalb des »formalen Kabinetts«, das aus den Inhabern der obersten Hof- und Staatsämter bestand, formierte sich allmählich ein »tatsächliches Kabinett«, dem der Lordkanzler *(Lord Chancellor)*, der Erste Lord des Schatzamtes *(First Lord of the Treasury)*, der Lord Hochadmiral *(Lord High Admiral*, der spätere Erste Lord der Admiralität, *First Lord of the Admiralty)*, der Lord-Siegelbewahrer *(Lord Keeper of the Great Seal)*, der Lord-Präsident des Rates *(Lord President of the Council)* und die beiden Staatssekretäre für das Nördliche und Südliche Department, der Vorläufer des *Foreign Office*, angehörten. Innerhalb dieser Gruppe errang das Amt des »Ersten Lords des Schatzamtes«, das Walpole selbst innehatte, bald die Bedeutung eines Ersten Ministers und ist auch heute noch die offizielle Bezeichnung für den britischen Premier, wie es etwa auf dem schlichten Schild am Hause Downingstreet 10 zu lesen ist, das Georg I. Walpole schenkte und das seither der Amtssitz des Regierungschefs ist.

Die Gunst des Herrschers, aber auch das Vertrauen des Parlaments waren für die Inhaber der Regierungsämter die Grundlage ihres ersprießlichen Wirkens in einem schriftlich nicht fixierten politischen Gleichgewichtssystem, das aus den erbitterten Verfassungskämpfen des 17. Jahrhunderts zwischen Krone und Parlament hervorgegangen war und sich nun unter den hannoveranischen Königen einspielte und festigte.

Den Beobachtern aus den absolutistischen Staaten des Kontinents, in erster Linie aus Frankreich – hier wieder vor allem Montesquieu und Voltaire –, erschien das englische Regierungssystem als bewundernswertes Vorbild, als ideale Verwirklichung jener seit Aristoteles und Polybios von den Staatsdenkern der Antike, des Mittelalters und der frühen Neuzeit gepriesenen »gemischten Verfassung«, die monarchische, aristokratische und demokratische Züge im rechten Verhältnis enthalte und damit jene Entartung in Despotismus, Oligarchie und Pöbelherrschaft verhindere, der die »reinen« Formen von Monarchie, Aristokratie und Demokratie erfahrungsgemäß unterworfen seien. Aber auch das eigentümliche System der englischen Parteien der Whigs und Tories, deren Namen als Beschimpfungen der einander bekämpfenden Adelsfraktionen während der Epoche der Stuart-Restauration entstanden waren, fand nun aufmerksame Beachter und teilweise idealisierende Darsteller in englischen wie in ausländischen Schriftstellern. Bezeichnenderweise war der bedeutendste dieser politischen Schriftsteller und Theoretiker derselbe Lord Bolingbroke, der nach dem Tod der Königin Anna vergeblich den Stuart-Prätendenten auf den englischen Thron hatte bringen wollen, der Jahre der Verbannung bei ihm in Frankreich verbracht hatte und dann als zu selbständiger Kopf bei seinem Herrn in Ungnade gefallen war, zwar nach England zurückkehren, aber seinen Sitz im Oberhaus nicht mehr einnehmen durfte und auch kein Amt mehr erhielt.

Das wichtigste Ergebnis der politischen Entwicklung wie der sie begleitenden theoretischen Erörterung war, daß der Begriff der Partei, seit der Antike stets mit einer negativen Wertung verbunden, im England des 18. Jahrhunderts zum erstenmal positiv beurteilt wurde und man der Opposition schließlich eine eigene und wichtige Funktion auch im Interesse des Ganzen zuerkannte. Enger als auf dem Kontinent war dabei die Verbindung von Macht und Geist, Politik und Literatur. Die führenden Schriftsteller in jener Blütezeit der englischen Literatur, Joseph Addison, John Arbuthnot, Daniel Defoe, Alexander Pope, Richard Steele, Jonathan Swift und selbst noch der »literarische Papst« des 18. Jahrhunderts, Samuel Johnson, waren zugleich, ja meist in erster Linie politische Schriftsteller, Verfasser von Pamphleten, Satiren und Flugschriften. Alexander Pope hat seinen *Essay on Man*, dieses literarische Kompendium der englischen Aufklärungsphilosophie, im Hause seines Gönners Bolingbroke verfaßt, wohl weitgehend auch unter dessen überragendem geistigem Einfluß.

Gewiß muß man sich vor der naheliegenden Versuchung hüten, die englischen Zustände jener Zeit zu idealisieren, wie es eben damals meist die Reisenden vom Kontinent getan haben, oder gar ein Idealbild moderner Demokratie in das 18. Jahrhundert zurückzuprojizieren. Das englische Parlament war eine Ständeversammlung und als solche, vor allem in der sozialen Zusammensetzung, dem schwedischen, polnischen oder ungarischen Reichstag in jeder Beziehung ähnlicher als den europäischen Parlamenten des 19. und 20. Jahrhunderts. Nicht das Volk herrschte, sondern eine allerdings recht breite Führungsschicht aus hohem, mittlerem und niederem Adel und städtischem Großbürgertum. Es gab arge soziale Mißstände, die verschärft wurden durch gewisse hartherzige Folgerungen aus der puritanischen Prädestinationslehre in dem Sinne, daß der Arme an seiner Armut selbst schuld sei. Ein Bild der sozialen Unterwelt vermittelt uns die 1728 uraufgeführte Bettler-Oper des John Gay, *The Beggar's Opera*, das Urbild der »Dreigroschenoper«. Die großen Kamine der Landsitze und Stadtpaläste, Symbole der adligen und großbürgerlichen Behaglichkeit und Wohnkultur, bedurften zu ihrer Reinigung der *chimney sweeps*, der armen Kaminfegerjungen, meist Waisen- oder Findelkinder, die oft bei ihrer Arbeit im Ruß erstickten.

Allerdings bestanden in England weit weniger als in den Ländern des Kontinents starre Klassenschranken zwischen Adel und Bürgertum. Der Adel – vorwiegend die jüngeren Söhne – betätigte sich schon seit langem im Handel, in der Schiffahrt und in den kolonialen

Unternehmungen, das reiche Bürgertum erwarb durch Einheirat oder Kauf von Ländereien den Eintritt in die adlige Führungsschicht, was mehr als einen Ausgleich bot für das teilweise Fehlen von Aufstiegsmöglichkeiten im Fürstendienst, wie sie das Bürgertum in den absolutistisch-bürokratischen Staaten des Kontinents besaß. Stärke und Selbstbewußtsein des englischen Bürgertums, das im Handel wie in der beginnenden Industrialisierung ein ihm entsprechendes Betätigungsfeld fand, erweckten die neidvolle Bewunderung des Bürgertums in den absolutistischen Fürstenstaaten: Das England der moralischen Wochenschriften und bürgerlichen Romane, des religiösen Nonkonformismus und der faktischen, wenngleich die Katholiken noch lange ausschließenden religiösen Toleranz, wurde die Heimat der Freimaurerei und das Vorbild für die große Bewegung des europäischen Bürgertums im 18. Jahrhundert.

Walpoles Friedenspolitik war mehr noch als durch die vielleicht übertriebene Angst vor einer Stuart-Restauration durch die nur allzu begründete Sorge vor einer, in den unvorhersehbaren Erschütterungen eines Krieges erleichterten Entmachtung durch innerpolitische und innerparteiliche Gegner bestimmt, vor allem aber durch die Rücksicht auf den Handel und die koloniale Ausbreitung. Das zeigte sich, als 1733 der Polnische Thronfolgekrieg, der Krieg der bourbonischen Mächte Frankreich und Spanien gegen den Kaiser, ausbrach. Georg II. und seine Gemahlin Karoline wünschten eine Teilnahme Englands an der Seite Karls VI., da sie nach einem Sieg der bourbonischen Höfe deren Intervention in England zugunsten der Stuarts befürchteten; selbst die beiden Staatssekretäre Newcastle und Harrington befürworteten den Krieg. Aber Walpoles staatsmännischer Überlegenheit gelang es, den Eintritt Englands in den Krieg zu verhindern, und stolz konnte er Ende 1734 zur Königin sagen: »Madame, fünfzigtausend Mann sind in diesem Jahr in Europa gefallen, und kein Engländer ist darunter.« Vielleicht noch wichtiger als solche humanitären Überlegungen war zumindest für die friedenswillige Parlamentsmehrheit die Besorgnis, daß im Falle eines Krieges mit den bourbonischen Höfen die Holländer den einträglichen Handel mit Frankreich und Spanien an sich ziehen würden.

Ein handelspolitischer Streit ist es denn auch gewesen, der noch am Ausgang des gleichen Jahrzehnts Walpole unter dem Druck der wachsenden innerpolitischen Opposition und nach dem Verlust seiner wichtigsten Stütze am Hofe durch den Tod der Königin Karoline (1737) wider seinen Willen zwang, Spanien den Krieg zu erklären. Nach dem Anlaß und Vorwand – die Spanier hatten bei der Durchsuchung eines englischen Kauffahrers dem Kapitän Robert Jenkins ein Ohr abgeschnitten – ist dieser 1739 eröffnete Krieg als *the war of Jenkin's ear* bezeichnet worden. Er ging dann in den Österreichischen Erbfolgekrieg über; mit ihm endete Großbritanniens »langer Frieden«.

Frankreich nach 1715

Wenn für England der Friede von Utrecht, der Tod der Königin Anna und die Thronbesteigung der neuen Dynastie Hannover einen tiefen Einschnitt in seiner Geschichte bildeten, so bedeuteten für Frankreich das Ende des Spanischen Erbfolgekriegs und bald darauf der Tod Ludwigs XIV. erst recht den Abschluß einer Epoche, des *siècle de Louis XIV.*, wie Voltaire im Rückblick das Zeitalter der französischen Hegemonie in Europa genannt hat. Dem Abstieg von der europäischen Hegemonialstellung entsprach im Innern das Hervorbrechen der in den letzten Jahrzehnten vom königlichen Absolutismus zurückgestauten Gegenkräfte. Der Sonnenkönig, der nominell zweiundsiebzig Jahre lang regiert hatte, war durch mehr als ein halbes Jahrhundert, von 1661 bis 1715, sein eigener Erster Minister gewesen und hatte ein zentralistisches und absolutistisches Regierungssystem ausgebildet, dessen Stärke und Schwäche eben darin bestanden, daß es ganz auf die Person des Herrschers an der Spitze der staatlichen Pyramide abgestellt war. Nur eine so außerordentlich energische und dynamische, zugleich aber auch bürokratisch so fleißige Persönlichkeit wie der *Roi soleil* vermochte in einem derartigen System, unterstützt von bedeutenden Mitarbeitern, Ministern wie Feldherren, tatsächlich alle Fäden in der Hand zu behalten; und selbst bei Ludwig hatten sich – in der Außenpolitik wie in der Innenpolitik – in den letzten Jahrzehnten seines Lebens die Nachteile dieser übersteigerten Form des fürstlichen Absolutismus nur allzu deutlich gezeigt.

Der alte König überlebte den Sohn und den Enkel, und Erbe der Krone wurde ein Kind, der erst fünfjährige Urenkel des Sonnenkönigs, für den Philipp von Orléans, der Neffe Ludwigs XIV. und Sohn der Liselotte von der Pfalz, die Regentschaft führte. Nun drängten fast alle in den letzten Jahrzehnten mühsam zurückgestauten Gewalten mit neuer Kraft hervor. Das zeigte sich bereits bei der Anerkennung der Regentschaft des Orléans: der höchste Gerichtshof des Landes, das *Parlament de Paris*, gewann das Recht zurück, gegen königliche Verordnungen zu remonstrieren und damit zu verhindern, daß sie Gesetzeskraft erlangten. Wohl war der Regent als Staatsmann gewiß besser als sein Ruf, obwohl er in militärischer Hinsicht durch die Niederlage von Turin im Jahre 1706, in moralischer durch eigene Ausschweifungen wie durch die seiner Kumpane, der *Roués*, der »Gerädertenx, schließlich durch seinen frühen Tod in den Armen einer Mätresse – worin es ihm dann allerdings ein Staatspräsident der Französischen Republik gleichtat – in den Augen von Mit- und Nachwelt hoffnungslos kompromittiert erscheint. Doch verdient festgehalten zu werden, daß er in der Außenpolitik, wenngleich bedingt durch die familiäre Rivalität mit seinem bourbonischen Vetter in Madrid, eine Annäherung an England anbahnte und damit eine Politik vorwegnahm, die erst das »Bürgerkönigtum« eines anderen Orléans im 19. Jahrhundert in der ersten *Entente cordiale* wieder aufnahm; und auch sein starkes Interesse an den Naturwissenschaften mag erwähnt werden. Im übrigen aber war die Zeit seiner Regentschaft zu kurz, um ein wirklich fundiertes Urteil über seine staatsmännischen Fähigkeiten zu fällen.

Mit zwei Problemen mußte er sich vor allem im Innern auseinandersetzen, die beide aus der Erbschaft der Regierung Ludwigs XIV. stammten: mit dem durch die Kriege des Sonnenkönigs hervorgerufenen Defizit in den Staatsfinanzen und mit dem Wiederaufflammen der jansenistischen Streitigkeiten nach der Verurteilung der spätjansenistischen Auffassungen des Oratorianers Paschalis Quesnel durch die päpstliche Bulle *Unigenitus* von 1713. Die Bemühungen um die Sanierung der Staatsfinanzen führten zu dem Versuch des Schotten John Law, durch Übernahme und Ausweitung des vor allem in Holland und

England entwickelten Bank- und Kreditwesens, durch die Ausgabe von Papiergeld und Aktien der den Handel mit Louisiana betreibenden privilegierten Mississippi-Kompanie die Staatsschuld zu verringern. Ähnlich wie im Falle der Südseegesellschaft in England trieb auch in Frankreich das Spekulationsfieber die Aktien in schwindelhafte Höhen. Die von der merkantilistischen Wirtschaftspolitik Colberts begründete Konzentrierung und Zentralisierung des französischen Wirtschaftslebens aber führte, zusammen mit der Tatsache, daß der Regent dem schottischen Abenteurer die Leitung der gesamten Staatsfinanzen übertrug, zu dem auch hier unvermeidlichen und bald eingetretenen Staatsbankrott, der nicht nur wie in England den Ruin zahlreicher Existenzen zur Folge hatte, sondern auch das Ansehen des Staates selbst schwer schädigte und ein tiefes Mißtrauen in die staatliche Wirtschafts- und Finanzpolitik hinterließ. Für die französische Staatskrise der letzten Jahrzehnte des Jahrhunderts, die dann zum Ausbruch der großen Revolution führte, war die Erinnerung an das Experiment des John Law eine schwere Hypothek. Daß der Regent gegen den allerdings vielleicht zu hohen Preis der Vernichtung zahlloser Existenzen und der Erschütterung des Vertrauens das ursprüngliche und vordringlichste Ziel des gewagten Unternehmens, nämlich die Verringerung der Staatsschuld, schließlich doch erreichte, sollte bei der Beurteilung nicht übersehen werden.

In ihren weiteren Auswirkungen kaum minder bedenklich für die Stellung der Krone und das Ansehen der französischen Kirche waren die nun wieder aufflammenden Kämpfe um den Jansenismus. Allerdings verlagerte sich ihr Schwergewicht von den dogmatischen Problemen der Gnade und Rechtfertigung, um die im 17. Jahrhundert gerungen worden war, immer stärker zu den Fragen einer inneren und äußeren Kirchenreform im Sinne der Verinnerlichung und Vereinfachung nach dem Vorbild der Urkirche, einer Stärkung der Bischofsgewalt gegenüber Rom und der erstrebten Besserstellung des Seelsorgeklerus im Verhältnis zu den Orden und den reichdotierten Klöstern und Domkapiteln. In den heftigen Kämpfen, die zunächst durch die Bulle *Unigenitus* und die gegen sie erhobene Appellation der deshalb »Appellanten« genannten Jansenisten an ein künftiges allgemeines Konzil ausgelöst wurden, kam es zeitweise zu einem im Grunde nicht unlogischen Bündnis zwischen Jansenismus und staatskirchlichem Gallikanismus, dann aber doch wieder zur Verbindung der jansenistischen mit der ständisch-aristokratischen Opposition gegen den königlichen Absolutismus, wie ja die harte und strenge Lehre der Jansenisten auch schon im 17. Jahrhundert ein aristokratisches Element enthalten hatte. Schließlich nahm auch wieder, wie in den Tagen Ludwigs XIV., die Krone gegen die von Rom verurteilte Lehre und deren Vertreter im französischen Episkopat und Klerus Stellung.

Aber auch nach der erst 1729, kurz vor seinem Tode, erfolgten Unterwerfung des Erzbischofs von Paris, des Kardinals Louis Antoine de Noailles, der die *Réflexions morales* von Quesnel approbiert und die Annahme der sie verurteilenden Bulle *Unigenitus* verweigert hatte, führte eine kleine jansenistische Kerngruppe den Kampf mit großer Hartnäckigkeit weiter, vor allem mit ihrer geheimen Kirchenzeitung, den *Nouvelles Ecclésiastiques*, deren Nummern trotz aller Verfolgungen durch staatliche und kirchliche Behörden regelmäßig ihre Bezieher und Leser in Frankreich und in ganz Europa erreichten. Randerscheinungen wie die Verzückungen und angeblichen Krankenheilungen am Grabe eines jansenistischen

DIE EUROPÄISCHE STAATENWELT IM 18. JAHRHUNDERT

Diakons offenbarten die religiöse Leidenschaft. Dem sich verbreitenden Skeptizismus und Unglauben vor allem in den gebildeten Schichten Frankreichs ebnete die tiefe innere Spaltung im französischen Katholizismus gewiß die Bahn. So wurde der Jansenismus – zwar nicht in der Absicht, wie es seine Gegner mit der phantastischen Behauptung der angeblichen jansenistischen Verschwörung zur Vernichtung des katholischen Glaubens, des sogenannten »Projekts von Bourgfontaine«, meinten, wohl aber in seiner tatsächlichen Wirkung – ungewollt einer der Wegbereiter der antikirchlichen Gesinnung in Frankreich.

Nach dem Tode des Regenten im Jahre 1723 übernahm ein anderer Prinz aus königlichem Geblüt, der Herzog Louis Henri de Bourbon, die Leitung der französischen Politik. Kurzsichtige persönliche Motive haben ihn zu dem einzigen geschichtlich folgenschweren Schritt veranlaßt, der aus den drei Jahren der Regierung dieses unbedeutenden Mannes zu vermerken ist: zur Auflösung der Verlobung Ludwigs XV. mit der spanischen Infantin Maria und zur Vermählung des erst fünfzehnjährigen Herrschers mit Maria Leszczynska, der Tochter des vertriebenen polnischen Königs von Karls XII. Gnaden. Nach den Bestimmungen des Friedens von Utrecht wäre nämlich im Falle des kinderlosen Todes des jungen Herrschers die französische Krone auf die Nebenlinie der Orléans, der erbitterten Feinde des Herzogs von Bourbon, übergegangen, und so betrachtete dieser, durch eine Erkrankung Ludwigs alarmiert, es als ein zu großes Risiko, weiter an dem Eheprojekt mit der damals erst neunjährigen Infantin festzuhalten. Ohne vorherige Warnung schickte der Herzog von Bourbon die Infantin ihrem Vater nach Madrid zurück: eine tödliche Beleidigung des spanischen Hofes, die wesentlich zu der radikalen Schwenkung der spanischen Politik im Sinne einer Annäherung an Wien und zu dem Projekt einer Vermählung der habsburgischen Erbtochter Maria Theresia mit Don Carlos, dem ältesten Sohn der Elisabeth Farnese, beitrug. Für Ludwig XV. aber war in ganz Europa keine andere im Alter passende Prinzessin aufzutreiben als die bescheidene Tochter des landlosen Polenkönigs, der als französischer Pensionär ein armseliges Leben fristete. Erst der Gegner und Nachfolger des Herzogs von Bourbon, der Kardinal Fleury, hat dann diese »erstaunlichste Mesalliance der französischen Geschichte« (G. P. Gooch) mit dazu verwendet, um die schon im 17. Jahrhundert immer wieder erstrebte, bisher aber stets gescheiterte Erwerbung des Herzogtums Lothringen für Frankreich vorzubereiten.

In dem der Vermählung Ludwigs XV. folgenden Jahr 1726 wurde der unfähige Herzog von Bourbon von dem bisherigen Erzieher des jungen Herrschers, dem damals bereits dreiundsiebzigjährigen Kardinal André Hercule de Fleury, gestürzt, der nun durch anderthalb Jahrzehnte Frankreichs Geschicke leitete. Wie sein Zeitgenosse Walpole in England zwar nicht nominell, aber tatsächlich Premierminister, war er wie jener ein grundsätzlicher Freund des Friedens und bestrebt, dem Lande eine Atempause nach den Kriegen und Krisen der vergangenen Jahrzehnte zu verschaffen. Der Friedensliebe nach außen entsprach eine aufgeklärte, wohlwollende, zugleich sparsame und tolerante Regierung im Innern, wobei sich Fleury auf die Mitarbeit tüchtiger Minister stützen konnte. Im Polnischen Thronfolgekrieg hat der Kardinal mit einem Minimum an militärischer Anstrengung ein Maximum an politischem Erfolg erzielt. Erst in den letzten Jahren seines Lebens sind die

Zügel der Regierung den schwächer werdenden Händen des fast neunzigjährigen Greises entglitten, und – wiederum wie Walpole – ist auch er wider Willen von einer inneren Opposition in den neuerlichen Krieg mit England geradezu hineingezwungen worden.

Die Pragmatische Sanktion

Mit dem Frieden von Passarowitz und der Erwerbung Siziliens im Austausch gegen Sardinien hatte die aus Türken- und Franzosenkriegen hervorgegangene österreichische Großmacht die größte territoriale Ausdehnung ihrer Geschichte erreicht. Es war in der Tat, wenn man allein die Quadratkilometer und die Bevölkerungszahlen ins Auge faßt, ein respektables Gebiet, über das Karl VI., der zugleich die Krone des Heiligen Römischen Reiches trug, als Herrscher und Landesfürst gebot. Von der Atlantikküste bei Ostende bis tief nach Serbien und in die Walachei, von Sizilien bis nach Schlesien und damit in die norddeutsche Tiefebene reichte die unmittelbare Herrschaft des Kaisers, der bewußt an die Ideenwelt und Symbolik seines großen gleichnamigen Ahnherrn, Karls V., anzuknüpfen suchte. Gewiß, auf die Verwirklichung des spanischen Königstraums, dem er auch nach dem Ende des großen Ringens um das spanische Erbe mit der seinem Hause eigenen Beharrlichkeit nachgehangen und nachgetrauert hatte, mußte er nun endgültig verzichten. Im Zuge der Annäherung zwischen Madrid und Wien im Jahre 1725, nach der brüskierenden Rücksendung der Tochter Philipps V. aus Paris, hatten die einstigen erbitterten Rivalen im Kampf um die spanische Krone, der Bourbone und der Habsburger, jeweils den Besitzstand des anderen und damit die Bestimmungen der Quadrupelallianz anerkannt, hatte der Kaiser auf Spanien, König Philipp V. auf die spanischen Nebenländer – die südlichen Niederlande, Mailand, Neapel und Sizilien – verzichtet.

Das Herrschaftsgebiet Karls VI. war jedoch keineswegs geschlossen. Zwischen den jetzt österreichischen Niederlanden, dem »vorderösterreichischen« Streubesitz im deutschen Südwesten und Süden und dem im Westen mit dem Land vor dem Arlberg beginnenden geschlossenen Herrschaftskomplex der »deutschen Erbländer« – wozu auch die Länder der Wenzelskrone, Böhmen, Mähren und Schlesien, gehörten – klafften Lücken, ebenso zwischen dem südlichen, tief in den italienischen Sprach- und Kulturraum hineinragenden Tirol und den lombardischen Herzogtümern Mailand und Mantua mit den angegliederten Herrschaften, ebenso schließlich zwischen diesem lombardischen Herrschaftskomplex und dem großen süditalienischen Königreich.

Gerade bei den Beratungen über den Friedens-, Bündnis- und Handelsvertrag mit Spanien hatte 1725 die Geheime Konferenz unter dem Vorsitz des Prinzen Eugen auf die lockere Verbindung zwischen den verschiedenen Ländern der Monarchie und auf die Gefahr eines Zerfalls in einem künftigen Kriege hingewiesen; und im darauffolgenden Jahr fiel von der gleichen Seite das berühmte Mahnwort an den Kaiser, es sei unumgänglich notwendig, »ein *totum* aus Euer Majestät weitläufiger und herrlicher Monarchie zu machen«. Es ist gewiß kein Zufall, daß der Savoyer, in Paris geboren und im Frankreich

Der fünfjährige Ludwig XV. beim Verlassen der Sainte Chapelle in Paris
nach dem »Lit de Justice« am 12. September 1715
Aus einem Gemälde von Pierre-Denis Martin. Paris, Musée Carnavalet

Instrumentis die errichtete und beschwornen dispostion und das ewige pactum mutuæ Successionis zwischen denen Joseph- und Carolinischen linien zu Vernehmen gewesen, daß daher vorauß und zu denen von Weyl: Ihro Röm: Kayst: Mayt: Leopoldo und Josepho höchstseeligster gedächtnus Ihro Röm: Mayt: übertragenen Spanischen Erb-Königreichen und Landen nunmehr nach absterben Weyl: Ihro Herrn brueders Mayt: und Lebt: ohne Männliche Erben auf Ihro Röm: Mayt: auch alle dessen hinterlassene Erb-Königreiche und Landen gestalten, und sambtlich bey Ihrem Ehelichen Männlichen Leibs-Erben nach dem Jure primo-geniturae, so lang solche Vorhanden, ohnzertheilt zu verbleiben haben; auf Ihro Männlichen Stammes abgang aber /: so Gott gnädiglich abwenden wolle /: auf die eheliche hinterlassende Töchter allezeit nach ordnung und Recht der primo-genitur gleichmäßig ohnzertheilt kommen: ferners in ermanglung oder abgang der von Ihro Röm: Kays: Mayt: Her-

Die »Pragmatische Sanktion«
Eine Seite aus dem am 19. April 1713 von Kaiser Karl VI. vor den versammelten Räten und Ministern verlesenen Schriftstück. Wien, Haus-, Hof- und Staatsarchiv

Ludwigs XIV. aufgewachsen, hier und auch sonst als Träger des Gedankens einer Vereinheitlichung der verschiedenen Länder und Herrschaften, des modernen Staatsgedankens der Straffung, Rationalisierung und Arrondierung erscheint.

Kaiser Karl VI., während seines Aufenthalts in Spanien wie während seiner Hin- und Rückreise ein aufmerksamer Beobachter der politischen und wirtschaftlichen Verhältnisse im Westen und Süden Europas, verkannte nicht die Bedeutung und Berechtigung dieser Zeittendenz der politischen Straffung und Rationalisierung. Dies zeigte sich vor allem auf dem Gebiet der Handels- und Wirtschaftspolitik: beim Ausbau des Seehafens Triest wie bei der Förderung der österreichischen Handelskompanien von Ostende und Triest, beim Straßenbau und bei den allerdings dann steckengebliebenen Ansätzen zu einer Steuer- und Katasterreform in der Lombardei. Die Energie zur Durchführung einer radikalen, die freilich außerordentlich verschiedenartigen Länder zu einer Einheit, einem *totum* zusammenfassenden Reform fehlte jedoch dem feinsinnigen, musisch begabten letzten männlichen Althabsburger; und erst seine Tochter Maria Theresia brachte dann diese Energie auf und führte das schwere Werk wenigstens für die westlichen, die »deutschen Erbländer« der Monarchie durch.

Immerhin hat Karl VI. bald nach dem Antritt der Herrschaft in Österreich jenes staatsrechtliche Band geschaffen, das alle Länder und Herrschaften des Hauses Österreich »unteilbar und untrennbar« vereinigen sollte und das die Grundlage bildete für die spätere staatliche Entwicklung der Donaumonarchie bis zu ihrer Auflösung im 20. Jahrhundert; die »Pragmatische Sanktion«, die Erb- und Thronfolgeordnung, die 1713, im Jahre des Utrechter Friedens, erlassen wurde. Bezeichnenderweise ging dabei der erste Anstoß von dem kroatischen Landtag aus; er legte Wert auf die bindende Zusage, daß das durch seine Grenzlage im Südosten so besonders gefährdete Land auch in Zukunft mit Österreich, Steiermark, Kärnten und Krain im gleichen Staatsverband vereinigt bleibe. Fragen der Etikette und des höfischen Vorrangs zwischen den Töchtern des verstorbenen Kaisers Joseph I. und deren Tanten, den Töchtern Leopolds I. – Karl VI. selbst war damals noch ohne Nachkommenschaft –, machten es dann notwendig, rasch jene Thronfolge- und damit Rangfolge festzulegen, die der künftigen männlichen, bei Fehlen einer solchen aber auch der weiblichen Nachkommenschaft des derzeitigen Herrschers den Vorrang vor den Töchtern seines verstorbenen älteren Bruders wie vor denen des Vaters der habsburgischen Brüder, den »leopoldinischen Erzherzoginnen« und deren Nachkommenschaft, sichern sollte.

Von nicht nur haus- und familienrechtlicher, sondern auch von geschichtlicher Bedeutung ist diese Thronfolgeordnung erst geworden, als der 1716 geborene Sohn des Kaisers nach wenigen Monaten starb und die Kaiserin im folgenden Jahr Maria Theresia und später noch zwei Töchter zur Welt brachte. Zwar mußten die beiden Töchter Josephs I. bei ihrer Vermählung mit den Kurprinzen von Bayern und Sachsen feierlich die Pragmatische Sanktion beschwören; aber die Erfahrung hatte ja eben im Falle der spanischen Erbfolge gelehrt, daß man sich auf Verzichtleistungen dieser Art nie völlig verlassen konnte.

Der Kampf um die Anerkennung der Pragmatischen Sanktion ist daher in den beiden letzten Jahrzehnten der Regierung Karls VI. ein beherrschendes Motiv seiner Innen- und

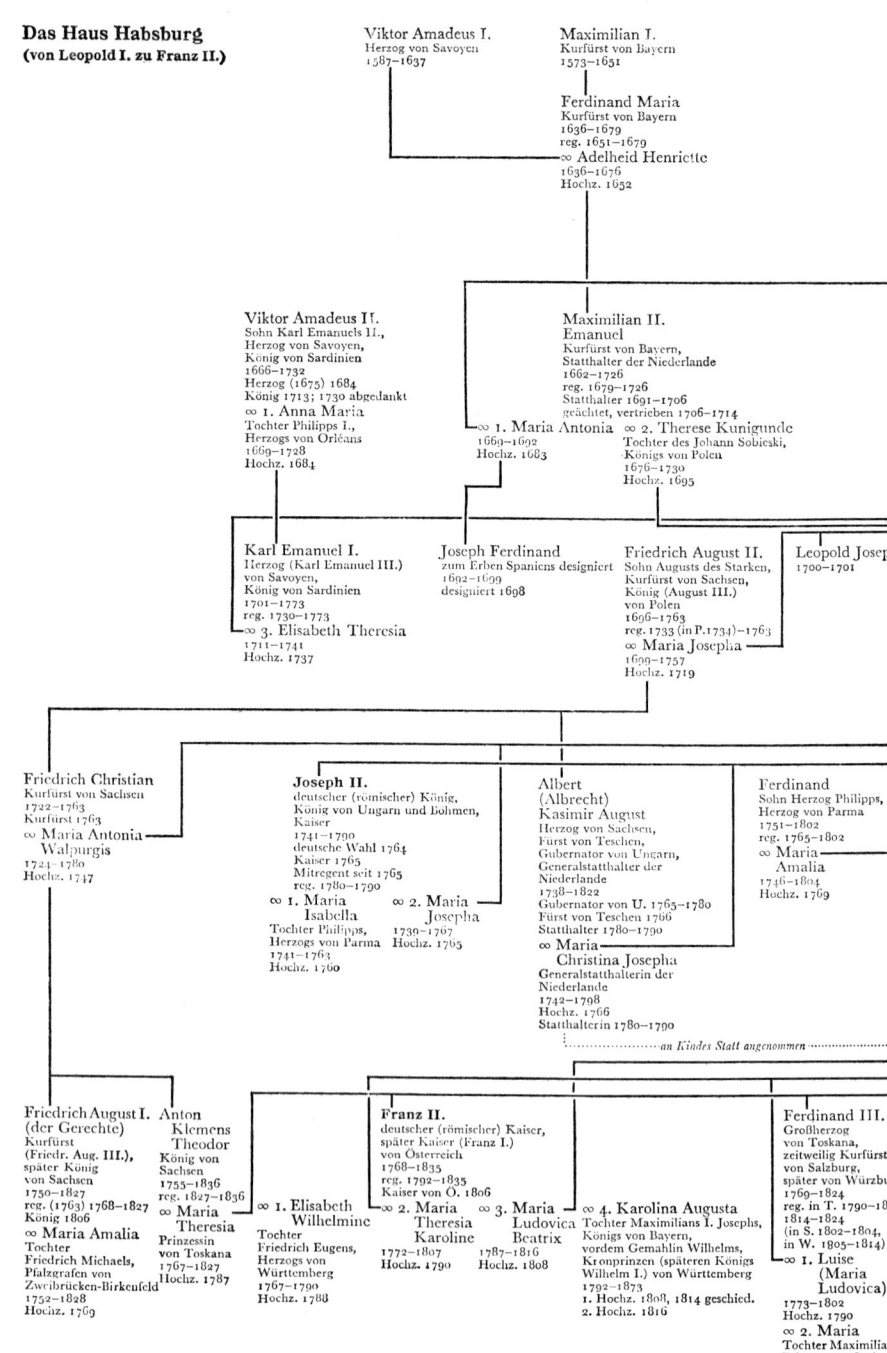

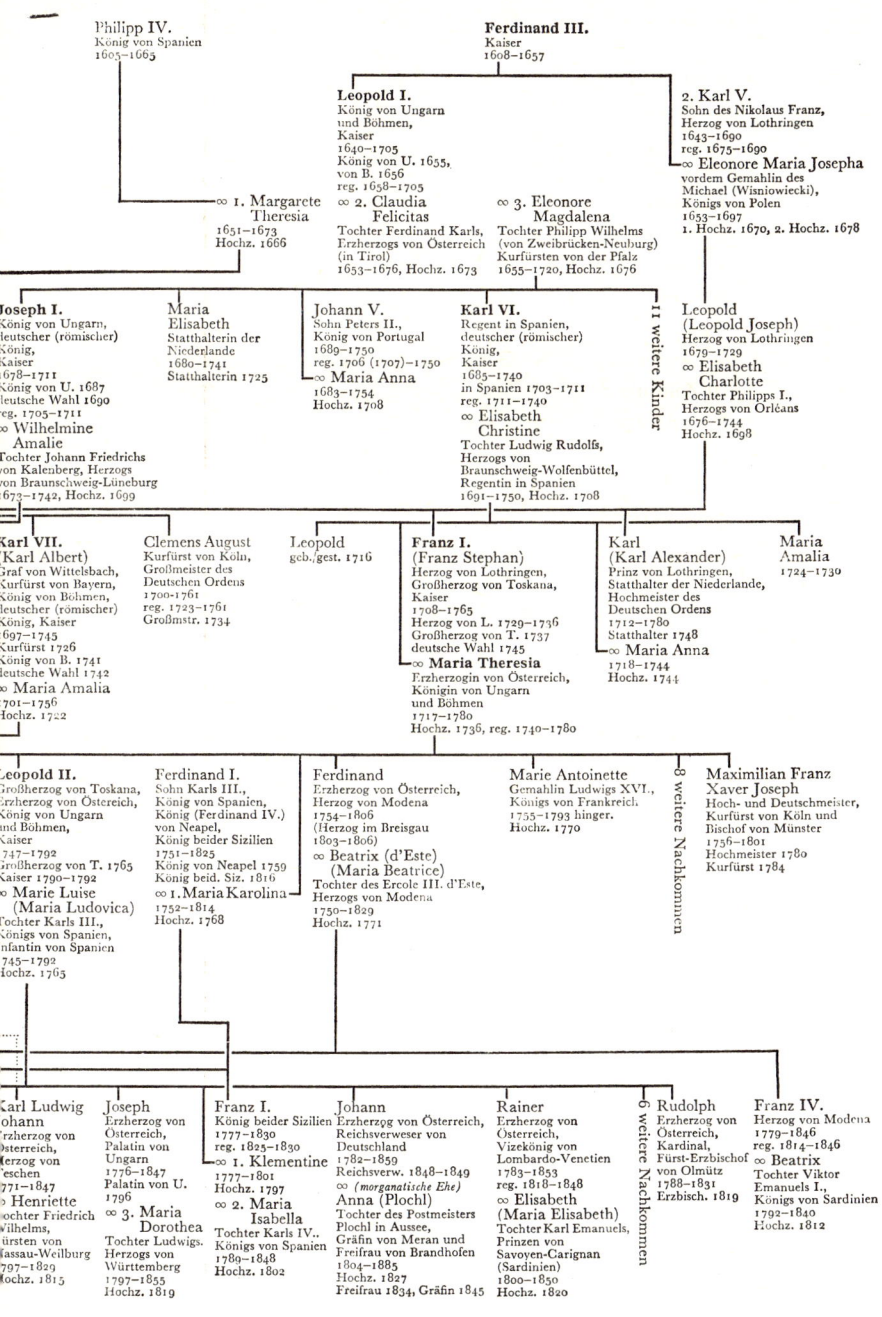

Außenpolitik geworden. In langwierigen Verhandlungen mit den Ständen der einzelnen Länder wurden diese zur Annahme und Garantie der Pragmatischen Sanktion veranlaßt, wobei die Länder mit dem stärksten Sonderbewußtsein, Ungarn und Tirol, die größten Schwierigkeiten machten. Dieser Vorgang, der in die Zeit von 1720 bis 1722 fällt, ist übrigens im 20. Jahrhundert, nach dem Zusammenbruch der Monarchie, von dem ersten republikanischen Staatskanzler, Karl Renner, bewußt als staatsrechtliches Vorbild für den Beitritt der einzelnen Bundesländer zur österreichischen Republik verwendet worden.

Weit schwieriger als die Zustimmung der Landtage war naturgemäß die der europäischen Mächte zu erlangen. Hier hat Karl VI. tatsächlich schwere Opfer bringen müssen: So war die Auflösung der Handelskompanie von Ostende der Preis für die englische und holländische Garantie der Pragmatischen Sanktion. Die in dem Wiener Vertrag von 1731 erreichte Zustimmung des englischen Königs Georg II. war durch die Personalunion Englands mit Hannover auch bedeutsam für das Reich, wo damals der König Friedrich Wilhelm I. von Preußen eifrig für die Sache des Kaisers tätig war und das geheime, vom Prinzen Eugen aufgezogene Agentennetz sich gleichfalls mit offensichtlichem Erfolg für die kaiserliche Sache einsetzte.

Dennoch ist die Politik der Pragmatischen Sanktion im Grunde gescheitert, und Österreich, das sich, wie dreißig Jahre später der Minister Bartenstein in einem geschichtlichen Rückblick schrieb, gegen Ende des Jahres 1732 auf der Höhe seiner Macht zu befinden schien, mußte in den folgenden Jahren eine Reihe schwerer Mißerfolge und in zwei unglücklich verlaufenen Kriegen Verluste an Land und Leuten und verhängnisvolle Einbußen an europäischem Ansehen hinnehmen. Verschiedene Ursachen haben dazu beigetragen, auch solche persönlicher Natur, wie die rapide zunehmende Altersschwäche des bedeutendsten Feldherrn und Staatsmanns der Monarchie, des Prinzen Eugen, die schließlich dazu führte, daß man 1736 am französischen Hof der Nachricht vom Tode des Savoyers nicht einmal mehr den Rang eines wichtigen politischen Ereignisses zuerkennen wollte.

Der tiefste Grund für den jähen Absturz Österreichs von der eben noch eingenommenen stolzen Höhe aber lag wohl gerade in jener Politik der Pragmatischen Sanktion: im Innern, weil an keine energische Reformpolitik gegenüber den Ständen der einzelnen Länder zu denken war, wenn man ihrer Zustimmung und Hilfe für die zu erwartende große Belastungsprobe beim Thronwechsel sicher sein wollte, und nach außen, weil die Interessen aller europäischen Mächte, deren Zustimmung zur Erbfolgeordnung man zu erreichen suchte, eben beim besten Willen nicht in Einklang zu bringen waren. In dem Bestreben, selbst um den Preis großer Opfer und Zugeständnisse die Einwilligung aller Mächte zu erringen, verstrickte sich die kaiserliche Politik notgedrungen in Widersprüche und wurde zuletzt, trotz aller gebrachten Opfer, von allen im Stich gelassen, weil die Partner sich ihrerseits von der Wiener Politik im Stich gelassen fühlten.

Der Polnische Thronfolgekrieg

In dem englisch-österreichischen Geheimvertrag vom 16. März 1731 war bestimmt worden, daß die Garantie Großbritanniens und der Generalstaaten für die Pragmatische Sanktion nur dann Geltung behalten sollte, wenn die Erbin der Österreichischen Monarchie einen Prinzen von so geringer eigener Macht heiraten würde, daß dies keine Störung des europäischen Gleichgewichts bedeute. Dieser Bestimmung entsprach durchaus die Absicht des Kaisers, seine Tochter mit dem am Wiener Hof aufgewachsenen jungen Herzog Franz Stephan von Lothringen zu vermählen; und daß die Erzherzogin Maria Theresia selbst bereits von inniger Zuneigung zu ihrem Jugendgespielen erfüllt war, konnte als ein zusätzlicher, bei den politisch-dynastischen Verbindungen der Zeit äußerst seltener Glücksfall gelten. Für die französische Politik aber mußte die Vereinigung des Herzogtums Lothringen mit der Österreichischen Monarchie – zu der ja eben jetzt auch die einst spanischen südlichen Niederlande, etwa das Gebiet des heutigen Belgien, gehörten – untragbar erscheinen. Selbst das Friedensbedürfnis des Kardinals Fleury ging, wie der Wiener Hof zu seiner peinlichen Überraschung erkennen mußte, nicht so weit, daß er eine solche Lösung widerspruchslos hingenommen hätte.

Spanien hatte sich, nachdem die Hoffnung der Königin Elisabeth, im Rahmen des Bündnisses mit Österreich für ihren Sohn Don Carlos die Hand Maria Theresias zu gewinnen, enttäuscht worden war, längst wieder von Österreich ab und Frankreich zugewandt. Selbst das von der englischen Diplomatie beim Kaiser erreichte Zugeständnis einer Stationierung spanischer Truppen in den nach dem Erlöschen ihrer Dynastien für den Sohn der spanischen Königin bestimmten italienischen Kleinstaaten Toskana und Parma befriedigte nicht den Ehrgeiz und die Ungeduld der spanischen Königin. Nach den Wirrungen und Verstimmungen der jüngsten Zeit ist das nun unter Fleury wiederhergestellte Bündnis zwischen den beiden bourbonischen Höfen von Paris und Madrid für die folgenden Jahrzehnte inmitten der wechselnden Allianzen eine Konstante in der Politik der europäischen Mächte geworden.

Mit dem Rückhalt an Frankreich nahm Elisabeth Farnese wieder ihren ursprünglichen Plan auf, für ihren Sohn das große süditalienische Königreich zu gewinnen. Den Anlaß zur Verwirklichung ihrer Absichten bot den bourbonischen Höfen der Tod Augusts II., des »Starken«, des ersten polnischen Königs aus dem sächsischen Hause, am 1. Februar 1733. Die Erklärung des Wiener Hofes, eine Rückkehr des Stanislaus Leszczynski – jetzt ja der Schwiegervater des französischen Königs – auf den polnischen Thron auf keinen Fall zuzulassen, verletzte das polnische Selbstbewußtsein und förderte ungewollt die Wahl Leszczynskis, der am 12. September mit großer Mehrheit gewählt wurde. Das Einrücken russischer Truppen zwang den gewählten König zum Verlassen des Landes, und unter dem Druck der drei Nachbarn Polens, der verbündeten Mächte Österreich, Preußen und Rußland, wurde der Sohn August des Starken, der sächsische Kurfürst Friedrich August, als August III. zum König von Polen ausgerufen.

Obwohl österreichische Truppen polnischen Boden gar nicht betreten hatten, war nun mit dieser Stellungnahme Wiens gegen den Schwiegervater des französischen Königs für die bourbonischen Höfe ein Kriegsgrund gegen Österreich gegeben. Da der Hauptschlag gegen die habsburgische Macht in Italien erfolgen sollte, hatte man auch König Karl Emanuel III. von Piemont-Sardinien mit der Aussicht auf die Erwerbung Mailands für den Kampf gegen den Kaiser gewonnen.

Die schwerste Enttäuschung für den Kaiser aber war, daß die »Seemächte« – Großbritannien und die Generalstaaten –, deren Garantie für die Pragmatische Sanktion man eben erst mit so schweren Opfern erkauft hatte, durch Walpoles Friedenspolitik, wie wir gesehen haben, davon abgehalten wurden, an der Seite des Kaisers in den nun anhebenden Kampf einzugreifen. Wohl bot dafür König Friedrich Wilhelm von Preußen eine über seine Verpflichtungen als Reichsfürst hinausgehende Waffenhilfe an. Aber man hatte in Wien gerade auch aus Rücksicht auf England wegen des hannoveranisch-preußischen Gegensatzes Bedenken, sich allzu eng an den preußischen König zu binden und sich auf Gegenleistungen in der Unterstützung seiner Erbansprüche am Niederrhein – Jülich und Berg – festzulegen. Die Waffenhilfe des russischen Bundesgenossen kam dann viel zu spät, um noch wirksam zu werden.

Der Kaiser war also in diesem Kampf nur auf die eigenen Truppen und die bunt zusammengewürfelten Kontingente der Reichsfürsten angewiesen. Die Reichstruppen konnten zudem nur am Oberrhein eingesetzt werden, während die Entscheidung dieses Krieges auf den italienischen Kriegsschauplätzen fiel, wo die Österreicher gegenüber den spanischen, französischen und sardisch-piemontesischen Verbänden zahlenmäßig hoffnungslos unterlegen waren. Nachdem schon im November 1733 König Karl Emanuel in Mailand eingezogen war, erlitten die Österreicher am 25. Mai 1734 auf dem süditalienischen Kriegsschauplatz bei Bitonto in Apulien gegen dreifache spanische Übermacht, am 29. Juni im Norden bei Parma gegen Franzosen und Sarden die kriegsentscheidenden Niederlagen. Bei Parma fiel im Kampf der österreichische Befehlshaber, der Lothringer Feldmarschall Graf Florimond Mercy, der greise Waffengefährte des Prinzen Eugen.

Prinz Eugen selbst führte das Kommando am Oberrhein. Zu dem kühnen Entschluß, das die Festung Philippsburg belagernde französische Heer anzugreifen, wie man es von dem einst so wagemutigen Feldmarschall erwartet hätte, konnte sich der nun auch schon am Beginn des achten Lebensjahrzehnts stehende Prinz Eugen in wohl richtiger Beurteilung der äußerst ungünstigen Situation nicht entschließen; zur großen Enttäuschung der mehr als sechzig Fürstlichkeiten in seinem Lager, unter ihnen auch der preußische Kronprinz Friedrich und sein Vater, der »Soldatenkönig« Friedrich Wilhelm. Nach tapferer Verteidigung mußte Philippsburg vor den Franzosen kapitulieren. Weitere französische Erfolge vereitelte Eugen durch geschicktes Manövrieren, und auch der Feldzug des Jahres 1735 blieb am Rhein wie in Italien ohne kriegsentscheidende Ereignisse. Erst Ende August dieses Jahres traf das russische Hilfskorps am Rhein ein, womit zum erstenmal in der Geschichte Truppen der neuen östlichen Großmacht auf deutschem Boden erschienen.

Immerhin bewog das Eintreffen des russischen Hilfskorps, zusammen mit dem gleichzeitigen Abschluß einer russisch-schwedischen Allianz und der Besorgnis, daß England doch noch auf seiten des Kaisers in den Krieg eingreifen könnte, den Kardinal Fleury, direkte Verhandlungen mit dem Kaiser aufzunehmen. Hatten doch die Verbündeten bereits alle ihre Kriegsziele erreicht: Frankreich hatte Lothringen, Spanien das Königreich Neapel-Sizilien, Karl Emanuel das Herzogtum Mailand besetzt. Zugleich legten die Erschöpfung der französischen Finanzen und der im Feldzug von 1735 erwiesene geringe Angriffsgeist der Heerführer Frankreichs einen raschen Friedensschluß nahe. Aber auch der Prinz Eugen riet dringend zum Frieden.

So kam es schon am 3. Oktober 1735 zum Abschluß der Präliminarien des Wiener Friedens zwischen dem Kaiser und Frankreich. Stanislaus Leszczynski, der Schwiegervater des französischen Königs, erhielt die bisher dem künftigen Schwiegersohn des Kaisers, Franz Stephan von Lothringen, gehörenden Länder, die Herzogtümer Lothringen und Bar, das ein Lehen der Krone Frankreichs war. Nach dem Tode des »guten König Stanislaus«, der als König von Polen zugunsten Augusts III. abdanken mußte, aber den polnischen Königstitel behielt, sollten die Herzogtümer mit Frankreich vereinigt werden; damit hatte Fleury ein altes Ziel der französischen Politik erreicht und konnte der Heirat Franz Stephans mit Maria Theresia ebenso wie der Pragmatischen Sanktion zustimmen. Franz Stephan sollte nach dem Aussterben der Medici das Großherzogtum Toskana erhalten, der Kaiser hingegen Parma und Piacenza, dafür mußte er einen Gebietsstreifen des Herzogtums Mailand mit Novara und Tortona an Piemont-Sardinien, das Königreich Neapel-Sizilien an Don Carlos abtreten; doch sollte das süditalienische Königreich nie mit der Krone Spaniens vereinigt werden. Der Gleichgewichtsgedanke, bestimmend für die Regelung der großen europäischen Fragen, bezog damit auch Italien ein. Die von den Abmachungen zwischen Versailles und Wien betroffenen anderen Herrscher, Franz Stephan von Lothringen, der den Verlust seines Stammlandes nur schwer verwinden konnte, Karl Emanuel, der den Gewinn von Mailand erhofft hatte, und Elisabeth Farnese, die Ansprüche auf ihr Heimatland Parma und auf Toskana sehr ungern aufgab, mußten sich nach langwierigen Verhandlungen, die sich mehr als drei Jahre lang hinzogen, schließlich doch fügen. Bereits im Februar 1736 fand die Vermählung Franz Stephans mit Maria Theresia statt; im Juli des darauffolgenden Jahres starb Gian Gastone, der letzte Großherzog aus dem Hause Medici, und der Lothringer trat in den Besitz der Toskana.

Rußlands und Österreichs Türkenkrieg

Das russische Hilfskorps war zwar nicht mehr zum Einsatz gekommen, aber sein Erscheinen am Rhein hatte den Abschluß der Verhandlungen zwischen Frankreich und dem Kaiser doch beschleunigt. Bald aber präsentierten die Zarin Anna und ihre deutschen Günstlinge und Berater Biron, Ostermann und Münnich der Hofburg die Gegenrechnung: das Verlangen nach österreichischer Waffenhilfe in dem soeben ausgebrochenen Kampf zwischen Rußland und der Pforte. Da der lange dauernde Krieg zwischen Persien und der Türkei die türkischen Kräfte stark beansprucht hatte, hielt man in Petersburg die Gelegenheit für günstig, das 1711 an die Türkei verlorene Asow zurückzugewinnen und die russische Vorherrschaft auf dem Schwarzen wie auf dem Kaspischen Meer herzustellen, zumal die Berichte des russischen Residenten an der Pforte den unausbleiblichen Verfall der türkischen Macht voraussagten. Einfälle der mit der Pforte verbündeten Krimtataren boten den Vorwand, und schon im Herbst 1735, als eben der Krieg am Rhein und in Italien zu Ende gegangen war, marschierte ein russisches Heer gegen die Krim. 1736 eroberten die Russen Asow, aber das gegen die Krim entsandte Heer mußte sich unter schweren Verlusten zurückziehen.

Österreich hatte mit beträchtlichen Gebietsabtretungen Frieden geschlossen, die Finanzen waren erschöpft, und Prinz Eugen, der Türkenbesieger von Zenta, Peterwardein und Belgrad, war eben, am 21. April 1736, gestorben. Andererseits hatte sich Rußland als einziger verläßlicher Bundesgenosse erwiesen, und der Gedanke erschien verlockend, die Verluste in Italien durch Gewinne auf der Balkanhalbinsel auszugleichen und das durch die Niederlagen von Bitonto und Parma gesunkene Ansehen Österreichs durch Siege über die Türken wieder zu heben. So entschloß man sich in Wien, nicht nur das von Rußland erbetene Hilfskorps zu stellen, sondern als selbständiger Bundesgenosse der Zarin in den Krieg einzutreten.

Aber auch in diesem Kriege blieb Österreich der Erfolg versagt. Keiner der einstigen Unterführer Eugens, denen in den Feldzügen der Jahre 1737 bis 1739 der Oberbefehl anvertraut war, erwies sich als bedeutender Feldherr, das türkische Heer aber entwickelte eine unerwartete Kampfkraft, die nicht zuletzt auf die Reorganisation durch den Renegaten Bonneval zurückging, des einst französischen, dann österreichischen Generals, der nach seiner Verurteilung und Verweisung aus Österreich in türkische Dienste getreten war und den islamischen Glauben angenommen hatte. Auch fehlte es, angesichts der weiten Entfernung, immer wieder an der nötigen Koordinierung bei den Operationen der verbündeten Russen und Österreicher. So gingen anfängliche Eroberungen wieder verloren. Zu dem fehlenden Zusammenwirken im Krieg aber trat dann, was noch viel schwerer wog, ein höchst unglückliches und übereiltes, die Instruktionen verletzendes Vorgehen des österreichischen Unterhändlers und die überlegene Diplomatie des französischen Vermittlers, der im Sinne der traditionellen türkisch-französischen Freundschaft bei den Waffenstillstands- und Friedensverhandlungen die Pforte eindeutig begünstigte. So verlor Österreich im Belgrader Frieden vom 18. September 1739 Belgrad und die im Passarowitzer Frieden von 1718 gewonnenen Gebiete in Bosnien, Serbien und der Walachei, also mit Ausnahme des Banats alle Erwerbungen aus dem letzten siegreichen Türkenkrieg des Prinzen Eugen. Aber auch für Rußland, das durch das Ausscheiden Österreichs, durch innere Schwierigkeiten und die Sorge vor einem Krieg mit Schweden ebenfalls zum Friedensschluß mit der Türkei gezwungen wurde, brachte der verlustreiche Krieg nicht den erwarteten Gewinn. Asow mußte geschleift werden, Rußland hatte auf den geplanten Flottenbau im Asowschen Meer zu verzichten und die von Feldmarschall Graf Münnich eroberte Festung Chozim sowie die Moldau wieder herauszugeben.

Der Türkenkrieg hatte also dem Kaiser statt der erhofften Eroberungen neue Verluste gebracht, das Verhältnis zu Rußland nicht gefestigt, sondern gelockert, und die Hoffnungen der Balkanchristen auf die Befreiung von der türkischen Herrschaft durch die österreichischen Waffen enttäuscht. Als verhängnisvollste Hypothek für Österreich sollte sich in naher

Zukunft die Tatsache erweisen, daß die zu Eugens Zeiten so gefürchtete und bewunderte Armee nach den Niederlagen im Polnischen Thronfolgekrieg nun auch noch durch den unglücklichen Türkenkrieg ihr früheres Ansehen eingebüßt hatte. Soeben hatte der Kaiser überdies den militärisch mächtigsten Reichsfürsten, König Friedrich Wilhelm I. von Preußen, den bisher eifrigsten Parteigänger der kaiserlichen Sache und der Pragmatischen Sanktion im Reich, tief gekränkt und vor den Kopf gestoßen, als er gemeinsam mit England, Frankreich und den Generalstaaten den preußischen Ansprüchen auf Jülich und Berg entgegengetreten war und eine von Friedrich Wilhelm angebotene Geldhilfe für den Türkenkrieg ebenso abgelehnt hatte wie vorher die verstärkte preußische Waffenhilfe im Polnischen Thronfolgekrieg.

Der preußische Staat des Soldatenkönigs

Friedrich Wilhelm I. von Preußen, »Preußens größter innerer König«, der »Soldatenkönig«, gehört wohl noch immer, trotz der so intensiven Beschäftigung der neueren Geschichtswissenschaft mit seiner Persönlichkeit, zu den umstrittensten Gestalten der neueren deutschen Geschichte. Zwischen Verherrlichung und Verdammung schwankt das Urteil über den Sohn des ersten preußischen Königs und der geistvoll-leichtlebigen Sophie Charlotte von Hannover. Sehr unterschiedliche Einflüsse haben seine Erziehung und seine Charakterbildung bestimmt. Der strenge Calvinismus seines Erziehers Alexander von Dohna und seines Lehrers, des Schweizers Jean Philippe Rebeur, war nicht ganz in Einklang zu bringen mit dem höfischen Kavaliersideal des *honnête homme*, wie sich auch das Herrscherbild von Fénelons *Telemach*, auf das ihn die Mutter auszurichten suchte, nur schlecht mit der vom Großen Kurfürsten begründeten politischen Tradition und den besonderen Erfordernissen und Schwierigkeiten des brandenburgisch-preußischen Staatsverbandes vertrug, der drei weit voneinander entfernte, in ihrer inneren Struktur und Überlieferung grundverschiedene Herrschaftskomplexe umfaßte: vom Streubesitz am Niederrhein bis hin zum einstigen Ordensland Preußen. Dazu kamen bei Friedrich Wilhelm noch die Begegnung mit der pietistischen Erweckungsbewegung Speners und Franckes und die starke Opposition, die ihn als Kurprinz gegen Politik, Regierungsstil und die Minister seines Vaters erfüllt hatte. Neben jenen Charakterzügen der Pflichttreue, Sparsamkeit, Nüchternheit, Redlichkeit und Ehrbarkeit, die gerade dank seiner strengen Zucht zu typenbildenden Elementen des »Preußentums« besonders in Heer und Bürokratie wurden, gab es im Charakter dieses Herrschers auch abstoßende Züge, wie der jähe Wechsel zwischen Brutalität und Sentimentalität, die Freude an rohen Späßen und an der Verhöhnung von Wissenschaft und Gelehrsamkeit. Wohl ist das Bild, das seine Tochter, die Markgräfin Wilhelmine von Bayreuth, in ihren Memoiren vom Vater entworfen hat, von der haßerfüllten Erinnerung an ihre und ihres Bruders Friedrich Leiden unter dem harten tyrannischen Regiment Friedrich Wilhelms verzerrt. Aber wie die Grenze schwer zu bestimmen ist, wo erzieherische Strenge bei der Behandlung der Kinder in unmenschliche, quälerische

Tyrannei überging, so ist auch die ihn von Jugend an erfüllende, religiös begründete Abneigung gegen Luxus, Frivolität und modische Freigeisterei nur allzuoft zu jener dumpfen Engherzigkeit entartet, deren berühmtestes Opfer der Lehrmeister der deutschen Aufklärung, der Philosoph Christian Wolff, wurde, den der »Soldatenkönig« unter dem Einfluß seiner pietistischen Ratgeber von der Universität Halle vertrieb und den erst der nach dem Ruhm eines gekrönten Philosophen strebende Friedrich II. rehabilitierte.

Nach der Regierung seines Vaters Friedrich I., der auf Glanz und Repräsentation bedacht ein echter »Barockfürst«, doch mit der Annahme der Königskrone ein für die preußische Staatswerdung wesentliches Symbol geschaffen hatte, war Friedrich Wilhelm I. vor allem bemüht, die innere Verwaltung der ererbten Länder – zu denen nun auch die Erwerbungen aus dem Spanischen Erbfolgekrieg und dem Nordischen Krieg, das Oberquartier Geldern im Westen und Vorpommern bis zur Peene mit Stettin gehörten – zu straffen und zu zentralisieren, die durch die Kriege und die prunkvolle Hofhaltung des ersten preußischen Königs erschöpften Finanzen zu sanieren und mit den neuen Geldmitteln ein schlagkräftiges, gut ausgerüstetes Heer aufzubauen. Seine Leistung auf diesem Gebiet war imponierend. Hatte Brandenburg-Preußen im Jahre 1713, beim Tod Friedrichs I. und am Ende des Spanischen Erbfolgekriegs, über ein Heer von dreißigtausend Mann verfügt, das wie einst das Heer des Großen Kurfürsten nur mit Hilfe ausländischer Subsidien erhalten werden konnte, so hinterließ Friedrich Wilhelm seinem Nachfolger im Jahre 1740 ein aus eigenen Mitteln erhaltenes Heer von vierundachtzigtausend Mann und dazu noch eine volle Kriegskasse. Das durch Klima und Bodenbeschaffenheit keineswegs begünstigte arme Staatswesen im deutschen Norden, an Bevölkerungszahl unter den europäischen Staaten an dreizehnter Stelle, nahm hinsichtlich der Zahl der Soldaten, die es ins Feld schicken konnte, mindestens die vierte, vielleicht sogar die dritte Stelle in Europa ein.

Friedrich Wilhelm I. konnte dieses von ihm geschaffene militärische Machtinstrument und den von ihm gesammelten Kriegsschatz nicht mehr selbst für die Erweiterung und Abrundung seines Staates einsetzen. Dies lag vor allem an der Tatsache, daß während seiner ganzen Regierungszeit zwischen England und Frankreich – dank der Friedenspolitik Walpoles und des Kardinals Fleury – die Waffen ruhten und es auch sonst für den »Soldatenkönig« nach dem Ende des Nordischen Krieges keine Möglichkeit gab, sein Heer in einem Konflikt der europäischen Mächte auf der Seite der voraussichtlich siegreichen Partei in die Waagschale zu werfen. Sein Angebot an den Kaiser im Polnischen Thronfolgekrieg ist, wie wir gesehen haben, gerade wegen der Sorge vor späteren preußischen Gegenforderungen nicht angenommen worden; wobei noch sehr fraglich bleibt, ob eine stärkere preußische Waffenhilfe am Rhein die in Italien gefallene Entscheidung hätte ändern können. Dazu kam, daß eine kühn ausgreifende Außenpolitik dem Charakter des Königs wohl überhaupt nicht entsprach, wie er ja auch das afrikanische Kolonialunternehmen des Großen Kurfürsten als »Chimäre« liquidierte. Aus dem 1725 zu Herrenhausen mit England-Hannover und Frankreich geschlossenen Bündnis ist er bereits ein Jahr später, in dem Vertrag von Wusterhausen, wieder an die Seite des Kaisers zurückgekehrt, und er vermählte seinen Sohn und seine Tochter nicht, wie ihm nahegelegt worden war, mit der Tochter und dem Sohn

Georgs II., sondern mit unbedeutenden Abkömmlingen kleiner deutscher Fürstenhäuser. Gerade jüngste Forschungen haben gezeigt, wie sehr seine nächste Umgebung von Menschen durchsetzt war, die im Dienste der Geheimdiplomatie des Prinzen Eugen standen und sich damit in finanzieller Abhängigkeit vom Kaiser befanden. Der gottesfürchtige pietistische Herrscher hatte eine unverkennbare Scheu vor der Welt der europäischen Diplomatie und Machtpolitik, in der sein Großvater wie sein Vater agiert hatten und in der sich dann wieder sein Sohn so sehr zu Hause fühlte. Friedrich Wilhelm aber erinnert in mehr als einer Hinsicht an seine früheren Vorfahren, an die frommen und trinkfesten Territorialfürsten der zweiten Hälfte des 16. Jahrhunderts, die Heinrich von Treitschke spöttisch »Sauf- und Betefürsten« genannt hat, jene Fürsten des Reformationszeitalters, die sich als »Amtleute Gottes« gefühlt und im Lande wie in ihrer Familie ein strenges patriarchalisches Regiment geführt hatten.

Obwohl Friedrich Wilhelm, wie er selbst in seinem Politischen Testament von 1722 bekannte, die Macht seines Staates mehren wollte, um wie andere Mächte mitreden zu können, lag, begründet durch die Konstellation der europäischen Mächte wie durch die persönliche Veranlagung des Königs selbst, seine große geschichtliche Leistung nicht auf dem Gebiet der äußeren, sondern der inneren Politik; und hier ist der sonst oft so altväterisch anmutende Mann in der Tat ein Bahnbrecher gewesen, weit »moderner« als alle seine fürstlichen Standes- und Zeitgenossen in Deutschland. Wohl konnte er auf der Leistung des Großen Kurfürsten aufbauen, der im Kampf um das stehende Heer, den *miles perpetuus*, den politischen Widerstand der Stände in den einzelnen Landesteilen gebrochen und mit der nach dem Vorbild der französischen Intendanten eingerichteten Organisation der Kriegskommissariate das Gerüst für den Aufbau einer straffen, den ganzen Staat umfassenden und zusammenhaltenden und nur vom Herrscher abhängenden Finanzverwaltung geschaffen hatte. Aber damit war in Brandenburg-Preußen in der zweiten Hälfte des 17. Jahrhunderts im wesentlichen erst jener Zustand erreicht, den die Habsburger in ihren deutschen Erbländern nach der Schlacht am Weißen Berge, also ein halbes Jahrhundert vorher, schon hergestellt hatten. Den entscheidenden Schritt, durch den die vorbildliche habsburgische Behördenorganisation nicht nur eingeholt, sondern auch beträchtlich überholt wurde, vollzog der preußische Staat unter und durch Friedrich Wilhelm I.

Sogleich nach seiner Thronbesteigung erließ Friedrich Wilhelm ein Hausgesetz, das den Staat und die Domänen für unveräußerlich und unteilbar erklärte: das preußische Gegenstück zur österreichischen »Pragmatischen Sanktion« vom gleichen Jahre. Aber auch an den Umbau der obersten Finanz- und Verwaltungsbehörden ging der König sogleich heran, der Geheimen Hofkammer, die Generalfinanzdirektion genannt wurde, der jetzt Generalfinanzkasse genannten Hofrentei und schließlich auch des Generalkriegskommissariats, das in eine kollegiale Behörde umgewandelt wurde. Der entscheidende Schritt aber war dann (1722/23) die Vereinigung der beiden landesfürstlichen Behördenapparate, der Amtkammern und der Generalfinanzdirektion auf der einen, der Kriegskommissariate und des Generalkriegskommissariats auf der anderen Seite. Aus der Vereinigung von Amtskammern und Kriegskommissariaten entstanden die »Kriegs- und Domänenkammern«, während die oberste Behörde das »General-Ober-Finanz-Kriegs- und Domänendirektorium« wurde, kurz »Generaldirektorium« genannt. Es war seinerseits in vier Provinzialdepartements für die verschiedenen Ländergruppen gegliedert – die Unterschiede zwischen den Ländern der Herrschaftskomplexe im Westen, in der Mitte und im Osten Norddeutschlands blieben noch immer beträchtlich –, wobei aber jedes dieser vier Provinzdepartements gleichzeitig gewisse Aufgaben für den ganzen Staat wahrzunehmen hatte.

Unter Friedrich dem Großen wurden dann innerhalb dieser Departements den auf den Gesamtstaat bezogenen Aufgaben zunehmendes Gewicht beigemessen: neue gesamtstaatliche Departements entstanden, etwa das für Handel und Gewerbe, für Militärverwaltung, dann das Akzise- und Zolldepartement, das Bergwerks- und Hüttendepartement und schließlich das Forstdepartement. Diese ganze, für die damaligen Verhältnisse in Deutschland so erstaunlich straffe Organisation fand auf dem flachen Lande ihren Abschluß in der Institution des Landrats, der zwar königlicher Beamter war, zugleich aber auch als Angehöriger des grundbesitzenden Adels seines Kreises dessen Interessen vertrat. Auf dem flachen Lande hört so der preußische Staat beim Landrat auf, wie der Schöpfer der Weimarer Verfassung, Hugo Preuß, einmal treffend gesagt hat. Die untere politische und finanzielle Verwaltung und die niedere Gerichtsbarkeit im Preußen Friedrich Wilhelms – wie dann auch in Österreich nach den Reformen Maria Theresias – blieben in der Hand der Guts- oder Grundherrschaft. Dem Landrat entsprach in den Städten, die seit dem Großen Kurfürsten der Verbrauchssteuer, der »Akzise«, unterworfen waren, der Steuerrat.

Ohne Konflikte ist es auch unter Friedrich Wilhelm nicht abgegangen, wobei wieder, wie einst unter dem Großen Kurfürsten, vor allem im alten Ordenslande Preußen der adlige Widerstand am stärksten war, da er sich jederzeit am Vergleich mit der unumschränkten Adelsfreiheit im benachbarten Polen wie der städtischen Freiheit im Ostseeraum aufrichten konnte. Noch durch das ganze 18. Jahrhundert bis zu Hamann, Herder und Kant sind in Ostpreußen die freiheitlichen Tendenzen und dementsprechende Affekte gegen den fürstlichen Absolutismus und bürokratischen Zentralismus der Hohenzollern lebendig geblieben. Hier in Ostpreußen erhob sich auch der Widerstand gegen die Anordnungen Friedrich Wilhelms, der zu jenen vielzitierten schriftlichen Zornesausbrüchen des Königs führte: »Man muß coupe courte machen, die Leute wollen mir forcieren; sie sollen nach meiner Pfeife danzen oder der Deuffel hole mir; ich lasse hängen und braten wie der Zar und tractiere sie wie Rebeller. Gott ist bekannt, daß ich es ungerne tue und wegen die Bärenhäuter zwei Nacht nit recht geschlafen habe...« und jener andere, noch weit berühmtere: »Ich komme zu meinem Zweg und stabiliere die Souveränität und setze die Krone fest wie ein Rocher von Bronce...«

Dabei unterwarf der König sich selbst aem Zwang der geregelten, pünktlichen bürokratischen Arbeit und war seinen Beamten ein Vorbild an Pünktlichkeit und Genauigkeit im Dienst für das Staatswohl. Dem Zug zur Rationalisierung, der in der Behördenreform wie in der merkantilistischen Wirtschaftspolitik zum Ausdruck kam, entsprach die Einrichtung der ersten Lehrstühle für Kameralwissenschaften, der Vorläufer der Nationalökonomie, an den Universitäten Halle und Frankfurt an der Oder im Jahre 1727. Die Kargheit des Bodenertrags und die hohen finanziellen Anforderungen für die Erhaltung der Armee zwangen zu äußerster Anspannung der wirtschaftlichen Kräfte, die zugleich

König Friedrich Wilhelm I. von Preußen
Gemälde aus der Werkstatt von Antoine Pesne, um 1733
Ehemals Berlin, Schloß

Empfang Augusts des Starken durch Königin Sophie Dorothea und König Friedrich Wilhelm I.
im Schloß Monbijou in Berlin am 29. Mai 1728
Gemälde von Antoine Pesne, um 1728
Berlin, Verwaltung der Schlösser und Gärten, Schloß Charlottenburg

dem Arbeitsethos des Luthertums und des Pietismus wie des reformierten Bekenntnisses der Dynastie und der vom Großen Kurfürsten aufgenommenen Hugenotten entsprach. So sind erst unter Friedrich Wilhelm Fleiß, Sparsamkeit und Arbeitseifer die »preußischen Tugenden« geworden, mochten auch die Voraussetzungen dafür weit in die Geschichte dieses vorwiegend auf dem Boden der Ostkolonisation erwachsenen Staatswesens zurückreichen.

Im Zusammenhang mit einem der eben zitierten schriftlichen Zornesausbrüche schrieb der über die Widersetzlichkeit einiger ostpreußischer Kriegs- und Domänenräte aufgebrachte König entrüstet, er, der das Kommando bei seiner Armee habe, könne doch keinen Ungehorsam bei seinen Beamten dulden. Die Parallele der militärischen und der bürokratischen Subordination ist bezeichnend. Denn die neue preußische Behördenorganisation war von Anfang an in doppelter Hinsicht vom Militärischen bedingt und geprägt. War schon unter dem Großen Kurfürsten der Kampf um das stehende Heer der eigentliche Motor für die innerpolitische Entwicklung gewesen, so bedurften Aufbau und Erhaltung der unverhältnismäßig großen Armee des Soldatenkönigs auch unverhältnismäßig hoher Summen und eines dementsprechend rationeller arbeitenden Behördenapparats bei der Aufbringung und Verwendung der Gelder. So war die Ersetzung der schwerfälligen und nachlässigen, zudem in ihrem Gesichtskreis provinziell beschränkten ständischen Verwaltung durch die neuen landesfürstlichen und damit gesamtstaatlich denkenden Behörden eine notwendige Konsequenz der Truppenvermehrung. Zum anderen war diese neue königliche Bürokratie nach militärischen Grundsätzen organisiert und mit militärischem Ethos erfüllt. Wie vorher in Frankreich und später in Österreich wurde dem Adel in Preußen gleichsam als Entschädigung für die verlorene politische Bedeutung eine privilegierte Stellung im Staatsdienst, und hier wieder vor allem im Heeresdienst, eingeräumt. Friedrich Wilhelm selbst trug seit 1725 stets die Uniform seiner Armee, und dieser Armee galt, weit über die viel verspottete Passion für die »Langen Kerls« hinaus, sein Interesse, aber auch ein fast väterliches Wohlwollen. Dank seiner ganz Europa überraschenden Bewährung in den Kriegen des Sohnes und Nachfolgers hat dieser »preußische Stil« dann auch in anderen Ländern als Vorbild gewirkt, vornehmlich dort, wo wie etwa in Österreich ähnliche geschichtliche und soziale Voraussetzungen eine solche Übernahme erleichterten.

Die merkantilistische Wirtschaftspolitik einer intensiven Förderung der Manufakturen fand ihre Ergänzung in Bauernschutz und Fürsorge für die Landwirtschaft. Auch hier war die Heeresvermehrung der eigentliche Antrieb, denn in dem vorwiegend agrarischen Staatswesen konnten die Soldaten fast nur vom flachen Lande geholt werden. An die Stelle des alten, in Preußen wie in den anderen deutschen Ländern zur Ergänzung des stehenden Heeres in Notfällen üblichen Milizsystems setzte Friedrich Wilhelm das »Kantonreglement« des Jahres 1733, durch das den Regimentern bestimmte Ergänzungsbezirke zugewiesen wurden: ein Vorläufer und Wegbereiter der allgemeinen Wehrpflicht, wenn auch die Angehörigen des Adels, angesehene Bürger, Kaufleute und Gewerbetreibende, Beamte, Studierende sowie die Inhaber und Erben der Bauernhöfe von der Eintragung in die Aushebungslisten befreit blieben. Wie die österreichischen Zentralbehörden, die die von den Türken eroberten ungarischen Gebiete und nach dem Frieden von Passarowitz vor allem das Banat mit Bauern aus dem deutschen Westen kolonisierten, so siedelte Friedrich Wilhelm in den nach dem Nordischen Krieg von Seuchen entvölkerten Landstrichen Ostpreußens die vom Erzbischof Firmian 1731/32 vertriebenen Salzburger Protestanten an. Der religiöse Eifer des Königs für die bedrängten Glaubensgenossen, den er vorher schon anläßlich des »Thorner Blutgerichts« nach einem Konflikt der deutschen evangelischen Bürger dieser Stadt mit den katholischen Polen bewiesen hatte, stimmte im Falle der Salzburger Protestanten mit seinen wirtschaftspolitischen Interessen und den Bedürfnissen der Heeresvermehrung gut überein.

Das Reich unter dem letzten Althabsburger

Preußen wie Österreich haben in der ersten Hälfte des 18. Jahrhunderts eine entscheidende Strecke auf dem Wege zu Eigenstaatlichkeit und Großmachtstellung zurückgelegt: Österreich durch die territorialen Gewinne aus dem Spanischen Erbfolgekrieg und dem Türkenkrieg von 1716 bis 1718 – die zwar teilweise, aber eben nicht ganz im Polnischen Thronfolgekrieg und im Türkenkrieg von 1737 bis 1739 wieder verlorengingen – und durch die Pragmatische Sanktion, Preußen durch die Annahme des Königstitels sowie durch das Hausgesetz und die inneren Reformen Friedrich Wilhelms I. In den beiden größten und mächtigsten deutschen Herrschaftskomplexen, von deren Souveränen der eine zugleich die Krone des Heiligen Römischen Reiches trug, der andere dem Kurfürstenkollegium angehörte, trat nun immer mehr der moderne Staatsgedanke vor der Bindung an das Reich in den Vordergrund; zumal beide mit nicht zum Reich gehörigen Ländern (Ungarn und Ostpreußen) verbunden waren.

Staatsrechtlich anders gelagert, aber in der Wirkung eines Herauswachsens aus dem Reich und einer Lockerung des Reichsgefüges ähnlich, waren die dynastische Verbindung Kursachsens mit der Krone Polens und des jüngsten, neunten Kurfürstentums Hannover mit der Großbritanniens. Dazu kam, daß die Bedrohung aus Ost und West, durch Türken und Franzosen, die in den letzten beiden Jahrzehnten den Reichspatriotismus mächtig hatte emporflammen lassen, nun aber nach dem Tod Ludwigs XIV. und den Türkensiegen des Prinzen Eugen weggefallen war. Weder der so rasch durch direkte Verständigung zwischen Wien und Versailles beendete Polnische Thronfolgekrieg noch der letzte unglückliche Türkenkrieg Karls VI. konnte eine ähnliche Wirkung hervorrufen. Bezeichnenderweise kamen die vom »barocken Reichspatriotismus« überbrückten konfessionellen Gegensätze trotz der versöhnenden und toleranten Tendenz der beginnenden Aufklärung nun gelegentlich wieder stärker zur Geltung; etwa im Streit um die Ryswicker Klausel in der Pfalz, in der Salzburger Protestantenaustreibung und in den auch auf das Reich zurückwirkenden Ereignissen in Thorn.

Dennoch war das Heilige Römische Reich keineswegs ein »lebender Leichnam«, und das Reichsgefühl vor allem in den geistlichen Territorien, in den Reichsstädten, bei der Reichsritterschaft und in den kleineren Territorien war noch durchaus lebendig. Auch die obersten Reichsgerichte, der Reichshofrat vor allem, aber auch das Reichskammergericht funktionierten, wurden oft angerufen und vermochten selbst in jener Blütezeit des fürstlichen Absolutismus den Untertanen immer wieder gegen Fürstenwillkür zu ihrem Recht zu verhelfen. Die 1697 geschlossene »Frankfurter Assoziation« der fünf westlichen Reichskreise, die sich im Spanischen Erbfolgekrieg unter ihrem Schöpfer, dem Markgrafen Ludwig Wilhelm von Baden, dem »Türkenlouis«, bei der Verteidigung der Rheinfront bewährt hatte, wurde 1727 erneuert. Auch zeigt eine Gestalt wie die des Reichsvizekanzlers Friedrich Karl von Schönborn, der sich eifrig und mit einem gewissen Erfolg für die Stärkung der kaiserlichen Autorität einsetzte, daß der Reichspatriotismus noch keineswegs erloschen war.

Meist waren beide Tendenzen, das Streben nach fürstlicher Souveränität und Unabhängigkeit und das Verlangen nach erhöhter, glanzvoller Stellung der eigenen Person und Dynastie innerhalb der Ordnung des Reiches, bei den Reichsfürsten jener Zeit unlöslich miteinander verbunden, wofür die rege Bautätigkeit der auf diesem Gebiete miteinander wetteifernden weltlichen und geistlichen Fürsten ein Beispiel liefert. Gerade in den Jahrzehnten nach dem Spanischen Erbfolgekrieg sind überall in Deutschland die nach dem Vorbild von Versailles und Wien errichteten fürstlichen Residenzen und Lustschlösser entstanden: wohl das wertvollste Erbe, das jene Fürstengeneration der Nachwelt hinterlassen hat.

Daneben sind Ansätze zur Rationalisierung und Straffung der Verwaltung zugunsten gesteigerter Fürsorge für die bäuerlichen und bürgerlichen Untertanen – gewiß nicht allein aus Menschenfreundlichkeit und landesväterlichem Pflichtbewußtsein, sondern ebenso im wohlverstandenen eigenen Interesse – in fast allen größeren Territorien feststellbar, selbst im Kursachsen August des Starken. An Konflikten zwischen den Fürsten und den Landständen, die oft am Reich und an den Reichsbehörden einen wirksamen Rückhalt fanden, fehlte es dabei in den meisten deutschen Territorien nicht. Allgemein kann man sagen, daß die im Preußen Friedrich Wilhelms I. mit äußerster Konsequenz – und Brutalität – verwirklichten Tendenzen in gemilderter, verwässerter, durch verschiedene Faktoren abgeänderter Form auch in fast allen anderen deutschen Fürstenstaaten jener Zeit lebendig waren. Der gleichzeitige Triumph der Leibniz-Wolffschen Aufklärungsphilosophie und des Naturrechts, vor allem an den protestantischen Universitäten, in den neuen Akademien, aber auch unter dem gebildeten Adel und Bürgertum, das Eindringen der Freimaurerei aus England und den Niederlanden; alles das trug mit dazu bei, auch in Deutschland den Boden zu bereiten für den Sieg der Aufklärung und eines »aufgeklärten Absolutismus«, der sich dann in dem halben Jahrhundert zwischen dem Epochenjahr 1740 und dem Ausbruch der Französischen Revolution vollzog.

Der »Krieg um Jenkins' Ohr«

Die allgemeine Erschöpfung nach dem Spanischen Erbfolgekrieg, die Annäherung des Regenten Philip von Orléans an England und schließlich der Friedenswille Walpoles und Fleurys hatten durch mehr als ein Vierteljahrhundert ein Wiederausbrechen des See- und

Kolonialkrieges zwischen England und Frankreich verhindert. Aber die Gegensätze zwischen den beiden nun führenden Kolonialmächten, die bei ihrem Streben nach kolonialer Expansion und Ausweitung ihres Überseehandels in Asien wie in Nord- und Südamerika immer wieder einander ins Gehege kamen, waren durch die Bestimmungen des Utrechter Friedens, die Englands Stellung in der Neuen Welt durch die Erwerbung Neufundlands, Neuschottlands und der Gebiete um die Hudson-Bay gestärkt hatten, keineswegs behoben. Die Konkurrenz im Handel mit westindischem Zucker bot weitere Reibungsflächen. Die zum Konflikt treibenden Kräfte in beiden Staaten waren dabei die Vertreter jener wirtschaftlichen Interessen, die zunächst als »Südseefieber« in England und entsprechend als »Louisiana-Fieber« in Frankreich einen spektakulären Ausdruck gefunden hatten, die aber dann vor allem in den dreißiger Jahren einen ständig zunehmenden Druck auf die Regierungen ihrer Länder ausübten.

Den Ansatzpunkt boten zunächst Streitigkeiten zwischen England und Spanien. Denn die im Utrechter Vertrag den Engländern eingeräumten Konzessionen für den Handel mit den spanischen Kolonien in der Neuen Welt – das durch einen *Asiento*, ein königliches Privileg, gewährte Monopol für den Negerhandel nach Südamerika auf dreißig Jahre und für nur eine Schiffsladung mit Waren pro Jahr zur Messe nach Puertobello – genügten der aufstrebenden englischen Südseegesellschaft bald nicht mehr; zumal auch von spanischer Seite alles getan wurde, um diese Konzessionen durch bürokratische Sabotage unwirksam zu machen, während die Südseegesellschaft sich ihrerseits weigerte, den Behörden des spanischen Königs Einsicht in ihre Bücher zu gewähren. Der Argwohn der Spanier, daß die Engländer durch Schmuggel ihr Ziel erreichen würden, war nur allzu begründet, vor allem, da die Engländer das Recht der spanischen Küstenwachboote nicht anerkennen wollten, englische Schiffe auf See anzuhalten und nach Konterbande zu durchsuchen.

Acht Jahre zuvor war es zu einem Zwischenfall um den englischen Kapitän Robert Jenkins gekommen. Ihm hatten die Spanier, nachdem sie ihn an den Mast seines Schiffes gebunden, das halbe Ohr abgeschnitten, worauf er, wie er berichtet, »seine Seele Gott, seine Sache seinem Lande befohlen« habe. Hier bot sich den zum Kriege treibenden Interessengruppen in England 1739 der gewünschte Anlaß zum offenen Konflikt, der auch dann dem Krieg den Namen gab. Obwohl das von Walpole und dem spanischen Botschafter ausgearbeitete Abkommen im Januar 1739 von der spanischen Regierung ratifiziert wurde – nach dieser »Konvention von El Pardo« verpflichtete sich Spanien zur Zahlung einer Entschädigung von fünfundneunzigtausend Pfund für widerrechtlich beschlagnahmte englische Schiffsladungen –, gelang es der Südseegesellschaft durch Aufpeitschen der öffentlichen Meinung des Landes, die Spannung zu steigern und die Ausführung des Abkommens zu vereiteln. Eine englische Flottendemonstration vor der spanischen Küste veranlaßte die Regierung von Madrid, den *Asiento* aufzukündigen, und im Oktober ergingen die Kriegserklärungen zwischen den beiden Staaten.

Für die Engländer bestand kein Zweifel, daß dieser Krieg schließlich auch zu einem Konflikt mit Frankreich führen würde, das mit Spanien ja durch den bourbonischen Familienpakt eng verbunden war. Tatsächlich bewog die Entsendung englischer Flotten unter den Admirälen Sir Edward Vernon, Sir Chaloner Ogle und Lord Cathcart nach Mittel- und

Südamerika den greisen Fleury, nun seinerseits eine französische Flotte unter dem Admiral Antoine d'Antin nach Westindien auslaufen zu lassen.

Zu größeren Kampfhandlungen kam es aber zunächst nicht. D'Antin verlor wertvolle Zeit bei dem vergeblichen Bestreben, sich mit der spanischen Flotte zu vereinigen. Schließlich wurde er durch Seuchen und Nachschubschwierigkeiten gezwungen, kampf- und ruhmlos nach Frankreich zurückzukehren. Immerhin hatte seine Anwesenheit in den amerikanischen Gewässern die Engländer zu größerer Vorsicht veranlaßt. Nachdem es Vernon gelungen war, die Befestigungen von Puertobello zu zerstören, fanden auch zwischen Engländern und Spaniern keine größeren Kampfhandlungen mehr statt. In dem Kaperkrieg im Atlantik wie im Pazifik – wohin ein kleinerer Verband unter Commodore Lord Anson entsandt worden war – gelang den Briten manch guter Fang; die großen Edelmetall-Transporte aus den spanischen Kolonien ins Mutterland wurden unterbunden, und der englische Schmuggelhandel mit den spanischen Kolonien blühte.

Im übrigen lag die Bedeutung des »Kriegs um Jenkins' Ohr« vor allem darin, daß nach dem langen Frieden zwischen England und Frankreich nun auch im Westen Europas und auf den Weltmeeren die Entwicklung wieder in Fluß geraten war und man über kurz oder lang mit größeren kriegerischen Entwicklungen rechnen mußte; dies wiederum bildete eine wichtige Voraussetzung für das dramatische Geschehen in Mitteleuropa, das 1740 durch den Thronwechsel in Preußen und Österreich nach dem Tod Friedrich Wilhelms I. und des letzten Alt-Habsburgers, des Kaisers Karl VI., ausgelöst wurde.

Der junge König Friedrich

Am 31. Mai 1740 starb der preußische König Friedrich Wilhelm I. Im Todesjahr seines Großvaters, des »Großen Kurfürsten«, 1688, geboren, war er nur zweiundfünfzig Jahre alt geworden. Ihm folgte nun sein am 24. Januar 1712 geborener, also zur Zeit der Thronbesteigung erst achtundzwanzigjähriger Sohn Friedrich als zweiter preußischer König dieses Namens. Der tiefe Gegensatz zwischen Vater und Sohn hatte die Jugend des Kronprinzen überschattet und seinen Charakter geprägt. Den dramatischen Höhepunkt hatte dieser sich auf nahezu alle Lebensbereiche erstreckende Gegensatz im Jahre 1730 gefunden, mit dem mißglückten Fluchtversuch Friedrichs, mit Haft, Prozeß und Todesdrohung, schließlich mit dem grausamen Befehl des Vaters, die Hinrichtung des Jugendfreundes und Mitschuldigen Katte mitansehen zu müssen. Doch auch später noch blieb der Gegensatz zwischen den beiden starken, aber so grundverschiedenen Persönlichkeiten unüberbrückbar bestehen, trotz Begnadigung und äußerlicher Versöhnung und trotz der Unterwerfung des Kronprinzen unter den väterlichen Willen bei der Vermählung mit der ungeliebten Elisabeth-Christine von Braunschweig-Bevern, die dem »Soldatenkönig« als ein »modestes und gottesfürchtiges Mensch« genehm war.

Der vielseitig begabte Friedrich hatte als Sohn und Enkel hannoverscher Prinzessinnen das in den Frauen des Welfenhauses immer wieder auftretende starke geistige Interesse und eine entsprechende Beweglichkeit geerbt. Früh schon strebte er nach heiterem, kultiviertem, ja raffiniertem Lebensgenuß. Er verabscheute die enge pietistische Frömmigkeit des Vaters und öffnete sich ganz den neuen Ideen der Aufklärung unter dem Einfluß geistig bedeutender, charakterlich aber nicht unbedenklicher Männer, wie jenes Ernst Christoph von Manteuffel, der im Sold des Geheimdienstes des Prinzen Eugen stand und zugleich ein entschiedener Vorkämpfer und Verbreiter der Leibniz-Wolffschen Aufklärungsphilosophie war.

In den letzten Jahren seiner Kronprinzenzeit trat Friedrich dann in brieflichen Kontakt mit den führenden Geistern seiner Zeit, voran dem Fürsten der europäischen Aufklärung: Voltaire. Selbst in den nun allmählich erwachenden politischen Interessen zeigte sich der tiefe Wesensunterschied zum Vater; statt der Innenpolitik und Verwaltung, denen das Hauptaugenmerk von »Preußens größtem inneren König« gegolten hatte, wandte der junge Friedrich sein Interesse zunächst vor allem der Außenpolitik zu. Schon 1731 entwarf er in einer Betrachtung über die gegenwärtige Politik Preußens ein Programm zur »Arrondierung« des Hohenzollernstaates, und auch in den folgenden Jahren entwickelte er immer wieder außenpolitische Ideen und Pläne. Gerade in den letzten Jahren vor seinem Regierungsantritt entstanden dann die beiden großen Abhandlungen – 1738 die *Considérations sur l'état présent du corps politique de l'Europe*, im folgenden Jahre der *Antimachiavell* –; in das Gewand einer Punkt für Punkt ausgeführten Widerlegung des Fürstenbuchs des florentinischen Sekretärs gekleidet, wurde er die Programmschrift einer aufgeklärten, von moralischen Prinzipien beherrschten Politik, die im Wohl der Regierten und der Unterordnung des Fürsten unter den Staat als dessen »erster Diener« Ziel und Rechtfertigung finden sollte. Friedrich selbst hat seine »Philosophie« als eine Mischung »epikureischer« und »stoischer« Grundsätze bezeichnet. Die verbindende und belebende Kraft aber war zunächst die in ihm lodernde Begierde nach Ruhm: nach dem Lorbeer des Dichters in der französischen Sprache der Gebildeten, des Philosophen und Menschenbeglückers, sogleich aber auch nach dem kriegerischen Lorbeer des Feldherrn und Mehrers seines geographisch so unglücklich liegenden, in drei voneinander getrennte Herrschaftskomplexe zerrissenen Staatswesens.

Gleich die ersten Regierungsmaßnahmen offenbarten den neuen Kurs mit aller Deutlichkeit. Der von Friedrich Wilhelm aus Halle vertriebene Christian Wolff erlebte eine triumphale Rehabilitierung und Rückkehr auf seinen Lehrstuhl, die unter Friedrich Wilhelm verfallene Berliner Akademie der Wissenschaften wurde erneuert und erhielt in dem französischen Mathematiker und Philosophen Pierre Maupertuis einen neuen Präsidenten, die Folter wurde abgeschafft, und schon drei Wochen nach seinem Regierungsantritt schrieb der junge König in einer Randbemerkung die berühmten Sätze: »Die Religionen müssen alle tolerieret werden und muß der Fiskal nur das Auge darauf haben, daß keine der anderen Abbruch tue, denn hier muß jeder nach seiner Fasson selig werden.«

Auch in der Außenpolitik zeigte sich der neue Stil sogleich in dem resoluten Vorgehen gegen den Bischof von Lüttich, der lehenshoheitliche Rechte über die preußische Herrschaft Herstal geltend gemacht hatte. Als der Bischof ein auf zwei Tage befristetes Ultimatum nicht beantwortete, ließ Friedrich Truppen einrücken und Steuern erheben und zwang den Bischof zu einem Vergleich. Dieses entschiedene Vorgehen im Westen des preußischen

Herrschaftsgebietes ließ auch eine aktivere Politik des jungen Königs in dem von seinem Vater in den letzten Jahren vornehmlich betriebenen Erwerb von Jülich und Berg erwarten. Hatte Friedrich Wilhelm 1738 die Enttäuschung erleben müssen, daß die »Quadrille der Mächte«, England, Frankreich, die Generalstaaten und der Kaiser, sich seinen Absichten entgegenstellte und die jülich-bergischen Länder an Pfalz-Sulzbach geben wollte – mit der nichtssagenden Klausel »unter Vorbehalt des preußischen Anspruchs« –, so schien nun der zu erwartende Konflikt zwischen England und Frankreich einer unternehmenden preußischen Politik die Möglichkeit zu eröffnen, die Front der Großmächte zu sprengen.

Da starb am 20. Oktober 1740, völlig unerwartet, Kaiser Karl VI., auch er mit fünfundfünfzig Jahren noch auf der Höhe seines Lebens. Nun wechselte Friedrich jäh, in schneller Erfassung der sich daraus ergebenden Chancen, die Richtung seiner außenpolitischen Aspirationen. An die Stelle einer stärkeren preußischen Position am Niederrhein trat ein weit lohnenderes Ziel: Schlesien. Alte Erbansprüche auf die schlesischen Herzogtümer Liegnitz, Brieg, Wohlau und Jägerndorf dienten als rechtlicher Vorwand. Bei seiner letzten Hinwendung zum Kaiser hatte der Große Kurfürst 1686 auf diese Ansprüche gegen Überlassung des als schlesische Exklave in brandenburgischem Gebiet liegenden Schwiebuser Kreises verzichtet; aber die kaiserliche Diplomatie hatte in einem Geheimvertrag hinter dem Rücken des Kurfürsten seinen mit dem Vater zerfallenen Sohn, den späteren König Friedrich I., zur Rückgabe des Schwiebuser Kreises nach dem Tod des Großen Kurfürsten verpflichtet. So konnte man nun auf jene alten Rechtstitel zurückgreifen, während man die inzwischen von Friedrich Wilhelm I. geleistete Garantie der Pragmatischen Sanktion – und damit der Unversehrtheit der habsburgischen Ländermasse – mit der Begründung für erloschen erklärte, daß der Kaiserhof die preußischen Ansprüche auf Jülich und Berg nicht unterstützt und damit die versprochene Gegenleistung nicht erbracht habe.

Persönlich hat Friedrich der weitausholenden juristischen Argumentation zur Begründung der preußischen Ansprüche auf Schlesien nur geringen Wert beigemessen; er bezeichnete die in seinem Auftrag durchgeführte Ausarbeitung zynisch als »Werk eines tüchtigen Scharlatans«, benutzte sie aber gleichwohl zur propagandistischen Beeinflussung der Mitwelt und zur Aufrechterhaltung eines Scheins von Rechtmäßigkeit. Entscheidend war für ihn die Gunst der Stunde; der Gegensatz der Großmächte im Westen, der nach Karls VI. unglücklichem Türkenkrieg und dem Frieden von Belgrad offenkundig gewordene Machtverfall Österreichs, die Aspirationen Bayerns, Sachsens, Piemont-Sardiniens und Spaniens auf Teile des österreichischen Erbes, die Entmachtung des friedliebenden greisen Fleury in Frankreich durch die Kriegspartei unter dem Marschall Herzog Charles de Belle-Isle. Erst im vergangenen Jahr hatte der bourbonische Familienpakt, auf Grund dessen eine Tochter des französischen Königs mit Don Philipp, dem jüngeren Sohn der Elisabeth Farnese, vermählt worden war, Paris an die neuerungssüchtige und ehrgeizige Politik des Madrider Hofes gekettet.

Zu allen diesen Elementen der Unruhe und Unsicherheit aber kam nun noch die durch den Tod des letzten männlichen Habsburgers aufgeworfene Frage der Nachfolge im Kaisertum hinzu. Sollte der Großherzog von Toskana, der Gemahl der Erbin der Österreichischen

Monarchie, Römischer Kaiser werden oder der Kurfürst von Bayern, dessen Kandidatur auf die Unterstützung Frankreichs zählen konnte?

Mit der vom Vater geerbten schlagkräftigen Armee und einer vollen Kriegskasse konnte der junge preußische König bei den kommenden Entscheidungen ein gewichtiges Wort mitsprechen und seine Hilfe den Meistbietenden verkaufen, besonders wenn er sich in raschem Zugriff bedeutende Faustpfänder sicherte. Derartige Überlegungen waren von bestechender Folgerichtigkeit und bewiesen, daß der junge fürstliche Philosoph viel von seinem verabscheuten Gegner Machiavelli gelernt hatte; die Panne, daß eben – von Voltaire betreut – der »Antimachiavell« erschien, war eine Ironie der Geschichte, gewiß ärgerlich, doch ohne entscheidende Bedeutung.

Soweit sich die Folgen des Angriffs auf Schlesien überhaupt vorausberechnen ließen – und jeder handelnde Staatsmann muß ja die Folgen seines Tuns vorauszuberechnen suchen – ist Friedrichs Rechnung aufgegangen. Eine nicht berechenbare Überraschung für den Preußenkönig bedeutete allerdings die feste Haltung der jungen Habsburgerin Maria Theresia. Trotz der nahezu hoffnungslosen Ausgangsposition und gegen den Rat der erfahrenen, aber keineswegs überragenden Staatsmänner ihres Vaters, gegen den Rat auch des nüchtern rechnenden eigenen Gemahls entschloß sie sich, der Erpressung Friedrichs nicht nachzugeben, sein ihr gleichzeitig mit dem preußischen Einmarsch in Schlesien übermitteltes Bündnisangebot empört zurückzuweisen und den Kampf um ihr Erbe aufzunehmen.

Am 16. Dezember 1740 brach Friedrich ohne Kriegserklärung mit seiner Armee in Schlesien ein. Die Besetzung des Landes, zu dessen Verteidigung nur drei Bataillone zur Verfügung standen, bot keine Schwierigkeiten. Erst im Frühjahr des folgenden Jahres konnten für die Aufgabe viel zu schwache österreichische Verbände den Versuch unternehmen, Schlesien zurückzugewinnen. Sie unterlagen am 10. April 1741 bei Mollwitz der Überlegenheit der preußischen Grenadiere, nachdem die österreichische Reiterei die preußische – und den jungen König selbst – bereits in die Flucht geschlagen hatte. Mit Recht wurde gesagt, daß nicht Friedrich, sondern sein ein Jahr zuvor verstorbener Vater der Sieger in diesem ersten Waffengang zwischen Preußen und Österreichern gewesen sei.

Außenpolitisch ging aber erst nach dem Sieg von Mollwitz Friedrichs Rechnung auf. Nun erst formierte sich die große Koalition gegen Maria Theresia: Preußen, Frankreich, Spanien und Bayern fanden sich zusammen, um der jungen Herrscherin »die Federn auszurupfen« und ihr von dem habsburgischen Erbe womöglich nur jenes Königreich Ungarn zu lassen, mit dessen ehrwürdiger Stephanskrone sie eben, im Juni 1741, in Preßburg gekrönt wurde. Aber weder die Nachricht von den Bündnissen ihrer Gegner noch der Rat der Engländer, der einzigen Verbündeten, auf die sie noch hoffen durfte, konnten die »Königin von Ungarn« dazu bewegen, durch den Verzicht auf Schlesien den gefährlichsten Gegner aus der feindlichen Koalition herauszubrechen. Ihr schließlich unter dem Druck der immer größer werdenden Bedrängnis gemachtes Angebot auf einen Teil Schlesiens aber wurde von Friedrich abgelehnt: Er wußte jetzt eine große europäische Koalition an seiner Seite.

Maria Theresias Kampf um ihr Erbe

Für den Dankgottesdienst nach der Schlacht von Mollwitz bestimmte Friedrich als Text die Stelle aus dem ersten Paulusbrief an Thimotheus (II, 11–12): »Ein Weib lerne in der Stille mit aller Bescheidenheit. Einem Weibe aber gestatte ich nicht, daß sie lehre, auch nicht, daß sie des Mannes Herr sei, sondern ich will, daß sie stille sei.« Maria Theresia hingegen sagte von sich in dieser kritischsten Zeit ihrer Regierung, sie sei zwar nur eine arme Königin, habe aber das Herz eines Königs. Rückblickend schrieb sie später von ihrem Ringen mit Friedrich: »Soferne nicht allezeit gesegneten Leibes gewesen, hätte mich gewiß Niemand aufgehalten, selbsten diesem so meineydigen Feinde entgegenzusetzen.«

Durch ihre Standhaftigkeit und ihr entschiedenes Auftreten, durch den Zauber ihrer Persönlichkeit, aber auch durch kluge Konzessionen an das Selbstbewußtsein der ungarischen Adelsnation gewann Maria Theresia die Unterstützung der ungarischen Stände; doch angesichts der unvermeidlichen Langsamkeit und Schwerfälligkeit der ständischen Rüstungen war zunächst eine Atempause die wichtigste Bedingung für das Überleben der Österreichischen Monarchie. Diese Pause gewährte die im Oktober 1741 mit Friedrich II. dank englischer Vermittlung abgeschlossene Geheimkonvention von Klein-Schnellendorf, in der sich der preußische König gegen Überlassung der Festung Neisse zur Einstellung der Feindseligkeiten bereit fand. Ein weiterer für Maria Theresia glücklicher Umstand war es dann, daß der wittelsbachische Kurfürst Karl Albrecht, dessen Bewerbung um die Kaiserkrone die »Königin von Ungarn« nicht wirksam entgegenzutreten vermochte, von Oberösterreich aus nicht auf Wien vormarschierte, sondern nach Böhmen abbog, wo er im Verein mit Bayern und Franzosen am 26. November Prag eroberte, sich von den böhmischen Ständen als ihrem neuen König huldigen ließ und so die Voraussetzung schuf für die Erfüllung des alten, seit der Goldenen Bulle zum Gewohnheitsrecht gewordenen Grundsatzes, daß die »römische Krone« auf die »böhmische« gehöre, also der König von Böhmen als Ranghöchster der weltlichen Kurfürsten einen legitimen Anspruch auf die Kaiserkrone besitze. Am 14. Januar 1742 wurde der Wittelsbacher denn auch tatsächlich in Frankfurt zum Kaiser gewählt und am 12. Februar von seinem Bruder, dem Kurfürsten Clemens August von Köln, als Karl VII. gekrönt. Daß zur gleichen Zeit sein bayrisches Stammland von den österreichischen Truppen unter Khevenhüller erobert wurde und die Österreicher am Tag der Frankfurter Krönung in München einmarschierten, war allerdings ein böses Omen für das dann auch so kurzlebige und machtlose wittelsbachische Kaisertum, Produkt einer vorübergehenden Konstellation der deutschen und der europäischen Politik.

Maria Theresias im Kampf um ihr Erbe gezeigte Energie veranlaßte nun auch England und die – nach dem treffenden Wort Friedrichs II. zur Schaluppe im Schlepptau und Kielwasser der englischen Fregatte gewordenen – Generalstaaten der Niederlande, die einst von ihnen garantierte Pragmatische Sanktion entschieden zu verteidigen, denn bei einer Aufteilung der Österreichischen Monarchie wären die einst spanischen, jetzt österreichischen südlichen Niederlande gewiß Frankreich zugefallen, was weder die Engländer noch die Holländer dulden konnten. Daß der führende Publizist des deutschen Westens Jean Ignace de Roderique mit seiner *Gazette de Cologne* wirksam für die Unterstützung der

Habsburgerin durch die Seemächte eintrat, hat den Preußenkönig so erbittert, daß er seinem Ärger in französischen Versen gegen Roderique und durch einen heimtückischen Überfall gedungener Verbrecher auf den unglücklichen Journalisten Luft machte.

Die gründlich veränderte militärische und politische Situation aber ließ es Friedrich nun geraten erscheinen, nach dem im Mai 1742 bei Chotusitz über Maria Theresias Schwager Karl von Lothringen errungenen Sieg, sich die schlesische Beute in einem Separatfrieden zu sichern. Unter englischer Vermittlung schloß er am 11. Juni mit Maria Theresia in Breslau einen Präliminarfrieden, der dann durch den am 28. Juli in Berlin unterzeichneten definitiven Frieden bestätigt wurde. Maria Theresia trat Schlesien, mit Ausnahme von Troppau, Teschen und Jägerndorf, schweren Herzens an Friedrich ab, in der Hoffnung freilich, sich nun, nach dem Ausscheiden des gefährlichsten Gegners, der anderen Feinde um so sicherer erwehren und aus ihrem Gebiet einen vollwertigen Ersatz für den Verlust Schlesiens gewinnen zu können. So schien vor allem die Erwerbung Bayerns, ein seit dem Spanischen Erbfolgekrieg während des ganzen 18. Jahrhunderts immer wieder in der österreichischen Politik auftauchendes Projekt, gerade damals durchaus im Bereich des Möglichen zu liegen; wie auch zwei Jahre später, nach einer günstigeren Entwicklung der Kriegslage in Italien, sogar die Rückeroberung Neapels für Österreich einige Aussicht auf Erfolg hatte. Als schließlich Karl von Lothringen an der Spitze österreichischer und verbündeter Truppen über den Rhein ins Elsaß vorstieß und sich den Grenzen des einstigen Stammlandes der lothringischen Brüder näherte, sah es tatsächlich so aus, als ob Österreich nun unter der jungen Habsburgerin wieder zu jener europäischen Geltung emporsteigen würde, die es vor dem Polnischen Thronfolgekrieg besessen hatte.

Eine solche Entwicklung erschien nun aber dem Preußenkönig als äußerst gefährlich für seinen soeben erworbenen schlesischen Besitz, denn er gab sich keiner Täuschung darüber hin, daß Maria Theresia bei günstiger Gelegenheit alles unternehmen werde, um Schlesien zurückzugewinnen. Aus diesem Grunde entschloß er sich im Sommer 1744 zum Bruch des zwei Jahre vorher geschlossenen Friedens, rückte in Böhmen ein, zwang Karl von Lothringen zum eiligen Rückzug über den Rhein, dann zum Marsch nach Böhmen, wo Friedrich ihm im folgenden Jahre, am 4. Juni 1745, bei Hohenfriedberg eine schwere Niederlage zufügte.

Aber auch in diesem »Zweiten Schlesischen Krieg« war Friedrich wie im Ersten bestrebt, so bald als möglich einen ihm Schlesien sichernden Frieden zu schließen. Dazu mußte ihn auch das Scheitern seiner Reichspolitik bewegen, nachdem der wittelsbachische Kaiser Karl VII. am 20. Januar 1745 gestorben war und sein Sohn und Erbe Max Joseph im Frieden von Füssen vom 22. April auf jeden Erbanspruch auf Österreich und auf die Bewerbung um die Kaiserwürde verzichtet, dafür von Maria Theresia den ungeschmälerten Besitz seines bayrischen Stammlandes zugesichert erhalten hatte. Während der Krieg noch andauerte, erreichte Maria Theresia, daß ihr Gemahl, der Großherzog von Toskana und Mitregent in den Ländern der Österreichischen Monarchie, von der Mehrzahl der Kurfürsten gewählt und am 4. Oktober 1745 in Frankfurt als Franz I. zum Kaiser des Heiligen Römischen Reiches gekrönt wurde: Die Reichskrone, die Maria Theresias habsburgische Vorfahren in ununterbrochener Folge seit mehr als drei Jahrhunderten getragen hatten, war durch

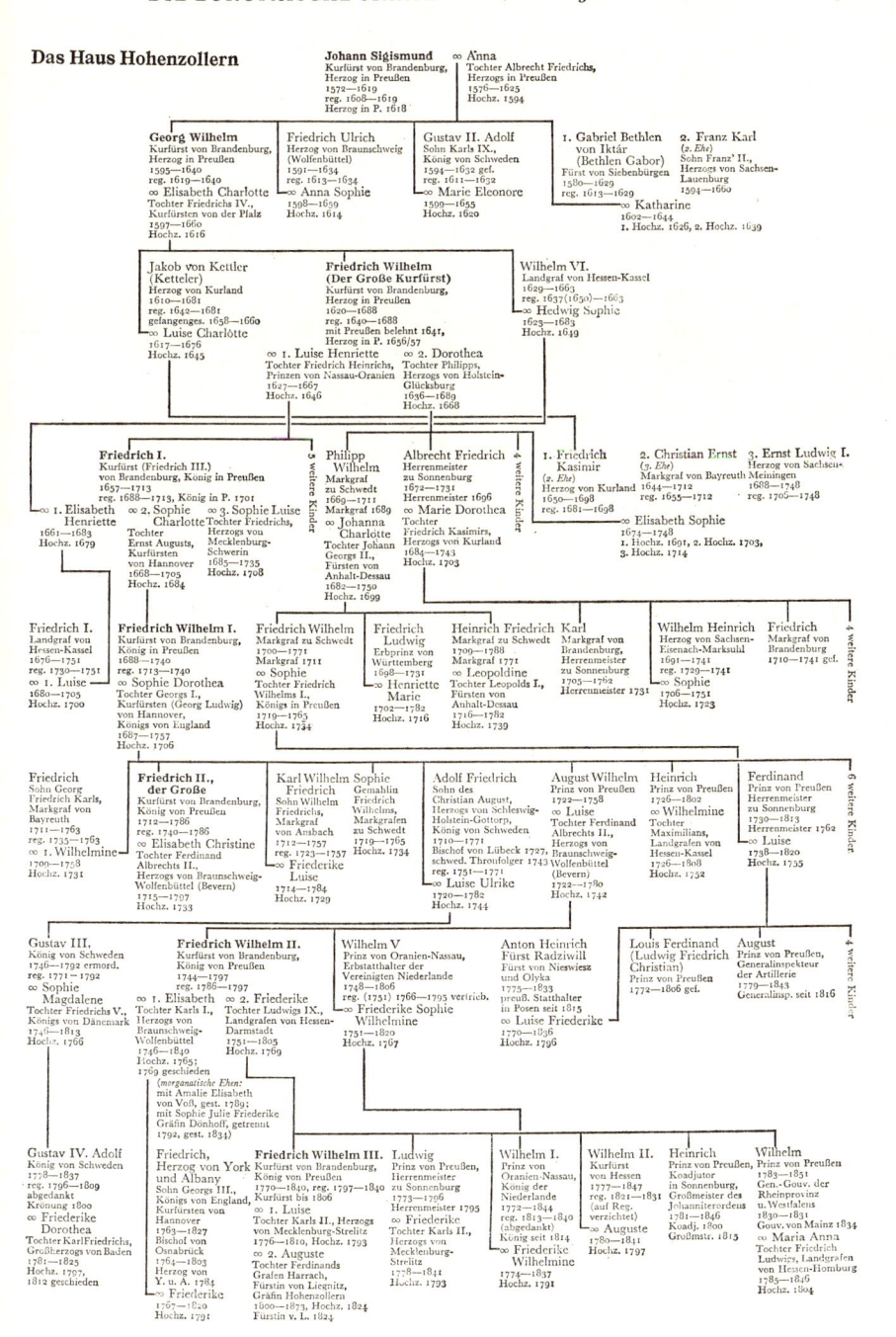

DIE EUROPÄISCHE STAATENWELT IM 18. JAHRHUNDERT

Das Haus Hohenzollern

Johann Sigismund, Kurfürst von Brandenburg, Herzog in Preußen 1572–1619, reg. 1608–1619, Herzog in P. 1618 ∞ **Anna**, Tochter Albrecht Friedrichs, Herzogs in Preußen 1576–1625, Hochz. 1594

Kinder:

Georg Wilhelm, Kurfürst von Brandenburg, Herzog in Preußen 1595–1640, reg. 1619–1640 ∞ **Elisabeth Charlotte**, Tochter Friedrichs IV., Kurfürsten von der Pfalz 1597–1660, Hochz. 1616

Friedrich Ulrich, Herzog von Braunschweig (Wolfenbüttel) 1591–1634, reg. 1613–1634 ∞ **Anna Sophie** 1598–1659, Hochz. 1614

Gustav II. Adolf, Sohn Karls IX., König von Schweden 1594–1632 gef., reg. 1611–1632 ∞ **Marie Eleonore** 1599–1655, Hochz. 1620

1. **Gabriel Bethlen von Iktár** (Bethlen Gabor), Fürst von Siebenbürgen 1580–1629, reg. 1613–1629
2. **Franz Karl** (2. Ehe), Sohn Franz' II., Herzogs von Sachsen-Lauenburg 1594–1660
∞ **Katharina** 1602–1644, 1. Hochz. 1626, 2. Hochz. 1639

Jakob von Kettler (Ketteler), Herzog von Kurland 1610–1681, reg. 1642–1681, gefangenes. 1658–1660 ∞ **Luise Charlotte** 1617–1676, Hochz. 1645

Friedrich Wilhelm (Der Große Kurfürst), Kurfürst von Brandenburg, Herzog in Preußen 1620–1688, reg. 1640–1688, mit Preußen belehnt 1641, Herzog in P. 1656/57
∞ 1. **Luise Henriette**, Tochter Friedrich Heinrichs, Prinzen von Nassau-Oranien 1627–1667, Hochz. 1646
∞ 2. **Dorothea**, Tochter Philipps, Herzogs von Holstein-Glücksburg 1636–1689, Hochz. 1668

Wilhelm VI., Landgraf von Hessen-Kassel 1629–1663, reg. 1637(1650)–1663 ∞ **Hedwig Sophie** 1623–1683, Hochz. 1649

Friedrich I., Kurfürst (Friedrich III.) von Brandenburg, König in Preußen 1657–1713, reg. 1688–1713, König in P. 1701
∞ 1. **Elisabeth Henriette** 1661–1683, Hochz. 1679
∞ 2. **Sophie Charlotte**, Tochter Ernst Augusts, Kurfürsten von Hannover 1668–1705, Hochz. 1684
∞ 3. **Sophie Luise**, Tochter Friedrichs, Herzogs von Mecklenburg-Schwerin 1685–1735, Hochz. 1708

3 weitere Kinder

Philipp Wilhelm, Markgraf zu Schwedt 1669–1711, Markgraf 1689 ∞ **Johanna Charlotte**, Tochter Johann Georgs II., Fürsten von Anhalt-Dessau 1682–1750, Hochz. 1699

Albrecht Friedrich, Herrenmeister zu Sonnenburg 1672–1731, Herrenmeister 1696 ∞ **Marie Dorothea**, Tochter Friedrich Kasimirs, Herzogs von Kurland 1684–1743, Hochz. 1703

4 weitere Kinder

1. **Friedrich Kasimir** (2. Ehe), Herzog von Kurland 1650–1698, reg. 1681–1698
2. **Christian Ernst** (3. Ehe), Markgraf von Bayreuth 1644–1712, reg. 1655–1712
3. **Ernst Ludwig I.**, Herzog von Sachsen-Meiningen 1688–1748, reg. 1705–1748
∞ **Elisabeth Sophie** 1674–1748, 1. Hochz. 1691, 2. Hochz. 1703, 3. Hochz. 1714

Friedrich I., Landgraf von Hessen-Kassel 1676–1751, reg. 1730–1751 ∞ 1. **Luise** 1680–1705, Hochz. 1700

Friedrich Wilhelm I., Kurfürst von Brandenburg, König in Preußen 1688–1740, reg. 1713–1740 ∞ **Sophie Dorothea**, Tochter Georgs I., Kurfürsten (Georg Ludwig) von Hannover, Königs von England 1687–1757, Hochz. 1706

Friedrich Wilhelm, Markgraf zu Schwedt 1700–1771, Markgraf 1711 ∞ **Sophie**, Tochter Friedrich Wilhelms I., 1719–1765, Hochz. 1744

Friedrich Ludwig, Erbprinz von Hessen-Kassel 1698–1732 ∞ **Henriette Marie**, Fürsten von Anhalt-Dessau 1702–1782, Hochz. 1716

Heinrich Friedrich, Markgraf zu Schwedt 1709–1788, Markgraf 1771 ∞ **Leopoldine**, Tochter Leopolds I., Fürsten von Anhalt-Dessau 1716–1782, Hochz. 1739

Karl, Markgraf von Brandenburg-Herrenmeister 1705–1762, Herrenmeister 1731

Wilhelm Heinrich, Herzog von Sachsen-Eisenach-Marksuhl 1691–1741, reg. 1729–1741 ∞ **Sophie** 1706–1751, Hochz. 1723

Friedrich, Markgraf von Brandenburg 1710–1741 gef.

4 weitere Kinder

Friedrich, Sohn Georg Friedrich Karls, Markgraf von Bayreuth 1711–1763, reg. 1735–1763 ∞ 1. **Wilhelmine** 1709–1758, Hochz. 1731

Friedrich II., der Große, Sohn Friedrich Wilhelms, König von Preußen 1712–1786, reg. 1740–1786 ∞ **Elisabeth Christine**, Tochter Ferdinand Albrechts II., Herzogs von Braunschweig-Wolfenbüttel (Bevern) 1715–1797, Hochz. 1733

Karl Wilhelm Friedrich, Sohn Wilhelm Friedrichs, Markgraf von Ansbach 1712–1757, reg. 1723–1757 ∞ **Friederike Luise** 1714–1784, Hochz. 1729

Sophie, Gemahlin Friedrich Wilhelms, Markgrafen von Bayreuth 1719–1765, Hochz. 1734

Adolf Friedrich, Sohn des Christian August, Herzogs von Schleswig-Holstein-Gottorp, Fürstb. von Lübeck 1727, schwed. Thronfolger 1743, König von Schweden 1710–1771, reg. 1751–1771 ∞ **Luise Ulrike** 1720–1782, Hochz. 1744

August Wilhelm, Prinz von Preußen 1722–1758 ∞ **Luise**, Tochter Ferdinand Albrechts II., Herzogs von Braunschweig-Wolfenbüttel (Bevern) 1722–1780, Hochz. 1742

Heinrich, Prinz von Preußen 1726–1802 ∞ **Wilhelmine**, Tochter Maximilians, Landgrafen von Hessen-Kassel 1726–1808, Hochz. 1752

Ferdinand, Prinz von Preußen, Herrenmeister 1730–1813, Herrenmeister 1762 ∞ **Luise** 1738–1820, Hochz. 1755

6 weitere Kinder

Gustav III., König von Schweden 1746–1792 ermord., reg. 1771–1792 ∞ **Sophie Magdalene**, Tochter Friedrichs V., Königs von Dänemark 1746–1813, Hochz. 1766

Friedrich Wilhelm II., Kurfürst von Brandenburg, König von Preußen 1744–1797, reg. 1786–1797
∞ 1. **Elisabeth**, Tochter Karls I., Herzogs von Braunschweig-Wolfenbüttel 1746–1840, Hochz. 1765; 1769 geschieden
∞ 2. **Friederike**, Tochter Ludwigs IX., Landgrafen von Hessen-Darmstadt 1751–1805, Hochz. 1769
(morganatische Ehen: mit Amalie Elisabeth von Voß, gest. 1789; mit Sophie Julie Friederike Gräfin Dönhoff, getrennt 1792, gest. 1834)

Wilhelm V, Prinz von Oranien-Nassau, Erbstatthalter der Vereinigten Niederlande 1748–1806, reg. (1751) 1766–1795 vertrieb. ∞ **Friederike Sophie Wilhelmine** 1751–1820, Hochz. 1767

Anton Heinrich Fürst Radziwill, Fürst von Nieswiez und Olyka 1775–1833, preuß. Statthalter in Posen seit 1815 ∞ **Luise Friederike** 1770–1836, Hochz. 1796

Louis Ferdinand (Ludwig Friedrich Christian), Prinz von Preußen 1772–1806 gef.

August, Prinz von Preußen, Generalinspekteur der Artillerie 1779–1843, Generalinsp. seit 1816

4 weitere Kinder

Gustav IV. Adolf, König von Schweden 1778–1837, reg. 1796–1809, abgedankt, Krönung 1800 ∞ **Friederike Dorothea**, Tochter Karl Friedrichs, Großherzogs von Baden 1781–1825, Hochz. 1797, 1812 geschieden

Friedrich, Herzog von York und Albany, Sohn Georgs III., 1770–1840, reg. 1797–1840, Kurfürst bis 1806 ∞ **Luise**, Tochter Karls Ludwig Friedrichs, Herzogs von Mecklenburg-Strelitz 1776–1810, Hochz. 1793

Friedrich Wilhelm III., Kurfürst von Brandenburg, König von Preußen 1770–1840, reg. 1797–1840, Kurfürst bis 1806
∞ 1. **Luise**, Tochter Karls Ludwigs, Herzogs von Mecklenburg-Strelitz 1776–1810, Hochz. 1793
∞ 2. **Auguste**, Tochter Ferdinands Grafen Harrach, Fürstin von Liegnitz 1800–1873, Hochz. 1824, Fürstin v. L. 1824

Ludwig, Prinz von Preußen, Herrenmeister 1773–1796, Herrenmeister 1795 ∞ **Friederike**, Tochter Karls II., Herzogs von Mecklenburg-Strelitz 1778–1841, Hochz. 1793

Wilhelm I., Prinz von Oranien-Nassau, König der Niederlande 1772–1844, reg. 1813–1840 (abgedankt), König seit 1814 ∞ **Friederike Wilhelmine** 1774–1837, Hochz. 1791

Wilhelm II., Kurfürst von Hessen 1777–1847, reg. 1821–1831 (auf Reg. verzichtet) ∞ **Auguste** 1780–1841, Hochz. 1797

Heinrich, Prinz von Preußen, Großmeister des Johanniterordens 1781–1846, Koadj. 1800, Großmstr. 1815

Wilhelm, Prinz von Preußen 1783–1851, Gen.-Gouv. der Rheinprovinz u. Westfalen 1830–1851, Gouv. von Mainz 1834 ∞ **Maria Anna**, Tochter Friedrich Ludwigs, Landgrafen von Hessen-Homburg 1785–1846, Hochz. 1804

ihren Gemahl wieder ihrem Haus zurückgegeben. Obwohl sie selbst aus nicht völlig durchsichtigen Gründen auf ihre eigene Krönung an der Seite ihres Gemahls verzichtete, ist sie von da an im Bewußtsein der Zeitgenossen wie der Nachwelt »die Kaiserin« gewesen.

Im Reich hatte sich also die Situation für die Habsburg-Lothringer entscheidend gebessert; Sachsen war schon 1742 ohne Gewinn aus dem Kampf gegen Maria Theresia ausgeschieden und stand nun aus Sorge vor der preußischen Expansionspolitik sogar auf ihrer Seite. Aber die Lage im übrigen Europa, namentlich auf den Kriegsschauplätzen in Italien und den österreichischen Niederlanden im Jahre 1745, war für die Verteidiger der »Pragmatischen Sanktion« keineswegs beruhigend. Die Hoffnung auf Wiedergewinnung Neapels war illusorisch geworden, nachdem die dafür zu schwache österreichische Armee unter Lobkowitz bei Velletri in den Albanerbergen südöstlich von Rom – auf dem Territorium des Kirchenstaates – durch Spanier, Neapolitaner und die Einwohner von Velletri eine unerwartete Niederlage erlitten hatte und zum Rückzug nach Norden gezwungen worden war.

Aber auch in der Lombardei vermochten die Österreicher und die Truppen des jetzt mit Österreich und den Seemächten verbündeten Königs von Sardinien-Piemont dem Druck der Feinde – Spanien, Frankreich und der Herzog von Modena – zunächst keinen wirksamen Widerstand entgegenzusetzen. Don Philipp, der jüngere Sohn der Elisabeth Farnese, zog mit spanischen Truppen im September 1745 in Parma, im Dezember sogar in Mailand ein, und in den Niederlanden hatte am 11. Mai 1745 der bedeutendste Feldherr Frankreichs in jenem Krieg, der Marschall Moritz von Sachsen, der Sohn Augusts des Starken und der Gräfin Aurora von Königsmarck, bei Fontenoy die »pragmatische Armee« – Engländer, Holländer und Österreicher – geschlagen. Die von den Franzosen nur ungenügend unterstützte Expedition des Stuart-Prätendenten Charles Edward, des *Young Pretender (Bonnie Prince Charly)*, scheiterte zwar nach anfänglichen Erfolgen in Schottland bei Culloden, aber die Tatsache, daß der Stuart sechs Wochen lang im Holyrood Castle in Edinburgh, dem Königssitz seiner schottischen Ahnen, Hof halten konnte und, vielleicht mehr noch, die erbarmungslose Grausamkeit, mit der Herzog William von Cumberland, der jüngere Sohn König Georgs II., nach dem Sieg bei Culloden als »blutiger Fleischer« die Rebellen bestrafte, verdeutlichen die Gefahr, in der das Haus Hannover und die staatliche Einheit Großbritanniens damals noch schwebten: Selbst der französische Sieg bei Fontenoy ist ganz wesentlich von Iren und Schotten unter französischen Fahnen errungen worden.

So waren die Seemächte und Österreich lebhaft an einem Sonderfrieden mit dem Preußenkönig interessiert, und da auch dieser den Krieg bald zu beenden wünschte, ergab sich eine ganz ähnliche Situation, wie sie 1742 zum Breslauer und Berliner Frieden geführt hatte. Wie damals und schon vorher bei der Konvention von Klein-Schnellendorf war es die englische Vermittlung, die am 25. Dezember 1745 den Frieden von Dresden zwischen Österreich und Preußen zustande brachte. Friedrich erkannte Franz I. als Kaiser an, behielt den schlesischen Besitz und schied auch nach dem »Zweiten Schlesischen Krieg« wieder in einem Separatfrieden aus dem Kampf um das österreichische Erbe aus.

Die in diesem Sonderfrieden erreichte Entlastung für Maria Theresia wirkte sich zusammen mit dem Wechsel im Oberbefehl im folgenden Frühjahr in der Lombardei aus. Mailand wurde zurückerobert, und vor Piacenza errang am 15. Juni 1746 der neue Oberbefehlshaber Fürst Joseph Wenzel Liechtenstein den entscheidenden Sieg über die spanisch-französische Hauptmacht: Die österreichische Herrschaft in Oberitalien war für das kommende halbe Jahrhundert gesichert. In das italienische Geschichtsbewußtsein aber hat sich ein anderes Ereignis am Ende desselben Jahres eingegraben: der genuesische Volksaufstand gegen die österreichischen und sardisch-piemontesischen Truppen im Dezember 1746. Der Nachfolger Liechtensteins im Oberbefehl, der Feldmarschalleutnant Marchese Antonio Botta Adorno, der selbst einem genuesischen Geschlecht entstammte, schlug zwar bei Rottofredo die Spanier und Franzosen aufs neue und nahm Genua ein. Seine Härte gegen die eroberte Stadt, die einst seinen Vater verbannt hatte, trug dann zusammen mit seiner aus der Verachtung für die Genuesen erwachsenen Sorglosigkeit zu Ausbruch und Erfolg des Aufstands bei, der die Österreicher und Piemontesen zwang, die Stadt zu verlassen. Der Name des Straßenjungen »Balilla«, der durch einen Steinwurf das Signal zum Aufstand gab, ist in unserem Jahrhundert sowohl der faschistischen Jugendorganisation Mussolinis als auch einem Kleinauto der Fiat-Werke verliehen worden.

Die geschichtliche Entscheidung, die mit dem Sieg bei Piacenza gefallen war, wurde allerdings von der Aufgabe Genuas ebensowenig berührt wie von den vergeblichen Versuchen zur Wiedereroberung der Seestadt oder von dem von Maria Theresia noch einmal mit der ihr eigenen Zähigkeit aufgenommenen Gedanken an eine neuerliche Expedition nach Neapel; der Plan scheiterte an dem Widerstand der Verbündeten, des Königs von Piemont-Sardinien wie Englands. In den letzten beiden Jahren des österreichischen Erbfolgekrieges kam es dann auf dem italienischen Kriegsschauplatz zu keinen größeren Kampfhandlungen mehr. Das Schwergewicht der Auseinandersetzung verlagerte sich – wie am Ausgang des Spanischen Erbfolgekriegs, der ja in Italien auch schon 1708/09 zu Ende ging – auf den niederländischen Kriegsschauplatz, wo Moritz von Sachsen am 11. Oktober 1746 nochmals, diesmal bei Raucoux in der Nähe von Lüttich, die aus österreichischen, bayrischen, hannoveranischen, hessischen, niederländischen und englischen Truppen bestehende »pragmatische Armee« unter Karl von Lothringen besiegte. Am 18. Oktober 1748 wurde im Rathaus von Aachen endlich jener Friede unterzeichnet, der das achtjährige Ringen um das österreichische Erbe beendete.

In dem Kampf zwischen England und Frankreich war der Aachener Frieden, wie treffend gesagt wurde, nur ein Waffenstillstand. Der Status quo wurde in Europa wie in Übersee wiederhergestellt, Frankreich gab die von ihm besetzten österreichischen Niederlande wieder heraus, woran Engländer und Holländer mindestens ebenso interessiert waren wie Maria Theresia. Die Genugtuung der Habsburgerin darüber, daß sie durch Standhaftigkeit und Klugheit die Aufteilung ihres Erbes verhindert hatte, wurde allerdings geschmälert durch die internationale Anerkennung des von ihr noch lange nicht verwundenen Verlusts Schlesiens.

Ein epochemachendes Ereignis war der Friede von Aachen vor allem für Italien; Maria Theresia behielt die Lombardei, mußte aber Parma und Piacenza an Don Philipp abtreten, den jüngeren Sohn der spanischen Königin und Schwiegersohn des Königs von Frankreich. Diese territoriale Regelung hatte nun endlich für längere Zeit Bestand, für nahezu ein halbes Jahrhundert; nicht, weil sie gerechter oder klüger gewesen wäre als die kurzlebigen der vorangegangenen Friedensschlüsse, sondern weil sich, ausgehend von den Aachener Verhandlungen, wenn auch nur allmählich und unter Rückschlägen, nun die Annäherung zwischen Habsburgern und Bourbonen vollzog. Aus dem bisherigen Schlachtfeld und Kampfpreis Italien wurde der Schauplatz habsburgisch-bourbonischer Familienverbindungen während der folgenden langen Friedenszeit. Diese Annäherung von Wien und Versailles aber war ein Ergebnis der neuen Rivalität zwischen Preußen und Österreich, und so hatte der preußisch-österreichische Dualismus – das für die deutsche Geschichte so verhängnisvolle Erbe aus dem österreichischen Erbfolgekrieg und den beiden Schlesischen Kriegen – für Italien wohltätige Folgen. *La pace di Aquisgrana* ist für die italienische Geschichte der tiefe Einschnitt, der die unruhige, kriegserfüllte erste Jahrhunderthälfte von der friedlichen »Epoche der Reformen« in der zweiten Jahrhunderthälfte trennt, während Deutschland und mit ihm dem übrigen Europa nur eine kurze Atempause vergönnt war, ehe das Ringen, nun allerdings mit vertauschten Fronten, wieder ausbrach.

Die theresianische Staatsreform

Bis zu dem Dresdner Friede habe herzhaft agieret, alles hazardieret und alle Kräften angespannt...«, so berichtet Maria Theresia im Rückblick auf die ersten Jahre ihrer Regierungszeit; in der gleichen großen, einem politischen Testament gleichkommenden Denkschrift heißt es wenig später: »Und wie gesehen, daß die Hände zu dem Dresdner Frieden reichen mußte, so habe auch auf einmal meine Gedenkensart geändert und solche allein auf das Innerliche deren Länder gewendet, umb die erforderlichen Maßregeln zu ergreifen, wie die teutschen Erblande von denen so mächtigen beeden Feinden, Preußen und Türken, bei ermanglenden Festungen und baaren Geldes, auch geschwächten Armeen noch erhalten und zu beschützen wären.«

Aus militärischen und außenpolitischen Erwägungen wurde in den drei letzten Jahren des Österreichischen Erbfolgekriegs, als die unmittelbare Bedrohung des Kerns der deutschen Erbländer abgewendet war und nur noch in den Außenpositionen Italien und Niederlanden gekämpft wurde, das große Werk der theresianischen Staatsreform in Angriff genommen. Ein wesentlicher Antrieb war der Vergleich mit dem preußischen System, mit dessen Hilfe Friedrich aus dem eroberten Schlesien trotz der Kriegsverwüstungen weit mehr an Steuern herauszuholen vermochte als vorher die ständische Finanzverwaltung unter der österreichischen Herrschaft.

Von entscheidender Bedeutung war dabei, ob Maria Theresia für ihr Werk der Reform und inneren Erneuerung die geeigneten Mitarbeiter fand. Die von ihrem Vater übernommenen Minister und Berater hatten sich in der schweren Krise der ersten Regierungsjahre der Herrscherin zum Teil als zu ängstlich und zaghaft erwiesen; andere waren inzwischen gestorben oder wurden auf ehrenvolle, aber nicht mehr so entscheidende Posten geschoben, wie etwa Johann Christoph Freiherr von Bartenstein, der treue und gewissenhafte, keineswegs geniale Leiter der österreichischen Außenpolitik in den letzten Jahren der Regierung Karls VI. und den ersten Regierungsjahren Maria Theresias, dem schließlich, nach verschiedenen Ämtern im »Halbdunkel der hohen Bürokratie«, noch die Aufgabe übertragen wurde, den Erziehungsplan für den Thronfolger, den späteren Kaiser Joseph II., zu entwerfen.

An die Stelle der einstigen Mitarbeiter ihres Vaters traten nun Männer, die Maria Theresia selbst ausgewählt hatte, wobei sich die Beratung ihres von Mit- und Nachwelt wohl ungebührlich unterschätzten Gemahls Franz Stephan gerade bei den wichtigsten Persönlichkeiten nachweisen, in anderen Fällen vermuten läßt. So war schon in den ersten Jahren der Regierung Maria Theresias der von Franz Stephan protegierte Portugiese Herzog Manuel da Silva-Tarouca allmählich in die Stellung des vertrautesten persönlichen Ratgebers, »Gewissensrats« und Mentors der Herrscherin aufgerückt, wobei er den Höhepunkt seines Einflusses allerdings erst anfangs der fünfziger Jahre erreichte. Aus den Niederlanden holte sich Maria Theresia im Jahre 1745 den großen Arzt und Gelehrten Gerard van Swieten, der dann nicht nur als Leibarzt und Präfekt der Hofbibliothek für das körperliche und geistige Wohl der kaiserlichen Familie sorgte, sondern auch als Reformer erst der medizinischen, dann auch der anderen akademischen Studien, schließlich als Mitglied und Vorsitzender der Zensurkommission dem Einströmen der katholischen Aufklärung nach Österreich weit die Tore öffnete und als überzeugter Jansenist eine wichtige Voraussetzung schuf für die Ausbildung und Ausbreitung des theresianischen Reformkatholizismus und des »Josephinismus«. Ein prominenter Vertreter der mehr weltlichen und rationalistischen Strömung innerhalb der Aufklärung war der junge Diplomat Graf Wenzel Anton Kaunitz-Rietberg, der 1749 der Kaiserin sein außenpolitisches Programm vortrug und dann 1753 die Leitung der außenpolitischen Geschäfte von Bartenstein übernahm, während auf militärischem Gebiet Graf Leopold Joseph Daun nach dem Aachener Frieden von Maria Theresia den Auftrag zur Erneuerung und Reorganisation der österreichischen Armee erhielt.

Wichtiger als sie alle aber ist zunächst für »das Innerliche deren Länder« der Mann geworden, von dem Maria Theresia später bekannte, sie habe gerade einen solchen Mitarbeiter gebraucht – »just, umb durchbrechen zu können« –, um die notwendige Staatsreform gegen alle Widerstände durchzusetzen: Graf Friedrich Wilhelm Haugwitz, auch er eine »Entdeckung« Franz Stephans. Von ihm meinte der nachmalige Großkanzler Friedrichs II., der Freiherr von Fürst, er sähe »mehr einem Narren als einem großen Manne ähnlich«, nach dem Urteil seiner Herrscherin aber war er »ehrlich, ohne Absicht, ohne praedilection und ohne abition, noch Anhang, der das Gute, weil es gut erkennet wird, souteniret, nebst einem großmüthigen desinteressement und attachement vor seinen Landesfürsten, ohne praevention, mit großer Capacität und Freud zur Arbeit, auch beständigen Application, das Licht nicht scheuend, noch den unbilligen Haß deren interessirten sich zuzuziehen«.

Gestützt auf das Vertrauen Maria Theresias erprobte Haugwitz das von ihm aus theoretischer Überlegung, praktischer Erfahrung und schöpferischer Übernahme des preußischen Vorbilds entwickelte neue Behördensystem zuerst 1744 im österreichischen Teil Schlesiens und führte es 1747 in Krain und Kärnten ein. Unter Verwendung der dabei gemachten Erfahrungen wurde dann das neue System im Laufe des Jahres 1748 ausgearbeitet, von Haugwitz in Verhandlungen mit den Ständen der einzelnen Länder durchgesetzt und im folgenden Jahre mit dem Handschreiben vom 2. Mai 1749 in den deutschen Erbländern, also im westlichen Teil der Habsburgermonarchie, eingeführt. Dem preußischen »Generaldirektorium« entsprach dabei das neue *Directorium in publicis et cameralibus* als die oberste Finanz- und Verwaltungsbehörde der böhmisch-österreichischen Ländergruppe, während die davon abgesonderte Justiz einer »Obersten Justizstelle« unterstellt wurde. Der wichtigste Schritt auf dem Wege vom mittelalterlichen zum modernen Staat war in Österreich mit dieser Staatsreform von 1749 vollzogen, allerdings nur für die westliche Ländergruppe der Monarchie. Der schon in der früheren geschichtlichen Entwicklung angelegte Unterschied der Länder – die Habsburger hatten den fürstlichen Absolutismus und die politische Entmachtung der Stände nur in Böhmen und Österreich, nicht aber in Ungarn durchsetzen können – wurde durch die Schaffung des theresianischen Einheitsstaates im Westen erst recht vertieft und hat schließlich, nach dem Scheitern der josephinischen und nach 1849 der neoabsolutistischen Vereinheitlichungsbestrebungen in der staatsrechtlichen Sonderung des »Ausgleichs« von 1867 und der Schaffung der »Doppelmonarchie« Österreich-Ungarn, seine konsequente Vollendung gefunden.

Mit den »Gubernien«, den Distrikten, in den einzelnen Ländern und den diesen unterstellten Kreisämtern wurde das neue System bis zur untersten politischen Einheit auf dem flachen Lande, der Grundherrschaft, durchgebildet; hier allerdings hörte, ähnlich wie in Preußen beim Landrat, bis zur Revolution von 1848 die unmittelbare staatliche Organisation auf, wenngleich noch in Maria Theresias späterer Regierungszeit mit der »Robotablösung« auf den landesfürstlichen Domänen ein bedeutsamer Schritt in der Richtung auf die schließliche vollständige Bauernbefreiung getan wurde.

Die Bedeutung der theresianischen Staatsreform von 1749 ist auch dadurch nicht geschmälert worden, daß in der großen Krise des Siebenjährigen Krieges unter dem Einfluß von Kaunitz das übermäßig angeschwollene *Directorium in publicis et cameralibus* wieder in die Böhmisch-Österreichische Hofkanzlei als oberste Verwaltungsbehörde und die Hofkammer als oberste Finanzbehörde aufgelöst wurde und im Staatsrat eine neue, zur Beratung und Entlastung des Herrschers bestimmte Ratsbehörde entstand. Die beiden entscheidenden Neuerungen, die Verschmelzung der böhmisch-österreichischen Ländergruppe zu einem absolutistisch-zentralistischen Einheitsstaat und die Ausschaltung der Stände aus der politischen wie aus der Finanzverwaltung, blieben erhalten. Auf diesem zentralen Gebiet ebenso wie in vielem anderen sind unter Maria Theresia die Grundlagen geschaffen worden, die für Österreich bis zum Zerfall der Monarchie im 20. Jahrhundert – ja in vieler Hinsicht noch darüber hinaus in den Nachfolgestaaten bis zur Gegenwart – maßgeblich blieben.

Kaiserin Maria Theresia
Aus einem Gemälde von Martin van Meytens d.J., um 1747
Nürnberg, Germanisches National-Museum

König Friedrich II. von Preußen
Gemälde von Antoine Pesne, um 1740
Berlin, Stiftung Preußischer Kulturbesitz, Staatl. Museen, Gemäldegalerie

Der erste Diener seines Staates

Bei einem Vergleich des theresianischen Österreich und des friderizianischen Preußen im ersten Regierungsjahrzehnt der beiden Herrscher muß man zunächst beachten, daß der Krieg – berücksichtigt man die Pause zwischen dem Ersten und dem Zweiten Schlesischen Krieg und die Jahre nach dem Frieden von Dresden – für Österreich acht, für Preußen hingegen nur etwas mehr als drei Jahre gedauert hatte; ganz abgesehen davon, daß das Ringen für Preußen mit territorialem Gewinn, für Österreich mit Gebietsverlusten geendet hatte. Wenn dennoch im Preußen Friedrichs bis zum Wiederausbruch des Krieges nicht so viele und einschneidende Reformen eingeführt wurden wie in Österreich, so lag dies vor allem daran, daß hier die entscheidende Reform der inneren Verwaltung eben schon unter Friedrich Wilhelm I. erfolgt war und Friedrich sich daher darauf beschränken konnte, den schon von seinem Vater geschaffenen Regierungsapparat in Einzelheiten zu verbessern, zu verfeinern und ihn mit seiner überlegenen Intelligenz im Sinne der Ideen seiner Zeit zu handhaben. Zur gleichen Zeit, da Maria Theresia sich erst gegen zähen Widerstand das Instrument ihrer Regierung schaffen mußte, brauchte Friedrich nur das vom Vater ererbte Instrument zu stimmen und darauf zu spielen.

Die Errichtung neuer, in ihrem Aufgabenbereich gesamtstaatlicher Departements innerhalb des Generaldirektoriums setzte konsequent die schon unter Friedrich Wilhelm I. eingeschlagene Linie der Vereinheitlichung des Staatswesens fort, wenngleich sowohl Schlesien wie das 1744 im Erbgang an Preußen gefallene Ostfriesland zunächst zur Erleichterung des Übergangs eine Sonderstellung zugestanden erhielten. Auch die merkantilistische Finanz- und Wirtschaftspolitik Friedrichs blieb durchaus in den schon von seinem Vater vorgezeichneten Bahnen: Förderung der Manufakturen, Befreiung des Handels von veralteten Fesseln und Schranken, Kanal- und Straßenbau, Urbarmachung des Oderbruchs, Ansiedlung von Bauern, Reform des Münzwesens und andere ähnlich bewährte und im Zuge der Zeit liegende Maßnahmen.

Auch im Regierungsstil selbst ergab sich nichts grundsätzlich Neues gegenüber jenem des »Soldatenkönigs«; die »Regierung aus dem Kabinett«, wobei der Herrscher – wie einst schon Ludwig XIV. und vor ihm Philipp II. von Spanien – in unermüdlicher Schreibtischarbeit den immer mehr anschwellenden Geschäftsverkehr mit Hilfe gut eingearbeiteter Sekretäre in letzter Instanz selbst erledigte und auf den zahlreichen Inspektionsreisen des »allgegenwärtigen Königs« durch persönliches Beispiel und scharfe Kontrolle die Beamten zu pünktlicher Pflichterfüllung anhielt. Diese äußeren Formen aber waren – und hier liegt das entscheidende Charakteristikum der friderizianischen Epoche – mit einem neuen, auf der Höhe der Zeit stehenden Geist erfüllt, der denn auch die Bewunderung des »philosophischen« Europa erregte. Es genügt, einige Randbemerkungen Friedrich Wilhelms mit denen seines Sohnes zu vergleichen. Hatte der Vater in seinen an den Rand der Akten notierten Entscheidungen gleichsam Knüppelhiebe gegen alle ausgeteilt, die seinen Zorn erregt hatten, so glichen die geschliffenen Formulierungen des Sohnes mit ihrer funkelnden Ironie und ihrem geistvollen Spott den blitzschnellen Stößen eines Florettfechters.

Wie für den Feldherrn, so war auch für den Staatsmann Friedrich das Verlangen nach Ruhm, nach dem Beifall der gebildeten Mit- und Nachwelt zunächst ein starker Antrieb für sein Handeln. In beiden Fällen aber mußte sich bei einem so lebhaften, beweglichen und sogleich den äußeren Schein durchdringenden Geist bald die Ernüchterung einstellen mit der Frage nach dem Sinn der von sich selbst und anderen in Krieg und Frieden geforderten Opfer. Im Gedanken der Pflicht gegenüber dem Staatswesen und im antiken Tugendideal der stoischen Philosophie fand der König eine erste Antwort, zumal ihm die schwersten, selbst diese Antwort in Frage stellenden Prüfungen und Schicksalsschläge noch bevorstanden.

Eine weiterhin tolerante Religionspolitik – wie sie im Bau der katholischen Hedwigskirche in Berlin oder im Verhältnis zu den neugewonnenen katholischen Untertanen in Schlesien zum Ausdruck kam – entsprach den Überzeugungen des Herrschers und trug wesentlich dazu bei, daß Friedrich gerade in der Friedenszeit nach den Schlesischen Kriegen vom »aufgeklärten Europa« als Verkörperung des alten platonischen Ideals des Herrschers und Philosophen, als ein neuer Marcus Aurelius erschien. Die Tatsache, daß der *Roi philosophe* den König der Philosophen, Voltaire, gerade damals nach Potsdam einlud und Voltaire dieser Einladung folgte, schien den entzückten Zeitgenossen ein neues Goldenes Zeitalter der europäischen Gesittung anzukündigen. Im Gespräch mit Voltaire und anderen führenden Geistern, in der Dichtkunst wie in der Arbeit an der Geschichte seines Hauses und seiner Zeit und schließlich in der geliebten Musik hat der rastlose Geist Friedrichs Entspannung und ein Gegengewicht zur ermüdenden Regierungsarbeit gefunden; wobei sich etwa zwischen Dichtung und Geschichtsschreibung auf der einen Seite, der praktischen Regierungsarbeit auf der anderen trotz gewisser unvermeidlicher Widersprüche doch mancherlei Berührungspunkte ergaben und im ganzen ein Verhältnis fruchtbarer Spannung herrschte.

Die Ideale des Philosophen und die praktischen Ziele des Herrschers befanden sich vor allem bei der Neuordnung des Rechtswesens in Einklang. Der bedeutendste Gehilfe des Königs auf diesem Gebiet war Samuel von Cocceji; er war zwar schon unter Friedrich Wilhelm I. aufgestiegen, konnte aber jetzt erst jene Neuordnung und Rationalisierung der preußischen Justiz vornehmen, die besonders auch im Vergleich mit den meisten anderen deutschen Territorien ein Ruhmesblatt Preußens und eine unerläßliche Voraussetzung für die spätere Ausbildung des Rechtsstaats bildete. Die Gerichtsverfassung wurde vereinheitlicht, der Instanzenzug vereinfacht und abgekürzt, das Ansehen des Richter- und Advokatenstandes nicht zuletzt dank weitgehendem Verzicht des Königs auf die bisher üblichen Eingriffe in die Rechtsprechung gehoben. Für die große Rechtskodifikation, die allerdings zu Lebzeiten des Königs nicht mehr zum Abschluß kam, wurden die entscheidenden Vorarbeiten geleistet.

Friedrichs 1752 niedergeschriebenes »Politisches Testament« mit den vielumstrittenen *Rêveries politiques*, den »politischen Träumereien«, enthüllt ein Zukunftsprogramm, das der König als Richtschnur für sein eigenes Handeln wie für das seiner Nachfolger verstand. Zunächst sei es die Erhaltung des Friedens, die in Preußens Interesse läge. Bei Veränderungen oder Erschütterungen der europäischen Machtverhältnisse und dabei oder sonst sich bietender günstiger Gelegenheit aber müsse, auf friedlichem oder kriegerischem Wege, die weitere »Arrondierung« des Staates angestrebt werden, wobei vor allem das zu Polen gehörende Westpreußen, Schwedisch-Pommern und Sachsen als künftige Erwerbungen ins Auge zu fassen seien. Vor allem aber müsse jeder habsburg-lothringische Machtzuwachs verhindert werden. Denn darüber, daß Maria Theresia seine unversöhnliche Gegnerin blieb, gab sich Friedrich keiner Täuschung mehr hin, zumal er, wie er offen eingestand, ihr gegenüber »kein reines Gewissen« besaß; und auch von der ursprünglichen Unterschätzung dieser Herrscherin war er längst abgekommen. Nun beobachtete er aufmerksam und mit besorgter, sachverständiger Anerkennung ihre inneren Reformen und deren günstige Auswirkungen auf Finanzen und Heerwesen der habsburgischen Monarchie.

Rußland unter Elisabeth I.

Wenn Friedrich II. nach den Erfahrungen des Österreichischen Erbfolgekrieges Österreich und dessen Herrscherin nicht mehr unterschätzte, so irrte er sich gleichwohl in seinem Urteil über Macht und künftige Rolle einer anderen, von einer Frau beherrschten Monarchie; das von dem »wollüstigen Weib« Elisabeth I. regierte Rußland werde, so erwartete es der preußische König zu Beginn der fünfziger Jahre, in absehbarer Zeit von inneren Unruhen und Bürgerkriegen zerrissen und vielleicht geteilt, jedenfalls so geschwächt werden, daß es in Europa keine wesentliche Rolle mehr werde spielen können.

Eine solche Erwartung war durchaus nicht abwegig, wenn man die innere und äußere Geschichte Rußlands seit dem Tod Peters des Großen im Jahre 1725 überblickt. Denn die verständliche Reaktion der führenden Schichten auf die gewaltsame Europäisierung und Modernisierung fiel in eine Periode innerer Wirren und Thronstreitigkeiten, die sich aus der immer wieder umstrittenen Nachfolgefrage ergaben. Die Herrschaft hemmungsloser und politisch unbedeutender Frauen aus der Zarensippe und ihrer Favoriten wechselte ab mit der gleichfalls nur nominellen Regierung unmündiger Kinder. Ausländische Emporkömmlinge und Angehörige einheimischer Adelsfamilien rangen um den bestimmenden Einfluß; bei den zahlreichen Regierungswechseln, jähen Kursänderungen und Palastrevolten gaben immer wieder die Garderegimenter den Ausschlag.

Auf Peters Witwe Katharina I. — tatsächlich führte ihr früherer Geliebter, Fürst Alexander Danilovitsch Menschikow, die Regierung — folgte ebenfalls nur für wenige Jahre der minderjährige Peter II., Enkel des großen Reform-Zaren. Das Jahrzehnt der Regierung der Zarin Anna I., einer Nichte Peters des Großen (1730—1740), brachte den Höhepunkt im Einfluß der Ausländer: Da waren der zum Herzog von Kurland erhobene Balte Ernst Johann Biron (Bühren), der aus Hessen stammende Graf Burkhard Christoph von Münnich, der schon unter Peter dem Großen den Bau des Ladogakanals geleitet hatte und nun unter Anna zum Feldmarschall und Präsidenten des Kriegskollegiums aufstieg, und vor allem der Leiter des bürokratischen Apparats, der Bochumer Pastorensohn Heinrich Johann Friedrich Ostermann, ferner der aus Irland stammende Feldmarschall Graf Peter von Lacy, dessen Sohn Franz Moritz dann österreichischer Feldmarschall unter Maria Theresia und Joseph II. wurde. Mehr durch Rivalitäten untereinander als durch die Reaktion der Russen auf die Ausländerherrschaft haben diese Männer sich schließlich gegenseitig ausgeschaltet und um Macht und Einfluß gebracht, besonders während der kurzen nominellen Regierung des Säuglings Iwan VI., für den seine Mutter Anna Leopoldowna, eine Nichte der Zarin Anna und Gemahlin des Prinzen Anton Ulrich von Braunschweig-Bevern, die Regierung führte. Nachdem erst Biron von Münnich verhaftet, Münnich bald darauf seinerseits von Ostermann gestürzt worden war, stürzte im November 1741 die Tochter Peters des Großen und der ersten Katharina, Elisabeth, wiederum mit Hilfe der Garde, aber auch im Einvernehmen mit dem französischen Gesandten und selbst mit Schweden, mit dem Rußland seit dem Sommer des gleichen Jahres wieder im Kriege lag, die »braunschweigische Familie« und setzte sie gefangen.

Die Tochter des großen Peter, die so im Alter von zweiunddreißig Jahren zur Herrschaft gelangt war, suchte äußerlich die Traditionen der Politik ihres Vaters wieder aufzunehmen, doch fehlte ihr dazu sowohl die Energie wie das staatsmännische Format. Auch verdankte sie ja den Erfolg ihres Staatsstreichs und ihre Popularität weitgehend der Abneigung der Russen und besonders des russischen Adels gegen die »Ausländer«. Die Hinwendung zu Europa machte unter ihrer Regierung gleichwohl Fortschritte, wobei der Schlendrian und die Inkonsequenz der elisabethinischen Politik, die dem Lande die so notwendige Erholungspause gewährte, der Verbindung und Aussöhnung der gegensätzlichen Elemente des russischen Staatswesens, der altmoskowitischen Traditionen und der westlichen Einflüsse, durchaus förderlich waren. Der stärkste Nutznießer der inneren Konsolidierung war der Adel, der jetzt erst den Höhepunkt seiner Privilegierung und der unumschränkten Herrschaft über die »leibeigenen« Bauern erreichte. In der Nacht des Staatsstreichs schwor sich Elisabeth, niemals ein Todesurteil zu unterzeichnen, und sie hat diesen Schwur gehalten; allerdings verhängte sie dafür Strafen von oft barbarischer Grausamkeit, besonders wenn sie glaubte, eine Verschwörung gegen ihre Herrschaft entdeckt zu haben.

Im Bemühen um die Sanierung der Staatsfinanzen hat Graf Peter Schuwalow zahlreiche Projekte entworfen und einige auch verwirklicht, von denen die Aufhebung der Binnenzölle mit Beginn des Jahres 1754 das bedeutendste war.

In der Außenpolitik fand Elisabeth in dem noch aus der Schule ihres Vaters stammenden Grafen Alexej Bestuschew-Rjumin einen fähigen Mitarbeiter. Durch den Tod der Zarin Anna und des Kaisers Karl VI. im selben Jahr 1740 war das österreichisch-russische Bündnis in Frage gestellt, zumal es durch den unglücklichen gemeinsamen Türkenkrieg und die daraus resultierenden wechselseitigen Vorwürfe zusätzlich belastet wurde. Der Staatsstreich Elisabeths gegen die mit den Habsburgern verwandte »braunschweigische Familie« war zunächst ein Sieg der französischen Diplomatie, die den Umschwung mit allen Mitteln, einschließlich der Ermunterung Schwedens zum Angriff auf Rußland, unterstützt hatte. Als es schließlich noch gelang, Elisabeth die Überzeugung beizubringen, der inzwischen abberufene österreichische Gesandte Botta Adorno – derselbe, der dann später die Schlappe in Genua hinnehmen mußte – sei in eine Verschwörung zugunsten der gestürzten »braunschweigischen Familie« verwickelt gewesen, schien das Einschwenken Rußlands in die

Koalition der Gegner Maria Theresias unvermeidlich. Friedrich von Preußen hat damals alles getan, um Elisabeths Zorn zu schüren, während Maria Theresia sich weigerte, Botta zu bestrafen oder auszuliefern, da die in Rußland unter der Folter gemachten Aussagen seiner angeblichen Mitverschworenen ihr seine Schuld nicht zu beweisen schienen.

Inzwischen aber hatte das russische Staatsinteresse Elisabeth der französisch-preußischen Partei entfremdet. Entgegen den französischen Erwartungen hatten ja nicht schwedische Siege Elisabeth zur Macht gebracht, im Gegenteil, Lacy hatte noch vor dem Staatsstreich den Schweden eine empfindliche Niederlage beigebracht, und Elisabeth fühlte sich nach ihrer Thronbesteigung weder den Franzosen noch erst recht den Schweden gegenüber verpflichtet. Der Krieg gegen Schweden wurde fortgesetzt, im Sommer 1742 besetzten die russischen Truppen Helsingfors und Åbo, und im Frieden von Åbo vom 19. August 1743 mußte sich Schweden zur Abtretung eines Gebietsstreifens am Finnischen Meerbusen mit den Festungen Vilmanstrand und Frederikshamn an Rußland bereit finden.

Beide in Europa kämpfende Parteien umwarben damals das Rußland Elisabeths. Daß die Prinzessin Sophie Friederike von Anhalt-Zerbst, die Tochter eines preußischen Feldmarschalls, den Neffen Elisabeths, Peter von Holstein, heiraten sollte – die Zarin hatte ihn sogleich nach ihrer Thronbesteigung zu ihrem Nachfolger bestimmt –, schien Preußen für die Zukunft den entscheidenden Vorsprung zu verschaffen. Aber Bestuschew-Rjumin, der seit 1742 als Vizekanzler, seit 1744 als Kanzler die russische Außenpolitik leitete, hielt das »petrinische System« eines Zusammengehens mit den Seemächten sowie mit Österreich und Polen für die Interessen Rußlands förderlich, und weder Hofintrigen noch Bestechungsversuche vermochten dieses Hindernis für ein Bündnis Rußlands mit Preußen und Frankreich zu beseitigen. Noch in der letzten Phase des Österreichischen Erbfolgekrieges schloß Rußland 1746 ein neues Bündnis mit Österreich, im folgenden Jahr einen Subsidienvertrag mit England. Aber wieder, wie im Polnischen Erbfolgekrieg, kam die nach Westeuropa entsandte russische Armee zu spät, um noch in die Kämpfe einzugreifen. Als die russischen Vorhuten in Elberfeld eintrafen, wurde eben in Aachen der Frieden geschlossen.

Dem Abbruch der russischen Beziehungen zu Frankreich im Jahre 1748 folgte 1750 der zu Preußen. Die Zarin, die schon 1747 die Patenschaft für den dritten Sohn Maria Theresias, den späteren Kaiser Leopold II., übernommen und sich dabei ausbedungen hatte, daß er als ersten Vornamen den ihres Großvaters Peter erhalte, stand nun fest an der Seite Österreichs und trat als Verbündete Maria Theresias auch in den Siebenjährigen Krieg ein.

Der »Wechsel der Koalitionen«

Der Aachener Frieden hatte, wie erwähnt, in dem Kolonialkrieg zwischen England und Frankreich, der seit 1744 vor allem in Indien, Mittel- und Nordamerika geführt worden war, nur eine kurze Unterbrechung gebracht. Zu wirklichen Entscheidungen war es auf den weit voneinander entfernten Kriegsschauplätzen nicht gekommen. Hatten die Engländer in

Nordamerika Louisbourg genommen, so stand dem in Indien die Eroberung von Madras durch die Franzosen gegenüber. In einem für die Engländer günstigen Ausgleich war in Aachen der Zustand vor dem Kriege wiederhergestellt, in den Kolonien ebenso wie in Westeuropa. Die Franzosen gaben außer den österreichischen Niederlanden auch noch Madras heraus und erhielten dafür Louisbourg von den Engländern zurück.

Vor allem die nordamerikanischen Kolonisten, die bei der Eroberung von Louisbourg eine entscheidende Rolle gespielt hatten, waren enttäuscht, daß Frankreich seine Position in Kanada hatte bewahren können; denn das französische Einflußgebiet, von Louisiana im Süden durch das Mississippital mit Kanada verbunden, drohte die englischen Kolonien an der amerikanischen Ostküste, die gerade in der ersten Hälfte des Jahrhunderts einen mächtigen Aufschwung erlebt hatten, von der erstrebten Ausdehnung nach Westen abzuriegeln Eine von dem Gouverneur von Kanada, dem Marquis Louis-Joseph de Montcalm, angelegte Kette von Forts mit dem Fort Duquesne am Oberlauf des Ohio, in der Gegend des späteren Pittsburgh, als wichtigstem Stützpunkt, sollte diese Verbindung sichern. Hier, im oberen Ohiotal, kam es nun auch, nicht einmal vier Jahre nach dem Aachener Friedensschluß, zu neuen Kämpfen. 1754 wurde der junge Oberstleutnant der Miliz von Virginia, George Washington, der die Feindseligkeiten eröffnet hatte, von den Franzosen bei Great Meadows zur Kapitulation gezwungen, und im folgenden Jahre wurde in derselben Gegend der zum Auswetzen dieser Scharte gegen Fort Duquesne vormarschierende General Edward Braddock von den mit den Franzosen verbündeten Indianern überfallen und im Kampf getötet.

Auch in Indien war es trotz des Friedensschlusses in Europa immer wieder zu Reibereien zwischen der französischen und der englischen Handelsgesellschaft gekommen, da beide die günstige Situation nach dem Zerfall des Mogulreiches zum Ausbau der eigenen Positionen auf dem indischen Subkontinent zu nutzen suchten. Wie in Nordamerika die verschiedenen Indianerstämme wurden in Indien die Fürsten der Teilreiche Bundesgenossen und Werkzeuge der rivalisierenden Engländer und Franzosen; angesichts der wegen der großen Entfernung beschränkten Einwirkung der europäischen Kabinette war der Übergang vom verdeckten zum offenen Krieg fließend. Dabei ergab sich für die Engländer ein gewaltiger Vorteil, als der bedeutende Gouverneur des wichtigsten französischen Stützpunkts Pondichéry, Joseph Dupleix – er wollte ein großes französisches Kolonialreich in Indien aufbauen –, mitten aus den Kämpfen und den ihm von seinem Gegner und gelehrigen Schüler, Robert Clive, zugeführten Schlappen von den Direktoren seiner Kompanie 1754 abberufen wurde, da diese die Gewinne der Gesellschaft nicht zur Unterstützung einander befehdender indischer Fürsten aufgezehrt sehen wollten.

So war 1755 der englisch-französische See- und Kolonialkrieg in Indien, in Amerika und auf den Weltmeeren bereits wieder im vollen Gange, und es konnte nur noch eine Frage der Zeit sein, daß er auch auf Europa übergriff. Die Überlegenheit der englischen über die französische Flotte hatte sich schon im Österreichischen Erbfolgekrieg, zuletzt in dem englischen Seesieg von Cap Finisterre (1747) erwiesen, und sie zeigte sich jetzt aufs neue im Kaperkrieg auf den Meeren und bei der Unterstützung der in Indien und Nordamerika kämpfenden Truppen. Verwundbar hingegen war England, wie sich gleichfalls schon im

Österreichischen Erbfolgekrieg herausgestellt hatte, durch die überlegenen französischen Landstreitkräfte auf dem europäischen Kontinent. Das galt vor allem für Hannover, das Stammland des englischen Königs, solange nicht Österreich an der Seite Englands stand und damit die österreichischen Niederlande ein dem französischen Zugriff ausgesetztes Objekt wurden. Als Kurfürst von Hannover mußte Georg II. bestrebt sein, die bedeutendste Militärmacht Norddeutschlands, Preußen, bei einem allgemeinen europäischen Konflikt auf seiner Seite oder jedenfalls nicht als Gegner an der Seite Frankreichs zu sehen; und diese Situation hatte ja im Österreichischen Erbfolgekrieg zu den von den Engländern immer wieder mit Erfolg unternommenen Versuchen geführt, den Preußenkönig zum Ausscheiden aus dem Kampf zu bewegen. Es war daher nur folgerichtig, wenn England sich jetzt, noch vor dem Ausbruch eines neuerlichen Krieges in Europa, gleich um ein Bündnis mit Preußen zum Schutze Hannovers bemühte.

Friedrich mußte das Heraufziehen eines neuen Konflikts zwischen England und Frankreich und damit eines großen Krieges in Europa mit Sorge um das in den Schlesischen Kriegen so mühsam Errungene, zugleich aber auch mit der Hoffnung auf weitere Erwerbungen zur Abrundung seines Staates betrachten. Sorge bereitete ihm vor allem das Bündnis zwischen Österreich und Rußland sowie das offenbar werdende Bemühen des österreichischen Staatskanzlers Kaunitz, eine große Koalition gegen Preußen zustande zu bringen, um Schlesien zurückzugewinnen und den König von Preußen wieder in die Rolle eines »Markgrafen von Brandenburg« hinabzudrängen. Der Abschluß eines allerdings noch nicht unterzeichneten Subsidienvertrags zwischen England und Rußland kennzeichnet die Gefahr, in der sich Preußen befand. Da schien nun das Werben Englands um eine preußische Garantie für Hannover dem König die Möglichkeit zu eröffnen, seine Stellung mit einem Schlage zu verbessern und zusammen mit England auch dessen künftigen Verbündeten Rußland aus der Front seiner Gegner herauszubrechen.

Die Tiefe des traditionellen Gegensatzes zwischen Habsburg und Bourbon mochte dabei als Garantie dafür gelten, daß nun nicht Frankreich statt England sich mit Österreich verbünden würde; denn auch Friedrich, der nach der Erwerbung Ostfrieslands für kurze Zeit vergeblich versucht hatte, sich in den Welt- und Überseehandel einzuschalten, konnte als Herrscher im Binnenland nicht voraussehen, daß die jahrhundertealte Rivalität Habsburg–Bourbon von dem ja erst 1688 aufgebrochenen, in der Zeit Walpoles und Flerys wieder nahezu erloschenen englisch-französischen Machtkampf in Übersee völlig verdrängt und in ihr Gegenteil verkehrt werden würde.

Die von England und Preußen am 16. Januar 1756 abgeschlossene Konvention von Westminster zur gemeinsamen Abwehr jedes Angriffs einer fremden Macht in Deutschland führte nun aber tatsächlich Frankreich mit Österreich und Rußland gegen Preußen und England zusammen: das »diplomatische Wunder« des 18. Jahrhunderts, das *renversement des alliances*, der große »Wechsel der Allianzen«, vollzog sich. Frankreich, das eben noch gehofft hatte, Friedrich zum Angriff auf Hannover zu veranlassen, fühlte sich von seinem bisherigen Bundesgenossen verraten. Jetzt erst war man in Versailles bereit, auf die von Kaunitz mit Geschick und Zähigkeit, bisher aber noch ohne sichtbaren Erfolg vorgetragenen Sondierungen für ein französisch-österreichisches Bündnis einzugehen. Am 1. Mai 1756 wurde in Versailles das Neutralitäts- und Verteidigungsbündnis zwischen Ludwig XV. und Maria Theresia unterzeichnet. Auf der anderen Seite ließ Rußland, dank der unerwarteten Entwicklung vor die Entscheidung gestellt, das neue, noch nicht unterzeichnete Bündnis mit England zugunsten des alten mit Österreich fahren.

Der Siebenjährige Krieg

Friedrich hatte gerade das herbeigeführt, was er hatte verhindern wollen: das Zustandekommen einer großen europäischen Koalition gegen Preußen. Dabei besaß nach der allgemeinen Überzeugung in Europa und nach den Erfahrungen des Österreichischen Erbfolgekrieges der neugewonnene Verbündete England einen geringeren militärischen Wert als der bisherige Verbündete und jetzige Gegner Frankreich, was dann allerdings, wie sich während der langen Dauer des Krieges herausstellen sollte, durch die englische Überlegenheit zur See und die stärkere Finanzkraft des Inselreiches mehr als aufgewogen wurde. Zunächst aber schien der »Wechsel der Allianzen« zum Schaden Preußens einen erheblichen Gewinn für Österreich zu bringen, und so wird es verständlich, daß Friedrich sein Heil in der »Flucht nach vorn« suchte, im überraschenden Angriff auf seine Gegner, um Pfänder in die Hand zu bekommen und einen günstigen Friedensschluß zu erzwingen, ehe die russischen Truppen auf dem mitteleuropäischen Kriegsschauplatz eingetroffen waren. Als Angriffsziel wählte Friedrich Sachsen, dessen Erwerbung er seit langem ins Auge gefaßt hatte; aus militärischen und politischen Erwägungen entschied er sich für einen überraschenden Überfall auf das mit Rußland und Österreich verbündete Land, dessen Kurfürst zugleich König von Polen war.

Auch hier ist die Rechnung des preußischen Königs nicht aufgegangen. Die Ende August 1756 unternommene Überrumpelung der sächsischen Armee mißlang; im Treffen von Lobositz mußte der König die Auswirkungen der inzwischen in Österreich durchgeführten militärischen Reformen erfahren. Obgleich er dann die bei Pirna eingeschlossenen Sachsen doch noch zur Kapitulation zwang und am 6. Mai 1757 bei Prag einen weiteren Sieg über seinen alten Gegner Karl von Lothringen davontrug, erlitt er nur etwas mehr als einen Monat später, am 18. Juni, bei Kolin durch Daun die erste Niederlage seines Lebens, die ihm den Nimbus der Unbesiegbarkeit nahm. Zur Erinnerung an diesen Tag, den Maria Theresia zum »Geburtstag der Monarchie« erklärte, stiftete sie den Militär-Maria-Theresienorden, den ersten Berufsorden Österreichs und die höchste kriegerische Auszeichnung der Habsburgermonarchie bis zu ihrem Ende.

Inzwischen hatte sich das Bündnis der Gegner Friedrichs durch seinen Angriff erst recht gefestigt; diesem Bündnis von Petersburg, Wien und Versailles traten nun auch Schweden, die meisten katholischen, aber auch evangelische Reichsstände wie Württemberg und Mecklenburg-Schwerin bei, wogegen sich außer Hannover noch Hessen-Kassel, Braunschweig und Gotha an die Seite Preußens stellten. Während die Russen in Ostpreußen, die Schweden in Pommern vordrangen, gelang dem österreichischen Reitergeneral Hadik

DIE EUROPÄISCHE STAATENWELT IM 18. JAHRHUNDERT

sogar ein Handstreich auf Berlin und die Eintreibung von Kontributionen in der Hauptstadt des Feindes.

Dank einer Reihe von Siegen, wie dem vor allem von der preußischen Reiterei unter dem General von Seydlitz am 5. November 1757 bei Roßbach über die Franzosen und die Reichsarmee errungenen, dann dem von Leuthen über Karl von Lothringen am 5. Dezember desselben Jahres und schließlich dem bei Zorndorf über die Russen am 25. August 1758, vermochte Friedrich die Initiative an sich zu reißen und seine Lage vorübergehend wieder zu verbessern. Aber die neuerliche Niederlage, die ihm Daun bei Hochkirch am 14. Oktober 1758 beibrachte, und erst recht dann der Sieg der vereinigten Österreicher und Russen unter Laudon bei Kunersdorf am 12. August 1759 schienen das Ende der preußischen Machtstellung, ja das Ende Preußens zu bringen. Nach Hochkirch und erst recht nach Kunersdorf stand Friedrich am Rande der Verzweiflung; er hat, entschlossen, das Ende seines Staates nicht zu überleben, mit dem Gedanken des Selbstmords nicht nur gespielt, sondern ihn ernsthaft erwogen. Da aber die Verbündeten den Sieg von Kunersdorf nicht ausnutzten, konnte Friedrich neuen Mut schöpfen, wenngleich bald darauf die Kapitulation seines Generals Finck, der »Finkenfang bei Maxen«, ihm wieder einen schweren Schlag zufügte. Auch der Sieg Friedrichs über Daun bei Torgau am 3. November 1760 befreite Preußen noch nicht von der drohenden Gefahr des Untergangs, zumal sich das Bündnis mit England nach dem Tod König Georgs II. am 25. Oktober desselben Jahres zu lockern begann; dessen Enkel und Nachfolger Georg III., der erste sich wahrhaft als Engländer fühlende Herrscher aus dem Hause Hannover, war an dem Krieg auf dem Kontinent nicht mehr so stark interessiert. Der verzweifelte Versuch Friedrichs, Türken und Tataren zum Eintritt in den Kampf gegen Österreich und Rußland zu bewegen, blieb erfolglos.

Die Rettung für den preußischen König brachten dann einmal die Kriegsmüdigkeit und Erschöpfung auch der Gegner, voran Österreichs, das die Hauptlast des Kampfes getragen hatte, vor allem aber der Tod der Zarin Elisabeth am 5. Januar 1762. Ihr Nachfolger Peter III. aus dem Hause Holstein beeilte sich, mit dem von Kindheit an bewunderten Preußenkönig zuerst unter gegenseitigem Verzicht auf Erwerbungen am 5. Mai 1762 einen Frieden, dann am 19. Juni sogar ein Bündnis zu schließen. Aber Peter wurde bald darauf beseitigt, und seine Gemahlin, die einst von Friedrich protegierte Sophie von Anhalt-Zerbst, bestieg als Katharina II. den Zarenthron. Obwohl sie nur den Frieden, nicht aber das Bündnis anerkannte, benutzte Friedrich die Atempause, die ihm die kurze Regierung Peters III. verschafft hatte, um seine militärische Situation zu verbessern. Inzwischen waren auch England und Frankreich im November 1762 übereingekommen, den Krieg zu beenden, und hatten am 10. Februar 1763 tatsächlich in Paris Frieden geschlossen; für Deutschland wurde durch sächsische Vermittlung am 15. Februar 1763 in Schloß Hubertusburg bei Oschatz in Sachsen der Friede unterzeichnet: der territoriale Besitzstand blieb unverändert, Maria Theresia mußte sich endgültig mit dem Verlust Schlesiens und der Großmachtstellung Preußens abfinden.

Das Ergebnis des Krieges war für Deutschland die Stabilisierung des Dualismus der beiden Großmächte Preußen und Österreich, die in dem Siebenjährigen Krieg ihre Kräfte aneinander gesteigert, schließlich aber doch auch erschöpft und abgenützt hatten So paradox es erscheinen mag, das Prestige beider Mächte in Deutschland wie in Europa ging gestärkt aus dem Kampf hervor. Vor allem die Tatsache, daß Friedrich sich gegenüber einer so großen und mächtigen Koalition hatte behaupten können, hinterließ bei Zeitgenossen und Nachwelt einen tiefen Eindruck. Hinter dem Glanz der bald legendären Siege verblaßte die Erinnerung an die Niederlagen, oder diente als dunkle Folie, vor der die Siege nur um so heller erstrahlten. Der Beiname »der Große«, den seine Untertanen schon nach den Schlesischen Kriegen dem Preußenkönig gegeben hatten, drang jetzt auch in das Bewußtsein des ganzen deutschen Volkes, besonders natürlich in den protestantischen Gebieten, wie ja auch der »Wechsel der Allianzen« ein Wiederaufleben des konfessionellen Gegensatzes zur Folge hatte: im Siebenjährigen Krieg standen den katholischen Mächten Frankreich und Österreich die protestantischen Mächte England und Preußen gegenüber. Das Verlangen nach Heldenverehrung fand in der großen einsamen Gestalt Friedrichs ein ideales Objekt, wie es uns die zeitgenössische Literatur ebenso zeigt wie Goethes rückblickende Erinnerung. Man vergaß dabei schließlich, daß Friedrich zuletzt vor allem durch den unerwarteten Tod der Zarin Elisabeth vor dem drohenden Untergang gerettet worden war, und leitete aus seiner Errettung die unzulässige Verallgemeinerung ab, daß zähes Ausharren in jedem Falle eine Wendung des Schicksals herbeizwingen müsse. Die Berufung auf das friderizianische Beispiel hat in der Durchhaltepropaganda des Ersten und erst recht des Zweiten Weltkriegs eine große und schließlich verhängnisvolle Rolle gespielt, was man dem großen Preußenkönig allerdings kaum zum Vorwurf machen kann.

Auf der anderen Seite hatten Maria Theresia und Kaunitz ihr Ziel der Rückgewinnung Schlesiens und der Herabdrückung Preußens in den Kreis der zweitrangigen Mächte nicht erreicht. Aber das Bündnis mit Frankreich und Rußland, das über alle Schwankungen der folgenden Jahre und Jahrzehnte hinweg bis zur Französischen Revolution erhalten blieb, sicherte Österreich die Stellung als Großmacht in der Mitte Europas in einem Ausmaß, wie dies seit dem Polnischen Thronfolgekrieg nicht mehr der Fall gewesen war. Und da zudem Friedrich im Frieden von Hubertusburg der Wahl Josephs II. zum Römischen König zugestimmt hatte und Wahl und Krönung dann tatsächlich im Frühjahr 1764, im Beisein des kaiserlichen Vaters Franz I., in Frankfurt erfolgten – das Bild jener Frankfurter Krönung hat uns Goethe in überzeugender Frische überliefert –, war auch die Nachfolge im Reich für das »Haus Österreich« sichergestellt.

Unter europäischem und weltgeschichtlichem Aspekt allerdings waren die Gewinner des Siebenjährigen Krieges nicht Preußen und Österreich, sondern Rußland und England, die beiden europäischen Flankenmächte. Die russischen Truppen, bisher zweimal zu spät auf dem mitteleuropäischen Kriegsschauplatz erschienen, hatten jetzt, wenngleich mit wechselndem Erfolg, als wesentlicher Faktor des Krieges auf deutschem Boden gekämpft und schließlich gerade durch ihr Ausscheiden aus der Koalition die Rettung Preußens bewirkt. Ohne daß das Zarenreich einen territorialen Gewinn davontrug, ist seine Stellung im europäischen Staatensystem endgültig erst durch den Siebenjährigen Krieg gesichert worden.

Englands Sieg über Frankreich

Der eigentliche Sieger des langen Ringens aber war, wie schon im Spanischen Erbfolgekrieg, Großbritannien. Wenn gesagt wurde, daß auf den Schlachtfeldern Schlesiens das Schicksal des nordamerikanischen Kontinents entschieden wurde, so stimmt dies so weit, als der Untergang Preußens und eine etwa darauf folgende Eroberung Hannovers durch die Franzosen die englische Position bei den Friedensverhandlungen jedenfalls entscheidend geschwächt hätte. Da aber auch die Kämpfe im Westen Deutschlands, zwischen den Franzosen und den Truppen der deutschen Verbündeten Englands unter der militärischen Leitung Ferdinands von Braunschweig, in den letzten Jahren des großen Ringens in wechselvollem Auf und Ab von Sieg und Niederlage keine eindeutige Entscheidung brachten, Frankreich zudem als jetzt mit Österreich verbündete Macht sich nicht mehr ein festländisches Faustpfand und Tauschobjekt von der Bedeutung der Österreichischen Niederlande sichern konnte, so durfte England beim Friedensschluß die Früchte seiner Siege auf den Meeren und in Übersee einbringen; auch das eine unerwartete, weltgeschichtlich aber vielleicht die bedeutungsvollste Folge des »Wechsels der Allianzen«.

Wie so oft in der Geschichte des Inselreiches begann auch der Siebenjährige Krieg für England keineswegs günstig. Während man in London gleich zu Beginn des Krieges eine französische Invasion befürchtete, belagerten und eroberten die Franzosen unter dem Herzog Louis François de Richelieu Puerto Mahon auf der Baleareninsel Menorca. Der englische Admiral Sir John Byng, der sich zu schwach fühlte, um Puerto Mahon zu entsetzen, wurde später – auf Grund eines rückwirkenden Gesetzes – von einem Kriegsgericht zum Tode verurteilt und auf dem Deck seines Admiralsschiffs erschossen. In Nordamerika eroberte der französische Befehlshaber Montcalm Oswego und Ontario, und auch in Westdeutschland begann der Krieg für die Engländer mit der Niederlage des Herzogs von Cumberland bei Hastenbeck und dem Abschluß der einer Kapitulation gleichkommenden Konvention von Kloster Zeven. Erst mit der Berufung des dann zum Earl of Chatham erhobenen William Pitt (des »Älteren«) wandte sich das Schicksal: er setzte beträchtliche Subsidienzahlungen an Preußen durch und intensivierte den Seekrieg.

Nach verschiedenen, wenig glücklichen Überfällen auf die französische Küste gelangen den Engländern im »wunderbaren Jahr« 1759 zwei entscheidende Schläge zur See: der Sieg des Admirals Edward Boscawen über die vom französischen Minister Choiseul zum Zwecke einer geplanten Invasion in den Atlantik beorderte französische Mittelmeerflotte vor der portugiesischen Küste bei Lagos im August und der Sieg des Admirals Edward Hawke über die französische Atlantikflotte in der Bucht von Quibéron im November. Siebenundzwanzig erbeutete französische Kriegsschiffe sind im Laufe dieses einen Jahres in den britischen Dienst gestellt worden. Die Gefahr einer Invasion Englands war damit endgültig abgewendet, die Herrschaft zur See gesichert.

Im selben Jahr 1759 kam es auch in Nordamerika, wo sich die Wende schon im Vorjahr mit der Einnahme von Fort Duquesne angebahnt hatte – es wurde zu Ehren Pitts in Pittsburgh umbenannt –, zum entscheidenden britischen Sieg von Quebec, bei dem sowohl der junge englische General James Wolfe wie der französische Befehlshaber Montcalm tödlich verwundet wurden. Ein Jahr später fiel Montreal. Die britische Überlegenheit zur See hatte die Voraussetzung für diese Siege geschaffen, da für die in Kanada tapfer kämpfenden Franzosen kein Nachschub mehr aus der Heimat durchkam.

In ähnlicher Weise wirkte sich die englische Überlegenheit zur See auch in Indien aus, wo der ebenso kühne wie verschlagene Clive erfolgreich gegen die Franzosen und die mit ihnen verbündeten indischen Fürsten operierte. Durch den Sieg am 23. Juni 1757 bei Plassey über den Bundesgenossen der Franzosen, den Nawāb von Bengalen, Sirāj ad-Daulah, geriet der fruchtbarste und reichste Teil Indiens unter britischen Einfluß, der allerdings nicht von Clive direkt, sondern von dem zur Belohnung für den Verrat an seinem Herrn zum Nawāb von Bengalen eingesetzten Mīr Ja'far ausgeübt wurde. Clive kehrte nach England zurück, und der von ihm als Nachfolger eingesetzte Oberst Eyre Coote besiegte am 22. Januar 1760 die Franzosen bei Wandewash. Thomas Lally-Tolendal, ein irischer Stuart-Anhänger in französischen Diensten, setzte den Kampf in Indien fort, konnte aber mit seinen zu schwachen Kräften und ohne Nachschub aus Frankreich den Fall des letzten Stützpunkts Pondichéry am 10. Januar 1761 nicht verhindern.

Nach der Thronbesteigung Georgs III. begann in England der Kriegswille zu erlahmen, zumal es Choiseul gelang, nun auch noch Spanien zum Eintritt in den Krieg gegen das Inselreich zu veranlassen. Pitts Plan, den Spaniern, die erst das Eintreffen ihrer Silberflotte aus Amerika abwarteten, mit einem Angriff zuvorzukommen, stieß auf Widerstand bei seinen bisherigen Anhängern und führte im Oktober 1761 zu seinem Sturz. Die führende Persönlichkeit in der englischen Regierung wurde nun der frühere Erzieher Georgs III., der Tory Lord Bute, erst als Staatssekretär, dann als Erster Lord des Schatzamtes. Wie sein königlicher Zögling war er gegen weitere Subsidienzahlungen an Friedrich und für einen baldigen Friedensschluß.

Am 3. November 1762 einigten sich, wie erwähnt, England und Frankreich in Fontainebleau über die Beendigung des Krieges. Im Frieden von Paris erhielt England von Frankreich Kanada und Cape Breton, von Spanien Florida, wofür Spanien von Frankreich mit Louisiana entschädigt wurde. In Westindien verlor Frankreich an England die Inseln St. Vincent, Dominica und Tobago, in Afrika Senegal. In Indien blieben von dem einst von Dupleix erträumten französischen Imperium nur fünf Hafenplätze in französischer Hand. Das seit Colbert und Ludwig XIV. errichtete erste Kolonialreich Frankreichs war damit fast ganz vernichtet, der Vorsprung Großbritanniens nicht mehr einzuholen. Selbst der Abfall der nordamerikanischen Kolonien Englands – eine weitere Folge aus dem Siebenjährigen Krieg, da die Kolonisten nach dem Verschwinden der französischen Rivalen des Rückhalts am Mutterland nicht mehr so sehr bedurften – konnte dieses wichtigste weltgeschichtliche Ergebnis des Siebenjährigen Krieges nicht mehr rückgängig machen

Katharina II. und die erste polnische Teilung

Wenig mehr als ein halbes Jahr regierte der von der Zarin Elisabeth seit zwei Jahrzehnten zu ihrem Nachfolger erzogene Peter III.; dann wurde er von seiner Gemahlin durch einen Staatsstreich der Garderegimenter gestürzt, die von den Brüdern Orlow gewonnen worden waren. Acht Tage später wurde Peter in der Haft, wahrscheinlich von einem der Brüder Orlow, ermordet. Der blutige Schatten dieser Tragödie am Beginn ihrer Regierung hat die deutsche Prinzessin, die als Zarin Katharina II. nun auch im russischen Riesenreich das Ideal der Zeit, eine aufgeklärte »philosophische« Monarchie, verwirklichen wollte, zeitlebens nicht verlassen. Der seit 1756 in der Festung Schlüsselburg gefangengehaltene Braunschweiger Iwan VI. wurde 1764 weisungsgemäß von seinen Bewachern ermordet, als eine Verschwörung von Offizieren ihn zu befreien und auf den Thron zu setzen suchte. Der Kosak Emeljan Pugatschew, der 1773/75 an die Spitze des großen Kosaken- und Bauernaufstands trat, gab sich als der auf wunderbare Weise aus der Haft errettete Peter III. aus, während zur gleichen Zeit eine mit polnischen Gegnern Katharinas in Verbindung stehende, geheimnisvolle Dame, die sich »Prinzessin Elisabeth« nannte und die russische Flotte im Mittelmeer aufzuwiegeln versuchte, behauptete, sie selbst und Pugatschew seien Kinder der Zarin Elisabeth aus deren heimlicher Ehe mit ihrem Günstling Razumowskij. Katharina ruhte nicht, bis die angebliche Zarentochter und Pugatschew unschädlich gemacht waren. Die dabei zutage tretende Härte und Entschlossenheit und das Mißtrauen, das sie in späteren Jahren ihrem eigenen Sohn und Nachfolger Paul I. entgegenbrachte, zeigen, wie schwer sie unter der mangelnden Legitimität ihrer Herrschaft litt.

Von hier aus ergibt sich vielleicht auch ein Zugang zu der viel diskutierten Frage, wie ernst es Katharina mit ihrer Sympathie für die westliche Aufklärung und mit ihrem Bestreben war, diese Ideen in Rußland zu verwirklichen. Als deutsche Prinzessin, deren Thronbesteigung ihrem Gemahl, dem Enkel Peters des Großen, das Leben gekostet hatte, mußte sie alles tun, um die Empfindlichkeit der altmoskowitischen Traditionen und des erwachenden modernen russischen Nationalgefühls zu schonen und selbst als echte Russin zu erscheinen. Auf der anderen Seite aber war sie ehrlich bemüht, den gerade ihr als Ausländerin besonders deutlich erkennbaren Abstand zwischen Rußland und dem Westen zu verringern. Aus dem unüberbrückbaren Gegensatz zwischen den Ideen der westlichen »Philosophen« und Enzyklopädisten, mit denen Katharina korrespondierte, deren Werke sie las und die sie zu gewinnen suchte, und den so ganz andersartigen geschichtlichen, sozialen, religiösen Verhältnissen und Überlieferungen in Rußland ergab sich eine Spannung, die mit dem gerade auf die Regierungszeit Katharinas bezogenen Schlagwort von den »Potemkinschen Dörfern« – als ob alle Reformbestrebungen nur äußerliche Tünche, Schein und Schwindel gewesen seien – wieder nur sehr oberflächlich erfaßt wird.

In der Außenpolitik verfolgte Katharina die von ihren Vorgängern auf dem Zarenthron vorgezeichneten Linien weiter, im ganzen wohl konsequenter und auch erfolgreicher als die meisten von ihnen, was allerdings auch durch die inzwischen trotz aller inneren Wirren gesteigerte Macht Rußlands und den inneren Verfall der traditionellen Gegenspieler – Schweden, Polen, Türkei – bedingt war. Auch nutzte die deutsche Prinzessin die Chancen voll aus, die ihr der bei ihrem Regierungsantritt gerade endgültig verankerte Dualismus Österreichs und Preußens bot. Das zeigte sich bereits wenige Monate nach dem Siebenjährigen Krieg, als durch den Tod Augusts III. von Polen und Sachsen die Frage der Besetzung des polnischen Königsthrons wieder akut wurde.

Mit Unterstützung Friedrichs II. gelang es Katharina, die Wahl ihres früheren Liebhabers Stanislaus Poniatowski zum König von Polen durchzusetzen. Der wachsende Druck Rußlands auf Polen führte allerdings zur Auflehnung von Teilen des polnischen Adels gegen die russische Bevormundung. Die konfessionellen Gegensätze, die Rußland und Preußen immer als Vorwand zur Einmischung in die polnischen Angelegenheiten gedient hatten, spielten in den nun anhebenden inneren Kämpfen ebenso eine Rolle wie Rivalitäten innerhalb des polnischen Adels. Zur gleichen Zeit aber fanden die westlichen Ideen der Aufklärer, der Enzyklopädisten und Physiokraten, auch in Polen weitere Verbreitung und stärkten die Opposition gegen die Fremdherrschaft. Als Stanislaus Poniatowski diesen Strömungen entgegenkam, zwangen ihn Rußland und Preußen, die bestehende polnische Verfassung und damit die Aufrechterhaltung der inneren Anarchie der polnischen Adelsrepublik zu garantieren.

Im Frühjahr 1768 bildete sich die »Konföderation von Bar«, die den Kampf gegen die ins Land eingerückten russischen Truppen aufnahm. Die Unruhen und Kämpfe vor allem in den südlichen Gebieten und in der angrenzenden Ukraine veranlaßten nun aber auch Österreich und die Türkei zum Eingreifen. Im Einvernehmen mit dem den Kämpfen machtlos gegenüberstehenden König Stanislaus besetzten die Österreicher 1769 die seit 1412 von Ungarn an die Krone Polens verpfändeten Städte der Zips am Fuße der Tatra, im folgenden Jahre auch noch drei angrenzende altpolnische Starosteien mit dem wertvollen Salzbergwerk von Wielicka. Schon vorher, im Jahre 1768, aber hatten die Türken Katharina den Krieg erklärt, da sie Rußland für die Verletzung bessarabischen Gebiets im Laufe der polnischen Unruhen verantwortlich machten.

Damit bot sich für die Zarin die Möglichkeit, auch den Kampf gegen die Türkei mit viel weiterreichenden Zielen aufzunehmen, als dies unter ihren Vorgängern der Fall gewesen war. Von der russischen Flotte, die unter Aleksej Orlow aus der Ostsee rund um Europa ins Mittelmeer und die Ägäis entsandt wurde, sollte die christliche Bevölkerung der Balkanhalbinsel zum Kampf gegen die türkische Herrschaft ermuntert, Konstantinopel in einem Zangenangriff aus Nord und Süd erobert, das Kreuz wieder auf der Hagia Sophia aufgepflanzt und die Türken aus Europa vertrieben werden. Die Vernichtung der türkischen Flotte in der Bucht von Tschesme durch Orlow und seine englischen Admirale Greig und Elphinston im Juni 1770 schien die Verwirklichung des kühnen Planes einzuleiten; aber die Hoffnung auf eine Erhebung der Balkanvölker erfüllte sich nicht, und der russische Vormarsch in den Donaufürstentümern erweckte die Besorgnisse vor allem Österreichs, aber auch Preußens, vor einer übermäßigen Vergrößerung der russischen Macht. Eine vorübergehende Annäherung der beiden deutschen Großmächte war die Folge. Sie fand ihren Ausdruck in den Begegnungen des alten Königs und des jungen Kaisers Joseph II. in Neisse im August 1769 und ein Jahr später in Mährisch-Neustadt im September 1770.

DIE EUROPÄISCHE STAATENWELT IM 18. JAHRHUNDERT

Zu einem gemeinsamen Vorgehen Österreichs und Preußens gegenüber Rußland ist es aber, infolge des gegenseitigen Mißtrauens, nicht gekommen. Wohl dachte der junge Joseph II., der seit dem plötzlichen Tod seines Vaters im August 1765 Römischer Kaiser und Mitregent seiner Mutter in der Österreichischen Monarchie war, zeitweise an ein Eingreifen in den russisch-türkischen Krieg, sei es auf seiten Katharinas, sei es im Bündnis mit der Türkei; in beiden Fällen, um eine einseitige, für Österreich gefährliche Vergrößerung Rußlands in Südosteuropa zu verhindern: Die russisch-österreichische Rivalität auf dem Balkan begann sich zum erstenmal klar abzuzeichnen. Dann aber überwog in Wien doch die Sorge vor einem neuerlichen Überfall Preußens auf ein im Südosten gebundenes Österreich. Überhaupt wünschte Maria Theresia keinen neuen Krieg, und als man erkannte, daß Friedrich und Katharina im Begriffe standen, sich über eine Aufteilung polnischer Gebiete zur Abrundung ihrer Staaten zu einigen, beeilten sich Kaunitz und Joseph II., eine Teilnahme Österreichs zu erreichen.

Vergeblich sträubte sich Maria Theresia gegen eine österreichische Beteiligung an dem Raub polnischen Gebiets. Während die ganz einem rationalistischen Staatsideal hingegebenen »aufgeklärten« Monarchen und Staatsmänner Europas – Friedrich der Große, Katharina, Joseph II., Kaunitz – nur daran dachten, das Herrschaftsgebiet ihrer Staaten zu vergrößern, wehrte sich das noch religiös gebundene Herrscherbewußtsein der Kaiserin gegen das offenkundige Unrecht und die »Verletzung von allem, was bisher heilig und gerecht war«. Doch schließlich fügte sie sich dem Drängen ihres Sohnes und ihres Staatskanzlers: »Sie weinte, doch sie nahm«, wie Friedrich spöttisch bemerkte.

Der Teilungsvertrag vom 5. August 1772 brachte Preußen zwar mit Ermland und Westpreußen ohne Danzig und Thorn bei weitem den geringsten Anteil, aber doch ein Gebiet, dessen Erwerbung Friedrich seit seiner Kronprinzenzeit ersehnt hatte und das nun die Verbindung zwischen Ostpreußen und dem brandenburgisch-pommerschen, dem zentralen Herrschaftskomplex des Hohenzollernstaates herstellte. Österreich erhielt die südlichen Gebiete Polens, die als »Galizien und Lodomerien« dem österreichischen Länderverband einverleibt wurden. Mit einer Bevölkerungszahl von zweieinhalb Millionen lag der österreichische Gewinn nicht nur weit über dem preußischen von einer halben Million, sondern auch noch beträchtlich über dem russischen von rund eineinhalb Millionen in den Gebieten östlich der Düna und des oberen Dnjepr. Das solchermaßen verstümmelte Polen mußte sich in die Entscheidung seiner drei mächtigen Nachbarn fügen und ihr mit der erzwungenen Zustimmung des polnischen Reichstags zum Teilungsvertrag dem Raub noch den Mantel scheinbarer Legalität umhängen.

Solange die polnische Frage nicht gelöst war und auch nocn die Gefahr eines österreichischen Eingreifens in den russisch-türkischen Krieg bestand, suchte Katharina sich durch Friedensverhandlungen mit der Türkei eine zeitweise Entlastung an dieser Front zu verschaffen. Nach der polnischen Teilung errangen die russischen Truppen, während der Flotte im Mittelmeer kein bedeutender Schlag mehr gelang, im Vorstoß bis über das Balkangebirge hinaus eine so günstige Position, daß sich die Türkei zum Abschluß eines für sie ungünstigen Friedens bereit fand. Aber auch Katharina wünschte nun, da der große Aufstand Pugatschews an der Wolga in bedrohlicher Weise um sich griff, eine rasche

Beendigung des Krieges. Der am 21. Juli 1774 abgeschlossene Frieden von Kütschük-Kainardsche brachte Rußland beträchtlichen territorialen Gewinn, vornehmlich zwischen Dnjepr und Bug und im Kaukasus. Die Unabhängigkeit der Krim bereitete die dann neun Jahre später von Katharina tatsächlich vorgenommene Annexion der Halbinsel durch Rußland vor. In eine noch fernere Zukunft wiesen die Bestimmungen über die freie russische Schiffahrt im Schwarzen Meer, das Durchfahrtsrecht durch die Meerengen für die russischen Handelsschiffe, vor allem aber jene Vereinbarungen über die Freiheit der christlichen Religion im Osmanischen Reich, aus denen dann Rußland Recht und Pflicht zum Schutz über die Balkanchristen ableitete. Aber auch Österreich erlangte in der von der Türkei abgetretenen Bukowina wiederum einen allerdings nicht sehr bedeutenden territorialen Zuwachs.

Wie gerade die Bestimmungen des Friedens von Kütschük-Kainardsche über den Schutz der Balkanchristen zeigten, hatte Katharina den Gedanken an eine Wiederaufrichtung des Oströmischen Reiches durch russische Waffen, das »griechische Projekt«, wie es später genannt wurde, keineswegs aufgegeben. Daß ihr ältester Enkel den Vornamen Alexander, der dritte den Vornamen Konstantin erhielt, war ein politisches Programm. Aus den Erfahrungen ihres ersten Türkenkrieges hatte sie die Lehre gezogen, daß ein voller Erfolg wohl nur im Bündnis mit Österreich zu erzielen war. Der neuerlich ausbrechende Konflikt zwischen Preußen und Österreich, der zuerst im Bayerischen Erbfolgekrieg von 1778/79, dann im bayerischen Tauschprojekt Josephs II. und in der Gründung des deutschen Fürstenbundes gipfelte, bot ihr die willkommene Gelegenheit, Joseph II. fest an sich zu binden. Wenn dann der gemeinsame Türkenkrieg Österreichs und Rußlands von 1787 bis 1791 auch nicht zu dem von Katharina erhofften Erfolg führte, so lag dies einmal an der wiederum, wie im Krieg von 1736 bis 1739, so auch jetzt mangelhaften strategischen Koordinierung der auf weit voneinander entfernten Kriegsschauplätzen operierenden Verbündeten – ein bei den unzulänglichen Nachrichtenverbindungen wohl überhaupt kaum lösbares Problem –, ferner an der ungünstigen Mächtekonstellation, vor allem aber daran, daß nach dem Tod Josephs II. sein Bruder und Nachfolger Leopold II. unter Herausgabe der inzwischen gemachten Eroberungen und Verzicht auf territorialen Gewinn mit den Türken den Frieden von Sistowa schloß. Von jeher hatte Leopold die Ansicht vertreten, daß das einem unaufhaltsamen Machtverfall entgegengehende Osmanische Reich für Österreich ein weit angenehmerer und ungefährlicherer Nachbar im Südosten sei als das mächtig aufstrebende, von unbändigem Expansionsdrang erfüllte Rußland.

Der »aufgeklärte Absolutismus« in Europa

Die nicht unmittelbar von den polnischen und orientalischen Wirren betroffenen Bewohner der Mitte, des Westens und des Südens Europas nahmen die Kunde »von Krieg und Kriegsgeschrei, wenn hinten, weit in der Türkei, die Völker aufeinander schlagen«, mit

Treffen Kaiser Josephs II. mit der Zarin Katharina II.
in Koidak am Dnjepr im Mai 1787

Ausmarsch und Einschiffung der gefangenen Türken nach der Einnahme von Belgrad am 12. Oktober 1790
Kolorierte Stiche von Hieronymus Löschenkohl
Wien, Historisches Museum der Stadt

Unterricht in einer österreichischen Knabenschule und in einem geistlichen Institut zur Zeit Maria Theresias
Aus Gemälden eines unbekannten Malers, um 1750. Wien, Historisches Museum der Stadt

jenem dankbaren Behagen an »Fried' und Friedenszeiten« auf, dem der Bürger beim Osterspaziergang in Goethes »Faust« so beredten Ausdruck verleiht. Und tatsächlich hat Europa, als Ganzes betrachtet, in der Zeit zwischen dem Ende des Siebenjährigen Krieges und dem Krieg gegen die Französische Revolution fast drei Jahrzehnte lang einen nahezu ungestörten Frieden und damit eine seit dem Untergang des Römischen Weltreichs noch nie dagewesene Epoche der Ruhe, der Erholung und des Wohlstandes erlebt. Die Konflikte blieben entweder auf engen Raum lokalisiert, wie etwa die Kämpfe der Franzosen gegen die aufständischen Korsen nach dem Kauf der Insel Korsika oder der vom Volkswitz als »Kartoffelkrieg« verspottete Bayerische Erbfolgekrieg, oder sie spielten sich am Rande des Kontinents ab, wie der russisch-türkische Krieg oder die Auseinandersetzungen der europäischen Mittelmeerstaaten – Spaniens, Neapel-Siziliens, der Toskana – mit den Barbareskenstaaten an der nordafrikanischen Küste. Auch das Eintreten der bourbonischen Mächte Frankreich und Spanien in den Krieg zwischen England und den nordamerikanischen Kolonien hatte diesmal keine unmittelbaren militärischen Rückwirkungen auf den europäischen Kontinent.

Die lange Friedenszeit brachte allenthalben eine bemerkenswerte wirtschaftliche Erholung, nachdem verschiedene Teile Europas wie etwa die italienischen Staaten zu Beginn der sechziger Jahre die letzte große Hungersnot ihrer Geschichte erlebt hatten. Wie Friedrich der Große und Maria Theresia nach dem siebenjährigen Ringen, so richteten nun auch die Herrscher und Minister der großen, mittleren und kleineren Staaten ihr Hauptaugenmerk auf innere Reformen, Förderung der Industrie, des Handels und der Landwirtschaft. Zugleich nahmen die Reisen der Angehörigen des Adels und des gehobenen Bürgertums, begünstigt durch die zunehmende Sicherheit der Straßen und die größere Bequemlichkeit und Schnelligkeit des Verkehrs, in bemerkenswerter Weise zu. Die allgemeine Reiselust, die größere Freizügigkeit für die Angehörigen der verschiedenen Länder, die gewaltig anschwellende Produktion von Büchern, Zeitschriften und Zeitungen, schließlich die verbindende Wirkung der französischen Sprache als Gemeingut der Gebildeten aller europäischen Völker von Portugal bis zum Ural hatten dabei eine Weltoffenheit und einen geistigen und kulturellen Kosmopolitismus zur Folge, wie sie Europa seither bis zur Gegenwart nicht wieder erreicht hat.

Frankreich und Paris blieben weiterhin das geistige Zentrum und Vorbild des Kontinents; aber die Ideen, die dort entwickelt oder zumindest von den französischen Schriftstellern in eine für das übrige Europa verbindliche und wirksame Form gekleidet wurden, sind meist außerhalb Frankreichs zu größerer Wirkung gekommen. Auf wirtschaftlichem Gebiet hatte die »europäische Partei« der »Ökonomisten« oder, wie sie später genannt wurden, der »Physiokraten« ihr Hauptquartier in Paris, wo ihre brillantesten Federn die Programmschriften der neuen Heilslehre verfaßten, während man sich in der Toskana, in Baden, in Schweden und – wenngleich in abgewandelter Form – auch in Österreich, Preußen und Rußland um die praktische Anwendung und Erprobung der neuen volkswirtschaftlichen Erkenntnisse bemühte; aber auch auf religiösem und kirchenpolitischem Gebiet hatte der von Frankreich ausgehende Spätjansenismus und Gallikanismus in den katholischen Ländern Europas – von Portugal und Spanien über die italienischen Staaten bis nach Österreich und zu den weltlichen und geistlichen katholischen Territorien des Reiches – die stärksten Wirkungen

Allgemein läßt sich sagen, daß die Verbindung von Theorie und Praxis sich im übrigen Europa leichter und harmonischer ergab als im französischen Zentrum der großen Bewegung der Aufklärung. Damit hängt auch die Tatsache zusammen, daß in Frankreich die führenden Geister weiterhin meist Literaten und Schriftsteller waren, ohne öffentliche Verantwortung und Praxis, während in anderen Ländern – besonders etwa in Italien – die führenden Theoretiker und Schriftsteller oft gleichzeitig als »Reformer« in hohen bürokratischen Funktionen wirkten. Das eine große französische Gegenbeispiel ist der Reformminister Ludwigs XVI., Anne Robert Turgot, dessen amtliche Tätigkeit aber zu kurz war, um die von ihm erstrebten grundlegenden Reformen – darunter sein berühmter »Munizipalitätenentwurf«, ein frühes Projekt in konstitutioneller Richtung – zu verwirklichen.

Mit Entschiedenheit wendete sich die spätere Aufklärung praktischen Reformen zu, der Verbesserung der menschlichen Lebensbedingungen und der Pflege der »nützlichen Wissenschaften«, wie sie in den großen französischen Unternehmungen der *Encyclopédie* und der *Cahiers des arts et des métiers* zum Ausdruck kam. So standen in dem sich zwischen den führenden Geistern der verschiedenen Nationen entwickelnden Gespräch Fragen der wirtschaftlichen, sozialen und rechtlichen Ordnung im Vordergrund. Man diskutierte leidenschaftlich über Vorteile und Nachteile von Freihandel und Schutzzöllen, wobei besonders die Frage der Freiheit des Getreidehandels in Aus- und Einfuhr und, damit zusammenhängend, der Freigabe oder staatlichen Festsetzung der Getreide- und Brotpreise die Gemüter erregte. Eine ungeheure Wirkung rief die kleine, 1764 erschienene Schrift des mailändischen Reformers Marchese Cesare Beccaria *Dei delitti e delle pene* (»Von den Verbrechen und den Strafen«) mit ihrer Forderung nach grundlegender Reform von Strafrecht und Strafvollzug, nach Abschaffung der Folter und der Todesstrafe hervor. Sie wurde bald in alle Kultursprachen übersetzt, und ihre Thesen fanden in allen europäischen Ländern Verteidiger, in vielen Staaten zumindest teilweise auch praktische Verwirklichung. Katharina II. suchte den – bezeichnenderweise durch die vom Abbé Morellet besorgte französische Übersetzung seines Buches – mit einem Schlag berühmt gewordenen Verfasser als Berater bei der geplanten Reform des russischen Rechtswesens zu gewinnen, aber Kaunitz gelang es, durch einen eigens für ihn errichteten Lehrstuhl Beccaria in seiner mailändischen Heimat zu halten.

Andere Probleme, die jene Generation von Reformern in ganz Europa vornehmlich interessierten, waren das Steuer- und Katasterwesen, die Gesetzgebung über die Fideikommisse, die Hebung der Volksgesundheit und, der pädagogischen Tendenz des Zeitalters entsprechend, die »Nationalerziehung« durch Reform des gesamten Schulwesens unter besonderer Berücksichtigung der Volksschulen und durch populäres Schrifttum. In den katholischen Ländern griffen diese Bestrebungen stark in die Kirchenpolitik ein; das bisherige Erziehungsmonopol des Jesuitenordens, besonders auch an den Universitäten, wurde beseitigt, der Seelsorgeklerus reformiert und gegenüber den geistlichen Orden bevorzugt, dies besonders unter dem Gesichtspunkt der volkserzieherischen Funktion der Pfarrer.

Im ganzen war schon in den letzten Jahrzehnten vor der Französischen Revolution durch die Reformen des »aufgeklärten Absolutismus« in weiten Gebieten Europas die mittelalterliche Buntscheckigkeit der Verhältnisse beseitigt und eingeebnet, die Gleichheit der Staatsbürger vor dem Gesetz und damit die egalitäre bürgerliche Gesellschaft des 19. Jahrhunderts vorbereitet. Aber nicht nur der spätere Liberalismus und Konstitutionalismus gehen in ihren Anfängen auf diese letzte Phase des *ancien régime* zurück, sondern ebenso der sprachlich-kulturelle Nationalismus, denn die Bestrebungen zur Nationalerziehung setzten sich auch für die Hebung und Pflege der Volkssprachen ein.

Im einzelnen lagen wohl trotz der Übereinstimmung in den allgemeinen Tendenzen die Verhältnisse von Region zu Region, von Staat zu Staat anders, wobei Charakter und Fähigkeiten der verschiedenen Herrscher und ihrer Minister eine wesentliche Rolle spielten. Der nach dem Polnischen Thronfolgekrieg als Karl IV. in Neapel-Sizilien zur Herrschaft gelangte älteste Sohn der Elisabeth Farnese leitete in seinem süditalienischen Königreich mit Hilfe seines aus der Toskana stammenden Ministers, des Marchese Bernardo Tanucci, das Zeitalter der Reformen ein, und er blieb dieser Politik treu, auch nachdem er im Jahre 1759 als Karl III. den spanischen Thron bestiegen hatte. Die Vereinheitlichung und Zentralisierung, die in Frankreich bereits unter Ludwig XIV. ihren Höhepunkt erreicht und überschritten hatte, wurde in den Ländern der bourbonischen Nebenlinien, Spanien, Neapel-Sizilien und Parma-Piacenza, erst von der Mitte des 18. Jahrhunderts an vorgenommen, wenn auch die Rückständigkeit der sozialen Ordnung einen vollen und durchdringenden Erfolg der Reformbestrebungen verhinderte. Immerhin entwickelte sich schon in der Zeit nach dem Aachener Frieden das kleine Herzogtum Parma unter Don Philipp, dem jüngeren Bruder Karls III. von Spanien, zu einem Musterstaat der von den Ideen der französischen Philosophen inspirierten Aufklärung, wobei der Minister Philipps, der Franzose Guilleaume Du Tillot, die entscheidende Rolle spielte. Daß dann Philipps Sohn Ferdinand trotz der hervorragenden Erziehung, die ihm zuteil geworden war, die Reformpolitik seines Vaters und Du Tillots nicht fortsetzte, war allerdings für den pädagogischen Optimismus der Aufklärer ein harter Schlag.

In Neapel-Sizilien war 1759 Ferdinand IV. seinem nach Spanien gehenden Vater auf den süditalienischen Thron gefolgt; er hatte allerdings im Gegensatz zu seinem gleichnamigen Vetter in Parma die denkbar schlechteste – oder besser gesagt überhaupt keine – Erziehung genossen. Zunächst behinderte er die Reformpolitik des nun schon alt und müde gewordenen Tanucci nicht; dann aber, nach Tanuccis Sturz, versuchte er unter dem Einfluß seiner energischen und temperamentvollen Gemahlin Maria Carolina, einer Tochter Maria Theresias, in seinem Königreich eine Politik des »aufgeklärten Absolutismus« zu treiben. Dabei bediente er sich fähiger Minister, wie des Herzogs Domenico Caracciolo als Vizekönig von Sizilien und des aus toskanischen in neapolitanische Dienste übergetretenen Admirals John Francis Edward Acton, des Sohnes eines aus religiösen Gründen nach Frankreich ausgewanderten Engländers. Wie in Spanien vermochte allerdings auch in Neapel-Sizilien weder die Tätigkeit aufgeklärter Minister noch die geistige Regsamkeit einer Reihe glänzender politisch-ökonomischer Schriftsteller – in Neapel war der erste nationalökonomische Lehrstuhl Italiens eingerichtet worden – die aus Spätantike und Mittelalter stammende ungünstige soziale Struktur des Landes entscheidend zu ändern.

Das Musterland des »Zeitalters der Reformen« und bewunderte Beispiel aufgeklärter Regententätigkeit aber wurde im letzten Vierteljahrhundert vor der Französischen Revolution das Großherzogtum Toskana unter der Regierung Peter Leopolds, des jüngeren Bruders und späteren Nachfolgers Josephs II. Treffend hat von ihm schon 1784 der französische Minister Vergennes gesagt, es sei sozusagen eine glückliche Fügung der Politik, daß sich ein Fürst gefunden habe, der fast alles habe erproben wollen, was seit fünfundzwanzig Jahren den Schriftstellern über Gesetzgebung, Landwirtschaft und Handel durch den Kopf gegangen sei. In dem Vierteljahrhundert seiner toskanischen Regierung von 1765 bis 1790 hat *Pietro Leopoldo*, stets nach gründlicher Vorbereitung, mit geradezu wissenschaftlicher Methode und gleichsam experimenteller Erprobung eine große Anzahl tiefgreifender Reformen durchgeführt; die schrittweise Befreiung des Getreidehandels von allen Beschränkungen, eine Gemeindereform, die weitgehend die späteren Stein-Hardenbergschen Reformen in Preußen vorwegnahm, die Auflösung des stehenden Heeres zugunsten einer Bürgermiliz, Reform des Schul- und Erziehungswesens mit besonderem Bedacht auf die Errichtung von Mädchenschulen, wodurch Florenz und die Toskana gerade auf dem Gebiet der Pädagogik für die ganze folgende Zeit an die Spitze der italienischen Regionen trat. Eine planmäßige Agrar- und Sozialpolitik sollte einen breiten Mittelstand aus Adel, gebildetem Bürgertum und besitzendem Bauerntum schaffen, das fortschrittlichste Strafgesetzbuch Europas enthielt außer der Abschaffung von Folter und Todesstrafe auch die Aufhebung der Bestimmungen über »Majestätsverbrechen«. Die großzügige Anlage von Straßen und Kanälen, die teils erfolgreiche, teils an den Schwierigkeiten scheiternde Urbarmachung von Sumpfland, die Errichtung moderner Spitäler, Bäder und Irrenhäuser, eine für die Zeit bemerkenswert moderne Sanitätsordnung lagen durchaus auf der Linie der Reformen in anderen Staaten, doch auch hier zeichneten sich alle Maßnahmen durch sorgfältige und wohlüberlegte Vorbereitung aus – besonders etwa im Vergleich zu den vielfach überstürzten Reformen Josephs II. –, wobei man allerdings berücksichtigen muß, daß für ein derartiges Reformwerk in der kleinen Toskana, für die es kaum außenpolitische Probleme gab, ungleich günstigere Voraussetzungen bestanden als in der großen Österreichischen Monarchie. Das von Leopold ein Jahrzehnt vor dem Ausbruch der Französischen Revolution in Angriff genommene Projekt einer Verfassung, die das gesamte toskanische Reformwerk krönen und sichern sollte, wurde von ihm und seinem Mitarbeiter und Berater Francesco Maria Gianni zwar jahrelang sorgfältig ausgearbeitet und fertiggestellt, so daß Leopold mit Recht der »erste konstitutionell gesinnte Monarch, den die europäische Geschichte kennt« genannt worden ist; zur Einführung der fertigen Verfassung ist es dann aber doch nicht mehr gekommen.

Das dritte Zentrum der Reformbewegung in Italien neben Neapel und Florenz war Mailand, die Hauptstadt der österreichischen Lombardei. Auch hier bestanden, namentlich in den beiden letzten Jahrzehnten der theresianischen Epoche, besonders günstige Voraussetzungen für eine dem Zeitideal sehr nahekommende Verbindung von Geist und Macht, Philosophie und Herrschaft: Bodenfläche und Bevölkerungszahl, die weder zu groß noch zu klein, fast ein Optimum für die Verwaltungsmethoden der Zeit darstellten, die Fruchtbarkeit des Landes und eine günstige Verkehrslage – wobei auch die Nähe zu Frankreich nicht übersehen werden darf –, eine fleißige und unternehmende Bevölkerung, eine bemerkenswert hohe Zahl reger und produktiver geistiger Talente gerade auch in der jüngeren Generation der bisher führenden Schichten; in der Person des Grafen Carl Firmian ein gebildeter und kultivierter Mann mit guten Landeskenntnissen an der Spitze der Verwaltung, die Sonderstellung gegenüber der Masse der »deutschen Erbländer« der Österreichischen Monarchie, mit denen die Lombardei territorial nicht verbunden war, eine Sonderstellung auch in der Verwaltung, da das *Dipartimento d'Italia* in der Wiener Zentrale der Staatskanzlei und damit Kaunitz direkt unterstand. Er behauptete zwar, er erledige die italienischen und niederländischen Angelegenheiten am Morgen, während er die Strümpfe anziehe, widmete sich aber doch diesen Aufgaben intensiv genug, um die Richtlinien zu bestimmen und fördernd und korrigierend einzugreifen, jedoch wieder nicht so eingehend, daß er die eigene lombardische Initiative und Autonomie erdrückt hätte.

Zusammen mit den anderen »Außenposten« der Österreichischen Monarchie im Westen Europas, dem »vorderösterreichischen« Gebiet mit der Universität Freiburg im Breisgau und den österreichischen Niederlanden mit der Universität Löwen, traten die italienischen Gebiete: die Lombardei mit der Universität Pavia, die von der habsburgisch-lothringischen »Sekundogenitur« beherrschte Toskana mit den Universitäten Pisa und Siena und – über die Familienverbindungen – auch Modena, Parma und Neapel–Sizilien, mit Wien in einen regen geistigen und personellen Austausch, der sich in Politik, Wirtschaft, Wissenschaft und Kunst für beide Teile fruchtbar ausgewirkt hat.

Wie ihr großer Gegner Friedrich in Preußen widmete sich Maria Theresia nach dem Ende des Siebenjährigen Krieges – dem ja im August 1765 der für sie so schwere Schicksalsschlag des plötzlichen Todes ihres Gemahls gefolgt war – vor allem den inneren Angelegenheiten der Monarchie und hier wieder mit besonderem Eifer dem Aufbau und Ausbau des Schulwesens. Ihrem Sohn Joseph, nun an der Stelle seines Vaters zum Mitregenten ernannt – mit dem es trotz oder besser gerade wegen der starken gegenseitigen Zuneigung immer wieder zu heftigen Konflikten und Reibungen kam –, blieb zunächst vornehmlich, aber nicht ausschließlich, die Sorge um das Militär. Auch in der Außenpolitik spielte er eine größere Rolle und setzte im Zusammenwirken mit Kaunitz anläßlich der polnischen Teilung, dann wieder beim Ausbruch des Bayerischen Erbfolgekriegs einen außenpolitischen Kurs durch, den Maria Theresia mißbilligte, dem sich gegen den Staatskanzler und gegen den Sohn und Nachfolger zu widersetzen sie sich aber nicht stark genug fühlte.

Auch Friedrich der Große hat sich in den mehr als zwei Jahrzehnten, die ihm noch vergönnt waren, vornehmlich dem »Retablissement«, der wirtschaftlichen Erholung und Reorganisation, seiner vom Siebenjährigen Krieg schwer getroffenen Länder gewidmet. Die Methoden, die er dabei anwandte, waren durchaus konservativ, im Sinne der merkantilistischen Tradition mit energischer Förderung der Industrie, voran Seidenindustrie, Porzellanmanufaktur und Bergwesen, ergänzt durch eine prohibitive Zoll- und Außenhandelspolitik. Während des Krieges hatte der König seine Zuflucht zu dem uralten Mittel der Münzverschlechterung genommen. Nun wandte er ein gleichfalls schon reichlich veraltetes

System an: er verpachtete die indirekten Steuern an ein französisches Konsortium und führte Monopole für Tabak und Kaffee ein, um die durch den Krieg erschöpften Staatsfinanzen zu sanieren, dies zu einer Zeit, da man in den fortschrittlicheren Ländern des übrigen Europa unter dem Einfluß der physiokratischen Lehre von diesen Methoden wieder abging. Wenn die wirtschaftliche Erholung des Landes doch so rasche Fortschritte machte, so war dies in erster Linie der Energie des Königs und dem Pflichteifer des preußischen Beamtenapparats zuzuschreiben.

In den durch die polnische Teilung erworbenen Gebieten wurde die innere Kolonisation unter Begünstigung deutscher Siedler ebenfalls mit planender Gründlichkeit aufgenommen. Wie Maria Theresia, so hat auch Friedrich im Alter sich besonders um die Reform des Schulwesens bemüht, wobei er sich für die katholischen Schulen der Entwürfe desselben schlesischen Propstes Felbiger bediente, der auch in der theresianischen Schulreform eine wichtige Rolle spielte. Kam es auch hier, wie in der Rechtskodifikation, zu Lebzeiten des Königs nicht mehr zum Abschluß der Bemühungen – man hatte wohl die Schwierigkeiten unterschätzt –, so war damit doch der Grund gelegt für den späteren Ausbau des preußischen Bildungswesens. Dem ganz in der französischen Geistigkeit des ablaufenden Zeitalters wurzelnden alten König hat man sein geringes Verständnis für die eben aufblühende deutsche Literatur und für die neuentdeckte deutsche Dichtung des Mittelalters zum Vorwurf gemacht; doch hat er 1780 in seiner Schrift *De la littérature allemande* die kommende Blüte der deutschen Literatur prophezeit und sich selbst mit Moses verglichen, der das gelobte Land wohl sehen, aber nicht mehr betreten werde.

Preußen und Österreich waren auf dem Wege zur Ausbildung des modernen Staates den anderen deutschen Ländern zunächst weit vorausgegangen und hatten in Friedrich und Maria Theresia weithin leuchtende – und daher auch vielfach legendär übersteigerte – Leitbilder geschaffen. In dieser letzten Phase des Zeitalters jedoch wurden sie auf manchen Gebieten von den mittleren und kleineren Staaten eingeholt, teilweise sogar überholt, die meist ohne außenpolitische Sorgen und Belastungen den »Werken des Friedens« ihre ganze Kraft widmen konnten. Sehr deutlich wird dies etwa bei Bayern, wo nach dem Verzicht auf den wittelsbachischen Kaisertraum unter Max Joseph eine Blütezeit der Aufklärung einsetzte, die ihren sichtbaren Ausdruck in der Gründung der Bayerischen Akademie der Wissenschaften im Jahre 1759 fand. Den westlichen Ideen, vor allem denen der Physiokraten, hat sich unter den deutschen Fürsten jener Zeit am stärksten der in Karlsruhe regierende Markgraf Carl Friedrich von Baden zugewandt. Er unterhielt mit den Häuptern der physiokratischen Schule, dem älteren Mirabeau, der nach einem seiner Werke allgemein der *ami des hommes*, der Menschenfreund, genannt wurde, und mit Du Pont de Nemours einen ausgedehnten Briefwechsel und ließ von letzterem den Erbprinzen teils brieflich aus Paris, dann persönlich in Karlsruhe in der *science*, der jungen nationalökonomischen Wissenschaft, unterrichten. In der Bauernbefreiung und der Pflege der Landwirtschaft setzte der Markgraf zum Segen für seine Untertanen seine physiokratischen Überzeugungen in die Tat um und schreckte selbst von dem gewagten Experiment einer Einführung des *impôt unique*, der von den Physiokraten propagierten Einheitssteuer auf den Bodenwert, nicht zurück. Der Herzog Carl Eugen von Württemberg, für den einst Friedrich der Große einen »Fürstenspiegel« verfaßt hatte, erfüllte zwar nicht alle Hoffnungen, die man in seine Regierung gesetzt hatte — sein wenig glückliches Vorgehen rief den Widerstand der württembergischen Stände hervor —, aber durch die von ihm begründete Karlsschule förderte er doch die Verbreitung der Ideen der Aufklärung

In Franken wurde das kleine Erlangen sowohl durch die 1743 zur Universität erhobene markgräfliche Akademie wie auch durch die bald weitberühmte »Erlanger Zeitung« des Johann Friedrich Groß zu einem neuen geistigen Zentrum; dazu trug auch die Markgräfin Wilhelmine von Ansbach-Bayreuth, die Schwester Friedrichs des Großen, entscheidend bei, die wie ihr Bruder ganz in der Welt der französischen Aufklärung lebte. Im Kurfürstentum Hannover gelangte die 1737 gegründete Universität Göttingen, die dank der dynastischen Verbindung des Landes mit England zu einem Einfallstor des englischen Einflusses in Deutschland wurde, in der zweiten Jahrhunderthälfte zu hoher Blüte, und auch im benachbarten Braunschweig förderte Herzog Carl Wilhelm Ferdinand, der wie Carl Friedrich von Baden den französischen Physiokraten nahestand, das Bildungswesen in jeder Weise. Die Verdienste aller dieser und vieler anderer deutscher Fürsten des Aufklärungszeitalters aber wurden überstrahlt durch das Wirken der Herzogin-Witwe Anna Amalia von Sachsen-Weimar-Eisenach und ihres Sohnes Carl August, die durch die Berufung Wielands, Herders, Goethes und Schillers ihre Residenz Weimar und die Universität Jena zum Mittelpunkt der deutschen Klassik machten.

Gewiß fehlten auch nicht die dunklen Schatten in dem Bild, das die deutschen Höfe und Fürstentümer in den letzten Jahrzehnten vor der großen Zeitwende boten. Der Soldatenhandel des Landgrafen Friedrich II. von Hessen-Kassel, der den Engländern zwölftausend Mann für den Kampf gegen die aufständischen Kolonisten in Nordamerika vermietete, erregte, obwohl es sich dabei um eine alte Unsitte handelte, heftige Kritik, die auch in der Literatur — so in Schillers »Kabale und Liebe« — ihren Niederschlag gefunden hat. Aber auch sonst gab es unter den deutschen Fürsten neben den pflichtgetreuen, »aufgeklärten« Landesvätern noch Vertreter des älteren, prachtliebenden und baufreudigen Herrschertyps, wie etwa den Kurfürsten Carl Theodor von der Pfalz, den Friedrich der Große ärgerlich »das Glücksschwein« nannte, weil der »faule Kerl«, der zunächst nur ein kleiner Pfalzgraf von Sulzbach gewesen war, im Erbgang erst die Kurpfalz mit Jülich und Berg, schließlich auch noch Bayern erwarb, die beiden im Dreißigjährigen Krieg getrennten Kurwürden des wittelsbachischen Hauses, die pfälzische und die bayerische, wieder vereinigte und ohne Kampf ein größeres Gebiet zusammengebracht hatte als Friedrich mit seinen Kriegen.

In den Ländern der dänischen Monarchie, zu der außer Dänemark noch Norwegen, Island, die Faröer-Inseln, Schleswig und Holstein und bis 1773 auch die deutschen Grafschaften Oldenburg und Delmenhorst gehörten, war die Reformpolitik des aufgeklärten Absolutismus unter den Königen aus dem Hause Oldenburg von meist nicht aus dem dänischen Kernland stammenden Ministern getragen, unter denen die beiden Bernstorffs, Johann Hartwig Ernst und Andreas Peter, Oheim und Neffe, hervorragen. Gleichfalls deutscher Abstammung war der Arzt Johannes Friedrich Struensee, ein Pfarrerssohn aus Halle, der unter dem schwachsinnigen König Christian VII. für kurze Zeit zum allmächtigen Minister aufstieg, dann aber an dem Widerstand des dänischen Adels gegen seine allzu überstürzten Reformen scheiterte, wobei das Liebesverhältnis des zum Grafen erhobenen Emporkömmlings zur Königin Caroline Mathilde seinen Gegnern die Waffe zu seiner Vernichtung in die Hand gab. Nach Struensees Sturz erfolgte als Reaktion auf seine physiokratische Wirtschaftspolitik eine Rückkehr zu den merkantilistischen Prinzipien der früheren Zeit sowie im Gegensatz zur bisherigen Bevorzugung der Deutschen und der deutschen Sprache die Einführung des Dänischen als Kommandosprache im Heer und seine Förderung im Schulunterricht, während das »Indigenatsgesetz« von 1776 bestimmte, daß keine Ausländer mehr zu Staatsstellen zugelassen sein sollten.

Schweden erlebte nach dem Tode Karls XII. und dem Zusammenbruch seines absolutistischen Regierungssystems während des größten Teils des 18. Jahrhunderts die lange »Freiheitszeit« (1718–1772), die Epoche der ständischen Adelsherrschaft der einander bekämpfenden, von Rußland und Frankreich als Werkzeug der Einmischung in die schwedische Politik verwendeten Adelsparteien der »Mützen« und der »Hüte«, des schwedischen Gegenstücks zu den englischen »Whigs« und »Tories«. Wie in England Georg III. versuchte in Schweden Gustav III., nach gescheiterten Versuchen seiner Vorgänger, die absolutistische Entwicklung der übrigen europäischen Staaten nachzuholen, nachdem er 1772 in einem unblutigen Staatsstreich die Adelsherrschaft beseitigt hatte. Auch Gustav III. bekannte sich in der Wirtschaftspolitik zu den Grundsätzen der Physiokraten, so daß nun neben Florenz und Karlsruhe Stockholm ein Zentrum der neuen Lehre wurde. Nach einem kurzen Krieg mit Rußland und Dänemark im Zusammenhang mit dem russisch-österreichischen Krieg gegen die Türken hat Gustav III. mit Unterstützung der Bauern und Bürger im Epochenjahr 1789 in einem neuen Staatsstreich die Privilegien des Adels weiter eingeschränkt. Eine Adelsverschwörung brachte ihm dann 1792 während eines Maskenballs den Tod.

Von den Bestrebungen der Zarin Katharina, in ihrem russischen Riesenreich den Ideen der Aufklärung Eingang zu verschaffen und den Beifall der westlichen Philosophen zu erringen, war schon die Rede. Ganz abgesehen von allen anderen geschichtlich wie geographisch bedingten Schwierigkeiten waren aber hier den Reformbestrebungen von Anfang an enge Grenzen gesetzt, zunächst schon dadurch, daß die mit einem Gewaltstreich auf den Thron gelangte Ausländerin weder willens noch wohl auch in der Lage war, Abstriche von ihrer Selbstherrschaft zu dulden; wobei die Autokratie nun allerdings nicht mehr religiös, sondern rationalistisch mit den geographischen Gegebenheiten des Riesenreiches begründet wurde. Die andere Grenze war die Bauernfrage, an der die Zarin, auf die Zustimmung und Mitarbeit des russischen Adels angewiesen, nicht rühren durfte und, besonders nach dem Pugatschew-Aufstand, auch nicht rühren wollte. Zwischen diesen beiden Grenzen blieben also nur die Förderung der Wirtschaft, die Ansiedlung von Bauern in den neu erworbenen südrussischen Gebieten, die Hebung der Bildung in den höheren Ständen sowie das ehrgeizige Projekt einer großen Rechtskodifikation, die gleiche, für die Katharina vergeblich die Mitarbeit Beccarias zu gewinnen suchte. Die von den Ideen der westeuropäischen Aufklärung erfüllte »Große Instruktion« sollte die Arbeiten einer 1767 einberufenen Kommission bestimmen, deren mehr als fünfhundert gewählte Mitglieder, unter denen bemerkenswerterweise das nichtadlige Element bei weitem überwog,

Literarische Konversation bei König Gustav III. von Schweden auf Schloß Drottningholm
Aus einem Gemälde von Per Hilleström d. Ä., 1779
Stockholm, Nationalmuseum, Sammlung Drottningholm

Eine Freimaurerversammlung in Wien mit der Aufnahme eines Prüflings in den Lehrlingsstand
Aus einem Gemälde eines unbekannten Malers, um 1780
Wien, Historisches Museum der Stadt

DIE EUROPÄISCHE STAATENWELT IM 18. JAHRHUNDERT

gar nicht die nötigen Kenntnisse und Fähigkeiten mitbrachten, so daß die Arbeit in zahlreichen Ausschüssen noch keinerlei positive Ergebnisse erzielt hatte, als man 1769 die Kommissionsmitglieder, angeblich wegen des inzwischen ausgebrochenen Türkenkrieges, nach Hause schickte.

So unterschiedlich die Erfolge und Mißerfolge des »aufgeklärten Absolutismus«, wie dieser flüchtige Überblick gezeigt hat, in den verschiedenen Ländern Europas auch waren – bedingt durch persönliche wie überpersönliche Faktoren –, so sind gewisse gemeinsame Kennzeichen fast überall festzustellen. Monarchen, die ihre Legitimation nun nicht mehr aus göttlichem Auftrag, sondern aus der naturrechtlichen Vertragslehre und dem Ethos des Staatsdienertums ableiten, bemühen sich um die Vereinheitlichung ihrer Staaten, um die Beseitigung der aus dem Mittelalter stammenden Sonderung, der ständischen, politischen und wirtschaftlichen Unterschiede und Privilegien, oft unbewußt, manchmal aber auch ganz bewußt, um die Entwicklung einer breiten Schicht von besitzenden und gebildeten, der Rechtsgleichheit möglichst weitgehend unterworfenen Staatsbürger. Wohlstand und Glück der Untertanen zu heben, sind dabei der Monarch selbst und der als Idee sich immer mehr verselbständigende, von der Person des Monarchen lösende Staat auch im eigenen Interesse bemüht, teils mit traditionellen merkantilistischen Mitteln, teils mit den »modernen« freiheitlichen, von den Physiokraten empfohlenen Maßnahmen. Die wichtigsten Mitarbeiter der Fürsten bei diesem Werk sind ihre Minister, vielfach Ausländer und nichtadliger Herkunft und daher nicht an die Interessen des seine Privilegien verteidigenden einheimischen Adels gebunden. In den aus mehreren historischen Ländern und Herrschaften zusammengefügten großen Staaten verkörpern sie und die von ihnen geleiteten zentralen Behörden zusammen mit den Monarchen den Gesamtstaatsgedanken. Dank ihrer Sach- und Personalkenntnis gewinnen sie besonders unter schwächeren oder unfähigen Herrscherpersönlichkeiten eine Macht, die durch das zeitgenössische Scheltwort vom »Ministerialdespotismus« als der gefährlichsten Form des Despotismus gekennzeichnet wird. Die physiokratische Lehre von der Eigengesetzlichkeit und der daraus notwendig resultierenden Freiheit der Wirtschaft wird zwar nur selten, wie etwa im Fall des toskanischen Verfassungsprojekts, auch auf die politische Sphäre übertragen. Aber die Verwandtschaft in Ziel und Methoden zwischen der Reformpolitik des aufgeklärten Absolutismus und der dann von Nordamerika auf den europäischen Kontinent übergreifenden »demokratischen Revolution« ist bald schon den tiefer Blickenden unter den Zeitgenossen und dann besonders den Gegnern, den Konservativen und den Romantikern, durchaus bewußt geworden.

Gewiß ist der aufgeklärte Absolutismus, wie der europäische Absolutismus überhaupt, immer nur »relativ« gewesen, mit dem Totalitarismus des 20. Jahrhunderts kaum vergleichbar und im Effekt nie mit letzter Konsequenz, bis zur völligen egalitären Einebnung der historischen Unterschiede der Stände, durchgeführt worden. Gerade die neuere sozialgeschichtliche Forschung hat gezeigt, wie stark die traditionellen Kräfte der Beharrung doch gewesen sind und wie »konservativ« gerade auf diesem Gebiet etwa eine Leitfigur des »aufgeklärten Absolutismus« wie Friedrich der Große etwa geblieben ist. Aber bei Joseph II. und im Denken noch konsequenter und radikaler bei seinem jüngeren Bruder

Leopold ist die Überzeugung von der grundsätzlichen Gleichberechtigung aller Menschen und das daraus resultierende Streben nach Beseitigung aller durch die Geburt bedingten sozialen Unterschiede vorhanden gewesen, und beide waren sich der Übereinstimmung ihrer Ideen mit jenen der Amerikanischen wie der Französischen Revolution durchaus bewußt. Mit Recht haben dann auch etwa die Toskaner den in ihr Land kommenden Angehörigen der französischen Revolutionsarmeen entgegengehalten, daß sie auf unblutige Weise durch die leopoldinischen Reformen schon längst in den Besitz jener Errungenschaften gekommen seien, die die Franzosen erst später mit Strömen von Blut erlangten.

Wie der Liberalismus, so ist auch die zweite große Kraft des 19. Jahrhunderts, der Nationalismus, durch den aufgeklärten Absolutismus entscheidend vorbereitet worden; einmal direkt durch die Bemühungen um »Nationalerziehung«, um Volksbildung und Volkssprache, dann aber vor allem indirekt durch die Reaktion auf den Kosmopolitismus und Rationalismus der Aufklärung, auf die Tätigkeit der ausländischen Minister, auf die Mißachtung der historischen Traditionen der einzelnen Länder und Völkerschaften in den Vereinheitlichungstendenzen der Reformer. Dabei ergab sich, wie zwischen altständischem Libertätsstreben und modernem Liberalismus, eine ähnliche, gleichsam unterirdische Verbindung zwischen dem regionalen, landesgebundenen und adligen Patriotismus und dem sprachlich und kulturell bestimmten, zum Nationalstaat strebenden bürgerlichen Nationalismus.

Im Bewußtsein der Zeitgenossen waren bis ins Zeitalter der Französischen Revolution die Monarchien die Träger von Fortschritt, Licht und Aufklärung, während die Republiken als erstarrte Oligarchien, als Fossile des »finsteren Mittelalters« galten; ob es sich nun um »gekrönte Adelsrepubliken« wie Polen und zeitweise auch Schweden und England handelte oder um die italienischen Adelsrepubliken Venedig, Genua und Lucca, um die deutschen Reichsstädte oder die ihre Untertanengebiete mit harter Hand regierenden Schweizer. Kein Geringerer als der große Schweizer Volkserzieher Johann Heinrich Pestalozzi hat im Jahre 1787 in einem Brief an einen Minister Josephs II., den Grafen Carl von Zinzendorf, zustimmend das Wort des Schweizer Staatsmanns Philipp Emanuel Fellenberg zitiert: »Von unseren verdorbenen Republiquen hoffe ich keinen Vorschritt für das Volk«, und selbst hinzugefügt: »Es ist demütigend für uns, aber wahr: der Vorschritt der ächten Volksführung muß in den Cabinetern weiser Fürsten vorbereitet werden; von uns her kommt dieser Vorschritt gewüß nicht mehr – wir sind gewesen.«

Konflikte zwischen Staat und Kirche

Die Herrscher katholischer Länder hatten schon seit der Reformation immer wieder neiderfüllt die großen und kleineren protestantischen Fürsten betrachtet, die zugleich Oberhaupt ihrer Landeskirchen waren. Je mehr aber dann die Fürsten im Inneren der Staaten ihre Macht steigerten, um so unausweichlicher wurden in den katholischen Ländern – auch und gerade unter persönlich strenggläubigen Herrschern – Konflikte zwischen Staat und

Kirche, wobei sich die Fürsten, wie etwa in Deutschland besonders die Habsburger und Wittelsbacher, darauf berufen konnten, daß es ja vor allem den Dynastien zu verdanken sei, wenn ihre Länder dem katholischen Glauben erhalten geblieben oder ihm zurückgewonnen worden waren. Gerade im Zeitalter der höchsten Blüte des Absolutismus gab es eine Reihe von Auseinandersetzungen zwischen weltlicher und kirchlicher Autorität: Ludwig XIV. von Frankreich, Viktor Amadeus II. von Savoyen, Leopold I. von Lothringen, vor allem dann aber Kaiser Joseph I. im Konflikt um Comacchio 1708/09 haben heftige Fehden mit dem Papst und der römischen Kurie ausgefochten.

Mit dem Eindringen der Aufklärung auch in die katholischen Länder und mit dem fürstlichen Streben nach Zentralisierung und Rationalisierung ergaben sich neue Konfliktstoffe. Selbst eine so fromme Herrscherin wie Maria Theresia hat sich früh gegen weitere Schenkungen an die ohnedies schon reichen Klöster ausgesprochen und ihr Recht betont, als Landesfürstin durch Beschränkung der Feiertage und Prozessionen im Interesse des wirtschaftlichen und staatlichen Nutzens tief in das kirchliche Leben einzugreifen. Innerkirchliche, religiöse Strömungen kamen dieser Tendenz zu Hilfe, so besonders das Streben nach kirchlicher Reform und Verinnerlichung sowie die aus vielen Quellen gespeiste Abneigung gegen den »barocken« Katholizismus der Gegenreformation mit seinen die Sinne ansprechenden Äußerlichkeiten von Prunk und Pomp, die doch auch dem Verlangen der breiten Volksschichten nach Anschaulichkeit entgegenkamen. Auch riefen zentralistische und absolutistische Tendenzen der römischen Kurie bei den Bischöfen der einzelnen Länder – besonders bei den aus dem Hochadel stammenden, aber nicht bei ihnen allein – episkopalistische Gegenbewegungen hervor, die für die Fürsten und ihre Minister zu willkommenen Bundesgenossen gegen die Kurie wurden.

Das gemeinsame erste Angriffsziel aller untereinander sehr verschiedenen und differenzierten antikurialen Strömungen war der Jesuitenorden, die wichtigste Kampftruppe des Papsttums im Zeitalter der katholischen Reform und Gegenreformation. Auch hier wieder kamen viele verschiedene Faktoren zusammen. Im Zeitalter der Gegenreformation hatten Angehörige der Gesellschaft Jesu als Beichtväter und Berater katholischer Herrscher tief in die europäische Politik und in die Politik der einzelnen Länder und Staaten eingegriffen und sich dabei naturgemäß viele Feinde gemacht. Aber auch bei den Fürsten selbst regte sich, vor allem unter dem Einfluß der Aufklärung, eine wachsende Opposition gegen die oft das gesteigerte fürstliche Selbstbewußtsein verletzende und als Bevormundung empfundene Lenkung durch die jesuitischen Beichtväter. Andere Orden neideten den Jesuiten ihre bisher privilegierte Stellung und ihr Erziehungsmonopol an Universitäten und Gymnasien, gegen das auch die Vertreter der Aufklärung Sturm liefen, diese vor allem, weil die Jesuiten an der scholastischen Philosophie und Methode festhielten. Eine der gefährlichsten Feindschaften jedoch war den Jesuiten aus ihrem Kampf gegen den Jansenismus erwachsen, dessen Anhänger ihnen vorwarfen, sie förderten durch laxe Beichtpraxis und zu häufigen, mangelhaft vorbereiteten Empfang des Altarsakraments Heuchelei, Oberflächlichkeit und Äußerlichkeit und seien das mächtigste Hindernis auf dem Wege zu einer inneren Reform der Kirche und für eine Rückkehr zur Reinheit der Urkirche. Durch ihre bedingungslose Ergebenheit gegenüber dem Heiligen Stuhl zogen sich die Jesuiten die

Gegnerschaft aller antikurialen Kräfte, besonders etwa in Italien zu, wo die alten »ghibellinischen« und »regalistischen« Tendenzen durch die Rückkehr des »Römischen Kaisers« in die Kämpfe auf italienischem Boden neuen Auftrieb erhalten hatten. Aber selbst an der römischen Kurie und sogar im Kardinalskollegium fanden die Jesuiten gefährliche Gegner, ihre Feinde, von den Angehörigen anderer Orden bis zu den rigorosesten Jansenisten, mächtige Beschützer, auch noch nachdem durch die päpstliche Bulle *Unigenitus* der Jansenismus erneut und unmißverständlich verworfen und verurteilt worden war.

Es war so eine mächtige, im Laufe des Jahrhunderts immer mehr anwachsende Phalanx von Feinden, denen sich der Jesuitenorden gegenüber sah; von überzeugten Atheisten, Gegnern des Christentums, den Angehörigen der Freimaurer-Logen, Kirchenfeinden aller Schattierungen über die Anhänger einer toleranten, nach Reform und Verinnerlichung strebenden »katholischen Aufklärung« bis zu den Vertretern eines harten jansenistischen Rigorismus. Zu alledem kamen die Gegnerschaft der weltlichen Berater und Minister der Fürsten, die in den Jesuiten gefährliche Rivalen im Kampf um den Einfluß auf die Herrscher sahen, die nachlassende Unterstützung durch die Herrscher selbst und nicht zuletzt die vielfach übertriebenen Vorstellungen über den angeblich märchenhaften Reichtum des Ordens, namentlich aus seinen überseeischen Besitzungen in Südamerika.

An diesem Punkt setzte zunächst auch der Kampf gegen den Orden an. Er griff dann aber rasch um sich und erfaßte alle katholischen Länder. Innerhalb weniger Jahre wurde die eben noch so mächtig scheinende Gesellschaft aus einem katholischen Staat nach dem anderen vertrieben, schließlich vom Papst selbst aufgehoben und verboten, der letzte Ordensgeneral starb als Gefangener in der Engelsburg. Fromme katholische Theologen jubelten über den Untergang der Gesellschaft und datierten noch jahrelang ihre Briefe nach dem Tag der Aufhebung des Ordens. Diese so bemerkenswerten Begleitumstände sind jedoch nur durch das Zusammentreffen der zahlreichen oben skizzierten Faktoren zu erklären.

Den Anfang machte Portugal. Hier vertrieb der Minister Sebastian Marqués de Pombal, der unter dem König Joseph Emanuel I. von 1750 bis 1777 das Land im Sinne des aufgeklärten Absolutismus regierte, die Jesuiten 1759 mit der Begründung aus Portugal und seinen Kolonien, sie seien in eine Adelsverschwörung und in ein Attentat auf den König verwickelt gewesen. Fünf Jahre später wurden die Jesuiten auf Grund eines Spruchs des Parlaments von Paris aus Frankreich vertrieben. Spanien folgte 1767, und auch hier wurde dem Jesuitenorden seine Verbindung mit dem gegen die Reformen Karls III. revoltierenden Adel zum Verhängnis. In dem Madrider »Hutaufstand« von 1766, den die Erlässe des Finanzministers Eugenio Squilace, eines Italieners, gegen die Hut- und Mantelmode der Spanier sowie die Lebensmittelteuerung ausgelöst hatte, war die Opposition von Adel und Geistlichkeit zum plötzlichen Ausbruch gekommen, und der Präsident des Rates von Kastilien, der Graf Pedro de Aranda, beschuldigte wiederum die Jesuiten, die Drahtzieher des Aufstands gewesen zu sein. Die mit Madrid durch den bourbonischen Familienpakt verbundenen Höfe von Paris, Neapel und Parma verlangten nun von Papst Clemens XIII. (Rezzonico) die Auflösung des Ordens, und als der Papst sich dieser Forderung verschloß, verständigten sich die Regierungen von Versailles und Neapel und besetzten schlagartig die in ihren Gebieten gelegenen päpstlichen Enklaven: Avignon und Venaissin einerseits, Benevent und Pontecorvo andererseits. Noch ehe der Konflikt gelöst war, starb der Papst (am 2. Februar 1768), und sein Nachfolger, Clemens XIV. (Ganganelli), sah sich zum Nachgeben gezwungen. Auch Maria Theresia, die zunächst dem Orden gegenüber keineswegs feindlich eingestellt war, konnte zu dessen Rettung nichts unternehmen, da sie zur gleichen Zeit, als der Konflikt seinem Höhepunkt entgegenging, drei ihrer jüngeren Töchter an die bourbonischen Höfe von Neapel, Parma und Versailles verheiratet hatte. Hinzu kam, daß unter ihren nächsten Beratern Kaunitz und Joseph II., dann der Jansenist van Swieten – der allerdings die Auflösung des Ordens nicht mehr erlebte – und schließlich der ebenfalls jansenistische geistliche »Gewissensrat« der Kaiserin, Propst Ignaz Mäller, im jesuitenfeindlichen Sinne auf sie einwirkten.

So sah sich Clemens XIV. gezwungen, mit dem Breve *Dominus ac Redemptor* vom 21. Juli 1773 die Gesellschaft Jesu aufzulösen. Nur die nichtkatholischen Herrscher Friedrich der Große in Preußen und Katharina von Rußland, die den Orden wegen seiner Verdienste um Erziehung und Wissenschaft schätzten, gewährten ihm Zuflucht. In den katholischen Ländern aber beeilten sich die Herrscher und ihre Minister, die Besitzungen des Ordens zu beschlagnahmen, wobei bürokratische Verständnislosigkeit fast mehr noch als bewußte Böswilligkeit unschätzbare historische, kulturelle und wissenschaftliche Werte zerstörten.

Die Aufhebung des Jesuitenordens unter dem Druck der katholischen Höfe aber war nur einer von zahlreichen Konflikten zwischen geistlicher und weltlicher Gewalt in der daran so reichen zweiten Hälfte des 18. Jahrhunderts. In der Toskana kam es noch zu Lebzeiten des Kaiser-Großherzogs Franz Stephan zu Streitigkeiten zwischen Regentschaft und kirchlicher Autorität, die in der Verhaftung und Ausweisung des Bischofs Francesco Piccolomini von Pienza im März 1764 gipfelten; und unter der Regierung des dem Jansenismus zuneigenden Leopold riß die Serie der Auseinandersetzungen zwischen Florenz und Rom fast gar nicht mehr ab. In Österreich wurde, ausgehend von der Lombardei, während der letzten Jahrzehnte der Regierung Maria Theresias unter maßgeblicher Beteiligung von Kaunitz, aber auch unter dem geistigen Einfluß der jansenistisch bestimmten katholischen Reformerkreise in Wien und ihrer Anhänger in den einzelnen Ländern der Monarchie – außer in den italienischen Besitzungen vor allem in Böhmen – der Grund zu jenem staatskirchlichen System gelegt, das man später als »Josephinismus« bezeichnete. Im Reich jedoch betonte das 1763 von dem Trierer Weihbischof Johann Nikolaus von Hontheim unter dem Decknamen Justinus Febronius veröffentlichte Buch *De statu Ecclesiae et legitima potestate Romani Pontificis..* die apostolische Autorität der Bischöfe gegenüber dem päpstlichen Zentralismus – zugleich auch mit dem Ziel, eine Wiedervereinigung der christlichen Konfessionen zu erleichtern. Auch nachdem der Autor ausgeforscht und zum Widerruf veranlaßt worden war, sind die Gedanken des Buches vor allem in den geistlichen Fürstentümern des Reiches lebendig geblieben.

Nach dem Tod Maria Theresias, die trotz aller Betonung ihrer Herrscherrechte gegenüber der Kurie doch nie die Hoffnung auf die Wiederherstellung eines guten Einvernehmens mit dem Heiligen Stuhl aufgegeben hatte, entbrannte der Kampf ihrer Söhne Joseph II. und Leopold von Toskana mit der Kurie unter Papst Pius VI. (Braschi), der 1775 den Stuhl

Petri bestiegen hatte, in voller Heftigkeit. Dabei darf man allerdings nicht übersehen, daß Joseph und Leopold ebenso wie ihr jüngster Bruder Maximilian Franz, der letzte Kurfürst von Köln und Fürstbischof von Münster, sich keineswegs als Feinde der Kirche, sondern als Reformer fühlten und tatsächlich dem Katholizismus in ihren Ländern neben manchem Schaden auch viel Gutes erwiesen haben. Die Pfarr- und Bistumsregulierung in Österreich sollte ebenso wie die Aufhebung der »beschaulichen« Orden und Klöster der Ausbildung und Besserstellung des Pfarrklerus dienen, und in der Toskana entwickelte der Großherzog Leopold in Zusammenarbeit mit seinen jansenistischen Beratern ein Programm der Kirchenreform, das den Vertretern der vier deutschen Metropoliten von Mainz, Köln, Trier und Salzburg zum Vorbild für ihre eigenen Bestrebungen diente, als sie sich im Jahre 1786 in Bad Ems trafen und zum Protest gegen die Errichtung einer päpstlichen Nuntiatur in München die »Emser Punktation« formulierten.

Aber weder der Bewegung der deutschen Erzbischöfe noch auch der toskanischen Bewegung, die ebenfalls 1786 in der Synode von Pistoia am Bischofssitz des jansenistischen Bischofs Scipione de'Ricci ihren Höhe- und Wendepunkt erlebte, ist Erfolg beschieden gewesen. Obwohl die französischen und niederländischen Jansenisten und die Häupter der schismatischen »Kleinen Kirche« von Utrecht sich um eine Koordinierung der gleichlaufenden antikurialen Bewegung in den verschiedenen katholischen Ländern bemühten, ist es zu keiner wechselseitigen Abstimmung und Zusammenarbeit gekommen; nicht zuletzt, weil Joseph II. selbst sich dem Drängen seiner jüngeren Brüder und dem Appell der deutschen Erzbischöfe versagte. Vor allem aber gelang es weder nördlich noch südlich der Alpen, eine bischöfliche Einheitsfront gegen Rom zustande zu bringen; in Deutschland opponierte eine kleine, aber rührige Gruppe von Bischöfen gegen die Politik der Erzbischöfe, und in der Toskana wandten sich alle drei Erzbischöfe und die Mehrheit der Bischöfe gegen den »Papst der Toskana«, wie Bischof Ricci von Pistoia spöttisch von seinen Gegnern genannt wurde. So ist, ohne daß die Kurie selbst überhaupt in Erscheinung zu treten brauchte, die Bewegung nördlich wie südlich der Alpen gescheitert.

Dennoch hat sie tiefe Spuren hinterlassen, vor allem in Österreich, wo es Papst Pius VI. trotz seines aufsehenerregenden Besuchs in Wien im Jahre 1782 nicht gelang, Joseph II. und Kaunitz von ihrer Kirchenpolitik abzubringen; aber auch in Deutschland, wo die »katholische Aufklärung« heute weit positiver beurteilt wird als noch zu Beginn unseres Jahrhunderts, und in Italien, dessen jansenistische Traditionen tief in das Zeitalter des »Risorgimento« hineinwirkten; schließlich in Frankreich und in den Niederlanden.

Vor einer Zeitwende

Wie seine Kirchenpolitik, so ist auch die übrige Innen- und die Außenpolitik Josephs II. sowohl in den anderthalb Jahrzehnten als Mitregent seiner Mutter wie dann in dem Jahrzehnt seiner Alleinherrschaft von 1780 bis 1790 bis heute umstritten. Charakterbild und Persönlichkeit des im Zeitalter des Liberalismus so verherrlichten ältesten Sohns der Maria

Theresia werden der historischen Forschung immer problematischer. Allein den »Staatsfanatismus«, dessen er sich rühmte, wird man ihm kaum absprechen können, wobei allerdings eingeschränkt werden muß, daß er den Staat, für dessen Wohl er sich aufrieb, mit seiner unglücklichen Politik an den Rand des Abgrunds führte. Doch stehen allen Fehlern und Mißgriffen immerhin zahlreiche große Leistungen und Verdienste gegenüber: etwa das »Toleranzpatent« für die Protestanten, die Gründung des Burgtheaters als deutsches Nationaltheater, die wohlwollende, wenngleich schließlich erfolglose Bauernpolitik, die Errichtung von Krankenhäusern und zahlreichen anderen humanitären Einrichtungen.

Auf dem zunächst von der Mutter dem Mitregenten zugewiesenen Gebiet des Militärwesens und dem benachbarten der Außenpolitik sind ihm jedoch die erhofften großen Erfolge versagt geblieben. Schon im Bayerischen Erbfolgekrieg von 1778/79, der ohne größere Kampfhandlungen verlief, scheinen ihm Zweifel an seinem Feldherrntalent gekommen zu sein. Immerhin erhielt Österreich 1779 im Frieden von Teschen, für den Frankreich und Rußland – an Stelle des einst den Westfälischen Frieden garantierenden Schweden – die Garantie übernahmen, aus der bayerischen Erbschaft das kleine Innviertel. Als Alleinherrscher aber hat Joseph eine außenpolitische Niederlage nach der anderen erlitten. Ein nochmaliger Versuch, Bayern, diesmal auf dem Tauschweg gegen die Österreichischen Niederlande, zu erwerben, scheiterte wieder an der Opposition des alten Preußenkönigs, der sich dem Kaiser mit seiner letzten Schöpfung, dem Deutschen Fürstenbund, entgegenstellte. Daß Friedrich hier am Ende seines Lebens als Hüter der Reichsverfassung auftreten konnte, daß sich sogar der katholische Kurfürst von Mainz, Friedrich Carl von Erthal, der Erzkanzler des Reiches, dem Fürstenbund anschloß, beleuchtete die Sorge, die man im Reich gegenüber der unberechenbaren Politik des Kaisers hegte. Die Belgier aber vergaßen Joseph nicht, daß er ihr Land für Bayern hatte weggeben wollen.

Dann erhoffte sich der Kaiser große Erwerbungen auf dem Balkan, als Bundesgenosse Katharinas gegen die Türken, und er träumte davon, mit einem siegreichen Herr auch in Italien weitere Gebiete zu gewinnen. Aber als der Türkenkrieg dann wirklich ausbrach, war Joseph bereits ein kranker Mann, dem nur noch eine kurze Lebensfrist vergönnt war, und auch der Krieg verlief zunächst wenig glücklich. Daß die österreichische Armee unter dem alten Laudon nun doch noch, nach verschiedenen Fehlschlägen, Belgrad erobern konnte, war eine der wenigen Tröstungen, die das Schicksal für den todkranken Monarchen noch bereit hatte. Sonst aber erlitt er eine Reihe schwerer Enttäuschungen. Offene Feindschaft rief seine zentralistische und absolutistische Politik in den Österreichischen Niederlanden und in Ungarn hervor, da er in beiden Ländern die alte ständische Verfassung beseitigte. Die katholischen Belgier erbitterte er zudem durch seine Kirchenpolitik, während die nicht aus nationalen, sondern aus Gründen der bürokratischen Zweckmäßigkeit unternommene Germanisierungspolitik den Widerstand der Magyaren hervorrief.

Nachdem in Belgien schon früher Unruhen aufgeflammt waren, brachte der Einfall einer auf dem Gebiet der Generalstaaten aufgestellten Emigrantenarmee im Herbst 1789 den raschen Erfolg der belgischen Revolution. Zur gleichen Zeit stand Ungarn am Rande der offenen Empörung, eine Gruppe von unzufriedenen Adligen bot sogar dem rührigen

Propagandisten des Deutschen Fürstenbundes, Carl August von Weimar, die Stephanskrone an, von deren Annahme ihm sein Minister Goethe unter Hinweis auf das Schicksal des Winterkönigs jedoch mit Erfolg abriet. War die gegen die Türkei kämpfende österreichische Armee durch die drohende ungarische Revolution aufs äußerste gefährdet, so schien andererseits ein Angriff Preußens und Polens gegen Österreich unmittelbar bevorzustehen. In einer sich wahrhaft katastrophal darstellenden Situation machte der todkranke Kaiser auf das Drängen seiner Berater und seines Bruders und Nachfolgers Leopold wenigstens die den Ungarn verhaßtesten Reformen noch rückgängig.

Leopold II., der seinem Bruder nun in der Herrschaft über die Österreichische Monarchie nachfolgte, wußte die überaus kritische Situation in kurzer Zeit geschickt zu meistern. Er beseitigte die drohende Kriegsgefahr mit Preußen durch die Konvention von Reichenbach, befriedete Ungarn, gewann die verlorengegangenen Niederlande zurück, erreichte die Wahl und Krönung in Frankfurt und beendete den Krieg gegen die Türkei. Die Französische Revolution verfolgte er zuerst, seinen konstitutionellen Neigungen entsprechend, mit offener Sympathie, wie er auch die polnische Revolution und deren Frucht, die Verfassung vom 3. Mai 1791, begrüßte. Erst als in Paris die radikalen Elemente die Oberhand gewannen, faßte Leopold die Möglichkeit eines Konflikts ins Auge. Bevor aber der Krieg noch ausbrach, raffte den Kaiser, der unter den deutschen Fürsten ein hohes Ansehen wie wenige seiner Vorgänger genoß, eine plötzliche Krankheit am 1. März 1792 dahin. Seinem erst vierundzwanzigjährigen ältesten Sohn und Nachfolger Franz, den der Oheim Joseph für den künftigen Herrscherberuf erzogen hatte, fiel die schwere Aufgabe des Kampfes gegen das revolutionäre Frankreich zu.

In Frankreich hatte der wohlmeinende, aber schwächliche Ludwig XVI., der mit erst zwanzig Jahren 1774 seinem Großvater, dem fünfzehnten französischen König dieses Namens, auf den Thron gefolgt war, die längst fälligen inneren Reformen durchzuführen gesucht. Der zum Generalkontrolleur der Finanzen berufene fähige Turgot scheiterte aber nach zwei Jahren an der Gegnerschaft des Hofes und des Adels gegen seine, von seiner physiokratischen Gesinnung getragenen Reformen, aber auch, weil er sich dem Eintritt in den Krieg gegen England an der Seite der nordamerikanischen Kolonisten widersetzte. Turgots Nachfolger wurde der wendige Genfer Bankier Jacques Necker. Um die öffentliche Meinung zu gewinnen – er scheint der erste gewesen zu sein, der das Wort *opinion publique* gebrauchte – hat er 1781 seinen berühmten »Rechenschaftsbericht«, eine zu propagandistischen Zwecken zusammengestellte Übersicht über den Staatshaushalt, veröffentlicht. Obwohl der Krieg gegen England erfolgreich zu Ende ging und Frankreich im Frieden von Versailles vom 3. September 1783 einige der vor zwei Jahrzehnten nach dem Siebenjährigen Krieg verlorengegangenen Kolonialgebiete zurückerhielt, verschlechterte sich die Situation der Staatsfinanzen weiterhin. Zudem litt das Ansehen der Krone und der königlichen Familie wegen einiger Ungeschicklichkeiten, wie die von den Gegnern hemmungslos ausgeschlachtete »Halsbandaffäre«. Mit der Einberufung von Notabelnversammlungen in den Jahren 1786 und 1788 wurde der Weg des Nachgebens gegenüber den Wortführern der Unzufriedenen beschritten, bis dann 1788 die Einberufung der seit 1614 nicht mehr zusammengerufenen Generalstände für das folgende Jahr versprochen wurde.

Der Beginn der Revolution ist überall in Europa von den Aufklärern und Reformern aufrichtig begrüßt worden, da man hoffte, daß die große französische Nation nun auch selbst jene vielfach aus Frankreich stammenden Ideen verwirklichen werde, die sich im übrigen Europa in den Fürstenstaaten des aufgeklärten Absolutismus schon so segensreich ausgewirkt hatten. Nur wenige Zeitgenossen ahnten die ganze Tragweite der in Frankreich anlaufenden Entwicklung, mit der, nach Goethes berühmtem prophetischem Wort am Tag der Kanonade von Valmy, »eine neue Epoche der Weltgeschichte« anhob.

Fritz Schalk

DIE EUROPÄISCHE AUFKLÄRUNG

Aufklärung – *lumières, enlightenment, illuminismo, ilustración* –, allen diesen Ausdrücken verschiedener Sprachen ist gemeinsam, daß man das Licht, das Licht der Vernunft als bezeichnend für eine Weltauffassung ansieht, die die europäischen Literaturen des 18. Jahrhunderts bestimmt. In dem so verstandenen Begriff fehlt der Zusammenhang mit der göttlichen Offenbarung, mit Autorität und Tradition. Die Vernunft bildet sich gegen die Geltung der Theologie aus, um die Grundlage für die Mündigkeit, die Autonomie der Person zu legen, die, sich auflehnend gegen ein Joch, das auf ihr gelastet hatte, als eine Kraft in Erscheinung tritt, die die Welt verstehen und meistern möchte. Die Aufklärung als eine wesentlich unkirchliche Weltanschauung bemüht sich, die Methodik der Vernunft als der Wurzel aller Erkenntnis nicht nur in den mathematisch-naturwissenschaftlichen Forschungen durchzusetzen, sondern auch in der Ethik, in Religion, Geschichte und Politik eine allgemeine Gesetzlichkeit zu begründen.

Fühlen sich auch in erster Linie drei Länder von der Kraft der aufgeklärten Bewegung erfaßt – nämlich England, Frankreich und Deutschland –, so hat die siegende Kraft der neuen Ideen sehr bald auf andere Völker übergegriffen, so daß langsam auch in Italien und Spanien eine Zeitstufe der Auflehnung gegen die ausschließliche Macht des Hergebrachten einsetzte, die in wiederholten Anläufen die Bewegung auf die neuen Prinzipien hin schließlich überall ins Rollen brachte.

Bilden sich auch die Ideen der Aufklärung im späten 17. Jahrhundert, um im 18. ihren Höhepunkt zu erreichen, so heben sich einzelne Stufen ihrer Entwicklung doch schon deutlich in der Renaissance ab; in der humanistischen Bewegung gegen die Scholastik und gegen den überlieferten Lehrbetrieb treffen sich Ströme aus ganz verschiedenen Schichten; in der Wendung zu einer unpedantischen Ausdrucksweise lag schon das Bewußtsein des Verzichts auf Bindungen an die »Schule«, das Gefühl einer Sicherheit, die der Anlehnung an eine Autorität nicht mehr bedarf. Wie in einer Vorwegnahme späterer Zeiten kommt in Autoren wie Montaigne, Descartes, Galilei, Bacon ein gleicher Vorgang zum Ausdruck; die Verschiebung des Akzents vom Spezialistentum, vom Fachmann auf das Leben, die Welt und die Gesellschaft. Der Humanismus schon setzt an den lastenden Druck schulmäßiger Unterweisung den Hebel der Revolution. Dabei entwickelt sich ein neuer Begriff vom Schriftsteller, der den gelehrten Themen einen völlig veränderten Tonfall gibt. Italien zuerst hat jene Höhe einer gesellschaftlichen Kultur erreicht, der andere Länder erst nacheifern mußten: Die Humanisten waren richtunggebend für alle, die später Geist und Herz nicht nur der »Fachwelt«, sondern eines größeren Publikums empfänglich machen wollten für Philosophie, Kunst und Wissenschaft zum Zwecke der Verfeinerung und »Zivilisierung« des Lebens.

Es ist kein Zufall, daß Galilei in dem Maße, in dem er sich mit der offiziellen Wissenschaft nicht mehr verständigen konnte, sich an ein neues Publikum wandte. »Ein Jeder«, so sagte er, »solle seine Briefe und Abhandlungen lesen können. Viele studieren ohne Neigung, und viele Begabte können nicht studieren, weil sie kein Latein können und sich nun einreden, jene dicken Wälzer enthielten die Wahrheit. Sie sollen wissen, daß die Natur, die ihnen nicht minder als den Gelehrten die Augen gegeben hat, um ihre Werke zu sehen, ihnen auch den Verstand verliehen hat, um sie zu begreifen und fassen zu können.« Galilei zieht daher in die ernst gemeinte und neue Methode das Spiel der Grazie hinein und versteht es, seine Schriften in den Rahmen einer neuen Form einzupassen. Es sind Schriften, die aus Korrespondenzen, aus Streitgesprächen, Diskussionen im kleinen Zirkel entstanden sind, Offenbarung einer besonderen Kunstform, die die schulmäßigen Traktate von ihrer Höhe herabstürzt. Es sind Dialoge und Unterredungen – *dialoghi e discorsi* –, in denen er von den beiden Weltsystemen, dem ptolemäischen und dem kopernikanischen handelt und Gründe und Gegengründe ins Treffen führt und die neuen Wissenszweige – die Bewegungs- und die Festigkeitslehre, die auf ihn selbst zurückgehen – untersucht. Er wählte den am platonischen Muster gebildeten Dialog, und er bediente sich oft des Italienischen, so deswegen, weil das pädagogische Ziel seiner Bemühungen überall erkennbar war: Es sollten die Schranken fallen, die durch die alte Gelehrtensprache Latein zwischen das Wissen und die Nation gelegt waren. Die Physiker empfanden die tote Sprache bereits als störend, und wenn auch in Holland Galileis Mitkämpfer in der Entwicklung der Mechanik, Simon Stevin, sich der Volkssprache bediente, so zeigt dies, daß hier das Holländische so heimisch gemacht werden sollte wie das Florentinische in der Toskana, wenn anders Florenz Zentrum des geistigen Lebens in Italien bleiben sollte. Auf diesem Gebiet trafen sich die Naturforscher verschiedener Länder, sie blieben mit der Wendung der Wissenschaft auch zum praktischen Leben in der gleichen Linie, und wenn Kirche und Universität sich dem Neuen noch sperrten und das Latein als eigentliche Gelehrtensprache der Volkssprache gegenüberstellen wollten, so entsprach diese Gegenüberstellung doch nicht mehr der neuen Bewußtseinslage, und Galilei und seine Anhänger präludierten der kommenden Aufklärung.

In vielem traf Galilei mit den Bestrebungen anderer Länder zusammen. In Frankreich bildet sich im 17. Jahrhundert der Typus des *honnête homme*, des Gebildeten, heraus, der auf den Reflex in der Umwelt abgestellt ist und sich in ihr erfüllt. Die Schriftsteller gehören zur »Welt«, das heißt zu den wenigen tausend Angehörigen des Hofes und der Salons. Das Leben drückt sich in Umgang und Verkehr, im Gespräch aus, so daß gesprochene und literarische Sprache zusammenfallen können. Überall ist die Universalität der geistigen Bildung, die Abkehr von der bloßen Buchgelehrsamkeit, das Unbehagen am Spezialistentum vorausgesetzt. Selbst Descartes, sich anpassend an die Normen der zeitgenössischen

Bildungsaristokratie, schreibt einige seiner Werke in französischer Sprache, vor allem den *Discours de la méthode* (1637), der sich dem Leser wie eine Fabel anbietet und dessen Urbanität sich mit der philosophischen Absicht zu vereinen vermag. Denn das Gültige zeigt sich nur in der Welt *(le monde)*, die das Allgemein-Menschliche wollte. Damit fügt sich die Philosophie — und auch die Theologie, wie Pascals *Lettres provinciales* und *Pensées* beweisen — in die große Bewegung gegen alles Schulmäßige und Pedantische ein; der Blick auf das Leben, auf ein größeres, vielfältig zusammengesetztes Publikum führt eine Abkehr von allem Spezialistentum herbei, und wenn man eine Klasse weit von sich weist, so ist es die der Fachleute *(doctes)* und der Pedanten. Der Geselligkeitsraum ist fördernd für die Gebildeten, und es wird Gesetz, alle Themen in einer entspannten und aufgelockerten Form zu behandeln, auch die der Naturwissenschaften. Die jetzt überall stattfindende Annäherung von Gelehrtem und Weltmann ist die Voraussetzung für die Wirkung der Schriftsteller während der ganzen Aufklärung: Wissenschaftliche Gebiete werden auf eine schriftstellerische Höhe gehoben wie nirgends sonst in der Welt.

Fontenelles *Entretiens sur la pluralité des mondes* (1687) sind ein Beispiel für die Urbanisierung der Wissenschaft. In der Vorrede schreibt er, daß er von den Damen bei der Lektüre seiner Werke die gleiche Aufmerksamkeit erwarte wie für Madame de La Fayettes Roman *La princesse de Clèves*. Überall trifft man auf die scharfe Abgrenzung, die die Gesellschaft der literarischen aufgeklärten Kreise gegen alle Buchgelehrsamkeit vornimmt — es laufen hier zwei Linien nebeneinander, die nicht so leicht ineinanderlaufen können. Eine in die Tiefe und in die Breite gehende Wirksamkeit der Schriftsteller wird dadurch begünstigt, und im Verlaufe des 18. Jahrhunderts erlaubt es ihnen die gesellschaftliche Situation als *société des gens de lettres* ihre Unabhängigkeit auch durch ihre äußere Existenzform auszusprechen: Die Gelehrtenrepublik stiftet aus ihren Voraussetzungen Regeln für das Leben. Voltaire korrespondiert mit Fürsten und residiert als ein Fürst des Geistes in Ferney. Als er starb, folgte ein Trauerzug von ganz Paris seinem Sarg.

Der Schriftsteller bewegt sich im 18. Jahrhundert in allen Gebieten als Schriftsteller, nie als Fachgelehrter. Durch die Erweiterung des Stoffbereiches, die Verbindung des »philosophischen« Geistes mit dem guten Geschmack verändert sich der Begriff der Dichtung, verändert sich ihre Formensprache; anderseits verwandelt das neue Bewußtsein von der politischen und philosophischen Mission der Schriftsteller auch die politischen und philosophischen Begriffe und gibt ihnen einen neuen Akzent. »Philosophie« — das Wort im weiten Sinn verstanden — und Kunst, aus diesen beiden ständig ineinandergreifenden Bezirken erwächst die besondere Problematik der französischen und aller Aufklärung. Die Literatur sieht in der französischen Gesellschaft des 18. Jahrhunderts in alle Fenster, mengt sich in alle Geschäfte; nichts ist ihr zu gering, es umzubilden. so daß der literarische Geschmack sich aller Dinge bemächtigt.

Auch in England fühlt man damals sich von einer neuen Welle getragen, auch hier ist die Literatur Teil jenes großen Lebensprozesses, in dem die Fülle der neuen bürgerlich bestimmten Literatur im Menschen sich weitet; zeitgenössische Probleme werden in die allgemeine Sphäre von Roman, Theater und Satire gehoben; Addison, Steele, Goldsmith und Sheridan empfindet man mit gleichem Recht wie die Philosophen — Bacon, Shaftesbury,

Locke, Hume – als Vorkämpfer einer neuen Form, die die Bürde pedantischer Schultraditionen nicht mehr mitschleppen muß. Alle Schriftsteller bringen auch hier die Sehnsucht der Zeit nach der Verbindung von Eloquenz und Philosophie zum Ausdruck; man sucht in Theorie und Praxis die Diktion, die der veränderten Auffassung Rechnung trägt. Und wenn in Italien Algarotti unter Fontenelles Einfluß eine Schrift *Newtonianismo per le dame* (1736) verfaßt, Gozzi sich dem Stil der französischen und englischen Zeitschriften anpaßt, in Spanien Cadalso, Feijóo und Jovellanos sich an französischen und englischen Vorbildern und an dem lebendigen Bedürfnis nach Erneuerung und Reform orientieren, dann war auch hier die »Philosophie« aus der Höhe der Spekulation herabgezogen zu Fragen, die in das Leben eingriffen.

Der Humanismus war ein Strom, der sich in verschiedene Arme teilte und in Verbindung mit den Wissenschaften der Zeit die Aufklärung in verschiedenen Ländern auch eine in mancher Hinsicht verschiedene Gestalt annehmen ließ. Auch in Deutschland kamen im Brennpunkt von Thomasius, Lessing, Wieland, Lichtenberg alle Strahlen aufgeklärter Formkunst und alle Kräfte des »Verstandes und des Witzes« zusammen, alle Elemente der bald an Frankreich und England, bald an Spanien – man denke an Baltasar Graciáns *El discreto* (1646) und *Oráculo manual* (1653) – gebildeten Naturen wurden erregt und fanden in gestaltender Freiheit Maßstäbe für den Reiz neuer individueller Formen. Als man 1769 in einem in Frankfurt erschienenen Messekatalog Sedaines Stück *Le philosophe sans le savoir* anzeigt, beschreibt man es mit folgenden Worten: »Dieses ist ein Stück aus dem Französischen... Wenn jemals ein Mann, welcher die Weltweisheit weder in Schulen, noch in Büchern erlernet, und doch der Natur nach solche vollkommen besitzt... sich in der Welt befunden, so erscheinet hier ein solcher.« Philosoph ist hier verstanden in dem Sinn, den die Schriftsteller – und jeder nannte sich Philosoph, und konnte sich so nennen – dem Wort gegeben haben: ein der Praxis, der Welt, der Forderung nach Humanität verpflichteter Denker.

Eine solche aufgeklärte Philosophie aber wäre nicht möglich gewesen ohne den Zusammenhang mit der großen Wissenschaftsbewegung der Zeit. Im 17. Jahrhundert bildeten Mathematik und Physik die Stützen von Descartes' System. Das Objekt der Mathematik war neu bestimmt worden, sofern nicht mehr Figuren und Zahlen, sondern Relationen die Geltung erlangten und die Mathematik in ihrer rein logischen Form als Gebilde des reinen Verstandes konstituiert worden war. Die Descartessche Physik – und man weiß, daß Descartes' Kritik den Kernpunkt von Galileis Methode getroffen hat – war jedoch durch Newtons *Philosophiae naturalis principia mathematica* (1687) zum Einsturz gebracht worden. Im Rückgang auf die Erfahrung eröffneten sich in England – von Bacon zu Locke und Newton – und in Italien – von Galilei zu Torricelli – den Naturwissenschaften neue Wege, neue Horizonte wurden durch die *Mikrographia* von Hooke (1665), durch Hartsoecker und Swammerdam der Biologie und Medizin erschlossen.

In rascher Folge zogen während des ganzen 18. Jahrhunderts andere, bisher vernachlässigte und nun aufblühende Wissenschaften den Blick auf sich und schienen den Fall dessen, woran man vorher geglaubt hatte, herbeizuführen. Die Dynamik, die in das Denken

Unterhaltung eines Philosophen mit einer Dame über die »Pluralité des mondes«
von Bernard Le Bovier Fontenelle. Kupferstich von Bernard Picart, 1727

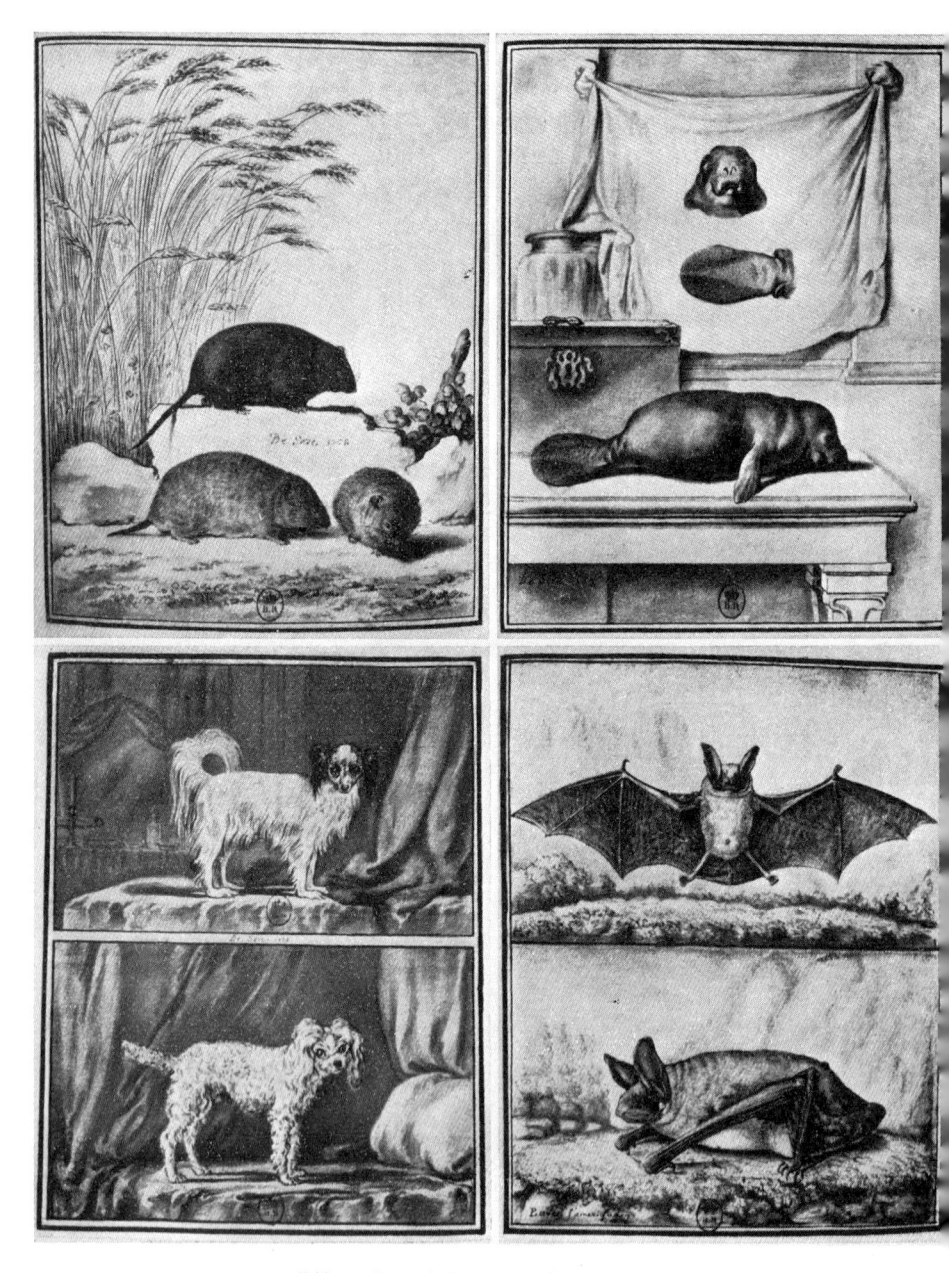

Feldmaus, Lamantin, Espagneul und Pudel, Fledermaus
Gouachemalereien von Jacques de Sève und Buvée für die Tafeln der »Histoire naturelle« von Buffon, 1749–1789
Paris, Bibliothèque Nationale

eingedrungen ist, bewirkte, daß die Methode von Mathematik und Physik, die den Leitfaden des Descartesschen Systems gebildet hatte, zum Schweigen gebracht wurde durch die rasch sich ablösende Begeisterung für Medizin, Biologie, Physiologie, Geologie, Chemie, Naturgeschichte, Ökonomik – es sind zunächst diese Wissenschaften, von denen man die Reform der Welt erwartete; sie greifen tief in das tätige Leben ein, und niemand kann sich ihrem Einfluß entziehen. Und wie groß auch die Einwirkung Descartes' noch im 18. Jahrhundert war, die Widerstände, die gegen ihn sich erhoben, kamen nicht nur aus dem Bereich der Logik – Leibnizens *Characteristica generalis* (nach 1690) –, sondern aus dem Fortgang und aus der Blüte der Einzelwissenschaften. Stellen doch erst die Schweizer – die Bernoulli und Euler (1707–1783), später die Franzosen die großen Mathematiker: Clairaut (1713 bis 1765), D'Alembert (1713–1783), Lagrange (1736–1813), Laplace (1749–1827) –, sie wenden Newtons Methode auf die Mechanik und Astronomie an.

Es war Newtons Theorie der allgemeinen Attraktion, die Huygens, D'Alembert, Maupertuis weitergebildet haben: die Form, die Newton der rationalen Mechanik gegeben hat, bestimmt die künftige Entwicklung, seine Motive sind in immer neuen Variationen weitergeführt worden: D'Alemberts *Traité de dynamique* (1743), Maupertuis' Schriften, Lagranges *Mécanique analytique* (1788) entstammen demselben geistigen Klima. Und wie in der Mathematik, so hat man auch in der Astronomie sich dem Zug des Newtonschen Denkens überlassen, die Beobachtungen von Bouguer, Maskelyne, Le Monnier bestätigten Newtons Gravitationstheorie, und Clairaut ergänzte sie 1752 durch seine Schrift *La théorie de la lune*, die ihm den ersten Preis der Petersburger Akademie eingetragen hat. Er gewann 1762 einen zweiten durch seine Schrift über die Theorie der Kometen. Im Anschluß an Gregorys und Newtons Erfindung vervollkommneten die Engländer Dollond und William Herschel die Teleskope.

Man war nach so vielen Einzeluntersuchungen und Beobachtungen im Besitz einer Mine, deren Reichtum es auszumessen galt. Viele Fahrten, Beobachtungen in Observatorien kulminierten 1796 in Laplaces *Exposition du système du monde*; hier erschien die Astronomie als die Lösung eines großen Problems der Mechanik: ihr entsprang die Sicherheit, die aus der unendlichen Zahl und aus der Mannigfaltigkeit der exakt beobachteten Phänomene resultierte: »Kein Stern kann dieses Prinzip widerlegen.«

Aus dem Zusammenwirken von Prinzipien und Beobachtungen konnte eine Theorie der Himmel erwachsen, die klar bestimmbare Strukturen aufwies und es Laplace erlaubte, die Astronomie als das kraft der Würde ihres Gegenstandes und der Vollkommenheit ihrer Theorien »schönste Denkmal des menschlichen Geistes« zu beschreiben. Denn verführt durch die Sinnestäuschungen und durch seine Eigenliebe hielt der Mensch lange sich selbst für den Mittelpunkt der Bewegung der Sterne; sein nichtiger Stolz wurde bestraft durch den Schrecken, den sie ihm eingeflößt hatten. Schließlich fiel dank der Arbeit mehrerer Jahrhunderte der Schleier, der das System der Welt seinen Augen verborgen hatte. Jetzt sah er sich auf einem kaum wahrnehmbaren Planeten im Sonnensystem, dessen riesige Ausdehnung nur ein Punkt in der Unendlichkeit des Raumes ist. »Die erhabenen Resultate, zu denen diese Entdeckung geführt hat, sind wohl danach angetan, ihn zu trösten über die Stellung, die er der Erde zumißt. Sie zeigt ihm seine eigene Größe bei der Kleinheit der

Ausgangsbasis, von der aus er die Himmel gemessen hat.« So werden solche Erkenntnisse »das Entzücken aller Denkenden« bilden – sind es doch Erkenntnisse, die sich in verschiedener Richtung, zum Nutzen der Schiffahrt und Geographie, weiterverfolgen lassen. Bedenkt man, welche Fortschritte in der Physik durch die Entdeckungen von Fahrenheit, Réaumur, Celsius, in der Erkenntnis der Elektrizität durch den Engländer Gray, durch den Franzosen Du Fay, durch den Holländer Musschenbroeck und durch Benjamin Franklin gemacht wurden – um nur die wichtigsten Namen zu nennen –, denkt man an die vielen Resultate, die die chemischen Untersuchungen von Scheele, Priestley und Lavoisier erzielt haben, so versteht man, daß so viele neue Entdeckungen die Menschen mit Enthusiasmus erfüllten und ihnen die Naturwissenschaften als eine lebendige, unmittelbar gegenwärtige Kraft erscheinen lassen mußten.

Denn die Epoche stand zugleich im Zeichen eines der größten Naturforscher, dessen beschreibende Naturgeschichte dem 18. Jahrhundert ein auch schriftstellerisch unübertreffliches Vorbild zu sein schien. Es handelt sich um George Louis Leclerc, Comte de Buffon (1707–1788), der von der Mathematik und Physik ausgegangen war, dann als Intendant der königlichen Gärten – des heutigen *Jardin des plantes* – den Plan zu seinem Lebenswerk, der *Histoire naturelle* gefaßt hat. Von 1749 bis 1789 erschienen zweiunddreißig Bände: »Die Erde«, »Der Mensch«, »Die Vierfüßler«, »Die Vögel«, »Die Mineralien«. Lacépède fügte, auf Grund von Aufzeichnungen Buffons, die »Geschichte der Schlangen« (1789) hinzu, während Buffon selbst, in vielem durch Mitarbeiter wie Needham, Guéneau de Montbéliard, Bexon, Daubenton unterstützt, die »Theorie der Erde«, »Die Naturgeschichte des Menschen«, »Die Epochen der Natur«, »Die Mineralogie« verfaßt hat.

Als er »Die Theorie der Erde« schrieb, galt die Bibel als die Hauptquelle der Geschichte des Globus. Viele zeitgenössische Autoren unterschieden nicht scharf zwischen dem Text der Bibel und dem Naturgeschehen. Buffon hingegen geht von den Fakten aus, bemüht sich aber *post festum* nachzuweisen, daß sie nicht im Widerspruch stünden zur Heiligen Schrift. Der Verstand des Menschen – wie die Gesetze des Universums – sind ein Widerschein des »unsterblichen Lichtes«, die Natur ist das System der Gesetze, die der Schöpfer aufgestellt hat, damit die Dinge existieren und die Lebewesen aufeinander folgen können. »Die Natur ist kein Ding, denn das Ding wäre alles, die Natur ist kein Seiendes, denn das wäre Gott, aber man kann sie als eine lebendige unendliche Macht ansehen, die alles umgreift, alles belebt und der Macht des ersten Wesens unterworfen, nur auf seinen Befehl, nur mit seiner Zustimmung handelt.«

Es ist nicht der Gott der Christen, es ist keine christliche Inspiration, die das Werk Buffons bestimmt, es herrscht hier nicht der Glaube an einen Gott, dessen Wunder wirkende Kraft die Naturgesetze aufheben könnte. Es ist ein rationaler Gott: die Divinisierung der menschlichen Vernunft. Ein Unterschied der Lebenshaltung, der Lebensstimmung trennt Buffon von Voltaire, rückt ihn sehr nahe an den Satz vom Grunde – die *raison suffisante* von Leibniz –, er schlägt einen ähnlichen Weg ein wie Montesquieu, in dessen System auch Gott seine Gesetze hat. Dies führt zu jener Trennung von Physik und Metaphysik, die bewirkt, daß bei Buffon sich trotz der Bindung an eine theologisch-christliche Terminologie doch der Blick in eine andere Welt auftut. Eine Theorie der Naturerscheinungen, innerhalb derer

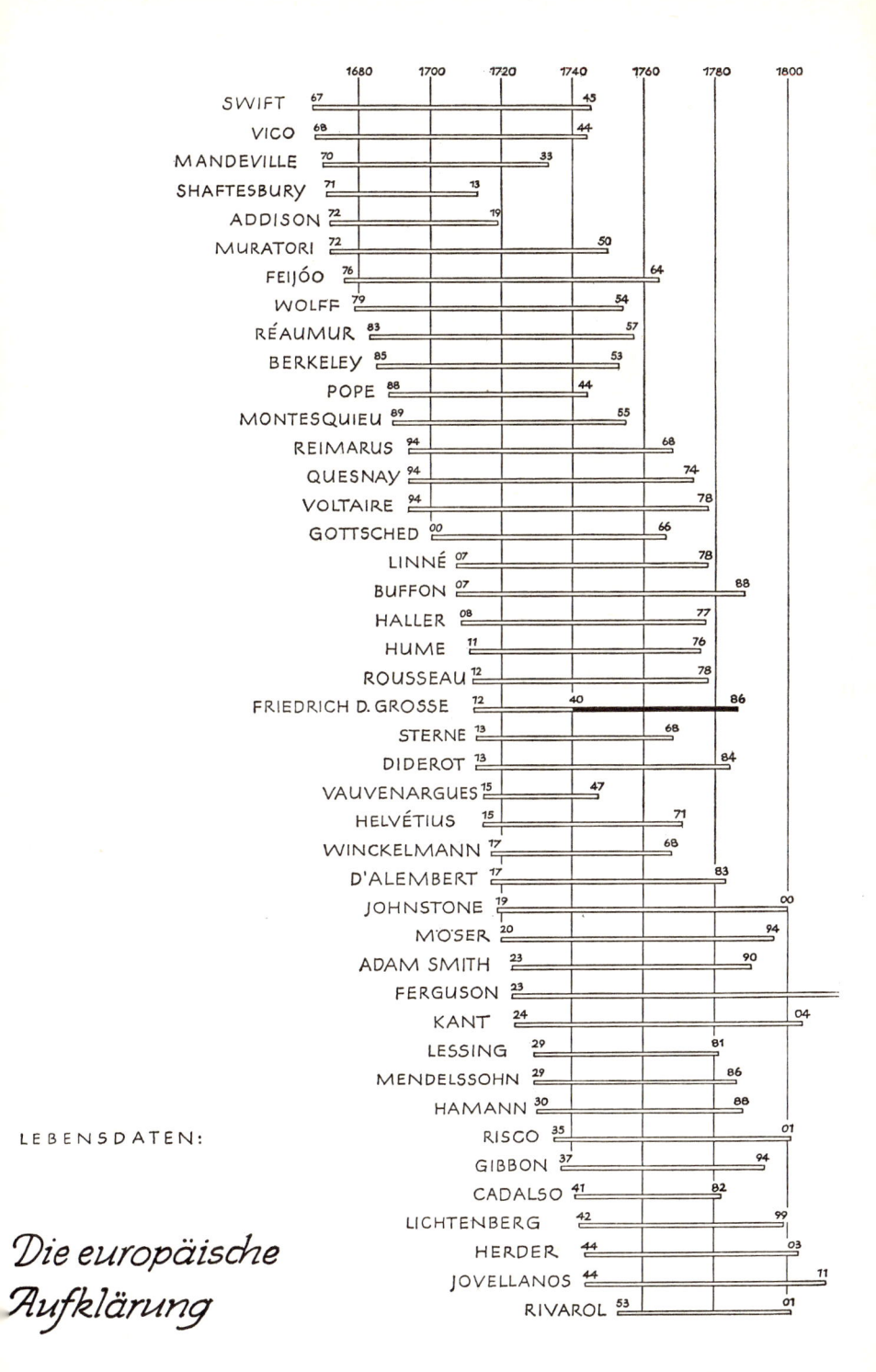

	1680	1700	1720	1740	1760	1780	1800
SWIFT	67			45			
VICO	68			44			
MANDEVILLE	70		33				
SHAFTESBURY	71	13					
ADDISON	72	19					
MURATORI	72			50			
FEIJÓO	76				64		
WOLFF	79			54			
RÉAUMUR	83			57			
BERKELEY	85			53			
POPE	88			44			
MONTESQUIEU	89			55			
REIMARUS	94				68		
QUESNAY	94				74		
VOLTAIRE	94				78		
GOTTSCHED	00				66		
LINNÉ		07			78		
BUFFON		07				88	
HALLER		08			77		
HUME		11			76		
ROUSSEAU		12			78		
FRIEDRICH D. GROSSE		12		40		86	
STERNE		13			68		
DIDEROT		13				84	
VAUVENARGUES			15	47			
HELVÉTIUS			15		71		
WINCKELMANN			17		68		
D'ALEMBERT			17			83	
JOHNSTONE			19				00
MÖSER			20			94	
ADAM SMITH			23			90	
FERGUSON			23				
KANT			24				04
LESSING			29		81		
MENDELSSOHN			29			86	
HAMANN			30			88	
RISCO				35			01
GIBBON				37		94	
CADALSO				41		82	
LICHTENBERG				42			99
HERDER				44			03
JOVELLANOS				44			11
RIVAROL				53			01

LEBENSDATEN:

Die europäische Aufklärung

es nur mechanische Erklärungsgründe geben kann, schien das Gefüge des orthodoxen Baues zu lockern, weil sie ein Prinzip enthielten, das die Voraussetzung einer neuen Methode in sich schloß. Es waren weitspannende Einsichten, ein geweiteter Blick, der die Natur als zusammenhängendes Ganzes erfaßte und die Einführung irrationaler Qualitäten ausschloß.

In dem Maße, in dem man sich einig wußte mit den Voraussetzungen, auf denen Buffon aufbaute, war die Naturwissenschaft auf rationale Prinzipien gegründet; man konnte sie polemisch in Vergleich zur Bibel setzen, und es schwand die Möglichkeit, noch auf christlichem Boden das Ziel der Erklärung der Epochen der Natur, der Theorie der Erde zu erreichen. Indem – wenngleich noch vorsichtig, indirekt und vielfach zweideutig – dem Christentum die Kraft zur Lösung der naturwissenschaftlichen Probleme abgesprochen wurde, entsprang jene entscheidende Abweichung von der Orthodoxie, die es sehr bald allen Wissenschaften erlauben sollte, auf natürliche Erklärungen zu rekurrieren. Und der Anschluß verschiedener Kreise an die Naturwissenschaft war um so plausibler, als die Probleme, die hier aus dem Rahmen der christlichen Religion genommen wurden, von einem Künstler behandelt waren, dem man nachrühmen konnte, für die Zoologie so viel getan zu haben wie Luther für die Theologie. Seine Wirkung blieb deshalb auch gar nicht auf den Umkreis der Naturwissenschaft beschränkt, denn es sind nicht sosehr die Fakten als die Art ihrer Verknüpfung, die klare, lichtvolle Form, die besonderer Grundzug und Vorzug seiner Darstellung waren. Denn die Besonderheit der Fakten, so schreibt er einmal, genügt nicht, um einem Buch Leben zu geben, »wenn es ohne Glanz und Geist ist«. Und indem Buffon sich biologischen Problemen zuwandte, verlor er nicht den Menschen aus dem Auge. Denn studiert man den Aufbau seiner Naturbeschreibung, so wird immer wieder fühlbar, daß die Verknüpfung mit dem Menschen nicht vergessen und daß die einzelnen Glieder seiner Beschreibung ineinandergreifen. Es ist nicht ein statisches Bild, das er malt, sondern ein Prozeß, in dem alle Formen sich entwickeln, alle Züge eines Porträts so lebendig erscheinen, daß sie in ihrer Gesamtheit das äußere Bild des Gegenstandes widerspiegeln können.

Jedoch im ganzen war durch sein Werk wie durch Réaumurs *Histoire des insectes* (1734 bis 1742) der Bruch mit der Orthodoxie vollzogen, von deren Voraussetzungen sich Buffon durch seine Theorie von der Verlagerung der Materie, der Umbildung, durch seine Entwicklungslehre gelöst hatte. »Denn wie man in der Menschheitsgeschichte die Urkunden zu Rate zieht, die Münzen und Medaillen untersucht, die alten Inschriften entziffert, um die Umwälzungen in ihnen zu bestimmen, so muß man auch in der Naturgeschichte die Archive der Welt durchstöbern, die frühesten Denkmäler den Eingeweiden der Erde entreißen, die Trümmer sammeln und alle Anzeichen physischer Veränderungen, die uns zu den verschiedenen Lebensaltern der Natur zurückführen können, in ein einziges Corpus von Zeugnissen vereinen. Dies ist das einzige Mittel, um in der Unendlichkeit des Raumes irgendwelche feste Punkte zu bestimmen, um auf dem ewigen Wege der Zeit einige Meilensteine zu gewinnen.«

Daher hat die Naturforschung ihre Daseinsberechtigung nur als exakte Beschreibung, und gerade die Öffnung des Blicks auf das Einzelne, Individuelle unterschied sie von der mechanischen Naturerklärung, aber auch von der klassifizierenden Methode, die Linné angewandt hatte: Sein *Systema naturae* erschien 1735 und wurde – in immer wieder überarbeiteten Auflagen – bis 1788 dreizehnmal aufgelegt. Siebentausend Pflanzen waren in vierundzwanzig Klassen eingeteilt worden. Weil in dieser Methode Übergang, Entwicklung, Umbildung vernachlässigt und das einzelne unter den Begriff der Gattung subsumiert worden ist, sind schon Buffon die Schranken des Systems klargeworden: Es schien ihm nichts damit gewonnen, daß der Luchs zur Gattung der Katze, Fuchs und Wolf zur Gattung Hund gehörten, sondern er sah darin eine Richtung vom einzelnen weg, ein System, das denn auch in der Tat eine Gegenbewegung nach der andern hervorrief, die alle offenbar in der Grundvoraussetzung von Linnés Theorie ihren Anstoß bekommen hatten.

Daß Klassen, Arten, Gattungen sich zu Unrecht in die Naturbetrachtung eindrängten, trat in Adansons *Histoire naturelle du Sénégal* (1757), in den *Familles naturelles des plantes* (1763) zutage – wir befinden uns auf dem Wege zu den Experimenten von Needham und Spallanzani, die schließlich zu den transformistischen Theorien des Mathematikers und Philosophen Maupertuis geführt haben, der 1745 seine *Vénus physique*, 1751 sein *Système de la nature* und 1756 seine *Cosmologie* veröffentlicht hat. Die Veränderungen, die aus Klima und Nahrung resultieren, das Auftreten neuer Arten, die auf Befruchtung und physische Einflüsse zurückgehen – solche Thesen und Betrachtungen gaben einen neuen Ausblick und hoben sich ab von dem Linnéschen System. In dem großen Rahmen von Diderots Schriften sind die Probleme der »Interpretation der Natur« (1754) wieder mit erfaßt, dann aber auf einem andern Boden.

Es waren jedoch nicht nur die Naturwissenschaften, die sich gegen die Orthodoxie richteten. In der Diskussion der religiösen Probleme traten seit langem Erscheinungen auf, deren Merkmal es war, daß man auch von der religiösen Wahrheit die Rechtfertigung vor dem Forum der Vernunft verlangte und sich weder an Dogma noch an Zeremonien gebunden fühlte. Dieser Gesichtspunkt war bereits von Herbert of Cherbury 1624 in seiner Schrift *De veritate* entwickelt worden, und da er den allgemeinen Gehalt der religiösen Erfahrung aus der moralischen Selbstsicherheit ableitet, aus dem Bewußtsein der objektiven Sicherheit von Gott und Jenseits, war die Brücke gefunden zu allen, die von dem Glauben an die Offenbarung nicht mehr ergriffen waren. Die Abkehr von der Orthodoxie ist eine Stufe des Aufklärungsprozesses; die Aufklärung mußte nur anknüpfen an die Linie, die hier heraufgeführt war, um durch Ausschaltung allen »Beiwerks« zum Kern der Religion vorzudringen. Zudem hatte man, zumal in Frankreich, schon seit der Renaissance, durch Raisonnements die religiösen Vorstellungen zersetzt; immer mehr Elemente drangen in die christliche Vorstellungswelt ein, die sie formalisieren und entleeren konnten.

Von größter Bedeutung war die Diskussion, die an die Schule von Padua, an Pomponazzi, Cremonini anknüpfend – meist indem sie sie falsch verstand –, das Gespräch über die Möglichkeit rationaler Prinzipien in der Theologie eröffnete. Es ist eine Bewegung, die man als *Fideismus* zu bezeichnen pflegt und die von Montaigne über Charron und Pascal zu Bayle führt. Hatte die Scholastik Aristoteles mit ihrem Lehrsystem harmonisiert, so bildet sich nun mit dem Wandel des Offenbarungsbegriffs in einen suprarationalen und mit dem

Zweifel an der Möglichkeit, den Glauben dogmatisch beweisen zu können, jene Scheidung von Theologie und Philosophie heraus, die sprengende Keime in die christliche Welt getragen hat und den Libertinern des 17. Jahrhunderts erlaubte, zwischen natürlichen (heidnischen) und göttlichen Wundern, die nicht in den Fakten begründet waren, zu unterscheiden.

Die Zunahme der Apologien, Pascals Appell an die Ungläubigen, zu wetten um die Existenz Gottes, bringt die Macht einer unchristlichen, antireligiösen Bewegung zum Ausdruck und läßt erkennen, in wie vielen Schichten der Philosophen, Mathematiker und Weltleute eine Auffassung läuft, die der Aufklärung schon sehr nahe kam. Entsprach doch der Bewegung der rationalen Theologie in Frankreich eine Parallele in England, die in der Anglikanischen Kirche durch John Hales und Chillingworth und in der Philosophie durch die Schule von Cambridge repräsentiert war, sie präludierten den englischen Freidenkern, in erster Linie dem Freund von Locke, Anthony Collins, der 1713 seinen *Discourse of Freethinking occasioned by the Rise and Growth of a Sect called Freethinkers* veröffentlicht hat und der sich die Freiheit nahm, alle theologischen Probleme zu prüfen. Oder John Toland, dem Verfasser von *Christianity not Mysterious* (1696), und Gilbert Cooper, deren rational-autonome Methode die ursprünglich reine Naturreligion vor jeder Trübung und Verfälschung bewahren wollte.

Schließlich Diderots Schrift *De la suffisance de la religion naturelle* (1770, verfaßt 1747) – hier erscheint die natürliche Religion als die Mitte, auf die alle Religionen hinweisen und in der sie sich zusammenfinden könnten. »Alles, was einen Anfang gehabt hat, wird damit auch ein Ende haben, und umgekehrt wird das, was nicht entstanden ist, auch nicht vergehen. Nun haben Judentum und Christentum ihren Anfang gehabt, und es gibt keine einzige Religion auf Erden, deren Geburtsjahr nicht bekannt wäre, mit Ausnahme der natürlichen Religion. Sie allein wird niemals enden, während alle andern vergehen werden...«

Dem entsprach in Deutschland die Methode von Hermann Samuel Reimarus: Er wie die ihm in vielem verwandte theologische Bewegung in Deutschland, die sich auf die philosophischen Prinzipien von Christian Wolff, Semler, Jerusalem, Spalding stützte, verweisen auf ein ähnliches Ziel wie die englischen Freidenker; sie unterwerfen sich keiner Autorität, sie entfesseln jene Bewegung der Quellenkritik, die die stärkste und gefährlichste Waffe in den Händen von Philosophie und Historie Ende des 17. Jahrhunderts geworden ist. Sieht man die Entwicklungsreihen in England, Deutschland, Frankreich zusammen, so bemerkt man, daß die Gemeinsamkeit der Stimmung zwischen ihnen unverkennbar ist und daß Verstand und Kritik die Organe waren, durch die die Welt ergriffen und angeeignet wurde.

Dies manifestiert sich sowohl in der Gleichzeitigkeit der Ideen bei verschiedenen Völkern – zum Beispiel des Naturrechts, der Toleranz, der Bibelkritik und der Negation des Zauberwesens – als auch in dem – gescheiterten – Versuch von Leibniz, die Kirchenspaltung zugunsten der Einheit Europas zu beseitigen, oder in der Schnelligkeit, mit der bestimmte nationale Kunst- und Geistesformen aufgegriffen und umgedeutet werden. Selten war ein Echo so stark wie das der Schriften des Jesuitenpaters Baltasar Gracián, dessen *Discreto* und *Oráculo manual y arte de prudencia* in Deutschland und in Frankreich übersetzt worden waren.

Und wenn auch bei dem Prozeß der Umdeutung und Übersetzung manche der schönen Farben des Originals abgefallen sind, sehr viel und oft das Wesentliche seines Geistes hat sich trotz aller Veränderung den andern Völkern mitgeteilt. Man hat Gracián durch Amelot de la Houssaye und Thomasius, Locke durch Coste, Van Dale durch Fontenelle, Bayle durch Gottsched noch sehr gut verstanden. Länder wie Holland, die nicht aktiv durch ihre Literatur teilnahmen am geistigen Leben der Zeit, haben doch durch ihre passive Mittlertätigkeit, indem sie nämlich berühmten Schriftstellern wie Bayle die Freiheit gewährten, die ihnen das Heimatland versagte, den größten Einfluß auf das europäische Geistesleben ausgeübt.

Im letzten Viertel des 17. Jahrhunderts lassen sich ohne Zweifel Zeichen einer tiefen psychologischen Veränderung erkennen, Wurzeln eines Umschwungs. Und zwar insofern, als der Gegensatz zwischen den »Modernen«, die den Fortschritt bejahten und stolz waren auf die Überlegenheit der Naturwissenschaften, und den Anhängern der Antike ein Gegensatz war, der das Leben umgestalten konnte. Und nicht in allen Kreisen ist die Antike noch exemplarisches Vorbild; eine aus dem Protestantismus stammende historische Kritik breitet sich aus, die an die unverlierbaren ästhetischen Normen nicht mehr glaubt. Und allgemein wird der Zweifel an Wundern, Orakeln und Zauberwesen – Fontenelle, Bayle in Frankreich und in Holland, Thomasius in Deutschland verweisen auf das gleiche Ziel.

Allgemein wird auch die Wirkung der Ideen Spinozas (oder der Ideen, die man an ihn ausgeliehen hat), um eigene vorzulegen oder fremde zu bekämpfen. Die Bibelexegese, die unlöslich mit dem Namen von Hobbes und vor allem von Richard Simon verbunden ist, greift in den Kampf gegen die Tradition ein. Ihr gelingt es, die Kräfte der Philologie wachzurufen, die Form und Sprache in Frankreich, Holland, Deutschland und England, das heißt in Bayle, Grotius, Leibniz und in den Denkern der Schule von Cambridge gefunden haben. In der Heterodoxie und den verschiedenen Formen der Kritik wird das Element der Tradition, das das Wesen des klassischen Zeitalters bedingte, unterhöhlt. In Bossuets Werk treten uns die gesammelten und geschlossenen Kräfte des Widerstandes entgegen; in seiner Schrift *Défense de la tradition et des Saints Pères* (entstanden um 1700, veröffentlicht 1743), in Reden und Briefen faßt er das Prinzip der Nivellierung ins Auge, deren Fortschritt allerdings durch die Beharrlichkeit seiner Kritik bestätigend. Ein Brief aus dem Jahre 1687 ist dafür charakteristisch: »Jeder nimmt sich unter dem Vorwand, daß man nur verstünde, was man klar begreift – was in gewissen Grenzen durchaus richtig ist –, die Freiheit zu sagen: Das verstehe ich und das verstehe ich nicht, und auf dieser Basis verwirft oder billigt man, was man will.« Die Strenge der Dogmatik Bossuets zeigt sich darin, daß in den langwierigen Verhandlungen mit Leibniz über den Plan einer Vereinigung von Protestanten und Katholiken man an den Punkt kam, an dem die Wege beider Konfessionen auseinandergingen.

Überall negierte man die Tradition. Polemisch oder in Entwürfen, die, aus verschiedenen Ländern kommend, doch überall Eingang fanden: in der Lockeschen Psychologie, in Formen des Naturrechts bei Pufendorf, Cumberland, Thomasius, in der Morallehre von Shaftesbury. Vorgeformt treten im letzten Viertel des 17. Jahrhunderts die Kräfte zutage, die das Wesen der Aufklärung bestimmen. Und in diesem Zuge erscheint die natürliche

Religion als die Wegbereiterin der Toleranzidee. Unzweideutig werden durch die Einschränkung der Wirksamkeit der Dogmen der Unterschied der Religionen, die verschiedenen Symbole, deren sie sich bedienen, unwichtig gegenüber der allen gemeinsamen Vernunftreligion. Durch diese Verlagerung des Schwerpunkts der religiösen Freiheit sah sich die Orthodoxie in die Defensive gedrängt und in ihr festgehalten; die beginnende Aufklärung lebte aber in dem Gedankenkreis, den schon Cusanus in *De pace fidei* (1490?) vorgezeichnet hatte, und bewegte sich in dem schon Bodin eigentümlichen geistigen Horizont. Denn das *Colloquium Heptaplomeres* (1588) läßt sieben Vertreter verschiedener Religionen und Konfessionen religiöse Fragen erörtern, aber das Resultat ihrer Diskussion ist, daß der Absolutheitsanspruch jedes Standpunkts aufgegeben, relativiert wird zugunsten einer wahren geistigen Religion, die in jedem Bekenntnis enthalten ist. Damit war der Intoleranz ihre stärkste Waffe entwunden und ein Prinzip der Toleranz verkündet, das im England der großen Revolution ausgesprochen wurde, zu Bayles Konzeption, zu Lessings Ringparabel, zu Voltaires *Traité sur la tolérance* (1763) die Brücke schlägt. Die Debatte über die Toleranz sollte, einmal eröffnet, nicht mehr zur Ruhe kommen, und nach der Aufhebung des Edikts von Nantes (1685), das den Protestanten die Religionsfreiheit gesichert hatte, geben die in Holland erschienenen Schriften und Pamphlete von Bayle ihr die äußerste Präzisierung und Zuspitzung.

Die Diskussion blieb jedoch in einem ständigen Fluß der Umwandlung und Umbildung. Da beide Parteien, Katholiken und Protestanten, sich nicht einigen konnten über die den Konfessionen gemeinsamen Grundwahrheiten und jeder Versuch der Reunion infolge des Autoritätsanspruchs der katholischen Kirche illusorisch wurde, blieb es bei dem Nebeneinander von Standpunkten, von denen jeder die absolute Gültigkeit beanspruchte. Der Staat hätte nur dann als regelnde und ausgleichende Macht fungieren können, wenn er bereit gewesen wäre, sich auf weltliche Aufgaben zurückdrängen zu lassen. Dazu war weder die katholische noch die protestantische Orthodoxie bereit. Erst die Heterodoxie, die Emigranten, die Frankreich Ende des 17. Jahrhunderts verlassen mußten, haben in die Richtung gewirkt, die wesentlich dazu beigetragen hat, dem Toleranzgedanken Raum zu geben, Politik, Religion, Moral voneinander zu trennen, um schließlich in der Negation jeder kirchlichen oder zivilen Intoleranz und in der Forderung nach Gewissensfreiheit zu kulminieren. In der Toleranzbewegung, die das 18. Jahrhundert erfüllen sollte, stellen diese Ideen eine wichtige Komponente dar. Der Toleranzgedanke, den die skeptische Literatur ins Leben brachte, war an Stoßkraft deshalb nicht schwächer, weil sein bedeutendster Vertreter, Pierre Bayle, in Holland in gelehrten Zirkeln außerhalb des großen Geschehens in Frankreich lebte, zumal da in England die Lockeschen Schriften der Toleranz volle Geltung verschaffen sollten.

Aber wenn die Aufklärung sich von dem Ideen- und Gefühlskreis der Tradition scheidet, so heißt das nicht, daß sie als eine irreligiöse Epoche betrachtet werden soll. Nur gelangt die Religion innerhalb ihres Systems zu einer neuen Funktion, und nichts zeigt deutlicher als die lang währende Diskussion über die Erbsünde und das Theodizeeproblem, wie wenig man sich aus dem Bann der theologischen Kontroversen lösen konnte. Die ständige Auseinandersetzung mit Pascal, zu der Voltaire in verschiedenen Stadien seines Lebens immer wieder geführt wurde, beleuchtet nicht nur einen Einzelzug im Bild der Aufklärung, sondern stellt ein in vielen Schriftstellern stets mächtiges Motiv in voller Stärke dar. Pascals berühmte Argumentation aus den *Pensées* ruhte auf dem Dogma der Erbsünde, der radikalen Ohnmacht der Vernunft. Daß der Mensch den »Menschen wesentlich übersteigt«, sich selbst transzendent ist – das war seine Lehre. Der Mensch sich selbst unverständlich, unbegreiflich – diese Widersprüchlichkeit konnte nur dogmatisch aufgelöst werden: Die verschiedenen Kräfte im Menschen können sich nicht ins Gleichgewicht setzen; der Mensch, göttlichen Ursprungs, ist der Erbsünde verfallen, sein Wesen liegt in der Doppelheit seiner Natur beschlossen, die zugleich über sich hinausweist und sich unter alle Wesen erniedrigt – die Größe kann nur auf den göttlichen Ursprung bezogen werden, die Verworfenheit, das Elend des Menschen ist der Erweis der Erbsünde. Der Mensch kann keine einheitliche Richtung innehalten: er ist Größe und Elend und bewegt sich dauernd in Widersprüchen, die, weil seine Existenz unter den Blickpunkt der Transzendenz gerückt ist, durch eine natürliche, immanente Erklärung der Welt nie zum Schweigen gebracht werden können.

Eine solche These, ein solch beunruhigendes und verwirrendes Bild des Menschen ordnet sich nicht in die Entwicklung ein, die die Aufklärung in religiösen Fragen einschlägt. Hier ist die Stellung, die er sich zur Wirklichkeit gibt, eine durchaus aktive, klare Zielsetzungen verweisen ihn stets aufs neue auf die Wirksamkeit in diesem Leben, und Voltaire meint in der Auseinandersetzung mit Pascal die »Partei der Menschheit gegen einen erhabenen Misanthropen« zu ergreifen. Aber wenn Voltaire in der Negation des Dogmas von der Erbsünde jede metaphysische Lösung verwarf – sowohl die Einheit von Ratio und Mysterium wie die Leibnizsche Perspektive, die unter die Notwendigkeit rückte, den irrationalen Bereich des Wunders von der Vernunft zu trennen –, dann stand er vor der Aufgabe, eine eigene Erklärung des Ursprungs des Übels zu geben. Da der philosophische Optimismus kein Element war, dem er Einlaß in sein Denken verstattet hätte, sieht er sich zur skeptischen Hinnahme des Bösen gedrängt, ohne sich von ihr überwältigen zu lassen – beide Momente, die Skepsis und der Wille zur *vita activa*, bilden in seinem Leben und Werk eine unauflösliche Einheit, so daß die widerstreitenden Antriebe in ihm wieder zu jener künstlerischen Form zusammengezwungen werden, die ihm Halt und Richtung geben konnten. Die Allgewalt des Übels, der der Mensch ausgeliefert ist und dessen Existenz wir nicht bestreiten können, zwingt zu keiner passiven Resignation, sondern Skepsis und gestaltender Wille durchdringen sich gegenseitig zu dem Entschluß *de laisser aller le monde comme il va, car si tout n'est pas bien, tout est passable.*

Die Auseinandersetzung über das Problem des Übels und des Glücks durchzieht das ganze Jahrhundert. Bald in Traktaten, bald in psychologischen Erwägungen und Bemerkungen. So brachte Montesquieu in seinen Gedanken die Dialektik des Glücks ans Licht, die verschiedenen Weisen des Glücklich- und Unglücklich-Seins. Wie es nämlich Unglückliche gibt, deren Seele die Kraft fehlt, etwas zu wünschen, andere, deren Leben sich in unerfüllten Hoffnungen verzehrt, so gibt es Glückliche, die von einem heftigen Wunsch nach dem andern leben, und andere, deren Leben ein stilles und beständiges Glück ernährt.

Aber die Skepsis verlegt sich – wenngleich in anderer Weise als bei Voltaire – doch nicht den Weg, die Menschen, die sie erkannt hat, das Glück zu lehren. »Wie unglücklich ist das Los des Menschen! Kaum ist der Geist zur Reife gelangt, so beginnt der Körper schwach zu werden!« Die Skepsis ist zu tief von Polybios' Lehre vom Kreislauf alles Geschehens durchdrungen, als daß sie den Gedanken an den Rückfall in die Barbarei ganz ausschalten könnte – aber sie verzichtet doch nicht darauf, das Glück als einen möglichen Beitrag zum Aufstieg des Menschengeschlechts zu lehren. Es ist eine Skepsis, die mit einem stoisch-christlich gefärbten Geist der Duldung und Mäßigung verschmilzt. Aus solcher Stimmung stammt das Wort: »Ich sagte zu Frau von Châtelet: Sie können nicht schlafen, weil Sie Philosophie studieren, Sie sollten aber Philosophie studieren, um schlafen zu lernen.« Und dies kann Montesquieu sagen, weil er die Zufriedenheit des Menschen nicht von der Stärke oder Größe der Lust oder Unlust, sondern von dem bloßen Glück des Daseins herleitet. Darum scheint ihm das Kalkül, das Maupertuis in seinem *Essai de philosophie morale* (1750) angestellt hat, falsch zu sein. Maupertuis hatte dort Lust und Unlust bestimmten Größenwerten zugewiesen und sie miteinander verglichen, er hat die philosophischen Systeme nach ihrem Glückskalkül unterschieden und einander gegenübergestellt. Die darin beschlossene eigentümliche Vereinigung mathematischer und psychologischer Beobachtung deckte sich mit der Stimmung des Zeitalters. Aber die Folgerung, die er gezogen hat, daß nämlich im Leben die Summe der Übel stets größer sei als die des Guten, diese Folgerung hat das Bewußtsein eines Glückes, das man nicht gegen das Nichtsein eintauschen möchte, in Montesquieu nicht ersticken können.

So entfacht die Theodizeefrage im ganzen 18. Jahrhundert verschiedene Bewegungen, aber die Bindung an die Dogmatik wird überall aufgegeben, nicht nur in Frankreich, sondern auch in Deutschland, in der »Theologie der Lessingzeit«, das heißt, im Kreis der sogenannten »Neologen« trifft man auf jene Polemik gegen das Dogma von der Erbsünde, die nicht an die lutherische, sondern an die erasmische Tradition anknüpft, um dem System dogmatischer Theologie eine neue Form von Frömmigkeit entgegenzusetzen. Shaftesbury gelangt zu einem andern Begriff von Religiosität: Der *moral sense* erlaubt dem Menschen, die Prinzipien, von denen der ästhetische Kosmos bewegt wird, in einer Art *visio* zu erblicken und sich in Einklang mit dem Rhythmus der Welt zu setzen. Diese Theorien aber ließen sich sowenig wie die rousseauschen in das skeptische und psychologische Begriffsnetz knüpfen.

Wie die Naturwissenschaften und die Theologie, so erscheinen im Verlauf des 18. Jahrhunderts auch die geschichtlichen Wissenschaften in einem neuen Licht. Je mehr sich Descartes' oder Malebranches' zähes Festhalten an der Mathematik, an den exakten Naturwissenschaften als unhaltbar erweist, um so mehr ringt sich die Neigung für die Tatsachenwissenschaften empor; ein breit angelegtes Kampffeld mannigfacher Versuche, denen auch jenes sozialkritische Element politischer Opposition entströmte, das für die historische Literatur des 18. Jahrhunderts weite Strecken lang charakteristisch ist. Der Beschäftigung mit der Geschichte haben die Akademien, die Lexika, die Zeitschriften vorgearbeitet. Die periodische Presse ist seit der zweiten Hälfte des 17. Jahrhunderts im Aufstieg, im Lauf des

18. schält sich immer klarer ihre Bedeutung heraus; der Blick eines stets größer werdenden Publikums öffnet sich für wissenschaftliche und zugleich für politische Probleme.

1665 war das *Journal des savans* gegründet worden, seit 1723 gab es die jesuitischen *Mémoires de Trévoux*, 1753 bis 1790 die *Correspondance littéraire* von Melchior Grimm (später von Meister), die die Höfe von ganz Europa mit Nachrichten aus Frankreich versorgte, die *Année littéraire*, die von Voltaires Gegner Fréron geleitet war, erschien 1754 bis 1790, dazu kamen aber die Zeitschriften, die von Autoren wie Marivaux, Addison, Prévost herausgegeben worden waren: der *Spectator* (1711–1760), *Le Pour et le Contre* (1733–1760), das *Journal étranger* – in Deutschland die moralischen Zeitschriften (»Der Patriot« und andere), die »Göttingischen Gelehrten Anzeigen«, »Die Berlinische Monatsschrift«. Und die Gelehrsamkeit, die man pflegt, trägt stets neue Früchte: Die Benediktiner von Saint-Maur und Saint-Vannes, die Patres Calmet und Bernard de Montfaucon veröffentlichen die *Palaeographia Graeca* (1708), *L'Antiquité expliquée* (1719–1724); 1733 bis 1736 erscheint die Neuauflage von Du Canges *Glossares latinitatis*. Der Abbé Dubos läßt seine *Histoire critique de l'établissement de la monarchie française dans les Gaules* (1734) veröffentlichen, Graf Caylus den *Recueil d'antiquités égyptiennes, étrusques, grecques, romaines et gauloises* (1752–1763), Court de Gébelin bringt *Le monde primitif* (1773–1783) heraus, Louis de Beaufort seine *Dissertation sur l'incertitude des cinq premiers siècles de l'histoire romaine* (1738).

Aber man interessiert sich auch für die Geschichte des alten China, für Persien, Arabien. Manuskripte aller Art kamen nach Frankreich und entzünden im Herzen aller Menschen eine unermeßliche Neugier nach allem Interessanten – es war, als ob die Masse immer neuer Funde, die wachsende Kenntnis immer neuer Religionen die Unterschiede zum Christentum verschwimmen lassen könnten. Dazu kam die intensive Tätigkeit der Akademien: Es bildeten sich immer neue Zentren heraus, in Paris nicht nur, sondern zum Beispiel in Bordeaux, Toulouse, Dijon, aber auch im Ausland, in England, Italien, Spanien, Portugal und schließlich im Preußen Friedrichs des Großen. Die Zeit war reif geworden für den großen Plan von Pierre Bayle, der 1692 im *Projet d' un dictionnaire* programmatisch – und sein Ton gegen die Mathematik wird scharf – verkünden konnte, daß die historischen Wahrheiten einen viel höheren Grad von Sicherheit und Exaktheit erreichen könnten als die mathematischen: »Caesar und Pompeius haben existiert und waren nicht bloß eine Modifikation der Seele derer, die ihr Leben geschrieben haben, aber was den Gegenstand der Mathematik angeht, so ist es nicht schwer zu beweisen, daß er außerhalb unseres Geistes existiert, es ist auch sehr leicht zu zeigen, daß er nur eine Vorstellung unserer Seele sein kann.«

Dieser Blickwechsel von der Mathematik zur Geschichte, die Stimmung der Abneigung gegen die exakten Wissenschaften, die von weiten Kreisen jetzt Besitz ergreift, zeigt den Eindruck, den die historischen Studien gemacht haben. Bayles *Dictionnaire historique et critique*, seine Korrespondenz mit Gelehrten aus ganz Europa, seine Zeitschrift *Nouvelles de la république des lettres* bezeichnen die allgemeine Richtung der historischen Anschauungen und Interessen. Die Geschichte fängt an, sich ihren Platz zu erobern, in Bayles Wörterbuch wahrt sie ihren Vorteil, mischt verschiedene Stile, um viele Schichten von Lesern zu gewinnen und sich der Fassungskraft eines großen Publikums anzupassen. Und soll das

Wörterbuch, wie Bayle sagt, ein Register von Fehlern sein, so bedeutet dies nur, daß jede Tatsache, von allen Verdeckungen und unkritischen Traditionen befreit, so lange geprüft wird, bis sie sich als richtig erweist; der Hauptwert des Wörterbuchs liegt in der beweglichen Methode, in dem frischentfalteten Sinn, in der kritischen Prüfung, durch die Bedingungen der Möglichkeit jedes Tatsachenurteils zum Problem gemacht werden. Dadurch wurde dank der ironischen Art Bayles das Gefühl für feine Unterschiede, die Fähigkeit zur scharfen Unterscheidung überall geweckt, in der vergleichenden abwägenden Beobachtung verschiedener Probleme das Verständnis für richtig und falsch in solcher Weise verschärft, daß die Wirkung des Wörterbuchs in ganz Europa ungeheuer war. Nicht die formale – denn die antiquarische Gelehrsamkeit entsprach dem Geschmack der Gebildeten nicht mehr –, wohl aber die inhaltliche. Das Werk wurde eine Art Bibel der Aufklärung.

Carl Justi schildert uns den Eindruck, den Bayle auf Winckelmann gemacht hat; der sich in den Windungen des labyrinthischen Wörterbuchs verlor und sich nicht sättigen konnte: »Was für eine Wirkung muß Bayle auf die Leser gehabt haben, die in den philosophischhistorischen Wissenschaften gewohnt waren, sich mit den Ungeheuern der Polymathie herumzuschlagen! Bayle besaß den Scharfsinn und die Klarheit, die Geduld und die Beweglichkeit des Verstandes, um die verworrensten Probleme zu entwirren, den verstecktesten Irrtümern auf die Spur zu kommen... Er war Kritiker durch den Geist des Mißtrauens gegen das Angenommene und Angesehene, durch den Hang, die Zuversicht der Menschen auf ihre Meinungen und ihre vermeintliche Versöhnung von Glauben und Wissen, von Wünschen und Wahrheit zu beunruhigen und überall Widersprüche aufzustöbern; er glaubte, dadurch ein Wohltäter der Menschen zu werden, denn er hatte den Zusammenhang des Dogmatismus und des Verfolgungsgeistes erkannt. Er war Kritiker durch die Kühnheit, mit der er einen Sinn in dem zeigte, was dem Vorurteil ein grauenhaftes Schreckbild war, und mit der er die zerbrechlichen philosophischen Stützen desjenigen aufdeckte, was als ehrwürdige Wahrheit galt und selbst ihm in gewisser Weise galt... Frei von dem Bedürfnis, auf Resultate zu kommen; frei von der Parteilichkeit für persönlich bequeme und kongeniale Gedanken; frei von dem Bedürfnis, sich in dem Gespinst einer sogenannten harmonischen Weltanschauung einzuschließen – das zum voreiligen Abfinden mit der Wahrheit führt. Durch dies alles war Bayle das eigentlich kritische Genie der neueren Zeit.«

Aber ein Jahrzehnt später trat in Neapel Giovanni Battista Vico (1668–1744) aus dem zwingenden Kreis der naturwissenschaftlichen Methode heraus und setzte an dem Punkt ein, an dem diese zu versagen schien. Sein Verfahren entsprang am Gegenpol der cartesianischen Welt, und dies war erkennbar schon in der 1708 veröffentlichten Rede *De nostri temporis studiorum ratione*. Vicos Methode beruhte nicht mehr auf dem *verum*, sondern auf dem *certum*, dem »Sicheren«, auf dem *senso commune* der Menschen, auf Instinkt, Gewohnheit, Überlieferung. Der Schwerpunkt der Forschung wird von der Geometrie in die Geschichte verschoben, und die These, daß man nur erkennt, was man geschaffen hat, wird der Ausgangspunkt einer neuen Gewißheit, die in dem in erster Fassung 1725 erschienenen Hauptwerk der »Neuen Wissenschaft« *(Scienza nuova)* ihre vollendete Gestalt empfing. Ihr Plan war, die Völkergeschichte als eine von Menschen geschaffene zu erkennen, Jurisprudenz, Recht, Ökonomie miteinander zu verschmelzen und unter einen gemeinsamen systematischen Gesichtspunkt zu stellen. Das Werk enthielt zugleich eine besondere Geschichtsphilosophie, die in einem Dreistadiengesetz, in der berühmten Lehre vom *Corso e ricorso* gipfelt. Jedes Volk durchläuft drei Stadien, die Vico das Götterzeitalter, das Heroenzeitalter und das humane Zeitalter nennt. In diesem letzten ist die natürliche Gleichheit allen Menschen bewußt geworden, aber Sinnlichkeit und Phantasie verblassen, während Vernunft und Abstraktion ihren Herrschaftsbereich erweitern. Die in dem letzten Zeitalter erreichte Höhe der Gesittung dauert jedoch nicht, die Vernunft überschlägt sich, und Luxus und Gottlosigkeit bewirken den Rückfall in die Barbarei. Neue – barbarische – Völker treten auf, es beginnt der *ricorso*, die zyklische Wiederkehr, Zeichen dafür, daß mit dem Ende einer Kultur eine neue wieder von vorn beginnen muß. Das Singuläre an dieser Geschichtsauffassung, deren Hauptinteresse den beiden poetischen Zeitaltern gilt, die dem humanen, rationalen, nicht mehr mythischen, vorangegangen sind, liegt darin, daß der poetische Primat der Urzeit entdeckt und eine Konzeption der Weltgeschichte gefunden war, die als Theorie des sich entfaltenden Geistes Hegel präludiert.

Aber Vico war in seiner Zeit wenig bekannt, kaum gibt es aufklärerische Schriften, in denen man auf seine Wirkung treffen kann. Hingegen wird in Montesquieu und in Voltaire die Geschichte in umfassender Weise zum Problem; dank ihrem Werk läßt sich die historische Forschung im 18. Jahrhundert als ein ewig fließender Strom der Höherentwicklung fassen, und in ganz Europa merkt man die lebendige Entfaltung der in Montesquieus, in Voltaires Werk liegenden Samen. In ganz Europa, das heißt in England bei Hume, Gibbon, Robertson, in Deutschland bei Lessing, Wieland, Justus Möser, Herder, in Italien bei Beccaria und Zaccaria – sie alle waren angeregt durch Montesquieu und Voltaire und trugen ihre Theorien.

Montesquieu war unablässig bemüht, ein System zu finden, das am ehesten die Möglichkeit menschlichen Glücks in sich trägt. Immer schärfer zeichnet sich in seinen zahlreichen Schriften das Ideal eines Gemeinwesens ab, von dem aus viele der bestehenden Zustände der Kritik verfallen müssen. Diese Kritik ist jedoch niemals revolutionär in dem Sinn, daß sie das *Ancien régime* in Frage stellen wollte: Montesquieus Ideal war die gemäßigte Monarchie, die die Freiheit des Menschen schützt, zugleich aber auch die Interessen eines wohlfunktionierenden freiheitlichen Handels im Auge behält, der sich gegen jede Einzwängung und Mechanisierung zur Wehr setzt, von der man in despotischen Staaten, aber auch in der absoluten Monarchie bedroht sein könnte.

Als Historiker hat Montesquieu eine Kraft eingesetzt, die die Farbe der Zeit nie verleugnet, aber dennoch in der Aufklärung singulär war. Aus der ihm eigentümlichen weiten Auffassung geschichtlichen Lebens und aus einer breiten Erfahrung gab er vielen Fragen eine Lösung durchaus persönlicher Art. Seine Auseinandersetzung mit dem Christentum, seine Kritik an Kirche und Klerus ist zum Teil in dem Horizont der Zeit eingeschlossen und in den verschiedenen Stadien seines Werks enthalten. Sie ist jugendlich heftig in den ersten Schriften – etwa in den *Lettres persanes* (1721) –, besonnen und berechnend in den späteren, die die Kirche als eine politische Macht einschätzen. Niemals ist sie fanatisch. Sie erscheint in den verschiedensten Formen: in historischen Kapiteln, in theologisierender Betrachtung, in übersteigerter Lobpreisung der Religion. So wenn der jenseitige Charakter des Christentums gepriesen wird, um es als Religion des Diesseits zu etablieren: »Wunderbar! Die christliche Religion, deren Gegenstand die Seligkeit in einem andern Leben zu sein scheint, macht noch unser Glück in diesem aus« *(Esprit des lois)*. Entwirrt man aber die verschiedensten Motive, so wird man auf das Schema zurückgeführt, das man im 18. Jahrhundert so oft variiert hat, das der Scheidung von Politik und Theologie, dem Montesquieu in einer kühnen, an Bodin erinnernden Formel Ausdruck gegeben hat: »Wir können Gott als einen Monarchen betrachten, der mehrere Nationen in seinem Reich hat; sie kommen alle, ihm ihren Tribut zu bringen, und jede spricht zu ihm in ihrer Sprache.«

War aber Montesquieu überall, wo er Kirche und Christentum in die Mitte seiner Betrachtung rückt, fähig, nicht nur als Freigeist, sondern auch als Politiker zu urteilen, dem der polemische Antrieb der Religionsfeindschaft fremd blieb, so hat er als Historiker sich stets als den Gegenspieler Voltaires empfunden. Das sehr harte Urteil: »Voltaire wird niemals eine gute Geschichte schreiben, er ist wie die Mönche, die nicht für ihren Gegenstand, den sie behandeln, sondern für den Ruhm ihres Ordens schreiben. Voltaire schreibt für sein Kloster«, ist der Versuch, sich von einer Geschichtsschreibung zu distanzieren, die ihm nur die umgekehrte Theologie zu sein schien, sich von einer Methode zu lösen, die die ganze Weltgeschichte aus jeder Einwirkung durch religiöse Begriffe befreien und in die Region erheben möchte, aus der sie als der Kampf einer zeitlos gültigen Vernunft mit den verschiedenen Formen der faktischen Unvernunft erscheint. Montesquieu wurzelte zu sehr in der Aufklärung, als daß er an dem absoluten Ideal des Naturrechts nicht festgehalten hätte, aber die Anfänge eines neuen geschichtlichen Denkens in ihm wirkten sich doch darin aus, daß er jener verabsolutierenden Vernunft eine relativierende zur Seite stellte; mit dem Auge des Politikers und Gesetzgebers sah er die Dinge an und schwang sich zu der gelassenen Bewertung von Erscheinungen auf, die absoluten Vernunft widersprachen, aber auf einer *raison naturelle* beruhten. Er scheute sich zu verurteilen und suchte die Erscheinungen auf Grund bestimmter Faktoren (Kausalitäten) wie Klima, Religion, Gesetzen, Institutionen, Sitten zu verstehen; und von dem Ergebnis, welcher dieser Faktoren jeweils die Führung hatte, hing seine Bestimmung des *esprit général* einer Nation, die Unterscheidung der verschiedenen »Volksgeister« ab. Hierbei verband sich stets das hochentwickelte Interesse an den verschiedenen Nationalcharakteren mit starken politischen und moralischen Antrieben seiner Natur: Die Analysen der Einflüsse von Klima, Religion, Sitten waren zugleich als Lehren für den praktischen Staatsmann, für den Gesetzgeber gedacht. So wie die Schilderung des alten Roms oder der englischen Verfassung wie ein Wunschbild, der Preis der römischen Tugend wie eine Kraft wirken sollte, *qui étonne nos petites âmes*.

Aber die Frage nach den fränkisch-germanischen und nach den gallo-romanischen Kräften der französischen Gesellschaft, die Boulainvilliers und Dubos schon gestellt hatten, hat Montesquieu in den letzten Büchern des *Esprit des lois* ganz aus dem rein juristisch-geschichtlichen Interesse an dem Problem und an seiner Lösung wieder aufgenommen. Hier hat er am weitesten die Schranken der Erkenntnis in ein neues Land vorgetragen und im Feudalwesen des Mittelalters einfühlend eine Erscheinung beschrieben, deren Wesen ihm nicht aus Kausalitäten ableitbar zu sein schien und die er in ihrer individuellen Natur erfassen wollte. In scheinbar nur andeutenden, aber weittragenden kühnen Formulierungen hat er das Studium der Verfassung zum Rang einer hohen Kunst erhoben, die Epoche gemacht hat und von den modernen Historikern noch bewundert wird. E. Carcassonne rühmt in seinem großen Werk *Montesquieu et le problème de la constitution française au XVIII siècle* den Scharfsinn und die Tiefe seines geschichtlichen Interesses, er gehöre, so meint er, zu jenen mächtigen und geschmeidigen Geistern, die sich niemals völlig offenbaren. Seine Formeln erschöpfen sein System nicht, sein System erschöpft nicht sein Denken. Er entdeckt uns das Hintergründige jeder Idee; indem er uns eine Lehre vorträgt, lädt er uns ein, sie zu kritisieren. Er macht sehen, hat Frau von Staël wunderbar gesagt, andere haben nur eine begrenzte Auswahl getroffen.

Hat Montesquieu aber in seinen Untersuchungen über die französische Geschichte zur quellenmäßigen Erforschung des Mittelalters und zum Aufbau der historischen Wissenschaften entscheidend beigetragen, so ist der methodische Fortschritt des *Esprit des lois*, der erst in der modernen Forschung zu weiter Wirkung gelangt ist, nicht geringer. Denn hier findet der Leser nicht nur Objekte der Anschauung, sondern zugleich Prinzipien, die die Vielgestaltigkeit des geschichtlichen Lebens unter Gesetze zwingen, kraft derer wir in der empirischen Mannigfaltigkeit der Monarchien, Republiken und Despotien deren Wesen, *die* Monarchie, Republik und Despotie erkennen sollen. Wenn daher Montesquieu in der Monarchie das Prinzip der Ehre, in der Republik das der Tugend, in der Despotie das der Furcht wirksam sieht, so handelt es sich um Begriffe, die in ideierender Abstraktion gewonnen sind, um Idealtypen, denen die Wirklichkeit niemals rein entspricht, aber durch deren Medium sie erst verständlich wird.

Diese prinzipiellen methodischen Gedanken Montesquieus, die von aller antiquarischen Geschichte, aller bloßen Sammlung der Fakten weit abführen, sind zunächst weniger gesehen worden, weil man sich im 18. Jahrhundert in Frankreich mehr als für die Beschreibung der allgemeinen Idee, die jede Verfassung in sich trägt, für die politische Nutzanwendung aus Montesquieus Lehre interessierte, für seine Abneigung gegen den Despotismus, die unverkennbar aus vielen Kapiteln des *Esprit des lois* sprach und durch die Montesquieu in die Bahn der praktischen Politik einlenkte. Aber jene scharfe Kritik am Souverän, die man aus Bossuet und Fénelon kannte, lag Montesquieu in Wirklichkeit fern. Das große Thema der *salus publica* beginnt bei ihm und erst recht bei Rousseau, von den persönlichen auf die unpersönlichen Faktoren (Gesetze, Institutionen, Sitten) hinüberzuwechseln, denen Herrscher und Untertanen in gleicher Weise unterliegen und von denen letztlich die Regierungsform selbst abhängt.

So ist Montesquieus Kritik mehr eine Kritik an der Despotie als eine Kritik am Despoten, und seine praktischen Ratschläge sind nicht sosehr Polemik gegen den Herrscher, sondern zielen auf die Begrenzung des der Macht immanenten Expansionsdranges. *Le pouvoir arrête le pouvoir* – die berühmte Lehre vom Gleichgewicht der Kräfte, das heißt die Lehre von den einander stärkenden und hemmenden und schließlich ausgleichenden Gewalten, war die Theorie, durch die Montesquieu glaubte, das Leben als Freiheit sichern zu können. Denn die von Machiavelli so oft gestellte Frage nach den Ursachen des Bestandes und Verfalls von Verfassungen und Staaten war auch die Montesquieus, aber sie verschmolz mit der nach

Gesetzen der staatlichen Wirksamkeit, nach dem Recht und der Freiheit des Individuums. Dadurch, daß diese beiden Fragen nun aufs engste ineinandergreifen, verschiebt sich das Bild: der politische Realismus wird durch die Idee von Rechten und Freiheiten – den Grundrechten – des Individuums ergänzt. Durch diesen Gedanken der Rechtsgleichheit und individuellen Freiheit waren der Literatur der zweiten Hälfte des 18. Jahrhunderts die Linien vorgezeichnet; der politischen Diskussion gaben diese Prinzipien lange ihr charakteristisches Gepräge.

Als Historiker und Politiker hat Montesquieu die patriotischen und weltbürgerlichen Triebe gleichzeitig in sich aufgenommen: Er liebte Frankreich und Paris, das so entscheidend den Charakter der Nation bestimmt hat, aber höher als Frankreich stand ihm Europa, höher als Europa die Menschheit. Dem patriotischen Handeln des Bürgers stand daher die unparteiische, alle subjektiven Momente entfernende des Forschers stets zur Seite. »Wenn ich handle, bin ich Bürger, aber wenn ich schreibe, Mensch.« Die Wahrhaftigkeit auch dem Vaterland gegenüber galt ihm als die Erfüllung einer staatsbürgerlichen Pflicht: »Jeder Staatsbürger ist verpflichtet, für sein Vaterland zu sterben; niemand ist verpflichtet, dafür zu lügen.« Und der Richtung seines Geistes entsprach es, daß er auf seinen Reisen die Blüte anderer Staaten und Völker freudig bewunderte, wie ein Forscher, der sich Vorbilder und Beispiele aus andern Welten holt und sich nicht die Überlegenheit der eigenen bestätigen lassen will, sondern nach Ergänzung und Bereicherung seines Wesens strebt.

Die große Wirkung Montesquieus wäre nicht denkbar, hätte er seine Aufgabe als Geschichtsschreiber und Politiker nicht auch als Künstler ergriffen. Er hat die Erschöpfung der dichterischen Produktivität des nachklassischen Zeitalters so scharf bemerkt wie Voltaire und über die Dekadenz des Stils so viel nachgedacht, wie über die der Staaten und Völker. Aber dieses Schicksal, Epigone zu sein, lähmt seine Kraft nicht, sondern läßt ihn im Gegenteil einen durchaus eigenen Stil finden, der die Gefahren des nachklassischen Jahrhunderts vermieden hat. Die Gesinnung der *Considérations sur les causes de la grandeur des Romains et de leur décadence* kommt auch in ihren oft an römische Historiker erinnernden, mitunter mehr erarbeiteten als spontan entstandenen Sätzen zum Ausdruck. »Er spricht«, schrieb Taine in seinem Liviusbuch, »pretiöser über Rom als Titus Livius, aber mit derselben poetischen Majestät. Seine Worte fallen wie Orakelsprüche, man meint, einen der alten Gesetzgeber zu hören.« Der römische Grundzug, der sein ganzes Wesen durchdringt und ihm die Anknüpfung an die Antike leicht gemacht hat, tritt hier am stärksten hervor. »Die Antike entzückt mich«, schrieb er in seinen Tagebüchern.

Mitwelt und Nachwelt haben die Ideen, die Montesquieu dem geschichtlichen Denken vermittelt, die Kunst, mit der er den Stoff gestaltet hat, oft und oft bewundernd anerkannt. In der Berliner Akademie hat Maupertuis nach Montesquieus Tod die Lobrede gehalten. D'Alembert leitete den vierten Band der Enzyklopädie mit einer Würdigung seines Werkes ein. Melchior Grimm schrieb einen Nachruf in der *Correspondance littéraire*. Herder, der erkannt hat, wie weit Montesquieu schon vom geschichtlichen Denken erfaßt war, hat gesagt, daß »Der Geist der Gesetze«, dies »edle Riesenwerk«, ein »gotisches Gebäude im Geschmack seines Jahrhunderts« sei. Hegel hat in seiner Abhandlung »Über die wissenschaftlichen Behandlungsarten des Naturrechts« hervorgehoben, welch unentbehrlichen Beitrag

Montesquieu zur Erschließung des Volksgeistes geliefert, wie weit er sich moderner Betrachtungsweise genähert hat. Und keine größere Anerkennung konnte die moderne Geschichtsschreibung ihm spenden als Droysen in seiner Historik: »Wenn Montesquieu in seinem *Esprit des lois* nicht bloß das Wesen der Gesetze, der Rechtszustände mit allen andern sittlichen Verhältnissen eines Volkes oder Staatslebens untersuchte, so war die Bedeutung seiner Arbeit darin begründet, daß er zum erstenmal die Geschichte nicht bloß als gelehrte Sammlung von Notizen, sondern als die Lehrmeisterin behandelt, die man zu hören und zu verstehen lernen müsse. Es war eigentlich damit der großen historischen Betrachtung der Rechtssphäre die Bahn geöffnet.«

So umgestaltend hat das Werk gewirkt, das Montesquieu weit über seine Zeit hinausgehoben hat. Die Vorstufen und Materialien wie die Reflexionen der Tagebücher, die seine Schriften begleiten, zeigen, welch tiefe Arbeit der Entstehung seines Buches vorangegangen ist. »Tausendmal«, sagt er selbst in der Einleitung zum *Esprit des lois*, »habe ich das Gewonnene den Winden wieder preisgegeben, die Wahrheit nur gefunden, um sie wieder zu verlieren.« Als er jedes Ausdrucksmittel erprobt, vervollkommnet und mit andern in Einklang gebracht hat, schien das Leben ihm zu kurz zu werden. »Was nützen mir die Betrachtungen von zwanzig Jahren, wenn ich die wichtigste, die Kürze des Lebens vergessen habe? Kaum bleibt mir noch Zeit, zu verkürzen, was ich geschrieben habe.« – »Und«, so lautet eine andere Tagebuchnotiz, »wozu Bücher schreiben für diese kleine Erde, die doch nicht größer ist als ein Punkt?«

Geschichte als Geschichte des Geistes, als Kulturgeschichte, nicht als eine Häufung von Tatsachen, von denen jede die andere auslöscht, Geschichte nicht als Heroen- und Herrscherkult – das war das Ziel Voltaires. Eine Wendung trat ein durch die vielen historischen Werke, die ihn berühmt gemacht haben: vor allem durch die Geschichte Karls XII. (1731), das Zeitalter Ludwigs XIV. (1751), die Geschichte Rußlands unter Peter dem Großen (1759) und den großen Essay über den Geist der Nationen (1756–1775). Voltaire schöpfte aus Quellen, aus kritisch verarbeiteten Einzelstudien – ebenso wichtig waren ihm die Berührungen mit Menschen, die Augenzeugen von Ereignissen waren, die er schilderte. Rein und deutlich treten die Handelnden in seiner Beschreibung hervor dank seiner Gabe, scharf und objektiv das Wesen einer Person zu sehen. Die Figur Karls XII. zog ihn in ihren Bann, das Außerordentliche wirkte stets als ein Reiz auf ihn, und doch klingt in seiner Beschreibung ein Ton von Distanz mit – er unterscheidet kritisch verstehend, ohne zu verurteilen: »Seine (Karls XII.) Leidenschaft für den Ruhm, den Krieg und die Rache hinderten ihn daran, auch ein großer Staatsmann zu sein, eine Eigenschaft, die unlöslich zu jedem wirklich großen Eroberer gehören muß... Er war nicht so sehr ein wirklich großer als ein außerordentlicher Mensch, und er mag wohl Bewunderung erregen, doch ist er nicht nachahmenswert.« Oder es weitet sich seine Beschreibung in jenem Buch, in dem er gesehen hat, daß infolge des Sieges über Schweden Rußland seinen Herrschaftsbereich ausgedehnt und damit die Lage Europas verändert hat. In seinen Studien war ihm immer mehr die Stärke Rußlands bewußt geworden: Er erkannte, daß die Kräfte, die zunächst nur gegen Schweden aufgerufen worden waren, doch dazu beitragen müßten, das europäische

Staatensystem zu verändern. Aber es war ihm auch die Schwäche Rußlands nicht verborgen geblieben; für die eindringliche Kraft seiner Beobachtung zeugt die politische Erkenntnis: »Verbündete Reiche sind öfters von einer einzelnen Großmacht erobert worden, dafür aber, daß ein einzelner Staat ein einzelnes starkes Reich durch Verbündete endgültig erobern wird, gibt es kaum ein Beispiel. Wenn auch ihre vereinte Kraft es schließlich niederschlägt, so läßt doch ihre Uneinigkeit es bald wieder auferstehen.«

Das Zeitalter Ludwigs XIV. umschreibt den Kreis aller Eindrücke, die dem Historiker aus dem 17. Jahrhundert zuflossen, schildert, wie in Frankreichs Glanzzeit das Leben in allen seinen Formen verflochten war mit der Politik, wie im Strom von Menschen und Interessen, geistiger Bewegungen und politischer Divergenzen Gesellschaft und Staat, Nation und Literatur, Wissenschaft und Politik, Privates und Öffentliches zur Berührung und wechselseitigen Auseinandersetzung drängten. Zum erstenmal in der Geschichte der französischen Historiographie wurde die Epoche in der Mannigfaltigkeit ihrer Lebensäußerungen, Sitten und Gebräuche studiert und in den Rahmen der klassischen Landschaft gespannt. Dabei ist es nicht nur das Leben der einzelnen Personen, sondern die systematische Ordnung, zu der sie sich zusammenschließen, worin für Voltaire der revolutionäre Umschwung des Zeitalters am deutlichsten fühlbar und erkennbar wird. Denn das 17. Jahrhundert – und dies war eine ebenso überraschende wie neue Diagnose – schien ihm durch eine »allgemeine Revolution« charakterisiert zu sein: eine Revolution, die herbeigeführt wurde durch die »gesunde Philosophie« – das heißt die Physik Galileis –, die Vervollkommnung der Vernunft, die Entwicklung des kritischen Geistes und die tiefe Umwälzung, die sich in Kunst und Sitten, in der Regierung vollzogen hat – alle diese großen Ereignisse, einander bedingend, wirken in der gleichen Richtung. Die klassische Epoche war unter einen neuartigen Blickpunkt gefaßt, und Voltaires allseitige Empfänglichkeit spannt ihr weites Netz aus, um jene vergangene Welt ganz in sich aufzunehmen.

Der *Essai sur les moeurs et l'esprit des nations* ist die Form der aufgeklärten Weltgeschichte, die in der Auseinandersetzung mit Bossuets *Discours sur l'histoire universelle* (1681) erwachsen ist. Von verschiedenen Seiten wird man immer auf ihn zurückgeführt. Voltaire tritt seinem großen Gegenspieler, dessen schriftstellerische Kunst er bewunderte, mit dem klaren Anspruch gegenüber, aus einer neuen Erkenntnislage die methodischen Folgerungen zu ziehen. Denn die christliche Geschichtsbetrachtung von Bossuet verband die heilige und profane, die jüdische und griechisch-römische Tradition und stellte die Geschichte der Menschheit in zwölf Epochen dar: Der Leser wird von der Schöpfungsgeschichte bis zu der dem französischen Königtum präludierenden Zeit Karls des Großen geführt. Eindeutig hat die Bibel und das auserwählte jüdische Volk den Primat. Jener dogmatische Charakter aber ist bei Voltaire abgestreift; so wurde sein, ursprünglich nur als Fortsetzung von Bossuets *Discours* für Marquise du Châtelet geplantes Buch *de facto* ein Gegenbild: Das kirchliche an die Mittelmeerwelt gefesselte Schema Bossuets weicht vor dem durch die Kenntnis Chinas, Persiens, Indiens, Arabiens, des Islams geschärften Blick, der den Leser in die Weite einer neuen Welt, in das unendliche Meer sachlicher Entdeckungen führen möchte.

Aus der neuen Wissenschaft der Chronologie, aus den zahlreichen Berichten über den Fernen Osten konnte sich im Verlauf der Entwicklung ein neues Zeit- und Raumbewußtsein bilden, mit neuen Farben und in einer neuartigen, von allem antiquarischen Ballast befreiten Darstellung. Gewiß wird der Leser auf Schritt und Tritt mit den Voltaireschen Prinzipien bekannt, und die Voltairesche Darstellung, die man auch wie eine Apologie des bürgerlichen Standes lesen konnte, schien die Gültigkeit der Moral- und Naturgesetze zu bestätigen. Und in Verbindung mit der Umkehrung der überlieferten christlichen Chronologie, im Rückgang auf China, das jetzt dem jüdischen Volk vorgeordnet war, wußte man sich eins mit Voltaire als Führer zur Belebung der Weltgeschichte, die bisher – so schien es plötzlich – mehr verhüllt als beleuchtet war – jetzt entwickeln sich andere Bildungsinteressen. Aber auch eine andere Methodik, oder wie Voltaire sagte: *une philosophie de l'histoire*. Und dieser neue Ausdruck bedeutet eine durch die natürliche Vernunft gegebene, in Kritik geübte Methode, der nun die vielgestaltige asiatische Welt eine höhere Kraft zu sein schien. Gerade weil die Grenzen der Betrachtung weiter gezogen werden konnten als je, wurde auch die außerchristliche Welt dem Menschen als Religion bewußt.

Voltaire war in einer allumfassenden Betrachtung von der Neigung zu den aufgeklärten goldenen Zeitaltern der Menschheit getragen, während das Verständnis des christlichen Mittelalters, der Religionskriege außerhalb seines Gesichtskreises lag: Oft entwirft dann seine scharf geschliffene Feder Karikaturen, und das Feuer der historischen Gerechtigkeit sinkt in sich zusammen, um erst in der Schilderung der »goldenen Zeitalter« wieder aufzuglühen. Gab diese Beschränkung auch eine Grenze, so trat dennoch überall das Beispiel seiner Kunst und Methode hervor, die den geschichtlichen Horizont erweiternd, die historische Forschung zu einer noch nicht gekannten Höhe hinaufgehoben und die Fakten in einen gesetzlichen Gesamtzusammenhang miteinander verknüpft hat; alle Schärfe der Zergliederung versäumte doch nie, die Elemente in den Zusammenhang, in dem sie standen, zu betten; eine höhere Synthese war gewonnen, und wie die physischen Phänomene im Reich der Natur, so schienen jetzt Beziehungen und Verhältnisse der geschichtlichen Welt sich zu einer systematischen Ordnung zusammenzuschließen.

Die Auswirkung der Voltaireschen Geschichtsschreibung läßt sich in ganz Europa erkennen: In England zeigt sich, daß der stetige Zusammenhang Voltairescher Tradition, in der eine Reihe von Schriftstellern stand, in bedeutenden Werken ganz ersichtlich wird; Hume verfaßte die Geschichte Englands vom Auftreten der Römer bis zum Sturz des Hauses Stuart, Robertson die Geschichte Karls V. – bei ihm stand die Idee der letzten Universalmonarchie dem national begründeten europäischen Staatensystem gegenüber –, Gibbon wagte es, das große Thema vom Untergang des Römischen Reiches zu behandeln (*The Decline and Fall of the Roman Empire*, 1776–1788). Unverkennbar ist in all diesen Versuchen die Verbindung mit Frankreich, unverkennbar auch bei allem Glanz der Darstellung die Grenze dieser Geschichtsschreibung, die sich aus einer hohen – zu hohen – Selbsteinschätzung erklärt, aus der geglaubten Vollkommenheit der rationalen Kultur, aus deren Perspektive die Umrisse vieler Epochen ihren Lebenswert eingebüßt hatten.

Mit der universalhistorischen Tendenz der französischen und englischen Geschichtsschreibung kann sich zur Zeit der Aufklärung kein anderes Land messen – weder Italien oder Spanien noch Deutschland. Man zog sich aus der Inhaltsfülle verschiedener Gebiete und Länder gleichsam zurück, um sich lediglich der Analyse der Schicksale der eigenen Nation zuzuwenden und in dieser Absonderung neue Methoden zu fruchtbarer Anwendung zu bringen. Vielfach war der Horizont schriftstellerischer Wirksamkeit auch eingeengt durch die politischen Verhältnisse, und standen Montesquieu und Voltaire auch überall im Blickpunkt, so ging doch die Entwicklung nicht in ihrer Richtung fort. Friedrich der Große erstrebte und errang einen Platz in der französischen Literatur, und in seinem großen historischen Werk, in der *Histoire de mon temps* (1746), wirkte neben der Anschauung der damaligen Welt die Begriffswelt der Franzosen fort; dazu traten die Bestimmungen, die aus der antiken Historiographie stammten. Aus dem Ineinandergreifen, aus der Wechselwirkung beider ergab sich eine Voltaire ebenbürtige Prägung in Form und Methode, das Werk ordnet sich in den allgemeinen Aufklärungsgang ein.

Dennoch ist in allen Ländern das 18. Jahrhundert das Jahrhundert der Geschichte; hat es doch die Bedingungen geschaffen, unter denen die Akademien entstehen oder sich weiterentwickeln und den Fortschritt historischer Forschung verbürgen konnten. Muratori hat ein Leben gesetzt an die noch heute unentbehrliche Sammlung von Geschichtsquellen des Mittelalters – die *Annali d'Italia*, (1744—49), *Rerum italicarum scriptores* (1725—51) –, die er noch durch die *Antiquitates italicae medii aevi* (1738—42) ergänzt hat; es war seine große Tat, und der französischen Historiographie war er insofern überlegen, als er das Mittelalter mit umfaßte und den Zusammenhang mit ihm zu systematischer Klarheit erhob. Gleichzeitig begann in Italien die Literaturgeschichtsschreibung: Sie steht allerdings ganz unter der Herrschaft antiquarischer Gelehrsamkeit. Aber in Crescimbenis *L'istoria della volgar poesia* (1698) und in seinen Kommentaren, in G. Cimmas *Idea della storia dell' Italia letterata* (1723), in Mazzuchellis *Catalogo bibliografico di tutti gli scrittori d'Italia* und schließlich in Tiraboschis *Storia della letteratura italiana* (1772 bis 1782) war doch die Stufe erreicht, auf der die wissenschaftliche und gesellschaftliche Kultur der einzelnen italienischen Staaten beschrieben werden und Anschauungen und Folgerungen nach allen Seiten ausstrahlen konnten.

Auch in Spanien war die enzyklopädische Literatur, die in Frankreich ihre vollendete Repräsentation gefunden hatte, im Einverständnis mit reformfreudigen Tendenzen und im Zusammenhang mit dem Wunsch nach Festigung des Nationalbewußtseins entstanden. Ein und derselben Generation gehörten die großen Historiker an: Jovellanos (1744–1813), Manuel Risco (1735–1801), J. B. Muñoz (1745–1803), Capmany (1742–1813) und Foranes (1743–1801) – ihre Wirksamkeit umspannte ein halbes Jahrhundert. Von den monumentalen Werken von Ferreras Garcia: *Sinopsis histórica y cronológica de España* (1700–1718) und *Antigüedades de España* (1717), der Geschichte der Stadt Toledo, von Masdeus *Historia crítica de España y de la cultura española* (1783–1805) gehen die Fäden aus, die das Ganze der spanischen Geschichte innerlich verknüpfen und zusammenhalten: Jedes weitere Werk war ein neuer Schritt in dem ständig fortschreitenden Prozeß spanischer Selbstdeutung, des Imperativs, unter dem Jovellanos zahlreichen Schriften zur Politik, zu Rechts- und Verfassungsfragen gestellt hat.

Ohne Zweifel haben die leitenden Ideen Voltairescher Historie auch in Spanien Spuren hinterlassen, doch erstreckt sich der Blick der Historiker nicht über die Breite der Geschichte,

ANECDOTE TEATRALE DE L'HOMME UNIQUE A TOUT AGE

Cette Couronne
Qui sied tant a vos mains,
O Belle et Bonne !

Notre cœur la redonne
A celui des humains
Qui le plus nous étonne

Krönung des greisen Voltaire in der Theaterloge durch den Schauspieler Brizard am 30. März 1778
Kupferstich. Paris, Bibliothèque Nationale, Cabinet des Estampes
Collection de Vinck

Diderot, D'Alembert und die Mitarbeiter der »Encyclopédie«
Kupferstich von Augustin de Saint-Aubin im Auftrag des Buchhändlers Panckoucke

und während man, sicherlich unter dem Eindruck der Mauriner, zu einem vertieften Studium des spanischen Mittelalters übergeht, blieb man fern jener universalhistorischen Betrachtungsweise, die auch die Wechselwirkung der Staaten umfaßt und die Ereignisse in der Geschichte der eigenen Nation mit der anderer in organische Verbindung bringt. Hier setzte sich der Gesichtspunkt nicht durch, unter den Voltaire schon in seinem Jugendwerk seine Produktion gestellt hat, als er, sich auf einen universalhistorischen Standpunkt versetzend, den Kampf zwischen Schweden und Rußland aus der Perspektive der Weltpolitik beurteilte.

Wenn, wie man aus der Besonderheit der politischen Lage verstehen kann, die Deutschen zwischen Weltbürgertum und Nationalstaat vergebens hofften, »sich zur Nation zu bilden«, um dafür – so in Justus Mösers »Patriotischen Phantasien« (1774–1786) und in seiner »Osnabrückischen Geschichte« (1768) – alle Kräfte auf das Verständnis der Geschichte *eines* Territoriums zu lenken, um dessen Epochen aus ihren eigenen Voraussetzungen zu verstehen, so wird hier eine den Normen des 18. Jahrhunderts entrückte Methode gefunden. Auch die hochentwickelte Historie, die im 18. Jahrhundert von der Universität Göttingen ausging (Schlözer, Spittler), unterwirft sich keiner Regel, aber sie läßt neue Sphären zu ihrem Recht und zu ihrer Entwicklung kommen. Nur Winckelmanns »Geschichte der Kunst des Altertums« (1764) hat alle Energien des französischen Geistes in sich aufgenommen, um sie auf die Interpretation der Gesamtheit der Kräfte der griechischen Kunst auszudehnen. »Er vermehrte«, schreibt Dilthey, »beständig die Kenntnis dessen, was Franzosen und Engländer über die historische Wissenschaft gedacht haben. Voltaire begleitete ihn nach Rom. Montesquieu war ihm stets gegenwärtig und lehrte ihn, den Verschiedenheiten in den Schöpfungen der Völker nachgehen bis in ihre natürlichen Ursachen. Er war durchdrungen und gesättigt von den Begriffen der Aufklärung über den Zusammenhang der Kultur und die neuen Aufgaben der Geschichte.« Es war der Widerschein der französischen Aufklärung, deren Gedankenreihen in diesem Buch so oft eine Verknüpfung miteinander eingehen, der Aufklärung, die in Frankreich Mitte des Jahrhunderts, als wollte sie die Gesamtheit ihres Bestandes erfassen und festhalten, in einem Werk sich vollenden möchte, das alle Inhalte der Zeit in sich hineinzieht. Es handelt sich um die Diderot-D'Alembertsche Enzyklopädie.

Es kann jedoch nicht überraschen, daß gerade ein Wörterbuch, dessen Elemente eine notwendige, in deren Wesen selbst beschlossene Beziehung aufeinander besitzen, zu einem der charakteristischsten Werke der Aufklärung geworden ist. Denn Moréris *Grand Dictionnaire* (1674), der bis 1691 sechs Auflagen erlebt hatte, war vorangegangen, Bayle war 1692 gefolgt mit seinem *Dictionnaire historique et critique*, und seither konnte die Aufklärung die Beziehung auf Wörterbücher nicht mehr entbehren – in dem Nebeneinander der Artikel, die zur Berührung und wechselseitigen Ergänzung drängen, lag kein Hindernis. Der Plan zur großen Enzyklopädie erwuchs zunächst aus einer rein praktischen Aufgabe: aus der Übersetzung der 1728 erschienenen englischen Enzyklopädie von Chambers. War diese Übersetzung schon umfangreicher als das Original – fast eine Bearbeitung –, so entstand bald auf Anregung des Abbé Gua de Malves und in Zusammenarbeit von D'Alembert,

Diderot mit dem Verleger Le Breton der Entwurf eines neuen Werks, das eine Synthese zwischen disparaten Elementen der Wirklichkeit herstellen sollte. Als Enzyklopädie fiel ihm die Aufgabe zu, den Zusammenhang des Wissens zu beschreiben, als *Dictionnaire raisonné des sciences, des arts et des métiers* die weitere, in einem Pendelschlag zwischen Idee und Erfahrung die wissenschaftliche und empirische Welt zu erklären. In der berühmten Einleitung, dem *Discours préliminaire* versuchte D'Alembert, den Gedanken einer Enzyklopädie zur Höhe und Bestimmtheit hinaufzuheben, das Ziel festzustellen, auf das die einzelnen Artikel bei aller Verschiedenheit ihrer Funktion bezogen sein sollten.

Fürs erste erschien die cartesische Physik, Psychologie und Erkenntnislehre D'Alembert als eine Schranke, von der die Enzyklopädie sich befreien sollte. Jene galt ihm durch Newton, diese durch Locke widerlegt. Descartes' physikalische Theorien, seine Lehre von den eingeborenen Ideen fielen unter den Begriff des Systemgeistes *(esprit de système)*, und zu diesem metaphysischen Prinzip war die Enzyklopädie von Anfang an der Widerstreit und die Antithese. Das heißt aber nicht, daß sie den systematischen Geist *(esprit systématique)*, also die Idee der Einheit des Wissens, preisgeben wollte – mit der Methode Descartes' blieben die Enzyklopädisten verknüpft, aber sie erweiterten sie insofern, als sie für die Wissenschaft eine neue Sphäre und Zweckbestimmung abgrenzten und glaubten, daß sie in der Reform des politisch-gesellschaftlichen Lebens ihre Vollendung finden sollte. Aus der Distanzierung von Descartes' Metaphysik resultierte die Bindung an Bacons *De dignitate et augmentis scientiarum* (1605, erweiterte Ausgabe 1623), und der Gedanke einer historisch-induktiven Methode erlaubte, die Ziele der Enzyklopädisten wie in einem Mittelpunkt zu vereinen.

Diderot und D'Alembert verbanden sich als Herausgeber mit einer *société des gens de lettres*, wodurch die zur geistigen und sozialen Wandlung zusammenwirkenden Richtungen, die Unabhängigkeit von Hof, Adel und Kirche scharf zum Ausdruck kamen: Die Schriftsteller ergreifen nun die Möglichkeit zur Führerschaft und wenden sich nicht an einen bestimmten Leser, nicht an ein begrenztes Publikum, sondern an die »öffentliche Meinung«. Wenn auf dem Titelblatt die Künste und Gewerbe, aber auch die Schriftsteller genannt sind, so kommt darin die Gesamtansicht der Enzyklopädie zum Ausdruck, die eine Synthese von Wissenschaft und Literatur sein wollte; beide – *sciences et belles lettres* – waren nun korrelativ aufeinander bezogen und unter ein gemeinsames Prinzip gerückt.

In dem Wirklichkeitsinteresse, das der Enzyklopädie überall eignet, war der Blick nicht nur auf die Bedingungen gerichtet, an die die Reform der Gegenwart gebunden war, sondern zugleich auf die Mittel, die den Fortschritt der Menschheit fördern und ihre künftige physische und geistige Existenz erweitern könnten. Dieser positive Inhalt konnte aber nur gewonnen werden durch die immer wiederkehrende Beziehung auf das Gegenbild des gesellschaftlichen und geistigen Lebens der Zeit. Die Auseinandersetzung mit der Kirche, der Religion und Metaphysik hatte den Charakter der Negation und Abwehr, und da als eigentlich wichtig nur erschien, was sich auf Beobachtung, Erfahrung und Analyse gründen konnte, wurde die Sphäre der Spekulation und Theorie begrenzt, wenn nicht aufgehoben. Die systematische Epistemologie auf sensualistischer Basis, die D'Alembert in seiner Einleitung entwickelt, setzt die Grenzen der einzelnen Wissenschaften fest, bemüht sich aber gleichzeitig, vom Mittelpunkt einer auf Erfahrung beruhenden Forschung die Gesamtheit der geistigen Wirklichkeit zu skizzieren und das Ineinandergreifen von Wissen und Leben in einer allgemeinen Systematik, in einem *système figuré des connaissance humaines* zu vollenden. Dieses System ergab sich aus der Reflexion über den Ursprung aller Erkenntnis und führte zu einer Gliederung der Wissenschaften, die sich auf das Gedächtnis (Geschichte), die Vernunft (Philosophie) und die Phantasie (Kunst) bezogen – dementsprechend ließen sich die Typen von Schriftstellern und Perioden unterscheiden, in denen entweder die Gelehrsamkeit oder die Literatur oder die Philosophie den Vorrang hatte.

Von 1751 bis 1757 erschienen die ersten sieben Bände, und das trotz der Angriffe, die die Jesuiten in den *Mémoires de Trévoux*, die Jansenisten in den *Nouvelles ecclésiastiques* veröffentlicht hatten. Zeitweilige Verbote durch die Regierung, die Polemik Rousseaus aus Anlaß des Artikels *Genève*, das Ausscheiden der berühmten Mitarbeiter – Rousseau, D'Alembert, Duclos, Marmontel, Voltaire – haben den Fortgang des Unternehmens zwar hemmen, aber nicht aufhalten können: Es erscheinen 1765 die Bände VIII bis XVII, und die weiteren elf, die die Kupfer enthielten, 1762 bis 1772. 1776 bis 1780 fügte Panckoucke Supplement und Register hinzu.

Das Werk, das in viertausendzweihundertfünfzig Exemplaren gedruckt worden war, brachte es zu viertausend Subskribenten. Es ist zugleich Beispiel eines modernen kapitalistischen Unternehmens. Da zu den hundertzweiundvierzig namentlich genannten Mitarbeitern noch viele kommen, deren Identität nicht festgestellt ist, läßt sich die Gesamtheit der die *gens de lettres* verbindenden und trennenden Momente nur im großen und ganzen übersehen. Doch erlaubt die neuere Forschung festzustellen, daß Mitarbeiter und Leser nicht aus Aristokratie, Parlament oder Handel stammten, sondern sich vielmehr aus dem Kreis der Schriftsteller, Professoren, Ärzte, Handwerker rekrutierten.

Unter allem kommt dem Hauptherausgeber, der dem Werk allen Widerständen zum Trotz bis zum Abschluß treu geblieben ist, nämlich Denis Diderot (1713–1784), eine einzigartige Bedeutung zu. Wir wissen heute, daß die Produktivität, die ihn als Künstler und Forscher auszeichnete, unlöslich mit der Gesamtheit seiner Energien und Leistungen als Herausgeber verknüpft ist. Die Artikel von Diderot zerfallen in drei Gruppen: Einmal erweist er in der Beschreibung von Handwerk und Gewerbe nicht nur das Recht des neuen Faktors, sondern paßt auch Sprache und Terminologie dem neuen Gebiet an, das sich zu erschließen beginnt. Dann nimmt dank der Anlehnung an die *Historia critica philosophiae* (1742–1744) von J. J. Brucker die Geschichte der Philosophie von den Ursprüngen bis zu dem nunmehr erreichten fortgeschrittenen Zustand eine über die Vorarbeit von Bayle und Fontenelle weit hinausführende Richtung an. Und zwar nicht in einer bloßen Übernahme des Textes, sondern in einer Art Dialog, in dem das von Brucker Gebotene seine Bedeutung und Begrenzung empfängt. Drittens aber stellen die politischen Artikel den Grundriß einer politischen Philosophie dar.

Es ist eine Philosophie, in der die Motive bereit liegen, die bei Grotius, Hobbes, Pufendorf zur Entfaltung gekommen sind; ihre Einheit bei Diderot besteht in dem, was sie als Polemik gegen das göttliche Recht leisten. Die Masse aller Artikel ist von einem Zentrum beherrscht: Diderot wirkt als Sprecher der aufgeklärten Bourgeoisie, deren idealer Staat auf der nationalen Souveränität, auf der Macht, die vom Volke stammt, beruht und die bürgerliche Freiheit, das freie Spiel der wirtschaftlichen Kräfte sichert und der durch die Enzyklopädie repräsentierten öffentlichen Meinung niemals seine Aufmerksamkeit versagt. Damit ist Diderot zum Wortführer des aufgeklärten dritten Standes geworden und hat allen seinen Bestrebungen und vielem, was als unbestimmte Tendenz in ihm lag, zu sicherem und klarem Ausdruck verholfen. Über den Umkreis der Theorie ist er hinausgeschritten, als er, aus Anlaß ökonomischer Debatten, die Kolonialprobleme studierte, oder während seines Aufenthaltes in Rußland im Gespräch mit Katharina der Großen merken mußte, wie schwer der Übergang von der Theorie zur Praxis war. Dennoch ist die ursprünglich eingeschlagene Richtung charakteristisch für ihn geblieben und hat alle Wandlungen überdauert. Die staatliche Souveränität schien ihm legitimiert zu sein allein in der Rücksicht auf die öffentliche Meinung und in der Beachtung der unveräußerlichen Freiheit und Gleichheit der Bürger, in der jeder Absolutismus der Macht seine selbstverständliche Schranke finden sollte.

In der Enzyklopädie waren solche Ideen ergänzt, begrenzt und bestritten durch die Physiokraten und durch Rousseau; es sind verschiedene Kreise, die sich berühren, sich aber im Fortgang der Entwicklung als selbständige Formen voneinander distanzieren sollten. In der Lehre der Physiokraten nämlich tritt bis zu einem gewissen Grade die Selbständigkeit des Ökonomischen in Erscheinung. In der Enzyklopädie waren sie durch die 1756/57 von Quesnay verfaßten Artikel *Fermiers* und *Grains* vertreten, doch ist eine zweite Fassung (dreiundzwanzig Maximen) unter dem Titel *Extrait des économies royales de M. de Sully* 1759 als Anhang des *Tableau économique* erschienen; eine endgültige mit dreißig Maximen und ausführlichen Anmerkungen 1767 in dem von Du Pont de Nemours herausgegebenen Sammelband *Physiocratie ou constitution naturelle du gouvernement le plus avantageux au genre humain*. Damit war der Name für eine Richtung, eine Schule gefunden, die zwar der Kritik und der Satire (Voltaires) manche Angriffsflächen bot, sich aber in der zweiten Hälfte des 18. Jahrhunderts als ein Faktor von Bedeutung erwiesen hat.

Quesnay nun hatte, wenn er vom Ökonomischen sprach, einen Kreislauf vor Augen, der sich aus der Frage nach der Herkunft des Reichtums bildete, und das heißt bei ihm des Rohmaterials, aus dem durch Verarbeitung die Verbrauchsgüter entstehen, die ihrerseits wieder die Voraussetzung schaffen zur erneuten Hervorbringung von Rohmaterial, das den zu seiner Produktion verwendeten Aufwand übersteigt *(produit net)*. Einen solchen technischen *produit net* kann nur die Urproduktion schaffen; das liegt in der »Natur« der Sache und darum ist der Gang, auf dem das Rohprodukt verwandelt wird und der Reichtum sich wieder erzeugt, eine »natürliche Ordnung« – ein *ordre naturel*.

Der Gesichtspunkt, unter dem für Quesnay diese Verteilung von »Reichtum« auf die verschiedenen Klassen der Gesellschaft steht, und der Grund, weswegen er eigentlich nach einer solchen natürlichen Ordnung sucht, die die Richtung des Güterstroms bestimmt, liegt

---

Zwei Seiten aus dem Prospekt für die ursprünglich in zehn Bänden geplante Erstausgabe der »Encyclopédie« mit den Subskriptionsbedingungen, Paris 1751 (stark verkleinert) Paris, Bibliothèque Nationale

ENCYCLOPÉDIE,

OU

DICTIONNAIRE RAISONNÉ
DES SCIENCES,
DES ARTS ET DES MÉTIERS,

RECUEILLI

DES MEILLEURS AUTEURS,

ET PARTICULIEREMENT

DES DICTIONNAIRES ANGLOIS
DE CHAMBERS, D'HARRIS, DE DYCHE, &c.

PAR UNE SOCIÉTÉ DE GENS DE LETTRES.

Mis en ordre & publié par M. DIDEROT; & quant à la PARTIE MATHÉMATIQUE,
par M D'ALEMBERT, de l'Académie Royale des Sciences de Paris
& de l'Académie Royale de Berlin.

Tantum series juncturaque pollet,
Tantum de medio sumptis accedit honoris! HORAT.

DIX VOLUMES IN-FOLIO,
DONT DEUX DE PLANCHES EN TAILLE-DOUCE

PROPOSÉS PAR SOUSCRIPTION.

A PARIS, Chez { BRIASSON, *rue Saint Jacques, à la Science.*
DAVID l'aîné, *rue Saint Jacques, à la Plume d'or.*
LE BRETON, Imprimeur ordinaire du Roy, *rue de la Harpe.*
DURAND, *rue Saint Jacques, à Saint Landry, & au Griffon.*

M. DCC. LI.
AVEC APPROBATION ET PRIVILEGE DU ROY

CONDITIONS PROPOSÉES AUX SOUSCRIPTEURS.

CE DICTIONNAIRE sera imprimé sur le même Papier & avec les mêmes Caracteres que le présent Projet. Il aura dix Volumes in-folio, dont huit de matiere, de deux cens quarante feuilles chacun; & six cens Planches en taille-douce, avec leur Explication, qui formeront les Tomes IX. & X.

On ne sera admis à souscrire que jusqu'au premier Mai 1751 ; & l'on payera en souscrivant . . . . 60 liv.

En Juin 1751. . . en recevant le premier Volume . . . . 36 liv
En Décembre suivant. . . . . le second Volume 24
En Juin 1752. . . . . . . le troisiéme Volume 24
En Décembre suivant . . . . le quatriéme Volume 24
En Juin 1753. . . . . . . le cinquiéme Volume 24
En Décembre suivant . . . . le sixiéme Volume 24
En Juin 1754. . . . . . . le septiéme Volume 24
En Décembre suivant . . . . le huitiéme Volume, avec les six cens
Planches en taille-douce qui formeront
les Tomes IX. & X.   40

TOTAL . . . . . 280 liv.

Les Souscripteurs sont priés de retirer les Volumes à mesure qu'ils paroîtront, & tout l'Ouvrage un an après la livraison du dernier Volume. A faute de quoi, ils perdront les avances qu'ils auront faites ; c'est une clause expresse des conditions proposées.

Ceux qui n'auront pas souscrit, payeront les Volumes à raison de vingt-cinq liv. chacun en feuille, & les six cens Planches à raison de cent soixante-douze livres ; ce qui formera une somme de . . . . 372 livres.

☞ Dans le cas où la matiere de cet Ouvrage produiroit un Volume de plus, les Souscripteurs payeront ce Volume sept livres de moins que ceux qui n'auront pas souscrit.

De l'Imprimerie de LE BRETON, Imprimeur ordinaire DU ROY.

in der Frage nach den Staatseinkünften, der besten Quelle ihrer Herkunft, und ihrer entsprechenden Ordnung. Aus diesem Interesse ergab sich überhaupt die Frage nach der Herkunftsquelle des Reichtums. Das *Tableau économique* ist daher die Darstellung eines natürlichen Finanzsystems, ein Schema, das Mirabeau mit den Worten kommentiert hat: »Eine sichere Regel, um über die Balance der wirklichen oder fiktiven Reichtümer eines Staates, seiner Mittel und der Natur all der Operationen zu urteilen, die sich auf das beziehen, was man Finanzen nennt.« Die Artikel *Grains* und *Fermiers*, die Quesnay für die Enzyklopädie geschrieben hat, stehen daher durchaus in der Reihe der seit dem Ende des 17. Jahrhunderts ununterbrochenen Diskussion über die ungeheure Verarmung des Landes infolge der rigorosen Steuererhebung und über die Neuordnung der Finanzen.

Viele Vorschläge lösten einander ab: von Boisguilberts *Le détails de la France* (1695) bis zu Vaubans *Projet d'une dîme royale* (1707) und Cantillons *Essai sur la nature du commerce en général* (1755), der die Agrikultur überhaupt zur Quelle des Reichtums erklärte und daran die Forderung zur Vermehrung der Landbevölkerung knüpfte, die Mirabeau in seinem *Ami des hommes* (1765) übernahm, indem er den Bodenertrag von der Menge der Bevölkerung bestimmt sein ließ. Man wollte also an die Stelle rasch aufeinanderfolgender verschiedener Projekte eine systematische Darstellung der Entstehung und der Verteilung der Fonds setzen, aus denen sich der Reichtum des Landes speiste. Das war der Zweck des *Tableau économique*: nämlich Gesetze und Regeln zu finden, die in der Natur der Sache liegen, das heißt, aus denen der *Ordre naturel* besteht.

Der Begriff des »Natürlichen« ist hier ein wesentlich anderer als der bei Adam Smith (1723–1790) in dem berühmten Werk *The Wealth of Nations* (1776) gemeinte. Dort sind die Marktgesetze natürliche Gesetze, die von selbst funktionieren – eine Natur, der gegenüber der Mensch sich passiv verhält. Bei Smith stellt sich das Ökonomische als ein selbständiger Bereich von Erscheinungen dar, die in einem notwendigen Zusammenhang untereinander sich gegenseitig in ihrem Wesen bedingen. Smith beginnt sein Werk mit der Darlegung der allgemeinen Voraussetzungen, auf Grund derer sich dieser eigenständige Zusammenhang erst konstituiert. Dessen innere Voraussetzung ist die Arbeitsteilung, und der durch sie bedingte Zusammenhang, der unter dem Begriff des Ökonomischen vorgestellt wird, ist die *Commercial Society*, ein Terminus, der sich auf ein Phänomen bezog, das es vorher nicht gab und das daher jetzt erst Gegenstand einer besonderen Wissenschaft werden konnte. Hier wird deutlich, wieweit die englische und französische Theorie voneinander abweichen, denn Quesnays *Ordre naturel* ist wie ein konstruierter Mechanismus, dessen Funktionieren man kennen muß, damit man ihn in Ordnung halten kann. Und so wie die Natur eine ganz andere Bedeutung hat als bei Smith, so auch die Ökonomie, denn mit diesem Terminus wird nicht ein ausgesonderter Bezirk von Phänomenen gemeint, sondern eine Ordnung, und zwar die natürliche Ordnung des gesellschaftlichen Lebens in allen seinen Äußerungen – eine Erkenntnis derjenigen Ordnung der menschlichen Gesellschaft, die den *Ordre naturel* nicht verletzt. Politik, Ethik, Ökonomie sind hier nicht verschiedene, sondern ein und dieselbe Wissenschaft.

Quesnay hat, ehe er sich mit diesen Fragen beschäftigte und noch als Arzt arbeitete, eine Abhandlung unter dem Titel *Économie animale* (1747) herausgegeben. Die Bedeutung dieses Begriffs resultiert aus der Trauerrede, in der Mirabeau den verstorbenen Freund preist: »Er entdeckte in der Medizin die animalische Ökonomie, in der Metaphysik die moralische Ökonomie, in dem Ackerbau die politische Ökonomie, und indem er ein Ganzes bildete aus allem, was der Mensch sich vorstellt, auffaßt, wünscht, leitete er alles zur Einheit zusammen unter dem doppelten Gesichtspunkt unserer Rechte und Pflichten, welche uns Gott vom Augenblick seines schöpferischen Willens an gegeben und uns in dem großen Gesetze der natürlichen Ordnung sichtbar gemacht hat.« Hier ist also Ökonomie kein Sachgebiet, sondern die natürliche Ordnung selbst, die Ordnung, in die der Mensch gestellt ist und deren Befolgung in Recht, Staat, Gesellschaft die Erfüllung der sittlichen Gebote bedeutet.

Die Physiokratie hat noch ihre besondere Bedeutung, wenn man sie auf den Grund und Boden der Enzyklopädie versetzt. Allerdings war sie in ihrer Wirkung durch zwei Momente gehemmt. Einmal hat sich Voltaire in der satirischen Erzählung *L'homme aux quarante écus* der Physiokratie bemächtigt, zum andern lebten die Enzyklopädisten selbst im Bewußtsein der scharfen methodischen Grenzlinie, die zwischen Quesnays Artikel *Oeconomie* und dem gleichfalls in der Enzyklopädie erschienenen Artikel *Économie* von Rousseau bestand. In solchen Gegensätzen – zwischen Voltaire und den Physiokraten, zwischen den Enzyklopädisten und Rousseau – wird ein für die gesamte Aufklärung charakteristisches Phänomen sichtbar: Die Übereinstimmung in allen ihren Perioden innerhalb bestimmter philosophischer Grundrichtungen, Tendenzen und Normen darf nicht darüber hinwegtäuschen, daß selbst im Rahmen eines gemeinsam unternommenen Werkes wie der Enzyklopädie die einzelnen Verfasser dauernd zur Betonung von Tatbeständen getrieben werden, die mit den Voraussetzungen des ganzen Werkes nicht vereinbar sind oder ihnen direkt widerstreiten. Dennoch erschloß sich in der Enzyklopädie eine Einheit des Ganzen, die vom Gegensatz der Teile nicht unmittelbar berührt wurde.

Diderot selbst sah die Enzyklopädie wie eine weite Landschaft an, die von Bergen, Flüssen, Wäldern durchzogen, den Strom des Lichtes auf verschiedene Weise aufnimmt, so daß nicht in allen Teilen das gleiche Gesetz wirkt: Sie sind mannigfach, stellen aber Teile und Symbole für ein und denselben lebendigen Zusammenhang dar; jeder Leser kann zwischen den einzelnen Artikeln und Verfassern immer neue Beziehungen herstellen, um im Fortschritt der Lektüre die Entfaltung und Bestätigung der Regel zu empfangen, die in der Natur, im »System der menschlichen Erkenntnis« am Werk ist. Alles hat nur Bestand und Geltung durch seinen Gegensatz, der wieder auf neue Gegensätze verweist, das heißt hinter jedem Artikel taucht einer auf, der ihn zu ergänzen oder zu widerrufen scheint, und alle zusammen ergeben erst die Einheit. Die Kluft schien überbrückt, die die verschiedenen Wissenschaften noch voneinander trennte. Das System der Wissenschaften und die Verbindung der Wissenschaften mit den *Arts et Métiers* war das Ideal der Zeit. Es war ein kühnes Hinausgreifen über jede Beschränkung auf nur ein Gebiet. Und in dem Herausgeber, in Diderot, sah man den Führer auf einem neuen Weg, und seine Stimme fand durch das ganze Jahrhundert den stärksten Widerhall. Nicht nur wegen der Kampfstellung gegen jeden sich dem Neuen sperrenden Dogmatismus, die er von Anfang an zum Ausdruck brachte, sondern auch wegen der Radikalität, die sich zunächst im 18. Jahrhundert noch nachwirkenden mathematischen, das Naturgeschehen nach Gesetzlichkeiten regelnden Weltansicht löste, um die Biologie, die Physiologie, alle Phänomene des organischen Lebens in den Kreis des großen Aufklärungsprozesses zu rücken. An die Stelle der apriorischen Systematik war die unmittelbare Berührung mit Phänomenen der Wirklichkeit getreten, so daß die rationale Mauer unterspült wurde. Die Fundamente, die in der *Botanique mise à l'usage de tout le monde*, in den *Pensées sur l'interprétation de la nature*, in zahlreichen Artikeln, die Diderot selber für die Enzyklopädie verfaßt hat, gelegt waren, wuchsen empor auf dem Grund eines neuen Menschen- und Naturverständnisses, das jenseits der mathematisch-mechanischen Naturansicht, aber auch jenseits der in Shaftesbury verkörperten ästhetisch-platonischen Interpretation der Natur als Harmonie sich entfaltete. Es war eine Ansicht, die auch die abnormen Phänomene noch verstehen wollte, eine empfangende Haltung, eine Öffnung des Menschen zur Aufnahme der Dinge, ein Parallellaufen mit der quantitativ nie meßbaren Wirklichkeit.

Die verschiedenen Stile in der Enzyklopädie wahrten den Blick auf eine universale Erkenntnis. Sie sollten und durften verschieden sein, denn in der Verschiedenheit war der Zug zur Individualität, der seit der Mitte des Jahrhunderts in steigendem Maße über die Ufer ging, nie in Dämmen aufgefangen worden. Wenn in dem riesigen Ozean der Materie kein Molekül einem andern, kein Molekül sich selbst gleicht, wenn die Welt ein steter Anfang und ein stetes Ende, einem fließenden Strom vergleichbar ist, dann wird auch der menschliche Geist sich nur in Analogie zu einer Welt verstehen können, die in ihrem Wesen jederzeit Bewegung und Veränderung ist. Zur Erzeugung eines so gearteten »Systems« wirken die Mitarbeiter zusammen, verschieden und doch verbunden durch das Interesse an der Menschheit – darum können sie in dieser gemeinsamen Wirkung auch ihre wechselseitige Begrenzung vollziehen.

Was für die Enzyklopädie gilt, gilt auch für die Aufklärung im ganzen, für ihre Stile, ihre Gattungen, ihre Ästhetik. Alles kann dem historischen Blick heute unter dem Bild eines Systems von Kräften erscheinen, die zwar in bestimmten Normen ihren gemeinsamen Mittelpunkt haben, aber sich nur in fortwährender Differenzierung zur Einheit des Zieles zusammenschließen. So findet sich das satirische Selbst Voltaires und in noch anderm Grade das des großen Swift immer im Kampf gegen Mächte, denen es gegenübersteht, aber auch die schärfste Negation – der Wissenschaft, der Gesellschaft – kann vom Mittelpunkt eines philanthropischen Affekts bestimmt sein. Und die Autoren selber pflegten sich dauernd gegenseitig zu bestreiten – der Leibniz nahestehende Maupertuis weist in eine ganz andere Richtung als Voltaires Newtonianismus; Montesquieu und Voltaire fanden in ihren historischen Werken Bedingungen, die sie einengen und beschränken mußten, und Diderot, der Helvétius und Voltaire kritisiert hat, verlangten den Gegensatz schon im Gespräch, als könnte er sich die Herstellung der Harmonie nur im Widerstreit vorstellen. Die Aufklärung muß daher stets als eine Einheit in der Mannigfaltigkeit gesehen werden, und manche ungelösten Gegensätze zwischen einem reformfreudigen politischen Optimismus und einem metaphysischen Pessimismus haben zu keiner Versöhnung geführt. Sowenig wie der metaphysische Optimismus, der Glaube an die Güte der Natur den Zweifel an der gesellschaftlichen Ordnung je zu beschwichtigen vermochte.

Die Formenwelt der Aufklärung wird daher so verschieden sein wie die Autoren – wie Montesquieu, Voltaire, Diderot, Rousseau, wie Shaftesbury, Addison, Swift, Sterne oder Wolff, Lessing, Wieland, Hamann, Herder – eine Welt, die wirkt wie ein bewegliches, sich stets veränderndes Ganzes, das in den letzten Jahrzehnten des Jahrhunderts einer völligen Umbildung unterworfen war. Aber ein charakteristischer Unterschied muß zunächst ins Auge gefaßt werden: der Literatur oder – wie man damals meist sagte – den *belles lettres*, den schönen Wissenschaften, ging in Frankreich und in England eine große Periode voraus, hinter allen Diskussionen stand die Kenntnis jener differenzierten Kritik, die in einer höfischen Gesellschaft verwirklicht worden war. In Deutschland hingegen muten vielfach Reflexion und Dichtung wie ein Anfang an, während sich in jeder Phase der französischen oder englischen Entwicklung das Gesetz fortschreitender Gestaltung ausprägt; die Anknüpfung an eine Blütezeit ist selbstverständlich.

Voltaire und Montesquieu stehen zum 17. Jahrhundert in einer produktiv-lebendigen Beziehung. Voltaire wetteifert mit den klassischen Autoren. Sein Verhältnis zu ihnen ist manchmal durch den Wechsel von Anziehung und Abstoßung charakterisiert, aber ihm galt die Epoche als ein Höhepunkt, als ein goldenes Zeitalter. Während in Deutschland Gottsched eine frühe Schrift »Von dem Einfluß und Gebrauch der Einbildungskraft« (1727), die er Wolff widmet, an die Vernunftlehre anknüpft, um die mathematische Strenge zum Ausgangspunkt einer Einteilung der Beredsamkeit zu machen, umschloß der Begriff Literatur bei Voltaire die alten und die neuen Sprachen, Geschichte, Mathematik, Poesie und Eloquenz. Voltaire lebte innerhalb eines Geschmacksideals, das im europäischen Humanismus vorgebildet war. Die Lehre vom Geschmack gab seiner Geisteshaltung die Waffe gegen alle nichtklassischen Methoden und Prämissen. Es war eine Lehre, die sich in seinem Leben gebildet und sich im Widerstand behauptet und verfestigt hat. Voltaire, wesentlich statisch in seiner Haltung, brachte in eine schon schwankende Welt ein Element der Beständigkeit, indem er den Sinn für den Usus, für Höflichkeit und Eleganz noch einmal belebte. Und zwar auf einer schon vorgeschrittenen Stufe der gesellschaftlichen Entwicklung. Denn die Geisteshaltung der ersten Jahrzehnte des 18. Jahrhunderts war ein Feld für das Wachstum ganz verschiedener Naturen: In Kontinuität mit rationalistischen Theorien standen die *géomètres*, von den Antrieben verschiedener Wissenschaften ist die Verstärkung der Gelehrsamkeit ausgegangen. Voltaire, keiner Richtung sich sperrend, hat doch stets dem Geschmack die höchste Funktion zugewiesen. Dadurch wurde die geistige Verwandtschaft mit dem Humanismus offenbar: Die Klassiker, die jesuitisch-rhetorische Erziehung und die antiken Autoren haben seinem Geschmack die entscheidende Richtung gegeben, Horaz war in seinen Augen der Autor der Antike, der den erlesensten Geschmack bewies. Durch Horaz, Vergil, Lukrez wurde die Antike, in manchen Kreisen der Zeit ein Gegenstand gelehrter Kontroverse – mehr als das: eine ihn ständig umwaltende Gegenwart, die sein Leben beherrschte und in sein Werk hineinleuchtete, als wäre sie noch gar keine ferne Vergangenheit. Allgegenwärtig ist die lateinische Welt zumal Voltaire stets gewesen, so daß man aus den Zitaten der alten Schriftsteller bei ihm ein Florilegium der Antike zusammenstellen könnte.

Der Umfang und die Eindringlichkeit der Befassung mit den antiken Schriftstellern und mit den französischen des 17. Jahrhunderts, der Glaube an die geschichtliche Kontinuität

Pamelas Hochzeit
Gemälde von Joseph Highmore, um 1744,
aus einer Bilderfolge zu Richardsons 1740 erschienenem Roman »Pamela«
London, Tate Gallery

PEINTURES. 25

147. Une Perdrix.
148. Esquisse d'une Chasse au lion.
149. Un Ange annonce aux Bergers la venue du Sauveur. *Dessin.*
150. Plusieurs Dessins & Esquisses, sous le même numéro.

AGRÉÉS.

Par M. GREUZE, *Agréé.*

L'Empereur Sévère reproche à Caracalla son fils, d'avoir voulu l'assassiner dans les défilés d'Ecosse, & lui dit: *Si tu desires ma mort, ordonne à Papinien de me la donner avec cette épée.*

La Mère bien aimée, caressée par ses Enfans.

De 4 pieds de large, sur 3 pieds de haut.

153. Une jeune Fille qui fait sa prière au pied de l'autel de l'Amour.

Hauteur 5 pieds, largeur 4 pieds 6 pouces.

154. Une jeune Fille qui envoïe un baiser par la fenêtre, appuyée sur des fleurs, qu'elle brise.

De 4 pieds de haut, sur 3 pieds de large. Ces deux Tableaux appartiennent à M. le Duc de Choiseul.

Eine Seite aus dem Katalog des Pariser »Salon« von 1769
mit Skizzen von Gabriel de Saint-Aubin
nach ausgestellten Bildern von Jean-Baptiste Greuze
Paris, Bibliothèque Nationale

und an den inneren Zusammenhang zwischen den goldenen Zeitaltern der Menschheit war die Stärke Voltaires. Innerhalb der unverbrüchlichen Normen klassischen Geschmacks dachte er mit seltener Freiheit und Beweglichkeit. Sein riesiges kritisches Werk ist der Ausdruck eines Geistes, der in der Hervorbringung neuer Formen unermüdlich gewesen ist. Denn die Gattungen waren entsprechend der herrschenden Theorie zwar streng getrennt, aber das heißt nicht, daß eine identische Erfahrung nicht umgegossen werden konnte in neue Formen, gleiche Motive werden verschieden abgewandelt, damit sie von einem andern Pathos aus konzipiert werden konnten. Sie empfingen eine neue Resonanz, und die Ebene der Anschauung konnte wechseln.

Auch die Philosophie konnte bei Voltaire niemals sich verselbständigen; sie mußte mit Anmut und Geschmack sich verbinden. Sehr oft hat er das »philosophische« 18. Jahrhundert ausgespielt gegen das künstlerisch höherstehende 17. Seine Erfüllung schien ihm das Leben zu finden in einer Kultur, die die klassische und die aufklärerische in sich vereinigt. Daher blieben die tragenden Säulen des Ideals, das Voltaire sehr oft bereichert und modifiziert hat, die Eleganz und die fein abgewogene Diktion, und – genau wie für den Klassizismus – die Gesellschaft.

Seit D'Alembert war jedoch ein neuer Zug in den Begriff der Literatur gekommen: die Naturwissenschaft verband sich immer mehr mit den *Belles Lettres* und konnte deren integrierender Bestandteil werden. Während Voltaire kraft seiner ästhetischen Prinzipien sich von der literarischen Anerkennung neuer Gebiete ferngehalten hat, so daß der Geschmack sich in der Nachahmung der schönen Natur bewähren mußte, trat jetzt das Recht eines neuen Faktors hervor. Bringt laut Voltaire die künstlerische Nachahmung die Gesetzlichkeit der harmonischen Weltordnung noch einmal hervor, welche die vernünftige Kunst und die vernünftige Natur zur Deckung kommen läßt, so daß die eine von Anfang an mit der andern und als Ausdruck der andern gedacht werden konnte, so weitet und verändert sich seit Shaftesbury der Gesichtskreis der ästhetischen Theorien. Das Prinzip der Nachahmung wurde durch ein anderes ersetzt, das schon in Shaftesburys System durch die Entdeckung des Begriffs des Genius einer neuen Lösung entgegengeführt werden konnte. In Diderot hat es seine festgefügte Gestalt gewonnen: die Identität von Natur und Kunst wird von der durchgreifenden Bedeutung ihres Gegensatzes abgelöst: die künstlerische Produktivität erscheint als Ausdruck der Subjektivität des Künstlers und seines Genius. Der Gegensatz zwischen Vernunft der Kunst und einer objektiven der Natur weisen durch den Kontrast, den sie zu der frühen Aufklärung bilden, immer deutlicher den Weg zu den Spätschriften Diderots, zu Rousseau und zu Kants »Kritik der Urteilskraft« und der praktischen Vernunft, die bestimmt, wieweit die Welt möglicher Gegenstand der Vernunft sein kann.

Nun ist die Spannung zwischen einem Gegebenen und durch die Poetik Fixierten und den neuen, vielfach im Zusammenhang mit äußeren Ereignissen entstehenden Formen charakteristisch für die Aufklärung. Die Kräfte ihrer wesentlich oppositionellen Literatur werden zum vornehmsten Mittel eines Befreiungsprozesses, durch den schließlich die zeitgenössische Gesellschaft der Kritik verfällt. Formen, die sich in der ganz andern Sphäre der Monarchie erfüllt haben – die Tragödie etwa –, verfallen in Frankreich wie in England, wirken wie überlebt, während umgekehrt in Deutschland gerade der dramatischen Dichtung die Funktion der Umbildung der gesellschaftlichen Wirklichkeit zufallen konnte: Die Tragödie verband sich hier gerade mit nationalen Interessen und Forderungen. Die epische Dichtung, wie sehr man auch versuchte, sie aus erweiterten Elementen der Vergangenheit zu beleben – man denke an die *Henriade* Voltaires, an die *Henriqueida* von Xavier de Meneses, an *La toma de Granada* von Moratín, an »Heinrich der Vogler« von Otto von Schönaich –, hat trotz der Unterstützung von Theoretikern wie Batteux und Luzán doch sowenig eine Zukunft wie die Ode, während Gattungen, die interessant erscheinen durch den Zug, durch den sie dem Autor selbst und seiner Stellung zur Welt verwandt sind, die beherrschenden werden. Denn sie verleihen dem Ausdruck, was als Forderung überall lebendig ist. So das bürgerliche Trauerspiel – in England durch die »tugendhaften« Stücke von George Lillo, in Frankreich durch Diderot, in Deutschland durch Lessing repräsentiert, die Komödie in zahllosen Formen – bei John Farquhar, Cibber, Lesage, Dancourt, Moratín –, dann Satire, Polemik, Pamphlet, die der Zeit so oft einen skeptisch-ironischen Charakter verleihen. Dann Erzählung und Roman, die ähnlich wie Porträt und Maxime zum Bewußtsein erheben, was an konkretem geschichtlichem Dasein vorhanden ist, was man im Beispiel vor sich sieht. Hier, wo man meinen konnte, sich auch im Mittelpunkt politischer Gärung zu befinden, wie in Diderots *Neveu de Rameau* und in *Jacques le fataliste*, in Fieldings *Jonathan Wild* und *Tom Jones*, bei Wieland – hier sah man deutlich, wie die Dichtung mit lebendigen Gegenwartsinteressen, mit sozialen Fragen verknüpft war und alltägliche Fakten mit allen zufälligen Einzelheiten, Personen mit Form und Farbe der eigentümlichen Tracht, Örtlichkeiten mit ihren Besonderheiten in der Phantasie bewahrte.

Wenn aber Gattungen im Nachteil waren, so daß ihr Anteil an der Entwicklung der Dichtung geschmälert zu sein schien, so drängten neue empor, die sich überall in die Herrschaft über das Publikum teilen wollten. Dabei zeigt sich eine Übereinstimmung, eine geheime Verwandtschaft, die auf eine gemeinsame Tendenz hindeutet, auf eine in vielem analoge Entwicklung. Denn wenn die Komödie in Frankreich – schon seit dem Ende des 17. Jahrhunderts, bei Champmeslé, Robbé, Fatouville – die Gesellschaft und die Sitten schildert, die neuen Typen der Finanzleute, den Hochstapler verspottet, so merkt man, wie ihre an La Bruyère gemahnende Methode Schule gemacht hat, bei Lesage und in den – matteren – deutschen Satiren. Stammte Lesages »Hinkender Teufel« aus Guevara, so werden seine Figuren hinübergereicht nach England; man meint sie wiederzufinden in Johnstones *Chrysal or the Adventures of a Guinea* (1760). War doch der Roman zu einer Lieblingsform des 18. Jahrhunderts geworden: Es ist, als flösse die erzählende Erfindung aus einer Quelle, die sich in tausend Strömen und Bächen verbreitet. Neben dem Einklang beobachtet man jedoch – zum Beispiel bei der Aufnahme Prévosts in England und in Deutschland oder bei der Reaktion auf die empfindsamen Romane Richardsons – die Verschiedenheit der äußeren Gestaltung; die dichterischen Produkte verwandeln sich beim Übergang in ein anderes Land, die ursprüngliche Absicht des Autors ist bald erhalten, bald durch Aufnahme fremder Elemente so getrübt, daß es oft scheinen mag, als hätte sie, vollends den Ursprung verleugnend, ihre eigene Bahn gesucht. Dennoch zeigt sich die Gemeinsamkeit der Richtung in der Geschichte des Romans im ganzen 18. Jahrhundert, es ist, als wirkten dieselben

Elemente an verschiedenen Orten. Die Keime der Fruchtbarkeit aus Lawrence Sternes wunderbarem *Tristam Shandy* waren in Frankreich ausgestreut, als Diderot seinen *Jacques le fataliste* schrieb, und Diderots Kunst hat sich dank Schiller und Goethe im Bewußtsein der Deutschen so lebendig erhalten, daß ihr eine unvergängliche Fortdauer zuteil geworden ist.

Mannigfach waren auch die Quellen, aus denen die hochentwickelte Satire des 18. Jahrhunderts einen Teil ihres Bedarfs geholt hat. Stets antike – denn wie hätte eine Popesche, eine Voltairesche Epistel auf das Vorbild des Horaz verzichten können? Die horazische Thematik entsprach den poetischen Bedürfnissen am besten, ließ sie doch der schaffenden Phantasie den freiesten Spielraum, so daß in der alten Gattung neue Anschauungen ohne Scheu verarbeitet werden konnten. Aber man schrieb auch Satiren in des Persius Manier – Diderot hat solche in seine berühmten *Salons* eingestreut, als wollte er die Lektüre seiner kunstkritischen Betrachtungen gelegentlich rhapsodisch unterbrechen.

Daneben aber brachte der Orient neue Luft in das Leben der europäischen Aufklärung. Im Gefolge von Gallands Übersetzung von »Tausendundeine Nacht« verbreitete sich eine reiche Märchen-, Erzählungs- und Reiseliteratur. Oft scheinen Zauber- und Feengeschichten förmlich wiedergeboren – so Voltaires *Princesse de Babylone* –, wiederhergestellt und losgelöst von allem Äußerlichen in einem freien Spiel der Einbildungskraft, als kämen in einem aufgeklärten Zeitalter wundergläubige Formen wieder zu ihrem Recht. Die Feenmärchen wurden Mode – Wieland polemisiert gegen sie in seinem an Cervantes anknüpfenden Roman »Don Sylvio«, er zieht gegen sie zu Felde wie Don Quijote gegen die Ritterromane. Aber er bewahrte sie so gut im Gedächtnis wie Voltaire und gab ihnen eine sichere Wohnung in manchem seiner Werke. Der ferne Orient war so unzertrennlich mit dem Wunderbaren und Phantastischen verknüpft, wie die oft diskutierten, oft übersetzten (Dryden, Pope, Madame Dacier) homerischen Epen, wie ein Lieblingsbuch des 18. Jahrhunderts: Fénelons *Aventures de Télemaque* (1699). Aus der vorgetäuschten Perspektive des Orients sah man in die eigene Zeit, vergleichbar Montesquieus Persern, die zu den Franzosen gekommen waren, um verwundert Leben und Sitten in Paris zu betrachten. Montesquieus »Persische Briefe« (1721) machen daher Schule, waren doch im Geist des übermütigen Verfassers Poesie und Kritik wie zwei Arten von Wahrheit beisammen. Aber nicht künstlich zusammengelegt, sondern aus einem Keim entsprossen und ineinandergewachsen.

Im frühen 18. Jahrhundert, in der Zeit der *Régence*, war der Rhythmus des Lebens und Genusses stärker geworden, so daß die Idee der Lebensbejahung durch tausend Kanäle Eingang gefunden hatte in die damalige Welt. Atmete man hier doch eine angenehme, reine und klare Luft, das Schwierigste und Bedenkliche schien plötzlich leicht und unbedenklich, und die Heiterkeit wirkte noch gelöster als der scharfe Luftzug späterer Satiren, die die Asche alter Traditionen zerstäuben wollten. Wie verständlich, daß man die Einwirkung dieses Buches im ganzen 18. Jahrhundert beobachten kann! Das Spiel der vielgemischten Formen entzückte; man wurde nicht müde, ihm nachzueifern. Ahmte Dr. Johnson in seinem *Rasselas* (1759) Voltaires orientalische Erzählungen nach, so schrieb der Verfasser des berühmten »Landprediger von Wakefield« (1766), Oliver Goldsmith im *Citizen of the World* (1762) in der Art der Persischen Briefe seine chinesischen Briefe, denen schon 1734 Lytteltons *Letters from a Persian in England to his Friend in Japan* präludiert hatten. Der von

Montesquieu gegebene Anstoß wirkte weiter, auch in Spanien, wo Cadalso – der schon öfter durch seine Satiren ganz Madrid in Atem gehalten hatte – 1789 seine »Marokkanischen Briefe« *(Cartas Marruecas)* erscheinen ließ. Das Gewand des Fernen Ostens war dem Geschmack des Zeitalters gemäß.

Montesquieu nannte das Buch, mit dem er seine ersten Lorbeeren gepflückt hatte, einen Roman. Es war aber ein Briefroman, den man auch eine Satire nennen kann. Denn die gesellige Unterhaltung, der Brief, der Dialog, der Essay, der Aphorismus und die Anekdote verschafften dem Geist der Aufklärung jene Freiheit und Ungebundenheit, in denen sich die polemische Kraft und Frische, die dem Gegenstand innewohnt, am besten bewähren konnte. Man fühlt, wie neben der Wirkung dieser Formen andere Gattungen wie das Lehrgedicht – Voltaires *Poème sur la loi naturelle*, Friedrichs des Großen *Epître sur l'origine du mal*, Hallers »Ernste Gedichte« oder Mandevilles *Fable of the Bees or Private Vices made Public Benefits* (1714), um nur einige zu nennen – sich nicht immer wach halten konnten. Die Teilnahme des Publikums gehörte den verschiedenen Formen des Dialogs. Schon seit langem war eine besondere Art desselben, der Totendialog in Lukianscher Manier durch Boileau eingeführt worden. Fontenelles Totendialoge knüpften an die antiken Motive an, desgleichen die Dialoge von Bordelon, St. Mard, Fénelon, die in das alte Gefäß den Inhalt ihrer Kritik gossen. Züge von Lukians spöttischem Wesen gelangen überall in der so beliebten Form von Gesprächen in der Unterwelt zur Entfaltung, bei Vauvenargues, D'Alembert, Friedrich dem Großen, Wieland. Es gab Totengespräche über wichtige Begebenheiten der mittleren und neueren Geschichte von Faesi (1775), ebensolche in Bodmers »Die Discourse der Mahlern« (1722), zahlreiche Formen von *Dialogues of the Dead with the Living* in England (Lord Lyttelton, Combe, Langhorne, Weston und andere). Überall kam das gehobene gesellige Leben zum Ausdruck – darum fehlte den vernünftigen Gedanken, die Wolff in den Nebel eigensinniger Ausdrucksweise gehüllt hatte, die unmittelbare Wirkung. Voltaire verfaßte zwischen 1750 und 1770 vierzig Dialoge und ließ sich sogar in vielen Artikeln seines *Dictionnaire philosophique* von der Zuneigung zu dieser Gattung leiten. Manche seiner Erzählungen, die nach einem Schema von Beweis und Gegenbeweis angelegt sind – so die *Histoire de Jenni*, die *Histoire d'un taureau blanc* –, gehen in einen disputierenden Dialog über.

Der Dialog war auch die Form, die Diderot sich in seinen Romanen, Erzählungen, Traktaten geschaffen hat. Aber es war ein Dialog besonderer Art, der sich nicht auf die Diderot bekannten englischen (Shaftesbury, Berkeley) oder die französischen und antiken zurückführen läßt. Denn das Neue und Überraschende liegt nicht nur in der Verbundenheit des Autors mit dem Rhythmus des Weltgeschehens, so daß die erzählten Begebenheiten den Ablauf des Lebens selbst verkörpern, sondern auch in der Einführung des Gesprächspartners, der dem Autor Einwände macht und die Einengung des Blickpunkts auf eine Perspektive verhindert. Der Dialog spiegelt dann die Vieldeutigkeit und Beweglichkeit eines Denkens wider, das stets unterwegs ist und dessen Formen nicht wie endgültige Erkenntnisse, sondern wie Stufen und Übergangsstadien innerhalb eines großen Prozesses anmuten. Wie im organischen Leben die Elemente genährt sind von einem sie umfließenden Gesamtstrom, in dem sie aufgehen und den sie in sich aufnehmen, so weisen die Menschen, die Diderot beschreibt, und die in einem Tag hundert verschiedene Physiognomien bieten, auf die Totalität des Gesamtzusammenhangs des Lebens zurück, auf die ewig gleiche menschliche Natur, die allerdings stets in ihrer Mannigfaltigkeit und Widersprüchlichkeit gezeigt werden soll, jenseits jeder Beschränkung durch Zwang oder Regel. In den Voltaireschen Dialogen sah man durch die Hülle antiker Namen, oder man erfuhr den Widerspruch zwischen Vernunft und Aberglauben, Religion und Philosophie. Bei Diderot waren alle Themen so sehr aufgelockert, daß die Bewegung des Denkens sich in die dialektische Spannung eines Dialogs bannen ließ. Es ist, als fände auch hier, unbeirrt durch Traditionen, der Genius seinen Weg, der Begriff bedeutet in den Spätschriften von Diderot den archimedischen Punkt, um den die Welt der Erkenntnis gedreht wird: Der Genius weist die Ziele, bahnt die Wege, um das Ganze des Wissens und der Kunst nach Form und Gehalt zu gewinnen.

Oder es gaben die Maxime und Anekdote den Schriftstellern die Mittel an die Hand, den verschiedenen Tendenzen der Zeit ihre Stelle zu geben. Niemals ist sie die einzige Form, deren man sich bedient, aber es gibt kaum einen Autor, der ihr nicht sein Interesse gewidmet hätte. War sie doch mit der Sprach- und Denkform Bacons verschwistert, den Voltaire schon in den *Lettres philosophiques* gepriesen, aus dessen Schriften D'Alembert auswählend übersetzt hatte und von dessen Zügen und Methode die Enzyklopädie so oft Zeugnis ablegen konnte. Darum tritt sie bei Vauvenargues auf, in Montesquieus Gedanken, in Diderots Deutungen der Natur und der Malerei, als eine Form Voltaireschen Witzes, bei Chamfort und Rivarol. Als eine Form, die auf die Last des Beweises und der Erudition verzichten konnte, um eine Entlastung von aller Schwere darzustellen und die Philosophie zu komprimieren, zu verfeinern und geschmeidig zu machen. Wie hätte man ohne Anteil an ihr vorübergehen können? Denn selbst wenn in vielen Schriftstellern eine Menge von Richtungen waren, die sich gegenseitig hemmen konnten, weil sie in einem Kopfe wohnten – das Interesse am Epigramm, an einer »Verstand und Witz« kombinierenden Ausdrucksweise war bei Lessing und Herder sehr entwickelt, und bei Lichtenberg wurde der Aphorismus die seiner Natur gemäße Form; der Geschmack an ihm war schon durch seine satirischen Neigungen vorbereitet.

Waren so viele neue Formen ins Licht gerückt, so heißt das nicht, daß der Geist der alten erloschen sei. Aber da Paris und London die Sammelpunkte der Schriftsteller waren, die die Neigung zum Neuen im Publikum entfachten, so sammelte man unter der Fahne von Briefen, Dialogen, Maximen, Satiren, Komödien, Romanen die meisten Leser. Und es waren noch nicht viele: Dreitausend *gens de goût* vermutete Voltaire in Paris, und eine in Europa verbreitete Zeitschrift wie der *Mercure de France* erschien nur in einer Auflage von siebentausend Exemplaren. Um so mehr bemühte man sich durch neue Formen, die Literatur, in der der Geist der Aufklärung sich regte, lesbar zu machen und die Verhältnisse des Lebens, der Politik, der Wissenschaft einem größer werdenden Leserkreis zu erklären, den Neigungen des bürgerlichen Publikums entgegenzukommen.

Selbst Kant will in vielen seiner Schriften »populär« sein, und er macht nur eine Ausnahme: Als formelle Metaphysik dürfe die Philosophie niemals populär werden. Als Garve ihm den Vorwurf der Undeutlichkeit macht, bittet ihn Kant in der Vorrede zur Metaphysik der Sitten, doch an die Natur dieser Wissenschaft zu denken: »Der weise Mann fordert mit

Recht, eine jede philosophische Lehre müsse... zur Popularität gebracht werden können. Ich räume das gerne ein, nur mit Ausnahme des Systems einer Kritik des Vernunftvermögens. Dieses kann nie populär werden sowie überhaupt keine formelle Metaphysik, obgleich ihre Resultate für die gesunde Vernunft ganz einleuchtend gemacht werden können...« Hier ist an keine Popularität (Volkssprache) zu denken, sondern es muß auf scholastische Pünktlichkeit gedrungen werden (denn es ist Schulsprache), weil dadurch allein die voreilige Vernunft dahin gebracht werden kann, von ihren dogmatischen Behauptungen erst sich selbst zu verstehen... In der Vorrede zur 2. Auflage der »Kritik der reinen Vernunft« betont Kant nochmals, daß die Metaphysik allein dem Materialismus, Fatalismus, Atheismus, Aberglauben die Wurzel abschneiden könne, aber unter der Voraussetzung, daß sie systematisch sei, das heißt wie Kant sagt, »schulgerecht, nicht populär«. — »In der Ausführung des Planes, den die Kritik vorschreibt... müssen wir dereinst der strengen Methode des berühmten Wolff, des größten unter den dogmatischen Philosophen, folgen, der zuerst das Beispiel gab (und durch dies Beispiel der Urheber des bisher noch nicht erloschenen Geistes der Gründlichkeit in Deutschland wurde), wie durch gesetzmäßige Feststellung der Prinzipien der sichere Gang einer Wissenschaft zu nehmen sei.« Dennoch erweist auch Kant der literarischen Form der Philosophie, die dank der Schriften der Garve, Mendelssohn, Hippel, Lessing längst ihre Stelle hatte, seine Achtung: »Es ist«, so meint er in den »Prolegomena zu einer jeden künftigen Metaphysik«, »nicht jedermann gegeben, so subtil und zugleich so anlockend zu schreiben wie David Hume, oder so gründlich und dabei so elegant wie Moses Mendelssohn«.

Dabei hemmte die Enge des deutschen Lebens, die politische Zerrissenheit die Entwicklung, die in Frankreich durch eine ganze Reihe von Umständen und vor allem — noch im 18. Jahrhundert — von den Salons gefördert war, die unter der Leitung von Damen der feinen Gesellschaft standen: der Duchesse de Maine (1720–1753), der Marquise de Lambert (1710–1730), der Madame de Tencin (1726–1744), der Marquise du Deffand (1730 bis 1770) und vielen anderen. Was aber in den Gesichtskreis der Salons treten wollte, durfte nicht schulmäßig, es mußte anziehend sein, und da alle Schriftsteller in den Salons verkehrten, bevorzugten sie literarische Formen, die in naher Verwandtschaft zu den Interessen eines weiblichen Publikums standen und die nicht durch Regeln der Schule gezügelt waren.

Überblickt man die verschiedenen Motive und Formen der Aufklärung, so wird man zwar sehen, daß die Nationen sich oft so deutlich wie Individualitäten voneinander abgrenzen. Aber die Einheit und der Zusammenhang zwischen ihnen treten gleichwohl immer wieder in Erscheinung: Jede Literatur wird stets auf eine andere zurückgeführt, die Anlehnung, aber auch die Ablehnung — wie die der Hamburgischen Dramaturgie — setzt Kräfte in Bewegung, die das Mißverständnis der französischen Tragödie doch durch die Entdeckung Shakespeares, die Anerkennung von Voltaires Geschichtsschreibung, die Bewunderung für Rousseau kompensieren.

Die Richtung auf Kritik ist für das ganze 18. Jahrhundert charakteristisch. Verwandte Tendenzen in verschiedenen Ländern, jedesmal aus besonderen Antrieben, aber stets in

Verbindung miteinander. Man denke – um nur einige der wichtigsten Namen zu nennen – an Dubos' *Réflexions sur la poésie et la peinture* (1719), an Popes *Essay on Criticism* (geschrieben ab 1709, anonym veröffentlicht 1711), an Voltaires *Temple de goût* (1733), an seinen *Essai sur la poésie épique* (1733), an Humes *Standard of Taste* (1746), an die *Poética* (1737) von Luzán oder an P. Luis Antonio Verneys *Verdadeiro método de estudar* (1746), an Muratoris *Perfetta Poesia* (1706) oder an Barettis *Frusta letteraria* (1763 ff.). Die Diskussion über die Probleme einer von einem festen Kanon aus erarbeiteten Poetik erfüllte das Jahrhundert, und auch im Licht der Genielehre waren die alten Ideale nicht sofort zergangen. Die Abhängigkeit von Poetiken erstreckte sich mit magischer Kraft durch die Zeit, und man weiß, wie oft der mächtige Schatten von Normen, ihre organisierende Kraft, der Substanz neuer Einfälle im Lichte stand.

Voltaire hat in Auseinandersetzungen mit Kritikern anderer Nationen zeitweise der Verschiedenheit des Nationalgeistes Rechnung getragen und schien, als er im *Dictionnaire philosophique* ein *beau relatif* anerkannte, in seinen Interessen geteilt zu sein. Im ganzen beherrschte ihn jedoch – wie Raymond Naves eingehend gezeigt hat – die Idee eines Kanons, von dem aus er Klarheit und Ordnung in einen aufeinander abgestimmten Kreis von Gegenständen brachte. Wir sehen, daß er seine Anerkennung doch den Seiten der Poesie zuwandte, die ihm Nachklang des *goût général* zu sein schienen. Für Shakespeare war kein Platz im Tempel des Geschmacks; die Bedingung von Voltaires Größe bildet auch seine Begrenzung. Wie oft aber auch in Frankreich schon der Zusammenhang zwischen der Kunst und dem allgemeinen Zustand der Zeit erkannt worden war, die organische Idee der Weltliteratur ist erst in der Auseinandersetzung mit den Normen der traditionellen Poetik gewonnen worden. Mag Voltaire auch des öfteren seinen Nachfolgern die Mittel an die Hand gegeben haben, durch die sie ihn im einzelnen widerlegen oder übertreffen konnten – Barettis *A Dissertation upon the Italian Poetry, in which are interpreted some Remarks on Voltaire's Essay on the Epic Poet* (1753) –, sein *Discours sur Shakespeare et sur M. de Voltaire* (1777) trifft sich mit Herders berühmtem Shakespeare-Aufsatz, der wie viele seiner Schriften Weiterführung und Vervollkommnung dessen war, was keimhaft schon in dem *Essai sur la poésie épique* enthalten war, und in Ansätzen auch dann hervortrat, wenn italienische und spanische Schriftsteller, ihre mißverstandene Sprache und Literatur verteidigend, zum Angriff gegen die französische vorgingen.

In die Widerrufe falscher Vorstellungen mischten sich aber gewagte Einfälle ein, persönliche Vorliebe und Abneigung waren oft an die behandelten Objekte herangetragen worden. Bei Herder aber wurden die allgemeinen Linien einer neuen Auffassung viel schärfer gezogen. Für ihn wurde es »herrschendes Gesetz der Schöpfung, daß allenthalben auf unserer Erde werde, was auf ihr werden kann, teils nach Lage und Bedürfnis des Orts, teils nach Umständen und Gelegenheit der Zeit, teils nach dem angeborenen oder sich erzeugenden Charakter der Völker«. Denn der Lebensinhalt jeder Epoche wird nun mit der gleichen Objektivität gesehen, man entfaltet die Weltanschauung aller Zeiten und den Stil der Poesie, worin sie sich ausprägt, so daß ihre zerstreuten Züge zu einem wirklichen Gesamtbild sich ordnen können: »Jede menschliche Vollkommenheit ist national, säkular und, am genauesten betrachtet, individuell.« Deswegen ruht nun der interessierte Blick auf der Literatur aller Epochen, und es gibt keinen Zügel eines Kanons oder eines vorgesetzten Schemas. Herder wollte, indem er auf Montesquieu sich berief, die Literatur aller Zeiten in ihren historischen Bedingungen verstehen:

> Oh, wer ein Montesquieu über den Geist der Wissenschaften wäre, wie jener über die Gesetze es sein wollte, würde er das barbarisch nennen, was nach den Hilfsmitteln seiner Zeit und seines Landes nicht anders als so sein konnte? Würde er ein Lieblingsvolk haben, nach dessen Vorurteilen er alles abmessen wollte, alles aus seinen Zwecken zu rücken, um Verdienste mit dem Lote einer fremden Zeit zu wägen und mit verwöhnter Zunge den Geschmack zu kosten? So verflöge ja auf einmal der Geist seines Werkes. Setze dich aus einer Literatur hinaus, welcher einmal für alle die Griechen die erste Form gaben: werde ein wiedergeborener Zeitgenosse einer abgelebten Geschichte, ein Barde vergangener Zeiten – so urteile! Welches Volk, welches Jahrhundert hat sich je eine andere als Säkular- und Nationalliteratur gebaut? Die Griechen nicht, und wir auch nicht!

Von Herders Neigungen ließ man sich in Zukunft bestimmen, seine Forschungen bilden den Hintergrund, von dem sich die historische Arbeit kommender Zeiten abhebt. Er griff über die bisher untersuchten Gebiete hinaus, zog sämtliche germanische und romanische Literaturen herbei, achtete auf die slawischen und orientalischen, so daß dank einem so weit ausholenden Entwurf der kanonische Begriff der Weltliteratur zu verblassen begann; er wurde abgelöst von einem organischen, der das Vorrecht einer bestimmten Nation aufhebt und die Forschung auf den Weg der Anerkennung aller Völker und Zeiten drängt. Die Achtung vor jeder fremden Eigentümlichkeit erhob sich zu jenem Begriff der Weltliteratur, in der die Völker als Individuen betrachtet und die vielfach zerstreuten Bestrebungen der Aufklärung zur Klarheit kamen. Das kritische Urteil wurde auf eine neue Bahn gebracht, eine neue Methode des Lesens entstand, die sich über verschiedene Literaturen ausdehnte und es vermeiden wollte, ein Gedicht gegen das andere, bald die Ilias gegen das Nibelungenlied, bald das Nibelungenlied gegen die Ilias auszuspielen. Goethe bemerkt dazu im »West-Östlichen Diwan«: »Haben wir Deutsche nicht unsern herrlichen Nibelungen durch solche Vergleichung den größten Schaden getan?... So höchst erfreulich sie sind, wenn man sich in ihren Kreis recht einbürgert, und alles vertraulich und dankbar aufnimmt, so wunderlich erscheinen sie, wenn man sie nach einem Maßstab mißt, den man niemals bei ihnen anschlagen sollte.« Das Ideal war skizziert, das dem »Weltliteratur« überschriebenen Gedicht vorschwebt:

> Wie David königlich zur Harfe sang,
> Der Winzerin Lied am Throne lieblich klang,
> Des Persers Bulbul Rosenbusch umbangt,
> Und Schlangenhaut als Wildengürtel prangt,
> Von Pol zu Pol Gesänge sich erneun,
> Ein Sphärentanz harmonisch im Getümmel —
> Laßt alle Völker unter gleichem Himmel
> Sich gleicher Gabe wohlgemut erfreun.

Es war eine Wendung, ja eine Revolution in der Ästhetik. Nun befehden sich nicht mehr die alte und neue Zeit. Der Geschmack begrenzt sich nicht mehr durch die Tradition, er muß sich nicht mehr legitimieren durch den Gleichklang mit der Kulturstufe früherer Bildungsepochen, durch die Berufung auf die Schriften der Meister, aus deren Dunstkreis

Lesung der Tragödie »Orphelin de la Chine« von Voltaire
im Salon der Mme Marie-Thérèse Geoffrin durch den Schauspieler Lekain
Aus einem Gemälde von Anicet-Charles-Gabriel Lemonnier
Rouen, Musée des Beaux-Arts

Jean-Jacques Rousseau
Tonbüste von Jean-Antoine Houdon, 1779
Paris, Louvre

das Genie keinen herausführenden Pfad finden kann. Schon Diderot verspottet in den *Réflexions sur Térence* (1765) den Geschmack, der sich vollständig und überall auf die Geschichte stützen will; *Le goût timide et circonspect* schreibt er, *tourne sans cesse les yeux autour de lui, laus temporis, non hominis,* und Diderot zögerte nicht, im *Neveu de Rameau* in der behaupteten Zusammengehörigkeit von Genialität und Immoralität das Bild des Genius in einem neuen, grellen Licht erscheinen zu lassen. Goethe beschreibt in »Dichtung und Wahrheit« die Allegorie, die Oeser für den Vorhang des Leipziger Theaters gemalt hat:

> »... und ein Mann in leichter Jacke ging zwischen beiden oben gedachten Gruppen, ohne sich um sie zu bekümmern, hindurch, gerade auf den Tempel los... Dieser nun sollte Shakespeare bedeuten, der ohne Vorgänger und Nachfolger, ohne sich um die Muster zu bekümmern, auf seine eigene Hand der Unsterblichkeit entgegengehe.«

Ohne Vorgänger und Nachfolger – in diesen Sätzen ist der Begriff des Genius festgestellt; alles Normative, alles Regelhafte ist nun abgefallen, wir sind aus dem französischen Garten in eine Landschaft geleitet, in der die Natur, sich frei entfaltend, nichts von ihrer ursprünglichen Kraft eingebüßt hat.

Es war die Landschaft Jean-Jacques Rousseaus, dessen erweckende Kraft auf alle Literaturen überströmte, der seine Maßstäbe nicht aus der Zeit nahm und die Fäden des Gewebes seiner wunderbaren Sprache auf völlig neue Art geschlungen hat. Es wiederholt sich hier in Richtung auf die allgemeine Geistesgeschichte der Zug, der in der Entwicklung der Ästhetik sichtbar geworden ist: Konnte man sich von dem überlieferten Geschmacksideal ablösen, indem man ihm mit der Selbständigkeit des neuen Geniebegriffs gegenübertrat, so vollzieht sich nun vom Mittelpunkt von Rousseaus Denken aus eine neue Orientierung über die Gesamtheit der geistigen Wirklichkeit. Man fühlte dies schon im 18. Jahrhundert. J. Mercier faßt, noch wie gebannt durch den unmittelbaren Eindruck, in seiner Schrift *J.-J. Rousseau comme l'un des premiers auteurs de la révolution française* (1791), Rousseaus geistige Mannigfaltigkeit in einer bewegten Schilderung zusammen: »Bedenken wir, daß jedes neue Werk von Rousseau eine Fülle seltsam verschiedener Schriften hervorrief. So sieht man bei jeder Erneuerung der Natur Schwärme von Insekten sich an die Früchte heften, die unsere Gärten schmücken. Zahlreichen dieser ephemeren Schriften merkt man an, daß der Gegner Rousseaus schließlich dessen Ansicht übernimmt, eine Ansicht, die den Stempel der Wahrheit trägt... Denn Rousseau erschien wie ein Phänomen, dessen plötzliches Auftreten die Geister bewegt und eine Epoche der Revolution im Reich der Literatur und Philosophie bedeutet. Es war das Schicksal des Verfassers, sogar diejenigen zu entflammen, die nicht so dachten wie er, oder die so taten, als dächten sie nicht so wie er. Er elektrisierte alle Köpfe, die Meinungen gingen auseinander, man sprach vom Paradox, aber seine erregende Anziehungskraft zwang dazu, den behaupteten Irrtum zu überprüfen; indem man ihm antwortete, verzweifelte man daran, antworten zu können, indem man noch schärfer seine überwältigende Überlegenheit erkannte.«

Daß Rousseau tiefer als die Zeitgenossen fühlte, daß die Kette abreißen müsse, die den Menschen mit der Gesellschaft verband, geht aus einer Stelle des *Emile* hervor. Dort sagt er, indem er die Erzieher apostrophiert: »Ihr verlaßt euch auf die gegenwärtige gesellschaftliche

Ordnung der Dinge, ohne zu bedenken, daß diese Ordnung unvermeidlichen Veränderungen unterliegt und es unmöglich ist, die Revolution vorauszusehen und zu verhindern, welche eure Kinder treffen kann. Der Große wird klein, der Reiche arm, der Monarch Untertan. Wir nähern uns einer Krise, dem Jahrhundert der Revolutionen. Es ist unmöglich, daß die großen Monarchien Europas noch lange weiterbestehen.« Tatsächlich war der Gegensatz Rousseaus zu den Welten seiner Zeit absolut, und daß er zu allen in Beziehung stand und doch keiner zugerechnet werden kann, das gibt seiner Lebensweise und Denkform die eigene Prägung. Der Gegensatz zwischen Schein und Sein, der der Zeit längst geläufig war, spielt in Rousseaus Werk eine besondere Rolle. Schon im Gegensatz von Naturzustand und Gesellschaft spiegelt sich der Unterschied zwischen einer Gemeinschaft wider, in der die Menschen für einander offen sind, und einer Gesellschaft, die sie zur Verstellung und Lüge zwingt. Es ist der Gegensatz zwischen Offenheit und Maske, und Rousseau wird den Naturzustand wie ein verlorenes Paradies in die Vergangenheit verlegen oder in die Zukunft projizieren und seine Verwirklichung von der *cité idéale* des *Contrat social* erwarten. Und er wird sich in dem Maße, als Empfindsamkeit und Empfindlichkeit ihm die Umgebung in düsteren freundlosen Farben erscheinen lassen, immer mehr einspinnen in Gestalten der Einbildung und flüchten zu Büchern und Träumen. Es lag darin die ideelle Rechtfertigung der Phantasie, die er in sich selbst als bestimmend und grundlegend erfahren hatte: Die erträumte erschaffene Welt wurde in solchem Grade wichtiger als die uns umgebende, daß sie jede Beziehung zu dieser ausschließen kann.

Diese Gedanken weisen dank der Intensität, mit der sie verkündet wurden, unverkennbar auf jene moderne Dichtung, die im Zeichen des Traumes steht und die in der Entwertung der schlechten Wirklichkeit den Anreiz zu einem erneuten und höheren Glück erblickt. Der Pendelschlag von Rousseaus Selbstbewußtsein geht zwischen Kritik und hochgestimmten Gefühlen hin und her, und das Wechselspiel mit einer unmittelbar erfaßten Welt der Unschuld, die seine Schilderung verführerisch vor Augen stellt, wird je länger, desto lieber zum drängenden Bedürfnis. Alles Abgeleitete, alles Vermittelte ausschließend, bemerkt Rousseau, daß er die ursprüngliche Natur entdecken kann, indem er, ganz seinen Träumen sich hingebend, seine Möglichkeiten vervielfältigend und ausdehnend, in den Bereich des eigenen Lebens zurückführt, die Richtung auf das eigene Innere einschlägt und sein Selbst, soweit es ein innerer Spiegel fassen kann, in den Grundzügen vor Augen stellt. Die Autobiographie, die *Confessions* (1760–70, Erstausgabe 1782), enthüllen eine völlig neue Form.

Es ist die eigene, die er als die einzig wahre aufstellt, einem vielfältig facettierten Kristall vergleichbar, der im Licht der Wirklichkeit alle Strahlen in immer neuer Brechung auffängt – ist die Betrachtung seines Spiegelbildes doch immer zugleich Kritik der Gesellschaft. Die Gesellschaft war die Verneinung der Natur, die Selbstentfremdung; Rousseaus die Kreise der Selbsterforschung immer weiter ziehende Theorie und das einsame Leben Jean-Jacques' verkörpern die Verneinung der Verneinung. Die Sprache Rousseaus spiegelt sein Wesen, sehr oft in einer rückläufigen Bewegung zum isolierten Dasein, das den Weg der Absonderung von der Gesellschaft stets von neuem zu durchlaufen so bereit wie fähig war. Ohne Unterscheidung fließen die Grenzen von Leben und Sprache unaufhörlich ineinander, und die Sprache vermag die Suggestionskraft seiner Sonderart um so leichter ins Weite zu tragen, weil in der Einsamkeit ein Bereich sich öffnet, in dem er sich als Gebieter fühlen, in dem er unumschränkt herrschen und das Gefühl seiner Andersartigkeit und Seltsamkeit genießen kann.

Die Hoffnung auf eine unmittelbare Verbindung mit der Natur, mit dem Staat wurzeln so tief in Rousseau, daß er vermittelnden Instanzen keinen Spielraum gönnt: Die *volonté générale* im Staat, das Fest im bürgerlichen Leben symbolisieren das Zusammenklingen des Einzelschicksals mit der Gesamtheit. Auch in den Dialogen (*Rousseau juge de Jean-Jacques*, vollendet 1776), in der *Nouvelle Héloïse* (1761) ist die ideale Welt zum Greifen nahe; es ist die Welt der gleichgestimmten, gleichgerichteten Seelen, die im gleichen Bereich einander begegnen und deren Prinzip einen verwandten Inhalt von Gedanken, Empfindungen und Wörtern umschließt.

Die Formen jener Gemeinschaft zeigen sich in Rousseaus Schilderung als idyllische und leuchten in jener schattenlosen Klarheit, die der Atmosphäre des Stimmungsgenusses entspricht. In der Richtung auf das Innere, auf die Unmittelbarkeit, Wahrheit, Ursprünglichkeit, ist dem Verstand keine Geltung eingeräumt, und die Sprache gewinnt eine veränderte Gestalt. Auch in den *Rêveries du promeneur solitaire* (vollendet 1778) klingt in einer Variation doch derselbe Ton an – nur bringt sich das Ich nicht mit andern zur Deckung, sondern findet in der Einsamkeit des Genießens und Träumens die Harmonie des Seins und den Genuß des Lebens. Aus ihnen erwächst die pantheistisch anmutende Verschwisterung von Ich und Natur, die sich nicht an Schranken einer Wirklichkeit stößt, die sich zwischen sie schieben könnte. *O nature, o ma mère, me voici sous ta seule garde, il n'y a point d'homme adroit et fourbe qui s'interpose entre toi et moi.* Soweit konnte eine mystische, pantheistisch anmutende Empfänglichkeit ihr Netz ausspannen und dem Herzen so viel Macht zuschreiben wie Narziß seinem Spiegelbild.

Aber man bleibt auch in dem berühmten *Contrat social* (1762) in dem Kreis verwandter Wirkung festgehalten. Nur hat der Wechsel von Themen und Sprachebenen bei Rousseau oft die innere Einheit verborgen, in der die verschiedenartigsten Analysen miteinander verklammert sind. In der Fragestellung Rousseaus fühlte man den Pulsschlag der Zeit, ihrer sozialen und politischen Probleme, auch solcher, die durch die Tradition vorgegeben waren: Die Frage, wie man die Kluft zwischen weltlicher Herrschaft und Freiheit schließen und doch beide aufeinander beziehen könnte. Die Rousseausche Frage unterschied sich in ihrer Radikalität von allen Lösungsversuchen der Zeit: Es war nämlich die nach der Konstitution des politischen Gemeinwesens überhaupt, die Frage, wodurch ein Volk ein Volk wird und inwiefern die *volonté générale* als der gemeinsame Wille aller zur Gemeinsamkeit die Voraussetzung für den Bestand eines politischen Gemeinwesens ist. Nicht darauf kam es Rousseau an, bestehende Gesetze zu verbessern oder zu verstärken und neue Dämme gegen die Affekte des Menschen aufzurichten – er wollte vielmehr philosophisch fragen, was das Recht zum Recht, den Staat zum Staat macht. In diesem Sinn konnte er von sich sagen, er hätte eingesehen, daß alles radikal von der Politik abhänge. Deswegen ist die viel zitierte Wendung aus dem *Contrat social* über die *aliénation totale de chaque associé avec tous ses droits à la communauté* als der Voraussetzung der Gemeinschaft nur dann richtig verstanden, wenn man in der Entäußerung nicht die Preisgabe des Individuums, sondern seine freiwillige

Unterwerfung unter die *volonté générale* versteht, die den Einzelnen nicht als Einzelnen auslöschen, sondern nur aus dem Naturzustand in die Region der Freiheit erheben will. Rousseau hat sich, indem er die Frage nach dem Politischen nicht aus der Gegenüberstellung von Theorie und Praxis, sondern – ursprünglicher – im Hinblick auf das Ganze, das jede besondere Stellungnahme voraussetzt, zu bestimmen suchte, über seine Gegner erhoben. Doch lange war seine Theorie der Verständnislosigkeit verfallen, die nach Kant zu allererst die »tief verborgene Natur des Menschen« entdeckt und die Frage nach dem Politischen nur im Zusammenhang mit der *natura hominis* und allen über den Tag reichenden für die Erfüllung des menschlichen Lebens notwendigen allgemeinen Aufgaben gestellt hat.

*

Diese Fragen sind nicht abgelöst von uns. Sie sind aktuell. Rousseaus Problematik ist – und in weitem Umfang auch die der Aufklärung – noch die unsere. Heute mehr denn je, da das Interesse für eine vielfach geschmähte und mißverstandene Epoche in der Alten und Neuen Welt wiedererwacht ist und man sich bemüht, die Aufklärung wieder zu der Höhe ihrer wahren Bedeutung zu erheben.

Edmund S. Morgan

DIE AMERIKANISCHE REVOLUTION

Was war die Amerikanische Revolution? Eine Erhebung gegen einen tyrannischen König? Schüttelte da ein Volk, das volljährig geworden war, antiquierte Zwänge ab? Oder machte sich ein Volk, das von einem andern unterdrückt worden war, als nationales Gebilde selbständig? Wurde eine Aristokratie von den niederen Klassen vom Sockel gezerrt? Oder hatten einfach Demagogen Unruhe gestiftet und Unfug angerichtet? Keine dieser Erklärungen wird den Dingen gerecht. Für viele Europäer bleibt die Amerikanische Revolution ein Rätsel, wie es 1781 für die Leser des Abbé Raynal ein Rätsel war.

»Von allen wirksamen Ursachen«, schrieb der Geistliche, der ein Freigeist war, »die so viele Revolutionen auf dem Erdball hervorgebracht haben, war im Norden Amerikas nicht eine gegeben. Dort hatte man sich weder gegen die Religion noch gegen die Gesetze vergangen. Dort war Märtyrer- oder Bürgerblut nicht von Schafotten hinuntergerieselt. Den guten Sitten war kein Schimpf angetan worden. Weder Gewohnheiten noch Bräuche noch überhaupt Dinge, die den Völkern teuer sind, waren der Lächerlichkeit preisgegeben worden. Keine Willkürherrschaft hatte Einwohner dem Schoß ihrer Familie oder ihren Freunden entrissen, um sie durch die Schrecken von Gefängnisverliesen zu zerren. Die öffentliche Ordnung war nicht umgestürzt worden. Die Grundsätze des Verwaltens hatten sich nicht geändert; und die Regeln des Regierens waren immer dieselben geblieben. Das Ganze lief lediglich auf die Frage hinaus, ob das Mutterland das Recht habe oder nicht habe, den Kolonien direkt oder indirekt eine bescheidene Abgabe aufzuerlegen.«

Der Abbé hatte recht. Die Amerikanische Revolution hatte von einem Streit um das Recht des Mutterlandes, die Kolonien mit Zöllen zu belasten, ihren Ausgang genommen. Nachdem das Schießen 1775 angefangen hatte, wäre immer noch eine Lösung zu finden gewesen, wenn sich das englische Parlament nur bequemt hätte, in Zukunft auf jeden Versuch zu verzichten, den Kolonisten direkte oder indirekte, lästige oder belanglose Abgaben aufzubürden. Aber die Amerikanische Revolution – das hat sie mit anderen Revolutionen gemein – hat nicht ebenso geendet, wie sie begonnen hatte. Der Streit um die Besteuerung legte Unterschiede zwischen Amerikanern und Engländern bloß, die man vorher weder hier noch dort so recht verspürt hatte. Und als Amerikaner diese Unterschiede entdeckten, wurden sie sich dessen bewußt, daß sie untereinander etwas einte, was vordem unbeachtet geblieben war : das Bekenntnis zu bestimmten Grundsätzen, etwas also, was sie zu einem Volk für sich machte, etwas, was sich viele Jahre hindurch, lange bevor der Streit begonnen hatte, langsam, unbemerkt herauskristallisierte und nun plötzlich, da sie zusammen den englischen Kugeln gegenüberstanden, von ungeheurer Bedeutung zu sein schien. Die Amerikanische Revolution war nichts anderes, als daß diese Grundsätze, diese Gemeinsamkeit, diese nationale Identität hervortraten und ausreiften. Nachdem der Streit um die Besteuerung ausgebrochen war, ging der Reifeprozeß in einem erstaunlichen Tempo vor sich.

Die amerikanischen Kolonien, die an der Revolution teilnahmen, waren seit langer Zeit englischer Kolonialbesitz. Zwei Kolonien — New York und Delaware — hatten einst zu den holländischen Neu-Niederlanden gehört, waren aber seit mehr als einem Jahrhundert in englischen Händen. Alle anderen — Massachusetts, New Hampshire, Rhode Island, Connecticut, New Jersey, Pennsylvania, Maryland, Virginia, North Carolina, South Carolina und Georgia — hatten Engländer gegründet und besiedelt. Und obgleich sich viele Deutsche und Irland-Schotten zu den ursprünglichen Siedlern gesellt hatten, obgleich eine halbe Million Afrikaner als Sklaven ins Land gebracht worden waren, überwogen die Engländer nach wie vor, an Zahl wie an Einfluß. Die einzigen englischen Kolonien im kontinentalen Nordamerika, die sich der Revolution nicht anschlossen, waren die zwei, die England erst kurz vorher — 1763 — erworben hatte: Kanada und Florida; hier hatten englische Ideen und englischer Einfluß kaum Wurzeln geschlagen.

Die amerikanische Zivilisation also, wenn man von so etwas um die Mitte des 18. Jahrhunderts sprechen darf, war vornehmlich eine englische Zivilisation. Die Schaffung einer amerikanischen Nation brauchte nicht auf die Verschmelzung ethnischer und kultureller Elemente von großer Verschiedenartigkeit zu warten; es ging viel eher darum, daß sich eine Gruppe von Engländern von einer anderen absonderte. Dieser Prozeß hatte begonnen, bevor der erste Siedler amerikanischen Boden betrat: die Differenzierung vollzog sich innerhalb des englischen Volkes.

Neues Land für Puritaner

Die ersten amerikanischen Kolonien wurden gegründet, als England schwere politische und religiöse Kämpfe durchmachte, in denen sich eine der kämpfenden Parteien von fanatisch aggressivem Reformeifer leiten ließ. Die Reformatoren, denen die Gegner den Spitznamen Puritaner anhängten, kämpften um die Beseitigung der kirchlichen Hierarchie mit ihren Bischöfen, Erzbischöfen und Kirchengerichten. Außerdem verlangten sie vom Parlament, daß es die Machtvollkommenheit des Königs, namentlich in Steuerfragen, entscheidend einenge. Nicht sofort stellten sie die Institution der Monarchie in Frage; aber von Anfang an war ein Anflug von Republikanertum vorhanden. Jakob I. hatte es erraten, als er mit einer Wortkargheit, die ihm sonst nicht lag, die Formel prägte: »Kein Bischof, kein König.«

Jakob I. wollte mit Reformatoren nichts zu tun haben. Karl I., sein Sohn, verachtete sie und scharte eine Kirchenpartei um sich, die seine Herrschaftsansprüche gegen das Parlament durchzusetzen suchte. Die geistlichen Günstlinge des Königs, die William Laud, Erzbischof von Canterbury, führte, bauten das hierarchische Gebäude aus und brachten die Kirche von England zu Lehrmeinungen zurück, die sie abgestreift hatte, als sie sich vom Katholizismus Roms trennte.

In der Zeit, da König und Bischöfe Triumphe feierten, wanderten viele Puritaner nach Amerika aus. Daß sie Neuengland gründeten und besiedelten, ist hinlänglich bekannt; weniger bekannt ist, daß sie sich damals schon und auch später in nicht geringer Zahl ebenso in anderen Kolonien niederließen. In New York lebten hauptsächlich holländische Calvinisten und Puritaner aus Neuengland. (Die Puritaner waren auch Calvinisten.) Linkspuritaner, die man Quäker nannte, gründeten und besiedelten Pennsylvania und stellten das Hauptkontingent der Einwanderer im südlichen Teil von New Jersey. Den nördlichen Teil von New Jersey bevölkerten aus Neuengland dorthin verpflanzte Puritaner. In Maryland, das ein katholischer Adliger gegründet hatte, waren Puritaner von Anfang an zahlenmäßig stärker als Katholiken. Obgleich in den südlichen Kolonien Angehörige der Anglikanischen Kirche überwogen, gehörten zu den Besiedlern der beiden Carolina-Kolonien zahlreiche Puritaner aus England und Neuengland und Hugenotten aus Frankreich; und Georgia war dafür bekannt, daß es die verschiedensten Gruppen anzog, die sich gegen die Kirche von England auflehnten, und in enger Verbindung mit Neuengland stand. Nicht viele Puritaner zogen nach Virginia, aber auch dort machte sich der Einfluß des Puritanertums bemerkbar, denn die ersten Kirchengemeinden Virginias waren entstanden, als die Kirche von England noch von einer gemäßigten, den Puritanern freundlichen Gruppe beherrscht wurde; zu der Zeit, da Erzbischof Laud England in den Anglo-Katholizismus hineintrieb, hielt sich Virginia an ein gemäßigtes Anglikanertum, das stark nach »niederer Kirche« aussah. Da die Puritaner so zahlreich, so weit verbreitet und so glaubenseifrig waren, war das religiöse Leben in den amerikanischen Kolonien vorwiegend puritanisch, das heißt calvinistisch gefärbt.

Was die politische Grundeinstellung zu den Kämpfen des 17. Jahrhunderts anging, neigten die Puritaner in Amerika ebenso wie in England eher zur Partei des Parlaments als zu der des Königs, wenn sie nicht gar eindeutige Republikaner waren. Am Ende gewannen die Puritaner in England die Oberhand und bekräftigten den Aphorismus Jakobs I., indem sie zuerst Erzbischof Laud köpften und einige Jahre danach auch Karl I. Mehr noch: sie schafften Könige, Bischöfe und Lords schlechterdings ab. Die meisten Kolonisten in Amerika klatschten Beifall, und wenn die Puritaner in England weiterregiert hätten oder auch nur ein wesentlicher Faktor im Leben Englands geblieben wären, wäre die Absonderung der Amerikaner von den Engländern möglicherweise langsamer vor sich gegangen.

Aber die Puritaner hatten versucht, England zu schnell und zu gründlich zu revolutionieren. Dadurch hatten sie sich nach und nach unbeliebt gemacht; nach Cromwells Tod entglitt ihnen die Macht. Karl II. kam 1660 nach England zurück, und wer versucht hatte, den englischen Staat republikanisch und die englischen Kirchen kongregationalistisch, presbyterianisch oder quäkerisch zu machen, geriet ein für allemal auf die Schattenseite des Lebens. Diese Mißliebigen durften keinen eigenen Gottesdienst abhalten; ihre Geistlichen durften Städte und ihr Hinterland im Umkreis von fünf Meilen nicht betreten; an Universitäten wurden Puritaner und ihresgleichen nicht mehr geduldet, und öffentliche Ämter durften sie nicht bekleiden, es wäre denn, sie fügten sich dem Geist und Ritus der Kirche von England. Engländer, die dachten, fühlten und glaubten wie die Mehrheit der Amerikaner, waren mithin vom Hauptstrom des nationalen Daseins Englands abgeschnitten. Sie waren in der Heimat Fremde geworden. Das trieb wieder Tausende von ihnen in die Neue Welt.

Nachdem man den Puritanern, die man jetzt Nonkonformisten nannte, Macht und Einfluß genommen hatte, wurde England fröhlicher, aber auch frivoler, aristokratischer, lasterhafter; immer weniger konnten sich hier amerikanische Besucher heimisch fühlen. Als Richtung eigener Art waren die Nonkonformisten in England nicht verschwunden; sie dachten, schrieben und sprachen noch. Aber England schenkte ihnen keine Beachtung mehr; nach 1660 hatten sie nie mehr Einfluß auf die Regierung.

Die Scheidung zwischen Engländern und Amerikanern, die auf diese Weise angefangen hatte, verstärkte sich infolge der räumlichen Entfernung. Die Engländer daheim blieben unter der Herrschaft einer starken Zentralregierung; für die Amerikaner löste sich die souveräne Macht dieser Regierung in dreitausend Meilen Ozean auf. Schon die Übermittlung von Nachrichten bereitete Schwierigkeiten. Briefe und Mitteilungen jeder Art wanderten so langsam über den Atlantischen Ozean, daß Weisungen aus England zu dem Zeitpunkt, da sie am Bestimmungsort ankamen (sofern sie überhaupt ankamen), nichts mehr besagten oder zum mindesten nichts Eiliges mehr bewirken konnten. Die Kolonisten hatten kaum Interesse daran, solche Weisungen entgegenzunehmen, und den Engländern war allmählich die Lust vergangen, sie zu erteilen. Aus den Augen, aus dem Sinn. Den Kolonisten blieb es weitgehend überlassen, sich nach eigenem Gusto zu entwickeln; Störungen gab es nur insofern, als der Verwaltungsapparat, den der König zur Beaufsichtigung der Kolonisten eingesetzt hatte, reichlich stotternd funktionierte.

Was die Kolonisten erstrebten und erreichten, war in vieler Hinsicht genau das, was die englischen Puritaner vergebens hatten England geben wollen. Die Puritaner, die England verlassen hatten, konnten in der Freiheit der Neuen Welt die religiösen und staatlichen Einrichtungen genau so aufbauen, wie sie nach ihren Vorstellungen aufgebaut werden sollten; die Anstrengungen des Mutterlandes, das Puritanertum auch in Amerika auszulöschen, machte die Entfernung zunichte. Im Laufe der Jahre mochte der puritanische Glaubenseifer an Schärfe verloren haben; die sozialen, kirchlichen und politischen Institutionen, die das Puritanertum geschaffen hatte, blieben und gediehen. Denn gerade sie erwiesen sich als besonders brauchbar für Kolonisten, die von der zentralen Regierungsspitze weit entfernt waren; in allen Kolonien, auch dort, wo der puritanische Einfluß schwach war, entwickelten die Amerikaner mit der Zeit fast dieselbe Einstellung gegenüber Kirche, Staat und Privateigentum, die die Puritaner mitgebracht hatten.

Zu den wichtigsten von den Puritanern mitgebrachten Ideen gehörte der Grundsatz, daß die Kirche an der weltlichen Regierung keinen Anteil haben dürfe. Sie hatten ihre Erfahrungen gemacht. Vor dem Bürgerkrieg und nach der Restauration stand den Bischöfen in England eine eigene Gerichtsbarkeit zu: die bischöflichen Gerichte urteilten in Zivilsachen; sie durften exkommunizieren, den Verurteilten also wesentliche bürgerliche und politische Rechte aberkennen. Im Parlament nahmen Bischöfe an der gesamten Gesetzgebungsarbeit teil. Auf der lokalen Ebene war die Pfarrei oft ein Hilfsorgan der Staatsgewalt. Kirche und Staat waren in England unzertrennlich miteinander verflochten. Amerikaner hielten Kirche und Staat viel mehr auseinander. Sie waren fromm, sie waren oft Eiferer; aber von Anfang an hatte ihnen daran gelegen, zwischen Religion und Kirche zu unterscheiden; sie wurden störrisch, wenn es darum ging, den Geistlichen zu erlauben, sich mit anderen Geschäften als mit dem der Seelenrettung zu befassen. Im 17. Jahrhundert übte die Geistlichkeit in Neuengland größeren Einfluß aus als je sonst im kolonialen Amerika, aber nicht ein einziger Geistlicher bekleidete ein öffentliches Amt. In Massachusetts verbot ein Gesetz die Schmälerung politischer Rechte oder gesellschaftlichen Einflusses durch Kirchenbann oder sonstige Kirchenstrafen.

Sogar innerhalb der Kirche beschränkten die Neuengländer die Befugnisse ihrer Geistlichkeit. Die Kirchen Neuenglands gehörten zur kongregationalistischen Richtung; das bedeutete: alle wesentlichen Dinge wurden von den Gemeindemitgliedern entschieden; sie wählten ihre Pastoren selbst und konnten sie auch entlassen. Die Quäker in Pennsylvania verzichteten überhaupt auf jede Geistlichkeit. Andere Kolonien, die den Grundsatz der Beschränkung kirchlicher Autorität weniger artikuliert aussprachen, praktizierten ihn dennoch. Im anglikanischen Virginia schwächten die mit Laien besetzten Kirchenvorstände die geistliche Autorität dadurch, daß sie auf die Priesterweihe verzichteten; sie errichteten damit ein System der lokalen Laienherrschaft, das in der Praxis der kongregationalistischen Verfassung der Kirchen Neuenglands überaus ähnlich war. Solche puritanischen Praktiken brachte der Anglikanischen Kirche in Virginia die leidige Entfernung bei: Priesterweihe war ohne die riskante und kostspielige Reise nach England nicht möglich. Zwar hätte das Hindernis durch die Ernennung eines Bischofs für Amerika überwunden werden können, aber auch das scheiterte an der Entfernung. Und mittlerweile ließen sich die meisten amerikanischen Anglikaner von der puritanischen Vorliebe für eine Kirche ohne Bischöfe anstecken. Da sie aber keinen Bischof hatte, der sie hätte leiten und steuern können, blieb die Kirche von England in allen amerikanischen Kolonien ohne wesentlichen politischen Einfluß.

Da Kirche und Geistlichkeit jeder Macht und jeden Einflusses auf das politische Geschehen beraubt waren, machte Religionsfreiheit in Amerika schnellere Fortschritte als in Europa. Im Anfang hatten die meisten Kolonien eine Kirche aus Steuereinnahmen finanziert; in Massachusetts und Connecticut war im 17. Jahrhundert überhaupt nur die eine staatlich finanzierte Kirche zugelassen. Aber ohne Mitspracherecht im Staat fiel es keiner konfessionellen Richtung leicht, Ausschließlichkeitsrechte zu behaupten; in Rhode Island und Pennsylvania waren von Anfang an mehrere Kirchen gleichberechtigt. Mit dem Wachstum der Kolonien wuchs auch die Vielfalt der Konfessionen, teils als Folge der Einwanderung von Presbyterianern, Lutheranern, Mährischen Brüdern (später Herrnhuter Brüderunität) und anderen, teils dadurch, daß sich von den alten Konfessionen neue absplitterten. Um die Mitte des 18. Jahrhunderts boten die Kolonien ein buntes Mosaik von

Religionen, auch dort, wo staatliche Finanzierung einer bestimmten Konfession zugute kam. Allmählich lernten die Amerikaner, in der Vielfalt der Glaubensbekenntnisse eine Tugend zu sehen.

»Unsere große Sicherheit«, schrieb der Geistliche Ezra Stiles 1767, »beruht auf der Vielzahl der Sekten und auf der staatlich verbürgten Freiheit, die sie zum Zusammenleben brauchen. Die Folge ist, daß die innerhalb eines bestimmten Bekenntnisses Benachteiligten entweder zu einem anderen Bekenntnis übertreten oder sich zu neuen Sekten und spontan entstehenden Verbindungen entwickeln. Das allein wird uns die Weisheit lehren, einander nicht zu verfolgen.« In England konnten solche Ansichten nicht durchdringen: dort hatten zwar Menschen, die nicht zur offiziellen Hochkirche gehörten, schließlich das Recht erhalten, ihren Glauben in ihrer eigenen Weise zu bekennen, aber das trug ihnen nach wie vor Nachteile und gesellschaftliche Ächtung ein.

Freiheit, Arbeit und Sklaverei

Ebenso wie in der Kirche hatten die amerikanischen Puritaner auch in Staat und Gesellschaft die Chance, Ideen zu verwirklichen, für die es im Mutterland nach 1660 keinen Raum gab. Und wiederum brachte die große Entfernung von England auch unter den nichtpuritanischen Kolonisten ähnliche Ideen hervor. Freilich hatten die Amerikaner vor 1776 der Monarchie nicht, wie es die englischen Puritaner getan hatten, eine klare Absage erteilt. Aber was sollte sie auch dazu veranlaßt haben? Kein König hatte je den Boden der Kolonien betreten, und obgleich die Regierung in London königliche Gouverneure in die Kolonien entsandte, um die Kolonisten beaufsichtigen zu lassen, besorgten die Kolonisten den größten Teil der Regierungsgeschäfte selbst. Sie gaben vor, das englische Regierungssystem zu bewundern; aber das Parlament in London hatte mit dem republikanischen Ideal viel weniger zu tun als die Einrichtungen, die sie, ohne dem englischen Vorbild zu folgen, für ihre eigenen Zwecke schufen.

In jeder Kolonie lag das Machtzentrum in der Siedlervertretung der *Assembly*, die – wie das *House of Commons* in England – die untere Kammer des Gesetzgebungskörpers bildete und das alleinige Recht hatte, Steuergesetze zu erlassen. (Das Oberhaus – außer in Pennsylvania mit seinem Einkammersystem – war der in der Regel vom König berufene Rat des Gouverneurs.) Aber während das englische Haus der Gemeinen im 18. Jahrhundert nur von einem kleinen Bruchteil der erwachsenen männlichen Bevölkerung Großbritanniens gewählt wurde, war in den meisten Kolonien die große Mehrheit der erwachsenen Männer wahlberechtigt.

Die kolonialen Vertretungskörperschaften waren nicht nur repräsentativer als das englische Unterhaus, sondern auch in höherem Maße den Wählern direkt verantwortlich. Als geistige Nachkommen der Puritaner in England eine Reform des Haus der Gemeinen verlangten, wurde ihnen von den Verteidigern dieser archaischen Institution entgegengehalten, daß ihre Mitglieder, obgleich von einer auf die Wahlkreise höchst ungleich verteilten

Puritanischer Geistlicher
Porträt des William Whitwell (?) auf einem Grabstein in Marblehead/Massachusetts, 1781

Grenzfarmen amerikanischer Pioniere
Kupferstich aus »Travels through the Interior Inhabited Parts of North America«
von Patrick Campbell, 1793

1. Birkenrindenkanu, von einem Indianer gestakt 2. Birkenrindenkanu, von Indianerinnen gepaddelt 3. Indianerkind 4. Zaun aus Holzstämmen 5. Gewundener Zaun 6. Zaun aus Pfosten und Querhölzern 7. In Virginia üblicher Zaun 8. Wohnhaus mit Seitenflügeln 9. Schuppen oder holländische Scheune 10. Scheunen mit Schindeldächern 11. Winterschuppen für Vieh 12. Scheune zum Reinigen von Mais 13. Pferch zur Unterbringung des Viehs in der Nacht und zum Melken 14. Mit Borke gedecktes Blockhaus zum Wohnen 15. Ein Indianerhund

DIE AMERIKANISCHE REVOLUTION

Minderheit gewählt, potentiell das ganze Land repräsentierten. Ein Parlamentarier sollte, so wurde gesagt, nicht den Wünschen seiner Direktwähler gehorchen, sondern im Interesse der Allgemeinheit handeln. Das Argument, so fadenscheinig es war, stellte die Parlamentsmitglieder zufrieden: eine Reform des Unterhauses fand nicht statt. Der amerikanische Kolonist hatte vom Repräsentativsystem eine ganz andere Vorstellung. Für ihn war der Repräsentant jemand, den er in die gesetzgebende Versammlung seiner Kolonie entsandte, um die Regierung über seine Nöte und Bedürfnisse zu informieren und sie wissen zu lassen, welche Steuern und in welchem Umfang er am ehesten ertragen könnte. Ein Mitglied der kolonialen *Assembly* war der Direktbeauftragte der Menschen, die ihn wählten. In diesem Sinne war der Staat für die Amerikaner nicht das Organ monarchischer Autorität, sondern nur ein passendes Mittel, den Bedürfnissen der Regierten Rechnung zu tragen. Der Staat war dazu da, bestimmte Aufgaben zu erledigen; also mußte er denen verantwortlich sein, die ihm seine Aufgaben zuwiesen, die seine Arbeitgeber waren.

Diese prosaische Haltung gegenüber dem Staat ergab sich nicht bloß aus der großen Entfernung zu Königen und Höflingen und brachte nicht lediglich ein latent in der puritanischen Tradition beschlossenes Republikanertum zum Ausdruck. Sie gehörte unmittelbar zu der eigentümlich amerikanischen Hochachtung vor der Arbeit. Ganz deutlich schwang das bei Benjamin Franklin mit, als er Amerika für Europäer beschrieb und jedem abriet, nach Amerika zu gehen, der nichts anderes vorzuweisen hätte als adlige Abkunft. Amerikaner, meinte Franklin, wollten von einem Fremden nicht wissen, was er sei, sondern was er schaffen könne.

Daß die Amerikaner dem Tun, dem Schaffen, der effektiven Mühe so große Bedeutung beimaßen, hatte seinen Ursprung nicht zuletzt in der puritanischen Weisheit, daß der Teufel für müßige Hände Arbeit finde. Die Idee war für Christen nicht gerade neuartig, aber bei Puritanern stand sie offenbar mehr im Vordergrund als bei anderen, wahrscheinlich weil sie so intensiv an Vorbestimmung glaubten. Der große Soziologe Max Weber hat schon vor vielen Jahren auseinandergesetzt, wieso die Prädestinationslehre bei denen, die an sie glaubten, ganz andere Haltungen hervorbrachte, als die zu erwarten gewesen wären. Die Puritaner sagten sich eben nicht, daß es doch wohl besser sei, zu essen, zu trinken und Spaß zu haben, weil man ja an seiner Bestimmung nichts ändern könne, sondern sie verbrachten ihr Leben mit unentwegten Versuchen, herauszubekommen, was denn ihre Bestimmung sei: Himmel oder Hölle. Moralischer Lebenswandel war zwar keine Garantie dafür, daß man in den Himmel kommen werde, konnte aber doch als Hinweis genommen werden, daß Gott den Moralischen gesegnet, also auch seine Aufnahme in die Gefilde der Seligen vorbestimmt habe. Wer ein gutes Leben führte, hatte Grund zur Hoffnung. Ein gutes Leben aber war für den Puritaner tätiges Leben, Mühsal, Plage, in welche Arbeit oder »Berufung« auch immer Gott einen hineingestellt haben mochte. Aber ob nun der Puritaner arbeitete, um an seiner Heilshoffnung festhalten zu können, oder weil es ihm Freude machte, gottgefällig zu leben: in jedem Fall arbeitete er unaufhörlich und schaute entsetzt auf jeden, der es nicht tat.

Den mächtigen religiösen Arbeitsantrieb verstärkten die Anforderungen des amerikanischen Milieus. Auf dem nordamerikanischen Kontinent fehlten die vielen Eingeborenen, die man hätte zur Arbeit befehlen können, wie es die Spanier in Süd- und Mittelamerika taten. Die einheimische Bevölkerung des Gebietes, das heute die Vereinigten Staaten ausmacht, dürfte weniger als eine Million betragen haben, und die wenigen die Atlantik-Küste bevölkernden Indianer zeigten keine Neigung, für die englischen Eindringlinge zu fronden. Der Kontinent war reich an Land und Naturschätzen, aber wertvoll wurde beides erst, wenn man Arbeitskräfte beschaffen konnte, um dem Boden seine Reichtümer zu entreißen. Die Nachfrage nach menschlicher Arbeitskraft überschritt daher alles, was man in Europa je kennengelernt hatte.

So groß war die Nachfrage, daß sie die infame Lösung nach sich zog, afrikanische Neger zur ewigen Fron in die Neue Welt zu bringen. Aber über der Sklavenwirtschaft erhob sich ein anderes Gebilde: die wachsende Arbeitskraftnachfrage verschaffte dem gewöhnlichen Arbeitsmann eine starke Marktposition. Er erhielt dadurch eine persönliche Würde, die er vorher nie gekannt hatte. Wer für einen Arbeitgeber arbeitete, konnte einen hohen Lohn verlangen. Warum sollte man aber für einen anderen arbeiten, wenn man nach freiem Land nur die Hand auszustrecken brauchte? Der durchschnittliche Amerikaner saß auf eigenem Land, das er bearbeitete; in der Regel brauchte er keinem Grundherrn etwas von seinem Arbeitsertrag abzugeben. Er konnte es sich erlauben, geistig sein eigener Herr zu sein. Menschen, deren Lebensunterhalt von anderen abhing, konnten das nicht.

Dieselben Kräfte, die Wert und Würde der Arbeit erhöhten, verringerten unvermeidlich Gewicht und Würde von Abkunft und Reichtum. Das Geld des reichen Mannes konnte weniger fremde Arbeitskraft kaufen als in Europa, und noble Abstammung bedeutete nicht so sehr viel in einer Wildnis, in der nur eigene Anstrengung einen vor dem Hungertod bewahrte. Adlige hatten kaum einen Grund, nach Amerika zu kommen; sie kamen nicht.

Das amerikanische Milieu trug von selbst dazu bei, soziale Unterschiede einzuebnen; auch in dieser Beziehung brachte es ähnliche Wirkungen hervor wie das Puritanertum. Obgleich die Puritaner durchaus konventionellen Vorstellungen über die gesellschaftliche Klassenscheidung anhingen, verwischte ihr innerer Drang zur Arbeit die sozialen Unterschiede. Der Puritaner, der durch schwere Arbeit zu Reichtum kam, zu größerem Reichtum sogar, als er gebrauchen konnte, arbeitete deswegen nicht weniger. Da er sich nach wie vor von der Heilsaussicht überzeugen mußte, schuftete er weiter wie zuvor. Seinen Reichtum verbrauchte er nicht in prahlerischem Aufwand. Genügsamkeit war ebensosehr eine Tugend wie Fleiß. Der reiche Puritaner unterschied sich in seinem Aussehen kaum von seinem ärmeren Nachbarn. Beide arbeiteten schwer und lebten einfach, und beide waren stolz darauf.

Auch der puritanische Hang zum Lernen und zur Gelehrsamkeit hatte seine nivellierende Wirkung. Die Puritaner – wie im Grunde alle Protestanten – glaubten, daß sich die religiöse Wahrheit dem Menschen, der die Heilige Schrift nicht selbst lese, nicht erschließen könne. Sie wollten lesen; sie wollten ihre Kinder lesen lassen; sie füllten das Land mit so vielen Schulen, daß in der Tat die große Mehrheit der Amerikaner im 18. Jahrhundert lesen gelernt hatte; die meisten lasen auch wirklich. So verwischte sich ein weiterer traditioneller Unterschied zwischen den oberen und den unteren Klassen. Mehr noch: was die Amerikaner lasen, war keineswegs die Bibel allein. Am Ausgang der kolonialen Zeit hatte fast jede Kolonie ihre eigene Zeitung; oft wurden darin Auseinandersetzungen über lokale politische Streitfragen abgedruckt. Die amerikanischen Wähler waren nicht nur zahlreich, sondern auch gut unterrichtet.

Keine Gleichheitsphilosophie begleitete den Ausgleich der sozialen Unterschiede im kolonialen Amerika. Die Kolonisten blieben bei der herkömmlichen Ansicht, daß Gott die Gesellschaft in Reiche und Arme, Hohe und Niedrige eingeteilt habe. Aber die Worte hatten in Amerika einen anderen Sinn als in Europa: der Niedrige war in der Tat niedrig, wo der Sklave gemeint war; in allen anderen Sphären war der Niedrige nicht ganz so niedrig wie in Europa – und der Hohe nicht ganz so hoch.

Die Milieueinflüsse, die den Wert der Arbeit erhöhten und den Sinn sozialer Unterschiede veränderten, brachten auch eine neue Einstellung zum Eigentum hervor. Europäische Philosophen hatten, wenn sie das Wesen des Eigentums erörterten, seinen Ursprung in der Verfügung des Menschen über seinen eigenen Körper und über die mit dem Körper verrichtete Arbeit gesehen. In einem Traktat, der sowohl in England als auch in den Kolonien weite Anerkennung fand, hatte sich John Locke einen Naturzustand ausgemalt, in dem der Grund und Boden Gemeineigentum gewesen sein mußte. Privateigentum war nach seiner Meinung erst emporgekommen, als sich der Mensch ein abgezirkeltes Stück Land als Arbeitsbereich zugelegt und sich die Früchte seiner Arbeit anzueignen begonnen hatte. Regierungen, fügte Locke hinzu, seien dazu da, dies Eigentum zu schützen.

Für die Menschen in England war Lockes Erklärung der Anfänge des Eigentums eine rein theoretische Angelegenheit. Niemand, der in England lebte, hatte einen solchen Prozeß der Herausbildung des Eigentums mitgemacht. Jedes Stück englischen Bodens hatte seine Geschichte, die weit in unbeschriebene Zeiten zurückreichte, und niemand konnte erforschen, wann und wie das Eigentum an diesem Stück Land entstanden war. Der Eigentümer arbeitete selten, und der Arbeiter hatte selten Eigentum. Die Amerikaner dagegen fanden in Lockes Erklärung die Beschreibung ihrer eigenen Erfahrung. Gewiß kam es vor, daß ein Kolonist den formalen Eigentumstitel von seiner Kolonialregierung erhalten hatte; aber vertraut war ihm vor allem der andere Vorgang: der Wildnis Land zu entreißen und es durch Arbeit in sein eigenes zu verwandeln. Arbeit war daher für den amerikanischen Kolonisten – anders als für den Europäer – ein notwendiger, elementarer Inhalt des Eigentums. Wo Eigentum lediglich ein Stück Brachland bedeutete, auf das ein Indianerstamm oder ein Grundstücksspekulant Anspruch erhob, war es nicht wahrscheinlich, daß der amerikanische Pionier einen solchen Rechtstitel allzu ernst nahm. Oft genug hatten Amerikaner den Indianern ihre Ländereien genommen, nicht selten mit der Begründung, die Indianer hätten in das Land, auf dem sie nur jagten, keine Arbeit hineingesteckt, die allein einen Besitzanspruch begründen könne. Als Thomas Jefferson 1787 das viele unbeackerte Land sah, das der französische Adel für sich als Jagdgehege reservierte, kam er auf ähnliche Weise zu dem Schluß, daß die Eigentumstitel der Adligen vor dem natürlichen Recht der arbeitslosen Armen nicht bestehen könnten, sofern die Armen den Wunsch anmelden sollten, das Land unter den Pflug zu nehmen. Eigentum, in das keine Arbeit einging, konnte nicht sinnvollerweise Eigentum genannt werden.

Umgekehrt, wo Arbeit sichtbar und offenkundig Urgrund des Besitzes war, galt Eigentum als heilig. Die meisten Amerikaner besaßen solches Eigentum. Daß die meisten von ihnen bei den Wahlen von Vertretungskörperschaften wahlberechtigt waren, beruhte keineswegs darauf, daß das Wahlrecht in Amerika an geringere Besitzanforderungen geknüpft gewesen wäre als in England. Wahlberechtigt war in allen Kolonien nur der Bürger, der ein beachtliches Grundstück sein eigen nannte. Das war bei den meisten Amerikanern der Fall, und deswegen verlangten sie von ihren Regierungen, daß solches Eigentum geschützt werde. Sie taten ihre Arbeit, der Staat sollte die seinige tun.

Und da die Hauptaufgabe des Staates war, das Eigentum seiner Bürger zu schützen, durfte er von diesem Eigentum nicht mehr als unbedingt nötig wegsteuern. Genausowenig wie die Kirche dazu da war, ganze Garnituren von kirchlichen Würdenträgern zu finanzieren, war der Staat dazu da, Müßiggänger adliger Abkunft mit Sinekuren und Pensionen zu versehen. Die kolonialen Regierungen waren Muster an Sparsamkeit: es kostete sehr wenig, sie in Gang zu halten; die Kolonisten beurteilten sie, wie sie Menschen beurteilten, indem sie nicht fragten, was sie seien, sondern was sie schaffen könnten. Wie ein Mensch, der seine Arbeit nicht tat, als verderbt galt, so galt auch eine Regierung als verderbt, wenn sie ihre Aufgabe nicht erfüllte.

Oberflächlich besehen, sprachen die Kolonisten über Staat und Regierung nicht viel anders als die Engländer. Die einen wie die anderen betonten die Pflicht des Staates, das Eigentum zu schützen; die einen wie die anderen priesen die Schriften John Lockes; die einen wie die anderen betrachteten die Britischen Inseln als die Geburtsstätte der Freiheit. England war für die Kolonisten »daheim«, auch wenn sie es nie gesehen hatten; stolz rühmten sie die Schlachten, die Engländer in den Jahrhunderten zuvor für Freiheit, Eigentum und repräsentatives Regierungssystem geschlagen hatten. Es kam ihnen nicht in den Sinn, daß die Worte, die sie im Chor mit den Engländern sprachen, nicht dasselbe bedeuteten, daß sie in Wirklichkeit über so entscheidende Dinge wie Staat, Eigentum oder Gesellschaftsklassen ganz anders dachten als die Menschen »daheim«. Die Vorstellung, daß sie ihre Bindung an England aufgeben könnten, um sich zu einer besonderen Nation zusammenzufinden, wäre ihnen 1760 nur komisch vorgekommen.

Etwas aber lag in der Luft, was gute Beobachter hätten bemerken können: wenn Amerikaner England besuchten, schrieben sie nach Hause über Luxus, Verschwendungssucht und Verderbnis, und urplötzlich hatten sie nicht mehr das Gefühl, sie seien in England »daheim«. »Wenn ich zurückkomme«, schrieb einer, »werde ich Euch eine Menge zu erzählen haben über die Höflichkeit, ich könnte auch sagen: Verlogenheit und Verderbtheit der Menschen hier.« »Sie alle miteinander«, schrieb ein anderer, »sind Schurken. Ich bedaure nicht, daß ich hierhergekommen bin, denn das wird mich lehren, auf meiner kleinen Farm in Amerika zufrieden zu sein.« Es war ein böses Zeichen, daß Amerikaner, die England besucht hatten, sich selbst und ihre Landsleute als genügsam und fleißig, das Mutterland dagegen als verschwenderisch und verderbt empfanden. Daß sich hier eine Kluft aufgetan hatte, brachten der großen Mehrheit der Amerikaner die Dinge zum Bewußtsein, die sich zwischen 1764 und 1776 ereigneten. Man brauchte nicht mehr über den Ozean zu reisen, um das zu erkennen.

Finanzstreit mit dem Mutterland

Die ominösen Ereignisse begannen mit dem harmlosen Wunsch Englands, bei der Bezahlung der Rechnungen für den Siebenjährigen Krieg einige Hilfe von den Kolonien zu bekommen. Viele Engländer waren der Meinung, dieser Krieg, in dem Kanada den Franzosen und Florida den Spaniern genommen worden waren, sei eigentlich im Interesse der Kolonien geführt worden. War es dann nicht recht und billig, die Kolonien zu bitten, zum Ausgleich eines Staatshaushalts beizutragen, den der Krieg zu einem erschreckenden Umfang aufgebläht hatte? Zum allermindesten, meinte man in England, sollten die Kolonien die Truppen bezahlen helfen, die das Mutterland zur Bewachung der neuen Eroberungen in Amerika belassen hatte.

In diesem Sinne beschloß das Parlament 1764 das meistens »Zuckerakte« genannte Gesetz, das die Zollsätze auf verschiedene Einfuhrartikel der Kolonien abänderte und schärfere Erhebungsmethoden für die Eintreibung der Zölle einführte. Die wichtigste Änderung war die Herabsetzung des Einfuhrzolls auf Melasse von sechs auf drei Pence je Gallone: das betraf vor allem die bedeutende Melasseeinfuhr der amerikanischen Kolonien. Der frühere Zoll war so prohibitiv hoch, daß die amerikanischen Importeure ihm mit Bestechung und Schmuggel systematisch aus dem Wege gingen. Nun war ihnen der Schmuggel viel schwieriger und riskanter gemacht worden, und England rechnete damit, daß sie lieber den neuen niedrigeren Zoll entrichten würden, statt sich auf gefährliche Abenteuer einzulassen.

Im nächsten Jahr ließ Schatzkanzler George Grenville, der Vater der Zuckerakte, eine weitere Maßnahme – er hatte sie warnend vorher schon angekündigt – folgen: die »Stempelakte«. Eine in Gebührenmarken zu entrichtende Stempelgebühr, nicht in allen Fällen ganz niedrig, traf Rechtsurkunden aller Art und dazu Zeitungen, Kalender und Bücher, ja faktisch fast alle Papiererzeugnisse überhaupt.

Die Reaktion der Kolonien auf diese Maßnahmen war so heftig und so allgemein, daß sie sogar die Kolonisten selbst überraschte. Früher hatten sie dem Mutterland ohne weiteres das Recht zugestanden, ihren Handel im Einklang mit den englischen Bedürfnissen zu regulieren: mit Einfuhrzöllen, um bestimmte Wirtschaftszweige abzuschrecken, und mit Begünstigungen, um andere zu fördern. War die Zuckerakte nicht eine regulierende Maßnahme von genau derselben Art? Nun sagte aber die Präambel zur Zuckerakte, das Ziel der neuen Regelung sei die Beschaffung von Einkünften für den englischen Staat. Das war eine Neuerung, die Entrüstung hervorrief. Mehrere Kolonien protestierten dagegen, daß sich ein Parlament, in das sie keine Vertreter entsandten, das Recht herausnahm, Steuern zu verhängen. Der doppelte Zweck des Gesetzes irritierte die Amerikaner. Sie hatten ihre Einwände kaum artikuliert vortragen können, als auch schon der zweite Schlag fiel, die Stempelakte: eine eindeutige Besteuerungsmaßnahme, die nicht einmal vorgab, der Regulierung des kolonialen Außenhandels zu dienen. Die Wirkung war elektrisierend.

Am 30. Mai 1765, kurz nachdem die ersten Nachrichten über die Stempelakte in Virginia eingetroffen waren, brachte der junge Anwalt Patrick Henry in der Vertretungskörperschaft der Kolonie Virginia *(House of Burgesses)* mehrere Resolutionen durch, die dem Parlament in London das Recht bestritten, das Eigentum der Kolonisten ohne ihre Zustimmung mit Steuern zu belasten. Vertretungskörperschaften anderer Kolonien faßten ähnliche Entschließungen; auf Anregung von Massachusetts entsandten neun Kolonien ihre Vertreter zu einem Kongreß nach New York, der wiederum in weiteren Resolutionen bekundete, daß das Recht, die Kolonisten zu besteuern, nur den von ihnen selbst gewählten Vertretungskörperschaften zustehe und niemandem sonst.

Während ihre Vertretungskörperschaften noch damit beschäftigt waren, Resolutionen zu beschließen, griffen die Kolonisten aber auch schon zur direkten Aktion, um ihr Eigentum vor englischen Steuern zu bewahren. Von einer erregten Menge wurden die Häuser von Bürgern überfallen, die im Verdacht standen, für die Befolgung der Stempelakte einzutreten. Grüppchen, die sich »Söhne der Freiheit« nannten, suchten die mit dem Vertrieb der Gebührenmarken Beauftragten auf und zwangen sie zum Rücktritt. Kaufleute kamen überein, bis zum Widerruf des Gesetzes keine Waren mehr aus England einzuführen. Als das Gesetz am 1. November 1765 in Kraft treten sollte, wagte in den Kolonien niemand mehr, es zu vollstrecken. Die Gerichte schlossen ihre Türen. Schiffe, die ohne Papiere mit Gebührenmarken nicht auslaufen konnten, lagen vor Anker.

Mit diesem passiven Widerstand nicht zufrieden, setzten die »Söhne der Freiheit« mit weniger sanften Methoden binnen wenigen Wochen überall durch, daß Zollbeamte und Gerichte ihre Geschäfte ohne Gebührenmarken verrichteten. Das war Widerstand gegen die Staatsgewalt in weitem Umkreis und konnte leicht zur Folge haben, daß alle Machtmittel des englischen Staates zur Unterdrückung der werdenden Rebellion eingesetzt werden würden. In dieser Situation kündigten die Aufsässigen an, sie würden eher zu den Waffen greifen als sich unterwerfen. Natürlich war das leichter gesagt als getan. Man kann aber mit Sicherheit unterstellen, daß ein entschiedener Versuch, die Stempelakte wirklich anzuwenden, in allen amerikanischen Kolonien, die sich später an der Revolution beteiligten, wilden Widerstand ausgelöst hätte.

An den Vorgängen, die die Amerikaner so plötzlich an den Rand der Rebellion brachten, war zweierlei bemerkenswert. Einerseits hatten nur wenige Mitglieder des Londoner Parlaments die Vorstellung, daß sie mit der Besteuerung der Kolonien gegen anerkannte Grundsätze verstießen: die Stempelakte war gegen eine ganz schwache Opposition angenommen worden, und auch die Redner, die das Gesetz angegriffen hatten, bezweifelten nicht das Recht des Parlaments, Beschlüsse dieser Art zu fassen. Anderseits hatten sich aber die Amerikaner in der Überzeugung, daß mit der Besteuerung der Kolonien lebenswichtige Grundsätze verletzt würden, erstaunlich einmütig und entschlossen gezeigt.

Die Amerikaner waren keineswegs der Meinung, daß sie sich für etwas Ungewöhnliches oder Neuartiges einsetzten. Sie hielten es für ein natürliches, in allen freien Staaten und gerade in der Verfassung Englands anerkanntes Menschenrecht, daß Eigentum ohne ausdrückliche Zustimmung der gewählten Vertreter der Eigentümer nicht weggesteuert werden dürfe. In Wirklichkeit war das nichts anderes, als was Locke gelehrt hatte, und auch die Engländer hatten wiederholt ihr Einverständnis mit dem von Locke verkündeten Grundsatz bekundet. Indes waren die Engländer so sehr daran gewöhnt, die Mitglieder des Hauses der Gemeinen als Vertreter aller britischen Untertanen zu betrachten, daß ihnen die amerikanische Auslegung eines akzeptierten Grundsatzes als böse und gefährliche Neuerung erschien. Daß die Kolonisten an den Wahlen zum Unterhaus nicht teilnahmen, besagte nichts: auch die meisten Engländer nahmen an ihnen nicht teil. Aber sie alle, Engländer und Bewohner der Kolonien, galten eben als »potentiell« vertreten. Daß die Amerikaner das plötzlich nicht gelten ließen, kam den Engländern unbegreiflich und – darum – revolutionär vor.

Den Amerikanern mußte aber eben die Theorie von der »potentiellen« Vertretung der Staatsbürger geradezu lächerlich vorkommen. In Amerika galt der »Repräsentant«, der »Volksvertreter«, als der direkte Beauftragte der Menschen, die ihn wählten; es lag auf der Hand, daß die Mitglieder des Unterhauses als Beauftragte der Menschen in England handelten: gelang es ihnen, die Kolonien zu besteuern, so mußte sich das, was sie selbst und ihre Wähler an Steuern zu zahlen hatten, genau um den Betrag vermindern, den die Kolonien aufbrachten. Die in der Stempelakte vorgesehenen Gebühren waren nicht an sich bedrückend; gaben aber die Kolonisten erst einmal zu, daß das Parlament das Recht habe, sie zu besteuern, so begaben sie sich jeder Möglichkeit, die Steuerbeträge zu begrenzen, und dann konnte das Haus der Gemeinen in London alle Finanzierungslasten der Regierung des Mutterlandes auf ihre Schultern abwälzen. Die Kolonisten wären dann zu Sklaven geworden, und ihr Eigentum wäre dem zerstörerischen Zugriff eines Staates ausgesetzt, auf den sie keinen Einfluß hatten und keinen erlangen konnten. Zu den Kosten der Verteidigung des Britischen Weltreiches wollten sie, wenn man sie dazu aufforderte, gern beitragen, aber sie waren nie und nimmer bereit, den Grundsatz gelten zu lassen, daß ihnen ohne ihre Zustimmung Steuern und Abgaben auferlegt werden dürften.

Was allen Amerikanern von Neuengland bis Georgia selbstverständlich war, machte auf das Parlament in London keinen Eindruck; Eindruck dagegen machte die Tatsache, daß die Amerikaner die englische Ausfuhr nach den Kolonien abdrosselten. Englische Kaufleute, die ihre Kunden in den Kolonien verloren, überschütteten das Haus der Gemeinen mit Petitionen. Unter ihrem Druck setzte das Parlament die Stempelakte ein Jahr nach ihrer Verabschiedung außer Kraft. Die Kolonisten freuten sich nicht nur über ihren Erfolg, sondern vor allem auch über die höchst bemerkenswerte Einmütigkeit, die sie empfunden und nach außen demonstriert hatten. Seit der Gründung der Kolonien hatten sie miteinander fast ständig über Grenzen, Indianerkriege und politische Fragen gestritten. Die Übereinstimmung war ermutigend und brachte die Amerikaner auf neue Gedanken. »Die Kolonien«, schrieb Joseph Warren in Massachusetts, »waren bis jetzt immer verschiedenen Sinnes und aufeinander närrisch eifersüchtig; sie sind jetzt... geeint..., und sie werden das Gewicht, das ihnen diese enge Vereinigung verleiht, nicht so bald vergessen.«

In den Jahren, die folgten, vergaßen sie in der Tat nicht die Durchschlagskraft der Einigkeit, wie sie auch nicht vergaßen, daß ihr Boykott englischer Waren die Stempelakte hatte begraben helfen. Sie waren stolz auf die Enthaltsamkeit, Genügsamkeit und Arbeitsmühe der Menschen von einem Ende des Kontinents zum andern, die den Boykott wirksam gemacht hatten. Sie hatten das ihnen angetane Unrecht fast begrüßt, weil es die Tugenden förderte, auf die sie so großen Wert legten. Richard Henry Lee aus Virginia, der später die Verkündung der Unabhängigkeit beantragen sollte, hatte, als er zum erstenmal von der

Zuckerakte hörte, zunächst vermutet, das Gesetz sei dazu bestimmt, Amerika in Armut und Abhängigkeit von England zu halten. Aber: »Armut und Unterdrückung«, schrieb er an einen englischen Freund, »unter denen, deren Gemüter mit Ideen der britischen Freiheit angefüllt sind, können tugendhaften Fleiß mit vielen hochherzigen und mannhaften Gefühlen hervorbringen.« So war es denn auch. Hausfrauen hatten sich an die Spindeln und Webstühle gesetzt, und handgesponnene Kleidung war zum Abzeichen der Tugend geworden. Wenn Amerikaner ihrer Einigkeit im Kampf gegen die Stempelakte gedachten, galten ihre stolzen Überlegungen nicht nur der Übereinstimmung in grundsätzlichen Verfassungsfragen, sondern vor allem auch dem »tugendhaften Fleiß«, der bescheidenen Lebensführung und der Opferbereitschaft, mit denen sie auf die angedrohte Armut und Unterdrückung geantwortet hatten.

Das Londoner Parlament gab ihnen bald noch mehr Gelegenheit, diese Tugenden zu betätigen. Etwas über ein Jahr nach der Aufhebung der Stempelakte, 1767, brachte der neue Schatzkanzler Charles Townshend eine neue Vorlage zur Besteuerung der Amerikaner ein: diesmal sollten in den Kolonien (natürlich zugunsten des Mutterlandes, nicht der Kolonialverwaltung) Zölle auf die Einfuhr von Blei, Farben, Papier, Glas und Tee aus England gelegt werden. Townshend, der die Tragweite der amerikanischen Einwände gegen englische Finanzgesetze falsch einschätzte, versicherte dem Haus der Gemeinen, diese Form der Besteuerung werde für die Amerikaner akzeptabel sein. Das Haus, das den früheren amerikanischen Widerstand immer noch nicht begriffen hatte, erhob die Vorlage zum Gesetz. Gleichzeitig schuf es eine neue Behörde, das Amt der Zollbevollmächtigten in Boston, mit der Aufgabe, die Erhebung sämtlicher Zölle in Amerika zu organisieren und zu leiten.

Auf Townshends Zölle reagierten die Amerikaner nicht anders als auf Grenvilles Gebühren. Die Vertretungskörperschaften der Kolonien sandten Entschließungen und Petitionen nach England, in denen sie ihre verfassungsrechtlichen Einwände gegen eine Besteuerung durch das Parlament wiederholten; die Kaufleute, von den »Söhnen der Freiheit« unter Druck gesetzt, schlossen von neuem Vereinbarungen über die Nichteinfuhr englischer Erzeugnisse ab; überall erinnerten die Amerikaner einander daran, daß Genügsamkeit, Selbstverleugnung und Fleiß ihnen und ihren Vorfahren die Kraft verliehen hatten, aus der Wildnis wertvollen Besitz zu machen und dann, als man ihnen diesen Besitz nehmen wollte, diesen üblen, tückischen Anschlag abzuwehren: jetzt müßten sie aus ihren ererbten Tugenden die Kraft schöpfen, den zweiten Anschlag unschädlich zu machen. Samuel Adams, ein Bostoner Politiker, der sich für die Tugendlehre der strengen Einfachheit nach dem Vorbild seiner puritanischen Vorfahren begeisterte, sah in den neuen englischen Zöllen eine Bedrohung der »klaren und offensichtlichen Regel der Billigkeit, wonach der fleißige Mensch ein Anrecht auf die Früchte seines Fleißes hat«.

Die Früchte des Fleißes wurden, so schien es Adams, nicht nur durch die neuen Zölle, sondern vor allem auch durch das neugeschaffene Amt der Zollbevollmächtigten bedroht. Wie alle anderen Amerikaner betrachtete er diese neuen Beamten als überflüssig und nutzlos; er war sicher, daß sie einen ganzen Schwarm von Pensionsbeziehern in die Welt setzen und sich als »schrecklich für die Freiheiten des Volkes« erweisen würden. Daß die

König Georg III. von England
Gemälde von Benjamin West, 1779. Windsor, Royal Collection

Samuel Adams
Gemälde von John Singleton Copley, 1770/72. Boston/Mass., Museum of Fine Arts

Regierungen der Kolonien keine überflüssigen Beamten durchschleppten, machte sie so sparsam im Betrieb; darum konnten auch die kolonialen Steuern im Verhältnis zu denen in England so niedrig gehalten werden. Wenn Amerikaner nach England reisten, machte ihnen gerade der Schwarm der Pensionsbezieher Angst, die da an den Fleischtöpfen des Staates durchgefüttert wurden. Eine neue Zollbehörde, die noch mehr Beamte einstellen würde: das war für die Amerikaner der verhängnisvolle Versuch, auch bei ihnen das britische System der politischen Patronage einzuführen. Und die neuen Zölle schienen zu besagen, daß die Amerikaner für diese unerwünschten und uneingeladenen Botschafter der Verderbnis würden aufkommen müssen. Die Zeitungen sahen in den Zollbevollmächtigten nicht ehrliche, mit einer peinlichen Aufgabe betraute Staatsbedienstete, sondern Schmarotzer, die nach Amerika nur kämen, um sich auf Kosten der fleißigen und arbeitsamen Amerikaner zu mästen.

Zu allem Überfluß bestätigte das Verhalten der neuen Zollinspektoren die Vorstellung der Amerikaner von der Korruptheit aller englischen Beamten. Den Zollbevollmächtigten stand ein bestimmter Prozentsatz vom Wert aller beschlagnahmten unverzollten Ware zu, und sie nutzten Unklarheiten im Gesetzestext aus, um ihre eigenen Taschen zu füllen: einwandfreie Warensendungen wurden ebenso rücksichtslos beschlagnahmt wie unverzollte Schmuggelware. Um sich vor gewaltsamen Vergeltungsakten zu schützen, mit denen sie bei ihrer Art der Amtsführung rechnen mußten, führten die Zollbevollmächtigten in London Klage darüber, daß man sie in Boston hindere, die Zölle zu kassieren; ohne militärische Rückendeckung könne die Zollverwaltung einpacken. Und die englische Regierung war töricht genug, den Wunsch der Zöllner zu erfüllen und Truppen zu schicken. Zwei Jahre lang bramarbasierten die Soldaten des Königs in den Straßen Bostons, ohne auf die offene Feindseligkeit der Einwohner zu achten; und im März 1770 feuerte eine Wachmannschaft vor dem Zollhaus in die Menge, aus der sie mit Schneebällen und Ziegelsteinen beworfen worden war. Fünf Amerikaner kamen ums Leben. Auf dem ganzen Kontinent gingen ob des »Massakers von Boston« die Wogen der Entrüstung hoch.

Die Soldaten wurden nun auf Verlangen der Bostoner Bevölkerung auf eine Insel im Bostoner Hafen verlegt. Dann kam weitere Entspannung mit der Nachricht, das Parlament habe die Townshend-Zölle aufgehoben und nur den Teezoll beibehalten. Die Konsumabstinenz der Amerikaner und die Boykottabmachungen hatten den Absatz englischer Waren bis auf den Nullpunkt reduziert, und schließlich hatte das Unterhaus den Klagen und Protesten der Kaufleute und Fabrikanten Rechnung tragen müssen.

Wieder beglückwünschten sich die Amerikaner zum Triumph der Tugend. Viele wollten am Boykott festhalten, bis auch der Teezoll gefallen sei. Doch die New Yorker Kaufleute brachten wieder Importe ins Land. Natürlich wurden die Kaufleute unpatriotischer Gesinnung bezichtigt; sie waren ohnehin seit jeher die Zielscheibe patriotischen Mißtrauens, weil sie keine produktive Arbeit leisteten und auch noch andere verführten, in Luxus zu schwelgen. Allerdings fanden die meisten Amerikaner, daß man der versöhnlichen Geste des Parlaments nicht mit Starrsinn begegnen sollte; sie wollten auch wieder englische Ware kaufen. In allen Kolonien wurde der allgemeine Boykott aufgegeben; weiterhin boykottiert wurde englischer Tee, von nun an zum Inbegriff sündigen Luxus erklärt. (Die lasterhaften

Eigenschaften fielen in dem Augenblick von den Teeblättern ab, da sie aus Holland eingeschmuggelt wurden.)

Bis zu einem gewissen Grad kehrte gutes Einvernehmen zwischen dem Mutterland und den Kolonien wieder ein, nachdem die Townshend-Zölle 1770 gefallen waren. Lord North, der die Aufhebung beantragt hatte, wurde Premierminister des Königs. Unter seiner Führung entwickelte sich das Verhältnis zu den Kolonien in den folgenden drei Jahren fast ohne Reibungen. Aber nicht wenige Amerikaner – unter ihren Wortführern war Samuel Adams am meisten gefürchtet – hatten mittlerweile die Überzeugung gewonnen, daß Korruption und Sittenverfall in England die amerikanische Freiheit grundsätzlich bedrohten. Adams gründete 1772 in Boston und anderen Städten von Massachusetts Korrespondenzkomitees zur gegenseitigen Unterrichtung über gefährliche englische Schritte. Von Massachusetts griffen die Korrespondenzkomitees auf die übrigen Kolonien Neuenglands über, und 1773 waren sie zu einem umfassenden Verbindungsnetz über die Grenzen der einzelnen Kolonien hinweg geworden.

Wieder zeigten die Engländer 1773, wie wenig sie die Menschen verstanden, mit denen sie es in Amerika zu tun hatten. Um diese Zeit war die englische East India Company in finanzielle Schwierigkeiten geraten; sie hätten sich beheben lassen, wenn die Gesellschaft von ihrer großen Teeproduktion mehr hätte absetzen können. Daß die Amerikaner gern Tee tranken, war bekannt; aber um den Townshend-Zoll nicht entrichten zu müssen, verzichteten sie aufs Teetrinken oder tranken geschmuggelten holländischen Tee. Was konnte man für den Teeabsatz tun? Die East India Company durfte ihren Tee direkt nur an Großhändler in England abgeben und mußte ihren Umsatz hoch versteuern. In der Teeakte von 1773 befreite nun das Parlament den zur Ausfuhr bestimmten Tee von der englischen Steuer und ermächtigte die East India Company, ihren Tee in Amerika durch eigene Vertreter – unter Umgehung des englischen Großhandels – abzusetzen. Der Teeimport unterlag zwar in den Kolonien nach wie vor dem Townshend-Zoll, aber mit dem Wegfall der englischen Steuer und der Ausschaltung der Zwischenhandelsprofite ließ sich englischer Tee nunmehr sehr viel billiger anbieten, sogar unter dem Preis der holländischen Schmuggelware. Die East India Company hatte also Aussicht auf einen neuen Absatzmarkt und Abwendung des drohenden Bankrotts, die Amerikaner konnten billigen Tee trinken, und England konnte erwarten, durch das Aufkommen aus dem Teezoll für den Ausfall an Teesteuereinnahmen entschädigt zu werden.

In dem einleuchtenden Plan steckten zwei Fehler. Erstens: der für Amerika bestimmte Tee sollte zu besonders niedrigen Preisen an eigene Vertreter der East India Company geliefert werden, und wer eine solche Vertretung nicht übertragen bekam, sah darin ein Monopol. Zweitens: der Plan ging von der Annahme aus, daß sich amerikanische Verbraucher mit dem Townshend-Zoll abfinden würden, wenn sie dafür billigen Tee bekämen, und im Chor donnerten jetzt Kaufleute und radikale Politiker wie Samuel Adams, das englische Parlament wolle die Amerikaner mit Bestechungen dazu bringen, eine von ihnen nicht beschlossene Besteuerung zu dulden. Als Schiffe mit Teeladungen eintrafen, taten sich entschlossene Bürger zusammen und brachten den Tee in Lagerhäuser, in denen sich kein Vertreter der East India Company an den Tee heranwagte, oder sie sandten die Schiffe mit

DIE AMERIKANISCHE REVOLUTION

voller Fracht zurück. In Boston ordnete aber der englische Gouverneur an, daß nur Schiffe, die ihre Ladung gelöscht hatten, den Hafen verlassen dürften. Kurzerhand luden die Bostoner Bürger den Tee selbst aus und warfen ihn ins Meer.

Diese *Boston Tea Party* begrüßten die Amerikaner mit einem Beifallssturm: endlich hatten sich die Kolonien aufgerafft, ihr geheiligtes Recht zu verteidigen; endlich mußten die Engländer einsehen, daß man ein tugendhaftes und strebsames Volk nicht mit einer Tasse Tee bestechen konnte! Aber die Engländer sahen etwas ganz anderes: Menschen, die ständig die Heiligkeit des Eigentums im Munde führten, hatten sich ruchlos an fremdem Eigentum vergangen, schlimmer noch: sie hatten wertvolles Eigentum vernichtet. Das Parlament beschloß 1774, ein Exempel zu statuieren. Mehrere Gesetze wurden erlassen: bis zur Zahlung einer Entschädigung für den vernichteten Tee blieb der Bostoner Hafen geschlossen, und die Verfassung der Kolonie Massachusetts wurde so abgeändert, daß die Beauftragten der königlichen Gewalt größere Machtbefugnisse erhielten.

Das spornte die Kolonisten zu heftigerem Widerstand an; sie glaubten sicher zu sein, daß gemeinsame Not wieder die besten Eigenschaften im amerikanischen Volk hervorkehren werde. Samuel Adams hatte nur Worte des Hohns für die Vorstellung, daß die Schließung des Hafens die Bürger Bostons zur Räson bringen könne.»Die schändlichen Lakaien der Macht«, schrieb er,»malen Not und Elend an die Wand; aber vergebens glauben sie uns einschüchtern zu können; uns schwebt als Leitbild die Tugend unserer Ahnen vor: ihnen waren Schnecken und Muscheln genug. Ich meinerseits bin Umgang mit Armut gewöhnt; und für einen so unerfreulichen Gefährten sie die Wohlhabenden und in Luxus Lebenden, die mit ihr nie vertraut geworden sind, auch halten mögen: ich will mit ihr bis ans Ende meiner Tage in Freuden leben, wenn ich nur damit zur Erlösung meines Landes beitragen kann.«

Die Kolonien machen sich selbständig

Boston brauchte nicht lange zu dulden. Die anderen Kolonien nahmen die Belehrung, die ihnen mit den»unerträglichen Gesetzen«erteilt werden sollte, anders auf, als das Ministerium in London es sich gedacht hatte: sie begriffen, daß ihnen, wenn sie Bostons Beispiel befolgten, dasselbe blühte; nur schlossen sie daraus, daß Hilfe für Boston der einzige Ausweg sei. Sofort traten die Korrespondenzkomitees in Aktion; von allen Seiten strömten Waren aller Art nach Massachusetts; Vertreter aller Kolonien wurden zum September 1774 zu einem Kongreß nach Philadelphia zusammengerufen: dort sollte die Notlage besprochen und Abhilfe beschlossen werden.

Die sechsundfünfzig Abgeordneten, die in Philadelphia zusammenkamen, waren sich nicht von vornherein über das zweckmäßigste Vorgehen einig. Vertreter der»mittleren« Kolonien – New York, Pennsylvania, New Jersey – waren für Mäßigung. Ihr Sprecher Joseph Galloway aus Pennsylvania schlug vor, das Mutterland um einen Umbau der Weltreichsorganisation zu ersuchen: für Amerika sollte als Mittelstufe zwischen dem Parlament in London und den *Assemblies* der Kolonien eine gewählte Gesamtvertretung geschaffen werden. Diesen Vorschlag brachten gemeinsam die Vertreter des Südens und Neuenglands zu Fall. Am Ende einigte sich der Kongreß auf eine Erklärung und eine Reihe von Entschließungen: darin wurden die Rechte präzisiert, die die Kolonisten als Engländer und als Menschen glaubten auf Grund der Gesetze der Natur, der englischen Verfassung und der Satzungen der Kolonien beanspruchen zu dürfen. Der Kongreß zählte alle Entscheidungen des Parlaments auf, die diese Rechte verletzt oder eingeschränkt hätten und die aufgehoben werden müßten, wenn wieder Eintracht herrschen sollte. Der Kongreß wollte Eintracht und Freundschaft und erkannte auch dankbar den Schutz an, den England der amerikanischen Schiffahrt gewährte; in diesem Sinne war er damit einverstanden, daß das Parlament auch weiterhin den amerikanischen Außenhandel regulierte. Das war allerdings auch die einzige Form der Unterordnung unter das Mutterland, die er noch akzeptierte.

Nicht nur die Steuergesetze sollte das Parlament rückgängig machen. Zwar war die Steuergesetzgebung der Kern des Streits zwischen England und seinen Kolonien zwischen 1763 und 1774, aber auch auf anderen Gebieten führten die Kolonisten bewegte Klage darüber, daß ihren Freiheiten Abbruch getan werde: die Zuständigkeit der Geschworenengerichte war eingeschränkt worden, und in einigen Kolonien hatte der königliche Gouverneur die gewählten Vertretungskörperschaften aufgelöst, so daß die gesamte Macht dem vom König ernannten Rat zufiel. Die sich häufenden Übergriffe ließen die Amerikaner immer mehr vermuten, daß die maßgebenden Personen der englischen Regierung ein Komplott ausgeheckt hätten, Schritt für Schritt alle Freiheiten der Kolonien zunichte zu machen.

Allmählich waren die Kolonisten auf den Verdacht gekommen, daß das bei ihnen – zum erstenmal seit der Gründung der Kolonien – stationierte Heer nicht, wie behauptet wurde, zu ihrem Schutz da sei, sondern dazu, sie zu versklaven. Noch nie, meinten sie, habe den Kolonien seit ihrer Gründung so wenig Gefahr von außen gedroht. (Frankreich war geschlagen, fast erledigt.) Wozu also das Heer? Mit nicht geringem Entsetzen vernahmen die Amerikaner, daß England in den Frankreich abgenommenen Bezirken ein Regierungssystem errichtet hatte, das keine Volksvertretung kannte, daß dort das französische Zivilrecht galt und die römisch-katholische Kirche zugelassen worden war. Daß England in ihrer nächsten Nachbarschaft ein so despotisches Regierungssystem eingeführt hatte, nahmen sie als Hinweis darauf, was ihnen selbst bevorstand.

Um die Zeit, da der Kongreß in Philadelphia zusammentrat, waren die Kolonisten von der Schlechtigkeit der Londoner Regierung so sehr überzeugt, daß sie ihr auch Anschläge auf die Freiheiten des Volkes von England unterstellten. »Der gegenwärtige unselige Stand unserer Angelegenheiten«, stellte der Kongreß fest, »ist verursacht durch ein um das Jahr 1763 von einem englischen Ministerium beschlossenes ruinöses System der Kolonialverwaltung, das offenbar darauf berechnet ist, diese Kolonien und mit ihnen das Britische Empire zu versklaven.« So hieß es in der Präambel des Gemeinschaftsvertrages, in dem die Abgeordneten übereinkamen, allen Handel mit Großbritannien abzubrechen und »Genügsamkeit, Sparsamkeit und Fleiß zu fördern; und die Landwirtschaft, die Künste und die Gewerbe unseres Landes, sonderlich das Wollgewerbe, zu begünstigen«. Der Kongreß setzte hinzu: »Wir werden jede Art von Verschwendung und Ausschweifung mißbilligen und bekämpfen.«

Aus der offenbaren Freude der Kolonisten an Enthaltsamkeit und Selbsteinschränkung und aus der Beharrlichkeit, mit der sie den Lastern Englands ihre eigenen Tugenden entgegenhielten, ließe sich schlußfolgern, sie seien ein unsympathisches bigottes Pharisäervolk gewesen, und dafür hielten sie in der Tat manche Engländer, die sie besuchten. In Wirklichkeit machten sich die Kolonisten über ihre eigene Unvollkommenheit nichts vor. Von ihrer protestantischen Erziehung her war für sie die Anfälligkeit des Menschen für die Sünde ein Axiom; und obgleich sie glaubten, sie seien mit Genügsamkeit und Fleiß ausgiebiger versehen als ihre englischen Brüder, waren sie sich, wofür es genug Beweise gibt, ihrer eigenen moralischen Gebrechlichkeit vollauf bewußt. Darauf beruhte zum Beispiel eins der Argumente, mit denen in den Kongreßberatungen der Vorschlag Joseph Galloways bekämpft wurde. Gegen den Plan einer parlamentarischen Mittelstufe zwischen Parlament und *Assemblies* machte Patrick Henry geltend, er werde »unsere Wähler von einem verderbten Haus der Gemeinen befreien, sie aber in die Arme einer amerikanischen Legislative treiben, und eine solche Legislative kann ohne weiteres von dieser Nation bestochen werden, die da vor aller Welt zugibt, daß Bestechung ein Bestandteil ihres Regierungssystems ist«. Volkstugenden, auch amerikanische, waren zerbrechlich wie Porzellan und mußten gegen englische Verrottung immunisiert werden.

Wiewohl sich die Beziehungen zwischen dem Mutterland und den Kolonien in der Zwischenzeit verschlechtert hatten, hofften die Delegierten, daß ihre Vereinbarungen über Nichteinfuhr und Nichtverbrauch englischer Waren und Unterbindung der Ausfuhr nach England getreulich befolgt werden und doch noch dieselben Resultate würden erbringen können wie die früheren Boykottmaßnahmen. Sie taten, was sie konnten, um die Befolgung des Abkommens zu sichern. Dann beschlossen sie, im Mai des folgenden Jahres einen neuen Kongreß abzuhalten, und gingen auseinander.

Die Regierung in London bestärkten die Verhandlungen des Kontinentalkongresses in der Meinung, das Mutterland müsse der Unbotmäßigkeit der Kolonien mit Härte entgegentreten und dürfe nicht wieder, wie es das mit der Aufhebung der Stempelakte offenbar getan hatte, klein beigeben. Da das Parlament das Schlimmste befürchtete, untersagte es allen Export von Waffen und Munition in die Kolonien und verhängte über Neuengland das Verbot, mit anderen Ländern als Großbritannien und den britischen Kolonien im Karibischen Meer Handel zu treiben. Im letzten Augenblick sollte freilich noch einmal Verständigung angestrebt werden: das Parlament erbot sich, über Kolonien, die gewillt wären, eigene Steuern auszuschreiben, »um ihren Anteil zur gemeinsamen Verteidigung beizusteuern«, keine Steuermaßnahmen von London aus zu verhängen.

Auf eine solche Lösung hatten sich die Kolonien im Streit um die Stempelakte vor vielen Jahren festgelegt. Das Parlament hatte allerdings lieber neue Steuergesetze erlassen, statt entsprechende Quoten festzusetzen, und auch seine letzte Offerte sagte nicht, welche Beiträge es von den einzelnen Kolonien erwartete. Unter solchen Umständen wollten die Amerikaner im Beschluß des Parlaments nichts als den Versuch sehen, in die geschlossene Front des amerikanischen Widerstands eine Bresche zu schlagen.

Im Mai 1775 trat der Kontinentalkongreß von neuem zusammen. Mit der Abfassung des Entwurfs einer gemeinsamen Absage an das Londoner Parlament betraute er Thomas Jefferson, einen jungen Abgeordneten von Virginia. Die vom Kongreß genehmigte Entschließung zeigte, daß die Amerikaner den richtigen Wortführer gefunden hatten. Ihre Vorstellungen von Staat und Regierung, von denen sie nach und nach erkannten, daß sie von den Engländern nicht geteilt wurden, wußte Jefferson in präzise Worte zu fassen. »Wir denken«, hieß es in der Antwort des Kongresses an Lord North, »daß das britische Parlament nicht das Recht hat, sich in unsere Vorkehrungen für die Finanzierung der Zivilregierung oder der Rechtspflege einzumischen. Die Vorkehrungen, die wir getroffen haben, sind Vorkehrungen, die uns gefallen, und unseren eigenen Verhältnissen angepaßt; sie tun den wesentlichen Zwecken des Regierens und der Gerechtigkeit Genüge, und anderen Zwecken sollte überhaupt nicht Genüge getan werden. Wir meinen nicht, daß unserem Volk bedrückende Steuern zur Beschaffung von Sinekuren für die Müßigen oder Lasterhaften aufgebürdet werden sollten.«

Aus dem forschen Ton der Absage sprach eine neue Zuversicht: die Amerikaner hatten das Gefühl, daß sie in den Kämpfen der voraufgehenden Monate eine Bewährungsprobe bestanden hatten. Die Londoner Regierung hatte den Vollzug der »unerträglichen Gesetze« dem General Thomas Gage, Oberbefehlshaber der britischen Streitkräfte in Amerika, übertragen und ihn zu diesem Zweck zum Gouverneur von Massachusetts ernannt, und die englischen Truppen waren, dreitausend Mann stark, nach Boston zurückgekehrt. Gage erkannte sofort, daß die bescheidene Truppe nicht genügte. Die fast dreihunderttausend Bewohner der Kolonie Massachusetts verheimlichten nicht ihre feindliche Haltung gegenüber seiner Regierung, und die übrigen Kolonien mit noch zwei Millionen Einwohnern gingen mit Massachusetts durch dick und dünn. Aber Gage wurden die von ihm angeforderten Truppenverstärkungen von London nicht bewilligt; er sollte es vorerst mit dem, was er hatte, auf eine Kraftprobe ankommen lassen. Eine Gelegenheit boten die von den Kolonisten bei ihren Kampfvorbereitungen angelegten Waffenlager. In der Nacht vom 18. April 1775 beorderte Gage eine Abteilung von 700 Mann nach Concord, um einige dieser Waffenlager auszuheben.

Er hatte den geplanten Marsch nicht geheimhalten können. Kirchenglocken verbreiteten den Alarm von Stadt zu Stadt, und am nächsten Morgen stand, als die englischen Truppen heranrückten, eine Abteilung der amerikanischen Miliz auf dem Gemeindeanger von Lexington. Ohne auf Befehle zu warten, eröffneten die Soldaten das Feuer, trafen acht Milizmänner tödlich und setzten ihren Marsch nach Concord fort. Von den Waffenvorräten, denen sie auf der Spur waren, fanden sie nur wenige; dafür stießen sie auf sehr viel mehr Milizmänner, die nicht zögerten, sie anzugreifen. Die Soldaten wurden zum Rückzug gezwungen. Auf der Strecke, die die Engländer auf dem Rückmarsch einschlagen mußten, war überall mehr Miliz herangerückt; auf beiden Seiten der Straße lagen Milizmänner hinter Hecken und Felsblöcken auf der Lauer. Für die Soldaten war es ein Spießrutenlaufen im Kreuzfeuer der bäuerlichen Scharfschützen und am Ende ungeordnete Flucht. Als sie marode und ramponiert in Boston anlangten, hatten sie ihr Selbstbewußtsein und 273 Mann verloren: tot, verwundet oder vermißt. Die siegreichen Milizmänner schlugen

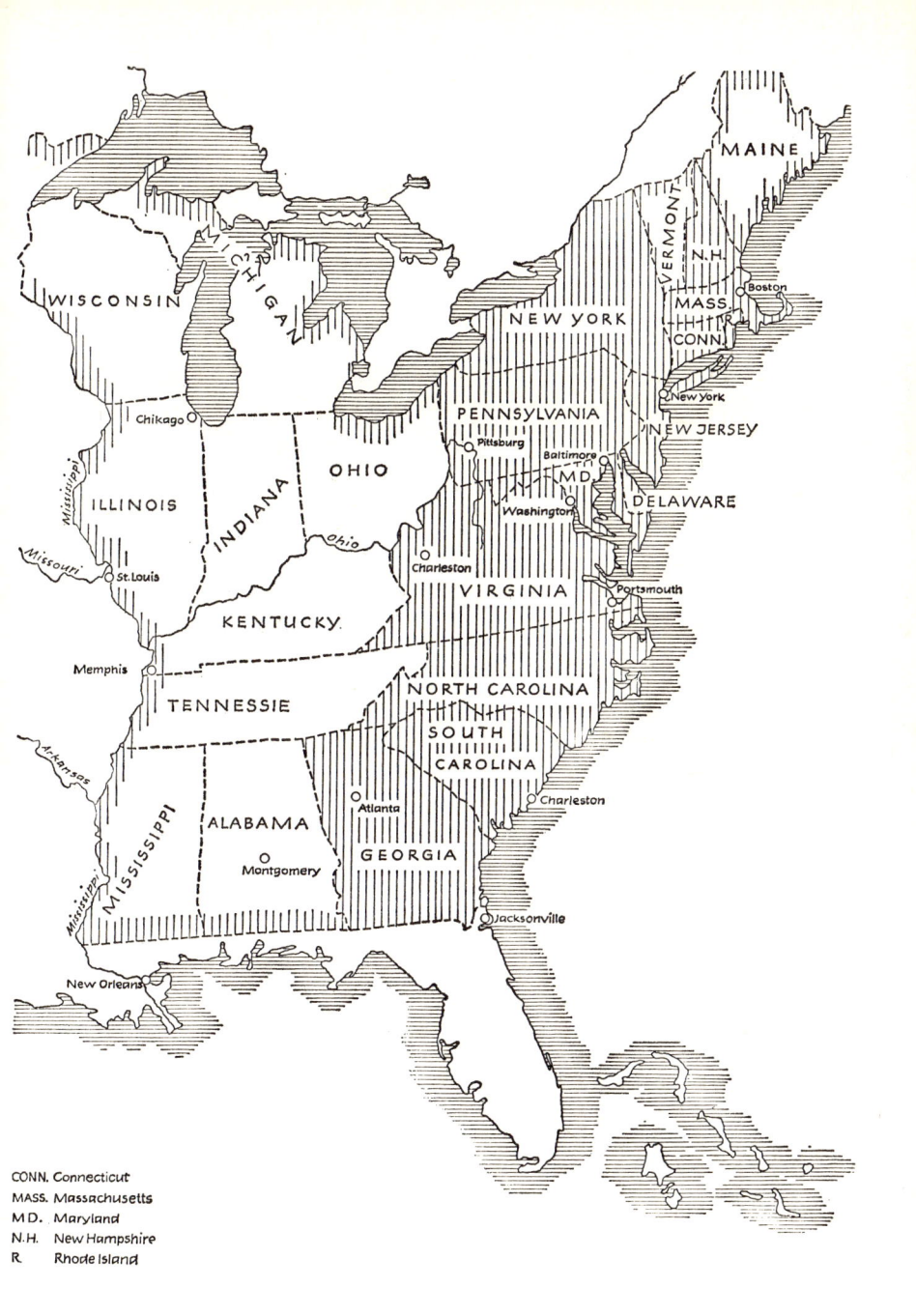

CONN. Connecticut
MASS. Massachusetts
MD. Maryland
N.H. New Hampshire
R. Rhode Island

Die 13 alten Staaten der USA

ihr Lager vor Boston auf, und Tausende von Milizmännern aus ganz Neuengland stießen zu ihnen. Faktisch war die Stadt belagert. General Gage mochte künftighin vielleicht noch Gouverneur von Boston sein; Gouverneur von Massachusetts war er nicht mehr. Reguläre britische Truppen in die Flucht geschlagen zu haben, war für die Kolonisten ein aufrüttelndes Erlebnis. Zwei Monate später bekamen sie noch mehr Auftrieb. Am 16. Juni besetzten sie nachts die Anhöhe Bunker Hill in Charlestown jenseits der Bostoner Südbucht, in die der Charles River mündet. Am nächsten Morgen erblickten die Engländer am anderen Ufer hoch über dem Wasser neuaufgeworfene Befestigungen, die sie in heftige Unruhe versetzten. Sie nahmen den Fehdehandschuh auf. Mit Fähren wurden 2000 Soldaten über die Bucht nach Charlestown gebracht. Aus dem Frontalangriff der Engländer wurde die Schlacht von Bunker Hill. Die Anhöhe wurde erobert, aber die amerikanischen Flinten hatten einen gewaltigen Preis gefordert: 228 tote und 826 verwundete Engländer. Die Verluste der Amerikaner waren wesentlich geringer: 138 Tote, 276 Verwundete, 36 Vermißte.

Zwei Wochen und wenige Tage nach der Schlacht von Bunker Hill traf im Hauptquartier der amerikanischen Kräfte vor Boston ein dreiundvierzigjähriger Tabakpflanzer aus Virginia namens George Washington ein. Der Kongreß hatte ihn beauftragt, die vor Boston lagernden Milizmänner zu reorganisieren und zum Dienst in der neuen »Kontinentalarmee« anzuwerben. Washington hatte in Kämpfen gegen die Franzosen im Siebenjährigen Krieg militärische Erfahrungen gesammelt; seine Kollegen im Kontinentalkongreß, in dem er verschiedene Ausschüsse leitete, beeindruckte er mit seinem sicheren Urteil, seiner standhaften Treue zur Sache der Kolonien und seiner militärischen Haltung.

Ihm war eine eigenartige und schwierige Aufgabe zugefallen: er mußte eine einheitliche, geschlossene Kampftruppe aus Menschen schmieden, die ihre minimalen Kriegskenntnisse in der Miliz der einzelnen Kolonien erworben hatten, wo sie ihre eigenen Offiziere wählten, Disziplin nicht kannten und zum Dienst nur antraten, wenn direkte und unmittelbare Gefahr drohte. Mit dieser Truppe sollte Washington gegen die Armee und die Marine des mächtigsten Landes der Welt Krieg führen, und nicht zu leugnen war, daß sich sowohl er selbst als auch seine Soldaten dem Feindesland doch noch in Untertanentreue verbunden fühlten.

Washington ist es nie gelungen, die nötige Zahl von Menschen für seine Armee zusammenzubekommen, und die Soldaten, die er hatte, blieben nie sehr lange dabei. Amerikaner waren zwar in äußerster Not bereit, dem Ruf zu den Waffen zu folgen und sich zu schlagen, aber in keiner Weise konnten sie sich für das Soldatendasein erwärmen. War keine Schlacht im Anzug, so wollten sie zu Hause sein, ihren Acker bebauen, sich um Frau und Kinder kümmern. Gerade die Tugenden, auf die sie so stolz waren, hielten sie davon ab, in eine reguläre Armee einzutreten. Sowohl für die Gesundheit als auch für die Moral war das Leben im Armeelager notorisch gefahrenreich: jeder wußte, daß Berufssoldaten dem Müßiggang, dem Schwören und Fluchen frönten, und schlimmere Dinge wollte man gar nicht erst nennen. Gegen die Engländer zu kämpfen, war eine akzeptable Sache; es war aber ganz und gar nicht akzeptabel, sich ansteckenden Krankheiten und üblen Lastern auszusetzen, während die eigene Familie Not litt, weil sie den Ernährer verloren hatte.

Biwack britischer Truppen am Stadtrand von Boston
Kupferstich nach einem Aquarell von Christian Remick, 1768
New York, Public Library, Stokes Collection

Die Schlacht von Lexington am 19. April 1775
Kupferstich von Amos Doolittle. New York, Public Library, Stokes Collection

DIE AMERIKANISCHE REVOLUTION

Irgendwie brachte es Washington fertig, 10000 Mann dafür zu gewinnen, sich mit ihm auf die Gefahren des Soldatendaseins einzulassen; aber die ersten Wagnisse seiner neuen Armee waren wenig erfolgreich. Er hatte gehofft, Kanada auf seiten der Amerikaner in den Krieg zu ziehen, und zu diesem Zweck eine von General Richard Montgomery befehligte Expeditionstruppe nach Kanada beordert. Aber die Kanadier wollten den Emissär der Rebellion nicht freudig empfangen. Montgomery hatte zwar am 13. November 1775 Montreal genommen, aber Pocken, Hunger und Kälte ließen seine Truppen im Winter so zusammenschrumpfen, daß Quebec nicht zu bezwingen war; bei dem Versuch, es zu erobern, kam Montgomery ums Leben. Seine restlichen Truppen gaben im Frühjahr auch Montreal auf und zogen nach dem Süden ab. Kanada blieb der Revolution fern. In Boston war unterdes die Kontinentalarmee größer und disziplinierter geworden, und Washington schickte sich an, den Feind zu stellen. Aber als er am 17. März Dorchester Heights südlich von Boston besetzte, bestiegen die Engländer ihre Schiffe und segelten nach Halifax in Neuschottland.

Daß mit dem Abzug der Truppen der Krieg zu Ende sei, glaubte niemand, und inzwischen wurden – ein Jahr kämpfte man schon! – viele Amerikaner ungeduldig: wenigstens in bezug auf die Unabhängigkeit der Kolonien sollte ein konkreter Schritt gemacht werden. Bis dahin hatten die »mittleren« Kolonien solche Schritte verhindert: sie konnten sich nicht entschließen, ihren Kolonialstatus aufzugeben, und hofften, daß vielleicht ein Kabinettswechsel in London Verständigung bringen werde. Bis Mitte 1776 war die Hoffnung auf Verständigung, ja auch sogar der Wunsch danach, wesentlich geringer geworden.

Wenn man sich hier und da noch dem König als treuer Untertan verpflichtet oder dem englischen Volk brüderlich verbunden fühlte, so hatte neuerdings des jungen Engländers Thomas Paine überzeugende Streitschrift *Common Sense* solche Haltungen erschüttert. Paine, der erst kürzlich eingewandert war, sagte den Amerikanern, daß sich ihre Blutopfer kaum lohnten, wenn sie nur der Aufhebung von Steuergesetzen galten. »Das Ziel«, schrieb er, »für das man streitet, sollte immer im richtigen Verhältnis zum Aufwand stehen... Teuer, sehr teuer bezahlen wir die Aufhebung der Gesetze, wenn das alles ist, wofür wir kämpfen.« Gesunder Menschenverstand wehre sich dagegen, daß die Amerikaner einem König die Treue wahrten, der es billige, daß ihr Blut vergossen werde; gesunder Menschenverstand verbiete es überhaupt, daß sich Menschen Königen unterordneten, denn Könige seien immer eine Quelle des Elends gewesen. Einst sei das englische Regierungssystem dank dem republikanischen Element des Hauses der Gemeinen besser als andere gewesen, aber nun sei auch dies Element dem verderblichen Einfluß des Königs erlegen. Paine fragte: »Warum kränkelt die Verfassung Englands?« Und antwortete sogleich: »Weil die Monarchie die Republik vergiftet und die Krone das Haus der Gemeinen mit Beschlag belegt hat.«

In allen Kolonien fanden diese Ansichten lebhafte Zustimmung. Im März 1776 glaubte Elbridge Gerry, Kongreßabgeordneter von Massachusetts, mit Sicherheit sagen zu können, daß nur noch die Unabhängigkeit die Wünsche Neuenglands befriedigen könne, »weil nicht nur die Regierung, sondern auch das Volk Großbritanniens verderbt und bar jeder öffentlichen Tugend ist«. Im Mai empfahl der Kongreß den Kolonien, alle Spuren der königlichen Autorität innerhalb ihrer Grenzen auszulöschen und an die Zustimmung des Volkes gebundene Regierungen zu errichten. In vielen Kolonien war das bereits geschehen; die übrigen gingen jetzt daran. Und am 2. Juli beschloß der Kongreß, »daß diese Vereinigten Kolonien freie und unabhängige Staaten sind und von Rechts wegen bleiben müssen«. Zwei Tage später kam es zu der berühmten Unabhängigkeitserklärung, die diesen Beschluß erklärte und begründete.

Die Erklärung hatte ein Ausschuß ausgearbeitet, in dem sich Thomas Jefferson als das eigentlich federführende Mitglied betätigte. Der Kongreß begnügte sich nicht damit, die Tyrannei Englands anzuklagen und die Unabhängigkeit der Kolonien zu proklamieren. In den Formulierungen Jeffersons definierte er das Wesen der Amerikanischen Revolution, wie sie die Amerikaner 1776 begriffen. Die Unabhängigkeitserklärung verkündete die Grundsätze, die sich die Amerikaner seit mehr als einem Jahrhundert immer deutlicher bewußt zu machen gesucht hatten. Jetzt endlich traten diese Grundsätze als nationales Glaubensbekenntnis hervor. Das Kernstück dieses Kredos war knapp und prägnant: »Folgende Wahrheiten erachten wir als selbstverständlich: daß alle Menschen als Gleiche geschaffen werden, daß ihnen von ihrem Schöpfer bestimmte unveräußerliche Rechte verliehen sind und daß zu diesen Rechten das Leben, die Freiheit und das Streben nach Glück gehören; daß zur Sicherung dieser Rechte unter den Menschen Regierungen errichtet werden, die ihre berechtigten Befugnisse aus der Zustimmung der Regierten herleiten; daß jedesmal wenn sich eine Regierungsform im Hinblick auf diesen ihren Zweck als zerstörerisch zu erweisen beginnt, es das Recht des Volkes ist, sie zu ändern oder abzuschaffen und ein neues Regierungssystem zu errichten, indem es die Regierungsfundamente auf den Prinzipien aufbaut und die Regierungsbefugnisse in den Formen organisiert, die ihm als die zur Verwirklichung seiner Sicherheit und seines Glückes bestgeeigneten erscheinen.«

Am inhaltsschwersten war die Verkündung, daß alle Menschen als Gleiche geschaffen werden. In erster Linie sollte damit 1776 gesagt sein, daß die Amerikaner den Engländern gleich geschaffen worden seien und darum auf dieselben Rechte wie Engländer Anspruch hätten. Zugleich aber sagten diese Worte noch sehr viel mehr: sie statteten die allgemeine Gleichheit der sozialen Lage, die unter den Amerikanern seit jeher bestanden hatte, mit göttlicher Sanktion als Teil des Schöpfungsplanes aus und brachten mithin zum Ausdruck, daß dort, wo diese Gleichheit nicht vollkommen sein sollte, verbessernde Umgestaltung erfolgen müsse. Im Grunde legte die Unabhängigkeitserklärung mancherlei nahe, was sie nicht konkret sagte; aber solange die Amerikaner in einen Krieg verstrickt waren, hatten sie wenig Zeit, den unumgänglichen Folgerungen aus der Unabhängigkeitserklärung nachzugehen oder geeignete verfassungsmäßige Formen für die Verwirklichung ihrer Grundsätze zu suchen. Der Kongreß nahm sich einfach die Befugnisse, die er brauchte, um Krieg zu führen, und die begabtesten und tüchtigsten Amerikaner machten sich mit aller Energie an die Aufgabe, den Krieg zu gewinnen. Größere und weiterreichende Probleme wurden auf spätere Zeiten vertagt.

Krieg und Frieden

Erfolgreiche Kriegführung war eine langwierige und deprimierende Aufgabe. Als die Amerikaner ihre Unabhängigkeit proklamierten, hatten sie bereits gegen die Engländer bei Concord und Bunker Hill eine erstaunliche Kraft aufgeboten und sie gezwungen, Boston zu räumen. Aber die britische Kriegsmaschine setzte sich erst langsam in Bewegung. Das Parlament hatte eine Armee von 55 000 Mann genehmigt, und als es mit der Anwerbung dieser Armee in England zu lange dauerte, stellte die Regierung 30 000 deutsche Söldner ein, darunter 17 000 aus Hessen-Kassel. Washington war es nie gelungen, so starke Kräfte für die Kontinentalarmee zu gewinnen; er mußte sich häufig auf die Miliz verlassen, die sich in Kriegsoperationen größeren Stils als wenig tüchtig erwies. Schlimmer noch war, daß die englische Flotte der englischen Landarmee jederzeit unter die Arme greifen konnte; die Amerikaner aber hatten nur ganz wenige Kriegsschiffe vom Stapel lassen können.

Im August 1776 zog General Howe von Kanada nach New York. Die englische Kriegsmacht wurde in all ihrer Größe vorgeführt: 400 Transportschiffe und 30 Kriegsschiffe mit insgesamt 32 000 Soldaten und 10 000 Seeleuten. (Die ständige Bevölkerung New Yorks um diese Zeit betrug 25 000.) Diese Kräfte fügten Washington in der Schlacht von Long Island eine schwere Niederlage zu; was von der Kontinentalarmee danach noch übrig war, entkam im November über New Jersey in südwestlicher Richtung. Am 7. Dezember überquerte Washington den Delaware. Dann erst machte er halt, um weitere Schritte zu planen. Im eisigen Sturm der Weihnachtsnacht führte er seine Truppe über den Fluß zurück und zog neun Meilen weiter. In Trenton konnte er den Feind im Schlaf überfallen. Er verlor nur 4 Mann und nahm 900 hessische Söldner der Engländer gefangen. Einen weiteren vernichtenden Schlag führte er wenige Tage später gegen die Engländer bei Princeton; sie wichen zurück und bezogen Winterquartier in New Brunswick. Die großartige Wendung des Kriegsgeschicks hob die Stimmung der Amerikaner beträchtlich. Die Kontinentalarmee zog weiter nordwärts und überwinterte in Morristown, keine fünfundzwanzig Meilen von den Engländern entfernt.

Seinen nächsten Vorstoß unternahm General Howe gegen Philadelphia, die Hauptstadt der Rebellen. Im Juli 1777 brachte er auf dem Seeweg 15 000 Mann aus New York bis an die nördliche Spitze der Chesapeake-Bucht. (Das war ein Umweg, aber auf den kürzeren Strecken wären Kämpfe nicht zu vermeiden gewesen.) Dann traten die englischen Soldaten den Landmarsch nach Philadelphia an. Unterwegs griffen sie sich, was ihnen in die Quere kam: Lebensmittel, Hausrat, Frauen. Am Brandywine Creek versuchte Washington, ihnen den Weg zu versperren. Aber er hatte viel zuwenig Soldaten, und wie auf Long Island gewann Howe die offene Schlacht. Am 26. September besetzte er Philadelphia. Als ihn Washington eine Woche später bei Germantown stellte, wo die meisten englischen Truppen stationiert waren, siegte Howe von neuem. Dann ging's wieder ins Winterquartier.

Für die Kolonisten war das alles sehr entmutigend, aber bei Lichte besehen hatte Howe nicht viel ausgerichtet. Er hatte zwar wiederholt amerikanische Generale geschlagen und New York und Philadelphia, Amerikas größte Städte, genommen, aber keine amerikanische Armee einfangen können, und nur ein geringer Teil des Landes war in seiner Hand.

Inzwischen zog im Norden Unwetter herauf. General John Burgoyne, ein eitler, geistreichelnder Hohlkopf, hatte vom Oberkommando in England die Weisung bekommen, eine Expedition in südlicher Richtung von Kanada über den Champlain-See nach New York zu unternehmen. Er machte sich im Juni von Fort St. John's aus auf den Weg: mit 4000 Engländern, 3000 Deutschen, 1400 Indianern und einer unterhaltsamen Geliebten, die ihm die Zeit vertrieb. Und zunächst ging alles sehr glatt. Aber am 16. August überfiel John Stark mit der New Hampshire-Miliz eine englische Marschgruppe bei Bennington, wobei 200 Engländer umkamen und 700 gefangengenommen wurden. Fast mit jedem Schritt tappte Burgoyne in eine neue Falle hinein. Seine Indianer, die bald merkten, was los war, machten sich aus dem Staube. In immer größerer Zahl traten Burgoyne amerikanische Truppen unter Horatio Gates und Benedict Arnold entgegen, und bei jedem Zusammenstoß verlor er mehrere Hundert Mann. Am 17. Oktober 1777 ergab er sich schließlich bei Saratoga.

Saratoga war eine geschichtliche Wende. Freilich waren die amerikanischen Armeen damit noch nicht aus der Gefahrenzone heraus: militärisch hätte Burgoynes Expedition, auch wenn sie erfolgreich gewesen wäre, wenig bedeutet, und seine Kapitulation verringerte nur unerheblich die britische Truppen- und Materialüberlegenheit. Die Folgen von Saratoga zeigten sich weniger in New York und Philadelphia als in London und Paris.

In London begriff allmählich ein etwas behäbiges Parlament, daß England den Krieg verlieren könnte. Das Kabinett beschloß, es sei besser, Frieden zu schließen, und beauftragte eine Delegation unter Führung von Lord Carlisle, den Amerikanern so gut wie alles anzubieten, was sie vordem gefordert hatten: Verzicht auf Besteuerung durch das Parlament von London, Aufhebung der »unerträglichen Gesetze« und Suspendierung aller sonstigen gesetzlichen Bestimmungen, die die Amerikaner seit 1763 beanstandet hatten. Zwei Jahre früher hätten solche Konzessionen die Kolonien wahrscheinlich noch im Empire halten können. Jetzt aber verschaffte ihnen Englands sichtbar dringliches Bedürfnis, sie zurückzuholen, genau die Waffe, die sie noch brauchten, um ihrer Unabhängigkeit Bestand und Dauer zu verleihen: Anerkennung durch Frankreich und französische Hilfe.

Von Anfang an hatten die Amerikaner gehofft, von Englands traditionellem Feind Hilfe zu bekommen. Am 29. November 1775 hatte der Kongreß einen Geheimausschuß berufen, der sich um die Unterstützung des Auslands bemühen sollte. Ludwig XVI., über den Aufstand der Kolonien Englands entzückt, schickte einen Beobachter, Achard de Bonvouloir, nach Amerika, der den Geheimausschuß mit Ratschlägen versah. Im Sinne seiner Anregungen beschloß der Ausschuß, mit Frankreich Verhandlungen in die Wege zu leiten. Als Unterhändler wählte er Silas Deane, einen schlauen und nicht unkultivierten Yankee. Als Deane am 7. Juli 1776 in Paris eintraf, hatte der französische Außenminister Graf de Vergennes den König bereits überredet, der amerikanischen Rebellion mit Munition und Kriegsmaterial im Werte von einer Million Livres zu helfen. Mehr noch: Spanien hatte es übernommen, denselben Betrag beizusteuern. Die Lieferungen sollten über eine fingierte Handelsgesellschaft erfolgen, der Pierre de Beaumarchais, Verfasser des »Barbier von Sevilla«, vorstand. Deane brauchte nur zuzugreifen; unklar blieb allerdings, ob es sich um milde Gaben oder um rückzahlbare Kredite handelte.

DIE AMERIKANISCHE REVOLUTION

Als Deane in Paris verhandelte, war die Nachricht über die Unabhängigkeitserklärung noch nicht da; im günstigsten Fall konnten die Amerikaner nur um geheimen Beistand bitten. Sie hofften, daß Frankreich nach der Bekanntgabe der Unabhängigkeitserklärung ihre Unabhängigkeit anerkennen und ihnen offenen Beistand anbieten werde. Um Deane bei weitergehenden Forderungen den Rücken zu stärken, entsandte der Kongreß zwei weitere Bevollmächtigte nach Paris: Arthur Lee, bis dahin als geheimer Beobachter in London tätig, und Benjamin Franklin, der im Dezember 1776 aus Philadelphia eintraf. Die drei Abgesandten waren gemeinsam ermächtigt, Freundschafts- und Handelsverträge abzuschließen.

Um diese Zeit war Amerika für die Franzosen ein von edlen Wilden und fast ebenso edlen Ackerbauern bevölkertes Arkadien, ein mit der Weisheit der Natur begnadetes Paradies. Franklin paßte sich den Erwartungen der Schwärmer an: er setzte eine Pelzmütze auf, spielte die Rolle des naturnahen Weisen mit dem nötigen Raffinement und ließ sich von den entzückten Parisern auf den Händen tragen. Aber Vergennes und sein königlicher Chef blieben zurückhaltend. Sie belieferten die Kolonisten und ließen amerikanische Kaperschiffe gelegentlich französische Häfen anlaufen. Sie wollten indes nicht in einen offenen Krieg mit England hineingezogen werden, sofern nicht auch Spanien mitmachte; für Spanien aber war schon ungetarnte Unterstützung der Amerikaner riskant, weil sie die spanischen Kolonien hätte animieren können, das nordamerikanische Beispiel nachzumachen.

Als man in Paris am 3. Dezember 1777 von der Schlacht von Saratoga erfuhr, folgerte Vergennes mit Recht, daß der amerikanische Sieg in England Versöhnungsbereitschaft stärken könne; eine Verständigung zwischen den aufständischen Kolonien und dem Mutterland war aber genau das, was er am wenigsten wollte. Die Ängste Vergennes' wußte Franklin mit Geschick auszuschlachten. Obgleich sich Spanien aus seiner Zurückhaltung nach wie vor nicht herauslocken ließ, gab Vergennes nach: er ließ die amerikanischen Unterhändler wissen, daß Frankreich zum Abschluß eines Handels- und Freundschaftsabkommens und eines Bündnisvertrages mit den Amerikanern bereit sei.

Am 6. Februar 1778 wurde der Bündnisvertrag unterzeichnet. Seine Bestimmungen hätten für die Vereinigten Staaten gar nicht günstiger ausfallen können. Die vertragschließenden Parteien bekundeten ihre Absicht, die Unabhängigkeit der Vereinigten Staaten zu wahren. Für den Fall eines Krieges zwischen Frankreich und England – den die Unterzeichnung des Vertrages unausweichlich machte – verpflichteten sie sich, nur im gegenseitigen Einvernehmen Frieden zu schließen. Frankreich erklärte für alle Zukunft, keinen Anspruch auf englisches Gebiet auf dem nordamerikanischen Kontinent zu erheben; alle englischen Besitzungen, die den Engländern im Krieg entwunden werden könnten, sollten an die Vereinigten Staaten fallen. Dies große Entgegenkommen verdankten die Amerikaner weniger ihrem diplomatischen Geschick als der Tatsache, daß Frankreich grimmig entschlossen war, England um jeden Preis zu schwächen, und jedes Interesse an weiteren Kolonisierungsversuchen in der Neuen Welt verloren hatte.

Schon vor dem Vertrag hatten die Amerikaner von der französischen Hilfe weitgehend Gebrauch machen müssen. Der Sieg von Saratoga wäre ohne französische Lieferungen nicht möglich gewesen. Und der finanzielle Beistand Frankreichs festigte den amerikanischen Kredit zu einer Zeit, da der Kongreß, dem nicht das Recht zustand, Steuern zu erheben, den Krieg auf die Weise finanzieren mußte, daß er die einzelnen Kolonien anbettelte oder Papiergeld drucken ließ.

Nicht allen Amerikanern war es recht, daß Frankreich um Hilfe angegangen wurde. Im Sommer 1777, als das Kriegsglück den Kolonien abhold war, vertrat Samuel Adams mit Nachdruck die Meinung, daß es für die Vereinigten Staaten trotz allem das beste wäre, die Unabhängigkeit aus eigener Kraft zu erkämpfen. »Wir werden erfolgreich sein, wenn wir tugendhaft sind«, stellte er mit großer Zuversicht fest. Sein intelligenterer und begabterer Vetter John Adams war derselben Meinung. John Adams hatte dem Kongreß von Anfang an angehört, sich mit Energie für die Unabhängigkeit der Kolonien eingesetzt, den Bau einer eigenen Kriegsflotte gefordert. Um der Kongreßarbeit willen hatte er seine Anwaltspraxis und seine Landwirtschaft monate- und jahrelang im Stich gelassen. Er geißelte die »feige Geisteshaltung unserer Landsleute, die sie mit so viel sehnsüchtigen Erwartungen nach einem französischen Krieg lechzen läßt... Sollen wir Frankreich für unsere Freiheit zu Dank verpflichtet sein?« Ähnlich äußerte sich Henry Laurens aus South Carolina: »Wenn wir nicht genug Tugend aufbringen können, um uns selbst zu retten, wird der leichte Zugang zu Frankreichs Schatzamt nur unseren Ruin beschleunigen.«

Dennoch waren diese Gegner der Auslandsverpflichtungen nicht sonderlich betrübt, als das Bündnis mit Frankreich zustande kam. Sie gaben ihre Einwände gegen die Hilfe des Auslands nicht auf und meinten weiterhin, daß man sich nicht auf sie verlassen dürfe. Aber sie wußten auch, daß Amerika es sich kaum leisten konnte, auf diese Hilfe zu verzichten. So hofften sie denn auf eine baldige Beendigung des Krieges, mit der die Notwendigkeit fortfallen würde, den Beistand anderer Mächte in Anspruch zu nehmen.

Das Bündnis mit Frankreich beschleunigte jedoch nicht das Tempo der Kriegführung und brachte auch keinen unmittelbaren militärischen Erfolg. Faktisch trat Frankreich erst im Juni 1778 in den Krieg ein. Sir Henry Clinton, der Howe als Oberbefehlshaber ablöste, war gerade dabei, Philadelphia aufzugeben und nach New York zu ziehen, wo er einen größeren Feldzug nach dem Süden vorbereiten sollte. Solange es über New Jersey nach New York ging, hielt Washington mit Clinton Schritt, ohne ein Gefecht erzwingen zu können. Nur am 28. Juni gab es einen Zusammenstoß vor dem Gerichtsgebäude von Monmouth, wo General Charles Lee den amerikanischen Angriff gefährlich verpatzte. Clinton gelangte ohne Verluste bis nach New York; hier konnte er auf den Schutz der englischen Marine rechnen. Washington hatte nicht genug Truppen, um ihn aus New York zu vertreiben.

Vom Bündnis mit Frankreich erhoffte Washington vor allem Flottenunterstützung: die gewaltige Überlegenheit zur See, die es den Engländern ermöglichte, jedes beliebige Küstengebiet zu beherrschen, sollte gebrochen werden. Trotz allen Bemühungen John Adams' konnte der Kongreß kein Geld für eine Flotte aufbringen; es reichte nur für ein paar Kriegsschiffe. Mit einem dieser Schiffe hatte John Paul Jones den Krieg bis an die Britischen Inseln herangetragen, englische Küstenstädte überfallen und englische Schiffe gekapert. Aber so gefährlich war Jones nicht, daß er die englische Flotte hätte aus Amerika fortlocken können. Washington, der sein Lager vor New York aufgeschlagen hatte, wartete vergebens auf die französische Flotte: die englischen Schiffe ließen sich weder verleiten, die Gegner in fremde Gewässer zu verfolgen, noch mußten sie sich in amerikanischen Gewässern zum Kampf stellen. Als der französische Vizeadmiral Graf d'Estaing mit 17 Schiffen und 4000 Mann im Sommer 1778 vor New York anlangte, stiegen die Hoffnungen. Aber ein Sturm zerstreute die Flotte, bevor sie in Aktion getreten war, und im November segelte d'Estaing nach Westindien. Er blieb dort bis zum Herbst 1779; dann segelte er nach Frankreich zurück. Unbehelligt behauptete die englische Flotte ihre Überlegenheit an den Küsten Nordamerikas; ihre Überfälle fügten den Küstenstädten schweren Schaden zu.

Während Washington auf die Rückkehr der französischen Flotte wartete, entsandte Clinton, der mehr als genug Mannschaften hatte, ein Expeditionskorps nach Georgia. Am 29. Dezember 1778 fiel Savannah. Was in den nächsten zweieinhalb Jahren folgte, waren Gefechte ohne Entscheidung, meistens weit weg vom strategischen Zentrum New York. Im Westen führten die Amerikaner unter George Rogers Clark erfolgreiche Operationen gegen die Engländer und ihre indianischen Verbündeten durch. (Die Amerikaner unternahmen keinerlei Versuche, die Indianer als Verbündete zu gewinnen.) In New York hielten starke Truppen, die Clinton hinterlassen hatte, die englische Stellung. Clinton selbst segelte mit einer Expeditionstruppe nach South Carolina; am 12. Mai 1780 nahm er Charleston. Dann betraute er Lord Cornwallis, seinen tüchtigsten Feldoffizier, mit den Operationen im Süden und kehrte nach New York zurück. Cornwallis stieß weiter ins Innere des Landes vor; am 10. August schlug er die Amerikaner bei Camden (South Carolina).

Um den amerikanischen Widerstand im Süden zu stärken, entsandte Washington seinerseits seinen besten Offizier, Nathanael Greene, nach South Carolina. Greene lockte Cornwallis in manchen Hinterhalt und knabberte seine Truppen bald hier, bald dort an (vor allem bei Hannah's Cowpens am Broad River am 17. Januar 1781 und vor dem Gerichtsgebäude von Guilford am 15. März).

Im April 1781 kehrten die beiden Generale einander den Rücken zu: Greene wandte sich nach dem Süden, um weitere englische Vorposten in South Carolina und Georgia hinwegzuräumen, während Cornwallis unter Mißachtung der Befehle Clintons auszog, Virginia zu erobern. Bis zum Juni hatte Greene die Engländer in Georgia bis nach Savannah und in South Carolina bis nach Charleston zurückgedrängt; Cornwallis stieß durch Virginia vor und setzte sich in Yorktown fest. Yorktown lag an der Küste, der einzigen sicheren Stätte für eine englische Armee in Amerika; aber sicher blieb die Küste nur, solange die englische Flotte die See beherrschte. Ohne Flottenunterstützung konnte Cornwallis von seinen eigenen Truppen in Charleston und von Clintons Truppen im Norden abgeschnitten werden.

In New York schaute Clinton immer noch unbeweglich auf Washingtons wartende Armee, und Washington wartete weiter auf die französische Flotte. Die Franzosen schickten im Juli 1780 eine Landarmee von 5000 Mann unter dem Grafen de Rochambeau nach Newport (Rhode Island) los, das die Engländer vom November 1776 bis zum Oktober 1779 besetzt gehalten hatten. Die Ankunft der französischen Truppen war für die

Bevölkerung ein freudiges Ereignis, aber die Freude wurde gedämpft, als die elf Kriegsschiffe (unter dem Befehl des Grafen Barras) von einer stärkeren englischen Flotte im Hafen eingeschlossen wurden.

Im Mai 1781 wurde Washingtons Geduld endlich belohnt: mit 20 Kriegsschiffen war Admiral De Grasse von Frankreich nach dem Karibischen Meer aufgebrochen; ein Teil seiner Kräfte werde, so hieß es, den Landfeldzug in Amerika unterstützen. Nach Beratungen mit Rochambeau beschloß Washington, in New York den entscheidenden Vorstoß zu wagen. Aber am 14. August kam eine neue Nachricht: De Grasse sei mit seiner ganzen Flotte nach der Chesapeake-Bucht unterwegs, werde jedoch nur kurze Zeit bleiben können. Sofort gab Washington den New Yorker Plan auf und eilte nach dem Süden, um Cornwallis noch einmal aufs Korn zu nehmen. Unterdes war Barras mit seiner Flotte aus Newport entschlüpft, und auch er wandte sich – die Schiffe mit Belagerungsgeschützen beladen – nach dem Süden. Auf die Nachricht von dieser Konzentration der feindlichen Kräfte nahmen die englischen Geschwader Kurs auf Chesapeake, mußten aber feststellen, daß Barras und De Grasse mehr Schiffe und mehr Geschütze hatten als sie: die französische Seemacht gab nun endlich doch den Ausschlag. Während die englische Flotte nach New York zurücksegelte, machte sich Washington mit 5700 Kontinentalsoldaten, 3100 Milizmännern und 7000 Franzosen an die Eroberung von Yorktown. Am 19. Oktober, als ihm bereits ein Entsatzkorps aus New York zu Hilfe eilte, gab Cornwallis auf. Unter den Klängen des Marsches »Die Welt ist auf den Kopf gestellt« zogen 7000 Engländer aus Yorktown aus und legten die Waffen nieder.

Yorktown war ebenso ein französischer wie ein amerikanischer Sieg. Und da der Krieg ebenfalls ein französischer Krieg war, konnte er in Yorktown nicht zu Ende sein. Frankreich war zum Friedensschluß bereit, aber Spanien gegenüber gebunden. Vergennes hatte, nachdem es am 6. Februar 1778 zum Bündnis mit den Vereinigten Staaten gekommen war, weiterhin versucht, Spanien in den Krieg hineinzuziehen; erst als er versprach, den Krieg fortzusetzen, bis es den Spaniern gelungen sei, den Engländern Gibraltar zu entreißen, ließ sich Spanien zum Mitmachen bewegen. Nun hatten sich aber die Vereinigten Staaten verpflichtet, nicht ohne Zustimmung Frankreichs Frieden zu schließen; auch sie waren also gehalten, auf den Fall Gibraltars zu warten. Anderseits weigerte sich Spanien, die Unabhängigkeit der Vereinigten Staaten anzuerkennen; auch nachdem es am 21. Juni 1779 in den Krieg eingetreten war, tolerierte es nur widerwillig die Unabhängigkeit der amerikanischen Kolonien. Und nachdem es den Engländern das schwächlich verteidigte West-Florida, eine ehedem spanische Besitzung, abgenommen hatte, erschöpfte sich seine Mitwirkung am Krieg in der Blockade Gibraltars.

Obschon Georg III. den Krieg weiterführen wollte, waren die meisten Engländer nach der Niederlage von Yorktown bereit, den Kampf um die Kolonien aufzugeben. Am 20. März 1782 wurde Lord North zum Rücktritt gezwungen; der König mußte ein friedensfreundliches Kabinett berufen, das sogleich Beauftragte zur Fühlungnahme mit amerikanischen Emissären nach Frankreich entsandte.

Der Kongreß hatte, als er im August 1779 optimistischerweise John Adams als bevollmächtigten Gesandten nach Frankreich abordnete, zum erstenmal die amerikanischen

DIE AMERIKANISCHE REVOLUTION

Kriegsziele formuliert. Adams hatte die strikte Weisung, keinerlei Friedensverhandlungen mit Großbritannien zu führen, solange es die Vereinigten Staaten nicht als souveränen, freien und unabhängigen Staat anerkannte. War die Anerkennung erst einmal erreicht, so hatte er den Auftrag, auf bestimmten Grenzen für den neuen Staat zu bestehen: dem Mississippi im Westen, dem 31. Breitengrad und den Flüssen Flint und St. Mary im Süden und ungefähr der schon bestehenden Grenze im Norden.

Im Juni 1781 überredete der französische Botschafter Chevalier de la Luzerne den Kongreß, die Friedensbedingungen zu revidieren. An die Stelle des Einzelunterhändlers John Adams trat eine fünfköpfige Delegation: Adams, John Jay (Gesandter in Spanien), Franklin (Gesandter in Frankreich), Henry Laurens (als Gesandter für die Niederlande bestimmt, aber unterwegs von den Engländern festgenommen und im Londoner Tower gefangengehalten) und Thomas Jefferson (der nicht reisen konnte und aus der Delegation ausschied). Die der Abordnung mitgegebenen Instruktionen waren nicht sonderlich energisch: sie sollte weiterhin vor allen Friedensgesprächen die Anerkennung der amerikanischen Unabhängigkeit durch England verlangen, aber es stand ihr frei, jede Regelung »je nach den Umständen, je nach der Situation des kriegführenden Staates und je nach der Haltung der vermittelnden Mächte« zu akzeptieren. Schlimmer noch: die Kommission durfte ohne Wissen und Einverständnis Frankreichs nichts unternehmen und hatte sich nach der Meinung und den Ratschlägen der Franzosen zu richten.

Damit waren die amerikanischen Unterhändler faktisch den Befehlen Vergennes' unterstellt, was keinem von ihnen behagte. Nun erhielten sie auch noch die geheime Nachricht, daß Vergennes die amerikanische Forderung nach vorheriger Anerkennung der Unabhängigkeit nicht unterstützen werde; sein Sekretär Rayneval habe, so hieß es, den Engländern insgeheim nahegelegt, eine weit östlich vom Mississippi verlaufende Grenze zu verlangen, wobei das den Amerikanern vorenthaltene Gebiet zwischen Spanien und England aufgeteilt werden sollte. Die amerikanische Delegation zog es unter diesen Umständen vor, lieber mit den Engländern separat zu verhandeln, als an einer Friedenskonferenz unter französischer Vormundschaft teilzunehmen. Sie mißachtete bewußt ihre Instruktionen und knüpfte, ohne auf der vorherigen Anerkennung der Unabhängigkeit zu bestehen, Gespräche mit den englischen Vertretern an; Vergennes wurde mit Absicht nicht informiert. Trotzdem konnten die amerikanischen Unterhändler nicht alles aushandeln, was sie gern ausgehandelt hätten. Franklin hatte auf Kanada als vierzehnten amerikanischen Staat gebaut und außerdem gehofft, für den amerikanischen Handel Empire-Präferenzen zugestanden zu bekommen. Er erhielt weder das eine noch das andere.

Immerhin hatten die amerikanischen Unterhändler das Interesse Englands an einer Auflösung des amerikanisch-französischen Bündnisses für sich nutzbar machen können: sie erreichten sowohl die Anerkennung der Unabhängigkeit als auch die ursprünglich in den Instruktionen für Adams vorgesehenen Grenzen. Vergennes wurde erst unterrichtet, als die diplomatische Triumph bereits vollendete Tatsache war: am 30. November 1782 wurde der vorläufige englisch-amerikanische Vertrag unterzeichnet. Genaugenommen verstieß das Abkommen nicht gegen das amerikanisch-französische Bündnis, denn der endgültige Vertrag mit England sollte erst nach Abschluß eines Vertrages zwischen England und

Frankreich in Kraft treten. Der geschickte Streich der amerikanischen Unterhändler gab Vergennes dazu noch die Möglichkeit, Spanien unter Druck zu setzen: am Ende ließ Spanien den Kampf um Gibraltar fallen und begnügte sich mit Ost- und West-Florida und Menorca. Die endgültigen Verträge wurden am 3. September 1783 in Paris unterschrieben. Und am 25. November verließen die letzten englischen Truppen New York.

Republikanische Tugenden und Laster

Der Krieg war gewonnen, der Friedensvertrag unterzeichnet und die englische Armee abgezogen. Nun prüften die Amerikaner, was sie vollbracht hatten, und fanden es gut. Obgleich sie sich von Frankreich hatten helfen lassen müssen, um den Sieg davonzutragen, waren sie durch den Krieg zu Gedanken und Taten gebracht worden, die sie sich gern zugetraut hätten, von denen sie aber nicht wirklich geglaubt hatten, daß sie sie zuwege bringen könnten. Sie hatten es also doch geschafft! Dazu schrieb David Ramsay, ein Arzt aus South Carolina: »Als der Krieg anfing, waren die Amerikaner eine Masse von Landwirten, Kaufleuten, Handwerkern und Fischern; aber die Erfordernisse des Landes verliehen den tätigen Fähigkeiten der Einwohner einen Auftrieb und bewogen sie dazu, in einer Richtung, die weit über das hinausging, was sie gewöhnt waren, zu denken, zu sprechen und zu handeln... Es schien, als ob der Krieg Talente nicht nur benötige, sondern auch schaffe. Menschen, deren Gemüt sich an der Liebe zur Freiheit entzündete und deren Fähigkeiten durch tägliche Übung vervollkommnet und durch den lobenswerten Ehrgeiz, ihrem notleidenden Land zu dienen, geschärft wurden, sprachen, schrieben und handelten mit einer Energie, die alle auf ihre früheren Leistungen vernünftigerweise abgestellten Erwartungen bei weitem übertraf.«

Wer hätte auch in der Tat vermutet, daß zweieinhalb Millionen Kolonisten, die von den Segnungen der europäischen Zivilisation abgeschnitten waren, einen Diplomaten von dem Geschick eines Benjamin Franklin, einen Militärstrategen wie Washington oder Staatsmänner wie Thomas Jefferson und John Adams hervorbringen würden? Gewiß kann man Franklin, dem man schon vor dem Krieg Genialität zugebilligt hatte, als einmaliges Genie hinwegerklären, das überall erstehen könnte; die anderen aber hätten ohne die Revolution niemals die Herausforderung verspürt, deren Bewältigung sie erst zu echter Größe hat aufsteigen lassen.

Die Herausforderung endete nicht mit dem Krieg. Die Amerikaner hatten die Unabhängigkeit gewonnen, aber hatten sie auch das Zeug, sie zu erhalten? Sie hatten ihre Freiheiten von der englischen Tyrannei erlöst, aber konnten sie es auch verhindern, daß sich Tyrannei in ihrem eigenen Staat entwickelte? Sie glaubten an ihre Chancen – mit einem republikanischen Regierungssystem.

Zu Beginn des Krieges, als die Autorität der königlichen Behörden zusammenbrach, hatten die einzelnen Kolonien außergesetzlich ihre Konvente gewählt, die das Geschäft des Regierens besorgten und republikanische Verfassungen für die neuen Staatsgebilde ausarbeiteten. Thomas Jefferson hielt diese neuen Staatsgebilde für die besten, die die Welt je gesehen hatte. In jedem von ihnen war die gesetzgebende Gewalt einer regelmäßig, in den meisten Fällen jährlich vom Volke gewählten Legislative (die außer in Pennsylvania aus zwei Kammern bestand) übertragen. Der in den meisten Fällen von der Legislative gewählten Exekutive standen im allgemeinen nur geringe Machtbefugnisse zu, zweifellos weil für die Kolonisten Exekutivgewalt ungefähr dasselbe bedeutete wie Monarchie. Die meisten Verfassungen enthielten Erklärungen der Staatsbürgerrechte, in denen die der Einwirkung des Staates prinzipiell entzogenen Bereiche der persönlichen Freiheit – wie Rede- und Pressefreiheit und das Recht auf Aburteilung durch Geschworene – konkret festgelegt waren. Von vornherein war beabsichtigt, daß die Regierungen in diesen Staatsgebilden schwach sein sollten, denn in einer Republik muß nicht die Regierung, sondern das Volk stark sein, so stark – im Gegensatz zu den geknechteten Völkern Europas –, daß es den Staat vor jeder Art Tyrannei, Verderbtheit und Verschwendung zu bewahren vermag.

In der Geschichte der Welt waren republikanische Regierungssysteme nur selten vorgekommen; beim Studium der Historiker und Chronisten fanden die Amerikaner, daß solche Regierungssysteme nur Menschen geglückt waren, die so beschaffen waren, wie sie selbst es zu sein vermeinten: einfach, sparsam, fleißig und nicht durch strenge Klassenunterschiede belastet. Die Römer hatten sich der republikanischen Regierungsform erfreut, solange sie sich diese Charaktermerkmale bewahrten, und hatten sie verloren, nachdem Verschwendung sie übermannt hatte und mit ihr Aristokratie und Korruption eingezogen waren. Die Holländer und die Schweizer hatten sich ein republikanisches Regierungssystem gegeben, als sie das Joch der Tyrannen abwarfen; sie waren damit der Knechtschaft entronnen, die alle Unterschiede verwischte und nur die Genügsamen und Fleißigen überleben ließ. Aber in den Niederlanden hatte der Fleiß, ohne den man unter dem spanischen Joch nicht überleben konnte, in Freiheit Wohlstand und damit Verschwendung und Verderbnis hervorgebracht. Auch in den Niederlanden waren Tugend und republikanische Regierungsform zusammen verfallen.

Als sich die Amerikaner ihre eigenen Aussichten beschauten, freuten sie sich ihrer Wahlverwandtschaft mit den alten Römern und den tapferen Holländern; sie hielten sich aber den Untergang dieser früheren Republiken und dessen Ursachen vor Augen und trieben einander dazu an, die Tugenden zu pflegen, in denen allein sie das Unterpfand ihrer Freiheiten zu sehen glaubten; diese Tugenden begann man jetzt die republikanischen zu nennen. Zum Abschluß seiner Chronik der Revolution ermahnte der Mediziner Ramsay seine amerikanischen Leser: »Übt Fleiß, Genügsamkeit, Enthaltsamkeit, Maßhalten und das ganze wunderschöne Aufgebot republikaner Tugenden... Habt Ehrfurcht vor dem Pflug, der Hacke und allen Gerätschaften der Landwirtschaft. Ehret die Menschen, die mit ihren eigenen Händen ihre Familien erhalten und ihre Kinder so erziehen, daß sie schwere Arbeit gewöhnt und ihre Heimat zu verteidigen imstande sind. Rechnet die Notwendigkeit der Arbeit nicht zum Fluch des Lebens, sondern zu seinen Segnungen.«

Mit republikanischen Tugenden und republikanischen Staatsgebilden hofften die vereinigten amerikanischen Staaten, die Freiheiten, die sie hochschätzten und als natürliches Recht aller Menschen ansahen, zu erhalten und ihren Anwendungsbereich auszudehnen.

Gelang es ihnen, die Freiheit in der Neuen Welt blühen und gedeihen zu lassen, so konnten sie vielleicht selbst zum Vorbild und Antrieb für die Völker Europas werden und ihnen den Mut eingeben, Monarchie und Aristokratie abzuwerfen. Darin lag die Hoffnung der Amerikaner, der ganzen Menschheit dazu zu verhelfen, die verlorenen Rechte wiederzuerwerben, mit denen sie die Natur und der Gott der Natur ursprünglich ausgestattet hatten.

Natürlich hatte die Beseitigung der alten kolonialen Regierungen keinen vollständigen Bruch mit der Vergangenheit bedeutet. Die neuen Staatsgebilde behielten in der Regel die Gebietsgrenzen der alten, und sie versuchten nicht, die geltenden Gesetze durch ein ganz neues System von Gesetzen zu verdrängen. Aber während des Krieges und unmittelbar danach revidierten sie ihre Gesetze, um sie mit den republikanischen Gleichheitsgrundsätzen in Einklang zu bringen. In allen Staaten wurden das Erstgeburtsrecht und der Fideikommiß, wonach testamentarisch nicht geteiltes Vermögen dem ältesten Sohn allein zufiel, abgeschafft; statt dessen sollte das Vermögen des Verstorbenen seinen Kindern zu gleichen Teilen zugute kommen. Mancherorts wurde das Wahlrecht ausgeweitet; mancherorts gab es Verbesserungen in der Verteilung der Parlamentssitze auf die Bevölkerung. Die meisten Staaten verhalfen der Freiheit und Gleichheit in der Religionsübung zu uneingeschränktem Ausdruck, indem sie allen Kirchen die staatliche Finanzierung versagten.

Ein Ansturm setzte ein auf die Sklaverei, die unrepublikanischste aller republikanischen Einrichtungen. Sklaverei beraubte nicht nur die Versklavten der Früchte ihres Fleißes, sondern machte es auch noch anderen Menschen möglich, ohne Fleiß zu leben. Unseligerweise aber waren die Sklaven zugleich auch eine Form des Eigentums, und nicht jeder war zum opferreichen Verzicht auf solches Eigentum bereit. Die meisten Staaten verboten jede weitere Einfuhr von Sklaven, und die nördlichen Staaten schufen auch Vorkehrungen für die graduelle oder sofortige Abschaffung der Sklaverei. Im Süden gab freiwillige Freilassung Tausenden von Sklaven die Freiheit. Aber unendlich viel mehr Menschen blieben Sklaven und erinnerten die Amerikaner daran, daß ihre Tugend weit hinter dem zurückblieb, was die Natur und der Gott der Natur von Republikanern verlangten.

Das Fortbestehen der Sklaverei war allerdings nur eines der Gebrechen, die sich die Amerikaner vorzuwerfen hatten und die vielen von ihnen hinsichtlich der möglichen Lebensdauer der neuen Nation Zweifel einflößten. Niemand konnte die Habgier vergessen, die sich während des Krieges Seite an Seite mit patriotischer Selbstaufopferung breitgemacht hatte. Die plötzliche Schaffung einer Kontinentalarmee, die verpflegt und gekleidet werden mußte und die ständig von einem Ort zum andern zog, hatte denen, die das Allernotwendigste lieferten, ungeheure Gewinnmöglichkeiten eröffnet. Dadurch aber, daß so viele Menschen produktiver Arbeit entzogen waren, verringerte sich das verfügbare Warenangebot und wuchs die Nachfrage. In dieser Situation konnte der Kaufmann von Klugheit reden, der alles aufkaufte, was in Reichweite war: Lebensmittel, Bekleidungsgegenstände und was nicht alles. Und der konnte von überdurchschnittlicher Klugheit reden, der sich auf solche Gegenstände des täglichen Bedarfs, lange bevor sie den Markt erreichten, das Vorkaufsrecht gesichert hatte.

DIE AMERIKANISCHE REVOLUTION 549

Solche Voraussicht braucht nichts anderes zu sein als gesunde kaufmännische Verfahrensweise, und sie kann sogar dem Lande zum Vorteil gereichen. Aber natürlich gab sie dem Kaufmann, der sie in Kriegszeiten übte, die Gelegenheit, exorbitante Preise zu diktieren. Mit Bitterkeit erinnerten sich die Amerikaner daran, auf wie skrupellose Weise gewinnsüchtige Händler alle Warenvorräte zusammengekauft und skandalöse Profite eingeheimst hatten, während ihre Nachbarn Not litten und die Kontinentalarmee in Lumpen und Fetzen gekleidet ihre Schlachten schlug.

Sogar in der Armee und im Kongreß hatten sich Habgier und Korruption eingenistet. Wegen gefälschter Abrechnung waren 1778 sowohl der Generalkommissar der Intendantur als auch sein Stellvertreter aus dem Dienst entlassen und verhaftet worden; manche Ärzte wurden beschuldigt, an der Lieferung von Arzneimitteln für Kriegslazarette über Gebühr verdient zu haben. Die skandalöseste und erschreckendste Korruption hatte sich freilich dort eingestellt, wo die Versorgungsprobleme zentral geregelt wurden: unter den Regierungsbeauftragten, denen es zuerst oblag, Hilfe aus Frankreich zu erlangen und in die richtigen Kanäle zu leiten.

Silas Deane, der erste amerikanische Regierungsagent, war in der Absicht nach Frankreich gekommen, nicht nur für die Vereinigten Staaten, sondern auch für sich Nützliches zu tun. Er hatte die entsprechenden geschäftlichen Vereinbarungen mit dem Kaufmann Robert Morris aus Philadelphia getroffen, der als Kongreßmitglied dem mit der Überwachung und Lenkung der Auslandsmission Deanes betrauten Kongreßausschuß angehörte. Auch Morris hatte keinen Grund gesehen, warum er im Dienst für das Vaterland sein privates Vermögen vernachlässigen sollte. Kaum war Deane in Frankreich eingetroffen, als Morris ihm schrieb, daß die Versorgung des (von der altgewöhnten englischen Ware abgeschnittenen) amerikanischen Marktes mit französischen Erzeugnissen »Ihre größte Mühewaltung und Aufmerksamkeit verdient, soweit Ihnen der Sinn danach steht, Geld zu verdienen, denn es hat noch nie, seit ich mit der Welt vertraut bin, eine so günstige Gelegenheit gegeben, zu großem Vermögen zu kommen«.

Für Morris und Deane war es nichts Ungehöriges, ein öffentliches Amt zu privater Bereicherung zu benutzen. Beide brachten private Mittel und öffentliche Gelder in Handels- und Schmuggelgeschäften durcheinander, und keiner Untersuchungsbehörde ist es je gelungen herauszubekommen, was wem gehörte. Morris betrieb das Geschäft so geschickt, daß er, als der Krieg zu Ende war, an der Spitze des Finanzwesens des Kongresses stand und ein beträchtliches neuerworbenes Vermögen sein eigen nannte. Deane jedoch, der freilich nie der Unterschlagung überführt werden konnte, geriet in so argen Verdacht, daß der Kongreß es ablehnte, seine Rechnungen zu begleichen. (Allerdings hatte Deane auch keinerlei Belege vorgelegt.)

Mit der Korruption an hoher Stelle kam auch eine Auflockerung der Genügsamkeit und Selbstversagung, die den frühen Widerstand gegen die Engländer ausgezeichnet hatte. Als französische Importware verfügbar wurde, fanden Menschen auf diese oder jene Weise genug Geld oder Kredit, um sich Putz und Schmuck und sonstige Luxuswaren zu gönnen; die strengen Sitten der Kriegszeit versanken in Tanzabenden und Feuerwerksveranstaltungen. Mißbilligend schüttelten glühende Patrioten ihr Haupt; sehnsüchtig gedachten sie des kargen Lebens, das wenige Jahre zuvor geherrscht hatte. Als die Bostoner Miliz 1778 ein Bankett veranstaltete, prophezeite Samuel Adams, so sittenlose Menschen würden einem Feind nie wieder gefährlich werden. »Sind wir«, fragte er, »an einem solchen Höhepunkt der Leichtfertigkeit und Ausschweifung angelangt, daß der Gedanke des Festefeierns jeden Funken öffentlicher Tugenden zum Erlöschen bringen muß...? Werden wir nie wieder diese Nüchternheit der Sitten, diese Mäßigkeit, Genügsamkeit, Seelenstärke und all die anderen Mannestugenden sehen, die einst der Ruhm und die Stärke meiner so sehr geliebten Heimatstadt waren?« Einst hatte Adams gehofft, Boston als das Sparta Amerikas gedeihen zu sehen. Die Hoffnung war begraben.

Schon während des Krieges hatten Patrioten in allen Kolonien über den Verfall der amerikanischen Tugend in ähnlichem Sinne lamentiert und sich über die verhängnisvollen Folgen, die der amerikanischen Nation daraus erwachsen müßten, den Kopf zerbrochen. Jetzt entdeckten sie aber auch noch andere Beweise dafür, daß sich die Nation nicht der besten Gesundheit erfreute: je älter die Vereinigung der amerikanischen Staaten wurde, um so uneiniger schien sie zu sein.

Zu Beginn der Kämpfe, als sich die Amerikaner zuerst im Kontinentalkongreß zusammengefunden hatten, setzten sie die Empfehlungen dieser gemeinsamen Vertretung mit großer Entschlossenheit in die Praxis um. Obgleich sich eine nicht unbedeutende Minderheit von Königstreuen von Anfang an der Revolution widersetzte, wurde sie an Zahl und Begeisterung von den Patrioten ausgestochen, die über Volkskomitees und Volkskonvente die Beschlüsse des Kongresses zu verwirklichen trachteten. Diese Konvente hatten geschriebene Verfassungen beschlossen und in allen Kolonien die Staatsmacht übernommen; aber sie erwarteten immer noch, daß der Kongreß ihnen die richtige Führung gebe, und der Kongreß seinerseits bekundete sein Selbstvertrauen als Organ des allgemeinen Willens, indem er eine Armee organisierte, Papiergeld ausgab, um sie zu finanzieren, und schließlich die Unabhängigkeit des Landes proklamierte.

Indes hatte der Kongreß keine formale Vollmacht, all diese Dinge (oder überhaupt irgend etwas) zu tun, denn er bestand nur insoweit, als die einzelnen Kolonien, zu Staaten geworden, seine Beschlüsse einmütig guthießen. Der Legislative eines jeden Staates stand es frei, die Empfehlungen des Kontinentalkongresses zu befolgen oder nicht zu befolgen. Natürlich waren alle der Meinung, daß die neue Nation eine zentrale Regierung mit bestimmten Befugnissen haben müsse; schon vor der Unabhängigkeitserklärung hatten Kongreßausschüsse angefangen, Entwürfe einer Verfassung vorzubereiten. Aber jedesmal wenn die Frage der Zentralregierung auf der Tagesordnung stand, zeigten sich schwere Differenzen: über die anteilige Aufbringung der Ausgaben, über die Verteilung der Kongreßsitze auf die einzelnen Staaten und über die Landansprüche im Westen, die von einigen Staaten geltend gemacht wurden. Erst Ende 1777 konnte sich der Kongreß auf die erste Verfassungsurkunde, die »Artikel der Konföderation«, einigen, und erst im Februar 1781 hatte auch der letzte der dreizehn Staaten den Artikeln seine Zustimmung gegeben.

Die Schwierigkeiten, die sich den Amerikanern bei der Schaffung einer Zentralregierung aufdrängten, rührten zum Teil daher, daß ihnen die nötigen Erfahrungen fehlten: unter englischer Herrschaft waren zentrale Machtbefugnisse nur von London aus wahrgenommen worden, und kein Kolonist war daran je beteiligt worden. Die Amerikaner waren aber auch dadurch behindert, daß sie sich über das Wesen ihrer Vereinigung und darüber, wie sich darin republikanische Gesinnung geltend machen sollte, nicht klarwerden konnten. Diese Verwirrung hatte bereits in der Unabhängigkeitserklärung ihre Spuren hinterlassen. Die Präambel zur Unabhängigkeitserklärung ging von der Voraussetzung aus – von der ihre Verfasser zweifellos überzeugt waren –, daß die Amerikaner ein einig Volk seien und daß sie sich mit der Lösung der Bande, die sie an Großbritannien geknüpft hatten, als ein geeintes Volk zur Geltung brächten. Aber die Schlußabsätze der Erklärung führten in das neue Staatsgebilde von neuem die Idee eines auf einer Vielzahl von Staaten beruhenden Vertragsverhältnisses ein. Da hieß es, »daß diese Vereinigten Kolonien freie und unabhängige Staaten sind und von Rechts wegen bleiben müssen;... und daß sie als freie und unabhängige Staaten das uneingeschränkte Recht haben, Krieg zu führen, Frieden zu schließen, Bündnisse einzugehen, Handel zu treiben und alle anderen Hoheitsakte und sonstigen Handlungen vorzunehmen, die unabhängige Staaten Rechtens vornehmen dürfen«.

Daß den einzelnen Staaten in dieser pluralistischen Ausdrucksweise ein besonderes Gewicht beigemessen wurde, besagte indes nicht, daß die Amerikaner in ihrer Entschlossenheit, ein geeintes Volk zu sein, wankelmütig gewesen seien. Vielmehr spiegelte sich darin wider, wie sehr sie der republikanischen Staatsidee verhaftet blieben, die in der amerikanischen Vorstellung an die Existenz der einzelstaatlichen Regierungen gebunden war. Anderthalb Jahrhunderte lang hatten die Amerikaner als Bewohner der englischen Kolonien die Idee reifen lassen, daß ihre einzelstaatlichen Vertretungskörperschaften die großen Garanten der Freiheiten der Völker seien. Die kolonialen Vertretungskörperschaften waren die Wiege des amerikanischen Republikanismus, und zu seinem Sinnbild waren die Legislativen der neuen Staaten geworden.

In der Tat waren die Amerikaner zutiefst überzeugt, daß republikanische Gesinnung nur durch Vermittlung ihrer einzelstaatlichen Regierungssysteme betätigt werden könne, denn im 18. Jahrhundert herrschte allgemein die Vorstellung, daß sich große Staatsgebiete nicht republikanisch regieren ließen. In einer Republik von großer Ausdehnung sei die zentrale Legislative von ihren Wählern notwendigerweise so weit entfernt, daß sie über kurz oder lang der Kontrolle der Wähler entgleiten und damit aufhören müsse, republikanisch zu sein. Volksvertreter, die von ihren Wählern zu weit entfernt seien, als daß sie von ihnen ständig überwacht werden könnten, müßten korrupt werden, ihre Macht mißbrauchen und sehr bald, statt Diener des Volkes zu sein, zu Herren über das Volk werden. Dieser Gefahr hofften die Amerikaner ihre Vereinigten Staaten dadurch entrücken zu können, daß sie ihre Nation zu einem Staatenbund von dreizehn kleinen Republiken machten, von denen jede eine eigene Volksvertretung erhielt. Die Artikel der Konföderation waren der Konstruktionsentwurf für einen solchen Bund der in ihren Beziehungen zu anderen Staaten vereinten, aber in ihren inneren Angelegenheiten getrennten Staaten.

In dieser ersten Verfassungsurkunde war ein Konföderationskongreß nach dem Muster des bereits vorhandenen Kontinentalkongresses vorgesehen. Jeder Staat sollte unabhängig von seiner Größe nur eine Stimme haben; diese Stimmen sollten die von der Staatslegislative gewählten Abgeordneten abgeben; zu den gemeinsamen Ausgaben sollte jeder Staat durch Selbstveranlagung nach Maßgabe des Wertes seines Landbesitzes beisteuern; keinem Staat durften seine Ländereien im Westen zugunsten der Vereinigten Staaten fortgenommen werden; und jeder Staat behielt seine »Souveränität, Freiheit und Unabhängigkeit und alle Befugnisse, Zuständigkeiten und Rechte«, sofern sie nicht ausdrücklich auf den Kongreß übertragen waren. Im Rahmen dieser übertragenen Befugnisse durfte der Kongreß über Krieg oder Frieden entscheiden, Armee- und Marineoffiziere ernennen, den Staaten Mannschafts- und Geldauflagen machen, Botschafter beglaubigen und empfangen, Verträge und Bündnisse eingehen, eine Postorganisation aufbauen, Münzen prägen, für Rechnung der Vereinigten Staaten Geld borgen oder Papiergeld ausgeben, Maße und Gewichte festsetzen, die Angelegenheiten der Indianer regeln und Streitigkeiten zwischen den einzelnen konföderierten Staaten schlichten.

Sichtbar fehlte in dieser umfassenden Liste von Befugnissen jegliche Bestimmung, die dem Kongreß die grundlegende staatliche Zwangsbefugnis eingeräumt hätte, Gesetze zu erlassen und Steuern zu erheben. Dieser Mangel schien den meisten Amerikanern kein Mangel, sondern eine bestens angemessene Lösung zu sein: all ihre Konflikte mit England waren daraus hervorgegangen, daß die englische Regierung ihre Besteuerungs- und Gesetzgebungsbefugnisse mißbraucht hatte; aus bereits dargelegten Gründen hatten die Amerikaner auch zu einer amerikanischen Zentralregierung nicht so viel Vertrauen, daß sie sie mit einer solchen Machtvollkommenheit hätten ausstatten wollen. So besessen waren sie bei ihrer Arbeit an der Verfassung von dem Verlangen nach einer schwachen Zentralregierung, die ihre Freiheiten nicht würde antasten können, daß ihnen der Kern der Sache entging: sie waren dabei, ein so machtloses Staatsgebilde zu schaffen, daß es unmöglich die Aufgaben erfüllen konnte, die sie ihm zuwiesen.

In dem Gebilde, das die Artikel der Konföderation konstruiert hatten, war der Kongreß ohnmächtig, den Übeln zu steuern oder mit Strafen entgegenzutreten, die den Erfolg des Krieges und mithin auch die Existenz der Nation gefährdeten. Der Kongreß erließ keine Gesetze gegen Warenhortung; er konnte nur den einzelnen Staaten empfehlen, solche Gesetze zu erlassen. Schlimmer noch: der Kongreß erhob keine Steuern, sondern konnte nur Schatzscheine ausgeben und die einzelnen Staaten ersuchen, Steuern zu erheben, damit diese Schatzscheine eingelöst werden könnten. Als die Staaten es nicht taten, hatte er keine Möglichkeit, sie dazu zu zwingen.

Die Folge war, daß der Wert der Kongreß- oder »kontinentalen« Schatzscheine stetig sank. Anfänglich waren Patrioten geneigt, den Kursverlust der amerikanischen Schatzscheine auf englische Fälschungen oder auf die Habgier der Königstreuen zurückzuführen, die sich weigerten, die kontinentalen Schatzscheine zum Nennwert abzunehmen. Bald jedoch zeigte sich, daß kein Mensch den Kredit des Kongresses für voll nahm. Eine mögliche Lösung wäre eine Preiskontrolle gewesen, aber auch da konnte der Kongreß nur beschließen, den Einzelstaaten entsprechende Gesetze zu empfehlen, und wo solche Gesetze versucht wurden, schlugen sie fehl. Im Endeffekt mußte der Kongreß den Krieg weitgehend mit Auslandsanleihen finanzieren. Für viele Amerikaner war es eine peinliche Feststellung, daß die Unabhängigkeit nicht nur der Hilfe französischer Waffen, sondern auch der Hilfe französischen Geldes bedurft hatte. Unter solchen Umständen war der erfolgreiche Abschluß des Krieges schwerlich ein Triumph der amerikanischen Tugenden. In mancher Hinsicht schien das nationale Eigendasein Amerikas 1783 weniger gesichert zu sein als in den hoffnungsvollen Stunden des 4. Juli 1776.

Staatenbund ohne Macht

Noch viel deutlicher zeigten die ersten Friedensjahre, daß dem Kongreß größere Befugnisse zugestanden werden mußten, sofern die Amerikaner wirklich entschlossen waren, ein geeintes Volk zu bleiben und sich ihre Unabhängigkeit mitsamt ihren republikanischen Tugenden zu erhalten. Zuallererst machte sich die Notwendigkeit zentralisierter Regelung in wirtschaftlichen Dingen geltend. Mit großen Erwartungen hatte das Land der Freiheit des Handels entgegengesehen, die mit der Beseitigung der englischen Handelslenkung möglich werden mußte. So hatten die Tabakpflanzer von Virginia auf höhere Preise für ihre Erzeugnisse gehofft, sobald sie ihre Ware nicht mehr ausschließlich auf dem englischen Markt abzusetzen brauchten. Aber 1783 mußten sie feststellen, daß ihnen nur wenige andere Märkte zugänglich waren und daß nur wenige Kaufleute im Ausland eine Ware übernehmen wollten, mit deren Vertrieb sie keine Erfahrungen hatten. Zu guter Letzt landete der Virginia-Tabak größtenteils doch in London.

Dasselbe spielte sich mit dem Reis aus South Carolina ab. Als Angehörigen des Britischen Weltreiches hatte den Amerikanern das Recht zugestanden, ihren Reis nicht nur nach England, sondern auch in die Mittelmeerländer zu verfrachten, wo die englische Flotte ihre Schiffe schützte. Jetzt war das anders: amerikanische Schiffe im Mittelmeer wurden von nordafrikanischen Seeräubern gekapert, die dem Handel aller christlichen Länder, sofern sie keine Verträge mit ihren Fürsten hatten, auflauerten. Der Wert eines Vertrages wurde in Gold berechnet, und die Fürsten der Berberei waren nicht geneigt, Papiergeld aus Amerika als Ersatz anzunehmen. Da Europäer außerhalb der Mittelmeerzone keinen großen Appetit auf amerikanischen Reis hatten, ging der Reis also wieder nur nach England.

Während aber die Engländer noch bereit waren, Tabak und Reis aus Amerika für ihren eigenen Bedarf abzunehmen, sperrten sie amerikanische Schiffe aus all ihren Häfen im Karibischen Meer aus, so daß in Britisch-Westindien Fische, Mehl, Vieh, Holz und sonstige Rohstoffe aus Amerika nicht mehr verkauft werden konnten. Hätten die Amerikaner den Riemen enger geschnallt und in geduldiger Selbstbescheidung auf neue Absatzmärkte für ihre Produkte gewartet, so wäre die gefährliche Situation, die nun entstand, vielleicht vermieden worden. Aber nach dem Friedensschluß hatte sich eine Flut englischer gewerblicher Erzeugnisse, die mit langfristigen Krediten angeboten wurden, über die Vereinigten Staaten ergossen, und die Amerikaner kauften viel mehr, als sie bezahlen konnten. Da ihnen die karibischen Märkte verschlossen waren, hatten die nördlichen Staaten keine Gelegenheit mehr, die Einfuhr aus England mit dem Erlös aus der Ausfuhr ihrer eigenen Produkte zu begleichen; sogar die südlichen Pflanzer kauften mehr, als ihnen ihre Reis- und

Tabakexporte einbringen konnten. Als Gläubiger erlangte England wieder die Kontrolle über die amerikanische Wirtschaft.

Wollten die Amerikaner dieser Zwangslage entgehen, so konnten sie nur eins tun: nicht mehr in englischen Importen schwelgen. Anders ausgedrückt: sie hätten sich mit ihrer eigenen Produktion bescheiden müssen, wie sie es in den Tagen des Boykotts englischer Waren getan hatten. Aber von der kargen Lebensführung der sechziger und siebziger Jahre wollte man in den achtziger Jahren nichts mehr wissen. Man entrüstete sich zwar gern über Luxus, Verschwendung und Ausschweifung, aber es blieb bei der Entrüstung. Als Botschafter in Frankreich bemühte sich Jefferson, den amerikanischen Handel nach Frankreich zu lenken, um die englische Umklammerung auf diese Weise zu lockern; seine Bemühungen scheiterten an den großzügigen englischen Kreditangeboten und der amerikanischen Verschwendungssucht. Auch nachdem es ihm gelungen war, den französischen Markt für amerikanischen Tabak zu erschließen, gingen die Profite der Pflanzer und Kaufleute doch nach England, weil noch mehr englische Industrieware eingeführt wurde. Die Verschwendungssucht, folgerte Jefferson, sei »ein tödlicheres Übel, als es die Tory-Haltung während des Krieges war... Sollte ein Missionar auftauchen, der Genügsamkeit zur Grundlage seines Religionssystems erhöbe, und mit der Predigt durchs Land ziehen, daß hierin der einzige Weg zum Heil liege, ich würde mich seiner Schule anschließen«.

An Genügsamkeitspredigten fehlte es nicht. Aber wie sollte man die Amerikaner dazu bringen, sich nach den Predigten zu richten? Jefferson wie allen anderen staatstreuen Amerikanern war klar, das sich das neue Staatsgebilde, wenn es von ökonomischer Knechtschaft frei sein wollte, nicht allein auf die Tugendhaftigkeit seiner Staatsbürger verlassen konnte. Hier mußte der Staat eingreifen. Die Einfuhr aus England konnte unterbunden werden, wenn man sie durch Gesetz verbot oder wenigstens mit Zöllen belastete. Wirksam konnten solche Maßnahmen allerdings nur sein, wenn alle Staaten der amerikanischen Konföderation sie einheitlich befolgten. Anderseits war nicht zu erwarten, daß das aus freien Stücken geschehen werde; schlösse sich aber auch nur ein einziger Staat von der Regelung aus, so würden die unerwünschten Importe einfach über diesen einen Staat geschmuggelt werden. Ein Gesetz, das die Einfuhr aus England verböte oder mit prohibitiven Zöllen belegte, hätte der amerikanischen Tugend den Rücken steifen können; aber der Kongreß der Konföderation hatte keine Gesetzgebungsbefugnisse. Luxus und Verschwendung lieferten die Amerikaner also auch weiterhin dem Diktat ihrer englischen Gläubiger aus.

Gleichzeitig mit dieser englischen Gefahr machte das neue amerikanische Staatsgebilde Gefahren auf dem eigenen Kontinent durch: im Westen. Im Gegensatz zu England hatte Spanien die amerikanischen Ansprüche südlich des Ohio nie anerkannt; England aber hatte seine Pelzhandelsposten und Grenzforts auf amerikanischem Gebiet in der Gegend der Sankt-Lorenz-Seen nie geräumt. Weder England noch Spanien wollte sich festlegen; beide spekulierten auf die Auflösung des amerikanischen Staatenbundes, die alle europäischen Regierungen seit der Verkündung der amerikanischen Unabhängigkeit sozusagen täglich erwarteten. Da schon die amerikanischen Kolonien als streitsüchtig und unverträglich bekannt waren, konnte man mit gutem Grund annehmen, sie würden in ihr traditionelles Verhalten zurückverfallen und in dem dann unvermeidlichen Chaos zur wehrlosen Beute jeder fremden Macht werden, die noch Interesse an Kolonien hätte.

Ebenso wie England und Spanien waren die Vereinigten Staaten trotz allem inneren Hader darauf versessen, den Westen des Kontinents in die Hand zu bekommen: sie brauchten ihn für ihr fruchtbares Volk. Die amerikanische Bevölkerung verdoppelte sich alle fünfundzwanzig Jahre. Schon zu der Zeit, als die Revolution begann, waren den Amerikanern die Küstenebenen am Atlantischen Ozean zu eng geworden; über die Engpässe der Appalachen ergossen sie sich in die großen Täler des Ohio-Mississippi-Beckens. Seit Frieden eingezogen war und keine Gefahren mehr von Indianern unter englischer Führung drohten, wanderten Pioniere in immer größerer Anzahl gen Westen. Thomas Jefferson hatte ausgerechnet, daß die Amerikaner im allgemeinen in neue Gebiete zu ziehen begannen, sobald sie auf besiedeltem Land eine Bevölkerungsdichte von zehn Einwohnern je Quadratmeile erreicht hatten; es konnte nicht mehr als vierzig Jahre dauern, bis das ganze von England abgetretene Gebiet diese Bevölkerungsdichte erreicht hätte. Dann bliebe ihnen kein Ausweg, als das Land westlich des Mississippi in Besitz zu nehmen.

Wie andere weitsichtige Amerikaner begrüßte Jefferson den Drang nach Westen, weil er die Besiedlung des ganzen nordamerikanischen Kontinents und vielleicht auch noch des südamerikanischen durch diese verwegenen und zähen Pioniere voraussah, die, wo immer sie hinzogen, das mitnahmen, was für das amerikanische Kredo wesentlich war: daß, wie es eine Gruppe von Pionieren in Kentucky 1784 ausdrückte, »der Reichtum und die Kraft eines freien Landes nicht in dem Eigentum bestehen, mit dem einige wenige Individuen ausgestattet sind, sondern daß das Eigentum in um so höherem Maße Fleiß, Bevölkerung und Genügsamkeit, ja sogar Gesittung fördert, je allgemeiner es sich verteilt«. Wenn sie nach dem Westen zogen, hatten sie hauptsächlich vor, Eigentum zu schaffen, indem sie es, wie es Amerikaner seit 1607 immer wieder getan hatten, der Wildnis entrissen. Ihre wachsende Zahl und ihre Treue zu republikanischen Tugenden und Grundsätzen begründeten die Hoffnung, daß sich diese Tugenden und Grundsätze behaupten und zu maximaler Wirksamkeit entfalten könnten – und mit ihnen das Staatsgebilde, das sie in sich begriff.

Diese Hoffnung wäre allerdings wenig begründet gewesen, wenn zwischen den nach dem Westen vorstoßenden Pionieren und ihren Brüdern im Osten eine dauerhafte Entfremdung eingetreten wäre. Das war eine echte Gefahr, denn das freie Land im Westen war unter Amerikanern seit jeher die ergiebigste Quelle von Zwistigkeiten, die Osten und Westen, die einzelnen Kolonien und in neuerer Zeit die einzelnen Staaten entzweiten. Sieben Staaten – Massachusetts, Connecticut, New York, Virginia, North Carolina, South Carolina und Georgia – beanspruchten das Land jenseits der Appalachen auf Grund der königlichen Stiftungsurkunden, mit denen sie einst ins Leben getreten waren. Diese Stiftungsurkunden, die ohne Kenntnis der wirklichen geographischen Lage abgefaßt worden waren, widersprachen einander, und die gegensätzlichen Ansprüche wurden jetzt durch den Wettstreit von Kapitalistengruppen verschärft, die sich mit privaten Eigentumstiteln große Gebietsstreifen zu sichern suchten, um daraus besiedeltes Land zu machen und aus dem Grundstücksverkauf bei steigenden Bodenpreisen Profite zu ziehen. Solche privaten Gesellschaften bemühten sich, Landkonzessionen von den einzelnen Staaten und vom

Kongreß zu erhalten, und versuchten daneben, den Indianern unmittelbar Ländereien abzukaufen. Daraus erwuchsen vielseitige und weitverzweigte Fehden.

Auch unter diesem Aspekt schien es wünschenswert, daß der Kongreß die Dinge in die Hand nehme; Thomas Jefferson und mehrere andere Patrioten aus Virginia suchten das zu ermöglichen, indem sie den Staat Virginia überredeten, seine umfangreichen Ansprüche auf nördlich des Ohio gelegenes Land an die Vereinigten Staaten abzutreten. Die Zession war an die Bedingung geknüpft, daß die Ansprüche aller bestehenden Grundstücksgesellschaften annulliert würden; das neue Gebiet sollte, sobald besiedelt, in einzelne Staaten mit republikanischer Regierungsform eingeteilt werden, und jeder dieser Staaten sollte im amerikanischen Staatenbund gleichberechtigt mit den bereits vorhandenen Gliedstaaten Aufnahme finden. Andere Staaten, die ebenfalls Rechtsansprüche auf westliches Land hatten, folgten dem Beispiel von Virginia; die Bestimmungen der ersten Zessionsvereinbarung gingen 1787 in eine vom Kongreß beschlossene allgemeine Regelung ein. Den Pionieren im Westen wurde damit politische Gleichberechtigung garantiert, und der Kongreß erhielt eine eigene Einnahmequelle: aus dem Verkauf von Land an Privatpersonen und Privatgesellschaften (nach Vermessung der zedierten Gebiete).

Die Zukunft des Westens war nicht der einzige konfliktträchtige Komplex. Gleichzeitig drohte der Konföderation der Verlust des gesamten Territoriums südlich des Ohio. Das die heutigen Staaten Kentucky und Tennessee umfassende Gebiet hatte mit seinem besonders fruchtbaren Boden große Scharen von Siedlern angezogen, die damit rechneten, ihre Agrarerzeugnisse auf dem Wasserweg – Ohio-Mississippi – nach New Orleans zum Verkauf bringen zu können. Aber New Orleans war anerkanntes spanisches Staatsgebiet; spanischer Besitz waren auch die beiden Ufer des Mississippi auf einer Strecke von dreihundert Meilen (von New Orleans nordwärts). Von diesem Sprungbrett aus glaubte Spanien den größten Teil des amerikanischen Südwestens erringen zu können. Amerikanischen Bürgern untersagte Spanien 1784 die Schiffahrt auf dem Mississippi. Sollten die Siedler in Kentucky und Tennessee nicht erkennen, wieviel vorteilhafter es für sie wäre, Spanier zu werden?

Spanien spielte ein gefährliches Spiel. Mit amerikanischen Pionieren war nicht zu spaßen: sie waren gewöhnt, sich anzueignen, was sie brauchten, und es lag ihnen nicht, auf Regierungen, die ihnen in die Quere kamen, Rücksicht zu nehmen. Anderseits erwarteten sie natürlich von den Amerikanern im Osten energischen Beistand im Kampf um die Schiffahrtsrechte auf dem Mississippi, und wenn dieser Beistand ausblieb, konnte ihre Liebe zur amerikanischen Union leicht erkalten. Der unermüdliche Fleiß, auf den die Pioniere so stolz waren, konnte sie in die Arme Spaniens treiben, wenn sie als Amerikaner keine Aussicht hatten, die Früchte ihres Fleißes an den Käufer heranzubringen. Und Spanien war schlau genug, die Entfremdung zwischen den Siedlern und der Union zu fördern, indem es einflußreichen Siedlern im umstrittenen Gebiet geheime Staatspensionen bewilligte.

Außerdem entsandte die spanische Regierung einen diplomatischen Beauftragten, Don Diego de Gardoquí, nach Amerika mit dem Auftrag, beim Kongreß eine förmliche Anerkennung der spanischen Hoheitsrechte auf dem Mississippi zu erwirken. Der Kongreß lehnte Verhandlungen nicht ab: John Jay, sein Sekretär für auswärtige Angelegenheiten, sollte für Amerikaner das Recht aushandeln, den Mississippi auch im spanischen Hoheits-

DIE AMERIKANISCHE REVOLUTION 557

bereich zu befahren. Indes war der New Yorker Jay von der Wichtigkeit der amerikanischen Forderung nicht überzeugt und fand in der Geschichte der internationalen Beziehungen keinen geeigneten Präzedenzfall. Er war daher, als Gardoquí ein großzügig anmutendes Angebot machte, nicht geneigt, die amerikanischen Ansprüche weiterzuverfolgen.

Gardoquís Vorschlag war ein geschickter Schachzug. Er war bereit, die amerikanischen Gebietsrechte bis zur alten Grenze des englischen West-Florida im Süden und bis zum Mississippi im Westen anzuerkennen und amerikanischen Kaufleuten einige Handelsrechte in Spanien einzuräumen. Dafür sollten die Vereinigten Staaten für die Dauer von fünfundzwanzig Jahren auf jede Schiffahrt auf dem Mississippi verzichten. Den amerikanischen Nordstaatlern mit ihren ausgedehnten Handelsinteressen schien das Angebot verlockend. Jay war für Annahme; die Mehrheit des Kongresses stimmte ihm zu. Aber für die Ratifizierung eines Vertrages war die Zustimmung von neun Staaten erforderlich, und die fünf Südstaaten lehnten das Gardoquí-Projekt kategorisch ab. Jetzt erst wurde sichtbar, wie schlau Gardoquí seinen Vorstoß angelegt hatte; obgleich der Vertrag nicht zustande gekommen war, hatte Spanien den taktischen Vorteil: die Bindungen des Südwestens an den amerikanischen Staatenbund waren dadurch nicht gerade gestärkt worden, daß sich die Nordstaaten bereit gezeigt hatten, den Mississippi aufzugeben.

Um 1786 war den klügsten Amerikanern und bestimmt den meisten von denen, die je im Kongreß gesessen hatten, klargeworden, daß der Kongreß nicht das geeignete politische Instrument zur Förderung oder Verteidigung nationaler Interessen war. Er konnte nichts dazu tun, die wirtschaftliche Abhängigkeit des Landes von England zu beseitigen, und er war nicht imstande, dem Ausland Respekt vor Amerikas Gebietsgrenzen abzunötigen. Schlimmer noch: er hatte nicht die Macht, die einzelnen Staaten zur Erfüllung ihrer Verpflichtungen gegenüber der Union und dem Volk anzuhalten. Die Regierungen der einzelnen Staaten verdienten aber offensichtlich nicht das große Vertrauen, das das amerikanische Volk in sie gesetzt hatte. Immer häufiger entzogen sie sich der Pflicht, dem Kongreß finanzielle Mittel oder auch nur Abgeordnete zur Verfügung zu stellen; oft kam der Kongreß mit seiner Arbeit nicht voran, weil Beschlußfähigkeit nicht zu erzielen war. Die Einzelstaaten versagten sogar bei der entscheidenden Staatsfunktion, auf die es den Amerikanern ankam: dem Schutz des Eigentums. Daß sie die Steuerhoheit hatten, hinderte viele Einzelstaaten nicht daran, eine Unmenge von Papiergeld auszugeben, ohne für Steuereinkünfte zur Einlösung der Noten zu sorgen. Die damit unvermeidliche Inflation brachte Gläubiger um ihr Eigentum, denn sie waren gesetzlich verpflichtet, für gutes Geld, das sie ausgeliehen hatten, entwertetes in Zahlung zu nehmen.

Einige Staaten – wie Massachusetts – lehnten diese Art ungedeckter Währung ab, weil sie in ihr den Ruin von Handel und Gewerbe und eine Quelle des moralischen Verfalls sahen. Aber 1786 erhob sich die Bevölkerung im westlichen Massachusetts: die von Daniel Shays geführten Rebellen verlangten die Ausgabe von Papiergeld und erzwangen die Schließung der Kreisgerichte, so daß Gläubiger bei der Eintreibung von Schulden der Rechtshilfe des Staates beraubt waren. Der Aufstand wurde zwar von der Miliz rasch unterdrückt, aber die bloße Tatsache, daß eine solche Rebellion ausbrechen konnte, wirkte alarmierend. Auch in anderen Staaten gab es Notstandsgebiete und aufsässige Schuldner; weit und breit herrschte das Gefühl vor, daß das Land anarchischen Zuständen entgegengehe. Sollten etwa überall Gericht und Gesetzgeber durch Aufstände terrorisiert werden? Und was geschähe, wenn die Staatsmilizen der Aufstände nicht Herr werden könnten? Mußte das alles nicht in Chaos enden und die Freiheiten und die Unabhängigkeit Amerikas zertrümmern?

Die Verfassung: machtvolle Union

Der Schock des Shays-Aufstands weckte die Einsicht, daß die Zentralregierung ein neues Gefüge brauche, um die seit der Gründung der Konföderation sichtbaren Schwächen des Staatsaufbaus zu überwinden. Schon 1779, wenn nicht gar früher, war die Forderung nach einem Sonderkonvent erhoben worden, der die Regierung des Staatenbundes mit Herrschaftsmitteln versehen sollte; und da die Nation, die keine wirkliche Regierungsgewalt besaß, in den achtziger Jahren ernsthaft ins Wanken geriet, wurde der Umbau des Staates immer häufiger erörtert. Widerspruch kam stets von all denen, die in einer mächtigen zentralen Legislative angesichts der großen Ausdehnung des amerikanischen Staatsgebiets den Beginn der Unfreiheit, der tyrannischen Staatsallmacht und der Korruption, also in der Tendenz eine Preisgabe republikanischer Grundsätze sahen.

Den Anlaß zur Einberufung eines Konvents der Staaten gab die wachsende Unzufriedenheit mit den englischen Handelsrestriktionen. Die Vertreter der Einzelstaaten wurden 1786 nach Annapolis (Maryland) geladen, um die Ausweitung der Kongreßbefugnisse wenigstens in bezug auf die Regelung des Außenhandels zu erörtern. Aber schon die ersten Delegierten, die sich in Annapolis zusammenfanden, mußten feststellen, daß auch die Handelsprobleme isoliert nicht zu lösen seien. Der ursprüngliche Tagungsplan wurde aufgegeben, und die Delegierten schlugen dem Kongreß und den Einzelstaaten vor, für 1787 nach Philadelphia einen Konvent mit der viel weitergehenden Aufgabe einzuberufen, »die Verfassung der Bundesregierung mit den Anforderungen der Union« in Einklang zu bringen.

Manche Amerikaner meinten, die richtige Zeit sei bereits verpaßt. Arthur Lee aus Virginia hielt es für erwiesen, »daß uns die öffentliche Tugend und das private Maßhalten fehlen, die für die Errichtung ... freier Republiken erforderlich sind«. Andere, die fast, aber nicht ganz so pessimistisch waren, sahen im Konvent von Philadelphia die letzte Chance, das Staatsgebilde vor Auflösung oder Tyrannenherrschaft zu bewahren. Der Arzt Ramsay, der dabei war, das Werden der amerikanischen Nation aufzuzeichnen, schrieb an Jefferson aus South Carolina im April 1787: »Unser aller Augen sind jetzt auf den Kontinental-Konvent gerichtet, der in Philadelphia im Mai zusammentreten soll. Wenn sie dort nicht eine wirksame Bundesregierung zustande bringen, wird, fürchte ich, das Ende der Affäre ein amerikanischer Monarch sein – oder gar drei oder mehr getrennte Staatenbünde.«

Die fünfundfünfzig Abgeordneten, die in Philadelphia vom 25. Mai bis zum 17. September 1787 tagten, um die Verfassung der zentralen Staatsgewalt zu revidieren, konnten auf eine Fülle von Erfahrungen und Traditionen zurückgreifen: das Erbe der bis zur Magna Charta und noch weiter zurückreichenden politischen und verfassungsrechtlichen Ideen Englands; die Erfahrungen von fünf Kolonistengenerationen aus den Vertretungskörperschaften der Kolonien, den Bürgerschaftsversammlungen der Städte, den Kreisgerichten; die tiefschürfenden Debatten über Staat und Macht, die der Unabhängigkeitserklärung voraufgegangen waren; die Verfassungsberatung in den Einzelstaaten; schließlich die praktische Handhabung der Geschäfte der Staatsregierungen und einer rudimentären gesamtstaatlichen Regierung. In keiner Periode der amerikanischen Geschichte hätte eine

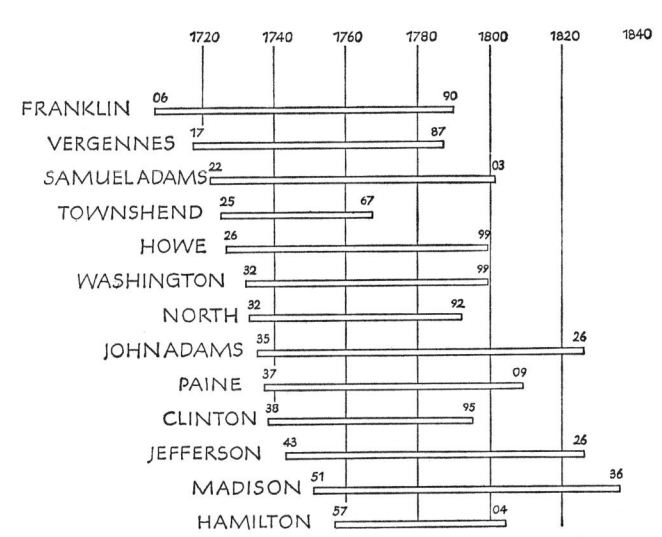

Name	Lebensdaten
FRANKLIN	06–90
VERGENNES	17–87
SAMUEL ADAMS	22–03
TOWNSHEND	25–67
HOWE	26–99
WASHINGTON	32–99
NORTH	32–92
JOHN ADAMS	35–26
PAINE	37–09
CLINTON	38–95
JEFFERSON	43–26
MADISON	51–36
HAMILTON	57–04

Die amerikanische Revolution

Gruppe von Verfassungsvätern mit tieferem, kritischerem und skeptischerem Einblick in die Überlieferungen des politischen Denkens oder mit größerer praktischer Erfahrung im Aufbau und Umbau von Staatsinstitutionen zusammengebracht werden können.

Was die Verfassunggeber wollten, war eine Zentralregierung, die Hüter und Sinnbild des aus der Revolution geborenen Gefühls der nationalen Identität wäre; eine Regierung, die drinnen und draußen Achtung geböte. Das konnte, meinten sie, nur erreicht werden, wenn die Zentralregierung mehr Macht erhielte, als dem Kongreß zugestanden worden war. Die Zentralregierung mußte die Möglichkeit bekommen, Steuern zu erheben, um sich aus eigenem finanzieren zu können und nicht durch Mangel an Mitteln zur Ohnmacht verurteilt zu sein. Sie mußte die Befugnis erhalten, den Außenhandel zu regulieren, um mit fremden Staaten mit Erfolg verhandeln zu können. Sie mußte die Gewähr bieten, daß dem

Privateigentum größerer Schutz zuteil würde, als ihn die bestehende gesamtstaatliche Regierungsgewalt und die Einzelstaaten gewährleisteten. Und sie mußte über ausreichende Herrschaftsmittel verfügen, um den Vollzug ihrer Gesetze und Verfügungen sicherstellen zu können. Über diese Ziele waren sich die Abgeordneten einig. Aber sie waren sich auch dessen bewußt, daß der Verwirklichung dieser Ziele zwei wesentliche Hindernisse im Weg standen: die Angst vor der Allmacht einer unkontrollierten Staatsgewalt und das gegenseitige Mißtrauen der Einzelstaaten.

Einmal befürchtete das amerikanische Volk nach wie vor, daß eine Zentralregierung, die mit genug Macht für die Erledigung ihrer Aufgaben ausgestattet wäre, sehr bald mehr Macht als nötig an sich reißen, daß eine Elitegruppe von reichen und klugen Leuten sich ihrer bemächtigen, die große Macht der Zentralregierung zu ihrem Vorteil und zum Nachteil der Masse der einfachen Menschen benutzen und damit die republikanischen Ideale zunichte machen könnte. Das amerikanische Volk war nicht bereit, eine aktionsfähige Zentralregierung zu akzeptieren, wenn es nicht zugleich die Sicherheit hatte, daß es diese Zentralregierung werde unter Kontrolle halten können.

Zum andern wirkte der gewünschten Zentralisierung der Wettstreit unter den Einzelstaaten entgegen. Jeder von ihnen befürchtete, daß eine starke Zentralregierung die anderen auf unfaire Weise bevorzugen oder begünstigen könnte. Zum Beispiel könnte sie Steuern erheben, die dem einen Staat zum Vorteil und dem andern zum Nachteil ausschlügen. Und weiter: wie sollte in einem aus Einzelstaaten zusammengesetzten Zentralgebilde der Rechts- und Machtanteil der einzelnen Glieder gewahrt werden? Die Artikel der Konföderation hatten allen Staaten unabhängig von ihrer Größe je eine Stimme im Kongreß zugestanden, und ebenso wurde auch im verfassunggebenden Konvent abgestimmt. Eine solche Regelung begünstigte über Gebühr die Einwohner kleiner Staaten: 68000 Einwohner von Rhode Island hatten denselben Einfluß auf die Entscheidungen des Bundes wie 747000 Einwohner von Virginia. Die größeren Staaten konnten sich nicht mit einer Zentralregierung abfinden, in deren Rahmen ihr Einfluß nicht wenigstens ungefähr im Verhältnis zu ihrer Größe stände. Dagegen glaubten die kleineren Staaten, daß nur absolute Vertretungsgleichheit die größeren daran hindern könne, ihre besonderen Interessen auf Kosten anderer durchzusetzen.

Als der Kongreß zusammentrat, unterbreitete ihm Edmund Randolph aus Virginia einen von seinem Kollegen James Madison ausgearbeiteten Plan, der den Befürchtungen sowohl des Volkes als auch der einzelnen Staaten Rechnung zu tragen suchte. Der sechsunddreißigjährige Madison, der scharfsinnigste politische Denker seiner Zeit, hatte sich klargemacht, daß das, was den kleineren Staaten als wichtiges Problem erschien, zum Teil nur ein Scheinproblem war: die Interessen der Einwohner eines kleinen Staates unterschieden sich nicht notwendigerweise von denen eines großen Staates. Es gab schwerwiegende, wenn auch nicht unversöhnliche Unterschiede in den Wirtschaftsinteressen der südlichen Staaten und der Staaten Neuenglands, aber kaum nennenswerte Unterschiede zwischen den Interessen der Menschen etwa im großen Pennsylvania und im kleinen Delaware. Madison schlug daher vor, daß die Grundlage der Zentralregierung das Volk sein sollte, nicht die Regierungen der Einzelstaaten; in diesem Sinne sollte die Vertretung der Wähler in den Körperschaften der Zentralregierung der regionalen Verteilung der Bevölkerung entsprechen.

Damit sich das Staatsgebilde keine größere Macht als die ihm zugestandene aneigne, schlug Madison vor, es in einzelne Machtbereiche zu zerlegen, die einander die Waagschale halten und als Gegengewichte gegeneinanderwirken würden; als solche separaten Machtbereiche schwebten ihm eine aus zwei Kammern bestehende Legislative, eine unabhängige Exekutive und eine unabhängige richterliche Gewalt vor. Jeder dieser Gewalten wären besondere Funktionen zugewiesen, und jede von ihnen würde darauf achten, daß die anderen die ihnen gezogenen Grenzen nicht durchbrächen. Auf diese Weise hätte auch der entfernteste Wähler Amerikas seine Wächter innerhalb des Staatsgebildes, die darauf aufpassen würden, daß die einzelnen Regierungsbereiche kein Eigendasein auf Kosten der anderen und zu Lasten des Wählers entwickelten.

Schon in ihren einzelstaatlichen Verfassungen hatten die Amerikaner dem Prinzip der Trennung der Gewalten Geltung verschafft, aber ihre Debatten über die Probleme einer Nationalregierung gingen seit eh und je darum, daß dem vorhandenen Kongreß, der nur aus einer Kammer bestand, größere Machtvollkommenheit zugestanden werden sollte. Mit Madisons Vorschlag, die Trennung der Gewalten in die Zentralregierung selbst zu verlegen, wurden die größten Ängste im Hinblick auf eine unkontrollierbare zentrale Staatsspitze beschwichtigt. Pierce Butler, Abgeordneter von South Carolina, erklärte, er habe sich bis dahin gegen größere Vollmachten für den Kongreß gewehrt, weil da »die gesamte Macht in einer Körperschaft« konzentriert gewesen sei; die vorgeschlagene Verteilung der Befugnisse auf verschiedene Körperschaften habe die Situation gründlich verändert und werde ihn veranlassen, in der Gewährung von Befugnissen an zentrale Organe »sehr weit zu gehen«.

Ohne die Grundkonstruktion des Madison-Planes anzutasten, verbrachten die Verfassunggeber zwei Wochen mit Korrekturen und der Ausarbeitung der Einzelheiten. Unter anderem beschlossen sie, daß die Mitglieder des unteren Hauses der Legislative vom Volke gewählt und die Mitglieder der oberen Kammer von den gesetzgebenden Körperschaften der einzelnen Staaten berufen werden sollten. Sie einigten sich darauf, daß die Verteilung der Sitze in beiden Kammern der Verteilung der Bevölkerung entsprechen sollte.

Plötzlich brachte am 15. Juni William Paterson aus New Jersey einen neuen Plan ein, der für die Beibehaltung des bestehenden Kongresses mit nur einer Kammer, aber mit erweiterten Vollmachten, eintrat und allen Staaten wiederum gleich starke Vertretungen geben wollte. Paterson und seine Anhänger waren bereit, dem Kongreß Steuerhoheit, Außenhandelsregulierung und Exekutivbefugnisse zuzugestehen, bestanden aber darauf, daß die Zentralregierung das bleiben sollte, was sie war: eine Vertretung der Staaten, nicht des Volkes, eine Vertretung, deren Mitglieder von den Staatsregierungen entsandt, nicht vom Volke gewählt werden würden.

Patersons Plan wurde verworfen. Aber ihm hatten die Abordnungen der kleineren Staaten zugestimmt. Jetzt drohten sie sogar, den Konvent zu verlassen, wenn nicht gleiche Vertretung aller Staaten wenigstens in einer Kammer der zentralen gesetzgebenden Körperschaft beschlossen würde. Um sie zu versöhnen, vereinbarten die übrigen Mitglieder des

Konvents am 16. Juli gleiche Vertretung aller Staaten in der oberen Kammer. Aber dies Zugeständnis knüpften sie an mehrere Bedingungen: die Vertretung der einzelnen Staaten in der unteren Kammer und die Aufbringung der Lasten direkter Steuern würden der regionalen Bevölkerungsverteilung entsprechen, wobei je fünf Sklaven als gleichwertig mit je drei freien Bürgern gelten sollten; nur die untere Kammer sollte das Recht haben, Gesetze über die Aufbringung oder Verausgabung von Geldmitteln einzubringen; die Zählung der Bevölkerung als Berechnungsgrundlage für die proportionale Zuteilung der Kongreßsitze und die Verteilung der Steuerlast sollte alle zehn Jahre vorgenommen werden. Die beiden zuletztgenannten Bestimmungen waren vorher nicht erörtert worden; die anderen waren vom Konvent bereits beschlossen worden, bevor der Paterson-Plan in die Debatte geworfen wurde.

Nachdem dieser »große Kompromiß« (ein Zugeständnis an die Angstvorstellungen der kleineren Staaten) zustande gekommen war, bestand keine ernste Gefahr mehr, daß es den Abgeordneten nicht gelingen werde, das Gefüge der Zentralregierung zu festigen. Über das, was zu tun war, waren sie sich schon zu Beginn der Beratungen im wesentlichen einig gewesen; jetzt war es ihnen – wenigstens zu einem erheblichen Teil – auch noch geglückt, die Eifersüchteleien der einzelnen Staaten zu überwinden und die Angst vor der Tyrannenherrschaft zu zerstreuen. Sie stritten sich noch über viele Dinge: den höchsten Exekutivbeamten (ob einen oder mehrere, ob vom Volk, vom Kongreß oder von den Staatsvertretungen gewählt und wie oft gewählt), die Sklaverei, die Zölle, die Vertretungsanteile, die Amtsdauer und ähnliches mehr. Das waren aber nur noch Einzelheiten. In den Grundzügen war die neue Verfassung nach dreieinhalb Monaten Beratungen fertig.

Die Verfassung sah eine Zentralregierung vor, die das Recht hatte, Steuern zu erheben, Verträge mit fremden Mächten abzuschließen, Armee und Marine aufzustellen, Geld zu prägen und zu borgen, den Handel der Staaten untereinander und mit fremden Staaten zu regulieren und alle zur Vollstreckung ihrer Beschlüsse nötigen Gesetze zu erlassen. Die Verfassung der Vereinigten Staaten und alle auf der Grundlage dieser Verfassung beschlossenen Verträge und Gesetze sollten das übergreifende Recht des Landes bilden, vor den Gesetzen der Einzelstaaten den Vorrang haben und für alle einzelstaatlichen Gerichte bindend sein. Darüber hinaus erhielt die zentrale Staatsgewalt ihre eigene Exekutive und ihre eigenen Gerichte; sie konnte selbst für die Erfüllung der Verträge und den Vollzug der Verfassung und der Gesetze sorgen und Streitigkeiten zwischen Einzelstaaten schlichten. Als letztes Aushilfsmittel blieb ihr der Appell an die Miliz.

Die zentrale Gesetzgebungskörperschaft, der Kongreß, sollte aus einer oberen Kammer, dem Senat, und einer unteren Kammer, dem Repräsentantenhaus, bestehen. Jedem Staat waren zwei Senatoren zugestanden, von der Vertretungskörperschaft des Staates für sechs Jahre zu berufen. Im alle zwei Jahre neu zu wählenden Repräsentantenhaus sollte je ein Repräsentant auf dreißigtausend Einwohner entfallen; wahlberechtigt waren alle, die nach einzelstaatlichen Bestimmungen an den Wahlen zum »zahlenmäßig stärksten Zweig der Staatslegislative« teilnehmen durften. Der Hauptexekutivbeamte der Union, als Präsident bezeichnet, war alle vier Jahre von einem Wahlmännerkollegium zu wählen. Jeder Staat sollte so viele Wahlmänner bestellen, wie er Senatoren und Repräsentanten im Kongreß hatte; die Art der Bestellung der Wahlmänner war einzelstaatlicher Regelung überlassen. Nach der Absicht der Verfassunggeber sollten die Wahlmänner frei sein, den bestgeeigneten Kandidaten nach eigenem Ermessen auszuwählen. Der Kandidat, auf den die zweithöchste Stimmenzahl entfiel, sollte Vizepräsident sein und den Vorsitz im Senat führen.

Die Verfassung umstellte sowohl die Zentralregierung als auch die Regierungen der Einzelstaaten mit einer Anzahl konkreter Verbote. Um des Schutzes des Privateigentums willen untersagte sie den Regierungen der Einzelstaaten, Gesetze zu erlassen, die vertragliche Verpflichtungen beeinträchtigen könnten, Münzen zu prägen, Papiergeld auszugeben oder als legale Währung für die Einlösung von Schulden ein anderes Zahlungsmittel als Gold oder Silber zu bestimmen. Um die Staaten daran zu hindern, in den Zuständigkeitsbereich der Zentralregierung einzugreifen, untersagte ihnen die Verfassung, Verträge abzuschließen, Einfuhr- oder Ausfuhrzölle festzusetzen oder Krieg zu führen, es sei denn im Falle einer feindlichen Invasion.

Umgekehrt wurden die Einzelstaaten durch Bestimmungen geschützt, die es der Zentralregierung verwehrten, direkte Steuern anders als im Verhältnis zur Bevölkerungszahl zu erheben, die Ausfuhr zu besteuern (Schutz der Tabak- und Reisexporteure im Süden!) und die Einwanderung »oder Einfuhr solcher Personen, die einer der gegenwärtig bestehenden Staaten zuzulassen für angemessen halten sollte«, vor dem Jahr 1808 zu beschränken (Freiheit des Sklavenhandels für dreißig Jahre!). Dem Schutz der republikanischen Regierungsform und der Staatsbürgerrechte galten die Vorschriften, die sowohl den Einzelstaaten als auch der Bundesregierung verboten, Adelstitel zu verleihen, individuelle Strafen durch gesetzgeberische Akte zu verhängen oder Gesetze mit rückwirkender Kraft zu erlassen. Die Zentralregierung durfte weder die Zulassung zu öffentlichen Ämtern von der Zugehörigkeit oder Nichtzugehörigkeit zu einem religiösen Glaubensbekenntnis abhängig machen noch den Habeaskorpus-Schutz der Person aufheben, »es sei denn, daß es die öffentliche Sicherheit in Fällen von Rebellion oder Invasion erfordern sollte«.

Außer durch diese Verbotsbestimmungen waren die Rechte des Individuums – Redefreiheit, Freiheit der Religionsübung, Anspruch auf Aburteilung durch ein Geschworenengericht – in der Verfassung nicht ausdrücklich garantiert. In den letzten Tagen der Konventberatungen schlugen zwei Abgeordnete vor, das Versäumte nachzuholen. Ihre Kollegen verwarfen diesen Vorschlag als unnötig mit der Begründung, daß die Verfassung die Befugnisse der Bundesregierung festlege und sie auf bestimmte, genau bezeichnete Tatbestände beschränke und daß Verkündungen der Staatsbürgerrechte in den Verfassungen der Einzelstaaten enthalten seien. Für den Fall jedoch, daß die Erfahrung den einen oder anderen dieser Entschlüsse als unklug oder unzweckmäßig erweisen sollte, sah der Konvent eine Korrekturmöglichkeit vor: die Verfassung durfte ergänzt werden, wenn in beiden Häusern des Kongresses eine Zweidrittelmehrheit eine solche Ergänzung verlangte und drei Viertel aller gesetzgebenden Körperschaften der Einzelstaaten ihr zustimmten.

Den von ihm erarbeiteten Text übersandte der Konvent dem Kongreß zur Weitergabe an die Einzelstaaten. Und löste sich nach getaner Arbeit am 17. September 1787 auf.

Die in Philadelphia entworfene Verfassung war der triumphale schöpferische Abschluß der revolutionären Periode. Sie zeigte, wieviel ihre Verfasser seit 1776 gelernt hatten. Nach dem Krieg hatte die ursprüngliche Protesthaltung der Amerikaner gegen Monarchie und Aristokratie dazu geführt, daß sie Staatsregierungen mit schwacher Exekutivgewalt und praktisch einflußloser oberer Kammer ins Leben riefen; die neue Verfassung schlug eine mit großer Macht ausgestattete Exekutive und einen Senat vor, dessen Machtstellung der Machtstellung des Repräsentantenhauses gleichkam. Die Artikel der Konföderation hatten eine Zentralregierung geschaffen, die von den Regierungen der Einzelstaaten beherrscht wurde und zum einzelnen Staatsbürger in keiner direkten Beziehung stand; die neue Verfassung schlug eine von den Einzelstaaten unabhängige Zentralgewalt mit einem direkt vom Volk der Vereinigten Staaten gewählten Repräsentantenhaus und in Angelegenheiten der Staatsbürger direkt entscheidenden Bundesgerichten vor. Die Artikel der Konföderation hatten die Zentralregierung in die Hände eines Kongresses gelegt, der nur aus einer Kammer bestand, und sie mit nur geringer Macht ausgestattet; die neue Verfassung zerlegte die zentrale Staatsgewalt, um Mißbräuchen entgegenzutreten, in einzelne Bereiche und gab ihr wirkliche Macht.

Das Ideal und die Wirklichkeit

Den Mitgliedern des Konvents von Philadelphia war lediglich die Vollmacht erteilt worden, die Artikel der Konföderation einer Revision zu unterziehen. In Wirklichkeit hatten sie den Plan einer völlig neuen Staatsgewalt entworfen; sie sollte den Debattierklub ablösen, zu dem der Kongreß geworden war. Da sie wußten, daß ihr weitreichender Plan auf Widerstand stoßen mußte und da sie ihn nicht am Starrsinn einiger weniger Staaten scheitern lassen wollten, schlossen die Mitglieder des Konvents ihre Tätigkeit mit einer verwegenen Ratifizierungsidee ab: sobald neun Staaten die neue Verfassung gutgeheißen hatten, sollte sie im Zuständigkeitsbereich dieser neun Staaten sofort in Kraft treten. (Eine Abänderung der Artikel der Konföderation war nur bei Einstimmigkeit aller Gliedstaaten möglich.)

Dazu kam noch eine zutiefst revolutionäre Methode: die gesetzgebenden Körperschaften der Einzelstaaten, in denen machtgierige Staatspolitiker und einflußreiche Pressionsgruppen die Verfassung hätten torpedieren können, sollten ganz übergangen werden. In jedem Staat sollte das Volk einen Sonderkonvent wählen, der über die neue Verfassung zu befinden hätte. Die Staatsregierungen sollten zwar diese Ratifizierungskonvente einberufen, sonst aber bei der Annahme oder Ablehnung der Verfassung nicht mitzureden haben. Das neue Staatsgebilde wäre somit, falls nach dem vorgeschlagenen Modus gutgeheißen, direkt vom Volk mit allen Vollmachten versehen worden; seine Machtvollkommenheit wäre nur vom Volk hergeleitet.

Dafür, daß die Verfassung Interesse und Aufmerksamkeit finden werde, sprachen das Prestige ihrer Verfasser, zu denen George Washington und Benjamin Franklin gehörten, und ihre sachliche Qualität. Damit war ihre Annahme aber noch in keiner Weise gesichert. Mehrere Mitglieder des Konvents hatten es abgelehnt, den endgültigen Wortlaut des Verfassungsdokuments zu unterzeichnen, und als der Text den Kongreß erreichte, stieß er bei manchen Kongreßmitgliedern auf heftige Abneigung. Warum sollte der Kongreß, fragte

Richard Henry Lee, seine eigene Auflösung gutheißen? Warum sollte es neun Staaten freigestellt werden, aus der Konföderation auszuscheiden und ein neues, gefährlich machtvolles Staatsgebilde ins Leben zu rufen? Lee stellte den Antrag, vor der Weiterleitung des Verfassungsentwurfs an die Einzelstaaten wenigstens eine Erklärung der Staatsbürgerrechte in die Verfassung einzufügen; das sollte ein Gegengewicht gegen die Übermacht der zentralen Staatsgewalt sein.

Lees Antrag wurde abgelehnt. Er nannte die Mehrheit, die gegen ihn stimmte, »eine Koalition von Monarchisten, Militärs, Aristokraten und Drohnen, deren Lärm, Unverfrorenheit und Übereifer alles Vorstellungsvermögen übersteigen«. Als die Verfassung schließlich dem amerikanischen Volk vorgelegt wurde, reagierten viele genauso, wie es Lee getan hatte. Dennoch entschlossen sich die gesetzgebenden Versammlungen aller dreizehn Staaten, wenn auch zum Teil nur widerwillig, die vom Volk zu wählenden Ratifizierungskonvente einzuberufen.

Was die Gegner der Verfassung bewegte, war weniger der Wunsch, die überlegene Stellung der Staatsregierungen zu verewigen, als die alte Angst, daß sich eine starke Zentralregierung der Kontrolle durch das Volk entziehen und in ein Unterdrückungssystem ausarten könnte. Das in die Verfassung eingebaute System der Gewichte und Gegengewichte erschien ihnen nicht als ausreichende Sicherung gegen Tyrannei. Das Repräsentantenhaus hielten sie für zu klein, als daß es so viele Menschen adäquat repräsentieren könnte. Und daß in die Verfassung keine Erklärung der Staatsbürgerrechte eingefügt worden war, nahmen sie als ominösen Hinweis auf die Richtung, die das übermäßig zentralisierte Staatsgebilde einschlagen werde.

In Zeitungsartikeln versuchte Madison, wie er es schon bei den Beratungen des Konvents versucht hatte, das Volk von der Grundlosigkeit der vertrauten Vorstellung zu überzeugen, daß eine gebietsmäßig große Republik unvermeidlich zur Tyrannei führen müsse. In einer großen Republik, schrieb er, werde es so viele verschiedene Gruppen mit so mannigfaltigen und gegensätzlichen Interessen geben, daß es ihnen unmöglich gelingen könne, ihre Differenzen zu überbrücken, ihre Unterschiede auszugleichen und sich zu einer tyrannischen Mehrheit zusammenzutun; die Gefahr einer tyrannischen Koalition sei in einer kleinen Republik viel größer, denn da gebe es weniger widerstreitende und auseinanderstrebende Interessen, während es einzelnen mächtigen Gruppen viel leichter falle, miteinander in Verbindung zu bleiben.

Im allgemeinen waren die Befürworter der Verfassung aggressiver als ihre Gegner, und ihre Taktik war ihrer Sache nicht immer würdig. Weil sie Gefahr im Verzuge sahen, betrieben sie ihre Agitation offensiv und ausfallend. Es schien ihnen, daß die werdende Nation in tödlicher Gefahr schwebe; werde die Verfassung nicht angenommen, so könne die Union auseinanderbrechen.

In den meisten kleineren Staaten setzten sie sich ziemlich leicht durch. Doch wußten die »Föderalisten«, wie sich die Anhänger der Verfassung jetzt nannten, daß es in erster Linie darauf ankomme, die vier größten Staaten zu gewinnen: Massachusetts, Pennsylvania, New York und Virginia. Wenn einer dieser vier Staaten abseits bliebe, wäre der Erfolg des neuen Staatsgebildes in Frage gestellt. Zum Glück stimmten alle vier Staaten zu, wenn auch nur mit knapper Mehrheit. Als letzter größerer Staat stimmte New York am 26. Juli 1789 für die Verfassung. Somit hatten elf Staaten die Verfassung ratifiziert. Ohne auf New York oder gar auf North Carolina (das am 21. November 1789 ratifizierte) und auf Rhode Island (das erst am 29. Mai 1790 zustimmte) zu warten, hatte der Kongreß der Konföderation schon vorher beschlossen, aus dem Leben zu scheiden: er setzte die ersten Wahlen auf der Grundlage der neuen Verfassung auf den Januar 1789 fest.

Endlich sollten die Vereinigten Staaten ein Regierungssystem bekommen, das den amerikanischen Grundsatz der verantwortlichen repräsentativen Regierung im gesamtnationalen Maßstab verwirklichte. Alle Welt hatte gesagt, daß ein republikanisches Regierungssystem für ein Land vom Umfang der Vereinigten Staaten unmöglich sei, daß sich bei solcher Ausdehnung des Staatsgebiets nur ein republikanischer Staatenbund oder ein mächtiger monarchischer oder aristokratischer Staat halten könne. Aber nun hatte das Volk eine neuartige Republik erfunden, eine Föderation, die mehr sein wollte als bloß ein Staatenbund, eine Regierung, die dem Volk verantwortlich bliebe, auch wenn sich Gebiet und Bevölkerung verzehnfachten, eine Union, in der das Volk nicht als lose Verbindung von Staatsbürgern rivalisierender Staaten seine Einheit fände, sondern als eine Nation von Gleichen.

Als die Mitglieder der neuen gesetzgebenden Körperschaften in New York zusammentraten, glaubten die Föderalisten nicht so recht an ihren Erfolg. Die Verfassungsgegner, dachten sie, würden sofort die Einberufung eines neuen Konvents verlangen, um der Verfassung mit Zusatzartikeln das Rückgrat zu brechen. Aber mit Washington als Staatsoberhaupt – er war einstimmig zum Präsidenten gewählt worden – barg die neue Staatsgewalt in sich selbst das ureigenste Symbol des nationalen Werdens Amerikas und der republikanischen Tugend. Washington versah sein Amt mit dem ganzen Gewicht seines großen Ansehens. Madison, der im Repräsentantenhaus Virginia vertrat, ließ in rascher Folge mehrere Vorlagen annehmen, die für Washington die ersten Hauptabteilungen der Exekutivgewalt einrichteten: Schatzamt, Staatsdepartement und Kriegsdepartement. Washingtons Wahl fiel auf Alexander Hamilton fürs Schatzamt und auf Jefferson fürs Staatsdepartement, eine Kombination von Staatskanzlei und Außenministerium. Mit diesen Ernennungen waren der neuen Staatsspitze die glanzvollsten Talente des Landes (wenn man von Madison absieht) gesichert.

Den Kritikern der Verfassung nahm Madison den Wind aus den Segeln: er schlug zehn Zusatzartikel *(amendments)* vor, die der Verfassung die vermißte Erklärung der Staatsbürgerrechte anfügten. Diese *Bill of Rights* wurde durch die verfassungsmäßig vorgeschriebene Zahl von Staaten im Dezember 1791 ratifiziert. Sie garantierte Glaubensfreiheit, Rede-, Presse- und Versammlungsfreiheit, Petitionsrecht; sie verbürgte das Recht der Staatsbürger, Waffen zu tragen, den Anspruch auf Aburteilung durch Geschworenengerichte und die verfahrensmäßigen Voraussetzungen der Rechtssicherheit; sie untersagte unspezifizierte Haft- und Haussuchungsbefehle, übermäßige Kautionsforderungen, grausame und ungewöhnliche Strafen und die Zwangseinquartierung von Soldaten in Privatwohnungen.

Mit diesen Zusatzartikeln zur Verfassung und mit der Schaffung starker Abteilungen der Staatsexekutive unter Washingtons Führung konnte die neue Staatsgewalt für sich in Anspruch nehmen, all die Ziele zu verwirklichen, die die Amerikaner erstrebt hatten, seit sie sich zum erstenmal ihrer Identität als Nation bewußt geworden waren. Selbstverständlich konnte auch das beste Regierungssystem in einer den republikanischen Tugenden abträglichen Richtung verunstaltet werden. Eine Zeitlang sah es denn auch tatsächlich so aus, als stoße Hamiltons Finanzprogramm die neue Regierung auf diese abschüssige Bahn.

Hamilton überredete den Kongreß, nicht nur die Schulden der Union zum Nennwert zu tilgen, sondern auch die Schulden der Einzelstaaten zu übernehmen. Diese Maßnahme war von großem Vorteil für das nationale Staatsgebilde, denn sie gab allen Gläubigern mächtige Gründe, die Zentralregierung zu unterstützen, und sie verschaffte dem Staat zum erstenmal eine feste finanzielle Grundlage. Aber sie begünstigte zugleich in viel zu hohem Maße die Spekulanten und reichen Kaufleute, die große Beträge an Staatspapieren zu einem Bruchteil ihres ursprünglichen Wertes aufgekauft hatten, als sich das Land in finanziellen Nöten wand. Und Amerikaner fühlten sich nie sehr wohl dabei, wenn staatliche Maßnahmen einer solchen Schicht zustatten kamen, Menschen also, von denen man schwerlich sagen konnte, daß sie die republikanischen Tugenden verkörperten, Menschen, die nach amerikanischen Vorstellungen unproduktiv und verschwenderisch waren und dazu noch andere gewerbsmäßig zur Verschwendung verleiteten, Menschen, deren nicht durch Arbeit erworbener Reichtum dem ihren Landsleuten so teuren Grundsatz der Gleichheit Hohn sprach.

Daß Hamilton die Kaufleute und Spekulanten zu bevorzugen schien, hatte zur Folge, daß er die Unterstützung der Masse der einfachen Menschen verlor. In ihrem Protest scharten sie sich um Jefferson und Madison, ja auch um Hamiltons Rivalen John Adams. Und Adams wurde 1797 Washingtons Nachfolger in der Präsidentschaft. Aber auch Adams erschien dem Massenbewußtsein bald als zu intim mit Kaufleuten und Aristokraten verbunden. Als sich das 18. Jahrhundert seinem Ende näherte, wurde Jefferson, der Verfasser der Unabhängigkeitserklärung, zum Präsidenten der Vereinigten Staaten gewählt.

Inzwischen war der tiefere Sinn dieser historischen Urkunde etwas klarer zutage getreten. Sie hatte die Schaffung einer Nation angezeigt, eines geeinten Volkes, das mittlerweile an die Stelle der britischen Monarchie und Aristokratie ein einheitliches republikanisches Regierungssystem gesetzt hatte, und dies Regierungssystem sollte gleiches Recht und gleiche Chancen für alle fördern und einem jeden die Früchte seines Fleißes sichern. So bot sich das Ideal des amerikanischen nationalen Werdens dar, das in der Unabhängigkeitserklärung skizziert und in der Verfassung und ihren zehn Zusatzartikeln niedergelegt worden war.

Natürlich war es möglich, daß die Praxis von diesem Ideal abwich; sie wich sogar häufig von ihm ab, denn die Tugend blieb in Amerika nicht minder zerbrechlich als anderswo. Amerikaner konnten Genügsamkeit predigen und Spekulanten Vorschub leisten, Freiheit künden und Menschen weiter in den Fesseln der Sklaverei halten, Fleiß lobpreisen und Arbeitslosigkeit dulden, Menschenrechte proklamieren und vor internationaler Verantwortung zurückschrecken. Aber solange die Verfassung Bestand hatte, solange die Regierung eine Regierung durch das Volk blieb, konnten ein Jefferson oder ein Jackson, ein Lincoln oder ein Roosevelt das Volk wieder um sein erklärtes Ideal sammeln und seine Energien gegen die Praktiken mobilisieren, die dies Ideal verleugneten. Das war in ihrem tiefsten Sinn die Amerikanische Revolution. Das ist sie und bleibt sie.

Michael Mann · Daniel Heartz

DIE EUROPÄISCHE MUSIK
VON DEN ANFÄNGEN BIS ZU BEETHOVEN

Die beiden nachstehenden Essays handeln von der Geschichte der Musik und dem wechselnden Schicksal der Musik in der Geschichte. Als reine Formkunst scheint die Musik, gleichsam außerhalb des geschichtlichen Gesamtgefüges, ihr Eigenleben zu führen. Und doch ist die Tonkunst, gerade dank ihrer eigenen Gegenstandslosigkeit, dem geistigen Klima der Zeiten vielleicht rückhaltloser ausgeliefert als die Schwesterkünste. Mehr noch: als Aufführungskunst steht die Musik, wie kaum eine andere Kunst, im gesellschaftlichen Leben. Diese allgemein geistesgeschichtlichen und soziologischen Bezüge sind weitgehend mitbestimmend für den Wandel der Musizierformen – wie weit, soll der erste der beiden nachfolgenden Aufsätze, im beschränkten Zeitraum zweier Jahrhunderte, zeigen. Was dabei der Chronist an Anschaulichkeit und Vollständigkeit der (im engeren Sinne) musikhistorischen Darstellung schuldig bleiben mußte, wird in dem entwicklungsgeschichtlichen Überblick des zweiten Aufsatzes nachgeholt werden.

M. M.

Michael Mann

ÄSTHETIK UND SOZIOLOGIE DER MUSIK

1600—1800

Das Blickfeld

Der ästhetische Rationalismus stand der Musik, unter allen Künsten, wohl am unbeholfensten gegenüber. Ästhetische Betrachtung und musikalische Produktion klaffen auseinander; sie scheinen, auf den ersten Blick, streckenweise voneinander ganz unabhängige Wege zu gehen. Liest man aber, was die Musiker selbst über ihre Kunst dachten und worin sie ihre schöpferischen Triebfedern erblickten, so wird man mit Staunen feststellen, in welchem Grade die Musik selbst im Bann des rationalistischen Geistes stand. Erst aus diesen Zusammenhängen heraus sind wesentliche Züge der Musikgeschichte zwischen 1600 und 1800 zu verstehen.

Am ratlosesten steht die Kunstbetrachtung, bis in das letzte Drittel des 18. Jahrhunderts hinein, vor dem Phänomen der reinen Instrumentalmusik. Man mußte vorher entdeckt haben, daß es in der Kunst wie im Leben genügt, wenn »das Herz versteht«, ehe man die ästhetische »Entdeckung« der Instrumentalmusik wagen konnte. Das geschieht endlich, gleichzeitig mit der ersten Hochblüte der Symphonie und des Streichquartetts. Auf diese berufen sich auch die Entdecker: »wenn sie eben Symphonien und Quartetten von Haydn und unsern andern großen Deutschen Meistern gehört hätten«, läßt J. J. W. Heinse in seinem Musikroman (»Hildegard von Hohenthal«, 1795/96) den Schmälerern der Instrumentalmusik ausrichten, »so würden sie gewiß nicht, auch nur zum Scherz, so gering von ihr (der Instrumentalmusik) gesprochen haben«. Noch weiter geht Tieck; die Verbindung der Musik mit dem Wort gilt ihm als Profanierung der Tonkunst. Nur in der Instrumentalmusik »ist die Kunst unabhängig und frei, schreibt sie sich selbst ihre Gesetze«. Das deutet, in überspitzter Form, in die Zukunft der Musikgeschichte und erinnert an Beethovens Bemerkung, daß, wenn sich bei ihm eine musikalische Idee melde, er dabei stets den Klang des vollen Orchesters im Ohre habe.

Das durch die romantische Ästhetik legitimierte neue Primat der Instrumentalmusik, gegenüber der Vokalmusik, bedeutet nicht nur die Umkehrung einer seit jeher gültigen Rangordnung *(musica id est ars cantandi)*; es führt auch zu einer bewußteren gegenseitigen Scheidung der Musizierarten: »Mir scheint«, meint Tieck, »die Vokal- und Instrumentalmusik noch nicht genug gesondert und jede auf ihrem eigenen Boden zu wandeln.« — Aber schließlich hatte die Instrumentalmusik doch längst ihre eigenen, idiomatischen Formen entwickelt: Seit nahezu zwei Jahrhunderten gab es Instrumentalkonzerte und Sonaten. Um 1720 lösten sich die *Sinfonia* der italienischen Oper (ein mehrteiliges instrumentales Opernvorspiel) und die französische Ouvertüre aus ihrer theatralischen Funktion und wurden zum Konzertstück: die ersten »Symphoniekonzerte«. All diese Entwicklungen vollzogen sich gleichsam hinter dem Rücken der ästhetischen Betrachtung. Wie gewaltig man sie unterschätzte, beweist zum Beispiel Lecerf de la Viéville (der Wortführer der französischen Oper), wenn er noch 1705 die Ouvertüre, wie alle instrumentalen Teile der Oper, als *la partie la moins importante de la musique* bezeichnete. Es zeigt sich auch in der hartnäckigen Ablehnung der in Italien florierenden Konzert-Form seitens der deutschen und französischen Musiktheorie.

Das 18. Jahrhundert konnte die Instrumentalformen nicht anders denn als »Nachahmungen« der Vokalformen verstehen. Die eigentliche schöpferische Kraftquelle des Gesangs aber ist für die rationalistischen Ästhetiker: das Wort. Drastisch ausgedrückt ist deshalb Musik ohne Worte »nichtssagend« (L'Abbé Pluche), ein »totes Ding« (Gottsched), nicht besser als das Geschnurr eines Paradiesvogels (Kant); weil eben Töne in sich selbst »keine Zeichen sind« (Pluche) und daher auch nichts »vermitteln« können (Boileau). Nun, das ist amusisches Gerede. Nicht als solches aber ist es abzutun, wenn wir in musikalisch schöpferischen Kreisen Ansichten begegnen, die im Grunde in derselben Richtung liegen. So bei J. Mattheson (wohl einen der bedeutendsten Theoretiker des 18. Jahrhunderts und zu seiner Zeit ein angesehener Komponist), der meinte, es sei »leichter etwas Gutes für die Sänger als für die Spieler zu setzen«, denn es gehöre »weit mehr Sinnlichkeit dazu, seine Neigung aus freien Stücken in den Gang zu bringen als solche, auf eines anderen (des Textdichters) Veranlassung rege zu machen«. Und man braucht auch nicht lange zu suchen, woher solche Thesen kommen: aus der Oper. Im Zeichen der Oper steht in der Tat alles, was zwischen 1600 und etwa 1770 über Musik gedacht und geschrieben wurde. Daran wird im Verlauf dieser Erzählung noch mehrfach zu erinnern und manche, sonst abstrus erscheinende Theorie daraus zu erklären sein.

Im Zeichen der Oper begriffen auch die Musikhistoriker des ausgehenden 18. Jahrhunderts die Zeit seit 1600 als geschichtliche Einheit: Mit der Schöpfung der Oper beginnt die musikalische »Neuzeit«. Aus der Oper ist das für die Musik vornehmste Prinzip der Schönheit, der »Kontrast«, in die Musik eingedrungen (Burney), seither konnte die »Melodie« sich zu immer größerer »Vollkommenheit« entwickeln (Hawkins). Die skrupellose Gleichsetzung von »Melodie« und Opern-Melodie demonstriert Mattheson, wenn er vom jungen Händel berichtet: »Er wußte sehr wenig von der Melodie, ehe er in die hamburgische Opern kam.« Mattheson und Händel schrieben Opern; Carl Philipp Emanuel Bach und Quantz schrieben keine. Aber ein zeitgenössischer Beobachter vom Fach, J. A. Scheibe, zögert nicht, ihre Schreibart, wie überhaupt den Stil »der neuen« Instrumentalmusik vom italienischen Theaterstil abzuleiten. Das ist gewiß einseitig, aber interessant. Denn es zeigt, wie im Brennpunkt der Oper sich der ästhetische Rationalismus mit der musikalischen Realität aussöhnt.

Musikinstrumente zu Beginn des 16. Jahrhunderts
Holzschnitt von Hans Burgkmair für den »Weißkunig« Kaiser Maximilians I., um 1514

GLAREANI
ΔΩΔΕΚΑΧΟΡΔΟΝ

Plagij	Authentæ
A Hypodorius	D Dorius
Hypermixolydius Ptolemæi	
B Hypophrygius	E Phrygius
Hyperæolius Mar. Cap.	
C Hypolydius	F Lydius
	Hyperphrygius Mar. Cap.
D Hypomixolyd.	G Mixolydius
Hyperiastius uel Hyperionicus Mar.Cap.	Hyperlydius Mart. Cap.
E Hypoæolius	A Aeolius
	Hyperdorius Mart. Capell.
G Hypoionicus	C Ionicus Porphyrio
Hypoiastius Mart. Cap.	Iastius Apuleius & Mar. Cap.
.F Hyperphrygius	.B Hyperæolius
Hyperlydius Politia, sed est error	

BASILEÆ.

Henricus Glareanus
Zeichnung von Hans Holbein d. J. in einem Exemplar des »Lob der Torheit« von Erasmus von Rotterdam
Basel 1515. Basel, Kupferstichkabinett der Öffentlichen Kunstsammlung
Titelseite des »Dodekachordon« von Glarean. Basel, 1547

Die Oper: Ideologisches Vorspiel

Das Neue (im engeren Geschichtsraum) war, daß ernsthafte Tonkünstler es sich einfallen ließen, einstimmige Melodien, mit einer nur sparsam harmonisierten Baß-Begleitung, für den Gesang zu setzen: Nicht einmal eigentlich Gesang im herkömmlichen Sinn, sondern eine »Art Sprechen in Musik«, wie Caccini, in der Einführung zur *nuove musiche* (Florenz 1601), es nannte. Die stilgeschichtlichen Anknüpfungspunkte für diese *monodische* Schreibweise sind dünn, denn ihre Vertreter bauten nicht auf der zeitgenössischen Kunstmusik auf, sondern verwirklichten eigene, wie sie glaubten, den musikalischen Tendenzen der Zeit feindliche Theorien. An Rückbezügen zu älteren Theorien fehlt es dabei in Wirklichkeit nicht; am deutlichsten werden sie auf allgemein ideologischer Ebene. Hier bestehen Zusammenhänge, die bis in das ausgehende 15. Jahrhundert zurückreichen.

Die Erfindung einer Melodie galt in der Musik und Musiktheorie des 15. und 16. Jahrhunderts wenig. Die Komponisten borgten Melodien voneinander oder sie gebrauchten auch eine selbsterfundene Melodie in verschiedenen Werken; ein melodischer Grundstock war in der musikalischen Liturgie gegeben. Alles galt die kunstgerechte, mehrstimmige kontrapunktische Bearbeitung der Melodie. Graf Bardi, der führende Kopf der *nuove muiche*, bezeichnete daher die vorangegangene Epoche summarisch als das »Zeitalter des Kontrapunktes«, es sollte vom Zeitalter der Einstimmigkeit abgelöst werden.

Kritik an den Exzessen der kontrapunktischen Polyphonie setzt in der Musiktheorie ein, lange vor Bardi, aber im Lichte der tatsächlichen stilgeschichtlichen Ereignisse doch eigentlich erst *ex post facto*. Der Schweizer Glareanus, in seinem musiktheoretischen Werk *Dodekachordon*, vertritt die Meinung, daß es ratsam sei, die Zahl der Stimmen in einem polyphonen Satz auf höchstens fünf zu beschränken. Ein *quattrocento*-Meister wie Ockeghem hatte sich (in einem *Deo gratias*) mit nicht weniger als sechsunddreißig Stimmen begnügt. Josquin des Près schuf die Norm des vierstimmigen Satzes. Josquins Todesjahr (1523) fällt in die wahrscheinliche Entstehungszeit des *Dodekachordon*.

Warum behagten die komplexen kontrapunktischen Kunststücke nicht mehr? Der Erklärungen sind viele; und gerade die nächstliegende erweist sich, bei genauerer Betrachtung, als die wenigst erschöpfende: nämlich die etwaige »Abwendung« des »Renaissance-Menschen« von esoterischen, »intellektuellen« Künsten, welche man mit dem bloßen Ohr nicht »hören«, nur »auf dem Papier« nachprüfen und nachrechnen konnte – die Forderung des *sensus* gegenüber der *ratio* Sie spielt gewiß eine Rolle in der Musiktheorie jener Zeit, aber in anderer Weise. Glarean spricht wohl vom »Vergnügen des Ohres«, wenn er für den Abbau der Polyphonie plädiert, aber vor allem ist es gerade der musikalische »Verstand«, der bei der übermäßigen Vielstimmigkeit nicht auf seine Kosten kommt: Ein musikalischer Satz, dessen konstruktive Prinzipien sich der auralen Wahrnehmung entziehen, wird zum »leeren Gezwitscher« (Glarean) – die überspitzte Intellektualität schlägt um in das rein Sinnliche. Diese doppelte Frontstellung gegen die Kontrapunktik als »Intellektual-Musik« einerseits und »leere Klangentfaltung« andererseits begegnet bis in das 18. Jahrhundert. Ganz im Zeichen des Anti-Sensualismus steht die Kritik der Polyphonie zur Zeit der *nuove musiche*: Kontrapunktische Musik ist für den Florentiner Galilei (1581) ein »inhaltloses Getön«, das nur »dem Sinne schmeichelt«. Man mag einwenden, daß Galilei kein »Renaissance-Mensch« mehr war.

Aber mit dem kulturgeschichtlichen Begriff der Renaissance ist es überhaupt so eine Sache: für die Literaturwissenschaft längst fragwürdig geworden, besitzt er für die Musikwissenschaft seine besondere Problematik. Zunächst schon insofern: Während das literarische Europa vom Süden, von Italien, lernte, lernte das musikalische Italien vom Norden. Das 15. und die erste Hälfte des 16. Jahrhunderts ist die Hoch-Zeit einer franko-flämischen »Schule«, deren Vertreter zwar, zu nicht geringem Teil, in Italien wirkten, auch vom musikalischen Italien nahmen, aber weit mehr als sie nahmen gaben. Italienische »Schulen« entstehen (in Venedig und Rom) erst in der zweiten Hälfte des 16. Jahrhunderts. Außerdem: versteht man unter Renaissance als bewußt geistige Bewegung in erster Linie die Wiederentdeckung und Wiedereroberung der Antike, so konnte der Renaissancegeist sich in der Musik nur mittelbar auswirken. Denn die musikalische Antike blieb ein versunkenes Land, dessen Topographie nur an Hand der überlieferten Theorie mehr oder minder willkürlich nachzuzeichnen war. Von dem uns heute vorliegenden runden Dutzend griechischer Musik-Fragmente kannte das 16. Jahrhundert vier. Man wußte sie nicht zu entziffern. Die Musikschriftsteller des 16. Jahrhunderts (außer Glarean besonders der Altertumsforscher Girolamo Mei, sein Schüler V. Galilei und die Komponisten-Theoretiker G. Zarlino und N. Vicentino) haben die Kenntnis der griechischen Musiktheorie bedeutend vertieft. Aber, je genauer diese Kenntnis war, als desto unbrauchbarer erwies sie sich zur Befruchtung der neuen Musik. Der Versuch Vicentinos, die (chromatischen und enharmonischen) Tongeschlechter der griechischen Antike wieder ins Leben zu rufen, wurde, wie ähnliche, etwa gleichzeitige Experimente, selbst von den gräkophilen Zeitgenossen belächelt. Viel eher ließ die Vorstellung von der griechischen Musik gerade dort, wo sie sich im allgemeinsten hielt, sich in die Ideologie des zeitgenössischen kompositorischen Schaffens einbauen. Und diese allgemeine Vorstellung war: Dichter und Musiker waren zur Zeit der griechischen Klassik Eines, die Bindung des *melos* an das Wort daher eng; das eigentlich geistige Element der Musik lag, wie Platon lehrte, nicht in der *harmonia* oder im *rhythmos*, sondern im *logos*.

Die Besinnung auf das Wort bestimmt in der Tat die Musikästhetik seit dem Ausgang des 15. Jahrhunderts – sei es das Dichterwort oder »Das Wort« Gottes. Die Forderung der Text-Verdeutlichung, für die weltliche wie die kirchliche Vokalkomposition, erfüllt sich in der Entwicklung von der Mehrtextigkeit zur Eintextigkeit (mehrtextige Motetten schrieb noch Dufay bis in die Mitte des 15. Jahrhunderts), in der zunehmend genauen schriftlichen Fixierung der Ton-Wort-Relation, in der wachsenden Neigung zu syllabischer Deklamation und Synchronisierung von musikalisch-metrischem und Wortakzent oder der Neigung zur musikalischen Wortmalerei. Es wird Aufgabe der formgeschichtlichen Darstellung der Musik sein, die verschiedenen formalen und satztechnischen Erscheinungsformen dieser Wandlung aufzuzeigen: von dem immer mehr auf Übersichtlichkeit des Textes abzielenden, polyphonen Satz des späten 15. Jahrhunderts über die gelegentlich mehr homophonisierte (oder akkordische Schreibweise) des mittleren 16., bis zur florentiner *Monodie*. Die Mittel der Textverdeutlichung oder Textdeutung, der musikalische Ausdruckswille, nicht zuletzt auch der Ausdrucksgehalt der vertonten Texte selbst sind metamorph. Konstant ist die wachsende Ehrfurcht vor dem Wort und die immer engere Bezogenheit der musikalischen Komposition auf das Wort.

Man möchte die Frage, wie weit und etwa seit wann dieser Prozeß sich im bewußten Einvernehmen mit dem literarischen Humanismus vollzog, fast als müßig von der Hand weisen. Die Entwicklung des Ton-Wort-Verhältnisses in der Musik kam jedenfalls der humanistischen Pflege des Worts, der Hochschätzung der Sprache als das vornehmste Mittel zur Erziehung des freien, souveränen Menschen, der Hochachtung des *poeta* und *orator* entgegen. Unmittelbar schöpferische Kontakte zwischen Musiker und Dichter-Humanist bestanden, seit Ausgang des 15. Jahrhunderts, in der Humanisten-Ode (streng nach dem antiken Metrum eingerichtete Gesänge, welche der Einprägung lateinischer Texte dienen sollte), ferner in den zum Humanisten-Drama komponierten Chören und Vertonungen humanistischer Gelegenheitsgedichte. Künstlerisch bedeutende Resultate zeitigt erst die Zusammenarbeit im italienischen Madrigal (seit etwa 1530). Von hier aus erfolgt der Sprung in die *nuove musiche*.

Die Oper: Aktion der Camerata

Diese Florentiner nahmen es mit der Heiligung des Wortes wörtlich: Sie konstruierten ihre Monodien nach streng grammatisch-syntaktischen Gesichtspunkten; den harmonischen Rhythmus regelte die Interpunktion des Textes, Kadenz und Schlußpunkt des Satzes fielen zusammen. Die um 1600 in Florenz entstandene *Monodie* ist die letzte Phase der Kapitulation des Komponisten vor dem Dichter. Und zwar war sie das in durchaus konkreter Weise; denn der Zirkel der *Camerata*, die Geburtsstätte der *nuove musiche*, bestand nicht in erster Linie aus Musikern, sondern aus Philologen, Dichtern, humanistischen Schöngeistern. Die Musiker taten, was die *literati* sie hießen. Caccini bezeugt es, wenn er berichtet, er habe vom Grafen Bardi in kurzer Zeit mehr über Musik gelernt als in dreißig Jahren Kontrapunktstudium. Aus dieser Situation, die in der Musikgeschichte ohne Beispiel ist, erhellt die stilgeschichtliche Entgleisung der Monodie. Ihre wahren Schöpfer waren von musikhistorischer Tradition unbelastet; sie kümmerten sich wenig um stilgeschichtliche »Vorstufen« oder Parallelerscheinungen ihrer Erfindung, die es natürlich gab (in den italienischen *modi di cantar versi*, den spanischen Lauten-Gesängen, den französischen *ballets de cour* und im einstimmigen Humanistengesang). Eben dieser Unbekümmertheit verdankt die Florentiner Monodie ihre Eigenart gegenüber allen verwandten Formen, vielleicht auch ihre historische Tragfähigkeit: Sie überlebt in der Oper, im Oratorium und ähnlichen Formgattungen in jenen Partien, die man heute als »Rezitativ« bezeichnet.

Zum Kreise der *Camerata* zählten, außer Bardi, die Grafen Corsi und Strozzi, der Dichter Rinuccini und der Philologe Mei; V. Galilei war Gelehrter und Lautenspieler; als Komponist wetteiferte er mit Caccini und Peri, welch letzterer, als die Führung der *Camerata* auf den Grafen Corsi überging, den Preis davontrug. Die gemeinsame Zielsetzung war: die Erforschung der klassisch-griechischen Musik und die Neuschöpfung einer musikalischen

Kunstform nach antikem Muster. Alle waren sich darüber einig, daß dabei die Musik sich dem Gesetz der Dichtung auf das äußerste zu unterwerfen hatte. Und vollkommen ließ diese Forderung sich nur in der einstimmigen Musik erfüllen. Bardi postulierte, daß der Kontrapunkt der Feind der Musik sei *(esse a musica nemico)*. Die Musiker formulierten es vorsichtiger. Sie gestanden, daß die Vielstimmigkeit dem Worte feindlich war: Mehrere Melodien, Rhythmen, Tonarten übereinander führten zu willkürlichen und unnatürlichen Dehnungen oder Verkürzungen der Worte – sie »zerrissen die Dichtung« (Caccini: *laceramento della poesia*). – Der philologische Gewährsmann der Gruppe, Mei, war zur Einsicht gelangt, daß eben deshalb die griechische Musik sich auf Einstimmigkeit beschränkt haben müsse. Als erster, in der Gilde der Musiker, unterschreibt das Galilei. Der Gesang der alten Griechen und Römer, meint er, habe sich einer Art der Modulation bedient, welche diejenige des gewöhnlichen Sprechens nur »erhöhte«. Damit, mit der Kennzeichnung des Gesangs als »erhöhter Deklamation« ist das für die Musikästhetik der nächsten hundertfünfzig Jahre entscheidende Wort gesprochen. Mit der dogmatischen Forderung der Unterordnung des Tons unter das Wort haben sich Musiker und Musikphilosophen fortan auseinanderzusetzen. Monteverdi, dessen musikalisches Genie der *nuove musiche* aus dem *tedio del recitativo* heraushalf, wird an jener Forderung dennoch festhalten *(l'orazione sia padrona dell' armonia e non serva)*. Dann wird sie, in Italien, allmählich in Vergessenheit geraten. Aber Lully, der Begründer der französischen Oper, und deren Reformator, Gluck, werden auf sie zurückkommen. Erst Mozart wird sie bewußt umkehren und dafür halten, daß »schlechterdings die Poesie der Musik gehorsame Tochter seyn« müsse.

Im Glaubensbekenntnis der *Camerata* durchkreuzen sich, auf echt humanistische Art, volkstümliche, aristokratische und moralisierende Züge. In die Nähe der volkstümlichen Musik tritt die *nuova musica*, wie schon bemerkt, *eo ipso* in ihrer Neigung zur Einstimmigkeit. Galilei spricht es aus, wenn er fordert, der Gesang möge schlicht sein wie die Lieder, welche »die Bauern beim Bestellen ihrer Felder und die Hirten bei ihren Herden sängen, im Wald und Gebirg«. Nicht ganz verträgt sich das mit der der *Camerata* eigenen Neigung zu gelehrter Exklusivität, dem ausgesprochenen Willen, durch die Erneuerung der Antike eine Kunst für nur eine Elite, »für nur einige Wenige« zu schaffen (Bardi). Diese, die aristokratischen Tendenzen der *Camerata*, liegen nahe bei ihren moralisierenden: Man stilisierte, wie oben angedeutet, die Kritik an der kontrapunktischen Musik als Abkehr vom rein sinnlich Lustvollen, nur Unterhaltsamen (und daher eben für die breite Masse Geeigneten). Darin scheint die *Camerata* und ihr Wirkungskreis (besonders Agazzari) gemeinsame Front zu machen mit dem asketischen Geist der Gegenreformation – sie scheint; denn tatsächlich geht es in der *nuova musica* um alles andere als geistige Askese. Auch die Schlagworte, welche man bereitwillig aus der didaktisch-moralischen Literatur übernahm, können darüber nicht täuschen: wie die Literatur soll die Musik »vom Laster befreien«, sie soll »die Seele erziehn« – sie soll in Wirklichkeit vor allem: die Seele aufwühlen oder die aufgewühlte Seele zur Schau stellen.

»Der wichtigste und nobelste Teil der Musik«, lehrte Galilei, »sind die Regungen der Seele« *(i concetti dell' anima)*, »ausgedrückt vermittels des Wortes; und nicht, wie die Modernen glauben, nur die Zusammenklänge der Stimmen« Die »Modernen« glaubten das gar nicht, glaubten es längst nicht mehr. Das Streben nach Ausdruckssteigerung war nichts Neues, die zunehmende emotionelle Entzündung am Wort kennzeichnet die Entwicklung der Musik, seit man überhaupt dem Wort erneute Beachtung schenkte. Hier führt eine gerade Linie von Josquin, über Lasso, bis zu Monteverdi. Neu war nur die Methode.

Die Madrigalisten liebten es, dem Sinngehalt einzelner Wörter oder Phrasen nachzuspüren, wohl auch die Wortbedeutungen durch gleichsam graphische Darstellung nachzu-»malen«: so ließ etwa das Wort *descendit* sich durch eine absteigende Tonfolge, das Wort *caelum* sich durch Hervortreten der Sopranstimmen illustrieren. Solche »Pedantereien« verachtete die *Camerata*. Ihr ging es um eine realistischere Wortinterpretation. Die ganz auf Deklamation abgestellte *nuove musiche* sollte überhaupt das Wort nicht deuten oder illustrieren, sondern »nachahmen«, wie man wirklich sprach, im Affekt sprach. Der Wille zum äußersten Pathos zeigt sich in der Textwahl der frühesten Monodien: ein »Gesang des Grafen Ugolino« (aus Dantes *Divina commedia*), Partien aus der »Klage des Jeremias«. Der Wille zum Realismus zeigte sich auch in der Art, wie man solche Texte rezitierte: unter heftigen Gestikulationen, Gesichtsverzerrungen, Handbewegungen und Seufzern. Der logische Schritt von hier war die systematische Inszenierung der Monodie: die Oper. – Die Erprobung der neuen, monodischen Schreibweise im Madrigal und auf der Bühne geschah gleichzeitig. Die ersten szenischen Versuche (kurze Pastoraldramen) fallen in die neunziger Jahre des 16. Jahrhunderts. Die erste uns erhaltene, monodisch durchkomponierte Oper (*Euridice*, Text von Rinuccini, Musik von Caccini) kam 1602 zur Aufführung. Der deklamatorische Sologesang wurde nur von kurzen Choreinlagen unterbrochen.

Die Florentiner Monodie, das Recitativ, war eine »Erfindung« – eine humanistische Erfindung, wenn man will. Die Florentiner Oper hingegen war das Resultat einer organischen, langen theatergeschichtlichen Entwicklung. Die Oper ist auch nicht aus der Erfindung der Monodie entstanden, sondern das Musikdrama absorbierte die Monodie als das geeignetste und ökonomischste Mittel zur vollkommenen Vereinigung von Musik und Drama, eine Synthese, welche es in weniger vollkommener Form schon lange, wohl zu allen Zeiten, gegeben hatte – zuletzt besonders in den musikalisch-szenischen Zwischenspielen *(Intermedien)* der klassischen Komödie, im Pastoraldrama und in den *mascherate*. Solchen Mischformen war der Humanismus im Grunde abhold; das Humanistendrama war szenisch arm, und die Humanisten strebten nach dem reinen Sprech-Drama. Der literarische Purismus der Klassizisten wird sich auch, in der Geschichte, dem Siegeszug der Oper immer wieder in den Weg stellen, in Frankreich, in Deutschland, in Italien. Aber der ästhetischen Kombinationslust des 17. Jahrhunderts, die sich nicht im Musikdrama allein, ebenso in der Vereinigung anderer Künste, Malerei und Architektur, Bild- und Wortkunst kundtut, war die Mischform eben recht. Und eben in ihrem künstlerischen Synkretismus verläßt die Oper den Boden des Humanismus, ist sie, viel eher als die letzte Tat der Renaissance, die erste Tat des Barock. Von den früheren und zeitgenössischen Mischformen übernahm die Oper wesentliche Züge: von den Intermedien die szenische Prachtentfaltung, vom Pastoraldrama den Stoffkreis, später auch das typische Personal der (wahrscheinlich zum Teil gesungenen) *commedia dell' arte*. Auch in all diesen Aspekten ist sie ein Kind ihrer Zeit.

Daß, wie bei der »Erfindung« der Monodie, so auch bei ihrer Inszenierung die Erinnerung an die Antike (hier: die mutmaßliche Rolle der Musik im griechischen und klassisch-römischen Drama) mitspielte, muß uns heute als der vielleicht wenigst wichtige Umstand in der Entstehungsgeschichte der Oper erscheinen. Im Bewußtsein der Florentiner mag es der wichtigste gewesen sein. Aber, wenn Bardi gemeint hatte, daß der Versuch, die Musik »der Alten« wieder ins Leben zu rufen, gelänge er, freilich nur »einige Wenige« ansprechen könne, so wäre dieser Versuch, in der Oper jedenfalls, mißlungen: denn binnen weniger Jahrzehnte wurde sie die populärste Kunstform Italiens.

Der stilistische Dualismus

Der italienische, auf die »Darstellung der Gefühle« zielende Stil *(stile rappresentativo)* beschränkte sich nicht auf die Oper; auch machte die Oper nicht lange halt bei der Florentiner Monodie. Die Entwicklung der Oper vom *recitare cantando* zu Arie und *bel canto* gehört in die Formgeschichte der Musik. Kennzeichnend für die neue Schreibweise im allgemeinen blieb: die (früher erwähnte) kontinuierliche Baßbegleitung. Agazzari, einer der ersten Lehrer des *basso continuo,* empfiehlt diesen (1607) mit folgenden Argumenten:
»1. wegen der jetzigen Gewohnheit und des Styli im Singen, da man componiret und singet, gleichsam als wenn einer eine Oration daher rezitirte.
2. wegen der guten Bequemlichkeit.
3. wegen der großen Menge, Varietät und Vielheit der *operum* und *partium,* so zur Musik vonnöten sein.«
Das letzte Argument weist auf die Restaurierung eines komplexen Instrumentalsatzes hin. »Bequem« war dabei die Methode, den harmonischen Oberbau des Basses nur mit Ziffern anzuzeigen (daher auch: »bezifferter Baß«). Dieser harmonische Bau spannte sich mehr und mehr durch den freieren Gebrauch von Dissonanzen, welche die Spannungen der Seele »nachahmten«. Mit dem Ziel der »Nachahmung der Natur«, »auf den Grundlagen der Wahrheit«, rechtfertigte Monteverdi seine revolutionäre Dissonanz-Behandlung, in der die Dissonanz sich nicht mehr wie früher in sanftem, schrittweisem Abgleiten, sondern in heftigen Sprüngen löste. Auch zu rhythmischen Experimenten veranlaßte ihn der Wunsch, nicht nur das »Weiche und Gemäßigte«, auch das »Erregte« darzustellen. Als Textdichter dient solchen Versuchen immer wieder der »göttliche Tasso – jener Dichter, der alle Leidenschaften, die er beschreiben will, mit größter Eigenart und Natürlichkeit auszudrücken weiß« (Monteverdi, 1638).

Der *stile rappresentativo* ergriff alle Musizierformen, auch die kirchlichen. Sofort nach ihrer Entstehung war die Florentiner Monodie (von Cavalieri) auch in der Kirche erprobt worden. Im Zusammenhang mit seinen rhythmischen Experimenten stellt Monteverdi fest, daß er mit großem Eifer fortfahren wolle, »weitere Kompositionen dieser Art für Kirche und Kammer zu schreiben«. Eine Reaktion der Kirche war unausbleiblich. Ebenso wie einst gegen die maßlose Polyphonie der Niederländer verwahrte man sich gegen die ungebändigten Gefühlsentladungen der neuen »theatralischen« Schule. Die Auseinandersetzung nimmt heftigste Formen an in einer Fehde zwischen dem Bologneser Canonicus G. M. Artusi und Monteverdi. Öffentliche Kampfschriften fliegen hin und her. Als Antwort auf Artusis *Overo delle imperfettioni della musica moderna* schreitet Monteverdi zur Abfassung einer Schrift *Overo perfettione della moderna musica*. Die musikalische Welt hat sich in zwei Lager gespalten: die Anhänger des *stile antico* und des *stile moderno*.

Aus solchen Auseinandersetzungen, zwischen Altem und Neuem, und der endlichen Verdrängung des Alten durch das Neue besteht schließlich die Weltgeschichte. Das Merkwürdige an der stilgeschichtlichen Situation des 17. und frühen 18. Jahrhunderts ist, daß hier das Neue das Alte nicht verdrängte. Monteverdi, in seiner Verteidigung des *stile moderno*, etikettiert diesen bescheiden als *seconda pratica*. Die Gesetze des *stile antico* sollten in der *prima pratica* gültig bleiben – und blieben es auch: Die Musik wird zweisprachig. – Das erinnert sehr an die gleichzeitig (und schon früher) in der Literaturgeschichte eingetretene Situation; auch hier hat das Sprachbewußtsein des Humanismus einen sprachlichen Dualismus in nie dagewesener Weise verschärft: die lateinische Tradition einerseits und volkssprachige Literatur andererseits. Zum Aufstieg der letzteren haben lokal-patriotische Tendenzen das Ihrige beigetragen. Sie sind auch am Werke bei dem Durchbruch des *stile moderno* in der italienischen Musik. Nicht nur das Wort schlechthin war es, das man in der *nuove musiche* heiligte, sondern das italienische (oder »toskanische«) Wort. Der *stile moderno* bedeutete für Italien die Festigung einer selbstbewußt bodenständigen Tonkunst, das Ende der nordländischen Vorherrschaft. Das klingt laut genug durch in der florentinischen Ablehnung der Polyphonie als »ultramontane«, »gotische« Abgeschmacktheit.

Die halb historisch fundierte, halb phantastische Überlieferung vom Ursprung der Mehrstimmigkeit bei den »nordischen Völkern« ist fast so alt wie die Geschichte der Mehrstimmigkeit selbst. Charles Burney zitierte, als frühestes Zeugnis dieser Art, einen englischen Bischof vom Ende des 12. Jahrhunderts, der die schwierige Kunst, »gleichzeitig in verschiedenen Tonhöhen« zu singen, von den »Norwegern und Dänen« ableitete. Die geistesgeschichtliche Betrachtung hat es nicht versäumt, den Hang zu »abstrakter« Polyphonie mit dem »transzendentalen« Lebensgefühl des Nordens in Verbindung zu bringen; umgekehrt, die Vorliebe für den herzlich-naiven einstimmigen Gesang mit der »Diesseitigkeit« des südlichen Menschen. (In dieser Deutung begegnet die Gegenüberstellung Polyphonie-Monodie im 19. Jahrhundert etwa bei Heine und Nietzsche, im 20. bei Thomas Mann.)

Bei aller Vereinfachung passen solche Theorien weitgehend auf die stilgeschichtliche Situation des 17. Jahrhunderts. Offenbar waren es in erster Linie die irdischen Leidenschaften des »südlichen« Menschen, die im Sologesang des *stile moderno*, im wahrsten Sinne, zu Worte kommen sollten. Die überlieferte kontrapunktische Kunstübung des *stile antico* aber überdauerte in der meditativen Sphäre der Kirche – freilich nicht nur der »nördlichen«, auch der italienischen (und besonders der römischen); *stile antico* und *stile sacrale* wurden so gut wie gleichbedeutend. – Man hat oft von dem antithetischen Lebensgefühl des Barock, dessen Nebeneinander von Lebenshunger und *memento mori* gesprochen. Es findet in dem stilistischen Dualismus *moderno-antico* und dem häufigen, gleichsam unentschlossenen

Umschalten der Komponisten (auch der »modernsten«, wie Monteverdi) von der einen auf die andere Stilart, seinen merkwürdigen musikalischen Ausdruck. Vollherzigere Entscheidungen konnte da erst ein geistig stabileres Jahrhundert, das achtzehnte, treffen.

Die Tradition der Affektenlehre

Während die praktischen stilgeschichtlichen Ereignisse in Italien stattfanden und von dort nach Norden ausstrahlten, ließ man es sich vornehmlich jenseits der Alpen angelegen sein, die neue Musik theoretisch zu kodifizieren. Die Zusammenhänge sind merkwürdig eng und durchsichtig: Heinrich Schütz, der bedeutendste (und, nicht zufällig, wohl auch der mit humanistischem Bildungsgut belastetste) deutsche Komponist seiner Zeit, bereist (seit 1609) Italien und führt, als Frucht dieser Reisen, den italienischen Stil in die deutsche Musik ein. Inzwischen beauftragt ein deutscher Fürst, der Markgraf von Hessen-Darmstadt, Martin Opitz, Begründer der deutschen Poetik, mit der Übersetzung des ersten italienischen Operntextes: Rinuccinis *Dafne* (Musik nicht erhalten); die Neuvertonung für Deutschland übernimmt Schütz – so entsteht (1627) die erste deutsche Oper. Gleichzeitig macht sich Schützens Vorgesetzter am Dresdener Hof, der Musiktheoretiker Michael Prätorius, zu einem der ersten theoretischen Verfechter des *stile moderno*. Er verlangt dabei vom Musiker genau das, was die Poetik vom Dichter erwartet:

> Gleich wie eines Orators Ampt ist, nicht allein eine Oration mit schönen anmutigen lebhafftigen Worten, und herrlichen Figuren zu zieren, sondern auch recht zu pronuncjiren, und die *affectus* zu moviren: in dem er bald die Stimmen erhebet, bald sincken lesset, bald mit mehliger und sanffter, bald mit gantzer und voller Stimme redet. Also ist eines Musicanten nicht allein singen, besonders künstlich und anmütig singen: Damit das Hertz der Zuhörer gerühret, und die affectus beweget werden, und also der Gesang seine Endschafft dazu er gemacht, und dahin er gerichtet, erreichen möge.

Das entspricht wörtlich dem Ansuchen Buchners (»Anleitung zur deutschen Poeterei«), der Poet möge den Leser »in eine beständige Bewegung durch Bewunderung« versetzen und so auf seine Seele einwirken. Vorbildlich bleibt, hier wie dort, die Poetik Scaligers, die schon in den Theorien der *Camerata* merklich durchklang. Scaligers Begriff der *forma*, nicht etwa als die äußere Gestalt der Dichtung, vielmehr als deren geistiger Gehalt, ihre Intention und Wirkung – also eigentlich: ihr »Ethos« –, war es offenbar, das zugrunde lag, wenn Galilei die musikalische Gestalt nur als die »Materie«, das poetische Wort aber als die »Form« der Musik bezeichnete. Die gemeinsame Wurzel ist die Metaphysik des Aristoteles.

Die platonisch-aristotelische Lehre vom *Ethos* und *Affekt*gehalt der Musik war auch während des Mittelalters nie ganz in Vergessenheit geraten: *musica movet affectus, provocat in reversum habitum sensus* (Isidor von Sevilla, gestorben 636) – dieser Erkenntnis haben die Kirchenväter auf verschiedene Weise Rechnung getragen. Schon Augustin war die Tonkunst, eben um der *diversitas* ihrer möglichen Wirkungen willen, im Grunde verdächtig – wie sie einst Platon verdächtig war, der in seiner »Republik« nur solches Musiziergut zulassen wollte, welches Tapferkeit und kriegerischen Sinn stärkte. Erst zur Zeit Isidors stellt die Kirche die Musik bedenkenlos in den Dienst der Erhebung der Seele zu Gott: *ut qui a verbis non compunguntur suavitate modulationis moveantur* (Isidor). – Die Renaissance-Theoretiker haben bei der Betrachtung des »Affektgehalts« der Musik, in Anlehnung an die antike Anschauung der Kunst als »Nachahmung der Natur«, den Begriff des »Natürlichen« (Glarean: *nativans indolens*) dem des »Gekünstelten« wertsetzend entgegengestellt. In dieser Richtung, der Überordnung einer *vera musica* über eine bloß *buona musica* haben, wie gezeigt wurde, die Florentiner und ihr Wirkungskreis fortgebaut. Monteverdi wird dabei, gleich der *Camerata*, nicht müde, sich auf Platon zu berufen; und nicht ganz ohne Belustigung kann man es lesen, wenn er (1638) Platons Rezept: »Nimm jene Harmonie, welche in Ton und Stimme die eines tapfer in die Schlacht Ziehenden nachahmt«, als Ausgangspunkt für seinen theatralischen *concitato*-Stil nimmt.

Mit Monteverdi hat die bewußte Konzentration auf den Affektgehalt der Musik ihren ersten Höhepunkt, vielleicht ihren Höhepunkt überhaupt, erreicht. Seither gibt es eine Musik-*Ästhetik* im wörtlichen Sinne: eine Lehre von der musikalischen Empfindung, deren technischen Verkörperungsformen und Kommunikationsmitteln. Descartes hat die musikalische Affekten-Lehre in sein »System der Leidenschaften« (*Les passions de l'âme*, 1649, *Compendium musicae*, 1650) miteinbezogen, ohne ihr wesentlich Neues hinzuzufügen. Mit den Anfängen der französischen Oper, im letzten Drittel des Jahrhunderts, erhält sie einen neuen Auftrieb. Aus Frankreich übernehmen die deutschen Theoretiker des 18. Jahrhunderts vieles. Erst unter ihren Händen gewinnt die Affektenlehre ihre komplex ausgefeilte Form.

Diese Entwicklung läßt sich auf zwei verschiedenen, wenn auch selten voneinander ganz gesonderten Strängen verfolgen: Auf der einen Seite wird der Affektgehalt der Musik auf dem Umweg über die Gesetze der Sprache ausgedrückt und erfaßt; auf der anderen Seite wird er als unmittelbare Nachahmung der »Bewegung der Seele« durch die Bewegungen des Tons verstanden. Tritt die Musikästhetik im ersteren Falle in ein Bündnis mit der antiken Rhetorik, so im letzteren Falle in ein Bündnis mit der Seelenkunde, Physik und Medizin. Hier, vornehmlich in der Tonarten-Symbolik, bleiben auch Zusammenhänge mit der alten Ethos-Theorie. Von den beiden genannten Aspekten der musikalischen Affektenlehre ist der erstere für die Musikgeschichte des 17. und 18. Jahrhunderts der ungleich wichtigere; aber der letztere erwies sich als der dauerhaftere.

Musikalische Pathologie

Die handgreiflichste Ursache für die verschiedenen Wirkungen der Musik – die verschiedenen Arten der Klangerzeugung – tritt in der Affektenlehre des Barock (im Gegensatz zu der der Antike) sehr in den Hintergrund. Descartes erklärt bündig, daß unter allen Tonqualitäten die der menschlichen Stimme am geeignetsten sei, die Gemütsbewegungen hervorzurufen; noch Burney klassifiziert und bewertet alle Musikinstrumente rigoros nach ihrer relativen »Ähnlichkeit« mit der Stimme: am liebsten ist ihm deshalb die Violine, an zweiter Stelle kommt die Flöte, dann die Oboe. Der von Galilei auf den Affektgehalt der Musikinstrumente geworfene Seitenblick erschöpft sich in der Feststellung, daß Saiteninstrumente wie Lauten und Violen sich für den Ausdruck der »weichen« Affekte eigneten, Tasteninstrumente hingegen mehr für den der »harten«. Gleichgerichtete Betrachtungen der Schriftsteller des 18. Jahrhunderts beschränken sich auf knappeste anthropopathische Feststellungen; man spricht vom »stolzen Fagott«, dem »hochtrabenden Horn«, der »bescheidenen Flöte« (Matteson). Kaum anders in den zahlreichen »Anweisungen« zum Instrumentalspiel, welche die idiomatische Loslösung der instrumentalen von der vokalen Musik seit dem Frühbarock ins Leben gerufen hat: Leopold Mozart (es ist der Vater des Wolfgang Amadeus) läßt sich in seiner Violinschule auf eine kurze »Deutung« der Stricharten ein, der Stimmungsgehalt des Spiels mit Dämpfer wird bei ihm, wie bei anderen, gestreift. Das alles hält sich im Allgemeinsten. – Eine eingehende Gefühls-Hermeneutik des Instrumentalklanges bleibt der Romantik vorbehalten, wobei den Ehrenplatz das Waldhorn einnehmen wird, »diess himmlische Instrument«, dessen »unaussprechliche Wirkungen« zwar nie im »Pathos oder eigentlichen Grossen« bestehen, dafür aber im »Sanften, Süssen, den Nachhall Weckenden, zärtlich Klagenden« (Chr. Fr. Schubart, »Skizzirte Geschichte der Musik«, um 1785).

Die Bewegungen der Seele werden, nach Descartes, vor allem durch die Unterschiedlichkeit des *Tempos* regiert: ein langsames Tempo erweckt die »trägen Leidenschaften« (Mattigkeit, Traurigkeit, Furcht, Hochmut), schnelles Tempo führt zur lebhaften Gemütsbewegung (Freude). Auch die Taktarten sind von Belang. Bei der Gegenüberstellung des geraden Taktes (unser moderner $2/4$- oder $4/4$-Takt) mit dem ungeraden ($3/4$, $6/8$ und so fort) bemerkt Descartes, der letztere beschäftige den Sinn mehr, »weil bei ihm mehr Dinge zu beobachten sind, nämlich drei Glieder, während im anderen nur zwei enthalten sind«. Abweichende Beobachtungen hat Monteverdi gemacht in seiner Rückführung der musikalischen Bewegung auf antike Versmaße: das schnelle, pyrrhychische Versmaß (ᴗ ᴗ), meint er, eigne sich am besten für »kriegerische und gewaltig erregte Tänze«, im Gegensatz zum Spondäus (— —): »mit einem Zorn und Unwillen enthaltenden Text in Verbindung gebracht« ließe sich durch Anwendung des Pyrrhichius »schon eine Aehnlichkeit« mit dem, was der Text enthielt, erzeugen, obgleich dieser der Schnelligkeit des Instruments nicht zu folgen vermöge. Monteverdi hat sich diese Überlegungen in dem berühmten dramatischen Madrigal *Il combattimento* zunutze gemacht.

Am natürlichsten ist die Ableitung der musikalischen Metren von den Versfüßen der Dichtung in den metrisch starren Tanzformen. Ein Beispiel: Das rhythmische Schema der Gavotte ♩ ♩ / ♩ entspricht dem Anapäst (ᴗ ᴗ —); daraus erklärt Matteson den Ausdruck »jauchzender oder ausgelassener Freude« der Gavotte. Daß die daktylisch-anapästischen Zeilen »mit ihrem Hüpfen und Springen zur Fröhlichkeit aufmuntern«, war eine schon bei den Versmeistern des 17. Jahrhunderts weitverbreitete Meinung. Überhaupt läßt sich bei den Untersuchungen der Versfüße auf ihren Affekt-Gehalt eine gewisse Übereinstimmung feststellen. Gleich Monteverdi scheint Matteson der Pyrrhichius (auf den er den Rhythmus der Gigue reduziert) »auf Hitze und Eifer gezielet«.

Matthesons jüngerer Zeitgenosse, F. W. Marpurg, geht weiter: Er führt alle musikalischen Metren auf drei Klangfüße (Trochäus, Jambus und Daktylus) zurück. Die Neigung zur regelmäßig pulsierenden Rhythmik, zur »Motorik«, im Concerto-Stil des Spätbarock scheint solchen Versuchen Vorschub zu leisten. Und diese Neigung zur rhythmischen Vereinheitlichung wiederum geht Hand in Hand mit einer seit der Mitte des 17. Jahrhunderts laut werdenden Lehre: daß ein in sich geschlossener musikalischer »Satz« nur einen einzigen »Grund-Affekt« zum Ausdruck bringen dürfe, dem alle »Nebenleidenschaften« sich unterzuordnen hätten. Diese Theorie gewann nicht allein für die rhythmische Gestalt, auch für die Gesamtstruktur der musikalischen Komposition größte Bedeutung. Denn wo nur eine Empfindung, nur eine Stimmung herrscht, da darf auch nur eine melodische Hauptidee (Thema, Motiv, Figur) hervortreten, und jener haben die Nebenideen (Kontrapunkte, Episoden) sich anzupassen. Der »Grund-Affekt« wird gleich zu Anfang des Stückes in einer Figur »zusammengefaßt« und dann »durchmusiziert« – bis das Material erschöpft ist. Das gibt den Barockformen ihren statischen Charakter. Das Gesetz der Ein-Affektigkeit gilt für die Sätze der Instrumentalmusik wie für die vokalen Formen. So meint Mattheson auch von der Gesangs-Arie, daß sie fast immer ein kurzes Thema oder *subjectum* habe, worin ihr Gesamt-Affekt so vollkommen wie möglich erhalten sein müsse.

Als die Symphoniker des ausgehenden 18. Jahrhunderts anfingen, ihre Formen dadurch aufzubauen, daß sie miteinander kontrastierende Themen gegeneinander ausspielten, rügten die konservativen Kritiker diese »höchst unnatürlichen Symphonien und Sonaten« wegen des Wechsels von »Freude und Traurigkeit« in ein und demselben Satz (Reichhardt, 1782). Die Tradition der Ein-Affektigkeit überlebte in der Klassik in den Satzbezeichnungen wie *Allegro, Grave, Largo*, welche (wie ihre wörtliche Bedeutung zeigt) ursprünglich nicht so sehr als Hinweis auf das Tempo denn auf die Grundstimmung des Satzes gemeint waren.

Recht eigentlich auf ihrem Gebiet ist die musikalische Pathologie in der Tonarten- und Intervallenlehre, wobei das Interesse sich mehr und mehr auf die Ausdrucks-Polarität von *dur* (c-e-g) und *moll* (c-es-g) konzentriert. Die Symbolik der Transposition der Dur- und Molltonarten wird von den Theoretikern des 17. Jahrhunderts häufig, von denen des 18. Jahrhunderts meist (bis gegen das Jahrhundertende) abgelehnt. Schon Zarlino hatte die Tonarten mit der Durterz (c-e) mit dem Gefühl der *allegrezza* verbunden, die Tonarten mit der Mollterz (c-es) mit der *tristezza*. Eine drastische Illustration dieser Tonartendeutung lieferte, im 17. Jahrhundert, der italienische Komponist G. Carissimi in seiner Kantate *I filosofi*, indem er den lachenden Demokrit in *dur*, den weinenden Heraklit in *moll* singen ließ – ein Experiment, dessen Kühnheit ihren Eindruck auf die Zeitgenossen nicht verfehlte. Um 1700 ist es eine ausgemachte Sache, daß die *tertia majore* »etwas Vollkommenes und Lustiges«, die *tertia minore* aber »etwas Trauriges, Melancholisches... was Sehnliches« vorstellt (Kuhnau). Noch Goethe notiert: »Dur treibt ins Objekt, Moll ins Subjekt« (an Zelter).

Die Tonarten-Lehre der Antike hatte ihre konkrete Begründung: man verband die in gewissen Landstrichen beheimateten Tonarten mit den für ihre Bewohner charakteristischen Eigenschaften: So galt zum Beispiel die dorische Tonart als »kriegerisch«, weil eben die nordischen Dorier im Ruf der Kriegerischheit standen. – Solche rationale Wurzeln fehlen der neuen Tonarten-Lehre. Sie müssen erst konstruiert werden. Descartes erklärt die verschiedenen Gefühlswirkungen der großen oder kleinen Tonschritte auf medizinischem Grund: die Erregungen der Seele werden verursacht, unterhalten und verstärkt durch die Bewegung der »Lebensgeister« – das sind »die beweglichsten und feinsten Teilchen des von der Herzwärme verdünnten Blutes«. Bei der Wahrnehmung kleiner Tonschritte ziehen die Lebensgeister sich zusammen, wodurch ernste, traurige Affekte entstehen; bei großen Tonschritten breiten die Lebensgeister sich aus, und das Gefühl freudiger Erregung wird gezeigt. Die Lebensgeister-Theorie wurde, mit geringen Varianten, von vielen Theoretikern (Berardi, Kircher, Steffani, Werckmeister, Mattheson) übernommen. Steffani begründet (1700) durch sie insbesondere die unterschiedliche Wirkung der »zwei Tertien, die man insgeheim *majorem* und *minorem* zu nennen pflegt«.

Aber der Gefühlsmechanismus der Intervalle wird durchkreuzt von einer anderen, sehr alten medizinischen Theorie: der Hippokratisch-Galenschen Lehre von den »Vier Temperamenten«. Verschiedene Menschentypen bevorzugen verschiedene Melodietypen oder Tonarten: dem Phlegmatiker entspricht nun das Dorische, dem Choleriker das Phrygische und so fort. In dieser Form – offenbar eine Korruption der griechischen Tonarten-Lehre – trat die Temperamenten-Lehre schon zu Ende des 15. Jahrhunderts in das Blickfeld der Musiktheorie (bei Ramis de Pareja 1482) und bald auch der Heilkunde (bei Agrippa von Nettesheim 1533). Der Bund mit der Lehre von den »Vier Temperamenten« erneuert sich im 17. Jahrhundert (besonders bei Kircher) in der Klassifikation der verschiedenen »individuellen« Stilarten: So wird die *hyperchematische* Schreibweise (Tanzmusik) dem »sanguinischen« Menschen zugeteilt, »weil sie das Blut in Bewegung setzt«; dem Melancholiker entspricht ein kompakter harmonischer Stil, usw., usw. Das 18. Jahrhundert (Mattheson, Quantz) empfiehlt, daß der Komponist einer Sonate in den verschiedenen Sätzen jeder der »Vier Temperamente« Rechnung trage – ein psychologischer Altruismus, welcher der viersätzigen Dramaturgie der klassischen Sonate und Symphonie den Weg geebnet hat. Aber auch eine medizinische Forderung: denn eine »temperament«-mäßig wohlbalancierte Komposition wird imstande sein, beim Hörer die vier *humores* (Lebenssäfte) seines Organismus, von deren Gleichgewicht die Gesundheit des Menschen abhängt, im nötigen Equilibrium zu erhalten oder dieses wiederherzustellen. Die therapeutische Kraft der Musik wird im 17. und 18. Jahrhundert reichlich erörtert, in der Musiktheorie bei Kircher, Berardi, Mersenne; in der Heilkunde bei Pellegrini, Burton *(The Anatomy of Melancholy)*, Ettmüller *(Effectus musices in hominem)*, Haller *(Elementa physiologicae corporis humani)*, Thilo *(Specimen pathologiae musicae)* und vielen anderen.

Die Musik erregt nicht nur die Leidenschaften, sie mildert sie auch, purgiert Seele und Körper, lindert Schmerzen (Berardi), heilt insbesondere die Folgen des Tarantelstichs (am ausführlichsten bei Baglivi und Kircher). Sie macht menschlicher, mitleidig, mildtätig (Saint Mard), erregt die geselligen Leidenschaften (Avison, auch Schiller), befördert alle Tugenden (Mattheson), sie macht den Verstand biegsamer und das Herz empfindlicher (Krause). – So fügt die musikalische Pathologie, wie schon zur Zeit der *Camerata*, sich weiter in die Kunst-Ethik des ästhetischen Rationalismus.

Es ist indessen Descartes selbst nicht entgangen, daß seine Begründung der verschiedenen Wirkungen der Musik ihrerseits einer Begründung bedurfte: der Ton erschüttert die Seele,

»denn das ist nämlich sicher, dass der Ton ringsumher alle Körper erschüttert«. Die Erforschung der Ursache hierzu aber überläßt Descartes »den Physikern«. Als »die Ursache« von »den Physikern« weitgehend erforscht war, haben die Theoretiker der Affekten-Lehre sich darum meist wenig gekümmert. Rousseau und Batteux, die beiden Spätvertreter einer (wie zu zeigen sein wird: modifizierten) Affekten-Lehre haben die akustisch-physiologische Begründung des Hörvorgangs beiseite geschoben, fast mit den Worten des Descartes. Diese Distanzierung von den exakten Wissenschaften, der Hang zur Pseudo-Wissenschaft, ist äußerst kennzeichnend für die geistige Zwiespältigkeit des ästhetischen Rationalismus: dem Versuch der Rationalisierung des Irrationalen, wobei doch immer das Irrationale das letzte Wort behält. Hier ist die Brücke zur Romantik. Als etwas, das sich eigentlich nicht erklären läßt, hat die Romantik, schon J. J. Engel (»Über die musikalische Malerey«), dann Schubart, die alte Tonartenlehre wieder aufgegriffen. Beethoven empfiehlt Schubarts Buch allen seinen Schülern und verficht begeistert die Symbolik der Tonarten vor den Ungläubigen. Wackenroder und Tieck entdecken neuerlich die kathartische Wirkung der Musik und ihre sittliche Kraft: »Die Musik erregt mächtig in unserer Brust die Liebe zu den Menschen und zur Welt, sie versöhnt uns mit unserm Feinde.«

Musikalische Rhetorik und Malerei

Die Musikschriftsteller des ausgehenden 18. Jahrhunderts bezeichneten die Musik gern als eine »eigene Sprache« (so Burney): die »Tonleiter« sei das »Alphabet« dieser »Sprache«, daraus entstünden die »Worte« und anders. Um zu einer »eigenen Sprache« zu werden, hat die Musik, seit den Anfängen der *nuove musiche*, immer bewußteren Umgang mit der Sprache gepflegt. Diese Bewußtheit dokumentiert die Lehre von den »musikalischen Redefiguren«. Das aus der äußersten Unterordnung der Musik unter die Sprache geborene Rezitativ gab den Theoretikern Anlaß, einmal wieder über die zwischen Musik und Rede überhaupt bestehenden Gemeinsamkeiten nachzudenken: Gleich dieser gliedert sich jene in mehr oder weniger lange oder kurze Abschnitte (noch heute bezeichnen wir diese in der Musiktheorie, nach dem Vorbild der Sprache, als »Perioden« und »Phrasen«). Sie erhalten ihr Gepräge durch Akzente, Pausen, Wiederholungen, Steigerungen. Für die humanistisch gebildeten Musiker, die als Hofkapellmeister oder Kantoren oft den Sprachunterricht am Gymnasium zu erteilen hatten, lag es nahe, solche Analogien zwischen dem Formbau von Musik und Sprache in der Terminologie der Rhetorik zu erfassen: So sprach man im Kompositionsunterricht (der seit dem 16. Jahrhundert weitgehend aus der Analyse praktischer Beispiele bestand) etwa bei der Wiederholung einer Tongruppe von einem *Polyptoton* (nach der in der Rhetorik so benannten Wortwiederholung), oder man bezeichnete gewisse Anhäufungen konsonanter Akkorde als *Congeries* (in Anlehnung an die »Worthäufungen« in der Rede). Solche Anleihen der Musiktheorie bei der Rhetorik schienen im Zeitalter der sprachlichen Hochkultur bequem, denn sie gereichten zur Allgemeinverständlichkeit. J. Burmeister, ein deutscher Schullehrer, der das in seinem *Hypomnematum Musicae Poeticae* (1599) als erster systematisch betrieb, fand bei seinen Vorgesetzten viel Anerkennung für seine Erläuterung der musikalischen Komposition *cum aptis et convenientibus vocabulis ex Rhetorum officina*. Wichtiger als diese doch mehr oder weniger rein terminologischen Übergriffe der Musikwissenschaft auf die Rhetorik (oder umgekehrt) war die Beobachtung, daß bei der Vertonung gewisser Redefiguren (Ausrufe, Fragen, Emphasen) die Komponisten (auch die älteren) gern bestimmte, stereotype melodisch-rhythmische oder auch harmonische Wendungen gebrauchten. Man machte sich daran, diese zu sammeln oder auch selbst zur Vertonung gewisser Textinhalte (Bejahungen, Verneinungen, Zweifel) bestimmte musikalische Formeln theoretisch in Vorschlag zu bringen. Damit beginnt die eigentliche Lehre von den musikalischen Redefiguren. Von der Überzeugung, daß durch bestimmte musikalische Formeln bestimmte, im Wort ausgedrückte Gedanken oder Affekte in die Musik »übersetzt« werden können, ist es nicht weit zur Forderung, daß dies auch stets der Fall sein müsse. Diese theoretische Forderung nimmt rigoroseste Form an um die Mitte des 18. Jahrhunderts. Jetzt geht es nicht mehr, wie ein Jahrhundert früher, um die größtmögliche Ausdrucks-Intensität, sondern um die größtmögliche Ausdrucks-Verdeutlichung. Der Tonsetzer hat, nach Matheson (1739), bestimmte »Leidenschaften darzustellen, damit der Hörer seine Lehren ziehen« könne. Am besten läßt sich dies, nach der Meinung der meisten Theoretiker, noch immer mit der Hilfe »lehrreicher Worte« erreichen (Chr. G. Krause 1752). Aber es ist auch möglich, »alle Affekte durch bloße Töne (auch ohne Zuthun einiger Worte oder Verse) rege zu machen« (Matheson 1721). Das heißt, die aus der Vokalmusik abstrahierten musikalischen Redefiguren werden auf die reine Instrumentalmusik übertragen. In besonders systematischer Form hat J. A. Scheibe diesen Dienst für die Musiktheorie geleistet.

Scheibe geht aus von der »kritischen Dichtkunst« J. Chr. Gottscheds, dessen Abhandlung »Von den Figuren in der Poesie« die große Anzahl überlieferter Redefiguren stark reduzierte. Gottscheds Interesse gilt nur jenen Figuren, welche »mehr als bloße Zierrathe« der »Sprache der Affekte« dienen. Das ist der Fall nur bei einunddreißig Figuren (darunter zum Beispiel die *exclamatio, dubitatio* und *interrogatio*), die Gottsched genauestens auf ihren Affektgehalt prüft. Selbst von dieser Auswahl eignen sich nicht alle Figuren für die musikalische »Übersetzung«. Soweit sie Scheibe dafür geeignet erscheinen, übernimmt er – zum Teil wörtlich – Gottscheds Affekt-Diagnosen für die überlieferten und, wie es scheint, teilweise auch von ihm selbst geprägten musikalischen Formeln (Scheibes Vertonungsformel der *exclamatio* etwa weicht ab von der in J. G. Walthers Musiklexikon 1732 gegebenen). Die *dubitatio* verkörpert sich, nach Scheibe, in einer »ungeregelten, schweifenden Modulation«, bei welcher man »nicht wisse, welchen Fortgang sie nehme und in welchen Ton sie zuletzt falle«. Eine beliebte, auch bei Scheibe registrierte Vertonungsformel der *interrogatio* ist die sogenannte »phrygische Kadenz« (in neuerer Terminologie: ein Halbschluß auf der Dur-Dominante einer Moll-Tonart). Noch in Mozarts »Zauberflöte« begegnet sie in Reinkultur:

Sehr eindrucksvoll (wenn auch in leicht modifizierter Form) verwendet Gluck sie in seiner aulischen »Iphigenie«:

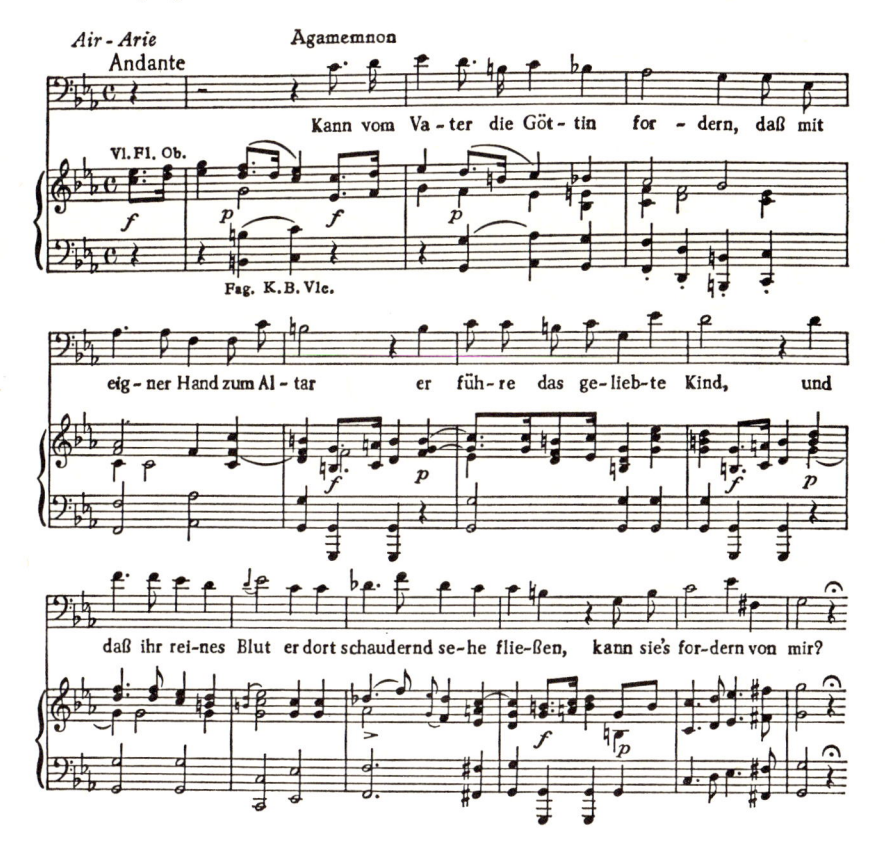

Air - Arie — Agamemnon
Andante

Kann vom Va-ter die Göt-tin for-dern, daß mit eig-ner Hand zum Al-tar er füh-re das ge-lieb-te Kind, und daß ihr rei-nes Blut er dort schaudernd se-he flie-ßen, kann sie's for-dern von mir?

Für das tonale Empfinden drängt diese Kadenz auf der Dominante nach einer »Lösung« auf der Tonika – die Antwort:

Più vivo

Nein, ich ge-hor-che nim-mer so grau-sem Be-fehl,

Die oben erwogene Frage, ob Iphigenie der Artemis zu opfern sei, darf wohl als das zentrale Thema des gesamten Dramas angesprochen werden. Und so steht denn auch gleich der

Anfang der Ouvertüre ganz im Zeichen ominöser Dominantenumspielungen und Halbschlüsse:

Der französische Musikschriftsteller Abbé Arnaud wußte an dieser Ouvertüre nichts höher zu preisen, als daß man »beynahe die ganze Tragödie daraus in Worte setzen könne« (1775). – Die Forderung, daß die Ouvertüre (»Symphonie«) zu einem Trauerspiel den gesamten Inhalt des Dramas »zusammenfassen« solle, geht auf Gottsched zurück. Scheibe hat sie an Lessing weitergegeben, der (unter Bezugnahme auf Scheibe) sich im 26. Stück der »Hamburger Dramaturgie« mit ihr beschäftigt. Er ist sich dabei des Kommunikations-Problems bewußt:

> Der Künstler wird also hier seine äußerste Stärke anwenden müssen; er wird unter den verschiedenen Folgen von Tönen, die eine Empfindung ausdrücken können, nur immer diejenigen wählen, die sie am deutlichsten ausdrücken; wir werden diese öfterer hören, wir werden sie miteinander öfterer vergleichen und durch die Bemerkung dessen, was sie beständig gemein haben, hinter das Geheimnis des Ausdrucks kommen.

Das »öfterer Hören«, die Forderung »bekannter Gänge«, das heißt, auch die Nachahmung anderer Komponisten spielt eine wichtige Rolle in der Kompositionstheorie des 18. Jahrhunderts. Mattheson behandelt das, in seiner musikalischen Rhetorik, unter der Kategorie des *locus exemplorum*. Er meint: »wenn man nur feine Muster dazu wählt und die Erfindung bloß imitiert, nicht aber nachgeschrieben und entwendet wurde..., wird aus dieser Exempelquelle... das Meiste hergeholet.« F. W. Marpurg, enthusiastischster Verfechter der musikalischen Affekten-Lehre, bedauert (1763), daß »in der Musiklehre man alle verschiedenen Abzeichen der Melodien, wie sie diese oder jene Empfindung ausdrücken, noch nicht so auseinandergesetzt wie in der Dichtkunst und in der Beredsamkeit die Gedanken und Schreibarten charakterisiert sind«, und er plädiert für die Erschaffung eines vollständigen Führers durch die Welt der Motive:

> Das Genie und der Affekt, worin die Componisten sich setzen, macht zwar zweifellos, dass sie diejenige Art der Töne finden, welche zu ihrer jetzt vorhabenden Absicht nötig sind. Es möchte aber doch wenigstens einem angehenden Componisten damit gedienet seyn, wenn man Auszüge der Töne hätte, welche jeden besonderen Affekt schildern.

Man hatte sie. Aber vor der Aufgabe, »das unergründlich genannte Meer von der menschlichen Gemütsbewegung« ganz auszuschöpfen, verzagte selbst ein Systematiker wie Mattheson.

Die Bemühung um die Fixierung der musikalischen Redefiguren entsprach dem Hang der Zeit zum Schema, zum Sammeln, zum Enzyklopädischen. Noch Schiller faßte den Plan, »einmal alle möglichen tragischen Situationen aufzuspüren« – aber führte ihn nicht aus. – Wie weit die Lehre von den musikalischen Redefiguren wirklich gemeinsame oder auch nur individuelle Ausdruckskonventionen erfaßte oder schuf und diese dem geübten Hörer bekannt waren oder wie weit es sich bei Feststellungen wie der oben von Lessing angeführten nur um die hypnotischen Auswirkungen des Vernunfts-Glaubens, des vernünftigen »Verstehen«-Wollens um jeden Preis handelt: Das ist ein von der historischen Musikwissenschaft noch kaum ernstlich angeschnittenes, dafür aber um so hitziger umstrittenes Kapitel. Johann Sebastian Bach, durch den die »Klangrede« ihre feinste (und, wie es bei dem heutigen Stand der Forschung scheint, auch schematischste) Ausprägung erhielt, hat sich darüber theoretisch gründlich ausgeschwiegen: Als Mattheson an alle prominenten Komponisten Europas ein Rundschreiben richtete, betreffs die von ihm vorgeschlagenen Neuerungen im Kompositionsunterricht, zog Bach es vor, nicht zu antworten.

Die musikalische Figurenlehre behandelt, besonders bei Scheibe, wesentliche Konstruktionsprinzipien und -formeln der Musik des 18. Jahrhunderts. Es wäre eine Binsenwahrheit, zu sagen, sie erkläre die Formelhaftigkeit dieser Musik. Viel eher entstand sie aus jener. Daß sie dabei in eine Wechselbeziehung zum Versprachlichungsprozeß der Musik trat, ist wahrscheinlich.

In seiner musikalischen Rhetorik unterscheidet Mattheson – wie schon ähnlich frühere Theoretiker – zwischen *loci descriptionis* (sie schließen jene von uns oben angeführten Redefiguren mit ein) und *loci notationis*, das heißt abstrakt musikalische Organisationsmittel, wie Inversion, Repetition, doppelter Kontrapunkt – also Rüstzeug der Tonkunst, das weit älter war als das System der musikalischen Rhetorik. Eben daß man es in sie einpaßte, zeigt, wie jeder technische Kunstgriff, jedes kleinste Ornament, jede Lizenz (etwa in der Dissonanzbehandlung) erst durch den geforderten oder gewünschten Affektgehalt legitimiert wurde. So entschuldigt zum Beispiel G. Muffat im Vorwort seines *Florilegiums* (eine bekannte Sammlung von Orchestersuiten, 1695) gewisse »Rauhigkeiten« oder »Bizarrereien« seines Stils dadurch, daß man sich zugunsten der Imitation (»Stimme, Worte und Gesten derjenigen, welche man vorstelle und wiedergäbe«) heute eben manches erlauben müsse. Muffat war Schüler Lullys – ein sehr bedeutender Umstand.

Verglichen mit der zeitgenössischen venezianischen Oper (die Lully kannte), repräsentiert die von ihm geschaffene französische National-Oper einen stilistischen Rückschritt. Die Venezianer hatten den Gebrauch des Rezitativs mehr und mehr eingeschränkt, hatten die Arie vom Rezitativ abgehoben und damit dem Gesang zu höherem Flug verholfen. Lully kehrte zu einer streng syllabisch deklamierenden Gesangsweise zurück, deren Charakter sich im Rezitativ und in der Arie wenig ändert. Die der Diktion dienenden häufigen Taktwechsel ($^2/_4$, $^3/_4$, $^4/_4$) im Rezitativ gemahnen mitunter an das *senza batuta* (»ohne Takt«) Monteverdis. Lully »ahmte« zwar nicht wie jener die »natürliche« Sprechweise »nach«, sondern die getragene Deklamation der französisch-klassischen Tragödie. In diesem Lichte durfte man sich wohl daran erinnern, daß Gesang nichts anderes sei als »erhöhte Deklamation«, wie Ch. Perrault, der erste anerkennende Kritiker der französischen Oper, das (1692) tut; und daß die Vokalmusik ihr Vorbild in der Sprache fände: deren »Tonfall, Akzenten, Seufzern« (Dubos 1715) – Seufzer, an denen die verliebte Schäferwelt der französischen *tragédie lyrique* (so nannte man die frühe Oper Frankreichs) so reich war. Bis heute bezeichnet man eine kurze Pause (Viertelspause) in den romanischen Ländern als »Seufzer« *(soupir, sospiro)*.

Die Ausstrahlungskraft der Oper Lullys auf die musikalische Rhetorik ist kaum hoch genug in Anschlag zu bringen. Sie reicht nicht nur bis Mattheson, der sich auf die Lullysche Schreibweise als das Ideale einer deutlichen »Klangrede« beruft; auch für die von Chr. Krause (im »Berliner« Lied) angestrebten »redenden Töne« bleiben die *tons parlants* des Franzosen vorbildlich. Noch J. A. P. Schulz, der den Deutschen das Lied »im echten Volkston« schenkte, »amüsiert« sich »zu sehen, mit welchen wenigen Mitteln der Mann (Lully) doch so vieles geleistet« (1783, an J. H. Voss). In Frankreich grassiert die Theorie von der »erhöhten Deklamation« bei den Enzyklopädisten (Rousseau und die Seinigen), ähnlich wie in Deutschland bei Gottsched, zu einer Zeit, da sie längst nicht mehr wahr ist. Auch Ch. Batteux meint, wenn er von »der« Musik spricht, in Wirklichkeit die französische Oper.

Die Oper gab, neben der Nachahmung der Sprache und ihres Affektgehalts, Gelegenheit, den musikalischen Nachahmungstrieb noch auf eine andere Art zu betätigen: Da gab es Gewitterstürme, die der musikalischen Untermalung bedurften (daher die »Gewittersymphonien«, deren Tradition von Vivaldi bis zu Beethovens »Pastoralsymphonie« reicht); man konnte Glockengeläute und Schlachtengetöse musikalisch ausgestalten, den Vogelsang, das Heulen des Windes, das Rauschen des Wassers im Orchester nachahmen. Auch Licht und Dunkelheit, Blitze und Finsternis ließen sich durch analoge Klangfarben »darstellen«. An all dies dachte Batteux, wenn er in seinem Buch, dem *Traité des beaux arts, Reduits à un même principe* (1746), »zwei Arten von Musik« unterscheidet:

> Die eine ahmt nur affektlose Geräusche und Töne nach; diese gleicht den Landschaftsstücken der Malerei; die andere drückt die beseelten Töne aus, die von den Empfindungen herrühren; diese ist das Gemälde mit Figuren.

Batteux' Entdeckung kommt sehr spät. Und die Nachwelt hat seinen Anspruch, als »Erster« die Künste unter einem gemeinsamen Prinzip, dem der »Nachahmung der Natur«, erfaßt zu haben, bei weitem zu wörtlich genommen.

Die »malende« Musik hatte neben der »ausdrückenden« längst ihren Platz in der musikalischen Rhetorik. Musikalische »Gemälde mit Figuren« liebten besonders die Lautinisten des 17. Jahrhunderts, auch die des frühen 18. Man »charakterisierte« meist eine »galante Dame«, deren Identität die Titel solcher Charakterstücke verrieten *(la despremont, la Marquise, la belle magnifique, la désolée, la pleureuse)*, wozu ein deutscher Lautinist, E. G. Baron (1727), anmerkt: »Die Nahmen sollen sich allezeit zur Sache schicken.« Stücke dieser Art schrieb auch Couperin für das Klavier; und noch Carl Philipp Emanuel Bach (der Sohn des Johann Sebastian) hat in derselben Tradition seinen Berliner Freundeskreis in musikalischen Miniaturen »abportraitiert«. Der italienische Geiger G. Tartini tat ähnliches; dabei sind wieder die Bezüge zur Oper interessant: die »Programme«, welche er seinen Charakter-Stücken (in Geheimschrift) beifügte, sind zum Teil nichts anderes als die Texte neapolitanischer Opernarien. Solche musikalischen Charakteristiken ordnete Mattheson in sein System als *locus adjunctorum* ein, das ist die »Vorstellung gewisser Personen und deren Gabe des Gemüts, des Leibes und des Glücks«. Die »Nachahmung der affektlosen Geräusche und Töne«, also die musikalische Malerei im engeren Sinne, erfaßte Mattheson im *locus circumstantiorum*. Er warnte aber:

> Doch muss darin gute Masse gehalten werden, denn wer das Ding ohne sonderbare Bescheidenheit gar zu weit treiben wollte, dürfte es leicht dahin bringen, dass viel Erzwungenes, Lächerliches und Pedantisches mit unterlaufen müsste, woran es denn auch in den Werken unserer lieben Vorfahren in unseren Augen nicht fehlet.

Diese an der musikalischen Malerei der »lieben Vorfahren« geübte Kritik ist durchaus kennzeichnend für die »fortschrittliche« Musikästhetik der Jahrhundertmitte. Die Hochblüte der malenden Musik war vorüber, als Batteux sie entdeckte. Vornehmlich jene (hier schon früher erwähnte) Art, eine im Text der Vokalmusik beschriebene äußere Bewegung durch analoge Melodieführung darzustellen (was bei J. S. Bach noch sehr häufig geschieht), wird von Mattheson, Quantz, Marpurg, wie einst von der *Camerata*, als »pedantisch« abgelehnt. Scharf rügt ein englischer Kritiker (D. Webb 1771) an Händel und Purcell die Gepflogenheit, »mit dem Worte ›steigen‹ in die Höhe und mit dem Worte ›fallen‹ in die Tiefe zu gehen« oder gar »jeden Begriff einer Rundung mit einem unaufhörlichen Umlauf von Noten zu begleiten«. Quantz schreibt auf diese Art der musikalischen Onomatopöie ein Hohngedicht: »Bald klettre ich den Turm hinan / Bald trifft man mich im Keller an.« Mattheson postuliert: »Innerliche Regungen sind allezeit edler als äußerliche wörtliche Zeichen.« Man beginnt zu erkennen, daß »Ausdruck« und »Nachahmung« nicht genau dasselbe sind; auch nicht »Ausdruck« und das »Regemachen« der Affekte. In dieser Erkenntnis gründet der im 18. Jahrhundert sich vollziehende Stilwandel.

Der Homme galant

Andere Zeiten, andere Leidenschaften: die Musiker des 18. Jahrhunderts strebten nicht nur nach größtmöglicher Deutlichkeit des musikalischen Ausdrucks, auch zunehmend – im Einvernehmen mit dem Lebensgefühl des Rokoko – nach Mäßigung und Ausschaltung aller »extremen« Affekte. Dem einstigen Willen Monteverdis zum musikalisch »Erregten« tritt Matthesons Bemühung gegenüber um die »galantesten Mittel und Wege zur Niedlichkeit des Gesanges und Klanges«. »Niedlich«, das heißt für das 18. Jahrhundert nicht nur soviel wie »klein und zierlich«, auch »appetitlich«. Die Musik soll sich auf das »Süße, Zarte, Anmutige« beschränken. Diese Forderung ist um die Jahrhundertmitte allgemein (bei Krause wie bei Hiller, Quantz, Brown, Forkel, Boyé).

> Der Tonkünstler sollte nie vergessen, wenn er unsere Augen mit Thränen füllt, dass es nicht schmerzliche, sondern wollüstige Thränen, Thränen der Freude, der Liebe, der zärtlichen Ueberwallung eines innigst gerührten Herzens sein müssen.
>
> (Wieland, »Versuch über das deutsche Singspiel« 1775)

Die Bezüge zum literarisch »Galanten« werden, außer im Singspiel, greifbar in den beliebten Vertonungen anakreontischer Kleinformen. Auch die Instrumentalkomposition pflegt die Kleinform.

Die deutsche Musikästhetik der dreißiger Jahre des 18. Jahrhunderts weiß das Ideal des »Zärtlichen« mit dem des »Schlichten« zu vereinen. Dabei fällt das Wort von der »edlen Einfalt«, lange bevor es durch Winckelmann für die deutsche Klassik programmatisch wird. Die »Einfalt und edelmütige Blöße« der »alten Malerei, Bildhauer- und Münzenarbeit« sei auch »Muster und Vorbild ... für unsere Melodien« (Mattheson 1739). Gleich den früheren Florentinern sind die »galanten« Theoretiker des 18. Jahrhunderts sich darüber einig, daß nur eine simple Melodie die Affekte ausdrücken könne, seien diese nun heftig oder zart. Vielstimmigkeit »kann nicht die Leidenschaften, nur Verwunderung erregen« (Quantz).

Die Zeit seit 1650 (man spricht von »Mittel- und Spätbarock«) war die Zeit der Restitution des kontrapunktischen Satzes. Gleichzeitig mit der Kulmination dieser Entwicklung in Deutschland (um 1720) erfolgt die Reaktion darauf: der erneute Abbau der Polyphonie – der zweite Akt des von der *Camerata* begonnenen Schauspiels, sein letzter Akt. Den Auftakt gibt Mattheson im »Neueröffneten Orchestre« (1713); noch deutlicher wird er in seiner »Melopoetischen Licht-Scheere zum Dienst der jämmerlichen Schmaderkatze, auf der sogenannten hohen *Compositions*-Schule« (*Critica musica* 1722). In Frankreich ist J. Th. Rameaus *Traité de l'harmonie* (1722) Ausgangspunkt für den langjährigen Krieg um das theoretische Primat von »Melodie« oder »Harmonie«, wobei Rameau das Fundament der musikalischen Komposition im harmonischen Prinzip erblickt, die Enzyklopädisten im melodischen. Scheibe resümiert (schon 1745) die Meinung der Sieger, wenn er verkündet, »daß die wahre Annehmlichkeit einer Musik durch eine der Sache gemäße, bündige und wohl ausgedachte Melodie erlangt wird«. In den Worten der Florentiner Monodisten verflucht Scheibe »die Harmonie« als eine »barbarische, gothische Erfindung« (die Frühgeschichte der Oper war ihm bekannt von Muratoris *Teatro italiano*, das auch Gottsched in der »Kritischen Dichtkunst« zitiert). Der polyphone »kirchenmäßig prächtige Stil« ist ein paar Jahre später ohne weiteres gleichbedeutend mit dem Stil der »älteren Musik« (Quantz 1752) – oder der veralteten. Zur letzteren rechnet Scheibe (1745) das Riesenwerk J. S. Bachs. Scheibe »bewundert« an Bach »die beschwerliche Arbeit und eine ausnehmende Mühe«, die aber doch »vergebens angewandt« sei, denn es fehle Bach an der wahren »Annehmlichkeit«. Wir wissen, was das für Scheibe, satztechnisch, bedeutet. So kommt, mit demselben technischen Prozeß, der einst der flammenden Gefühlswelt des Barock die Tore öffnete, dessen Ära zum Abschluß.

In der oben skizzierten stilistischen Entwicklung sind Frankreich und Italien der deutschen Musik praktisch um mehrere Jahrzehnte vorangegangen. Darauf darf Mattheson sich (1739) berufen:

Festaufführung von »Costanza e Fortezza« anläßlich der Krönung Kaiser Karls VI. zum König von Böhmen
auf der Prager Burg, 1723
Dekorationen von Giuseppe Galli-Bibiena. Aus einem Stich von Birckart

Das königliche Theater in Turin
vermutlich bei der Eröffnung mit »L'Arsace« von Francesco Feo am 26. Dezember 1740
Dekorationen von Guiseppe Galli-Bibiena. Gemälde von Pietro Domenico Olivero
Turin, Museo Civico

Die gescheutesten Welschen sind schon vorlängst anderen Sinnes geworden und diejenigen Teutschen, welche die Gabe dazu besitzen, dass sie jenen in guten Dingen nachfolgen, legen sich gleichfalls nachgerade mehr auf saubere Melodie als auf eine mühseligste Harmonie.

Aus dieser bewußten Anlehnung des musikalisch »Galanten« an die »Welschen«, der Gleichsetzung der »Galanterie« mit dem *à la mode*-Wesen überhaupt, ergibt sich aber, daß mit dem Begriff des Galanten ein bestimmtes Stilideal sich ursprünglich nicht notwendig verbunden hat. Der konservative Komponist J. J. Fux (er ging in die Geschichte der Musiktheorie ein durch seine Kodifikation des *stile antico*) zeigt es, wenn er (1725), in Entgegnung auf Matthesons diverse melodische »Licht-Scheeren«, heischt, es könne auch einer, der sich die Kompositionskunst mit den überlieferten technischen Mitteln angeeignet, »gleichwohl ein *galant-homme* seyn«. Nicht in erster Linie ein ästhetischer, ein soziologischer Begriff steht hier offenbar in Betracht – der *galant-homme*, das ist: das aufstrebende Bürgertum. Nicht nur darum, sich diesem gleichzustellen, auch sich ihm verständlich zu machen, geht es den modernen Theoretikern. Diese ausgemachte Berücksichtigung des *galant-homme*, der eben kein *musicus ex professo* (Kuhnau 1725) ist, wird mitbestimmend für die stilistische Festlegung des »Galanten« im schlicht Melodischen. Das spricht Krause (1752) aus: Polyphon »gearbeitete« Stücke seien doch nur für den Kenner; »bey einer schönen melodischen Arie hingegen, werden diese ebensowohl in Bewegung gesetzt, als diejenigen so nichts von der Musik verstehen«. Krause weiß, wovon er redet: Er, der Begründer der Berliner Liederschule, ist selbst Dilettant. Aber auch ein hochkultivierter Berufsmusiker wie Quantz erblickt die Vorteile der französischen Musik darin, daß sie »sich mehr für Liebhaber ... eigne«. Das Zeitalter der Kompositionen »für Kenner und Liebhaber« ist angebrochen.

Die Eingriffe des Dilettantismus in die Musikgeschichte des 18. Jahrhunderts sind anderer Art als in der des frühen 17. Bardis Zielsetzung (wenn auch nicht eben das erreichte Ziel) war eine Kunst für »nur einige Wenige«; die Zielsetzung der galanten Ästhetik ist eine Tonkunst für recht viele. Es geht um die Verbürgerlichung der Musik, ein Prozeß, weit zäher, schwieriger und problematischer als bei den Schwesterkünsten.

Die Einbürgerung der Oper als Unterhaltungsmittel breiterer Bevölkerungsschichten hat sich in Italien früh und reibungslos vollzogen. Nach der Ausbreitung der aristokratischen Oper von Florenz an den Hof von Mantua, dann nach Rom und Venedig, zeigt sich die venezianische Aristokratie zuerst gesonnen, einen Teil der finanziellen Bürde der Opernveranstaltungen den reichen Handelsherren der Stadt abzutreten. So entstehen mit der Eröffnung des Opernhauses in Venedig (1637) und Neapel die frühesten kommerziellen Opernunternehmen. In Deutschland, wohin die neue Kunstform zunächst auswanderte, ist ihre Verbürgerlichung bis in die Zeit der Romantik nie völlig gelungen: sie hätte die textliche Eindeutschung des Musikdramas vorausgesetzt; und hier eben schien die Materie sich selbst zu widersetzen. Solche Eindeutschungsversuche sind im Gange besonders um die Wende zum 18. Jahrhundert, dann wieder um die Jahrhundertmitte; aber sie blieben beide Male ohne weiteren Nachhall; und ihre geographische Verzweigtheit, im ersteren Falle, soll uns nicht darüber täuschen, daß die deutsche Oper nur von wenigen Meistern getragen wurde und an den Höfen eine ephemere Erscheinung war. Und selbst in einem vom Bürgertum finanzierten Unternehmen, wie der Hamburger Oper, zog der Hauptlieferant deutscher

Werke, Reinhard Keiser, es bald vor, die dem (deutschen) Rezitativ folgenden Arien zu italienischen Texten zu setzen. Stilistisch ist er dabei über das Vorbild Lullys (später das Vorbild des italienischen Steffani) nie hinausgewachsen. Daran ist zu denken, wenn Mattheson in einer seiner Propagandaschriften für die deutsche Oper Keiser als *premier homme du monde* bezeichnet. Keiser hat auch zu der kurzen Blütezeit der deutschen Oper in Braunschweig beigetragen, die jedoch in den dreißiger Jahren durch die italienische verdrängt wird. Friedrich der Große eröffnet 1741 das Berliner Opernhaus mit italienischem Repertoire. Italienische oder italienisierende Komponisten wirken nach 1750 an fast allen deutschen Opernhöfen.

Die Voraussetzungen für eine National-Oper lagen in Frankreich, Spanien und England in vielen Hinsichten günstiger: hier bestanden musikdramatische Traditionen (das französische *ballet du cour*, die spanischen *entremeses cantados*, die englische *masque*), an welche die heimische Oper anknüpfen konnte. Deshalb stieß auch die italienische Oper (in Frankreich schon 1644 durch Mazarin, in England erst nach 1700 eingeführt) in diesen Ländern auf starken Widerstand. Solche Anknüpfungspunkte fehlen in Deutschland nicht, aber sie waren (im geistlichen Singspiel und Schuldrama) weit dünner gesät. Das sind die engeren theatergeschichtlichen Hintergründe für die rasche Überfremdung der deutschen Oper. Sie gehen freilich auf in den weiteren geistesgeschichtlichen, die hier schon berührt wurden.

Ein Musikdrama, dessen Handlung sich allenfalls erraten ließ, konnte nicht den Weg finden zu den Herzen derer, »so nichts von der Musik verstehen«. Die Oper bleibt in Deutschland (mit der Ausnahme Hamburgs) eine Hofkunst, und als solche erfüllt sie im frühen 18. wie im 17. Jahrhundert wesentliche repräsentative Funktionen. Ihre Prachtentfaltung ist Gradmesser für die Macht des veranstaltenden Fürsten. Krönungen, Fürstenhochzeiten, Königsbegrüßungen geben die Anlässe, denen die Textbücher der Opern sich anzupassen haben. Unter dem historischen oder mythologischen Gewand der Opernhelden verbirgt sich oft kaum (ähnlich wie im »heroisch-galanten« Roman des Barock) das glorifizierende Porträt des Landesherrn. Deshalb muß auch die Handlung einen glücklichen Ausgang nehmen, wofür ein *Deus ex machina* im rechten Augenblicke sorgt.

Eine der letzten großstiligen Veranstaltungen dieses Geistes hat uns Quantz beschrieben: die Krönung des Habsburger Kaisers zum Böhmenkönig (1723), deren musikdramatische Feier dem Wiener Hofkapellmeister Fux übertragen worden war. Bei dieser *festa teatrale* (der dem Anlasse gemäße Titel lautete *Costanza e Fortezza*) sollen an die sechshundert Sänger die fabelhaft ausgestattete Bühne eingenommen haben, während in dem zweihundert Mann starken Orchester international gefeierte Virtuosen aus aller Herrn Ländern musizierten. Zwanzig Jahre nach diesem glanzvollen Ereignis war die Wiener Hofoper eingegangen; weitere zehn Jahre, und alle kaiserlichen Theater sind an die Stadt, in die Hände des *galant-homme* übergegangen. Die Hofkapelle, noch von Karl VI. höchstpersönlich mit neuen Kräften versorgt, besteht gegen Ende der Regierungszeit Maria Theresias aus zwanzig Greisen.

Die Taktiken der fürstlichen Opern-Mäzene variieren, wieweit sie dem Bürgertum gestatten, über den Zaun zu gucken. In vielen Häusern wird die Öffentlichkeit schon früh zugelassen (am frühesten wohl, 1690, in dem von Anton Ulrich errichteten Braunschweiger

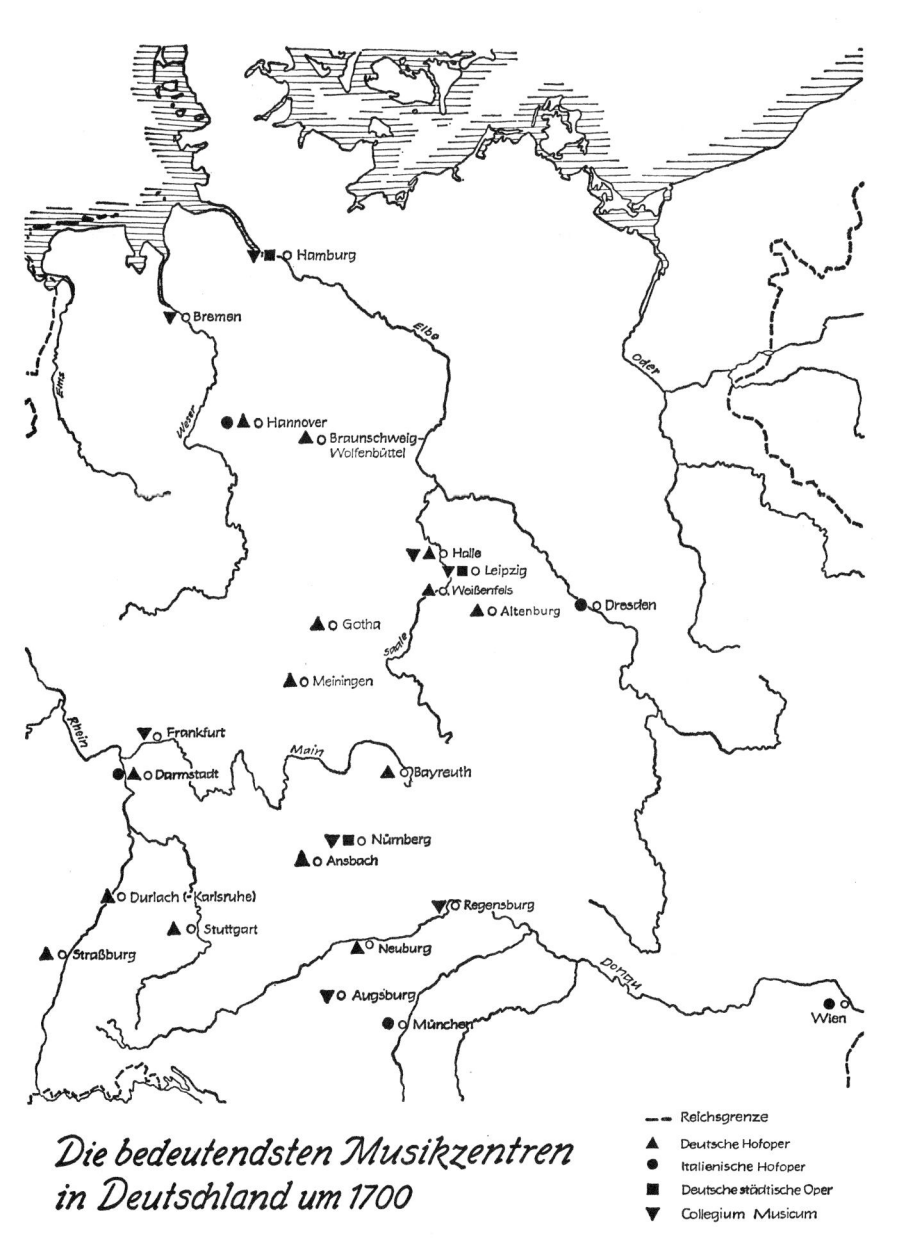

Die bedeutendsten Musikzentren in Deutschland um 1700

- - - Reichsgrenze
▲ Deutsche Hofoper
● Italienische Hofoper
■ Deutsche städtische Oper
▼ Collegium Musicum

Opernhaus gegen ein Eintrittsgeld von fünf Silbergroschen bis zu fünf Talern). Das eigentliche Bindeglied zwischen Hofkunst und bürgerlichem Musikgenuß jedoch ist die Kirche. Die Hofkomponisten, wie man sich von den Tagen Monteverdis erinnert, stellen ihre Kunst in den Dienst von »Kirche und Kammer«. Im protestantischen Deutschland wird, besonders in der ersten Hälfte des 18. Jahrhunderts, die Stelle des Hofkapellmeisters oder

-kompositeurs und die Stelle des Kantors oft vom selben Musiker eingenommen. Dem Kantor obliegt die Erziehung des Schulchors, welcher, je nach der Frömmigkeit oder weltlichen Gestimmtheit des Landesherrn, für die Kirche oder Hofoper beansprucht wird; das letztere ist, im Laufe des 18. Jahrhunderts, häufiger der Fall. Umgekehrt wird aber auch die Hofkapelle, sofern sie vom Schlosse abkömmlich, an Stadtkirchen ausgeliehen. Munizipalanstellung von Kirchenmusikern hatte es im 17. Jahrhundert in den »freien Städten« gegeben (in Italien: Venedig, in Deutschland: Hamburg, Bremen, Lübeck). Darf man dem zeitgenössischen Zeugnis J. Beers glauben, so zogen die Musiker zu Ende des Jahrhunderts im allgemeinen dem fürstlichen Patronat die Anstellung in den Frei-Städten vor, weil es dort »ordentlicher« zuging. Die von der Stadt besoldete Ratsmusik ist eine höher entwickelte Form der alten »Stadtpfeifferei«, deren Tätigkeit sich ursprünglich auf musikalische Turmsignale beschränkte, wie das Abblasen der Tageszeiten, die Meldung von Feuers- und Feindesgefahr. Ihre Privilegien werden gegenüber den Gilderechten der freien Spielleute in strengen Statuten abgegrenzt. Ein anderer Konkurrent erwächst der Ratsmusik in den Militärkapellen, zu deren Entwicklung die stehenden Heere des Dreißigjährigen Krieges beigetragen haben.

Besondere Gunst unter den Instrumentalisten genießt der Stand der Trompeter und Pauker, vom Burg- und Turnierwesen des Mittelalters her. Als Kriegsgefangene wurden Trompeter gegen Offiziere ausgetauscht. Lange durften nur Reichsfürsten oder Reichsstädte sich Trompeter halten – ein Handikap, dem die bürgerliche Musikkultur abzuhelfen wußte durch die Erbauung eines, der ritterlichen (geraden) »Engelstrompete« klangähnlichen (gekrümmten) Instruments: die moderne Trompete. Aber noch Schubart bemerkt:

> Ein Trompeter ist heut zu Tage beinahe ein heiliger Mann, der vor den Thoren der grössten Festung, so wie vor den Schlünden der fürchterlichsten Batterien verschont wird. Auch in den Kirchen braucht man jetzt die Trompete und zwar nach allgemeiner Erfahrung mit der grössten Wirkung. Doch ist sie nur an Festtagen ganz anwendbar.

Aus den Kirchenkantoreien hat sich in der Schweiz und in Deutschland ein wichtiger Organisationstypus zur Pflege bürgerlich-weltlichen Musizierens (im 18. Jahrhundert vornehmlich des Instrumental-Ensembles) losgelöst: das *collegium musicum*, ein Hauptsprungbrett für das bürgerliche öffentliche Konzertwesen. Viele der *collegia* im 17. Jahrhundert sind *de facto* noch Kantoreien, das heißt, die Mitwirkung bei der Kirchenmusik ist für die Mitglieder obligatorisch. Auch im 18. Jahrhundert steht das *collegium* oft unter der Leitung des Kantors: so die berühmte Leipziger Vereinigung unter der Leitung J. S. Bachs. Im Unterschied zu den französischen aristokratischen *académies* und der italienischen aristokratisch-bürgerlichen *accademia* wurzelt das deutsch-schweizerische *collegium* nicht nur in der bürgerlich-patrizischen, häufig auch in der studentischen Sphäre. Der Anteil der Studenten überhaupt an der Verbürgerlichung der Musik ist kein geringer Schon in der Frühzeit des aus der Monodie hervorgegangenen *basso-continuo*-Liedes sind die Studenten Hauptauftragsgeber für die von den Sprachgesellschaften veröffentlichten Liedersammlungen (in Nürnberg: Harsdörffer-Staden, in Königsberg: Albert-Dach). Das wird nicht anders zur Zeit der Hochblüte solcher Veröffentlichungen seit den dreißiger Jahren des 18. Jahrhunderts

(Rathgeber, Sperontes, Böcklins »Lieder für den Junggesellen«, »Lieder dem bürgerlichen und häuslichen Glück«).

Kunst und bürgerliche Gesellschaft kommen einander im »galanten« Wesen entgegen. Aber es ist die Kunst, welche dabei die größeren Konzessionen macht. Man spürt das nicht nur in der für die musikalischen *collegia* eigens entstandenen Laienliteratur (Knüpffer, Petzel, Fasch) wie der für den Hausgebrauch (zuvörderst der von Telemann seit 1728 edierte »getreue Musikmeister«), auch im Repertoire der öffentlichen Opernunternehmen. Sehr interessant ist in dieser Hinsicht, wie schon mit der Eröffnung der venezianischen Oper sich dieselben stilistischen Tendenzen – Ausschaltung »gearbeiteter« Chöre, Schwergewichtsverlegung auf melodiösen, einstimmigen Gesang – andeuten, die dann die Lehre des »galanten« Stils zum Dogma erhebt. Und, wenn um diese letztere Zeit in der Hamburger Oper R. Keiser beteuert, er habe sich niemals »um den *mauvais gout du parterre*... bekümmert«, so ist das leider eine gelinde Beschönigung.

Die Metamorphose vom deutschen Musik-Collegium zum öffentlichen Subskriptionskonzert erfolgt, in ihrer Hauptphase, erst nach der Jahrhundertmitte (Einweihung des ersten großen Konzertsaals in Hamburg 1761, Berliner Liebhaberkonzert 1770, Wiener Tonkünstler Societät 1771, Leipziger Gewandhauskonzert 1781). Aus der Musikliebe der Engländer hat da der merkantile Sinn viel früher Kapital geschlagen: schon im 17. Jahrhundert organisierte der englische Geiger John Banister öffentliche *consorts* (sie entsprechen dem deutschen *collegium*). Die erste öffentliche Konzerthalle in London wurde 1690 erbaut. Auch Frankreich ist mit der Gründung der *concerts spirituels* (1725) vorausgeeilt. Für die Einrichtung der von reisenden Virtuosen selbst veranstalteten Solisten-Abende wurden die italienischen *accademie* in ganz Europa vorbildlich. Indessen verharren die deutschen *collegia* in einem Zustand der Halböffentlichkeit. Am frühesten dringt der Leiter des Frankfurter Collegiums durch, G. P. Telemann, wohl der unermüdlichste deutsche Musikorganisator seiner Zeit: Seit 1723 lassen sich unter seiner Leitung die *musici* der Capelle in einem wöchentlichen Subskriptionskonzert hören. Dabei zahlt das bürgerliche Publikum fünfzehn Kreuzer Eintrittsgeld, »Kavaliers und Hohe Standespersonen ist es in ihrer Generosität frey gestellet, was sie dazu contribuiren«. Aus Hamburg kann Telemann im selben Jahre melden:

> ich glaube nicht, dass irgendwo ein solcher Ort als Hamburg zu finden, der den Geist eines in dieser Wissenschaft (der Musik) arbeitenden mehr aufmuntern kann. Hierzu trägt ein grosses bey, dass ausser den anwesenden viele Standes-Personen auch die ersten Männer der Stadt ja das ganze Raths-Kollegium sich den öffentlichen Concerts nicht entziehen; *item* die vernünftigen Urtheile so vieler Kenner und kluger Leute geben Gelegenheit dazu; nicht weniger die Opera, welche itzo in höchster Flor ist; und endlich der *nervus rerum gerendarum*, der hier bey den Liebhabern nicht fest angewachsen ist.

Telemann spricht, als *galant homme*, für den *galant homme*.

Die Musikfeinde

Aber der Hauptsitz des bürgerlichen Musikgenusses blieb eben doch die Kirche; hier konnte das Bürgertum sicher sein, einmal die Woche zu seinem Konzert zu kommen – und: was für Konzerte! Der Verweltlichungsprozeß der Kirchenmusik hatte seit den Tagen Caccinis und Monteverdis nicht stillegestanden. Er erhält neue Impulse mit dem Durchbruch des »galanten« Stils. In den Jahren 1700 bis 1714 fällt die Scheidewand zwischen geistlicher und weltlicher Kantate. Die (von dem Hamburger Dichter-Pastor E. Neumeister durchgeführte) Reform der Kirchenkantate vollzieht sich unter dem unmittelbaren Eindruck der Weißenfelser Oper. Das Auftreten von Opernsängern in der Kirche ist, in der ersten Hälfte des 18. Jahrhunderts, an der Tagesordnung.

Man fing an das zu beanstanden. Die rationalistischen Theologen Frankreichs drohen mit Ausschluß der Musik aus der Kirche. Im protestantischen Mittel- und Norddeutschland kämpfen die Kirchenmusiker (in Quedlinburg und Halberstadt A. Werckmeister, in Lübeck K. Ruetz, in Hamburg Mattheson) einen harten Existenzkampf. Der neuen Musik erstehen Feinde von außen und von innen. Die »theatralische« Kirchenmusik erregt Anstoß, nicht nur bei der Kirchenverwaltung, auch bei den traditionalistischer gesinnten Musikern. Die Geschichte wiederholt sich in ihren letzten Versuchen einer Abschirmung des *stile antico* vom *moderno*, der kirchlichen von den weltlichen Musizierformen:

> es ist ja fast eine wie die andere. Bringet man doch jetzo nebst dem *stylo recitativo theatrali* fast allen liederlichen Kram in die Kirche, und je lustiger tänzlicher es gehet, je besser gefället es teils Personen (aber nicht allen), dass es zuweilen an nichts fehlet, als dass die Mannsen die Weibsen anfasseten und durch die Stühle tanzten.

Der Organist J. H. Buttstedt, der diese Klagen vorbrachte, war Protestant. Ähnliche Beschwerden werden auf katholischer Seite (dort vornehmlich bei dem Benediktiner Musikgelehrten M. Gebert) laut.

Wie die opernhafte Kirchenmusik bei den Hütern der Kirche stößt die Oper selbst bei den Wächtern der Kunst im 18. Jahrhundert (und in Frankreich schon zum Ausgang des 17.) auf Widerstand. In einer Kunstlehre, der es um das reinliche Abstecken der Kunstbezirke, Gattungen und Formen ging (wie das in der Aufklärungsästhetik der Fall war), war länger kein legitimer Raum für ein Kunstwerk, in dem »Poesie, Musik, Deklamazion, Tanzkunst und Mahlerey, alle ihre anziehendsten Reitzungen vereinigen... um den Sinnen zu schmeicheln, das Herz zu entzücken, und die Seele durch die angenehmsten Täuschungen zu bezaubern« (Algarottis Definition der Oper, 1755). Boileaus Maxime *Rien n'est beau que le vrai*, die um die Wende zum 18. Jahrhundert die französische Ästhetik beherrscht, bedeutete die Entkleidung der Poesie von allem sinnlichen Schmuck. Deshalb eiferte Dubos für die Abschaffung des Reimes; auch Houdar de la Motte schrieb, um der »Wahrheit« der Sache willen, seine Tragödien in Prosa. Was konnte unwillkommener sein als eine »gesungene Tragödie«, deren Anfänge in Frankreich in eben jene Zeit fallen.

Die an der *Tragédie lyrique* von den Rationalisten geübte heftige Kritik vertritt literarische, moralische und realistische Standpunkte. Literarisch war die Oper zu verdammen, denn der Gesang »verdarb« die regelrechte Tragödie (Dacier, St. Evremond und andere).

Moralisch unleidlich waren die ewigen Liebeshändel, die *intrigues galantes*, zu deren Vehikel die Oper sich machte (Fénelon, Boileau). Der gesunde Realismus aber sträubte sich überhaupt dagegen, daß man, anstatt zu sprechen, sang: Generäle, die ihre Befehle singend erteilten – das zerstörte allen Sinn für gutes Theater (St. Evremond). Diese von den Franzosen gegen die Oper vorgebrachten Kriterien begegnen in den ersten Jahrzehnten des 18. Jahrhunderts auch anderen Ortes: in Italien macht L. A. Muratori (1724), in England J. Addison (1711) sich zum Hauptankläger der Oper. In Deutschland findet die Oper ihren radikalsten Gegner in Gottsched, der in der »Kritischen Dichtkunst« alle französischen Geschütze gegen die musikalische »Beförderung der Wollust, und Verderberin gutter Sitten« auffährt. Wir wissen, wie Gottsched, seine französischen Vorbilder und deutschen Nachfolger zur Musik »ohne Worte« stand. Was bleibt? Fr. Nicolai (einer der Fürsprecher der Oper) hat da am Ende so ganz unrecht wohl nicht, wenn er vom »Haß gegen die Tonkunst« spricht (1755).

Die ablehnende Haltung der Aufklärung gegenüber dem geistigen Rückgrat der Musik, der Oper, verbreitert die Kluft zwischen betrachtender Ästhetik und musikalischer Praxis. Der Musik entzieht sich der die Zeit tragende geistige Boden. Deshalb überlebt das musikalische Barock länger als das literarische (Scheibe bezeichnet, 1745, J. S. Bach als den »Lohenstein der Musik« – Bachs Geburtsjahr fällt ungefähr zusammen mit Lohensteins Todesjahr); deshalb öffnet sich auch gleichzeitig in der Stilgeschichte der Musik die Tür weiter dem Geschmack des Rokoko, der Hintertür der Aufklärung. In der Psychologie des Schaffensprozesses, im »galanten« Stil wie im Spätbarock, verlängert sich unbekümmert der Geist des 17. Jahrhunderts: In ihrer Bemühung um die vorgeprägte Ausdrucksformel versucht die Kompositionslehre des 18. Jahrhunderts noch immer, was hundert Jahre früher die topischen »Schatzkammern« der Poetik versuchten. Und dem Geist der Schablonengedichte aus den »Wortwerkstätten« von dazumal atmet auch in der Tat das *gros* der musikalischen Komposition um die Jahrhundertmitte.

Sahen sich die Vertreter der neuen Musik vom kirchlichen Traditionalismus wie von der Aufklärungsästhetik geistig gleichsam aus ihrer Zeit heraus und in die Defensive gedrängt, so steht es um ihre ökonomischen Schaffensbedingungen, besonders in Deutschland, kaum besser. Auf Klagen darüber läuft es meist heraus, wenn in den musiktheoretischen Abhandlungen jener Zeit so oft vom »Verfall der Musik« die Rede ist: »Der Liebhaber gibt es die Menge, aber die Beutel sind enge.« Schon die Stadtmusik ist zu teuer. Die Lehrlinge der »Stadtpfeifferei« hatten (nach Mattheson) neben ihrer künstlerischen Betätigung »schändliche Mägde-Arbeit« zu verrichten, um ihre Anstellung rentabel zu machen.

Und noch teurer ist die Oper! Gagliano bezeichnete die Florentiner Früh-Oper als einen »wahren Spektakel für Fürsten«. Das ist die Oper, wie wir sahen, auch noch bis tief in das 18. Jahrhundert. Aber den fürstlichen Schutzherren (und noch mehr ihren Untertanen) wird es zunehmend sauer, dafür aufzukommen. Ein Herzog von Braunschweig finanzierte seine Hofoper durch Soldatenschacher. An ähnliche Praktiken erinnert noch Schiller, wenn er den Fürsten in »Kabale und Liebe« (für den der Herzog Karl Eugen, der Patron der vorzüglichen Stuttgarter Oper, Modell stand) nach dem Bericht vom Soldatenverkauf mit schauderhafter Unberührtheit fragen läßt, »ob diesen Abend Vauxhall sein werde, oder teutsche Komödie«. 1742 kann Gottsched befriedigt melden:

> Das Leipziger Opertheater ist seit vielen Jahren eingegangen, und das hamburgische hat gleichfalls nur neulich aufgehöret. Das braunschweigische liegt in den letzten Zügen, und es steht dahin, ob es jemals wieder in Flor kömmt. Auch in Halle und Weissenfels hat es vormals Opernbühnen gegeben; andrer kleinen fürstlichen Höfe zu geschweigen; die aber alle allmählich ein Ende genommen haben.

Ein Großteil der an der Oper geübten Kritik ist Sozialkritik. Soweit sie einen sittlich-moralisierenden Beigeschmack hat, leisteten dazu die zwischen dem Hof- und Opernpersonal bestehenden, oft alles andere denn puritanischen Relationen wohl manchen Vorschub. Allerlei Gerüchte über den »schlechten Lebenswandel« der Musiker überhaupt zirkulieren. Eine besonders krasse Bezichtigung dieser Art seitens des Freiburger Schulrektors J. G. Biedermann *(De vita musica)* setzt 1749 die Federn aller schriftbeflissenen Musiker in Bewegung (dazu Ruetz: »Widerlegte Vorurtheile von der Beschaffenheit der heutigen Kirchenmusik und von der Lebens-Art einiger *musicorum*«, 1752).

Seit dem Ausgang des 17. Jahrhunderts bestehen individuelle und zünftig organisierte Bemühungen um die Hebung des musikalischen Berufsethos und des sozialen Rangs der Musiker. Die Musikerromane und musikhistorischen Schriften von J. Kuhnau, W. C. Printz und J. Beer legen darüber beredtes Zeugnis ab. Wenn dennoch um die Mitte des 18. Jahrhunderts selbst an einem Musenhof wie demjenigen Friedrichs des Großen die Hofmusiker es nicht über den sozialen Rang des gehobenen Gesindes (»Capellbediente«) hinausgebracht haben, so fällt es schwer, das nicht mit dem geistig nicht ganz Vollgenommenwerden der Tonkunst in Verbindung zu bringen. Burneys Definition der Musik trifft den Nagel auf den Kopf: *What is music? An innocent luxury, unnecessary, indeed, to our existence, but a great improvement and gratification of the sense of hearing* – wobei freilich die *innocence*, wie man sah, noch diskutabel bleibt. Die Tonkunst behauptet und befestigt zur Zeit der Aufklärung ihre gesellschaftliche Funktion, aber sie ist nicht ein integraler Bestandteil des Geisteslebens, wie sie das zur Genie-Zeit und noch mehr zur Zeit der Romantik wird. – Wenn Beethoven seinen (den jungen!) Goethe oder Herder zur Hand nahm, so fand er gleichgestimmte Seelen; mit ihnen konnte er durch Homers »Odyssee«, durch Shakespeares Dramen stürmen und schwärmen. Wenn Scheibe sich in Gottscheds »Kritischer Dichtkunst« Rat suchte, so hatte er am Feindeslager angeklopft.

Der Appell an das Herz

In seiner gegen Kant gerichteten Schrift »Kalligone« (1800) verteidigt J. G. Herder die reine Instrumentalmusik; er erinnert dabei »wie schwer es« zwar »der Musik worden sey, sich von ihren Schwestern, Worten und Gebehrden zu trennen«, daß aber die Zeit gekommen sei, da »auch Musik Freiheit« haben müsse »allein zu sprechen…, ohne Worte, blos durch und an sich«. Herder, der noch fünfzehn Jahre zuvor die Lehre vertreten hatte, daß »Poesie und Musik zusammengehören, und vereint auch die größte Wirkung hervorbringen«, demonstriert den Aufbruch zur romantischen Ästhetik. Die Entbindung der Musik vom Wort ist, wie eingangs dieser Abhandlung gezeigt wurde, die spezifisch musikästhetische Frucht dieses Aufbruchs – des in der Kunstphilosophie allgemein um sich greifenden Entnationalisierungs-Prozesses. Im übrigen geht die Entwicklung auf in der geistigen Gesamtentwicklung der Zeit; sie zeitigt für die Musik, wie für die Schwesterkünste: zunächst die Weitung des künstlerischen Ausdrucksbereiches, dann die Subjektivierung, endlich die Entrückung des Ausdrucks. Das alles vollzieht sich nicht in geradliniger Vorwärtsbewegung. Die verschiedenen Entwicklungsaspekte durchkreuzen einander. Ansätze dazu sind stets vorhanden. Deshalb will auch der Versuch einer historischen Gliederung des 18. Jahrhunderts in Epochen des »galanten Stils«, der »Empfindsamkeit« und des musikalischen »Sturm und Drang« nie ganz überzeugend gelingen.

Daß die Musik »die Anmuth und das Wohlgefallen« nicht allein zu ihrem Zwecke habe, daß sie bisweilen wohl auch »nicht nur etwas widriges und unangenehmes, sondern gar etwas fürchterliches und entsetzliches vorzustellen habe«, wußte auch Mattheson schon – oder: noch. Und mit Überraschung begegnet man bei einem »galanten« Theoretiker wie Quantz Belehrungen über die musikalischen Mittel, auch »eine wütende Gemütsbewegung als die Verwegenheit, Raserei und Verzweiflung... auszudrücken«. Dergleichen war zulässig; aber man verstand die Darstellung solch stürmisch drängender Leidenschaften nur in ihrer behaglichen Kontrastwirkung gegenüber den »angenehmen«. Das eben wird anders in der zweiten Jahrhunderthälfte: die tiefe, düstere, tragische Empfindung legitimiert sich selbst. Deutlich wird das in der Musikbetrachtung Gerstenbergs (1766) und Heinses. Das neue, wildere Lebensgefühl Rousseaus hat dazu nicht nur mittelbar beigetragen. Von besonderer Bedeutung sind die Bezüge der Musiktheorien der Enzyklopädisten zum Spätwerk Glucks. Wenn Gluck es dem Librettisten seiner »Alceste« (1769) über alles dankt, daß er ihm ein Gedicht an die Hand gegeben, das ihm den musikalischen Ausdruck großer und der verschiedenartigsten Leidenschaften ermöglicht habe, so ist das ein direkter Nachklang der Lehren Grimms und D'Alemberts, daß die Musik »Alles schildern« solle und daß die Komponisten sich bisher auf eine zu kleine Zahl von Ausdrucksmitteln beschränkt hätten.

Die Musikanschauung D'Alemberts steht (wie das Wort »schildern« zeigt), gleich der der anderen Enzyklopädisten, noch im Zeichen der Nachahmungslehre: die Musik »stellt« etwas »vor« und »erzeugt« dadurch Erregung. Man stelle solchen Anschauungen nun zum Beispiel eine Beschreibung J. Haydns gegenüber, wie er komponierte (etwa 1799): »Ich setzte mich hin (ans Klavier), fing an zu phantasieren, je nachdem mein Gemüt traurig oder fröhlich, ernst oder tändelnd gestimmt war. Hatte ich eine Idee erhascht, so ging mein ganzes Bestreben dahin, sie den Regeln der Kunst gemäß auszuführen und zu soutenieren.« »Phantasie«, »Gemüt«, »Stimmung« – damit ist alles gesagt. Haydn »ahmt« nichts »nach«; es geht ihm nicht darum, »Leidenschaften« zu »erregen«, sondern sich selbst nach den »Regeln der Kunst« in der Musik auszudrücken. Die Musik wird, wie Schubart es nennt, zum »Ausguss des Herzens«. »Aus der Seele muß man spielen« (C. Ph. E. Bach 1753). Freilich, auch hierbei handelt es sich wieder nur um Gradunterschiede. Schon die ältere Theorie hielt es für »unumgänglich nötig«, daß der Komponist »sein Gemüt und Herz gewissermassen dem vorhandenen Affekt einräume« (Mattheson 1739). Aber es ist eben doch ein Unterschied, ob man sein Gemüt »gewissermassen« einem »Affekt einräume« oder »aus der Seele« musiziert. Mit der letzteren Produktionsart läßt sich auch die Forderung der »bekannten Gänge« nicht länger vereinen. Gegen sie protestiert Herder (1785):

> Und was sind so manche Quartetten und Sonaten, manche Trio's und Symphonien, insonderheit jene unselige Menge einförmiger Liedermelodien anders, als der lebendige Bratenwender des hinkenden Volkanus. Man hat, wie sie sagen, eine Kunst erfunden, vermöge welcher man nach ewigen Regeln eine Melodie hervordrehen könne, ja hervordrehen müsse, gerade wie jenes Küchenwerkzeug umläuft, nach seinen Gewichten.

Das ist der Todesstoß für die Lehre von den musikalischen Redefiguren und die Geburt des individuellen subjektiven Ausdrucks.

Mit der Verinnerlichung und Verinnigung der Tonkunst hat die Sternstunde der deutschen Musik geschlagen. Burney, der damals Deutschland bereiste, berichtet (1776) mit Verwunderung von der Revolution, welche sich in der deutschen Instrumentalmusik vollzogen habe. Die moderne Musikästhetik bezeichnet sie treffend als ein »Aufbrechen der überlieferten Strukturformen durch Ausdrucksformen« (H. H. Eggebrecht 1955). Die geographischen Zentren sind (seit etwa 1740) Wien und Mannheim. Von hier aus invadiert die *melodia germanica* (so nennen die Franzosen die Symphonien der Mannheimer Schule) den Westen. Als Klavierkomponist führend ist in Norddeutschland C. Ph. E. Bach, von dem es in einem musikalischen Almanach (*Alethinopel*, 1782) heißt: »Drang, harmonische Fülle, Deutschheit der Melodie, Sonnenflammen der Empfindung.« Drang – man soll es ihm auch beim Spielen angesehen haben; und er wollte, daß man es ihm ansah: »So unanständig und schädlich hässliche Gebärden sind, so nützlich sind die guten, indem sie unseren Absichten bei den Zuhörern zu Hilfe kommen.« Wie dünn ist doch die Scheidewand zur Oper! Genau dasselbe empfiehlt Mattheson (1713) zur »Abbildung der Affekte« im Operngesang; sie sei möglich, »wenn anders das Gesicht dem Ohr nur ein wenig Beystand leisten will«. Fast ein Jahrhundert später notiert Goethe im »Wilhelm Meister«: »Das Theater verwöhnt uns gar zu sehr, die Musik dient dort nur gleichsam dem Auge, sie begleitet die Bewegungen, nicht die Empfindungen. Bei Oratorien und Konzerten stört uns immer die Gestalt des Musikus.« Der Verinnerlichungsprozeß hat seinen Fortgang genommen. Noch weiter beim alten Herder, der sich früher Musik ohne Worte und Gebärden nicht denken mochte. In der »Kalligone« aber heißt es: »Andacht will nicht sehen, wer singt. Vom Himmel kommen die Töne.« Mit der Entrückung des musikalischen Ausdrucks von der »Seele« in den »Himmel« ist die Wende vom »Sturm und Drang« zur Romantik vollzogen.

Die Romantik bringt eine neue Objektivierung des Musikbegriffs. In ihrer Filtrierung und Distanzierung von der Empfindung steht die romantische Musikanschauung der alten Lehre von der »Nachahmung der Natur« näher als der Ausdrucks-Ästhetik des Sturm und Drang. Es ist kein so gar weiter Schritt von Gottscheds »schöner Natur« zu Wackenroders »verschönerter Betrübnis« oder von Batteux' Forderung, daß der Künstler nur »täusche«, nicht aber selbst empfinde (denn sonst entstünde »ein Gemälde, das sich auf einer lebendigen Haut befinde und das allein auf einer Leinwand hätte sein dürfen«), zu Tiecks Wort von der »Aufbewahrung« der Empfindung auf dem »leblosen Saitenspiel« der Kunst. Nur: die

Kunst der Romantik ist nicht »Nachahmung«, sondern »Erinnerung« und »Verklärung« des Lebens. Deshalb geht es ihr auch nicht länger um möglichste Bestimmtheit des Ausdrucks, sondern gerade in der Unbestimmtheit und Unbestimmbarkeit: In ihrer Andersartigkeit »reinigt« die künstlerische Empfindung »von allen irdischen Kleinigkeiten«. Unbestimmtheit – das heißt: Unbewußtheit, im Kunstschaffen wie im Kunstgenuß: »wir arbeiten nach unbekannten Regeln, allein, wir wissen nicht warum« (Heinse).

Mit dem Transzendentalismus der romantischen Musikanschauung kommt – wohl zuerst in der merkwürdigen Schrift von J.F.H. Dalberg (»Blicke eines Tonkünstlers in die Musik des Geistes« 1787) – altes, halbvergessenes noetisches Gedankengut wieder hoch: die Zusammenhänge zwischen den Verhältnissen der Töne und der Himmelskörper, Musik und Kosmos. Aber nicht wie einst wollen solche Spekulationen der Tonkunst ihre Form anmessen, sie dienen nur ihrer Verherrlichung. Der Vogel Phönix, dem das Zeitalter der Vernunft die Flügel stutzte, soll sich frei erheben, »leicht und kühn zu eigener Freude... zu eigenem Behagen... und Götter und Menschen durch seinen Flügelschwung« erfreuen (Wackenroder). Öfters begegnet um diese Zeit (auch bei Mozart) der Vergleich der Musik mit jenem geheimnisvollen Vogel, der fünfhundert Jahre lebt und sich dann aus seiner Asche neu gebiert. Und von einer Wiedergeburt der Tonkunst kann wohl am Ende des 18. Jahrhunderts die Rede sein. Und sie hätte, ohne die intellektuelle Zucht der vorangegangenen Epoche, in dieser Form jedenfalls, sich wohl nicht vollziehen können. Wo Vernunft, Größe der Empfindung und Wille zur Schönheit sich zusammenfinden, da ist die Klassik. Haydn, Mozart, Beethoven schaffen sie. Sehr bewußt ergreifen sie dabei den goldenen Ball, den ihr Jahrhundert ihnen zuwarf. Vom Klavierwerk C. Ph. E. Bachs sagt Beethoven, es müsse »jedem wahren Künstler gewiß nicht allein zum hohen Genuss, sondern auch zum Studium dienen«. Mozart und Haydn sprechen ähnlich.

Aber noch etwas war nötig, um die Musik aus den künstlerischen Niederungen des Rokoko auf die Höhe der Klassik zu führen: der Rückblick auf die fernere Vergangenheit. 1783 entdeckt und studiert Mozart Werke J.S. Bachs. Nach der harmonischen Blutarmut des »galanten« Stils pumpt die Musik sich wieder voll mit Polyphonie. Auch das Lehrbuch des *stile antico* von Fux wird fleißig vorgenommen. Wie die Musik selbst wird die Musikschriftstellerei vom Historismus der Zeit ergriffen. Die ersten, systematischen Musikgeschichten entstehen; man besinnt sich auf die Anfänge und Quellen der abendländischen Musik.

Daniel Heartz

MUSIK UND MUSIKER IM WERDEN

800—1800

Das Mittelalter

Erst gegen Anbruch unseres Milleniums trennen sich die Wege der morgen- und abendländischen Musik; eine Kunstform bereitet sich im Westen Europas vor, die mit zu den eigentümlichsten Leistungen abendländischer Kultur rechnen wird. Für diese Entwicklung gibt die Tonkunst des frühen Christentums geringe Anzeichen. Ausgebrütet in einer heidnisch-römischen Welt, ausgerichtet an jüdischen und griechisch-byzantinischen Vorbildern, hatte die Musik wohl, zu spätrömischer und merowingischer Zeit, ihren Platz in Kirche und Kult: ein Arsenal melodischer Formeln, die jedoch kaum mehr waren als Regulative des Stimmfalls in der Deklamation liturgischer Texte. Die Überlieferung dieser Gesänge war mündlich, ihr halb improvisatorisches Wesen entzog sich einer genauen schriftlichen Fixierung. Zur Zeit der Karolinger wird das anders: Die Ausbildung einer zweckdienlichen Tonschrift bedeutet den ersten Schritt in der Sonderentwicklung der okzidentalen Tonkunst — der »Komponist« betritt die Bildfläche. Die Erfinder neuer Melodieformeln im 9. und 10. Jahrhundert sind wahrhaftig Komponisten im vollen Wortbegriff; in ihrer Experimentierfreude, ihrer Kunstfertigkeit und in der Persönlichkeit des Ausdrucks. Und sie hielten nicht inne beim Erfinden neuer Tonfolgen; auch auf den Zusammenklang von Tönen erstreckt sich das Experiment mitunter — es ist die Geburtsstunde der Polyphonie. Hier beginnt das eigentliche Abenteuer der europäischen Musik.

Das Wagnis der Vielstimmigkeit ist kein völlig neues. Die Antike, der Orient kannten es. Aber die nun im westlichen Europa einsetzende Polyphonierung der Tonkunst läßt bald alle früheren, gleichgerichteten Versuche weit hinter sich zurück. — Dem Musiker des Mittelalters war, wie angedeutet, die Melodie wesentlich klingende Ausschmückung eines Textes. Solch melodiöser Zierat, etwa auf einer einzelnen Wortsilbe (»Melismen«), gab wieder Anlaß zu neuen textlichen Ausschmückungen (»Tropen«). Ähnlich ging es nun auch, bei den Anfängen der Polyphonie, den Komponisten nur um eine Art weiterer Verzierung des bereits Bestehenden, der überlieferten Melodien: den Schmuck einer zweiten Stimme, über oder unter der Originalmelodie. Für diese früheste Form der Polyphonie *(organum)* verwendete man zunächst dieselben Notenzeichen, welche der Originalmelodie ihre feste Gestalt gegeben hatten — auch dies ein Symptom der Abhängigkeit des polyphonen Anbaus vom melodischen Grundbau. Die Organumpraxis war übrigens zu jener Zeit keineswegs weitverbreitet, auch gewiß keine alltägliche Angelegenheit. Sie blieb hohen Feiertagen vorbehalten, und selbst dann übte man sie nur in wenigen, besonders fortschrittlichen Kirchen.

Die Kunst, eine Melodie durch eine andere in Parallelbewegung zu begleiten, geht also auf das 9. Jahrhundert zurück. Bald aber wird das Prinzip der Parallelbewegung durch ein neues abgelöst: das der Gegenbewegung – eine ungemein fruchtbare Neuerung, wie sich zeigen wird. Um ihre Kodifizierung bemühen sich die Theoretiker: Sie entwerfen Regeln, welche nun die größtmögliche Unabhängigkeit der hinzugefügten Stimme von der Originalmelodie verbürgen sollen. Solche Regeln, gültig in ihrem Kern für die Kompositionslehre bis auf den heutigen Tag, waren von besonderem Wert für die Improvisation einer der liturgischen Melodie hinzugefügten Stimme. Diese Kunstübung *(discantus*, auch *discantus supra librum)* hat wieder zur weiteren Entwicklung der europäischen Polyphonie wesentlich beigetragen.

Bis ins 12. Jahrhundert hatte die hinzugefügte Stimme sich der Originalmelodie im Rhythmus stets Note für Note angeschlossen: *punctus contra punctum;* daher der Terminus »Kontrapunkt«. Nun aber beginnt die Nebenstimme sich von der Hauptstimme auch rhythmisch zu emanzipieren, indem nämlich jetzt mehrere Töne der Nebenstimme auf einen Ton der Hauptstimme fallen; diese muß demnach ihren Schritt verlangsamen. Daher der Terminus »Tenor« (von lateinisch *tenere*, aushalten) als Bezeichnung für die langsam schreitende Hauptmelodie, auch *cantus firmus.*

In enger Fühlungnahme mit den geistigen Strömungen der Zeit leistet die Tonkunst ihren Beitrag zur sogenannten »Renaissance« des 12. Jahrhunderts. Hauptzentren aller künstlerischen Aktivität (an erster Stelle steht das liturgische Drama) sind Süd- und Mittelfrankreich. Hier trägt auch die Musikpflege ihre reichsten Früchte – man denke an die einstimmigen weltlichen Gesänge der Troubadours ebenso wie die vielstimmige Kirchenmusik, deren bedeutendste Pflegestätte gegen 1150 die berühmte Wallfahrtskirche St. Martial zu Limoges ist. Mit der Übernahme der geistigen Führung durch nördlichere Provinzen, besonders der *Ile de France*, und dem Emporkommen des gotischen Stils wandert auch die Musikkultur nach Norden. Um 1200 entsteht in Paris die erste große »Schule« abendländischer Tonkunst. Schulhäupter sind zwei Sänger, Leonin und Perotin; beide wirken in der Kathedrale Notre-Dame, die eben damals ihre heutige Gestalt erhielt. Unter der Hand dieser Meister wird die Organumpraxis zu einer immer schwierigeren, komplizierteren Kunst, mit immer weiter emporstrebenden Tonfolgen beispiellosen Ausmaßes – sie wird, mit einem Wort, gotisch. Und in diesen zweistimmigen Kompositionen reguliert nun eine neue Art der Rhythmisierung das Verhalten der Nebenstimme zum Tenor: die Gliederung des melodischen Materials in stereotype rhythmische Gruppen (Ligaturen); es sind dreipulsige Gruppierungen – im Geiste der Trinität, wie er sich ja auch bis in die Proportionen des Kathedralenbaues kundtut. Das neue, metrische (rhythmisch modale) System ermöglicht auch drei- und vierstimmige Kompositionen, wobei freilich die zwischen den neu hinzugefügten Stimmen herrschenden Verhältnisse vorerst wenig Beachtung finden; jede Nebenstimme wird allein im Verhältnis zum Tenor konzipiert, was natürlich zu mancherlei Stimmkollisionen (zum Beispiel Tonverdopplungen) führt (siehe das Beispiel von Perotin).

Ausstrahlungen der Pariser Errungenschaften werden spürbar zuerst in England, bald einem der bedeutendsten Zentren der vielstimmigen Komposition, dann auch in Italien und Zentraleuropa. – Der Schöpfung der rhythmisch modalen, vierstimmigen Komposition folgt, gleichfalls durch die Pariser Schule gefördert, eine weitere Neuerung, diesmal in der Textierung: Der Schmuck des Reimes kommt in Mode. Ausschmückung – aus dem Bedürfnis danach erwuchs ja schon die Organumkunst, entstanden die Tropen; und daraus entstehen nun auch die Reimpaare, mit denen der Dichter die ausgedehnten Melismen des Organum ausfüllt; man bezeichnet sie als *motet* oder *motettus* (»kleiner Text«). Diese neu hinzugefügten Texte stehen zuerst in enger Beziehung zum Gehalt des liturgischen Originaltextes. Allmählich aber schleichen auch weltliche Texte sich ein: oft innerhalb derselben Komposition stellen Texte in der Volkssprache sich unbekümmert den lateinischen zur Seite. Drei, ja vier Texte, gleichzeitig gesungen, so artverschieden voneinander wie die Türme der Kathedrale von Chartres: das entspricht dem Geist sprudelnden Schöpfertums jener Zeit.

Harmonische Tragbalken der frühen Polyphonie sind die Intervalle der Quinte, Quarte, Oktave und der Einklang. In diesen Intervallen, deren Schwingungsverhältnisse ja auch, mathematisch ausgedrückt, die einfachsten Proportionen aufweisen (Oktave 1:2, Quinte 2:3, Quarte 3:4), erblickte man die reinsten Harmonien; und noch heute bezeichnet man sie als »reine Intervalle« – ein Bodensatz mittelalterlichen Denkens.

Nach etwa einem halben Jahrhundert, in dem der »Pariser Stil« weitum zur Hegemonie gelangte, scheint die konstruktive Potenz der »reinen Intervalle« erschöpft. Auch der »reinen« dreipulsigen Rhythmen werden die Komponisten überdrüssig. Proteste dagegen werden im 14. Jahrhundert laut. Unter der Losung einer *ars nova* verkündet man neue Freiheiten, namentlich größere rhythmische Freiheit, Elastizität und Mannigfaltigkeit. Aber auch größere Freiheit in der Harmoniebildung; nicht unter die Kategorie der »reinen« Intervalle fallende Tonkombinationen werden nach und nach zulässig: vor allem Terz und Sexte kommen zu Ehren. Anderen Intervallen, wie Septime und Sekunde, wird wohl ihr »dissonanter« Charakter weiter zuerkannt (und noch heute wird er das), jedoch auch sie gewinnen an Legitimität und Rang. Ein Theoretiker des Mittelalters hat trefflich – und sehr modern – ihre Funktion definiert: »Dissonanzen gebraucht man gelegentlich, auf daß sie das Tongebäude bereichern und unsere Freude an den Konsonanzen erhöhen.« Allzu gering wird heute oft (genau wie zur Zeit der Renaissance) das sinnliche Feingefühl, die Würdigung des rein sinnlichen Reizes in der Kunst und Kunsttheorie des Mittelalters in Anschlag gebracht. In Wahrheit haben die Kunstrichter jener Zeit es durchaus nicht daran fehlen lassen, in ihren Theorien sich auf das »Urteil der Sinne« zu berufen und als »gut« zu befinden, was »dem Ohre angenehm« sei *(suaviter veniens ad auditum)*. Einem weiteren, der nämlichen Periode gern zugesprochenen Schiboleth ist hier kritisch zu begegnen: der Legende von der Anonymität des Künstlers im Mittelalter, seiner Selbstauslöschung in der Kontemplation Gottes. Kaum je ein Komponist stand wohl seinem eigenen Werte und seinem Ruhme selbstbewußter gegenüber als Guillaume de Machaut, die bedeutendste Erscheinung im Musikleben des 14. Jahrhunderts (um 1300–1377). Kleriker seines Zeichens, Edelmann, Dichter und Komponist, vertonte Machaut, in durchsichtiger Ein- und Mehrstimmigkeit, selbstverfaßte weltliche Verse; auch schrieb er ungeheuer komplizierte Motetten und eine komplette vierstimmige (Ordinariums-) Messe. Sowohl die Messe wie die Motetten verwerten Isorhythmik, das heißt die Wiederholung einer ausgedehnten rhythmischen Struktur unter veränderten melodisch-harmonischen Verhältnissen – eine mittelalterliche Kompositionstechnik, die sich der sinnlichen Wahrnehmung wohl allerdings weitgehend entzogen haben muß.

Auch um diese Zeit hält England Schritt mit den kontinentalen Entwicklungen, ja übertrifft jene sogar in klanglicher Hinsicht: Ein Meisterbeispiel des Insular-Stils ist der süß und volltönende Kanon *Summer is icumen in*. Italien, wenngleich nachzüglerisch und vielleicht oberflächlicher in seiner Aneignung der Polyphonie, bringt in dem Florentiner Francesco Landini (um 1335–1397) einen Komponisten hervor, der besonders in seinem Spätwerk als Anhänger Machauts und der isorhythmischen Technik Bedeutendes leistet. Einen eigentümlichen Beitrag zur Formgeschichte liefert Italien: die *caccia*, eine Art musikalischer Genre-Malerei, in der durch ein lebhaft wechselseitiges Sich-Verfolgen der Stimmen die Idee der Jagd verbildlicht wird. Im allgemeinen überwiegen bei den Italienern Vertonungen weltlicher Texte; ihnen gegenüber erscheinen die Bemühungen um die Kirchenmusik fast verschwindend gering.

Mit dem Anbruch des 15. Jahrhunderts wenden die führenden Komponisten sich ab von den rhythmischen Kunststücken der *ars nova;* eine neue Einfachheit hält Einzug, spürbar wird auch eine wachsende Neigung zum Wohlklang, mit dem verglichen die Harmonik Machauts nun fast dissonant, seine Melodik rauh erscheint. Wegweisend ist John Dunstable, ein in Paris ansässiger Engländer (um 1400–1453), mit seinen um den Dreiklang rankenden Melodien und volltönigen Harmonien. Dunstables Beispiel folgt ein Komponist, der zum musikalischen Beherrscher seines Jahrhunderts werden sollte, Guillaume Dufay von Cambrai (um 1400–1474). Früh machte er sich die Euphonie des englischen Stils zu eigen; zu seiner Zeit ist der junge Dufay aber auch einer unter wenigen, die noch die hohe Kunst der isorhythmischen Motette beherrschen. Dufay wird der erste Vertreter einer aus dem französisch-belgischen Grenzgebiet stammenden Schule, welche für die kommenden zwei Jahrhunderte (1400–1600) die Führerschaft des europäischen Musiklebens übernimmt. In dieser franko-flämischen Schule sammelt sich das Erbe des 14. Jahrhunderts: die Meisterschaft der vielstimmigen Messen- und Motettenkomposition. Hier wird die Kunst des verzierten Kontrapunktes jüngeren Generationen von Sängern überliefert; in den Chorschulen zu Arras, Cambrai, St. Quentin, Tournai, Gent und einer Anzahl anderer, nahe gelegener Städtchen. Improvisation, daran sei erinnert, spielt hierbei noch immer eine wichtige Rolle. Zur Zeit und im Wirkungsgebiet der franko-flämischen Schule ist die Kunst der kontrapunktischen Improvisation so tief eingewurzelt, daß ihre Ausübung sich keineswegs nur auf

Berufsmusiker beschränkt. Franko-flämische Sänger sind im 15. und im 16. Jahrhundert allgemein begehrt und gebeten an den Höfen und Kirchen der Christenheit.

Natürlich haben auch politische Faktoren das Ihrige beigetragen zu der führenden Stellung der franko-flämischen Schule. Seit den dreißiger Jahren des 15. Jahrhunderts strotzen die Provinzen des Herzogs von Burgund von Wohlstand – Reichtümer, die weniger aus den ererbten Ländereien denn aus den neuerworbenen Niederlanden bezogen werden. Philipp der Gute und Karl der Kühne, darauf bedacht, England und Frankreich in allen Stücken auszustechen (und beide selbst musikbeflissen), scheuen keine Mühe und keine Kosten im Aufgebot der ausgezeichnetsten Tonkunst und -künstler. Die *Chapelle musicale* Philipps ist zu ihrer Zeit unübertroffen. Den Anblick des »Großherzogs des Abendlandes«, wie er bei der Messe den frommen Gesängen lauscht, hat einer seiner Hofmaler in einer Miniatur festgehalten. Ganz nach der Sitte der Zeit, sehen wir hier die Sänger um ein Lesepult versammelt, auf dem sich das geöffnete Chorbuch befindet. Es sind Männer reifen Alters, gering in ihrer Anzahl, gewiß die besten »Solisten« im Herzogtum; alles deutet darauf hin, daß sie zu der Choralmelodie im Buche Kontrapunkte improvisieren. Auch Schlüsse bezüglich der Stimmtechnik lassen sich ziehen aus den Gesichtern dieser Sänger – ihr Ausdruck verrät die nasale Beschaffenheit des Klanges: ein sehr bestimmter, sehr durchdringender Klang muß das sein. In der Vorliebe für diese Art der Klanggebung (sie zeigt sich ebenso im Bau der meisten Musikinstrumente aus jener Zeit) überlebt noch ein Stück orientalischer Tradition in der neuen Musik des Westens.

Am besten läßt sich die bisherige Entwicklung der Polyphonie vielleicht zusammenfassen durch einen Blick auf gewisse, für die Zeit zwischen 1200 und 1500 typische Schlußformeln (»Kadenzen«). Den vier von uns ausgewählten Stücken gemeinsam ist ein Tenor, der schrittweise von A über G nach F herabsteigt. In dem Beispiel aus Perotins »Alleluja Nativitas« bemerkt man den charakteristischen Dualismus der Bewegung – die Originalmelodie (im Tenor unten) langsam in »Pfundnoten«, die Kontrapunkte (oben) geschwind, in starrer, rhythmisch dreipulsiger Gruppierung. Nicht weniger bezeichnend das Stimmgewebe: Alle drei Stimmen liegen nahe beisammen; die beiden Oberstimmen halten sich im Raum der Quinte, sie durchkreuzen sich und verdoppeln einander. In die Ohren fallend sind die Intervalle der Quarte und Quinte.

Mitwirkung der Chapelle musicale beim Gottesdienst in Anwesenheit Herzog Philipps des Guten von Burgund
Miniatur, Mitte 15. Jahrhundert. Brüssel, Bibliothèque Royale

Orlando di Lasso mit der Münchener Hofkapelle
Miniatur von Hans Muelich, um 1565. München, Bayerische Staatsbibliothek

Repräsentativ für das 14. Jahrhundert, liefert uns die Passage aus Landinis *Sy dolce non sono* eine Illustration des neuen zweipulsigen Metrums. Auch die Konzeption des Stimmgewebes ist anders: Die oberste Stimme *(sopremo* oder *soprano)* hält sich von den anderen in markantem Abstand, und ihre melodische Gestalt lenkt die Aufmerksamkeit auf sich. Sie nähert sich dem Schlußton (8) über die beiden darunter liegenden Töne (7–6) – eine melodische Formel, die in der Musik des 14. und 15. Jahrhunderts fast immer einen Schluß ankündigt. Das Beispiel aus einem Chanson von Dufay weist eine melodisch ähnlich ausgezierte Sopranstimme, auch eine ähnliche Kadenzformel auf. Bedeutende Veränderungen aber zeigen sich im Zusammenklang der Stimmen: An die Stelle der bei Landini noch so prominenten offenen Oktaven und Quinten ist der Wohlklang des terzgefüllten Dreiklangs getreten (siehe den Anfang des Zitats); Terzen und Sexten überwiegen. Der Tenor verläuft auch hier in der Abwärtsbewegung A-G-F. Aber nicht er, eine andere Stimme erhält nun die Funktion der tiefsten Stimme – der Contratenor (mit Ausnahme der Stimmkreuzung im Schlußakkord).

Unser viertes Beispiel führt einen Schritt über Dufay hinaus: Es ist aus dem Werk eines italienischen Komponisten um 1500. Derselbe Wohlklang wie bei Dufay begegnet hier wieder, das Gewebe ist (nicht ohne Ungeschicklichkeiten) von volltöniger Vierstimmigkeit. Der alte Contratenor hat sich entzweigespalten; mit dem Resultat eines Contratenor *altus* und eines Contratenor *bassus*. So ergibt sich ein Quartett deutlich in ihren Stimmlagen voneinander abgegrenzter Partien: Sopran, Alt, Tenor und Baß. Bemerkenswert ist auch die moderne Note der Akkordfolge. Theoretiker einer späteren Zeit würden in ihr schon die harmonische Fortschreitung Tonika (F), Subdominante (B), Dominante (C), Tonika (F) erkennen. Das Gefühl für Akkordik ist um 1500 schon stark; und langsam, aber stetig wird es mehr und mehr erstarken.

Das Goldene Zeitalter: Josquin des Près

Die Musiker um 1500 wußten wohl, daß ihre Kunst über die musikalischen Errungenschaften der Vergangenheit hinausgewachsen war. Gegen Ende des 15. Jahrhunderts meint Johannes Tinctoris, daß nur die Musik der letzten vierzig Jahre wert sei, angehört zu werden – und denkt dabei, natürlich, an die Werke seiner franko-flämischen Landsleute. Die enge innere Verbundenheit der franko-flämischen Schule zeigt sich nicht zuletzt in den häufigen Anleihen ihrer Repräsentanten voneinander – nicht etwa nur einzelner Melodien, auch ganzer Kompositionen und Kompositionsarten. Schulhaupt der Generation nach Dufay ist Ockeghem (um 1420–1495). Er ist musikalischer Machthaber am französischen Hofe unter drei verschiedenen Herrschern. Kennzeichnend ist seine (im voranstehenden Aufsatz bereits angedeutete) Neigung zu rhythmisch komplizierter und ungemein kunstvoller Kontrapunktik; eine Neigung, die freilich der franko-flämischen Schule des späteren 15. Jahrhunderts im allgemeinen eignet. Ihren Gipfel aber – darüber sind auch die Zeitgenossen sich einig – erreicht jene Schule mit Josquin des Près (um 1440–1523). Gebürtig wohl nahe St. Quentin, verbrachte er sein Leben an den bedeutendsten Höfen Norditaliens, Frankreichs und der Niederlande.

Viele technische Kunstgriffe, die sich bei Dufay erst im Keime finden, werden durch Josquin vervollkommnet, darunter am wichtigsten: das Prinzip der kontrapunktischen Nachahmung, das heißt der Übertragung einer melodischen Idee von einer Stimme auf eine andere. Schon seit etwa zweihundert Jahren hatte man mit dieser Technik gelegentlich experimentiert. Zu einem wesentlichen konstruktiven Prinzip hat sie erst Josquin erhoben. Dadurch gewinnt auch das Stimmgewebe an innerer Ausgeglichenheit: Vom Prinzip der Nachahmung erfaßt, werden alle Stimmen gleich »wichtig«. Ihre Anzahl beschränkt sich um 1500 normalerweise auf vier (Sopran, Alt, Tenor, Baß). Der Ausgewogenheit des kontrapunktischen Satzes bei Josquin entspricht die übersichtliche Gliederung der Gesamtstruktur. Erreicht wird sie durch deutliche, der Prosodie und Symmetrie des Textes folgende Kadenz-Einschnitte. Die von Josquin auf Stimmung und Sinn der Worte verwandte unendliche Sorgfalt läßt sich auf verschiedenen Ebenen erfassen: in der deutlichen Deklamation der einzelnen Worte; in der Konzentration auf besonders ausdrucksvolle Worte in der kompositionellen Gesamtanlage; in suggestiven Anpassungen des Stimmgewebes an den Textgehalt.

Beispiel a bringt den Anfang einer liturgischen Melodie; welchen Gebrauch Josquin davon macht, zeigen Beispiele b–e. Was frühere Komponisten allein dem Tenor in »Pfundnoten« überwiesen hätten, wird hier (b) auf alle vier Stimmen verteilt. Die sparsame Dünne des Stimmgewebes zu Anfang hebt um so eindrucksvoller die Klangfülle hervor, die der musikalische Satz, sinngemäß, mit den Worten *Maria plena grazia* erreicht (c). Eine weitere Ausdeutung erhält der Text dann durch die jubelnden Melismen über den Silben des Wortes *laetitia* (d). Erstaunliche Kontrastwirkung erzielt die Einführung des Dreiertaktes, durch die ein neuer Abschnitt sich von dem vorherigen abhebt (e); die auf den ersten Blick scheinbar simple, akkordische Schreibweise dieses Abschnitts entpuppt sich,

DIE EUROPÄISCHE MUSIK

bei genauerer Betrachtung, als ein Kanon, in dem mit größter Kunst derTenor den Sopran (im Abstand einer Viertelnote) verfolgt. Einen akkordisch schlichten Satz behält Josquin sich für den Schluß des Stückes vor; ließe der Übergang von der »Wir«- zur intimen »Ich«- Form (mit den Worten *o mater Dei, memento mei*) sich sprechender untermalen? Und nicht zufällig erreicht bei dem Wort *Dei* die höchste Stimme ihren obersten Ton (f) — eine Wunderwelt einfühlender Deskriptivität, für die den Zeitgenossen weitum kein Wort der Lobpreisung zu hoch war.

Noch ein besonderer Umstand kam der Verbreitung von Josquins Ruhm zu Hilfe: die Auswertung der jungen Druckerkunst für die Musik. 1501 veröffentlicht der Venezianer Ottaviano dei Petrucci seinen ersten Musikdruck *(Odhecaton)*. Ein Großteil der während der nächsten Jahre folgenden, zahlreichen Veröffentlichungen Petruccis (und der mit ihm rivalisierenden Drucker) sind Messen, Motetten und Chansons franko-flämischer Provenienz, an erster Stelle die Werke Josquins. Das ist, in seiner Bedeutung für die Musikgeschichte, kaum hoch genug in Anschlag zu bringen.

Das 16.Jahrhundert: Reformation und Humanismus

Nur vom musikalisch formgeschichtlichen Standpunkt sollen hier die wichtigsten Niederschläge der großen geistigen Erschütterungen jener Zeit beachtet werden. Dabei fallen die Eingriffe Luthers (er war ein großer Bewunderer Josquins) wohl am wenigsten ins Gewicht. Im kirchlichen Gemeindegesang fördert er eine Kunstübung, die, besonders in Deutschland, auch während des Mittelalters nie ganz ausgestorben war. Ein Großteil des frühprotestantischen Musiziergutes ist, in Wort und Weise, nur Bearbeitung — und auch das oft kaum — älterer katholischer Bestände. Folgenschwerer die Reformen Calvins: Abhold aller musikalischen Ausgestaltung des Gottesdienstes, außer der allereinfachsten, befürwortet er den einstimmigen Psalmengesang; diese Melodien (meist älteren Chansons entlehnt) werden in Psaltern zusammengetragen; auch schlichte harmonische Arrangements, für Kirchen- und Hausgebrauch, begegnen seit der Jahrhundertmitte — ein bescheidener Beitrag zur Homophonisierung der Mehrstimmigkeit.

Stilistische Beziehungen von hier bestehen zur deutschen Humanistenode. Ihr Anreger ist der Dichter Konrad Celtis (1459–1508), ihr praktischer Begründer der Celtis-Schüler Petrus Tritonius. Daß seine, starr *punctus-contra-punctum* gesetzten, vierstimmigen Gesänge einen breiten Widerhall nicht fanden, kann im Zeitalter der franko-flämischen hohen Kunst kaum erstaunen. Der »Odenstil« verschwindet, nach vereinzelten ihm zugewendeten Versuchen seitens hochrangigerer Komponisten (Hofhaimer, Senfl) bald (schon um 1550) im Dunkel der Lateinschulen. Musikhistorisch fruchtbarer ist die französische Odenkomposition Goudimels (um 1555), aus der die sogenannte *musique mesurée* hervorgeht: in antiken, quantitativen Metren gehaltene französiche Dichtungen (am bedeutendsten die von Baïf), unter deren stilgerechten Vertonern sich namhafte Komponisten, wie Claude le Jeune und Jacques Mauduit, finden. Der (unter Karl IX. und Heinrich III.) für die *musique mesurée* in Anspruch genommene Titel einer offiziellen »Hofmusik« verschaffte dieser Kompositionsart auch außerhalb Frankreichs Geltung (Campion vertritt sie in England, di Lasso in München, Monteverdi in Mantua). Nachklänge des metrischen Prinzips bestehen in der *danse mesurée* wie überhaupt in der französischen Musik des 17. Jahrhunderts.

Faßt man die humanistische Bewegung als aktivierende Kraft im Säkularisierungsprozeß der Künste, so wäre hier zunächst des Formtyps der italienischen *Frottola* zu gedenken. Die Blütezeit der unter diesem Namen bekannten, anmutig-leichten, auch wohl übermütig leichtfertigen Liebesliedlein (besonders von Cara und Tromboncino, letzteren siehe Beispiel 1 d) geht nicht zufällig auf die Zeit der berüchtigten »Humanisten-Päpste« (um 1500) zurück. Auch dieses Kompositionsgenre bleibt freilich periphere Erscheinung im Lichte der Großtaten der Franko-Flamen, die, seit den Tagen Dufays, bis gegen 1550 in Italien den Ton angeben (vor allem Obrecht, Brumel, Isaak, Compère, Josquin, Agricola, Rore, Lassos, Kerle, Wert). Sie nehmen sich, im zweiten Drittel des Jahrhunderts, einer traditionell italienischen, durch den Humanismus neu belebten Gedichtform an: des Madrigals. Die Texte sind weltlich, meist in starker Anlehnung an die Liebeslyrik Petrarcas. Vom Standpunkt der musikalischen Formgeschichte ist das Madrigal ein verfeinerter Sprößling der Frotolle. In der Madrigalkomposition sammeln sich die musikalisch-schöpferischen Kräfte des 16. Jahrhunderts; hier steigert sich die Kunst feinster Textausdeutung.

Einen ersten Höhepunkt erreicht die Madrigalistik des Cyprano de Rore um 1550. Eine Vorstellung von seiner gewaltigen und elastischen Klangsprache gibt uns die Akkordfolge zu den Abschiedsworten: »Was wird aus mir werden«: man beachte den Sprung der Septime im Baß *(Haimé!)*; der Sopran bewegt sich in chromatischen (Halbton-)Schritten von A über B zu H, dann zu C; mit dem Wort *Addio* löst sich die Harmonie (von C auf F); mit den Worten *che sara* tritt, auf wieder tieferer Ebene, neue harmonische Spannung ein (auf E).

In seiner Einfühlung in jede Nuance des Textes gibt de Rore uns bereits einen Vorklang der Spätmadrigalistik Monteverdis oder Gesualdos (um 1600). Die Ausdruckstechnik hat hier einen Punkt erreicht, wo die Musik ohne den Text kaum noch verständlich wäre: man entferne von dem oben angeführten Beispiel die Worte – die Stelle müßte dann musikalisch höchst unnatürlich anmuten. Das ist gemeint, wenn 1569 schon Mazzoni (ähnlich wie später Galilei) erklärt: »Die Töne sind der Körper der Musik, aber die Worte sind ihre Seele.« Als Beitrag zur Evolution einer musikalischen »Sprache der Affekte« deutet das Madrigal, wie kaum eine andere Musizierform seiner Zeit, in die Zukunft.

Die zweite Hälfte des 16. Jahrhunderts ist eine Zeit fieberhaften »Aufholens« seitens der europäischen Nationen mit den künstlerischen Leistungen der Franko-Flamen. Voran geht Spanien mit Christobal Morales (1500—1553), in Italien überführt Palestrina (um 1525 bis 1594) die franko-flämische Polyphonie in das italienische Barock, erster englischer Madrigalist ist William Byrd (1543—1623). Um 1600 haben die Franko-Flamen aufgehört, die unentbehrlichen Lehrer des europäischen Musiklebens zu sein.

Instrumente und Instrumentalmusik

In die höchste Blütezeit der Vokalpolyphonie (zwischen 1400 und 1600) fallen die Anfänge einer Instrumentalkultur, welche in den kommenden Jahrhunderten mehr und mehr das Feld behaupten sollte. Wir stehen hier vor einer Entwicklung, die, wie im voranstehenden Aufsatz gezeigt wurde, einer Würdigung seitens der zeitgenössischen Fachästhetik sich weitgehend entzog.

Instrumente spielten eine untergeordnete, keineswegs unwichtige Rolle in der Musik des Mittelalters. Das europäische Instrumentarium ist zu jener Zeit schon reich an Beständen; die meisten Instrumente kommen aus Kleinasien; ihre Überbringer sind in Südeuropa einbrechende mohammedanische Krieger. Zu den gebräuchlichsten gezupften Saiteninstrumenten gehören Laute, Gitarre und Harfe; Streichinstrumente sind die *Viele* und der *Rebec*. Unter den Blasinstrumenten tun sich verschiedene Flötenarten hervor, auch Trompeten und Schalmeien (letztere als Vorfahren der modernen Oboe). Wichtigstes Tasteninstrument ist die Orgel, deren Erfindung auf römische Zeiten zurückgeht. Das Mittelalter klassifizierte die Musikinstrumente in *hauts*, das sind laute, und *bas*, leise. Der Gebrauch der *hauts* war besonderen Festlichkeiten vorbehalten, etwa offiziellen Banketten, Hofbällen oder königlichen Aufzügen; die *bas* wurden auch bei der Aufführung weltlicher Vokalpolyphonie zugelassen. Daß es für bestimmte Instrumente geschriebene Kompositionen gegeben hätte, scheint unglaubwürdig. Tänze und Lieder waren Gemeingut aller Instrumente. Professionelle Instrumentalisten *(ménestrels)* hatten mehrere Instrumente zu beherrschen.

Wesentliche Beiträge zum Gang der Musikgeschichte leisten die Instrumente aber erst im späteren Mittelalter: so zum Beispiel die Trombone (sie vervollkommnete sich am burgundischen Hof um 1420), die bei der Evolution des Contratenors, dieser »Füllstimme« mit ihrer charakteristisch zackigen, »unsanglichen« Melodieführung, mitgewirkt haben dürfte. Franko-flämische Bläser und Streicher sind im 15. Jahrhundert, besonders in Italien, kaum weniger gesucht als Sänger. Die Kunst des Orgelspiels scheint von alters her eine deutsche Spezialität gewesen zu sein, auch deutsche Orgelbauer begegnen in Italien im 15. Jahrhundert in großer Anzahl. Um diese Zeit entsteht in Deutschland eine ausgedehnte polyphone Orgelliteratur, zu deren Niederschrift man sich eines eigens dafür erfundenen Zeichensystems bediente: eine Verbindung von Buchstaben- und Notenschrift (»Tabulatur«). Zu gedenken ist in diesem Zusammenhang vor allem des blinden Organisten Conrad Paumann (um 1410—1473), der erst in Nürnberg, später am Münchner Hof wirkte. In seinem

Fundamentum hinterließ er aufschlußreiche Regeln, sowohl für die Improvisation wie für das Arrangement von Vokalmusik für die Orgel. Ein anderes Medium erwächst der Instrumentalpolyphonie nach 1400 im *Clavicymbalum* (Cembalo), auch im *Clavichord* und in der Laute, wobei die letztere ein interessantes Beispiel der Anpassung der Musikinstrumente an neue Schaffensverhältnisse statuiert. Zu Anfang des Jahrhunderts wurde die Laute noch, auf orientalische Art, mit einem *Plectrum* (ein Stäbchen zum Anschlagen der Saiten) gespielt und war demnach noch ein monodisches (einstimmiges) Instrument. Im Laufe des Jahrhunderts jedoch weicht das Plectrum-Spiel mehr und mehr dem Spiel mit den bloßen Fingern, weil auf diese Weise auch ein akkordischer und polyphoner Satz ermöglicht wird. Das Instrument gewinnt an Größe, auch in der Anzahl der Saiten, bis es gegen Jahrhundertende jene klassische Form erreicht, die uns die Maler der Zeit so gern abkonterfeien. Um 1500 ist die Laute Träger einer Originalliteratur, die an Bedeutung und Umfang zu ihrer Zeit keiner anderen (auch der für die Orgel nicht) nachsteht.

Die Pflege der Lauten- und Clavicymbalum-Kompositionen leitet das Zeitalter des Virtuosentums ein. Die berühmten Lautinisten werden an den Höfen des 15. und 16. Jahrhunderts höher bezahlt als irgendein franko-flämischer Tonsetzer. – Auch die Formierung fester Instrumental-Ensemble-Kombinationen geht auf das 15. Jahrhundert zurück. So empfiehlt etwa Tinctoris besonders die Kombination von zwei oder drei Schalmeien und einer Trombone für die Tanzmusik und für feierliche Anlässe. Beliebt um 1500 ist das gemeinsame Musizieren familienverwandter Instrumente, wobei die Differenzierung der Register vorzugsweise derjenigen der Vokalensembles (Sopran, Alt, Tenor, Baß) entspricht. Zu den frühesten festen Kombinationen dieser Art (die Engländer bezeichnen sie als *consorts*) gehört ein Ensemble von Blockflöten verschiedener Größe oder von vier Violen (Abkömmlinge der alten *Viel*). Spezifisch für solche Instrumentalgruppen bestimmte Kompositionen werden im 16. Jahrhundert immer häufiger.

Und doch bleibt die Abhängigkeit der Instrumentalmusik von der Vokalmusik noch lange spürbar. Die erste Lektion in der Unterweisung auf einem Instrument besteht gemeinhin in der Instrumental-Bearbeitung einer Vokalkomposition. In seiner *Musica Getutscht* (Basel 1511) behandelt Sebastian Virdung diese Kunst, der Bearbeitung von Vokalmusik für das Clavichord, die Laute oder für Blockflöten-Ensemble; er bemerkt dabei, daß der Schüler ohne Bedenken vom Clavichord auch auf andere Tasteninstrumente übergehen dürfe, ebenso von der Laute auf andere Saiteninstrumente (mit Fingerbünden) oder von der Flöte auf andere Blasinstrumente. Diese Anweisungen stehen mit dem zeitgenössischen Schaffen in engem Einvernehmen. Die Instrumentalkomposition des 16. Jahrhunderts verteilt sich in der Tat auf Laute und verwandte Instrumente, Tasteninstrumente und Ensemblemusik für verschiedene einstimmige Instrumente. Die relativ geringere Quantität der Ensemblekomposition erklärt sich daraus, daß auch vokale (textierte) Polyphonie von den Instrumental-Ensembles nicht verschmäht wurde. Musikverleger ließen es sich angelegen sein, ihre Veröffentlichungen als »für Sänger *oder* Instrumente« anzupreisen (»Tam instrumentis quam vocibus«) – woraus man wohl schon schließen könnte, daß die Instrumental-Ensemblemusik dem Vokalstil länger verhaftet blieb als die Komposition für Lauten und Tasteninstrumente.

Es ist ein bedeutender Schritt von der bloßen Instrumentalbearbeitung einer Vokalkomposition zur Eigenschöpfung einer Instrumentalkomposition nach vokalen Vorbildern. Versuche letzterer Art finden sich nach 1500 unter dem Namen *Fantasia* oder *Ricercar*. Vorbildlich sind dabei die kunstvollsten kontrapunktischen Sätze und abstraktesten Formen der Vokalmusik von 1500. – Die zunehmende Anpassung an Gehalt und Deklamation des Textes in der Vokalmusik des 16. Jahrhunderts bedeutete natürlich eine gewisse Einschränkung im freien Fluge der musikalisch schöpferischen Phantasie. Hier setzt sich die instrumentale Fantasia als Bewahrerin der alten Tradition ein: wie kaum in einer anderen Musizierform erhält sich in ihr der franko-flämische Stil. Betrachtet man die Fantasien des Francesco da Milano (der bedeutende Lautinist zu Anfang des 16. Jahrhunderts) oder die *Fancies* von John Dowland (nicht weniger bedeutender Lautinist zu Anfang des 17. Jahrhunderts): Hier wie dort spürt man noch etwas vom Geiste Dufays, Ockeghems, Josquins. Ähnliche Nachklänge finden sich in den Fantasien für Instrumental-Ensemble noch im späten 17. Jahrhundert (besonders in England, bei Purcell), ebenso in der Orgelliteratur (in Holland Sweelinck, dem deutschen »Organistenmacher«); letztes gewaltiges Echo sind die polyphonen Orgelwerke (zum Teil als »Fugen« betitelt) J. S. Bachs.

Ein bestimmtes Genre der Vokalkomposition soll hier noch in seiner Bedeutung für die Evolution der Instrumentalmusik erwähnt werden: das französische Chanson. Im Gegensatz zum Madrigal verliert sich das Chanson des 16. Jahrhunderts selten in Textausdeutungen, auf Kosten der musikalischen Form. Die Struktur ist durchsichtig, gewöhnlich mit einer Wiederholung des Anfangsteils zum Schluß (zum Beispiel *a b c a*). Dieses Formschema gedeiht wie kein anderes unter der Hand der Instrumentalisten, besonders der Italiener, die ihre Nachbildungen der französischen Vokalvorlage als *canzona da sonare*, später kurz als *Sonata* bezeichnen. Die verschiedenen Formabschnitte haben sich um 1600 voneinander gelöst und sind zu selbständigen Sätzchen herangewachsen. Damit ist der Grundstein gelegt zur vielsätzigen Instrumentalkomposition.

Bei aller Bereitwilligkeit zur Aneignung der konstruktiven Errungenschaften der Vokalkomposition haben die Instrumentalisten, von alters her, wie es scheint, die spezifischen idiomatischen Möglichkeiten der Instrumentalmusik niemals aus den Augen verloren. Zu den charakteristisch instrumentalistischen Lizenzen rechnen um 1500: Freistimmigkeit (plötzliche Veränderung im Stimmgewebe, zum Beispiel von Ein- oder Zweistimmigkeit zu vielstimmigen Akkorden), rhapsodische Verlängerungen einer Phrase und jede Art des rhythmischen oder harmonischen Experiments (zum Beispiel scharfe, »unsangliche« Dissonanzen). Dieses Beispiel, der frühesten gedruckten Sammlung von Instrumentalwerken entnommen (*Intabulatura de lauto libro primo*, 1507), demonstriert einige dieser Züge:

Man beachte das Feuerwerk der einleitenden Rouladen, die Freistimmigkeit (von Fünf- bis zu Dreistimmigkeit variierendes Stimmgewebe), auch die offenbare Mißachtung der elementarsten Regeln des Kontrapunktes (Parallelbewegung zwischen Baß und der zweitobersten Stimme). Der improvisatorische Stil dieser Komposition nimmt viele Freiheiten und revolutionäre Neuerungen vorweg, die meist erst dem 17. Jahrhundert zugeschrieben werden und in der Tat auch erst nach 1600 sich in der Vokalmusik einbürgern werden.

Das für die Instrumentalmusik bei weitem fruchtbarste Formprinzip aber ist nicht aus der Vokalmusik, sondern aus dem Bündnis der Musik mit dem Tanz hervorgegangen. Die frühesten uns erhaltenen Denkmäler der Instrumentalmusik sind Tanzstücke (einige, meist einstimmige Tänze gehen auf das 13. Jahrhundert zurück; ein Großteil der reichen, uns überlieferten Instrumentalliteratur aus dem 16. Jahrhundert ist Tanzmusik). Ganz natürlich ergab sich aus der mehrfachen Wiederholung einer zum Tanz aufgespielten Weise das Formprinzip der »Variation« (Thema und Variationen). Das Variationsverfahren als solches ist gewiß so alt wie die Musik selbst. Und besäßen wir genaue Niederschriften der im Mittelalter üblichen Tanzbegleitungen, zweifellos fänden wir die Bestätigung, daß die Instrumentalisten jener Zeit, bei den vielen Wiederholungen einer Tanzweise, es nicht daran fehlen ließen, ihr Publikum durch allerlei *ad libitum* Variationen zu unterhalten. Italienische Abhandlungen über den Tanz aus dem 15. Jahrhundert verlangen oft nicht weniger als vier Wiederholungen einer gegebenen Melodie zu einem bestimmten Tanz. Kaum kann es wundernehmen, daß mit dem Zuwachs an schriftlichen Quellen nach 1500 vornehmlich in der Tanzmusik die Variationsform begegnet.

Neben der Variierung einer bestimmten Melodie finden sich seit dem frühen 16. Jahrhundert (ebenfalls in Verbindung mit Tänzen) auch Variationen über eine sich wiederholende Baßfigur oder über eine bestimmte sich wiederholende Harmoniefolge; besonders zwei Tänze, *Chaconne* und *Passacaglia*, bevorzugt man seit dem 17. Jahrhundert für diese Art der Variation – bis zum heutigen Tage.

Noch in einer anderen Richtung hat der Tanz sich für die Instrumentalmusik formbildend ausgewirkt: in der Aneinanderreihung mehrerer charakterverschiedener Tanzstücke; als *Suiten* bezeichnet man solche Folgen rhythmisch kontrastierender Tänze im 17. Jahrhundert. Ihre Entstehung geht auf das 15. Jahrhundert zurück. Auch Kombinationen beider Prinzipien – das der Variation und das der Akkumulation – werden erprobt; das Resultat ist die Variations-Suite.

Bezeichnung und Charakter der in der Suite versammelten Tänze sind veränderlich – die konstruktiven Prinzipien bleiben durch Jahrhunderte wesentlich dieselben. Das gilt auch für den Bau der kleinsten musikalischen Einheit, der »Phrase«. Die Ableitung dieses Terminus aus der Rhetorik wurde im voranstehenden Aufsatz gegeben. Die praktische Norm der aus zwei Viertaktern zusammengesetzten Phrase ging aus der Tanzmusik des Mittelalters hervor; von dort aus hat sie sich der Instrumentalkomposition bemächtigt. Eine besondere, im 16. Jahrhundert begegnende Art der Phrasenbildung verdient hier Beachtung: es ist dies die Wiederholung einer acht- oder sechzehntaktigen Phrase (oder »Periode«), welche, von der Tonika ausgehend, auf die Dominante hinführt. Sie wird gefolgt von einem (meist gleichlangen) Abschnitt, der wieder zur Tonika zurückführt. Die resultierende binarische (aus zwei Einheiten bestehende) Form erlangt größte Bedeutung in der Musik des 17. Jahrhunderts: allmählich verdrängt sie fast alle anderen, den verschiedenen Sätzen der Tanzsuite eigentümlichen Formen.

Überblicken wir die Errungenschaften der Instrumentalmusik zwischen 1400 und 1600: Ihrer zunehmenden Bedeutung im Musikleben entspricht ihr stetig steigendes künstlerisches Niveau, besonders im polyphonen Satz von Soloinstrumenten, wie Laute, Clavicymbalum, Clavichord und Orgel. Die sich kristallisierenden instrumentalen Formschemen tragen in sich den Keim oder sind zum Teil schon Erfüllung der für die folgenden Jahrhunderte gültigen Formen: Fantasie, Passacaglia und Chaconne, Canzona da Sonare, Variationsform, Suite und zweiteilige Tanzform.

Italienisches Seicento in seiner europäischen Auswirkung

Der asketische Geist des Trientiner Konzils (1545–1563), der Auftakt der Gegenreformation, war nicht von Dauer: Die Messe konnte auf das sinnliche und emotionelle Moment der musikalischen Ausgestaltung nicht verzichten. Die erneute Wendung zur Gefühlsbetontheit in der Kirchenmusik des 17. Jahrhunderts, die Nähe, in welche diese dadurch zur frühen Oper tritt, wurde im voranstehenden Aufsatz konstatiert. Bei keinem Meister treten diese Tendenzen stärker und großartiger in Erscheinung als bei Claudio Monteverdi (1567–1643), dem musikalischen Genius des Seicento.

Bezeichnend ist – wie für die Malerei, so für die textierte Kirchenmusik dieser Zeit – die Vorliebe für Sujets aus der Leidensgeschichte der Heiligen: Hier werden die Empfindungen des Schmerzes und der Todesqual in allen Farben und Tönen ausgekostet. Beispiele dafür finden sich auch bei Monteverdi, schon in dessen Frühwerk; freie und willkürliche Dissonanzen, Akkorde (und selbst dissonante Akkorde) um ihres eigenen sinnlichen Reizes willen – das ist die Klangsprache, in welche Monteverdi menschliches Leiden übersetzt. Geschult an der imitativen Polyphonie des 16. Jahrhunderts und selbst letzter bedeutender Vertreter des Madrigals, bringt Monteverdi als erster großer Meister die neuen Techniken des Barock zur Anwendung. Seit dem Anfang des Seicento verzichtet seine Vokalmusik selten auf den *basso continuo*, welcher die in der Polyphonie des vergangenen Jahrhunderts errungene Gleichheit der Stimmen zerstört und sie durch die Polarität zweier Hauptstimmen (die »Melodie« und eine harmonisch stützende Baßstimme) ersetzt. Solopassagen, instrumentale Zwischenspiele und die Gegeneinanderstellung heterogener Klangelemente *(stile concertato)* gehören zu den hervorstechenden stilistischen Zügen des Spätwerks. Monteverdi beherrscht als Begründer der »venezianischen« Schule nicht nur das Opernschaffen der ersten Jahrhunderthälfte, er macht sich auch zum Anführer der »modernen« Kirchenmusik. Als Nachfolger von Giovanni Gabrieli (1560–1612), an der Markuskirche zu Venedig, pflegt er den »venezianischen Kirchenstil« in seinen charakteristischen Aspekten: etwa im Gebrauch von mehreren Chören, Solisten und Instrumenten.

Instrumente wurden schon in der Kirchenmusik des 16. Jahrhunderts in wachsender Anzahl herangezogen. In großen Kirchen verdoppelte man gern die Vokalpartien mit Zinken (italienisch: *cornetto*), einem heute ausgestorbenen Holz-Blasinstrument, und Trombonen. Schon seit dem zweiten Drittel des 15. Jahrhunderts wurde bei der Aufführung von Vokalpolyphonie die chorische Besetzung der solistischen vorgezogen; und die Anzahl der Choristen nahm stetig zu.

Berninis Entdeckung der ästhetischen Bedeutung von räumlichen Verhältnissen – zum Beispiel zwischen einer Skulptur, ihrer Umgebung und ihren Betrachtern – entspricht die Entdeckung der Komponisten des Seicento, daß auch die Musik durch räumliche Verteilung der verschiedenen Klangkörper, Chöre und Instrumentalgruppen an Wirksamkeit gewinnen kann – um so mehr, je größer der räumliche und klangliche Aufwand. Ein Musterbeispiel für dieses sogenannte »Kolossal-Barock«-Verfahren ist die Konsekrationsmesse für den Salzburger Dom von Benevoli (1628). Der dreiundfünfzigstimmige Satz verteilt sich auf folgende Ensemblegruppen: zwei achtstimmige Chöre, zwei Soloquartette, zwei Streichorchester, ein Holzbläser- und ein Blechbläserensemble, Orgel und *basso continuo*. Bei aller Großspurigkeit ist dieser Satz im Grunde von simpel akkordischem Bau und zeugt von geringem Sinn für Kontinuität und formale Einheit. Wichtigstes formales Bindemittel ist die Verwendung von Echo-Effekten.

Im allgemeinen besteht für die Musik des 17. Jahrhunderts das Problem, wie die formal bindende Kraft, welche das Prinzip der kontrapunktischen Nachahmung für die Musik des 16. Jahrhunderts besaß, zu ersetzen sei. Bemerkenswert sind bei den verschiedenen diesbezüglichen Bemühungen die häufigen formalen Anleihen der Vokalmusik bei der Instrumentalmusik (besonders den Variationsformen und den Tänzen der Suite). In der Messe des 17. Jahrhunderts übernehmen rein instrumentale Partien zum Teil die Stellvertretung ganzer Vokal-Abschnitte. Vornehmlich an die Stelle des gesungenen *Proprium* treten instrumentale Sonaten, später, gegen Jahrhundertende, auch (aus den Sonaten hervorgegangene) Konzertformen, deren einzelne Sätze über den gesamten Gottesdienst verteilt wurden (zum Beispiel *Introitus* = 1. Satz; *Graduale* = 2. Satz; usw.).

Die stets wachsende Machtstellung der Instrumentalmusik – jedenfalls der konzertierenden – ist nicht ohne Beziehung zum ständig zunehmenden Einfluß Italiens auf das europäische Musikleben. Bis zu welchem Grade die Führung im Musikleben an Italien übergegangen war, bezeugt nicht nur die Überflutung der europäischen Höfe mit italienischen Musikern, es wird auch spürbar im Schaffen zahlreicher nichtitalienischer Komponisten. Ein Blick auf die Laufbahn der drei bedeutendsten Meister des mittleren und späteren 17. Jahrhunderts mag dies belegen: Schütz in Deutschland, Lully in Frankreich und Purcell in England.

Im lutheranischen Deutschland des 17. Jahrhunderts bestand die Aufgabe des Komponisten geistlicher Musik wesentlich in der Bearbeitung des Kirchen-Chorals. Michael Praetorius (1571–1621) unterscheidet drei Arten der Choral-Behandlung: motettenartig (das heißt kontrapunktische Nachahmung); madrigalartig (ein akkordischer Satz mit frei deklamatorischen Rhythmen); *cantus firmus* (der Choral erscheint in »Pfundnoten«). Über diese drei Arten hinaus pflegte Praetorius auch die venezianische Technik der Vielchörigkeit in seinen Choral-Bearbeitungen (ein Beispiel ist die Vertonung von »Wie schön leuchtet der Morgenstern« für Doppelchor, Solisten und Instrumente). Praetorius ist auch einer der ersten deutschen Vertreter des *stile concertato*.

Übertroffen wird er darin von Heinrich Schütz (1585–1672). Auf die Bedeutung seiner Italienreisen für die Musikgeschichte Deutschlands wurde im voranstehenden Aufsatz hingewiesen. Schützens frühestes Opus ist eine Sammlung von italienisch textierten Madrigalen; sein Meisterstück für die Dresdner Hofkapelle, eine Sammlung solistisch gesetzter Kirchenkompositionen *(Symphoniae sacrae)*, ist die Frucht seines zweiten Aufenthaltes in Venedig und seiner Bekanntschaft mit Monteverdi. Ein kennzeichnender Zug der Schützschen Kunst ist seine Bevorzugung biblischer Texte (an Stelle der sonst im Deutschland seiner Zeit häufiger komponierten Choraltexte). Von der bewegten und dabei schlichten Sprache der Bibel mußte sein eigener dramatischer Geist sich angesprochen fühlen. Ob Schütz für nur wenige Stimmen mit *basso continuo* schreibt oder für Multi-Chöre: die Kraft und Eigenart seiner Schreibweise ist hier wie dort unverkennbar. Bei der wachsenden Not des Dreißigjährigen Krieges empfiehlt sich freilich mehr und mehr die Komposition für bescheidenere, kleinere Ensemble-Gruppen; aber auch aus rein künstlerischen Gesichtspunkten scheint Schütz des »Kolossal«-Satzes überdrüssig geworden zu sein.

Zunehmender Konservatismus wird mit der »Geistlichen Chormusik« (1648) spürbar. In der Vorrede warnt Schütz die komponierende Jugend vor dem verfrühten Gebrauch des *concertato*-Stils: Erst nach gründlicher Beherrschung der Gesetze des Kontrapunktes sei dergleichen zu empfehlen. Neunundsiebzigjährig schreibt Schütz seine »Weihnachts Historie« (1664), in den folgenden zwei Jahren entstehen drei Oratorien: Lukas-, Johannes- und Matthäuspassion. In seiner Rückkehr zur nachahmenden Polyphonie und überhaupt zu einem nüchterneren Stil nimmt Schütz stilistische Züge des ausgehenden 17. Jahrhunderts vorweg – sofern er sie nicht herbeigeführt hat. Ein breites Stück Musikgeschichte faßt sich in diesem, nahezu ein Jahrhundert umspannenden Lebenswerk zusammen: vom Ausklang der franko-flämischen Kunst über die Hochblüte des italienischen *stile concertato* bis zur Überwindung der Extravaganzen des Barock.

Jean Baptiste Lully (1632–1687) ist gebürtiger Florentiner, wurde aber schon zwölfjährig nach Frankreich verschlagen, wo er bei einer wohlhabenden Familie in Dienst trat. Welche musikalischen Eindrücke erwarteten den Jüngling in Frankreich um die Jahrhundertmitte? Da ist die streng konservative Tradition des *ballet de cour* und des *air de cour*, beides würdige Erbstücke aus dem 16. Jahrhundert. Das *air de cour* hält die Mitte zwischen dem pseudoklassisch deklamatorischen Stil der *musique mesurée* und Tanzrhythmen, wobei die letztere Tendenz im Laufe des 17. Jahrhunderts die Oberhand gewinnt. Lully begann seine künstlerische Laufbahn als Tänzer im *ballet de cour*, die beliebteste Form gesellschaftlicher Unterhaltung am Hofe Ludwigs XIII. und Ludwigs XIV. Eine wichtige Rolle bei diesen Veranstaltungen spielte das Orchester der *vingtquatre violons du roi* (auch dies ein Erbstück aus dem 16. Jahrhundert – Vorstufe dazu war die Pariser Stadtkapelle: Ménétriers de Saint-Julien). Diese Ensemblegruppe ist in verschiedener Hinsicht von historischer Bedeutung: Es ist das erste größere fest etablierte Orchester; auch wurden in diesem Ensemble erstmalig (wie der Name andeutet) die alten Violen durch Instrumente der neuen Violinfamilie ersetzt. Neben seiner Ausbildung als Tänzer genoß Lully auch Unterricht auf der Violine. Das Orchester, in dem Lully mitgeigte und dessen Führung ihm Ludwig XIV. bald anvertraute, bestand aus sechs Ersten und vier Zweiten Violinen, vier kleinen und vier großen Bratschen und sechs Baßinstrumenten. Fünfstimmig gesetzte Tänze bestritten das Repertoire. Die seit den dreißiger Jahren am französischen Hof gelegentlich gastierende italienische Oper konnte sich nicht behaupten gegen das *ballet de cour*, bei dem der Gesang auf ein Minimum beschränkt war, alles Schwergewicht auf Tanz und Orchesterdarbietungen lag. Paradox genug: Gerade der italienisch geborene Lully macht sich zum Verfechter des französischen *ballet* gegen die italienischen Musizierformen, um welch letztere gerade der französisch geborene Marc Antoine Charpentier (1635–1704), der in Rom bei Carissimi, dem Meister des italienischen Oratoriums, studierte, sich am französischen Hof bemüht. Und doch wäre ohne die Erfahrung der italienischen Oper Lullys Lebensleistung undenkbar: seine Begründung, um 1670, einer französischen Nationaloper. Dabei sollen die spezifisch französischen Ingredienzen der Lullyschen Oper gewiß nicht geschmälert werden. Zu ihnen gehören, außer der (im voranstehenden Aufsatz erwogenen) Anlehnung an die Form und Deklamation der französischen Tragödie, die Tradition des *ballet de cour* und der *vingtquatre violons*.

Von der Bedeutung Lullys für die europäische Musikästhetik war ebenfalls früher die Rede. Entwicklungsgeschichtlich sind auf Lully zurückzuführen: die großen Chaconnen für Chor und Ballett an den Aktschlüssen der Oper, ein Arsenal prickelnder Tänze und Tanzrhythmen und, endlich, die hohe Schule des Streichorchesters (zum Beispiel einheitliche Stricharten oder die Kultur des Bogenansatzes). Den hochdisziplinierten Streicherkörper vergrößerte Lully durch die Heranziehung von Hörnern und Oboen, gelegentlich auch Trompeten und Schlagzeug, und legte damit das Fundament für das moderne Orchester. Im Gegensatz zu Schütz bestehen bei Lully kaum Rückbindungen zur polyphonen Tradition der Franko-Flamen; auch harmonisch trägt er zur musikalischen Formgeschichte wenig Bedeutendes bei. Sein harmonischer Satz neigt zur Eintönigkeit und entbehrt oft der inneren Logik. Seine Stärke beruht im rhythmischen Reichtum und in der Kraft seiner musikalischen »Rhetorik«, meist auf Kosten der melodischen oder harmonischen Erfindung.

Auch die Karriere Henry Purcells (um 1659–1695) zeichnet sich aus durch raschen hohen Flug: Als Sohn eines Mitgliedes der Hofkapelle und Schüler des königlichen Organisten John Blow rückt Purcell in frühen Jugendjahren vom Chorknaben zum Violinkomponisten für die königliche Kapelle auf (1677), dann zum Organisten an der Westminster Abtei (1679); bald monopolisiert er *de facto* das Amt des Hofkomponisten, unter Karl II., Jakob II. und Wilhelm III. Daraus erklärt sich die große Menge seiner »offiziellen« Kompositionen: Oden auf den Cäcilientag, Krönungs-, Geburtstags- und Königsoden, in denen der prunkvolle Orchestersatz Lullys sich mit der älteren Tradition des englischen Kirchenchorals vermählt. Die anglikanische Kirche liebt musikalischen Aufwand und Pomp – glücklicherweise wurde Purcell nicht in die Epoche der englischen Republik geboren, wo die stark eingeschränkte Rolle der Kirchenmusik seinem Talent weit weniger Gelegenheit zur Entfaltung gegeben hätte!

Purcells Ruhm als Meister der anglikanischen Kirchenmusik wird sekundiert durch seinen Ruf als Bühnenkomponist. Zwar besitzen wir nur eine Oper, im engeren Wortbegriff, von ihm: *Dido and Aeneas* (um 1689). Das Werk entstand im Auftrage eines Mädchenpensionats – daher die zahlreichen Ballett- und Chornummern. Auch mehrere »Symphonien« finden sich darin, die das Vorbild Lullys nicht verleugnen. Purcell gebraucht gern die Passacaglia-Form, welche unter dem Namen *ground bass* in England seit dem frühen 16. Jahrhundert gepflegt wurde. Zusammenhänge bestehen ferner zwischen Purcells chromatisch absteigenden Baß-Melodien (wie etwa die in der Schlußarie des Dido) und den *Lamento*-Szenen der italienischen Barockoper. Zum Großteil fallen Purcells Bühnenwerke in seine letzten fünf Lebensjahre: manche dieser zu neunundvierzig verschiedenen Dramen komponierten musikalischen Entre-Akte nähern sich in ihrem Ausmaß dem der Oper.

Vielleicht in höherem Grade als irgendein anderer Komponist seines Jahrhunderts besaß Purcell die Fähigkeit, eine musikalische Bewegung oder Stimmung, ohne Zufluchtnahme zu simpler Repetition, aufrechtzuerhalten oder zu erweitern. Soloarien gehen mühelos über in Chöre – ein wirkungsvolles Verfahren unter vielen anderen zur Ausweitung einer Gefühlsstimmung unter Ausweitung der musikalischen Mittel. Purcell hat den Namen eines *Orpheus Britannicus*, den seine Zeitgenossen ihm gaben, wohl verdient. Gleich dem sagenhaften Sänger bezaubert er durch lyrischen Gesang. Daß alle Stimmen einer Partitur stets »singen« sollen, bleibt sein erstes und letztes Anliegen – ähnlich wie hundert Jahre später Mozarts. Noch in anderer Hinsicht scheint dieser letzte Vergleich gerechtfertigt: durch Purcells ungewöhnliches Talent, oft platten, wo nicht gar abgeschmackten Texten musikalisches Leben einzuhauchen; sei es durch geschicktes Abspringen vom Wortrhythmus, durch Wiederholungen oder auch graziöse Wortverzerrungen. Playford hat es (1706) treffend zusammengefaßt: »Er wurde besonders bewundert wegen seiner Vokalmusik, die es in eigenwilliger Weise verstand, der Kraft der englischen Sprache Ausdruck zu verleihen. So bewegte er die Gefühle und erregte die Bewunderung aller seiner Zuhörer.«

Fünfzehn Jahre nach Purcells unzeitigem Tode reiste Händel nach London, um dort mit seiner Oper *Rinaldo* (1711) den neuen italienischen Opernstil vorzustellen. Während seines langjährigen englischen Aufenthaltes hat Händel sich mehr und mehr von Purcells Kunst angeeignet, was ihm sehr zustatten kam, als die Reihe an ihm war, zu einer Art von englischem Hofkomponistenamt aufzurücken Ein Vergleich drängt sich auf zwischen den von Händel geschaffenen offiziellen Oden, Cäcilienoden und Kirchengesängen und denen seines Vorgängers am englischen Hof: Dabei wird Purcell, in der Frische und Unerschöpflichkeit seiner melodischen Erfindung, gewiß den kürzeren nicht ziehen.

Ganz am Ende seines Lebens kam Purcell noch in flüchtige Berührung mit den neuen Strömungen der italienischen Musik, die dann später, besonders dank Händel, auch in England durchdringen sollten. Sie werden vornehmlich in den Arien- und Konzertformen greifbar. Aber diese Entwicklung gehört schon zur Geschichte des folgenden Jahrhunderts.

Das 18. Jahrhundert: Reifezeit der Tonalität

Wie im 17. Jahrhundert, mit der Schöpfung des Rezitativs und der Sonate, so weist Italien auch im 18. Jahrhundert der europäischen Formgeschichte den Weg in der Heranbildung zweier neuer Formtypen: einer neuen Instrumentalkonzert-Form *(Concerto)* und einer ihr entsprechenden Vokal-Form, der Arie. Das beiden Typen gemeinsame neue Moment besteht in der Verfeinerung eines tonalen Empfindens, das den Formbau der Konzerte von Meistern wie Torelli, Corelli und Vivaldi, wie der neuen italienischen Opernkomposition von Alessandro Scarlatti (1660–1725), in nie dagewesener Weise beherrscht. – Unter tonalem Empfinden verstehen wir zunächst die Konzentration auf ein beschränktes tonales Material (»Tonart«), dann das Gewahrwerden von Spannungen beim Übertreten der gegebenen tonalen Grenzen, endlich das Bedürfnis nach Entspannung, durch Wiederherstellung der tonalen Stabilität. Das stabilste Element einer Tonart ist die Tonika und der auf ihr errichtete Dur- oder Mollakkord:

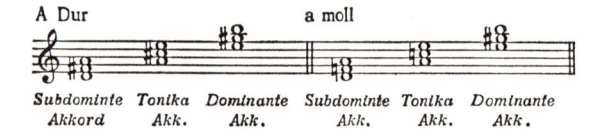

A Dur			a moll		
Subdominte Akkord	Tonika Akk.	Dominante Akk.	Subdominte Akk.	Tonika Akk.	Dominante Akk.

In unmittelbarster tonaler Beziehung zu ihr steht die oberste Quinte (Dominante) und untere Quinte (Subdominante). Die auf diesen drei Stufen ruhenden Dur- oder Moll-Dreiklänge liefern den harmonischen Grundstock und ebenfalls die melodischen Bausteine einer Tonart. Wir sahen, wie diese Beziehungen schon die Struktur mancher Kadenzform um 1500 bestimmten. Auch über weitere Strecken gab die Beziehung Tonika (zum Beispiel *c*)-Dominante (*g*)-Tonika etlichen zweiteiligen Tanzformen des 16. Jahrhunderts ihr Gepräge. Eine derartig formbildende Kraft besitzen die tonalen Spannungen im 18. Jahrhundert in ständig zunehmender Weise. Das Bewußtsein für die Quintenbezüge zwischen den Tönen (oder Akkorden) erweitert sich so sehr, daß endlich alle Töne der chromatischen Tonleiter in einem »Quintenzirkel« aufeinander bezogen werden können.

Das bedeutet freilich auch schon wieder eine Gefährdung des tonalen Empfindens: Durch allzu starke Spannungen, allzu weite Entfernungen im Quintenzirkel, von der Tonika, geht die Erinnerung an letztere leicht verloren, das tonale Zentrum verschiebt sich im Bewußtsein des Hörers (zum Beispiel wird ein Dur-Dreiklang auf *h* nicht länger auf *c*, sondern als Dominante auf *e* bezogen) – eine »Modulation« findet statt.

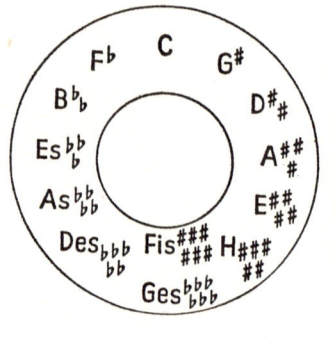

Die Formen des 18. Jahrhunderts sind in ganz anderem Ausmaße modulatorisch als etwa die Suiten, die Passacaglien und Variationen des 17. Und eben durch ihre modulatorischen Ausbuchtungen gewinnen diese Formen an Umfang, wobei die tonalen Beziehungen den inneren Zusammenhang gewährleisten. – Und noch ein anderes strukturelles Mittel verbürgt die Einheit der immer ausgedehnteren Sätze: eine neue Art der rhythmischen Bewegung, die in motorischem Gleichmaß die Komposition weitertreibt. Das gilt besonders für den sogenannten *Stile concertato*; hier beschränkt sich das thematische Material meist auf ein Minimum; oft genügt ein aus wenigen Tönen bestehendes Motiv zur Verarbeitung über eine Strecke von hundert Takten oder mehr.

In die Reifezeit der Tonalität fällt das Wirken vier überragender Meister, die sich ihrer Herkunft nach ebenso wie in ihren künstlerischen Bestrebungen stark voneinander unterscheiden: J. P. Rameau (1683–1764), Domenico Scarlatti (1685–1757), G. F. Händel (1685 bis 1759) und J. S. Bach (1685–1750). Der Franzose steht in der Tradition der Lullyschen Oper, der er durch sein feines tonales Empfinden neue künstlerische Kräfte zuführt; auch für die Instrumentation des 18. Jahrhunderts hat Rameau Entscheidendes geleistet, in der Festlegung des modernen (fünfstimmigen) Streichersatzes und seinem wirkungsvollen Gebrauch der Holz- und Blechbläser. Ausgangspunkt für den Italiener sind die zweiteiligen Tanzformen; kühnste Experimentierlust auf der Ebene der Tonalität demonstrieren Scarlattis Cembalo-Sonaten. Händel, aus Halle an der Saale, schöpfte aus der Quelle seines musikalischen Jahrhunderts: Er begab sich (1706–1710) nach Rom und Neapel, nachdem er schon ein Jahr zuvor eine Oper *(Almira)* zur Hamburger Bühne beigesteuert. In persönlichem Umgang mit Corelli, den beiden Scarlattis und einer Anzahl anderer italienischer Komponisten vervollkommnet Händel, während seiner langen Italienreise, seine Meisterschaft in der Oper, der Kantate und in der Konzertform. Eine solch unmittelbare Kontaktnahme mit dem italienischen Musikleben war Bach, dem Thüringer Organisten, nie vergönnt; aber seinen Mangel an Welterfahrung hat der junge Bach wettgemacht durch die unermüdliche Abschrift (heimlich und gegen den Willen seines konservativen Vormunds) von italienischen Partituren. Bachs Licht hat nicht den europäischen Opernbühnen seiner Zeit geschienen; um so glänzender scheint es der Nachwelt.

Bachs Musik ist wie eine Enzyklopädie der Tonkunst von den Anfängen bis in das 18. Jahrhundert. Sucht man eine Probe der *cantus firmus*-Technik des Mittelalters? Man hat sie – in Bachs Orgelchorälen und Choralkantaten, wohin diese Technik, über die Tradition der franko-flämischen Schule und der lutherischen Orgelkomposition des 17. Jahrhunderts, ihren Weg gefunden. Wünscht man Einblicke in die kontrapunktische Technik des 16. Jahrhunderts? Auch hiermit hat Bach aufzuwarten – als Kenner (und Bearbeiter) Palestrinas wie als Spätrepräsentant der (um 1700 in der italienischen Trio-Sonate und Konzertform vollzogenen) »kontrapunktischen Restauration«. Italienisches Seicento: Affektenlehre, Rezitativ, barocke »Raum-Musik« – nichts davon, das seinen Eindruck auf Bach verfehlt und nicht seinen Niederschlag in Bachs Werk gefunden hätte. Die charakteristischen, weiter oben beschriebenen Formen und Stilarten der Instrumentalmusik: fast alle begegnen bei Bach. Er schreibt »französisch« in seinen Tanzsuiten und Ouvertüren oder »italienisch« in den Konzerten und Sonaten; oder er wird, im Orgelwerk, zum norddeutschen Mystiker. Die Erfindung neuer, revolutionärer Techniken und Formen war Bachs Sache nicht. Mit Eklektizismus darf seine unermüdliche Aufnahmebereitschaft indessen nicht verwechselt werden: Man entnehme doch einer Bachschen Partitur nur eine einzelne melodische Linie, und Bachs Persönlichkeit wird sich zu erkennen geben, in der Intensität des Stimmungsgehalts, in der motivischen Konzentration – wie immer auch der jeweilige Stil geartet sei. In seiner Fähigkeit, die Möglichkeiten der Tonalität auszuschöpfen, in seiner Herstellung tonaler Spannungen übertrifft Bach alle seine Zeitgenossen.

Das Beispiel aus Bachs Choralkantate »Wie schön leuchtet der Morgenstern« gebe eine Vorstellung nicht allein von der Höhe, welche die Tonkunst in der ersten Hälfte des 18. Jahrhunderts mit Bach erreicht, auch von der historischen Vielschichtigkeit dieser Kunst. Text und Melodie des Chorals stammen, wie so häufig, aus dem 16. Jahrhundert: ein in schlichter, kraftvoller Melodik gehaltenes Loblied Mariae. Nur die Komponenten des Dur-Dreiklangs *(f a c)* dienen dieser Melodie als kadenzielle Ruhepunkte. In seiner Bearbeitung exponiert Bach jeden der sechs Choral-Abschnitte getrennt, wobei die Melodie jeweilig als *cantus firmus*, in »Pfundnoten«, im Sopran erscheint, während die drei Unterstimmen in rascherem Schritt anderes (wenngleich verwandtes) Material behandeln, ganz nach Art der alten Motette, in hin und her schweifender kontrapunktischer Nachahmung. Noch

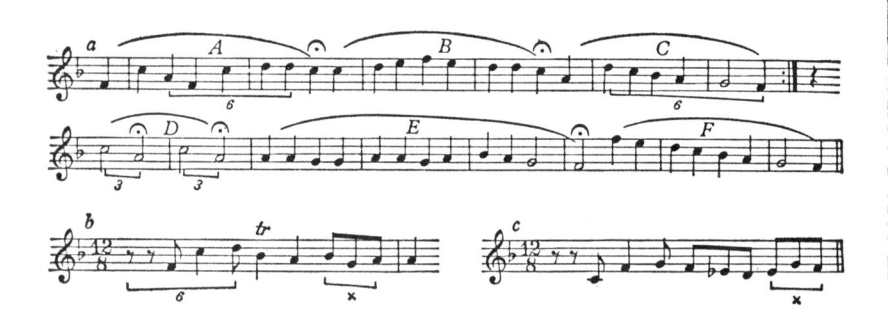

durch ein weiteres Mittel werden die Chorabschnitte voneinander abgehoben: durch die Heranziehung eines rivalisierenden Klangkörpers, ein aus zwei Hörnern, zwei Tenoroboen *(di caccia)*, zwei Soloviolinen, Streicherensemble und Continuo bestehendes Orchester. Dieses übernimmt die Einleitung mit einem Thema, welches mehrfach wiederkehren wird, ein *Ritornell*. Wäre das Stück eine Suite, so könnte man denken, daß die in dem Orchester-Ritornell angestimmte Melodie, mit ihrer wellenförmigen Bewegung und dem schaukelnden Rhythmus, irgendeinem alten *Pastorale* oder *Siciliano* entnommen sei, eine Vermutung, der Bach durch die Verwendung der Hörner und Oboen Vorschub leistet. Bei genauerer Betrachtung jedoch erweisen Ritornell und Choral sich als thematisch verwandt: Motivisches Bindeglied sind die im Bau des Chorals prominenten Intervalle der Sexte und Terz, auf die Bach im Ritornell immer wieder anspielt. Das sich hier entfaltende motivische Leben ist wahrlich ebenso köstlich wie kompliziert – als eine kleine Probe nur der Eintritt

der unteren Chorstimme: Hier wird die motivische Beziehung vom Chor zum Ritornell
hergestellt, zuerst durch eine freie Transposition von dessen Anfang, dann durch Umkehrung der Schlußfloskel. Nach ähnlich feinen motivischen Spielen kann man bei Bachs
Zeitgenossen lange suchen.

Im Laufe des Satzes kommt es an den Tag, daß den Ritornellteilen noch eine weitere
wichtige Aufgabe zuteil wird: Bach bedient sich ihrer, um uns auf Ausflüge, fort von der
F-Dur-Tonika, zu nehmen – das heißt, wozu die Choralmelodie selbst wenig ermutigt, das
wird durch das Ritornell erreicht: die Modulation. Folgendes Modulationsschema ergibt
sich in der Gesamtstruktur des Satzes

	‖:Rit	A	Rit	B	Rit	C:‖	Rit	D	Rit	E	Rit	F	Rit
Tonarten:		F		C		F		d Moll		d Moll		modulatorisch F	

(*A–F* bezeichnet die verschiedenen Abschnitte des Chorals, *Rit.* die aus dem Ritornell-Material
erbauten Instrumentaleinlagen)

Ohne diesen modulatorischen Reichtum hätte Bach kaum die Komposition auf hundertneunzehn Takte und über zehn Minuten ausdehnen können. – Nach der Art eines gewiegten
Dramatikers spart Bach sich eine besondere Wirkung und Pointe für den letzten Choralabschnitt auf: eine Stimme nach der anderen bereichert hier, in stets ansteigender Folge,
den harmonischen Satz, bis endlich, alle überstrahlend, der Sopran auf dem höchsten F
die Worte »*Hoch* und sehr prächtig« intoniert. Man fühlt sich an die (früher beschriebenen)
Motetten Josquins erinnert.

Mit dieser Kantate steht Bach in der Tradition des lutherischen Orgelchorals. Nichtsdestoweniger konnte nur ein Komponist des 18. Jahrhunderts dies Stück schreiben. Seine
Ritornell-Anlage ist den neusten italienischen Konzertformen nachgebildet. Mit letzteren
hat Bach sich eingehend beschäftigt (in seinen Bearbeitungen Vivaldis und anderer Italiener). Sowohl das modulatorische Verfahren wie die motivische Arbeit in dieser Kantate
wären noch wenige Jahrzehnte früher undenkbar gewesen.

Wir haben gesehen, wie Bachs Werk – und kaum weniger allerdings Händels oder Rameaus – schon bald nach 1730 bei den »fortschrittlich« gestimmten Geistern als schwer
verdaulich und deshalb als »veraltet« galt. Zu der zwischen etwa 1720 und 1740 beobachteten allgemeinen Geschmacksveränderung, aus dem »galanten« Wesen der Zeit und, damit
verbunden, aus dem Geist der Oper, hier nur folgende Nachträge: Kurz nach der Jahrhundertwende war die Führung der italienischen Oper von Venedig auf Neapel übergegangen. In der neapolitanischen Schule (sie hat ihre Anhänger in ganz Europa, in Deutschland vornehmlich Johann Adolf Hasse, 1699–1783) vereinen sich, unter der Losung der
Vaghezza alle Elemente des »galanten« Stils: Bevorzugung der Dur-Tonarten (fast bis zum
völligen Ausschluß der »gefühlsbelasteteren« Moll-Tonarten), uneingeschränkte Herrschaft
der »Melodie«, worunter man eine simple, gefällige, oft wohl etwas kurzatmige *Kantilene*
versteht, zu deren Unterstützung, an Stelle der verpönten Kontrapunktik, eine farblose
harmonische Begleitung dient.

Bei allen seinen offensichtlichen künstlerischen Grenzen ist der neapolitanische Stil von
größter historischer Bedeutung und Entwicklungsfähigkeit. J. S. Bachs jüngster Sohn,

Johann Christian (1735–1782), der italienische »Operist« unter den Bachs, hat ihn an W. A. Mozart weitergegeben; auch seine Bewunderung für Hasse hat Mozart bekannt. Christoph Willibald Gluck (1740–1787) rechnete zu den »Hasseanern«, ehe er, im Rückanschluß an die französische *tragédie lyrique*, seinen eigenen, besonderen Weg zum monumentalen »neobarocken« Musikdrama findet. Aber noch mehr: auch für die Entwicklung der reinen Instrumentalmusik werden neapolitanische Techniken vorbildlich. Das gilt zumal für die Orchestersymphonie, welche, der Oper entwachsen, um die Jahrhundertmitte am Mannheimer Hof durch den böhmischen Komponisten (und Geiger) Johann Stamitz (1717–1757) und seine Schule erstmalig zu Ehren kommt. Besonders in einem wichtigen Punkte ist die neapolitanische *opera buffa* den Mannheimern vorangegangen: in der künstlerischen Auswertung der Dynamik, nicht nur der verschiedensten Lautstärken, von *pianissimo* zu *fortissimo*, auch im allmählichen Anschwellen *(crescendo)* des Klangs. In ihrer orchestralen Klangkultur hat freilich die Mannheimer Schule alle früheren Leistungen auf dieser Ebene weit hinter sich zurückgelassen.

Das für den Geist des »Sturm und Drang« so bezeichnende neue Interesse für dynamische Kontraste und Nuancen hat zur Heranbildung eines Tasteninstruments beigetragen, welches das alte Cembalo allmählich fast ganz verdrängen sollte: *Fortepiano* nannte man es, passenderweise (später: *Pianoforte*). Zum ersten Meister dieses Instruments macht sich Carl Philipp Emanuel Bach (1740–1788) – vielleicht die bedeutendste, gewiß die eigenwilligste Künstlerpersönlichkeit unter den Bach-Söhnen. – Kontraste bestimmen allgemein im späteren 18. Jahrhundert die Instrumentalformen: Kontraste in der Dynamik, ebenso in der Thematik und den Tonarten. Im Zeichen des Kontrastprinzips wurde schon vor 1760 die klassische Satzfolge der Symphonie festgelegt: 1. Satz, Allegro (ausgedehnte Abart der zweiteiligen Form); 2. Satz, Langsam (meist einfachere zweiteilige Form); 3. Satz, Menuett und Trio (jeweilig einfache zweiteilige Form); 4. Satz, Schnell (häufig Rondo).

Es sei hier noch einmal hingewiesen auf die Mannigfaltigkeit der »Schreibweisen« und »Manieren« im kompositorischen Schaffen der Jahrhundertmitte. Man schrieb etwa:

> Kirchenmusik – im alten Fugenstil, mit *Continuo*
> Opern und Kantaten – im italienischen Vokalstil, mit *da capo*-Arien
> Divertimenti – mit kleinen Märschen und Tänzen, nach der Art der alten Suite
> Konzerte – mit Ritornellen und der Gegenüberstellung von *solo* und *tutti*
> Symphonien – nach dem Muster der Mannheimer, mit allen von ihnen erprobten Orchestereffekten.

Zwei Österreichern, Joseph Haydn (1732–1809) und Wolfgang Amadeus Mozart (1756 bis 1791), blieb es vorbehalten, den verwirrenden Reichtum an Formen, Stilarten, geistigen Haltungen zur Synthese und somit zur höchsten künstlerischen Erfüllung zu bringen. Der Werdegang beider Meister vollzieht sich unter ähnlichen geistigen Voraussetzungen und ist ähnlichen Gefahren ausgesetzt: Da ist die Verlockung, es sich im »galanten« Stil bequem zu machen, sich im orchestralen Feuerwerk der Mannheimer zu verausgaben oder dem faszinierenden Persönlichkeitsstil eines C. Ph. E. Bach oder Gluck nachzueifern. – Haydn ist es als erstem gelungen, aus dem Labyrinth stilistischer Möglichkeiten seinen Weg zu finden, bis endlich, in seinem Spätwerk, nicht länger mehr die Rede sein kann von dieser oder jener Manier: was immer der ältere Haydn produziert, ist in der »Haydn'schen Manier«.

Sein eigentlichstes Gebiet ist die Symphonie und die Komposition für ein kleineres Streicherensemble (dessen Vorläufern wir bereits im 16. Jahrhundert begegneten): das Streichquartett. Man hat diese letztere Musizierform treffend als eine »intime Unterhaltung« zwischen vier gleichgestellten »Partnern« bezeichnet. Von solch satztechnischer Ausgewogenheit sind Haydns früheste Quartette (von etwa 1760) freilich noch weit entfernt; die Behandlung der Mittelstimmen steht noch deutlich im Bann der Continuo-Technik. In seinen Quartetten Opus 20 (1772) versucht Haydn das Gleichgewicht zwischen den Stimmen durch polyphone Arbeit (Fugen in den Schlußsätzen) herzustellen – auf Kosten der Spontaneität und des Charmes der »Unterhaltung«. Haydn tut den entscheidenden Schritt in der Richtung des klassischen Quartett-Satzes, ja der klassischen Musik überhaupt, in den Quartetten Opus 33 (1781), von denen er selbst meinte, sie seien »auf eine ganz neue, besondere Art« geschrieben. Melodiöse Thematik, meisterhafte Kontrapunktik und harmonisches Momentum halten sich dort in vollkommener Weise die Waage – eine Ausbalanciertheit, die man seither als »Obligat-Stil« bezeichnet hat. (Beethoven soll später gesagt haben, er sei als »Obligat-Komponist geboren« – was er hinzuzufügen versäumte, war: dank dem Beispiel Joseph Haydns.)

Die vier »Gesprächspartner« sind hier wahrlich »gleichgestellt«, und ihre »Unterhaltung« ist ebenso witzig wie volkstümlich, »galant« und gelehrt. Die gelehrte Grazie dieser Kompositionen hat ihren Eindruck auf Mozart nicht verfehlt: Das zeigen seine 1782 bis 1785 komponierten (und Haydn gewidmeten) Streichquartette; auch die Klavierkonzerte der achtziger Jahre, in denen Mozarts Kunst ihre hehrsten Höhen erreicht. Das Solokonzert, vordem ein kompositorisch wenig anspruchsvoller Zweig der Instrumentalmusik, absorbiert durch Mozart den neuen »Obligat-Stil« (im fein ausgewogenen Wechselspiel zwischen Solisten und Orchester, vorzüglich auch in der sensitiven Behandlung der Holzbläser) und füllt sich so mit ganz neuem dramatischem Gehalt. Unnachahmlich wie seine Meisterschaft des Konzerts ist Mozarts Opernschaffen (Singspiel, *opera seria* und *buffa*). Haydn wußte ihm früh hohen Tribut zu zollen, als er (1787) den jüngeren Freund an Stelle seiner selbst der Prager Oper empfahl. Man solle »den teuren Mann festhalten«, schrieb Haydn nach Prag, »– aber auch belohnen, denn ohne dieses ist die Geschichte großer Genies traurig und gibt der Nachwelt wenig Aufmunterung zum ferneren Bestreben«. Während Haydn das Glück hatte, von seiner Zeit als »einer unserer größten Männer« erkannt zu werden (E. L. Gerber über Haydn, 1790), fand Mozart, der Meister der »öffentlichen« Kompositionsgattungen *par excellence* (Konzert und Oper), nur zeitweilig den Zugang zum breiteren Publikum; besonders in seinen letzten Lebensjahren beschränkte sich sein persönlicher Wirkungskreis auf wenige Freunde, und er starb in Armut.

Als kurz nach Mozarts Tod der junge Ludwig van Beethoven (1770–1827) von seiner Heimatstadt Bonn nach Wien aufbrach, schrieb sein Gönner, Graf Waldstein, in Beethovens Stammbuch: »Durch ununterbrochenen Fleiss erhalten Sie Mozarts Geist aus Haydns Händen« – ein schöner, frommer Spruch, wenngleich er auch teils zuviel, teils zuwenig aussagt: zuviel, weil Mozarts dem Menschlichen schon fast entrückte Vollkommenheit selbst durch Haydns Vermittlung sich nicht »erhalten« ließ; zuwenig, weil gerade Haydns sehr irdisches, sehr un-mozartisches Ringen nach Neugestaltung überlieferter Musizierformen der revolutionären Generation, die ihm folgte, in sich selbst so vieles bedeuten mußte. Als Wegweiser dieser Generation (und vieler kommender) überführt Beethoven die Musikgeschichte in eine Epoche, deren Erörterung nicht im Rahmen unserer Abhandlung liegt. In mehr als einer Hinsicht sprengt Beethovens künstlerische Dynamik alle musikalischen Grenzen des 18. Jahrhunderts – nicht zuletzt durch die unerhörten tonalen Spannungen und Dimensionen seiner Modulation. Allein ein Vergleich zwischen den Ausmaßen und Proportionen dreier Symphoniesätze (erste Sätze) von Stamitz, Mozart und Beethoven mag das andeuten: man beachte dabei besonders die zunehmende Ausdehnung des modulatorischen »Durchführungs«-Teiles:

Stamitz: Sinfonia a 8, in D, um 1755

Exposition	*Durchführung*	*Reprise*
58 t.	24 t.	56 t.

Mozart: Symphonie No. 41 in C (Jupiter), 1788

Exposition	*Durchführung*	*Reprise*
120 t.	68 t.	125 t.

Beethoven: Symphonie No. 3 in Es Dur (Eroica), 1803–1804

Exposition	*Durchführung*	*Reprise*	*Coda*
152 t.	246 t.	158 t.	135 t.

Beethovens riesenhafter tonaler Bau trägt sein eigenes Drama in sich; er entzieht sich aller Erklärung in der Terminologie der herkömmlichen Ästhetik. Nicht so ganz zu Unrecht meinten die Romantiker, es enthülle sich in dieser Kunst das »Unaussprechliche«.

UNIVERSALGESCHICHTE
IN STICHWORTEN

NAMEN- UND SACHREGISTER

QUELLENVERZEICHNIS
DER ABBILDUNGEN

UNIVERSALGESCHICHTE IN STICHWORTEN

1505

POLITIK König *Emanuel I.* von Portugal (36) ernennt *Francisco d'Almeida* (etwa 55) zum ersten Vizekönig in Ostindien. Die Konstitution von Radom (Statut »Nihil novi«) bindet den polnischen König bei Gesetzen an die Zustimmung der Schlachta.

LITERATUR *Jakob Wimpheling* (55) »Epitoma rerum Germanicarum«, erste deutsche Geschichte. *Pietro Bembo* (35) Dialoge »Asolani«.

KUNST *Adam Krafft* (etwa 45) Sieben Kreuzwegstationen (Steinreliefs) in Nürnberg (bis 1508). Papst *Julius II.* beruft *Michelangelo* (30) nach Rom und erteilt ihm den Auftrag zum Juliusgrabmal.

WIRTSCHAFT *Jakob Fugger, der Reiche* (46), bezieht auf dem neuen Seeweg Gewürze aus Ostindien.

1506

POLITIK Nach dem Tode *Philipps des Schönen* (28) übernimmt *Maximilian I.* (47) für seinen Enkel *Karl* (6) die Regentschaft in den Niederlanden und König *Ferdinand* von Aragon (54) in Kastilien. Herzog *Albrecht IV.* (59) legt die Unteilbarkeit Bayerns und die Primogenitur fest. Papst *Julius II.* (63) unterwirft Perugia und Bologna.

KULTUR Kurfürst *Joachim I.* von Brandenburg (22) gründet die Universität Frankfurt/Oder.

LITERATUR *Johannes Reuchlin* (51) »Rudimenta hebraica«, Lehrbuch der hebräischen Sprache.

KUNST *Albrecht Dürer* (35) »Rosenkranzaltar«. *Leonardo da Vinci* (54) vollendet »Mona Lisa«. Auffindung der antiken Laokoon-Marmorgruppe in Rom. *Bramante* (62) beginnt Neubau der Peterskirche in Rom.

1507

POLITIK *Maximilian I.* behält Habsburg durch Heiratsverabredung mit König *Ladislaus* (51) die Nachfolge in Böhmen und Ungarn vor (12.11.). Portugal besetzt Mozambique, Sokotra und Lamu (bis 1520 fast die ganze ostafrikanische Küste).

KULTUR Bamberger Halsgerichtsordnung des Landhofmeisters *Johann von Schwarzenberg* (44).

KUNST *Dürer* (36) »Adam und Eva«. *Raffael* (24) »Grablegung Christi«. *Peter Vischer d. Ä.* (etwa 47) beginnt Sebaldusgrab in Nürnberg.

WISSENSCHAFT *Martin Waldseemüller* (etwa 37) »Cosmographiae universalis introductio« (Erste Nennung »Americas«).

1508

POLITIK *Maximilian* (49) nimmt als erster deutscher König den Titel »Erwählter römischer Kaiser« an (6.2. in Trient). Liga von Cambrai zwischen *Maximilian, Ludwig XII.* (46) und *Ferdinand dem Katholischen* (56), der Papst *Julius II.* (65) 1509 beitritt, gegen Venedig (10.12.). *Jakob Fugger* (49) wird geadelt.

LITERATUR *Lodovico Ariosto* (34) »Cassaria« (Komödie).

KUNST *Michelangelo* (33) Deckenfresken in der Sixtinischen Kapelle des Vatikans (bis 1512). *Raffael* (25) von *Julius II.* nach Rom berufen. Fresken in den Stanzen des Vatikans (bis 1517). Beginn der Arbeit am Maximiliansgrab in der Hofkirche zu Innsbruck.

1509

POLITIK *Heinrich VIII.* (18) folgt seinem Vater *Heinrich VII.* (52) als König von England. Die Spanier erobern Oran. *Almeida* (etwa 59) vernichtet die ägyptische Flotte bei Diu. Die Ligatruppen besiegen die Venezianer bei Agnadello (14.5.). Florenz unterwirft erneut Pisa.

KULTUR *Ulrich Tengler* (etwa 49) »Laienspiegel« (volkstümliches Rechtsbuch). Annaberger Bergordnung.

LITERATUR *Erasmus von Rotterdam* (43) »Encomion morias seu laus stultitiae«. *Heinrich Bebel* (37) »Facetiae« (Schwänke). *Lodovico Ariosto* (35) »Suppositi« (Komödie).

KUNST *Lucas Cranach d. Ä.* (37) »Venus und Amor«. *Albrecht Dürer* (38) Frankfurter Altar für *Jakob Heller*. *Raffael* (26) »Madonna Alba«. *Fugger*-Kapelle bei St. Anna in Augsburg (bis 1518).

1510

POLITIK Hamburg wird als freie Reichsstadt anerkannt. *Albuquerque* (57) erobert Goa, das zum Zentrum der portugiesischen Besitzungen in Indien ausgebaut wird. Die Handelsrepublik Pskow (Pleskau) wird dem Großfürstentum Moskau eingegliedert. Der Mönch *Filofej* aus Pskow entwickelt um diese Zeit die Lehre von Moskau als dem »Dritten Rom«.

LITERATUR *Erasmus von Rotterdam* »Institutio Christiani principis« (Staatslehre). *Geiler von Kaisersberg* (65) Predigtsammlung »Der Seelen Paradies«.

KUNST *Albrecht Altdorfer* (etwa 30) »Ruhe auf der Flucht«. *Hans Baldung* (etwa 36) »Die Hexen« (Holzschnitt). Villa Farnesina in Rom.

TECHNIK *Peter Henleins* (etwa 30) erste Taschenuhr.

1511

POLITIK Heilige Liga zwischen *Julius II.* (68), *Ferdinand dem Katholischen* (59) und Venedig, der sich *Heinrich VIII.* (20) und *Maximilian I.* (52) anschließen, zur Vertreibung der Franzosen aus Italien. *Diego Velázquez de Cuéllar* (46) nimmt Kuba für Spanien in Besitz. *Albuquerque* (58) erobert Malakka für Portugal. Die Moldau gerät unter türkische Tributherrschaft.

KULTUR Beginn des Streits zwischen *Johannes Reuchlin* (56) und den Kölner Dominikanern um die jüdischen Bücher.

KUNST *Mathias Grünewald* (etwa 46) »Isenheimer Altar« (bis 1515). *Quentin Massys* (45) Passionsaltar in Antwerpen. *Albrecht Dürer* (40) vollendet Holzschnittfolgen »Große« und »Kleine Passion« und »Marienleben«. *Fra Bartolommeo* (39) »Verlobung der hl. Katharina«.

1512

POLITIK Auf dem Reichstag zu Köln wird das Reich ohne Böhmen und Schweiz in zehn Landfriedenskreise eingeteilt. Sieg der Franzosen über die Ligatruppen bei Ravenna (11.4.). Die mit *Julius II.* (69) verbündeten Schweizer unter Kardinal *Matthäus Schiner* (etwa 47) vertreiben die Franzosen aus Italien. *Massimiliano Sforza* (21) wird Herzog von Mailand. Parma und Piacenza fallen an den Kirchenstaat. Die *Medici* werden wieder in Florenz eingesetzt. *Ferdinand* von Aragon (60) besetzt das mit Frankreich verbündete Königreich Navarra. Die Portugiesen erobern die Molukken.

KULTUR Beginn des 18. allgemeinen Konzils, des 5. Laterankonzils (10.5., bis 1517).

LITERATUR *Thomas Murner* (37) Satiren »Narrenbeschwörung« und »Schelmenzunft«.

KUNST *Albrech' Dürer* (41) vollendet Kupferstich-Passionszyklus. *Albrecht Altdorfer* (etwa 32) »Geburt Christi«. *Sodoma* (35) Fresken »Geschichte Alexanders des Großen« in der Villa Farnesina in Rom.

WIRTSCHAFT Antimonopolgesetz des Kölner Reichstages.

1513

POLITIK Bundschuhverschwörung unter *Jos Fritz* (etwa 43) im Breisgau. Der Sieg der Schweizer bei Novara (6.6.) zwingt die Franzosen zum Verlassen Italiens. Sieg *Maximilians I.* (54) und *Heinrichs VIII.* (22) über die französischen Truppen in der »Sporenschlacht« bei Guinegate (16.8.). Der mit Frankreich verbündete König *Jakob IV.* (40) von Schottland fällt bei Flodden Field gegen die Engländer (9.9.); ihm folgt sein Sohn *Jakob V.* (1, bis 1542). *Juan Ponce de León* (53) nimmt Florida für Spanien in Besitz. *Núñez de Balboa* (38) durchquert die Landenge von Panama bis zur Westküste.

KULTUR Nach dem Tod *Julius' II.* (70) folgt Kardinal *Giovanni de' Medici* (38) als Papst *Leo X.* (bis 1521).

LITERATUR *Konrad Celtis* (gest. 1508) »Oden«. *Niccolò Machiavelli* (44) »Il Principe« (»Der Fürst«, gedruckt 1532).

KUNST *Albrecht Dürer* (42) Kupferstich »Ritter, Tod und Teufel«. *Raffael* (30) »Sixtinische Madonna« (um 1513). *Peter Vischer d. Ä.* (58) Bronzestatuen am *Maximilians*-Grab zu Innsbruck (*Theoderich* und König *Artus*). *Michelangelo* (38) Figuren für das *Julius*-Grab: zwei Sklaven und Moses.

1514

POLITIK Herzog *Ulrich* von Württemberg (27) schlägt die Bauernerhebung des »Armen Konrad« nieder. Tübinger Vertrag zwischen Herzog und Landtag, Grundlage des württembergischen Verfassung. *Johann Zápolya* (27), Woiwode von Siebenbürgen, unterdrückt einen ungarischen Bauernaufstand unter *Dózs* (etwa 40). Der ungarische Adel läßt seine Vorrechte im »Tripartitum« fixieren. Im Krieg gegen Polen-Litauen nimmt *Wasilij* von Moskau (35) Smolensk. Sultan *Selim I.* (etwa 47) besiegt die Perser bei Dschaldiran und zieht in Täbris ein.

KULTUR *Albrecht* von Brandenburg (24), Bischof von Mainz, Magdeburg und Halberstadt, erlaubt den Verkauf des Ablasses für den Neubau der Peterskirche. Die *Fugger* sichern sich den Vertrieb des Ablasses in Deutschland.

KUNST *Albrecht Dürer* (43) »Melancholie« und »Hieronymus im Gehäus« (Kupferstiche), Randzeichnungen zu Kaiser *Maximilians* Gebetbuch. *Raffael* (31) »Madonna della Sedia« (um 1514). Entwurf zum Palazzo Vidoni. Schloß Saint-Germain-en-Laye.

1515

POLITIK Herzog *Karl* (15) übernimmt nach Proklamation seiner Großjährigkeit (5.1.) die Regierung in Burgund. Verständigung *Maximilians I.* (56) mit den jagiellonischen Brüdern König *Ladislaus* (58) von Böhmen und Ungarn und König *Sigismund* von Polen (48). Auf *Ludwig XII.* (53) folgt sein Vetter *Franz I.* (21) als König von Frankreich (1.1., bis 1547). Er besiegt die Schweizer bei Marignano (13./14.9.) und besetzt Mailand. Kardinal *Thomas Wolsey* (etwa 42) wird als Lordkanzler Leiter der englischen Politik.

KULTUR *Las Casas* (41) brandmarkt in Spanien die grausame Behandlung der Indianer.

LITERATUR Erster Teil der »Epistolae obscurorum virorum« (»Briefe der Dunkelmänner«), hauptsächlich von *Crotus Rubianus* (etwa 35). »Weißkunig« *Maximilians I.*, verfaßt von *Marx Treitzsaurwein*.

KUNST *Tizian* (etwa 26) »Himmlische und irdische Liebe«, »Zinsgroschen« (um 1515). *Correggio* (26) »Madonna des hl. Franz«. *Raffael* (32) Villa Madama in Rom. Flügel *Franz'* I. am Schloß von Blois (bis 1519). Schloß Hampton Court bei London.
WISSENSCHAFT *Johannes Schöners* (38) ältester Globus. *Juan Díaz de Solís* entdeckt den La Plata.

1516

POLITIK Nach dem Tod *Ferdinands* von Aragon (64) erbt sein Enkel *Karl* von Burgund (16) die spanischen Königreiche als König *Karl I.* Er schließt mit *Franz I.* (22) den Frieden von Noyon (13.8.), dem *Maximilian I.* (57) im Vertrag von Brüssel (3.12.) beitritt: Frankreich behält Mailand. »Ewiger Frieden« der Schweizer mit *Franz I.* (12.11.). Ehevertrag zwischen Erzherzog *Ferdinand* von Österreich (13) und *Anna* von Ungarn (13).

KULTUR *Erasmus* (50) gibt griechisches Neues Testament mit lateinischer Übersetzung heraus. Konkordat zwischen Papst *Leo X.* (41) und *Franz I.* (22), dessen Herrschaft über die französische Kirche anerkannt wird.

LITERATUR *Thomas Morus* (38) »Utopia«. *Lodovico Ariosto* (42) »Orlando furioso« (»Der rasende Roland«).

KUNST *Albrecht Dürer* (45) »Michael Wolgemut«. *Hans Baldung* (32) vollendet Hochaltar im Freiburger Münster. *Tizian* (etwa 27) Altarbild der »Assunta« in der Frarikirche zu Venedig.

1517

POLITIK *Karl I.* (17) betritt sein spanisches Reich. Bundschuhverschwörung am Oberrhein unter *JosFritz* (etwa 47). Die Portugiesen setzen sich auf Ceylon fest und betreten das chinesische Festland bei Kanton. Sultan *Selim I.* (50) besiegt die Ägypter bei Kairo und erobert Ägypten.

KULTUR *Martin Luther* (34) schlägt 95 lateinische Thesen gegen den Mißbrauch des Ablaßhandels an die Tür der Schloßkirche zu Wittenberg (31.10.). Das Laterankonzil endet ohne Reformprogramm (16.3.).

LITERATUR Zweiter Teil der Dunkelmännerbriefe unter maßgeblicher Mitarbeit *Ulrich von Huttens* (29) zur Verteidigung der Humanisten. »Theuerdank«, autobiographisch-allegorische Versdichtung *Maximilians I.* (58). *Hans Sachs* (23) »Das hofgesind Veneris«, erstes Fastnachtsspiel.

KUNST *Matthias Grünewald* (etwa 52) »Maria-Schnee-Altar«. *Hans Baldung* »Der Tod und das Mädchen«. *Veit Stoß* (etwa 72) »Englischer Gruß« in St. Lorenz zu Nürnberg.

WIRTSCHAFT Erstes Privileg *Karls I.* für den Negersklavenhandel von Afrika nach Amerika.

1518

POLITIK *Karl I.* von Spanien bestellt den Piemontesen *Mercurino de Gattinara* (53) zu seinem Großkanzler.

KULTUR *Martin Luther* verweigert vor dem Kardinallegaten *Cajetan* (49) in Augsburg den Widerruf. *Ulrich Zwingli* (34) wird Leutpriester am Großmünster zu Zürich und beginnt seine reformatorische Tätigkeit.

KUNST *Hans Burgkmair* (45) »Johannes auf Patmos« (Altarbild). *Albrecht Altdorfer* (etwa 38) Altar in St. Florian. *Raffael* (35) »Papst Leo X.«.

WISSENSCHAFT *Adam Riese* (etwa 26) »Rechnung auf der Linihen« (Lehrbuch).

1519

POLITIK Kaiser *Maximilian I.* (60) stirbt. Erben der habsburgischen Länder sind seine Enkel *Karl* (19) und *Ferdinand* (16). *Karl* wird in Frankfurt einstimmig zum deutschen Kaiser *Karl V.* gewählt (28.6., regiert bis 1556). Wahlkapitulation zur Wahrung der Belange des Reiches und der Stände (3.7.). Herzog *Ulrich* von Württemberg (32) wird nach seinem Überfall auf die Reichsstadt Reutlingen vom Schwäbischen Bund vertrieben. (Das Herzogtum kommt 1520 an Österreich.) Der Spanier *Hernán Cortés* (34) landet in Mexiko, zieht zur Hauptstadt Tenochtitlan und bemächtigt sich des Aztekenherrschers *Motecuhzoma*.

KULTUR Disputation zu Leipzig (27.6.—16.7.): Dr. *Johann Eck* (33) gegen *Andreas Karlstadt* (etwa 39) und *Martin Luther* (36). *Jakob Fugger* (60) stiftet in Augsburg die Armensiedlung »Fuggerei«.

LITERATUR *Niccolò Machiavelli* (50) »Discorsi sopra la prima deca di Tito Livio« (gedruckt 1531).

KUNST *Sebastiano del Piombo* (etwa 34) »Auferweckung des Lazarus«. Baubeginn von Schloß Chambord (bis 1550).

WISSENSCHAFT *Fernão de Magelhães* (39) tritt mit fünf Schiffen seine Erdumsegelung an (10.8., Rückkehr eines Schiffes unter *Juan Sebastiano del Cano* [47] am 8.9.1522).

1520

POLITIK *Karl V.* (20) wird in Aachen zum Kaiser gekrönt (23.10.). Aufstand der kastilischen Städte (»Comuneros«). Niederlage und Tod des schwedischen Reichsverwesers *Sten Sture* (28) im Kampf gegen *Christian II.* von Dänemark (39). Die Hinrichtung der Gegner *Christians* (»Stockholmer Blutbad«) führt zum national-schwedischen Aufstand unter dem Adligen *Gustav Wasa* (24).

KULTUR Päpstliche Bulle droht *Martin Luther* (37) wegen Ketzerei den Bann an (15.6.). *Luther* verbrennt sie in Wittenberg (10.12.).

LITERATUR Reformatorische Schriften *Martin Luthers* (37) »An den christlichen Adel deutscher Nation von des christlichen Standes Besserung«, »De captivitate Babylonica ecclesiae«, »Von der Freiheit eines Christenmenschen«. *Ulrich von Hutten* (32) »Vadiscus oder die römische Dreifaltigkeit« (Kampfaufruf gegen Rom). *Erasmus* (52) »Antibarbari« (gegen die

Scholastik). *Jakob Wimpheling* (70) »Gravamina nationis Germanicae« (wider kirchliche Mißstände).

KUNST *Tizian* (etwa 31) »Bacchanal«. *Raffael* (37) »Verklärung Christi«. *Correggio* (31) Gewölbefresken in S. Giovanni Evangelista in Parma (bis 1524). Königliche Grabkapelle am Dom von Krakau von *Bartolomeo Berecci* aus Florenz (bis 1530).

1521

POLITIK Errichtung des Reichsregiments in Nürnberg zur Vertretung des Kaisers (26.5.). *Karl V.* (21) tritt seinem Bruder *Ferdinand* (18) die österreichischen Herzogtümer im Wormser Vertrag ab (28.4.). Beginn des ersten Krieges zwischen *Karl V.* und *Franz I.* (27). Bündnis *Karls* mit *Leo X.* (28.5.). Kaiserliche und päpstliche Truppen vertreiben die Franzosen aus Mailand (19.11.). Sieg der Regierungstruppen über die Comuneros bei Villalar (23.4.). *Hernán Cortés* (36) erobert Mexiko endgültig für Spanien. Sultan *Suleiman II.* (26) nimmt Belgrad ein.

KULTUR *Martin Luther* (38) verweigert auf dem Reichstag zu Worms den Widerruf seiner Lehre (18.4.). Mit dem Wormser Edikt wird er geächtet (8.5.). Er übersetzt auf der Wartburg das Neue Testament. Bilderstürmerbewegung in Wittenberg unter *Andreas Karlstadt* (etwa 41).

LITERATUR *Philipp Melanchthon* (24) »Loci communes rerum theologicarum« (Lehrbuch des evangelischen Glaubens). *Heinrich VIII.* von England (30) »Assertio septem sacramentorum« (Verteidigung des alten Glaubens gegen *Luther*).

KUNST *Lorenzo Lotto* (etwa 41) »Madonna mit Heiligen« in S. Spirito zu Bergamo. *Michelangelo* (46) Grabkapelle der *Medici* (»Neue Sakristei«) in Florenz (bis 1534).

1522

POLITIK Deutsche und spanische Truppen unter *Georg von Frundsberg* (49) besiegen bei Bicocca die Franzosen und die mit ihnen verbündeten Schweizer unter *Arnold Winkelried* (27.4.). Vertrag von Windsor: Bündnis zwischen *Karl V.* und *Heinrich VIII.* (31) gegen Frankreich (16.6.). *Franz von Sickingen* (41), Hauptmann eines Ritterbundes, beginnt die Fehde gegen den Trierer Erzbischof *Richard von Greiffenklau*.

KULTUR Der Wittenberger Reformationsausschuß erläßt eine neue Kirchenordnung. *Martin Luthers* Fastenpredigten gegen die Wittenberger »Schwarmgeister« nach seiner Rückkehr von der Wartburg. Nach *Leos X.* Tode (1521) folgt Kardinal *Adrian Florisz* aus Utrecht (63) als Papst *Hadrian VI.* (bis 1523).

LITERATUR *Thomas Murner* (47) »Von dem großen Lutherischen Narren«. Erster Druck von *Luthers* Übersetzung des Neuen Testaments. *Ulrich Zwingli* (38) »Vom Erkiesen und Freiheit der Speisen« (gegen die Fastengebote).

KUNST *Juan Gil de Hontanón* (22) beginnt den Kathedrale von Segovia.

1523

POLITIK Bündnis zwischen *Karl V.*, *Heinrich VIII.*, Erzherzog *Ferdinand*, *Hadrian VI.*, Venedig, Mailand, Florenz, Genua, Siena und Lucca gegen *Franz I.* (3.8.). Trierische, hessische und pfälzische Truppen erobern die Feste Landstuhl des tödlich verwundeten *Sickingen* (7.5.). *Christian II.* (42) wird vom dänischen Adel mit lübeckischer Unterstützung vertrieben. Zum König von Dänemark wird sein Oheim *Friedrich* von Holstein (52) gewählt (regiert als *Friedrich I.* bis 1533). *Gustav Wasa* (27) beseitigt die dänische Herrschaft in Schweden und wird zum König gewählt (bis 1560): Ende der Kalmarer Union.

KULTUR *Giulio de' Medici* (45) wird zum Papst *Clemens VII.* gewählt (bis 1534).

LITERATUR *Martin Luther* (40) »Von der Ordnung des Gottesdienstes in der Gemeinde«. *Hans Sachs* (29) »Die Wittenbergisch Nachtigall«.

KUNST *Matthias Grünewald* (etwa 45) »Kreuzigung« (um 1523). *Hans Holbein d. J.* (26) Holzschnittfolge »Totentanz« (bis 1525). *Michelangelo* (48) beginnt Biblioteca Laurenziana in Florenz. Kathedrale von Granada begonnen.

1524

POLITIK Im »Regensburger Konvent« verpflichten sich Erzherzog *Ferdinand* von Österreich, die Herzöge von Bayern und süddeutsche Bischöfe zur Durchführung des Wormser Edikts. Beginn der Bauernunruhen mit dem Aufstand der Bauern in der Herrschaft Stühlingen im Südschwarzwald. *Franz I.* (30) besetzt erneut Mailand (26.10.) und verbündet sich mit *Clemens VII.* und Venedig (12.12.). *Giovanni Verrazzano* (etwa 44) aus Florenz erforscht in französischem Dienst die Ostküste Nordamerikas.

KULTUR Gründung des Theatiner-Ordens. *Gustav Wasa* (28) verbietet Annatenzahlungen nach Rom.

LITERATUR *Erasmus* (58) »De libero arbitrio« (Abhandlung vom freien Willen).

KUNST *Jacopo da Pontormo* (30) Fresken in der Certosa von Florenz. *Tilman Riemenschneider* (etwa 64) »Rosenkranzmadonna« in Volkach.

1525

POLITIK Das kaiserliche Heer besiegt bei Pavia *Franz I.* und nimmt ihn gefangen (24.2.). Hochmeister *Albrecht* von Brandenburg (35) läßt sich von *Sigismund I.* (58) im Vertrag von Krakau den säkularisierten Ordensstaat als Herzog von Preußen zu Lehen geben (8.4.). Dessauer Bund zwischen den altgläubigen Fürsten von Mainz, Sachsen, Braunschweig-Wolfenbüttel, Brandenburg und Magdeburg. Bauernkrieg in Schwaben, Elsaß, Tirol, Salzburg, Franken und Thüringen. Die »12 Artikel der Bauernschaft« in Schwaben werden zum Manifest aller aufständischen Bauern. Niederwerfung der Bauern durch die Fürsten: *Georg Truchseß von Waldburg* (37) besiegt mit dem Heer des Schwäbischen Bundes den

Baltringer Haufen bei Leipheim (4.4.), löst den Seehaufen im Weingartener Vertrag auf (17.4.) und vernichtet bei Böblingen das Heer der württembergischen Bauern (12.5.), *Georg* von Sachsen (54) und *Philipp* von Hessen (21) besiegen die thüringischen Bauern bei Frankenhausen (15.5.), *Thomas Münzer* (etwa 36) wird hingerichtet. Blutbad Herzog *Antons* von Lothringen (36) unter den elsässischen Bauern in Zabern (16.5.). Ein Heer des Schwäbischen Bundes, der Pfalz, Mainz' und Triers zerstreuen die Odenwälder Bauern bei Königshofen (2.6.). *Florian Geyer* (etwa 35) wird ermordet.

KULTUR Kirchenordnung *Zwinglis* (41) für Zürich, Abschaffung der Messe.

LITERATUR *Martin Luther* (42) »De servo arbitrio« (gegen *Erasmus*), »Ermahnung zum Frieden auf die 12 Artikel der Bauernschaft« (April), »Wider die mörderischen und räuberischen Rotten der Bauern« (Mai). *Pietro Bembo* (55) »Prosa della volgar lingua«.

KUNST *Hans Holbein d. J.* (28) »Madonna des Bürgermeisters *Meyer*«. *Jacopa da Pontormo* (31) »Grablegung Christi« (um 1525). *Correggio* (31) »Jupiter und Antiope«. *Andrea del Sarto* (39) Fresko »Madonna del Sacco« in SS. Annunziata zu Florenz. Fassade der alten Universität von Salamanca.

1526

POLITIK *Franz I.* (32) wird, nachdem er auf seine italienischen Ansprüche, auf die Lehnsrechte in Flandern, Artois und auf das Herzogtum Burgund zugunsten *Karls V.* (26) verzichtet hat, freigelassen (Friede von Madrid 14.1.), erklärt aber sogleich den Vertrag für nichtig und verbündet sich in der Hl. Liga von Cognac mit Papst *Clemens VII.* (48), *Francesco II. Sforza* von Mailand (31), Venedig und Florenz gegen *Karl V.* (22.5.). Zweiter Krieg zwischen *Karl V.* und *Franz I.* (bis 1529). Gothaer (Torgauer) Beistandsbündnis zwischen Hessen und Kursachsen (Febr.), dem weitere protestantische Stände Norddeutschlands beitreten. Niederschlagung der letzten Bauernerhebung in Tirol unter *Michael Gaismair* (etwa 36). Sultan *Suleiman II.* (31) besiegt die Ungarn bei Mohácz (29.8.). König *Ludwig II.* (20) fällt. Sein Schwager, Erzherzog *Ferdinand* von Österreich (23), wird auf dem Hradschin zum König von Böhmen gewählt (22.10.). In Ungarn tritt ihm der zum König gewählte (10.11.) Woiwode von Siebenbürgen, *Johann Zápolya* (39), entgegen.

KULTUR Abschied des Reichstags zu Speyer: Stellung zum Wormser Edikt wird den Reichsständen überlassen (27.8.). Beginn der landesherrlichen Kirchenvisitationen in Kursachsen. Landgraf *Philipp* (22) beginnt die Einführung der Reformation in Hessen. *William Tyndales* (etwa 34) englische und *Olaus Petris* (33) schwedische Übersetzung des Neuen Testaments.

KUNST *Albrecht Dürer* (55) »Die vier Apostel«, »Hieronymus Holzschuher«, »*Jakob Muffel*«. *Andrea del Sarto* (40) »Abendmahl«.

1527

POLITIK Das kaiserliche Heer erobert (6.5.) und plündert Rom (Sacco di Roma). Bündnis (30.4.) zwischen *Franz I.* (33) und *Heinrich VIII.* (36).

KULTUR *Philipp* von Hessen (23) gründet die protestantische Landesuniversität Marburg. *Gustav I. Wasa* (31) läßt vom schwedischen Reichstag zu Västerås die Grundlagen einer nationalen Kirche schaffen.

LITERATUR *Baldassar Castiglione* (49) »Il Cortegiano« (höfische Bildungslehre).

KUNST *Hans Holbein d. J.* (30) »*Thomas Morus*«. *Lucas van Leyden* (33) Leydener Flügelaltar (»Jüngstes Gericht«). Haus *Franz' I.* in Paris.

1528

POLITIK »Packsche Händel«: Auf Grund gefälschter Akten des sächsischen Sekretärs *Otto von Pack* (etwa 48) über ein katholisches Kriegsbündnis beginnt *Philipp* von Hessen (24) einen Präventivkrieg. *Karl V.* (28) säkularisiert das Bistum Utrecht. Die *Welser* erhalten von *Karl V.* Venezuela zur Kolonisierung. Admiral *Andrea Doria* (60) befreit Genua von französischer Herrschaft. Montenegro wird türkisch.

KULTUR Disputation zu Bern: Bern, Basel und andere schweizerische Orte schließen sich der Reformation an. Gründung des Kapuzinerordens.

LITERATUR *Erasmus* (62) »De recta Latini Graecique sermonis pronuntiatione«, »Ciceronianus« (Dialog gegen die Überbewertung *Ciceros*). *Johannes Agricola* (34) erster Teil seiner Sprichwörtersammlungen.

KUNST Schloß Fontainebleau begonnen.

1529

POLITIK Sieg der Kaiserlichen über die Franzosen bei Landriano (21.6.). Friede von Barcelona (29.6.) zwischen *Karl V.* (29) und *Clemens VII.* (51). Damenfriede von Cambrai, vermittelt durch *Franz' I.* (35) Mutter, *Louise* von Savoyen (53), und *Karls* Tante, Erzherzogin *Margarete* von Österreich (49): Bestätigung des Friedens von Madrid, Frankreich behält aber Burgund (3.8.). Die Türken belagern zum erstenmal Wien (Sept.). Lordkanzler *Thomas Wolsey* (etwa 56) wird wegen Versagens im Scheidungsprozeß *Heinrichs VIII.* (38) abgesetzt, Nachfolger wird *Thomas Morus* (51).

KULTUR Die evangelische Minderheit von 5 Fürsten (Kursachsen, Hessen, Brandenburg-Kulmbach, Anhalt, Lüneburg) und 14 Städten (u.a. Straßburg, Nürnberg, Ulm) protestiert gegen den Mehrheitsbeschluß des 2. Reichstages zu Speyer, der alle kirchlichen Neuerungen verbietet, »Protestanten« (19.4.). Marburger Religionsgespräch zwischen *Martin Luther* (46) und *Ulrich Zwingli* (45) scheitert an der Abendmahlsfrage (1.–4.10.).

LITERATUR *Ulrich von Hutten* (41) »Arminius« (als Vorbild für den deutschen Kampf gegen Rom). *Juan de Valdés* (etwa 29) »Diálogo de doctrina cristiana« (spanische Mystik).

KUNST *Albrecht Altdorfer* (etwa 49) »Alexanderschlacht«. *Bernardino Luini* (49) Fresko der Kreuzigung in S. Maria degli Angeli zu Lugano.

1530

POLITIK Krönung *Karls V.* (30) durch *Clemens VII.* (52) in Bologna (24. 2.), letzte Kaiserkrönung durch einen Papst. Portugal beginnt die Kolonisierung Brasiliens. *Karl V.* überläßt den Johannitern Malta.

KULTUR Die evangelischen Stände legen dem Reichstag zu Augsburg die von *Melanchthon* (33) verfaßte »Confessio Augustana« vor (25. 6.), die katholischen als Widerlegung die »Confutatio« (3. 8.). *Franz I.* (36) stiftet das Collège de France zum Studium der antiken und biblischen Sprachen.

LITERATUR *Pietro Bembo* (60) »Rime« (Gedichte).

KUNST *Lucas Cranach d. Ä.* (58) »Urteil des Paris«. *Franz I.* beruft *Giovanni Rosso* (36) aus Florenz und (1531) *Francesco Primaticcio* (26) aus Bologna zur Ausmalung des Schlosses Fontainebleau: Manieristische Schule von Fontainebleau. *Correggio* (41) »Hl. Nacht«.

WIRTSCHAFT Erste Reichspolizeiordnung des Augsburger Reichstages (über Gewerbe Maße, Gewichte).

1531

POLITIK *Karl V.* (31) läßt seinen Bruder *Ferdinand* (28) in Köln zum römischen König wählen (5. 1.). In Schmalkalden schließen die protestantischen Stände ein Beistandsbündnis (Gründungsurkunde 27. 2.). Bayern schließt in Saalfeld einen Vertrag mit dem Schmalkaldischen Bund (24. 10.). Sieg der altkirchlichen Orte der Schweiz über Zürich bei Kappel (11. 10.), *Ulrich Zwingli* (47) fällt. 2. Kappeler Friede verhindert Ausbreitung der Reformation auf die ganze Schweiz.

LITERATUR *Beatus Rhenanus* (46) »Rerum Germanicarum libri tres« (deutsche Geschichte). *Sebastian Franck* (32) »Chronika, Zeitbuch und Geschichtbibel«.

KUNST *Lucas van Leyden* (37) »Heilung des Blinden«.

WIRTSCHAFT Erste internationale Börse in Antwerpen.

1532

POLITIK Übereinkunft von Scheyern zwischen Frankreich und Schmalkaldischem Bund (26. 5.). Die Türkengefahr zwingt *Karl V.* (32) zum Nürnberger Religionsfrieden mit den protestantischen Ständen (2./3. 8.). Ein Reichsheer wehrt die Türken von Österreich ab (Verteidigung von Güns).

KULTUR Peinliche Halsgerichtsordnung *Karls V.* (Constitutio Criminalis Carolina), einheitliches Strafgesetzbuch. Unterwerfung des englischen Klerus unter die königliche Gewalt (»Submissionserklärung«). Abschaffung der englischen Annatenzahlungen an Rom.

LITERATUR *François Rabelais* (etwa 38) »Pantagruel«.

KUNST *Hans Holbein d. J.* (35, in England) »Kaufmann *Georg Gisze*«. Baubeginn von Saint-Eustache zu Paris.

1533

POLITIK König *Ferdinand* (30) schließt Frieden mit den Türken (22. 6.). *Jürgen Wullenwever* (etwa 41) wird als Führer einer demokratischen Bewegung Bürgermeister in Lübeck. *Heinrich VIII.* (42) läßt durch Erzbischof *Thomas Cranmer* (44) seine Ehe mit *Katharina* von Aragon (48) für ungültig erklären und die mit *Anna Boleyn* (26) sanktionieren. Nach Ermordung des Inkaherrschers *Atawallpa* in Cajamarca erobert *Pizarro* (etwa 62) zusammen mit *Diego d'Almagro* (58) die Hauptstadt Cuzco. Nach dem Tod *Wasilijs III.* (54) folgt sein Sohn *Iwan IV. Grosnyi* (*der Schreckliche*; 3).

KULTUR Protestantische Kirchenordnung für Brandenburg-Ansbach und Nürnberg. Verbot der Appellation von England nach Rom.

KUNST *Hans Holbein d. J.* (36) »Die Gesandten«. *Tizian* (etwa 44) »*Karl V.*«.

1534

POLITIK Im Frieden von Kaaden (29. 6.) gesteht *Ferdinand I.* (31) gegen Anerkennung seiner Königswürde durch die protestantischen Stände *Ulrich* (47) das Herzogtum Württemberg als österreichisches Afterlehen zu. Sukzessionsakte des englischen Parlaments erklärt nur Nachkommen aus der Ehe *Heinrichs VIII.* (43) mit *Anna Boleyn* (31) für thronfolgeberechtigt. Die »Suprematsakte« setzt die Oberhoheit *Heinrichs VIII.* und seiner Nachfolger über die englische Kirche fest.

KULTUR Wiedertäufer aus Holland errichten unter Führung des Schneiders *Jan Bockelson* (25) aus Leiden und des Bäckers *Jan Matthys* aus Haarlem in Münster eine sozialrevolutionäre Herrschaft. Einführung der Reformation in Württemberg und Pommern. *Luthers* (51) gesamte deutsche Bibelübersetzung erscheint. *Ignatius von Loyola* (43) gründet den Kern der Gesellschaft Jesu in Paris (15. 8.). Auf *Clemens VII.* (59) folgt Kardinal *Alessandro Farnese* (66) als Papst *Paul III.* (bis 1549).

LITERATUR *François Rabelais* (etwa 40) »Gargantua, père de Pantaguel« (bis 1562 fünf Teile).

KUNST *Parmigianino* (31) »Madonna mit dem langen Hals« (um 1534). *Antonio da Sangallo* (51) beginnt Palazzo Farnese zu Rom.

1535

POLITIK *Karl V.* (35) erobert gegen den Piratenfürsten *Chair ad-Dīn Barbarossa* (etwa 53) La Goletta (14. 7.) und Tunis. Er zieht Mailand nach Erlöschen der *Sforza*-Dynastie als erledigtes Reichslehen ein. Wegen Nichtanerkennung der Supremative *Heinrichs VIII.* (44) werden u. a. *Thomas Morus* (57) und Kardinal *John*

Fisher (etwa 66) getötet (6.7. bzw. 22.6.). Lordkanzler wird *Thomas Cromwell* (50). *Francisco Pizarro* (etwa 64) gründet Lima. Mexiko wird spanisches Vizekönigreich Neu-Spanien.

KULTUR Der Bischof von Münster beseitigt die Wiedertäuferherrschaft. Bis 1540 Aufhebung der englischen Klöster durch *Cromwell* (50). Erste vollständige englische Bibelübersetzung von *Miles Coverdale* (47).

LITERATUR *Stephen Gardiner* (etwa 42), Bischof von Winchester, »De vera obedientia« (Verteidigung der königlichen Suprematie über die Kirche).

KUNST *Baldassare Peruzzi* (54) Palazzo Massimi in Rom.

1536

POLITIK *Franz I.* (42) besetzt das Herzogtum Savoyen. 3. Krieg gegen *Karl V.* bis 1538. Abschluß eines Bündnisses zwischen Frankreich und der Türkei in Konstantinopel (Febr.). *Heinrich VIII.* läßt *Anna Boleyn* (29) hinrichten. Niederschlagung einer katholischen Erhebung in Nordengland unter *Robert Aske* gegen die Säkularisationen (Pilgrimage of Grace). Wales wird England eingegliedert.

KULTUR »Wittenberger Konkordie«, Ausgleich zwischen den Wittenberger und den oberdeutschen Theologen in der Abendmahlslehre. *Heinrich Bullingers* (32) erstes helvetisches Bekenntnis für die Schweizer reformierten Orte. *Paul III.* (68) beruft ein Kardinalskollegium zur Ausarbeitung eines Reformgutachtens. Der Kopenhagener Reichstag beschließt Einführung der lutherischen Lehre in Dänemark.

LITERATUR *Calvin* (27) »Institutio religionis Christianae« (seine Glaubenslehre). *Paracelsus* (43) »Große Wundarzney«.

KUNST *Hans Holbein d. J.* (39) »*Jane Seymour*«. *Jacopo Sansovino* (50) beginnt Markusbibliothek in Venedig.

1537

POLITIK Krieg der Türken gegen Venedig (bis 1540). Venedig wehrt Angriff auf Korfu ab.

KULTUR Zusammenfassung der protestantischen Glaubenssätze durch *Martin Luther* (54) in den »Schmalkaldischen Artikeln«. Programm der Reformdeputation: »Consilium de emendanda ecclesia«.

KUNST Rathaus zu Görlitz. Baubeginn Schloß Gripsholm.

1538

POLITIK Bündnis zwischen *Karl V.* (38), Papst *Paul III.* und Venedig gegen die Türken (8.2.). König *Ferdinand I.* (35) erkennt im Vertrag von Großwardein gegen Zusicherung der habsburgischen Nachfolge *Johann Zápolya* (51) als König von Ungarn an (24.2.). Nürnberger Bund katholischer Reichsstände (10.6.).

KULTUR Der erste Versuch der Einführung einer reformierten Kirchenordnung in Genf (seit 1536) führt zur Ausweisung *Guillaume Farels* (49) und *Johann Calvins* (29).

LITERATUR *Vittoria Colonna* (etwa 46) »Rime«.

1539

POLITIK Ausdehnung des Nürnberger Religionsfriedens auf alle gegenwärtigen Anhänger des Augsburger Bekenntnisses im »Frankfurter Anstand« (19.4.).

KULTUR Einführung der Reformation in Sachsen und Brandenburg. »6 Artikel« *Heinrichs VIII.* (48) gegen Ketzerei im Sinne des alten Glaubens. *Franz I.* (45) bestimmt das Französische zur Ile de France zur Urkundensprache.

LITERATUR *Menno Simons* (43) »Fundament-boek des Christelijken leers« (Bekenntnis für die von ihm in freikirchlichen Gemeinden gesammelten gemäßigten Täufer: »Mennoniten«).

KUNST *Hans Holbein d. J.* (42) »*Anna von Cleve*«.

1540

POLITIK *Karl V.* (40) schlägt einen Aufstand zugunsten der städtischen Freiheiten in Gent nieder. *Heinrich VIII.* (49) läßt seinen Ratgeber *Thomas Cromwell* (55) enthaupten. Edikt *Franz' I.* (46) von Fontainebleau zur systematischen Verfolgung der Protestanten. Venedig verliert im Friedensschluß mit den Türken Nauplia, Malvasia und Inseln im Ägäischen Meer.

KULTUR Religionsgespräche in Hagenau und Worms auf kaiserliche Anregung hin. Papst *Paul III.* (72) bestätigt den Jesuitenorden (27.9.), *Ignatius von Loyola* (49) erster Ordensgeneral (1541).

WISSENSCHAFT *Vanoccio Biringuccio* (gest. 1538/39) »Pirotechnia« (Metallkunde und Maschinenbau).

1541

POLITIK Nach dem Tode *Johann Zápolyas* (12.7.1540) besetzt Sultan *Suleiman II.* (46) Ofen und die ungarische Tiefebene. Bündnisvertrag zwischen Dänemark und Schweden zu Brömsebro (14.9.).

KULTUR Erfolglose Religionsgespräche auf dem Reichstag zu Regensburg. Kompromißformel Kardinal *Contarinis* (58) über die Rechtfertigung von Papst *Paul III.* und *Luther* abgelehnt. *Johann Calvin* (32) wird nach Genf zurückgerufen und führt seine reformierte Kirchenordnung ein (20.11.).

LITERATUR *Sebastian Franck* (42) Sammlung deutscher Sprichwörter.

KUNST *Michelangelo* (66) vollendet »Jüngstes Gericht« in der Sixtinischen Kapelle des Vatikans.

1542

POLITIK *Franz I.* (48) beginnt seinen 4. Krieg gegen *Karl V.* (42). Die Führer des Schmalkaldischen Bundes vertreiben Herzog *Heinrich* von Braunschweig (53) und führen in seinem Land die Reformation ein (Kirchenordnung *Bugenhagens* 1543). *Heinrich VIII.* (51) nimmt den Titel »König von Irland« an. *Jakob V.* von Schottland (30) stirbt (14.12.). Die Regierung übernimmt ein Regentschaftsrat für seine Tochter *Maria Stuart* (geb. 7.12.). *Karl V.* erläßt die »Neuen Gesetze« für die Kolonien zur menschenwürdigeren Behandlung der Indianer auf Anregung von *Bartolomé de Las Casas* (20.11.). Errichtung des spanischen Vizekönigreiches Peru mit der Hauptstadt Lima. Die Portugiesen erreichen unter *Fernam Mendes Pinto* (etwa 32) Japan.

KULTUR *Paul III.* (74) reorganisiert die römische Inquisition (Sanctum Officium). *Franz Xaver* (36) beginnt Jesuitenmission in Goa.

1543

POLITIK Beistandsvertrag zwischen *Karl V.* und *Heinrich VIII.* gegen Frankreich (11.2.). *Karl* wirft Herzog *Wilhelm* von Cleve nieder und erhält Geldern. *Suleiman II.* (48) erobert weitere Gebiete Ungarns (Fünfkirchen, Gran, Stuhlweißenburg).

KULTUR *Petrus Canisius* (22) aus Nimwegen tritt als erster Nichtromane dem Jesuitenorden bei.

LITERATUR *Clément Marot* (47) »30 Pseaulmes de David mis en françois«.

WISSENSCHAFT *Nikolaus Kopernikus* (70) »De revolutionibus orbium coelestium libri sex« (sein heliozentrisches Weltbild). *Andreas Vesalius* (29) »De humani corporis fabrica« (Lehrbuch der Anatomie).

1544

POLITIK Gegen Verlängerung des Religionsfriedens bewilligen auch die evangelischen Stände auf dem Reichstag zu Speyer Kriegshilfe gegen Franzosen und Türken (10.6.). Nach Vorstoß *Karls V.* (44) bis zur Marne Friede von Crépy (18.9.): *Franz* bekräftigt die früheren Verträge, verspricht Hilfe gegen die Türken und (in einem Geheimvertrag) gegen die Protestanten. Der schwedische Reichstag legt Erblichkeit der Krone im Hause *Wasa* fest.

KULTUR Herzog *Albrecht* von Preußen (54) gründet Universität Königsberg. *Paul III.* (76) bestätigt Ursulinenorden.

LITERATUR *Martin Luther* (61) »Wider das Papsttum zu Rom, vom Teufel gestiftet«. *Maurice Scève* (41) Liebesgedichte an »Delie«.

KUNST Kapelle im Schloß Hartenfels zu Torgau, erster protestantischer Kirchenbau. Piastenschloß zu Brieg von *Jakob Bahr* (bis 1586).

WISSENSCHAFT *Georg Hartmann* (55) entdeckt Inklination der Magnetnadel. *Sebastian Münster* (55) »Cosmographia universalis« mit 471 Holzschnitten und 26 Karten. Weltkarte von *Sebastiano Caboto* (etwa 70) in Sevilla.

1545

POLITIK *Ferdinand I.* (42) verzichtet im Waffenstillstand mit den Türken auf die durch diese eroberten Gebiete in Ungarn. Das Herzogtum Parma-Piacenza gelangt durch Verleihung *Pauls III.* an seinen Sohn *Pier Luigi* (42) in den Besitz des Hauses *Farnese*.

KULTUR Eröffnung des 19. allgemeinen Konzils von Trient (13.12., bis 1563). Erste Periode mit Beratungen über Dogmen und Reform (bis 1547). Gründung des botanischen Universitätsgartens in Padua.

KUNST *Tizian* (etwa 56) »Danae«. *Benvenuto Cellini* (45) »Nymphe von Fontainebleau« und (bis 1554) »Perseus« in Florenz.

WISSENSCHAFT *Girolamo Cardano* (44) »Artis magnae sive de regulis algebraicis liber unus« (»Cardanische Formel«, Lösungsmethoden für Gleichungen 3. und 4. Grades).

1546

POLITIK Nach erfolglosem Religionsgespräch auf dem Reichstag zu Regensburg eröffnet *Karl V.* (46) mit der Achterklärung über Kursachsen und Hessen den Schmalkaldischen Krieg. Friede von Guines zwischen Frankreich und England (6.6.). Nach dem kolonisatorischen Mißerfolg der *Welser* fällt Venezuela an die spanische Krone zurück. Errichtung des Generalkapitanats Caracas.

KULTUR Erklärung der Vulgata zur authentischen Bibelübersetzung. *Heinrich VIII.* (55) gründet das Trinity-College in Cambridge.

KUNST *Pierre Lescot* (etwa 36) beginnt den Bau des Louvre in Paris.

WISSENSCHAFT *Georg Agricola* (52) »De ortu et causis subterraneorum« (Gesteinskunde).

WIRTSCHAFT Gründung der ersten gesetzlich organisierten Börsen in Frankreich (Lyon und Toulouse).

1547

POLITIK *Karl V.* (47) besiegt Kurfürst *Johann Friedrich* von Sachsen (44) bei Mühlberg (24.4.). In der Wittenberger Kapitulation (19.5.) verzichtet *Johann Friedrich* auf die Kurwürde zugunsten der albertinischen Linie Herzog *Moritz'* (26). Friede zwischen Türkei und *Ferdinand,* der ihn für den verbliebenen Teil Ungarns jährlichen Tribut zahlt. *Heinrich VIII.* (56) stirbt (28.1.). Für seinen Sohn *Eduard VI.* (10) regiert sein Schwager *Edward Seymour,* Herzog von *Somerset* (etwa 47), als Lord-Protektor (bis 1550). *Franz I.* (53) stirbt (31.3.), sein Sohn *Heinrich II.* folgt als König von Frankreich (bis 1559). Verschwörung des *Gian Luigi de' Fieschi (Fiesco,* 24) gegen *Andrea Doria* (79) in Genua. *Iwan IV.* (17) nimmt bei seiner Krönung im byzantinischen Ritus den Titel »Zar von ganz Rußland« an.

KULTUR *Heinrich II.* richtet ein Sondertribunal für Ketzerprozesse, die »Chambre ardente«, ein. Rechtfertigungsdekret der Trienter Konzils (13.1.). Verlegung des Konzils nach Bologna (11.3.).

KUNST *Jacopo Tintoretto* (29) »Abendmahl«. *Pierre Lescot* (etwa 37) und *Jean Goujon* (etwa 37) »Fontaine des Innocents« in Paris (bis 1549). *Michelangelo* (72) übernimmt Bauleitung von St. Peter in Rom (bis 1564).

1548

POLITIK *Karl V.* (48) faßt durch den burgundischen Vertrag die 17 niederländischen Provinzen zu einer staatsrechtlichen Einheit, dem »Burgundischen Reichskreis«, zusammen (26.6.). Nach dem Tode *Sigismunds I.* (82) wird sein Sohn *Sigismund II. August* (28) König von Polen (bis 1572).

KULTUR »Interim« des »geharnischten« Reichstages von Augsburg: Gewährung von Priesterehe und Laienkelch bis zur Konzilsentscheidung. Massenauswanderung der Böhmischen Brüder nach Polen, Preußen und Ungarn. Einführung des burgundischen Zeremoniells am spanischen Hof.

LITERATUR *Ignatius von Loyola* (57) »Exercitia spiritualia«.

KUNST *Tizian* (etwa 61) Reiterbildnis *Karls V.* (München). *Jacopo Tintoretto* (30) »Wunder des hl. Markus«. *Benvenuto Cellini* (48) Bronzebüste *Cosimos I. de' Medici.*

1549

POLITIK Sozial-religiöse (katholische) Aufstände in Cornwall und Norfolk.

KULTUR Herzog *Wilhelm IV.* von Bayern (56) beruft Jesuiten an der Universität Ingolstadt. Einführung des von *Thomas Cranmer* (60) bearbeiteten »Book of Common Prayer«. Beginn der Jesuitenmission in Südamerika und Japan.

LITERATUR *Sigismund von Herberstein* (63) »Rerum Moscoviticarum Commentarii« (Reisebericht über Rußland, dt. Übersetzung 1557). *Joachim du Bellay* (27) »Défense et illustration de la langue française« (Manifest der Dichtergruppe »Pléiade«).

KUNST *Guglielmo della Porta* (etwa 33) beginnt Grabmal für Papst *Paul III.* (81). *Andrea Palladio* (41) beginnt Basilika in Vicenza.

1550

POLITIK *John Dudley*, Graf von *Warwick*, später Herzog von *Northumberland* (48), stürzt *Somerset* (44). Neue Rechtskodifikation (Sudebnik) unter *Iwan IV.* (20).

KULTUR Auf *Paul III.* folgt *Giovanni Maria Ciocchi del Monte* (63) als Papst *Julius III.* (bis 1555). *Primož Trubar* (42) gibt als erstes gedrucktes Buch in slowenischer Sprache in Tübingen einen protestantischen Katechismus heraus.

LITERATUR *Martin Bucer* (59) »De regno Christi«. *Pierre de Ronsard* (25) »Odes« (5 Bde. bis 1552).

KUNST *Giorgio Vasari* (39), *Giacomo da Vignola* (43) und *Bartolomeo Ammanati* (39) beginnen Villa Giulia in Rom.

WISSENSCHAFT *Adam Riese* (etwa 58) »Rechnung nach der Länge« (Lehrbuch des praktischen Rechnens).

1551

POLITIK Habsburgischer Familienvertrag zur Regelung der Nachfolge *Karls V.* (9.3.). Kurfürst *Moritz* von Sachsen (30) tritt an die Spitze der deutschen Fürstenopposition gegen den Kaiser. Die Türken erobern im Kampf um Siebenbürgen Temesvár.

KULTUR *Ferdinand I.* (48) beruft Jesuiten nach Wien. Gründung des »Collegium Romanum« durch *Ignatius von Loyola* (60). Kirchenrechtsbuch in 100 Kapiteln (»stóglaw«) auf der Synode in Moskau. Beginn der zweiten Periode des Tridentinums (1.5.), (bis 28.4.1552). Bestätigung der Lehre vom Altarsakrament (11.10.).

MUSIK *Julius III.* (64) beruft *Giovanni Palestrina* (etwa 26) nach Rom.

1552

POLITIK *Heinrich II.* (33) verbündet sich gegen Übertragung des Reichsvikariats über die Bistümer Toul, Metz und Verdun im Vertrag von Chambord (15.1.) mit *Moritz* von Sachsen (31). Dieser erzwingt im Passauer Vertrag von König *Ferdinand* (49) Zusicherung des Religionsfriedens für die Protestanten (2.8.). Die Franzosen besetzen Toul, Verdun und Metz. *Northumberland* (50) läßt *Somerset* (46) hinrichten (22.6.). Zar *Iwan IV.* (22) unterwirft das tatarische Chanat von Kasan.

KULTUR Zweite Ausgabe des »Book of Common Prayer«. »42 Artikel« der Anglikanischen Kirche, bearbeitet von *Thomas Cranmer* (63). Gründung des »Collegium Germanicum« in Rom. Erste polnische Übersetzung des Neuen Testaments von *Jan Seklucjan.*

LITERATUR *Pierre de Ronsard* (27) Sonette »Amours« (1555 fortgesetzt). *Etienne Jodelle* (20) »Cléopâtre captive« (erste französische Renaissancetragödie).

KUNST *Philibert Delorme* (etwa 42) beginnt Schloß Anet für *Diana von Poitiers*, Geliebte *Heinrichs II.*

1553

POLITIK *Eduard VI.* (16) stirbt (6.7.). Königin von England wird seine Halbschwester *Maria die Katholische* (37), Tochter *Katharinas von Aragon* (bis 1558). *Northumberland* (51) und *Jane Grey* (16), die er zur Königin ausrufen ließ, werden hingerichtet. Mit Hilfe des neuen Lordkanzlers *Stephen Gardiner* (etwa 60), Bischofs von Winchester, beginnt *Maria* die katholische Restauration.

KULTUR *Miguel Servede* (*Michael Servet*, 42) wird wegen Angriffs auf das Trinitätsdogma im calvinischen Genf verbrannt (27.10.).

LITERATUR *Bartolomé de Las Casas* (79) »Historia General de las Indias« (3 Bde., unvollendet).

KUNST Baubeginn des Fürstenhofs in Wismar. *Andrea Crivelli* Hofkirche in Innsbruck (bis 1563).

1554

POLITIK *Maria die Katholische* (38) heiratet *Karls V.* Sohn *Philipp* von Spanien (27). Bauernaufstand in Kent unter *Thomas Wyat* wird niedergeworfen. *Maria von Guise* (39) wird Regentin von Schottland für ihre am französischen Hof lebende Tochter *Maria Stuart* (12).

KULTUR Eröffnung der Universität Dillingen.

LITERATUR »Das Leben des Lazarillo de Tormes« (erster spanischer Schelmenroman).

KUNST *Frans Floris* (38) »Engelsturz«. *Tizian* (etwa 65) »Venus und Adonis«.

WISSENSCHAFT *Gerhard Mercator* (42) Europakarte (1:4360000).

1555

POLITIK *Karl V.* (55) kämpft gegen die in Italien und die Niederlande eingefallenen Franzosen. Kapitulation der französischen Besatzung von Siena. Bündnis zwischen *Heinrich II.* von Frankreich (36) und Papst *Paul IV.* (15.12.). *Karl V.* übergibt seinem Sohn *Philipp* (28) die Regierung der Niederlande (25.10.). Landfriedensexekutionsordnung des Augsburger Reichstages beauftragt die Reichskreise mit der Erhaltung des Landfriedens (25.9.). Die Republik Siena wird dem Herzogtum Florenz einverleibt.

KULTUR Der Augsburger Religionsfriede (25.9.) erkennt die Augsburgische Konfession neben der katholischen reichsrechtlich als gleichberechtigt an. Die Reichsstände erhalten Religionsfreiheit. »Geistlicher Vorbehalt« zugunsten der geistlichen Territorien. Beginn der Protestantenverfolgung durch *Maria die Katholische*. Nach dem Tod *Julius' III.* (68) und dem dreiwöchigen Pontifikat *Marcellus' II.* (54) folgt *Gian Pietro Caraffa* (79) als Papst *Paul IV.* (bis 1559).

LITERATUR *Jörg Wickram* (etwa 50) »Rollwagenbüchlein« (Schwanksammlung). *Pierre de Ronsard* (30) »Les Hymnes«. *Petrus Canisius* (34) »Summa doctrinae christianae«.

KUNST Basiliuskathedrale in Moskau, Votiv-Kirche *Iwans IV.* (bis 1560).

MUSIK *Giovanni Palestrina* (etwa 30) »Missa papae Marcelli«.

WIRTSCHAFT Gründung der »Moscow Company« in London für den Handel mit Rußland.

1556

POLITIK *Karl V.* (56) dankt ab, überträgt seinem Sohn *Philipp II.* (29) Spanien mit den Kolonien und die italienischen Besitzungen und seinem Bruder *Ferdinand I.* (53) das Kaisertum (16.1. und 12.9.); Mailand bleibt Reichslehen. *Philipp* setzt den Krieg gegen Frankreich fort. Zar *Iwan IV.* (26) schränkt das Besitzrecht der Bojaren durch Verpflichtung zu einem Dienstverhältnis ein. Er unterwirft das Tatarenchanat Astrachan.

KULTUR Kurfürst *Otto Heinrich* (54) führt kurz nach seinem Regierungsantritt eine lutherische Kirchenordnung in der Pfalz ein. *Maria die Katholische* (40) läßt den führenden englischen Reformator *Thomas Cranmer* (67) als Ketzer verbrennen.

LITERATUR »Politisches Testament von gottseliger, weislichen, vernünftigen und rechtmäßigen Regierung und Justizien« des sächsischen Juristen *Melchior von Osse* (etwa 50). *Matthias Flacius Illyricus* (36) »Catalogus testium veritatis« (vorreformatorische Zeugnisse für die evangelische Lehre).

KUNST Ottheinrichsbau des Heidelberger Schlosses (bis 1559, Figurenschmuck von *Alexander Colin*, 30).

MUSIK *Orlando di Lasso* (etwa 25) wird nach München berufen (1560 erster Kapellmeister der Hofkapelle).

WISSENSCHAFT *Georg Agricola* (gest. 1555) »De re metallica« (Berg- und Hüttentechnik). *Tartaglia* (etwa 57) »Trattato di numeri et misure« (2 Bde. bis 1560, Lösung von kubischen Gleichungen unabhängig von *Cardano*).

1557

POLITIK Entscheidender Sieg der Spanier unter *Egmont* (35) und Herzog *Emanuel Philibert* von Savoyen über die Franzosen bei St.Quentin (10.8.). Die Bedrohung durch Herzog *Alba* (50) von Neapel aus zwingt Papst *Paul IV.* (81) zum Frieden mit Spanien (12.9.). *Maria I.* von England tritt in den Krieg gegen Frankreich ein. Der reformierte schottische Adel schließt einen Bund (»Covenant«) zum Schutz der neuen Religion unter der Regentin *Maria von Guise* (42).

KULTUR Wormser Religionsgespräch, letzter Vermittlungsversuch des Reiches, scheitert an den innerprotestantischen Gegensätzen. Gründung der Universität Jena durch die *Ernestiner* als Ersatz für das verlorene Wittenberg.

LITERATUR *Jörg Wickram* (etwa 52) »Der Goldfaden«.

WIRTSCHAFT Die Portugiesen erhalten gegen jährliche Zahlung das Recht zu einer Handelsniederlassung in Macao.

1558

POLITIK *Karl V.* (58) stirbt beim Kloster San Yuste (21.9.). Sieg der Spanier unter *Egmont* über die Franzosen unter *de Thermes* bei Gravelingen (13.7.). England verliert mit Calais den letzten Festlandsbesitz (7.1.). Nach dem Tod *Marias der Katholischen* (42) besteigt ihre Halbschwester *Elisabeth I.* (25), Tochter der *Anna Boleyn*, den Thron (bis 1603) und stellt die Anglikanische Staatskirche wieder her. Entscheidender Berater bis 1598 *William Cecil, Lord Burleigh* (38). Zar *Iwan IV.* (28) beginnt Krieg um Livland (bis 1582) und erobert Narwa und Dorpat.

KULTUR Endgültige Verfassung des Jesuitenordens (*Loyolas* »Constitutiones«).

KUNST *Galeazzo Alessi* (46) Palazzo Marini in Mailand.

1559

POLITIK *Friedrich II.* von Dänemark (25) unterwirft die Bauern von Dithmarschen. Friede von Cateau-Cambrésis beendet den spanisch-französischen Krieg (3.4.). *Philipp II.* (22) begibt sich nach Spanien und ernennt seine Halbschwester *Margarete* von Parma (37) zur Statthalterin in den Niederlanden (bis 1567). *Heinrich II.* stirbt. Sein Sohn und Nachfolger *Franz II.*

UNIVERSALGESCHICHTE IN STICHWORTEN 641

(15) steht unter dem beherrschenden Einfluß der Brüder *Franz von Guise* (40) und Kardinal *Karl von Guise* (35). Der livländische Ordensmeister *Gotthard Kettler* (etwa 42) und Erzbischof *Wilhelm von Riga* (61) stellen Livland im Vertrag von Wilna (15.9. bzw. 31.8.) unter den Schutz König *Sigismund Augusts* von Polen (39). *Friedrich II.* (25) von Dänemark kauft die Bistümer Ösel-Wiek und Kurland.

KULTUR »Große Kirchenordnung« des Hoftheologen *Johannes Brenz* (60) für Württemberg (enthält auch vorbildliche Schulordnung). *Johann Calvin* (50) gründet die Hochschule zu Genf. Die Uniformitätsakte führt in England das »Book of Common Prayer« wieder ein. Bildersturm in Schottland unter dem Eindruck der Predigten von *John Knox* (54). Auf der ersten Generalsynode in Paris geben sich die reformierten Gemeinden Frankreichs (Hugenotten) ein calvinisches Glaubensbekenntnis. Nach dem Tod *Pauls IV.* folgt *Giovanni Angelo de' Medici* (60) als Papst *Pius IV.* (bis 1565).

LITERATUR *Matthias Flacius Illyricus* (39) begründet die »Magdeburger Centurien«, eine streng protestantische Kirchengeschichte (bis 1574). *Margarete von Navarra* (67) »Heptameron«. *Jorge de Montemayor* (etwa 39) »Diana« (erster spanischer Schäferroman).

KUNST *Pieter Brueghel d. Ä.* (etwa 34) »Niederländische Sprichwörter«.

WIRTSCHAFT Reichsmünzordnung *Ferdinands I.*

1560

POLITIK Intervention *Elisabeths I.* (27) zugunsten des aufständischen protestantischen Adels in Schottland. *Franz II.* (16) stirbt. Für seinen Bruder und Nachfolger *Karl IX.* (10) regiert seine Mutter *Katharina von Medici* (41). *Philipp II.* macht Madrid zur Hauptstadt Spaniens. Vernichtende Niederlage des Ordensheeres gegen die Russen bei Ermes.

KULTUR *Elisabeth I.* führt die Anglikanische Staatskirche in Irland ein. Das schottische Parlament errichtet die reformierte Staatskirche, bestätigt die von *John Knox* verfaßte »Confessio Scotica«.

KUNST *Giorgio Vasari* (49) beginnt Uffizien in Florenz.

1561

POLITIK *Maria Stuart* (19) kehrt nach dem Tod ihres Gemahls *Franz II.* (1560) als Königin nach Schottland zurück. Ende des livländischen Ordensstaates: *Erich XIV.* von Schweden (28) nimmt Reval und den Nordteil Estlands in Besitz; *Kettler* (etwa 44) überträgt *Sigismund August* von Polen (41) die Herrschaft über Livland und behält Kurland mit Semgallen als weltliches Herzogtum.

KULTUR »Confessio Belgica«, calvinisches Bekenntnis für die Niederlande. Ergebnisloses Religionsgespräch von Poissy zwischen katholischen und reformierten Geistlichen, angeregt durch *Katharina von Medici*.

LITERATUR *Julius Caesar Scaliger* (gest. 1558) »Poetik« (klassische Regeln der Dichtkunst). *Francesco Guicciardini* (gest. 1540) »Storia d'Italia« (erste gesamtitalienische Geschichte, bis 1564).

KUNST *Jacopo Tintoretto* (43) »Hochzeit zu Kana« in S. Maria della Salute zu Venedig. *Cornelius Floris* (47) Rathaus von Antwerpen (bis 1565).

1562

POLITIK Wegen mangelhafter Unterstützung durch das Reich muß *Ferdinand I.* (59) gegen Tributzahlung von *Suleiman II.* (68) Waffenstillstand annehmen. Edikt von Saint-Germain gewährt den Hugenotten bedingt freie Religionsausübung außerhalb der Städte (17.1.). Mit dem von *Franz von Guise* (43), dem Gegner der Vermittlungspolitik gegenüber den Hugenotten, veranstalteten Blutbad von Vassy (1.3.) beginnen die Hugenottenkriege (bis 1598).

KULTUR Eröffnung der Universität Douai. Beginn der dritten Periode des Trienter Konzils (18.1., bis 1563). *Teresa von Avila (de Jesús)* (47) beginnt mit der Gründung von Klöstern (zuerst Avila) der reformierten Richtung des Karmeliterordens.

LITERATUR *Johannes Mathesius* (58) 17 Lutherpredigten (bis 1565, erste protestantische Lutherbiographie). *Thomas Sackville* (26) Tragödie »Gorboduc or Ferrex and Porrex«. *Torquato Tasso* (18) Epos »Rinaldo«. *Giacomo Vignola* (55) »Regola delli 5 ordini d'architettura« (Lehrbuch der Renaissance-Baukunst).

WIRTSCHAFT *John Hawkins* (30) beginnt Sklavenhandel von Afrika nach Amerika.

1563

POLITIK *Franz von Guise* wird ermordet. Friedensedikt von Amboise gewährt den Hugenotten Gewissensfreiheit, dem hugenottischen Adel auch freie Religionsausübung (19.3.). *Friedrich II.* von Dänemark (29) beginnt im Bunde mit Lübeck den Nordischen Krieg gegen Schweden.

KULTUR Beginn der Gegenreformation in Bayern. Calvinischer »Heidelberger Katechismus« für die Pfalz. Ende des Konzils von Trient (4.12.). Die »39 Artikel« als Glaubensbekenntnis der Anglikanischen Kirche.

KUNST *Paolo Veronese* (35) »Hochzeit zu Kana«. *Giovanni da Bologna* (34) Neptunbrunnen in Bologna (bis 1567). Grabmal *Heinrichs II.* und *Katharinas von Medici* beginnen von *Germain Pilon* (27) in Saint Denis. *Philipp II.* läßt Bau des Escorial (Schloß und Kloster) beginnen, durch *Juan Bautista de Toledo* und *Juan de Herrera* (etwa 33) bis 1584.

WISSENSCHAFT *Ambroise Paré* (54) »5 livres de Chirurgie«.

WIRTSCHAFT Durch das »Statute of Artificers« wird die Stellung des Lehrlings und die Lehrzeit (7 Jahre) in England einheitlich festgelegt.

1564

POLITIK Kaiser *Ferdinand I.* (61) stirbt. Sein ältester Sohn *Maximilian II.* (37) erbt die Kaiserwürde, das

Erzherzogtum Österreich und die böhmische und ungarische Krone, seine Söhne *Ferdinand* (35) und *Karl* (24) Tirol und Vorderösterreich und Steiermark, Kärnten, Krain und Görz. Die Opposition des niederländischen Adels zwingt *Margarete von Parma* (42) zur Entlassung ihres Ratgebers Kardinal *Granvella* (47). Das Verbot englischer Wollausfuhr nach Holland durch *Elisabeth* führt zum Handelskrieg mit Spanien.

KULTUR *Pius IV.* bestätigt sämtliche tridentinischen Dekrete (26. 1.) und setzt eine Kardinalskongregation zur authentischen Interpretation ein (2.8.). Endgültige Formulierung des katholischen Glaubensbekenntnisses: »Professio fidei tridentinae« (13.11.). *Stanislaus Hosius* (60) beginnt die Gegenreformation in Polen. *Pius IV.* veröffentlicht den ersten maßgebenden »Index librorum prohibitorum«.

KUNST *Philibert Delorme* (etwa 54) beginnt Tuilerien in Paris. Ausbau des Kapitolplatzes in Rom nach Plänen *Michelangelos* begonnen (1655 vollendet).

WIRTSCHAFT Die »Merchant Adventurers« erhalten Freibrief *Elisabeths I.* und legen eine Faktorei in Emden an.

1565

POLITIK Adelsbund in den Niederlanden gegen die Verschärfung der Ketzeredikte durch *Philipp II.* (38). Angriff der Türken auf die Johanniterinsel Malta mit spanischer Hilfe abgewehrt. Zar *Iwan IV.* (35) stellt große Teile des Staates als Zarengut unter eigene Verwaltung (»Opritschnina«).

KULTUR Entsendung eines ständigen päpstlichen Nuntius an den Wiener Hof, um die Durchführung der Trienter Dekrete zu überwachen.

LITERATUR *Georg Cassander* (52) »De articulis religionis inter Catholicos et Protestantes controversis« (vermittelnde Schrift).

KUNST *Tizian* (etwa 76) »Marter des hl. Lorenz«. *Jacopo Tintoretto* (47) beginnt Malereien in der Scuola di S. Rocco zu Venedig.

1566

POLITIK Petition des niederländischen Adelsbundes an *Margarete von Parma* (44) um Milderung der Religionsedikte und Aufhebung der Inquisition (5.4.). Aus dem Spottnamen »gueux« (Bettler) wird ein Ehrentitel (Geusen). Calvinischer Bildersturm (Aug.). Genua verliert die Insel Chios an die Türken.

KULTUR Kaiser und katholische Reichsstände nehmen offiziell die Trienter Konzilsdekrete an. Die von *Heinrich Bullinger* (62) ausgearbeitete »Confessio Helvetica secunda« wird Glaubensbekenntnis der schweizerischen Reformierten. Nach dem Tod *Pius' IV.* (9.12.1565) wird der Dominikaner *Michele Ghislieri* (62) zum Papst *Pius V.* gewählt (bis 1572). Er gibt den »Catechismus Romanus« heraus.

LITERATUR *Jean Bodin* (36) »Methodus ad facilem historiarum cognitionem« (erster bedeutender Versuch einer historischen Methodenlehre).

KUNST *Pieter Brueghel* (etwa 41) »Bauerntanz« (Wien), »Bauernhochzeit« (um 1566).

WISSENSCHAFT *Philipp Apianus* (35) »Bayrische Land-Tafeln« (Landvermessung).

1567

POLITIK *Philipp II.* (40) sendet Herzog *Alba* (60) mit einem spanischen Heer in die Niederlande. *Alba* richtet den »Rat der Unruhen« (genannt »Blutrat«) ein. Adelsaufstand gegen Königin *Maria Stuart* von Schottland (25). Sie wird gezwungen, zugunsten ihres Sohnes *Jakob VI.* (1) abzudanken. Neuer Ausbruch des Hugenottenkrieges nach dem mißglückten Versuch der Hugenotten, *Karl IX.* (17) zu entführen.

1568

POLITIK Friede zwischen *Maximilian II.* (41) und *Selim II.* (44). *Alba* läßt die Grafen *Egmont* (46) und *Hoorn* (50) in Brüssel hinrichten (5.6.). *Maria Stuart* entkommt aus der Gefangenschaft und flieht nach England. *Elisabeth I.* (35) setzt sie wegen ihrer Ansprüche auf den englischen Thron in Haft. Der Friede von Longjumeau zwischen *Katharina von Medici* (39) und den Hugenotten bringt nur eine kurze Unterbrechung des Krieges. Aufstand der Moriscos in Granada (bis 1570). *Erich XIV.* (35) wird von der schwedischen Adelsopposition unter Führung seiner Halbbrüder *Johann* (31) und *Karl* (18) gestürzt. *Johann III.* wird als schwedischer König anerkannt (bis 1592).

KULTUR Herzog *Julius* führt in Braunschweig, dem letzten bedeutenden katholischen Territorium Norddeutschlands, die Reformation ein. Gründung des jesuitischen Collegium Anglicum in den spanischen Niederlanden (Douai) zur Rekatholisierung Englands.

KUNST *Giacomo da Vignola* (61) beginnt »Il Gesù« in Rom, Fassade von *Giacomo della Porta* (etwa 31).

1569

POLITIK Das katholische Heer unter Herzog *Heinrich von Anjou* (18), dem Bruder *Karls IX.*, besiegt die Hugenotten unter *Condé* (39), der ermordet wird, bei Jarnac (13.3.) und unter ihrem neuen Führer Admiral *de Coligny* (50) bei Moncontour (3.10). *Pius V.* erhebt *Cosimo de' Medici* (50), Herzog von Florenz, zum Großherzog der Toskana. Auf dem Reichstag zu Lublin wird die vollständige Union (Real- statt Personalunion) Litauens mit Polen hergestellt (1.7.).

KUNST *Pellegrino Tibaldi* (42) S. Fedele in Mailand (bis 1578).

WISSENSCHAFT *Gerhard Mercator* (57) Erdkarte für Seefahrer in »Mercatorprojektion«.

1570

POLITIK Der Friede von Stettin (13.12.) beendet den erfolglosen Krieg Dänemarks und Lübecks gegen Schweden. Der Friede von Saint-Germain gewährt den Hugenotten freie Religionsübung und Sicherheitsplätze (8.8.). *Pius V.* (66) bannt Königin *Elisabeth* von England (37). Königliches Edikt unterstellt die spanischen Moriscos ständiger Überwachung. Wegen des Verdachts der Verbindung mit Polen zerstört Zar *Iwan IV.* (40) Nowgorod.

KULTUR Beginn der puritanischen Bewegung gegen die Anglikanische Kirche unter *Thomas Cartwright* (35). *Pius V.* gibt das neue »Missale Romanum« heraus. Im »Consensus von Sandomir« einigen sich die Lutheraner, Calvinisten und Böhmischen Brüder Polens.

KUNST *Tizian* (etwa 81) »Dornenkrönung Christi«. *Andrea Palladio* (62) »Quattro libri dell' architettura« (Lehrbuch, bis 1581).

1571

POLITIK Heilige Liga zwischen *Pius V.* (67), *Philipp II.* (44), Venedig, Savoyen, Genua und Johannitern gegen die Türken (20.5.). Die gemeinsame Flotte unter *Don Juan d'Austria* (24) besiegt die türkische Flotte in der Bucht von Lepanto vernichtend (7.10.). Die Krimtataren erscheinen zum letztenmal in Moskau und brennen es nieder (24.5.).

KULTUR In der »Religionsassekuration« gewährt *Maximilian II.* (44) dem Adel Donauösterreichs die Ausübung des Augsburgischen Bekenntnisses.

KUNST *Bartolommeo Ammanati* (60) Neptunsbrunnen vor dem Palazzo Vecchio in Florenz.

WISSENSCHAFT *François Vieta* (31) »Canon mathematicus« (Tafel der Winkelfunktionen).

1572

POLITIK Nach der Eroberung von Briel an der Maasmündung durch die Seegeusen (1.4.) erheben sich Seeland und Holland gegen die spanische Herrschaft und ernennen *Wilhelm von Oranien* (39) zu ihrem Statthalter (18.7.). Bartholomäusnacht (23./24.8.) in Paris anläßlich der Hochzeit König *Heinrichs* von Navarra (19) mit *Karls IX.* Schwester *Margarete* (19), Auftakt zur Ermordung Tausender Hugenotten und ihres Führers, Admiral *Gaspard de Colignys* (53), auf Betreiben *Katharinas von Medici* (53). *Francis Drake* (etwa 32) greift die spanischen Handelsplätze in Amerika an. Mit *Sigismund II. August* (52) stirbt die Jagiellonen-Dynastie aus; Polen wird reines Wahlkönigreich.

KULTUR Auf *Pius V.* (68) folgt *Ugo Boncompagni* (70) als Papst *Gregor XIII.* (bis 1585).

LITERATUR *Pierre de Ronsard* (47) »La Franciade«. *Luis de Camões* (47) »Os Lusiadas«.

1573

POLITIK *Philipp II.* (46) ersetzt *Alba* (66) durch *Requesens y Zúñiga* (45) als Statthalter der Niederlande. Venedig schließt unter Verzicht auf Zypern Sonderfrieden mit den Türken. Eine Warschauer Adelskonföderation arbeitet die »Pacta conventa« aus, auf die sich jeder zukünftige polnische König verpflichten muß, u.a. Verzicht auf die Erblichkeit der Krone (Jan.).

KULTUR *Julius Echter von Mespelbrunn* (28) wird Fürstbischof von Würzburg und Herzog von Franken (bis 1617). *Gregor XIII.* setzt eine Kardinalskongregation ein, um die Durchführung der tridentinischen Beschlüsse in Deutschland zu überwachen.

LITERATUR *François Hotman* (49) »Francogallia« (antimonarchische Staatstheorie).

KUNST *Paolo Veronese* (45) »Gastmahl des Levi«. Kathedrale von Mexico-City bis 1667.

1574

POLITIK Die Spanier besiegen das oranische Heer auf der Mooker Heide (14.4.). Spanien verliert Tunis endgültig an die Türken. Der im Vorjahr zum polnischen König gewählte *Heinrich von Anjou* (23) wird in Krakau gekrönt (Jan.), verläßt aber nach dem Tod seines Bruders *Karl IX.* (24) Polen und besteigt als *Heinrich III.* den französischen Thron (bis 1589). Erneuter Ausbruch des französischen Bürgerkrieges.

KULTUR Philippistische (Anhänger *Melanchthons*) kursächsische Räte werden als Verräter der lutherischen Tradition Kursachsens inhaftiert, die Wittenberger Theologen vertrieben. *Friedrich II.* (40) führt in Dänemark-Norwegen die Augsburgische Konfession ein.

KUNST Schloß Kronborg auf Seeland begonnen.

1575

POLITIK Kaiser *Maximilians* Sohn *Rudolf* (23) wird zum König von Böhmen gewählt (bis 1611). *Stephan Báthory* (42) setzt sich gegen den mit ihm in Doppelwahl zum polnischen König gewählten Kaiser *Maximilian* durch (wird 1.5.1576 in Krakau gekrönt).

KULTUR Gründung der calvinischen Universität Leiden. Die nichtkatholischen Stände Böhmens (Utraquisten, Lutheraner, Brüder-Unität) geben sich ein gemeinsames Glaubensbekenntnis, die »Confessio Bohemica«. *Gregor XIII.* (73) erkennt das von *Filippo Neri* (60) gegründete Oratorium als Kongregation an.

WIRTSCHAFT Gesetz gegen Arbeitslosigkeit und Müßiggang und Gründung von Arbeitshäusern in England.

1576

POLITIK Nach dem Tod *Maximilians II.* (49) folgt sein Sohn als Kaiser *Rudolf II.* (24, bis 1612). Die südlichen und nördlichen Provinzen der Niederlande vereinigen sich zur Vertreibung der Spanier und zur Aufrechterhaltung ihrer Privilegien in der »Pazifikation von Gent« (8.11.). *Heinrich von Navarra* (23) stellt sich an die Spitze der Hugenotten, die im Frieden von Beaulieu (8.5.) weitgehende Rechte erhalten.

Die strengen Katholiken schließen sich in der »Heiligen Liga« unter Führung der *Guise*, besonders Herzog *Heinrichs* (26), zum Kampf gegen die Hugenotten zusammen.

KULTUR Herzog *Julius* von Braunschweig-Wolfenbüttel (48) gründet die Universität Helmstedt. Bau des ersten ständigen Theaters vor den Toren Londons.

LITERATUR *Johann Fischart* (30) »Das Glückhaft Schiff von Zürich«. *Jean Bodin* (46) »Six livres de la République« (naturrechtliche Lehre von der Souveränität).

WISSENSCHAFT *Tycho Brahe* (30) errichtet auf der Insel Hven im Sund seine Sternwarte Uranienborg.

1577

POLITIK Der neue Generalstatthalter *Don Juan d' Austria* (30) bestätigt im »Ewigen Edikt« (12.2.) die Genter Pazifikation, jedoch unter alleiniger Anerkennung der katholischen Religion. Dagegen Protest Hollands, Seelands und *Wilhelms von Oranien* (19.2.). Danzig huldigt König *Stephan Báthory* von Polen (44).

KULTUR Auf den Theologenkonventen zu Torgau (1576 »Torgauer Buch«) und Klosterberge wird die neue streng lutherische Bekenntnisschrift, die »Konkordienformel« (»Bergisches Buch«), redigiert. Gründung des Botanischen Gartens in Leiden.

WISSENSCHAFT Erdumseglung des *Francis Drake* (etwa 37) bis 1580.

1578

POLITIK *Alessandro Farnese* (33), Sohn *Margaretes von Parma*, folgt nach dem Tod *Juan d'Austrias* als Statthalter der Niederlande und gewinnt die südlichen Provinzen für Spanien zurück.

KULTUR Erzherzog *Karl* (38) macht den protestantischen Ständen in seinen innerösterreichischen Landen im »Brucker Libell« Zugeständnisse. Duldung der Mennoniten in den Niederlanden. Gründung der Universität Wilna aus einer Jesuitenschule.

LITERATUR *Johann Fischart* (32) »Ehezuchtbüchlein«.

1579

POLITIK Die südlichen Provinzen der Niederlande vereinigen sich im Bund von Arras (6.1.) und schließen gegen Zusicherung ihrer alten Verfassung und unter Wahrung der katholischen Religion Frieden mit Spanien (17.5.). Demgegenüber verbünden sich die nördlichen Provinzen in der »Utrechter Union« (23.1.). Irischer Aufstand gegen die englische Herrschaft (bis 1583).

KULTUR Entsendung des ersten päpstlichen Nuntius in die Schweiz. Gründung des »Collegium Anglicanum« in Rom.

LITERATUR *John Lyly* (etwa 25) »Euphues or the Anatomy of Wit« (Roman). *Edmund Spenser* (etwa 27) »The Shepherd's Calendar« (Schäfergedichte).

Junius Brutus (Pseudonym wohl für *Du Plessis-Mornay*, 30) »Vindiciae contra tyrannos« (antimonarchische Widerstandslehre).

KUNST *El Greco* (38) »Entkleidung Christi«.

1580

POLITIK Die Niederlande beginnen die Kolonisierung von Guayana. *Philipp II.* von Spanien (53) setzt nach dem Tod König *Heinrichs* (68) seine Erbansprüche mit Waffengewalt durch und vereinigt Portugal in Personalunion mit Spanien (bis 1640). Herzog *Alba* (73) besiegt die Portugiesen in der Schlacht von Alcántara bei Lissabon (25.8.). Die Schweden unter *Pontus de la Gardie* (50) erobern im Kampf gegen die Russen Estland und Ingermanland (bis 1581).

KULTUR »Konkordienbuch«, Sammlung der lutherischen Bekenntnisschriften als Lehrgrundlage für das orthodoxe Luthertum.

LITERATUR *John Lyly* (etwa 27) »Euphues and his England« (Roman). *Michel de Montaigne* (47) »Les Essais« (2 Bde., 3.Bd. 1588). *Torquato Tasso* (36) »Aminta« (Schäferspiel).

KUNST Wollaton-Castle bei Nottingham begonnen. *Andrea Palladio* (72) Teatro Olimpico in Vicenza.

1581

POLITIK Die sieben nördlichen niederländischen Provinzen (Holland, Seeland, Utrecht, Gelderland, Groningen, Overyssel, Friesland) sagen sich im Haager Manifest (»Placcaet van Verlatinghe«, 26.7.) von *Philipp II.* los. Friede zwischen Spanien und Türken auf der Basis des Status quo.

KULTUR Gründung der Universität Olmütz. *Robert Browne* (31) gründet in Norwich die erste kongregationalistische Gemeinde (»Independenten«).

1582

POLITIK Reichsstatut *Philipps II.* (55) für Portugal (»Carta patente«) beläßt die alten Gesetze und wichtige Ämter den Portugiesen. Als päpstlicher Vermittler bringt der Jesuit *Antonio Possevino* (49) zwischen Polen und Rußland den Frieden von Jam Sapoljskij zustande (zehnjähriger Waffenstillstand), in dem Rußland auf alle Eroberungen in Livland und Litauen (Polozk) verzichtet (15.1.). Donkosaken unter Führung des Ataman *Ermak* ziehen über den Ural und besiegen den Tatarenchan von Sibir. Beginn der russischen Eroberung Sibiriens.

KULTUR Fürstbischof *Julius Echter* (37) gründet die gegenreformatorische Universität Würzburg. *Gregor XIII.* (80) reformiert mit der Bulle »Inter gravissimas« den Kalender (24.2.), zunächst nur in katholischen Ländern (5.10. alten Stils = 15.10. neuen Stils). Gründung der »Accademia della Crusca« in Florenz zur Pflege der italienischen Sprache.

1583

POLITIK Im »Kölnischen Krieg« vertreibt der neugewählte Kurfürst, der Wittelsbacher *Ernst* von Bayern (29), den wegen des Versuchs der Einführung der Reformation abgesetzten *Gebhard Truchseß von Waldburg* (36). Der Vertrag an der Pljussa bei Narwa mit Schweden zwingt *Iwan IV.* (53) zum Verzicht auf Estland, Narwa, Iwangorod und Ingermanland (20.8.).

KULTUR Beginn des Straßburger Kapitelstreits zwischen evangelischen und katholischen Domherren um den Besitz des Stifts, endet nach vorübergehender Teilung des Bistums (1593) 1604 mit einem vollständigen katholischen Sieg.

LITERATUR *Luis Ponce de León* (etwa 55) »Los nombres de Cristo«.

KUNST *Giovanni da Bologna* (54) »Raub der Sabinerin«. Jesuitenkirche St. Michael in München (bis 1597).

1584

POLITIK Nach dem Tod *Franz'* von Anjou (29) *Heinrich* von Navarra (31) erster Anwärter auf den französischen Thron. *Wilhelm von Oranien* (51) wird in Delft ermordet (10.7.). Sein Sohn *Moritz* (17) setzt den Kampf gegen Spanien fort. *Walter Raleigh* (32) gründet Virginia, die erste englische Kolonie in Amerika. Nach dem Tod *Iwans IV.* (54) folgt sein geistesschwacher Sohn *Fjodor I.* (27) als Zar von Rußland (28.3., bis 1598). Kämpfe unter den Bojaren um die Regentschaft.

KULTUR Errichtung einer ständigen päpstlichen Nuntiatur in Köln. Gründung der Universität Herborn.

LITERATUR *Justus Lipsius* (37) »De constantia« (Wiedererweckung des Stoizismus). *Giordano Bruno* (36) in London: »De la causa, principio ed uno«, »Dell' infinito universo e mondi«, »Lo spaccio della bestia trionfante«.

MUSIK *Giovanni Palestrina* (etwa 59) Hoheliedmotetten.

1585

POLITIK *Alessandro Farnese* (40) unterwirft Flandern und Brabant und erobert Antwerpen (17.8.). *Elisabeth I.* sendet den niederländischen Aufständischen Hilfstruppen unter *Robert Dudley, Graf von Leicester* (52). Die Liga, unterstützt von Spanien und dem Papst, zwingt *Heinrich III.*, alle den Hugenotten gewährten Freiheiten zurückzunehmen. *Sixtus V.* bannt *Heinrich* von Navarra (21.9.). *Heinrich von Guise* (35) eröffnet den letzten Religionskrieg, den »Krieg der drei Heinriche« (*Heinrich von Guise, Heinrich III.* und *Heinrich* von Navarra). Beginn der systematischen Anlage russischer Stützpunkte (Ufa, Tjumen) zum Vordringen nach Sibirien.

KULTUR Herzog *Karl* von Steiermark (45) gründet die katholische Universität Graz. Nach dem Tod *Gregors XIII.* (83) wird *Felice Peretti* (64) zum Papst *Sixtus V.* gewählt (bis 1590). Er legt mit der Bulle »Postquam verus« die Zahl der Kardinäle auf 70 fest.

LITERATUR *Giordano Bruno* (37) »Degli eroici furori«.

KUNST *Juan de Herrera* (55) beginnt Kathedrale von Valladolid.

WISSENSCHAFT *John Davis* (35) entdeckt »Davis-Straße« (zwischen Nordamerika und Grönland).

WIRTSCHAFT Infolge der spanischen Besetzung Antwerpens beginnt der Aufstieg Amsterdams.

1586

POLITIK »Goldener (später Borromäischer) Bund« der katholischen Orte der Schweiz zur Verteidigung ihrer Konfession (5.10.), Mai 1587 Soldallianz mit *Philipp II.* von Spanien (59). *Elisabeth* (53) zwingt *Jakob VI.* von Schottland (20) zu einem Vertrag zum Schutz der protestantischen Kirche in England und Schottland.

LITERATUR *Robert Bellarmin* (44) »Disputationes de controversiis Christianae fidei adversus huius temporis haereticos« (3 Bde. bis 1593).

KUNST *El Greco* (45) »Begräbnis des Grafen *Orgaz*«. Universitätskirche in Würzburg (bis 1591).

1587

POLITIK *Maria Stuart* wird wegen Verbindung mit einer Verschwörung hingerichtet (8.2.). Zerstörung der spanischen Schiffe in Cadiz durch *Francis Drake* (etwa 47). Geheimvertrag zwischen *Sixtus V.* (66) und *Philipp II.* (60) über Krieg gegen England (29.7.). Krieg zwischen England und Spanien (bis 1604). *Heinrich* von Navarra (34) schlägt das königliche Heer bei Coutras (20.10.). Nach dem Tod *Stephan Báthorys* (12.12.1586) wird *Sigismund Wasa* (21), Sohn *Johanns III.* von Schweden, zum polnischen König *Sigismund III.* gewählt (27.12. gekrönt, regiert bis 1632). *Boris Godunow* (36) geht aus den Bojarenkämpfen als Sieger hervor und wird als Regent für Zar *Fjodor* (30) anerkannt. Gründung des russischen Stützpunktes Tobolsk in Sibirien.

LITERATUR Erste gedruckte Ausgabe der »Historia von D. Johann Fausten« in Frankfurt a. M.

1588

POLITIK König *Heinrich III.* (37) wird von einem durch *Heinrich von Guise* (38) erregten Volksaufruhr aus Paris vertrieben (»Barrikadentag« 12.5.). Er versucht, sich der Macht der Liga durch Ermordung der Brüder *Heinrich* (23.12.) und Kardinal *Ludwig von Guise* (24.12.) zu entziehen. *Philipp II.* (61) sendet die spanische Armada unter dem Oberbefehl Herzog *Alonsos von Medina Sidonia* (38) gegen England aus. Sie wird im Kanal von der englischen Flotte unter *Howard* (52), *Hawkins* (56) und *Drake* (etwa 48) besiegt (31.7. bis 8.8.) und von Septemberstürmen vor Schottland und Irland z.T. zerstört. *Christian IV.* (11) folgt seinem

Vater *Friedrich II.* (54) als König von Dänemark und Norwegen (bis 1648).

KULTUR Der Jesuit *Luis de Molina* (53) löst mit seiner Schrift »Concordia liberi arbitrii cum gratiae donis« den Gnadenstreit zwischen Jesuiten und Dominikanern aus. Der Jesuit *Peter Skarga* (52) wird einflußreicher Hofprediger König *Sigismunds III.* von Polen in Krakau.

LITERATUR *Christopher Marlowe* (24) »The Tragicall Historie of Doctor Faustus« (gedr. 1604). *Teresa de Jesús* (gest. 1582) »El Castillo interior o Las Moradas« und »El libro de sua vida«. *Caesar Baronius* (50) »Annales ecclesiastici« (katholische Kirchengeschichte, 12 Bde. bis 1607).

KUNST *Jacopo Tintoretto* (70) »Paradies«, Riesengemälde im Dogenpalast zu Venedig (bis 1591).

1589

POLITIK Im Beuthener Vertrag verzichtet das Haus Österreich auf alle Ansprüche auf Polen. *Heinrich III.* von Frankreich (38) geht zu *Heinrich* von Navarra über (30.4.), wird aber von einem Anhänger der Liga ermordet (1.8.). Ende des Hauses *Valois*. *Heinrich* von Navarra (36) besteigt als der erste *Bourbon* den französischen Thron und regiert als *Heinrich IV.* bis 1610.

KULTUR Der Metropolit von Moskau wird zum Patriarchen erhoben, damit unabhängig von Konstantinopel.

LITERATUR *Richard Hakluyt* (etwa 37) »The Principall Navigations, Voiages and Discoveries of the English Nation«.

KUNST *Benedikt Wurzelbauer* (41) »Tugendbrunnen« in Nürnberg. *Hubert Gerhard* (etwa 39) »Augustusbrunnen« in Augsburg.

MUSIK *Giovanni Palestrina* (etwa 64) Hymnenvertonungen.

1590

POLITIK *Heinrich IV.* besiegt bei Ivry (14.3.) entscheidend die Liga unter *Karl von Guise,* Herzog von Mayenne (36). Ein spanisches Heer unter *Alessandro Farnese* (45) entsetzt von den Niederlanden aus das von *Heinrich IV.* belagerte Paris.

LITERATUR *Philip Sidney* (gest. 1586) »Arcadia« (Schäferroman). *Edmund Spenser* (etwa 38) »The Fairy Queen« (Epos, 4.—6. Buch 1596). *Christopher Marlowe* (26) »Tamburlane the Great« (Drama).

KUNST *Michelangelo Caravaggio* (17) »Jugendlicher Bacchus« (um 1590).

WISSENSCHAFT Erfindung des Mikroskops in Holland (um 1590), wahrscheinlich durch *Zacharias Jansen*.

WIRTSCHAFT Beginn der Kohlegewinnung an der Ruhr.

1591

POLITIK *Philipp II.* von Spanien (64) schlägt einen Aufstand der aragonesischen Adels nieder und schränkt die Autonomie Aragons ein. *Dmitrij* (10), der jüngere Sohn *Iwans IV.*, wird auf Befehl *Boris Godunows* (etwa 40) ermordet (25.5.). Einfall des Paschas von Bosnien in das österreichische Kroatien.

LITERATUR *Philip Sidney* (gest. 1586) »Astrophel and Stella« (Sonettenzyklus).

KUNST Gewandhaus in Braunschweig.

1592

POLITIK Nach dem Tod *Johanns III.* (55) wird sein Sohn *Sigismund* (26), bereits König von Polen, auch König von Schweden.

KULTUR Kardinal *Ippolito Aldrobandini* (56) wird nach den kurzen Pontifikaten *Urbans VII.* (1590), *Gregors XIV.* (1590/91) und *Innozenz' IX.* (1591) zum Papst *Clemens VIII.* gewählt (bis 1605).

LITERATUR *William Shakespeare* (28) »Richard III.«.

KUNST *Bartholomäus Spranger* (46), Hofmaler in Prag, »Allegorie auf die Tugenden *Rudolfs II.*«. »Haus zum Ritter« in Heidelberg.

WISSENSCHAFT *John Davis* (etwa 42) entdeckt die Falklandinseln.

WIRTSCHAFT Gründung der englischen Levantinischen Handelskompanie.

1593

POLITIK Sultan *Murad III.* (47) kommt dem Pascha von Bosnien zu Hilfe (Ende des großen Krieges gegen den Kaiser 1606). Die Türken erobern Sisag. *Heinrich IV.* tritt zum katholischen Glauben über (25.7.).

KULTUR Die Nationalsynode von Uppsala erklärt das Augsburgische Bekenntnis als allein maßgebend für die schwedische Kirche.

KUNST *Wendel Dietterlin* (43) »Architectura« (Lehrbuch des deutschen Frühbarocks).

1594

POLITIK Der Reichstag zu Regensburg gewährt dem Kaiser Reichshilfe gegen die Türken. Diese erobern Raab. Aufstand gegen die englische Herrschaft in Irland (bis 1603). *Heinrich IV.* (41) wird in Chartres gekrönt (27.2.) und zieht in Paris ein (22.3.). Bauernaufstand in Ober- und Niederösterreich (bis 1597).

LITERATUR *William Shakespeare* (30) »Love's Labour's Lost«, »The Taming of the Shrew«. *Christopher Marlowe* »Edward II.« (Drama).

KUNST *Giovanni da Bologna* (65) Reiterdenkmal *Cosimos I.* in Florenz.

MUSIK *Leonhard Lechner* (41) Deutsche Johannespassion. Erste echte Oper von *Jacopo Peri* (33) nach Text von *Ottavio Rinuccini* (32) »Dafne«.

1595

POLITIK Die Holländer beginnen, sich in Ostindien (und 1596 auf den Sundainseln) festzusetzen. *Hein-*

rich IV. erklärt Philipp II. den Krieg. Michael der Tapfere (47), Fürst der Walachei, verbündet mit Kaiser Rudolf II. (43), besiegt die Türken unter Sinan Pascha bei Calugareni vernichtend (23.8.). Karl von Södermanland (45), Onkel Sigismunds III. von Polen, wird vom Reichstag zu Söderköping zum Reichsverweser Schwedens gewählt. Boris Godunow (44) gewinnt einen Teil der 1583 an Schweden verlorenen Gebiete im Vertrag zu Teusina (18.5.) zurück, Schweden behält aber Estland.

KULTUR In Schweden wird der katholische Gottesdienst verboten.

LITERATUR Georg Rollenhagen (53) »Froschmeuseler« (satirisches Lehrgedicht). William Shakespeare (31) »Romeo and Juliet«, »Midsummer Night's Dream«.

1596

POLITIK Mehmed III. besiegt das kaiserliche Heer bei Keresztes. Heinrich IV. verbündet sich mit England und den Niederlanden gegen Spanien. Eine spanische Flotte wird auf dem Weg nach Irland vom Sturm zerstreut, eine andere im Hafen von Cadiz von den Engländern vernichtet. König Sigismund III. (30) verlegt die polnische Residenz von Krakau nach Warschau.

KULTUR Erzherzog Ferdinand von Steiermark (18) beginnt die Rekatholisierung seines Landes. In der »Union von Brest« tritt der Großteil der orthodoxen Ukrainer und Weißrussen bei Wahrung ihres Ritus' unter die Obedienz des Papstes.

KUNST Annibale Carracci (36) Deckenfresken im Palazzo Farnese zu Rom (bis 1604).

WISSENSCHAFT Willem Barents (etwa 46) entdeckt Bäreninsel und Spitzbergen. Galileo Galilei (32) erfindet das Thermoskop.

1597

POLITIK Erneut wird eine spanische Flotte beim Angriff auf England vom Sturm zerstört.

KULTUR Errichtung einer ständigen Nuntiatur für die spanischen Niederlande in Brüssel.

LITERATUR William Shakespeare (33) »Merchant of Venice«. Thomas Deloney (54) »The Gentle Craft« (Handwerkerroman). Francis Bacon (36) »Essays« (vollständige Ausgabe 1625).

KUNST Lieven de Key (etwa 37) Rathaus in Leiden.

MUSIK Giovanni Gabrieli (40) »Sacrae symphoniae«.

1598

POLITIK Fürst Sigismund Báthory (26) übergibt Siebenbürgen im Tausch gegen die Fürstentümer Oppeln und Ratibor an Rudolf II. (46). Heinrich IV. (45) beendet mit dem Edikt von Nantes (13.4.) die Hugenottenkriege, gewährt den Hugenotten bürgerliche Gleichberechtigung und bedingt freie Religionsausübung. Nach Vermittlung Clemens' VIII. (62) schließen Heinrich IV. und Philipp II. von Spanien (71) den Frieden von Vervins (2.5.), der den Frieden von Cateau-Cambrésis (1559) bestätigt: Spanien verzichtet auf alle Ansprüche auf die französische Krone. Philipp II. stirbt. Sein Sohn und Erbe Philipp III. (20) überläßt die Führung der Politik dem Herzog von Lerma (45). Nach dem Aussterben des Hauses Este zieht Clemens VIII. das Herzogtum Ferrara als erledigtes Lehen ein. König Sigismund (32) wird von dem Führer der antikatholischen schwedischen Opposition, seinem Onkel Herzog Karl (48), bei Stängebro geschlagen. Mit Fjodor I. (41) stirbt die Rurik-Dynastie aus. Der bisherige Regent Boris Godunow (47) regiert als Zar bis 1605.

LITERATUR William Shakespeare (34) »Merry Wifes of Windsor« (um 1598). Ben Jonson (25) »Every Man in His Humor«.

KUNST El Greco (57) Altarbild des »Hl. Martin«.

WIRTSCHAFT Schließung des Londoner Stalhofes der Hanse.

1599

POLITIK Kalabrischer Aufstand wird von der spanischen Regierung in Neapel niedergeworfen, der Führer Tommaso Campanella (31) bis 1626 eingekerkert.

LITERATUR Mateo Alemán (2) »Guzmán de Alfarache« (Schelmenroman, 2. Bd. 1604). William Shakespeare (35) »Julius Caesar«, »As You Like It«.

KUNST Regelmäßige Stadtanlage von Freudenstadt nach Plan von H. Schickhardt (41).

1600

POLITIK Moritz von Oranien-Nassau (33), Statthalter der Niederlande, besiegt das spanische Heer bei Nieuwpoort und befreit den Norden. Heinrich IV. heiratet Maria von Medici (27), Tochter des Großherzogs von Toskana. Der schwedische Reichstag setzt Linköping setzt König Sigismund (34) ab und überträgt Herzog Karl von Södermanland (50) die Regierung. (Den Königstitel [Karl IX.] nimmt er erst 1604 an.)

KULTUR Gründung des Schottischen Kollegs in Rom. Giordano Bruno (52) wird in Rom als Ketzer verbrannt (17.2.).

LITERATUR William Shakespeare (36) »Hamlet«. Pietro Aretino (gest. 1556) »Ragionamenti«.

KUNST Peter Paul Rubens' Reise nach Italien (bis 1608). Stefano Maderna (29) »Hl. Cäcilia« in S. Cecilia zu Rom (um 1600). Giacomo della Porta (etwa 63) Palazzo Aldobrandini in Rom (um 1600).

MUSIK Jacopo Peri (39) »Euridice« (Oper) nach Text von Rinuccini (38).

WISSENSCHAFT William Gilbert (56) »De magnete magneticisque corporibus et de magno magnete tellure« (Entdeckung des Erdmagnetismus). Fernrohr in Holland erfunden (um 1600), u.a. von Jan Lippershey (patentiert 1608).

WIRTSCHAFT Gründung der Englisch-Ostindischen Kompanie.

1601

POLITIK Sigismund Báthory (29) kehrt nach Siebenbürgen zurück, wird aber vom kaiserlichen Feldherrn Basta (51) und von Michael dem Tapferen (53) bei Gorosz (16.8.) geschlagen, dankt 1602 endgültig zugunsten der Habsburger ab. Savoyen muß im Frieden von Lyon die Rhonelandschaften Bugey, Bresse, Gex und Valromey an Frankreich abtreten.

KULTUR Regensburger Religionsgespräch zwischen jesuitischen und protestantischen Theologen (28.11. bis 7.12.). Armengesetz Elisabeths I. (68): Unterstützung der Armen und Zwang zur Arbeit in Manufakturen. Der Jesuitenmissionar Matteo Ricci (49) wirkt am chinesischen Kaiserhof in Peking.

LITERATUR William Shakespeare (37) »Troilus and Cressid«. John Donne (29) »Progress of the Soul«.

KUNST Michelangelo Caravaggio (28) »Kreuzigung Petri« und »Bekehrung Pauli«; gemeinsam mit Annibale Carracci (41) »Himmelfahrt Mariä« in S. Maria del Popolo zu Rom.

MUSIK Giulio Caccini (51) »Nuove musiche« (Arien und Madrigale für Solostimme und Generalbaß).

WISSENSCHAFT Johannes Kepler (30) wird nach Tycho Brahes Tod kaiserlicher Hofastronom in Prag.

1602

POLITIK 12 Schweizer Orte befestigen ihre Soldallianz mit Frankreich.

LITERATUR Tommaso Campanella (34) »Città del Sole« (Sonnenstaat, erscheint 1623).

KUNST Adriaen de Vries (etwa 42) vollendet »Herkulesbrunnen« in Augsburg. Zeughaus in Augsburg von Elias Holl (29, bis 1607) mit Bronzegruppe »Hl. Michael« von Hans Reichel (etwa 32). Rattenfängerhaus in Hameln. Schloß Frederiksborg auf Seeland (bis 1623).

WIRTSCHAFT Gründung der »Vereinigten Niederländisch-Ostindischen Kompanie«.

1603

POLITIK Der Führer der irischen Aufständischen, Hugh O'Neill (etwa 63), kapituliert vor den Engländern. Irland wird vollständig unterworfen. Königin Elisabeth I. (70) stirbt kinderlos (24.3.). Ende der Tudor-Dynastie. Mit Jakob VI. von Schottland (37), als König von England und Irland Jakob I., kommt das Haus Stuart an die Regierung und vereinigt die drei Königreiche. Walter Raleigh (51) wird wegen Verbindung mit einer Verschwörung gegen Jakob zum Tode verurteilt (erst 1618 hingerichtet).

KULTUR Robert Bellarmins (61) Kleiner Katechismus. Erstes festes deutsches Theater in Kassel. Gründung der naturwissenschaftlichen »Accademia dei Lincei« zu Rom.

LITERATUR Johann Althusius (46) »Politica methodice digesta«. Thomas Heywood (etwa 33) »A Woman Killed with Kindness« (erstes bürgerliches Trauerspiel).

1604

POLITIK Aufstand in Siebenbürgen und Ungarn unter dem calvinischen Magnaten Stefan Bocskay (47). Jakob I. (38) schließt Frieden mit Philipp III. von Spanien (26), der den englischen Kaufleuten ungestörten Handel mit Spanien und seinen europäischen Besitzungen erlaubt. Beginn der »Zeit der Wirren« (»Smuta«) in Rußland durch das Auftreten eines falschen Demetrius (Dmitrij), der sich für den ermordeten Zarewitsch ausgibt und mit polnischer Unterstützung gegen Moskau zieht. (Ende der Smuta 1613.) Tomsk wird als östlichster russischer Stützpunkt in Sibirien begründet.

KULTUR Jakob I. verweigert den Puritanern auf der Kirchenversammlung von Hampton Court kirchliche Freiheiten.

LITERATUR William Shakespeare (40) »Measure for Measure«, »Othello«.

KUNST El Greco (63) »Großinquisitor Don Fernando Nino de Guevara« (etwa 1604). Karel van Mander (56) »Het Schilderboek« (Kunstgeschichte).

1605

POLITIK Stephan Bocskay (48) wird zum Großfürsten von Siebenbürgen gewählt (24.2.) und vertreibt im Bündnis mit den Türken die kaiserlichen Truppen aus Ungarn. Kaiser Rudolf II. (53) überträgt seinem ältesten Bruder Matthias (48) die Führung des ungarischen Krieges. Pulververschwörung katholischer Adliger gegen König und Parlament wird aufgedeckt (»Guy Fawkes' day«, 5.11.). Streit zwischen Papst Paul V. (53) und Venedig um die Hoheitsrechte von Staat und Kirche. Die Polen unter Jan Karol Chodkiewicz (45) besiegen die Schweden entscheidend bei Kirchholm (2.9.). Boris Godunow (54) stirbt (23.4.), der falsche Dmitrij zieht in Moskau ein (20.6.) und wird zum Zaren gekrönt.

KULTUR Nach dem Tod Clemens' VIII. (69) und dem 25tägigen Pontifikat Leos XI. (70) folgt Camillo Borghese (53) als Papst Paul V. (bis 1621).

LITERATUR Johann Arnd (50) »Vier Bücher vom wahren Christentum«. William Shakespeare (41) »King Lear«, »Macbeth« (um 1605). Ben Jonson (33) »Volpone«. Francis Bacon (44) »Advancement of Learning« (umgearbeitet 1623 unter dem Titel: »De dignitate et augmentis scientiarum«). Miguel de Cervantes (58) »Don Quijote« (2.Teil 1615).

KUNST Georg Riedinger (37) Schloß Aschaffenburg (bis 1614). Pellerhaus in Nürnberg. MUSIK Michael Prätorius (34) »Musae Sioniae« (bis 1610).

1606

POLITIK Gründung von Mannheim (Stadtrecht 1607). Im Wiener Frieden (23.6.) zwischen Erzherzog

Matthias und *Stephan Bocskay* (49) wird den Ungarn ständische und Religionsfreiheit gewährt und *Bocskay* als Fürst von Siebenbürgen anerkannt (stirbt Dez.). Ende des Türkenkrieges mit dem Waffenstillstand von Zsitva-Torok (11.11.). Der falsche *Dmitrij* wird von Bojaren ermordet; deren Führer *Wasilij Schujskij* (54) zum Zaren ausgerufen (19.5.). Kosaken- und Bauernaufstand in Südrußland unter *Iwan Bolotnikow*.

KUNST *Adam Elsheimer* (28) »Landschaft mit Merkur« (um 1606). *Carlo Maderna* (50) Langhaus und Fassade der Peterskirche (bis 1614).

1607

POLITIK *Maximilian I.* von Bayern (34) vollstreckt die vom Kaiser über die überwiegend protestantische Reichsstadt Donauwörth verhängte Reichsacht. Gründung der ersten dauernden englischen Siedlung in Amerika: Jamestown in Virginia. König *Sigismund* von Polen (41) wirft einen Aufstand des protestantischen Adels nieder. Ende des südrussischen Bauernaufstandes mit der Einnahme Tulas (10.10.) und der Hinrichtung *Bolotnikows*.

KULTUR Gründung der hessen-darmstädtischen Universität Gießen.

LITERATUR *William Shakespeare* (43) »Antony and Cleopatra«. *Honoré d'Urfé* (39) »L'Astrée« (Schäferroman, 5 Bde. bis 1627).

MUSIK *Claudio Monteverdi* (40) »Orfeo« (bedeutendste frühe Oper).

1608

POLITIK Nach Sprengung des Regensburger Reichstages schließen sich die süddeutschen protestantischen Fürsten (Württemberg, Baden-Durlach, Ansbach, Bayreuth und Pfalz-Neuburg) unter kurpfälzischer Führung in Auhausen zur »Union« zusammen (14.5.). Erzherzog *Matthias* (51) stellt sich an die Spitze der österreichischen, ungarischen und mährischen Ständeopposition und zwingt seinen Bruder, Kaiser *Rudolf* (56), im Vertrag von Lieben (25.6.), ihm die Herrschaft in diesen Ländern abzutreten. *Samuel de Champlain* (etwa 40) gründet mit Quebec die erste bedeutende französische Siedlung in Kanada (»Neu-Frankreich«). Die Jesuiten errichten den Ordensstaat Paraguay. In Rußland tritt wieder ein falscher *Dmitrij* auf: der »Gauner (wor) von Tuschino« (mit schwedischer Hilfe 1609 vertrieben).

KUNST *Domenichino* (27) »Martyrium des hl. Andreas« in S. Gregorio Magno zu Rom.

1609

POLITIK Unter Führung *Maximilians* von Bayern (36) bildet sich in München die »Liga« der katholischen Reichsstände (10.7.), ohne Österreich und Salzburg. Mit Herzog *Johann Wilhelm IV.* stirbt das Haus Cleve-Jülich-Berg im Mannesstamm aus. Jülich-Clevesche Erbfolgestreit zwischen Brandenburg und Pfalz-Neuburg (bis 1614). *Jakob I.* (43) läßt die keltische Bevölkerung aus Ulster vertreiben und Engländer ansiedeln. Waffenstillstand zwischen Spanien und den Niederlanden (9.4.). Edikt *Philipps III.* (31) vertreibt die Moriscos aus Spanien, zunächst aus Kastilien (22.9.). *Sigismund III.* von Polen (43) erklärt Rußland den Krieg und belagert Smolensk.

KULTUR Konzessionen an die Protestanten in Donauösterreich in der »Religionskapitulation« (19.3.). Die böhmische Ständeopposition unter *Graf von Thurn* (42) erzwingt von *Rudolf II.* durch den Majestätsbrief vollständige Religionsfreiheit (9.7.). Erste deutsche wöchentliche Zeitung, »Straßburger Relation«.

LITERATUR *William Shakespeare* (45) »Sonnets« (im Druck erschienen). *Hugo Grotius* (26) »Mare liberum« (Völkerrecht).

KUNST *Peter Paul Rubens* (32) »Selbstbildnis mit Isabella Brant« in der Geißblattlaube«. Lüder von Bentheim Rathaus von Bremen (bis 1613). Moschee Sultan *Ahmeds I.* in Konstantinopel (bis 1614).

WISSENSCHAFT *Johannes Kepler* (38) »Astronomia nova« (mit erstem und zweitem Keplerschen Gesetz der Planetenbahnen). *Henry Hudson* (etwa 59) entdeckt »Hudson«-Fluß.

WIRTSCHAFT Gründung der Bank von Amsterdam.

1610

POLITIK *Heinrich IV.* von Frankreich (57) wird ermordet (14.5.). *Maria von Medici* (37) führt die Regentschaft für ihren Sohn *Ludwig XIII.* (9), überläßt die Leitung der Politik aber dem Italiener Concini. Sieg der Polen bei Kluschino über Russen und Schweden (4.7.). Zar *Wasilij Schujskij* wird gestürzt (17.7.), polnische Truppen besetzen Moskau.

KULTUR *Franz von Sales* (43) gründet zusammen mit *Johanna Franziska de Chantal* (38) den Orden von der Heimsuchung Mariä (Salesianerinnen).

LITERATUR *Ben Jonson* (37) »The Alchimist«.

KUNST *Peter Paul Rubens* (33) Kreuzaufrichtungsaltar in Antwerpen. *Guido Reni* (35) »Aurora«.

WISSENSCHAFT *Galileo Galilei* (46) veröffentlicht seine astronomischen Untersuchungen mit einem selbstgebauten Fernrohr (»Siderius Nuncius«). *Johann Fabricius* (23) entdeckt Sonnenflecken und Achsendrehung der Sonne.

1611

POLITIK Die böhmischen Stände setzen *Rudolf II.* (59) als König von Böhmen ab. *Sigismund* von Polen (45) erobert Smolensk. Schwedische Absichten auf Lappland und die Anlage der Stadt Göteborg führen zum »Kalmar-Krieg« mit Dänemark (bis 1613).

KULTUR Endgültige Ausgabe der englischen Bibel (»Authorized Version«).

KUNST *El Greco* (70) »Toledo im Gewitter« (um 1611).

WISSENSCHAFT *Johannes Kepler* (40) beschreibt in »Dioptrice« das Prinzip des Fernrohrs.

1612

POLITIK Nach dem Tod *Rudolfs II.* (20.1.) wird sein Bruder *Matthias* (55) zum Kaiser gewählt. Die Englisch-Ostindische Kompanie errichtet die erste englische Niederlassung in Indien, Surat am Golf von Cambay. Ein Aufstand in Moskau vertreibt die polnische Besatzung (Kapitulation der Kremlbesatzung 26.10.).

MUSIK *Heinrich Schütz* (27) »Italienisches Madrigal«.

1613

POLITIK Der calvinische Magnat *Bethlen Gábor* (33) wird zum Fürsten von Siebenbürgen gewählt. Durch den Frieden von Knäred (20.1.) kommt die Festung Elfsborg, der einzige Zugang Schwedens zur Nordsee, in dänischen Pfandbesitz. Mit der Wahl *Michail Romanows* (17) zum Zaren enden die russischen »Wirren«.

KULTUR Kurfürst *Johann Sigismund* von Brandenburg (41) tritt zum Calvinismus über.

LITERATUR *Miguel de Cervantes* (66) »Novellas ejemplares«. *Luis de Góngora* (52) »Soledades« (Versdichtung).

1614

POLITIK Im Vertrag von Xanten (12.11.) wird der Clevesche Erbfolgestreit beigelegt: Pfalz-Neuburg erhält die Herzogtümer Jülich und Berg, Brandenburg das Herzogtum Cleve und die Grafschaften Mark, Ravensberg und Ravenstein (dies nur bis 1624). Durch *Maria von Medici* (41) werden die französischen Generalstände zum letztenmal vor der Großen Revolution einberufen. *Ludwig XIII.* (13) wird für mündig erklärt. Schweden greift von dem seit 1611 besetzten Nowgorod aus Moskau an.

KULTUR Gründung der Universität Paderborn. Eröffnung der calvinischen Universität Groningen.

KUNST Dom zu Salzburg von *Santino Solari* (bis 1628).

WISSENSCHAFT *John Napier* (64) »Mirifici logarithmorum canonis descriptio« (Erfindung und Namengebung der natürlichen Logarithmen).

WIRTSCHAFT Zusammenbruch des Handelshauses der *Welser*.

1615

POLITIK *George Villiers*, später *Herzog von Buckingham* (23), wird einflußreichster Berater *Jakobs I.* (49). *Ludwig XIII.* (14) wird mit der spanischen Prinzessin *Anna* von Österreich (14) vermählt.

KULTUR Der französische Klerus erkennt die tridentinischen Reformdekrete als verbindlich an.

LITERATUR *Miguel de Cervantes* (68) »Ocho comedias y ocho entremeses nuevas« (Zwischenspiele).

KUNST *Peter Paul Rubens* (38) »Großes Jüngstes Gericht« (bis 1617). *Elias Holl* (42) Rathaus in Augsburg (bis 1620). *Salomon de Brosse* (53) beginnt Palais Luxembourg in Paris.

MUSIK *Michael Prätorius* (44) »Syntagma musicum« (3 Bde.). Gründung der Accademia dei Filomusi in Bologna (älteste Musikakademie).

WIRTSCHAFT *Lamoral von Taxis* erhält das Amt des Generaloberpostmeisters als erbliches Lehen. *Antoine de Montchrestien* (40) »Traité de l'oeconomie politique« (System des Merkantilismus).

1616

POLITIK Der Thronanwalt *Francis Bacon* (55) stürzt als Vertreter einer starken monarchischen Zentralgewalt den Verteidiger des Common Law, den obersten englischen Richter *Edward Coke* (64).

KULTUR Verurteilung der kopernikanischen Lehre durch das Hl. Offizium in Rom.

LITERATUR *Franz von Sales* (49) »Traité de l'amour de Dieu«.

WIRTSCHAFT Erster Handelsvertrag der Niederlande mit Japan.

1617

POLITIK Erzherzog *Ferdinand* (39) wird zum König von Böhmen gewählt. Im Oñate-Vertrag verzichtet Spanien auf die Erbfolge in Ungarn und Böhmen zugunsten der österreichischen *Habsburger. Ludwig XIII.* (16) läßt *Concini*, den Berater seiner Mutter, ermorden (24.4.) und verbannt seine Mutter nach Blois. Schweden räumt nach dem Frieden von Stolbowo (9.3.) Nowgorod, behält aber die Küstengebiete am Finnischen Meerbusen. Das Statut von Örebro weist die Anhänger *Sigismunds* von Polen (51) sowie alle Katholiken aus Schweden aus.

KULTUR Gründung der »Fruchtbringenden Gesellschaft«, einer Sprachgesellschaft in Weimar.

WISSENSCHAFT *Henry Briggs* (56) stellt die erste Tafel der dekadischen Logarithmen auf.

1618

POLITIK Nach dem Tod *Albrechts II.* (65) fällt das Herzogtum Preußen (unter polnischer Lehnshoheit) durch Erbschaft an Brandenburg. Aufstand des evangelischen Adels in Böhmen (Fenstersturz der kaiserlichen Statthalter, 23.5.). Erzherzog *Ferdinand* wird König von Ungarn. Statthalter *Moritz von Oranien* (51) läßt die Führer der aristokratischen Partei für Niederlande verhaften und den holländischen Ratspensionär *Jan van Oldenbarnevelt* (71) hinrichten (13.5.1619). *Walter Raleigh* (66) wird dem spanischen Gesandten in England zuliebe hingerichtet. *Francis Bacon* (57) wird Lordkanzler von England. Nach dem Waffenstillstand von Deulino (11.12.) zieht sich Polen aus Rußland zurück, behält aber das Gebiet von Smolensk.

KULTUR Auf der calvinischen Generalsynode von Dordrecht (13.11.; bis 29.5.1619) werden die Arminianer (Gegner der Prädestinationslehre nach *Jakob Arminius*, gest. 1609) verurteilt. Gründung der Benediktiner-Reformkongregation der Mauriner.

UNIVERSALGESCHICHTE IN STICHWORTEN 651

KUNST *Peter Paul Rubens* (41) »Raub der Töchter des Leukippos« (etwa 1618). Essighaus in Bremen.

1619

POLITIK Kaiser *Matthias* (62) stirbt (20.3.), ihm folgt sein Vetter *Ferdinand II.* (41) auf den Thron (bis 1637). Die böhmischen Stände setzen *Ferdinand* als König von Böhmen ab (22.8.) und wählen den Führer der Union, Kurfürst *Friedrich V.* von der Pfalz (23), zum König (26.8.). Der niederländische Generalgouverneur für die Kolonien, *Jan Pieterszoon Coen* (32), erobert Djakarta und gründet Fort Batavia als Zentrum der niederländischen Kolonialherrschaft in Hinterindien. Der Vater des Zaren, *Fjodor Romanow* (etwa 65), kehrt aus polnischer Gefangenschaft zurück und führt als Patriarch *Filaret* die Regierung in Moskau (bis 1633).

LITERATUR *Jakob Böhme* (44) »Drei Prinzipien des göttlichen Wesens«.

KUNST *Inigo Jones* (46) Entwürfe für Schloß Whitehall (ausgeführt nur Banketthaus).

WISSENSCHAFT *Johannes Kepler* (48) »Harmonices mundi« (3. Keplersches Gesetz der Planetenbewegung).

WIRTSCHAFT Gründung der Girobank von Hamburg. Beginn der Einfuhr von Negersklaven nach Nordamerika.

1620

POLITIK Am Weißen Berge (8.11.) besiegt das Heer des Kaisers und der Liga unter *Johannes Tserclaes Graf von Tilly* (61) das pfälzisch-böhmische Heer unter *Christian* von Anhalt (52). *Friedrich V.* (der »Winterkönig«) flieht. Aus der Reichskanzlei wird die österreichische Hofkanzlei ausgegliedert. Aufstand des katholischen Veltlin gegen die graubündische Herrschaft (Protestantenmorde 19.7.). Die puritanischen »Pilgerväter« landen mit der »Mayflower« bei Kap Cod und beginnen die Kolonisation Neu-Englands (Plymouth).

LITERATUR *Francis Bacon* (59) »Novum organum scientiarum« (Analyse der induktiven wissenschaftlichen Methode).

KUNST *Lorenzo Bernini* (22) »Raub der Proserpina«. *Domenichino* (39) »Jagd der Diana« (um 1620).

1621

POLITIK Strafgericht des Kaisers über die böhmischen Aufständischen und Rekatholisierung Böhmens. *Tilly* und *Ambrosius Spinola* (52) besetzen die Ober- und die Kurpfalz. Für Österreich wird das Gesetz der Unteilbarkeit erlassen. *Francis Bacon* (60) wird vom Parlament wegen Annahme von Bestechungsgeldern gestürzt. Aufstand der Hugenotten unter Herzog *Heinrich von Rohan* (42) gegen die Rekatholisierung des protestantischen Béarn. *Philipp IV.* (16) folgt nach dem Tod *Philipps III.* (43) als König von Spanien (bis 1665). *Graf Olivares* (34) übernimmt die Leitung der Politik und nimmt den Krieg gegen Holland wieder auf. Siegreiche polnische Verteidigung von Chozim unter *Chodkiewicz* (61) gegen die Türken (2.9.–9.10.). *Gustav II. Adolf* (27) erobert Riga von Polen.

KULTUR Auf *Paul V.* (69) folgt *Alessandro Ludovisi* (67) als Papst *Gregor XV.* Gründung der Universitäten Straßburg und Rinteln.

KUNST *Peter Paul Rubens* (44) Bilderzyklus aus dem Leben der *Maria von Medici* (bis 1625).

WISSENSCHAFT *Willebrord Snellius* (30) entdeckt Gesetz für die Brechung des Lichts (veröffentlicht 1637 von *Descartes*).

WIRTSCHAFT Gründung der Niederländisch-Westindischen Kompanie.

1622

POLITIK *Graf von Tilly* (63) unterliegt *Ernst von Mansfeld* (42) und Markgraf *Georg Friedrich* von Baden-Durlach (49) bei Wiesloch (27.4.), besiegt *Georg Friedrich* bei Wimpfen (6.5.) und *Christian* von Braunschweig (23) bei Höchst (20.6.). *Bethlen Gábor* (42) verzichtet im Frieden von Nikolsburg (6.1.) mit *Ferdinand II.* (44) auf den ungarischen Königstitel. *Jakob I.* (56) löst das Parlament auf und läßt seine Führer verhaften. Die französischen Hugenotten verlieren im Frieden von Montpellier einen Teil ihrer militärischen und politischen Rechte (12.10.).

KULTUR *Gregor XV.* gründet die »Congregatio de propaganda fide«. *Ferdinand II.* gewährt Ungarn Religionsfreiheit.

LITERATUR *Alessandro Tassoni* (57) »La secchia rapita« (»Der geraubte Eimer«, komisches Heldenepos).

WISSENSCHAFT *Joachim Jungius* (35) gründet in Rostock die älteste wissenschaftliche Gesellschaft in Deutschland, die »Societas Ereunetica«.

1623

POLITIK *Maximilian I.* von Bayern (50) erhält pfälzische Kurwürde und die Oberpfalz als Pfandbesitz (21.2.). *Tilly* (64) zieht nach Westfalen und schlägt *Christian* von Braunschweig (24), Administrator von Halberstadt, bei Stadtlohn (6.8.).

KULTUR Gründung der Nürnberger Universität Altdorf. Nach dem Tod *Gregors XV.* (69) wird *Maffeo Barberini* (55) zum Papst *Urban VIII.* gewählt.

LITERATUR *Jakob Böhme* (48) »Mysterium magnum«.

KUNST *Velásquez* (24) wird spanischer Hofmaler. *Giovanni Lorenzo Bernini* (25) »David«.

MUSIK *Heinrich Schütz* (38) »Historia der fröhlichen und siegreichen Auferstehung« (Oratorium).

WISSENSCHAFT *Galileo Galilei* (59) »Il Saggiatore« (Streitschrift um die neuen wissenschaftlichen Erkenntnisse).

1624

POLITIK Defensivbündnisse der Niederlande mit England (5.6.) und Frankreich (10.6.). Engländer,

Franzosen und Niederländer beginnen, sich in Westindien festzusetzen (zuerst auf der Insel St. Christopher). *Ludwig XIII.* (23) ernennt auf Drängen seiner Mutter *Maria von Medici* (51) Kardinal *Richelieu* (39) zum leitenden Minister.

LITERATUR *Martin Opitz* (27) »Teutsche Poemata« und »Buch von der Deutschen Poeterei«. *Herbert of Cherbury* (41) »De veritate«.

KUNST *Peter Paul Rubens* (47) »Anbetung der Könige«. *Anton van Dyck* (25) »Kardinal *Bentivoglio*« (um 1624).

MUSIK *Samuel Scheidt* (37) »Tabulatura nova« (Orgelwerke).

1625

POLITIK Kaiser *Ferdinands* ältester Sohn, *Ferdinand* (17), wird zum König von Ungarn gewählt. Mit dem Eingreifen *Christians IV.* auf protestantischer Seite beginnt der dänisch-niedersächsische Krieg. *Albrecht von Wallenstein* (42) stellt ein Heer für den Kaiser auf und wird zum Feldmarschall ernannt. *Karl I.* (25) regiert nach dem Tod seines Vaters *Jakob I.* (59) als König von England, Schottland und Irland. Die Engländer nehmen die westindische Insel Barbados in Besitz. Die Hugenotten erheben sich unter *Henri de Rohan* (46) gegen den Angriff *Richelieus* (40) auf ihre politisch-militärischen Sonderrechte. Offensivallianz zwischen England und den Niederlanden (17.9.) und Subsidienvertrag der beiden Mächte mit Dänemark zu Den Haag (9. 12.).

KULTUR *Vinzenz von Paul* (49) stiftet die Weltpriestergenossenschaft der »Congregatio Missionis« (Lazaristen, 1633 von *Urban VIII.* bestätigt).

LITERATUR *Hugo Grotius* (42) »De jure belli ac pacis« (begründet damit das Völkerrecht).

KUNST *Lorenzo Bernini* (27) »Apollo und Daphne«.

MUSIK *Heinrich Schütz* (40) »Cantiones sacrae«.

1626

POLITIK *Wallenstein* schlägt *Ernst von Mansfeld* (46), der fällt, bei Dessau (25.4.), *Tilly* (67) besiegt *Christian IV.* (49) entscheidend bei Lutter am Barenberge (27.8.). Großer Bauernaufstand in Oberösterreich. *Karl I.* löst das Parlament wegen Protests gegen ungerechte Zollerhebung und Widerstandes gegen seinen Günstling *Buckingham* (34) auf. *Spinola* (57) erobert Breda. Neu-Amsterdam wird als Mittelpunkt der niederländischen Besitzungen in Nordamerika gegründet (später New York). *Gustav Adolf* (32) landet in Pillau und erneuert den Krieg gegen Polen (bis 1629).

LITERATUR *Francisco Gómez de Quevedo* (46) »Historia del Gran Tacaño« (Roman).

1627

POLITIK Die »Verneuerte Landesordnung« für Böhmen macht aus der ständischen Landesregierung einen königlichen Statthalterrat (für Mähren 1628). Die Regierung wird nach Wien verlegt. *Wallenstein* vertreibt *Christian IV.* aus Deutschland. *Buckinghams* Expedition zur Unterstützung der französischen Hugenotten in La Rochelle mißlingt.

LITERATUR *Francisco Gómez de Quevedo* »Sueños« (»Träume«, Satire).

KUNST *Frans Hals* (47) »Festmahl der St.-Georgs-Offiziere«.

MUSIK *Heinrich Schütz* (42) »Dafne« (erste deutsche Oper, mit Text von *Martin Opitz* [30] nach *Rinuccini*).

WISSENSCHAFT *Johannes Kepler* (56) »Tabulae Rudolphinae« (verbesserte Tafeln der Planetenbahnen).

1628

POLITIK *Wallenstein* (45) wird vom Kaiser mit dem von ihm eroberten Herzogtum Mecklenburg belehnt und zum »General des ozeanischen und baltischen Meeres« ernannt, belagert Stralsund vergeblich. Infolge des Aussterbens der Hauptlinie des Hauses Gonzaga (1627) Mantuanischer Erbfolgekrieg zwischen Frankreich und Habsburg (bis 1631). *Richelieu* (43) erobert den Hauptstützpunkt der Hugenotten, La Rochelle (28. 10.). Das englische Parlament zwingt *Karl I.* (28) zur Annahme der »Petition of Right« (7.7.). *Buckingham* (36) wird ermordet (23.8.).

KULTUR *David Blondel* (38) weist die »Pseudoisidorischen Dekretalen« endgültig als Fälschung nach.

LITERATUR *Johann Comenius* (36) »Informatorium der Mutterschul«, »Janua linguarum reserata« (veröffentlicht 1631).

KUNST *Anton van Dyck* (29) »Beweinung Christi« (um 1628). *Carlo Maderna* (72) Palazzo Barberini in Rom.

WISSENSCHAFT *William Harvey* (50) »De motu cordis et sanguinis« (Theorie des Blutkreislaufs).

1629

POLITIK Im Lübecker Frieden verzichtet *Christian IV.* von Dänemark (52) gegen Rückgabe seines Besitzes auf das Bündnis mit den deutschen Protestanten (22. 5.). *Friedrich Heinrich von Oranien* (45) erobert s'Hertogenbosch von den Spaniern. Nach der dritten Auflösung des Parlaments (10. 3.) und der Verhaftung der Führer einer Parlamentsempörung regiert *Karl I.* bis 1640 ohne Parlament. Im Frieden von Alais nimmt *Richelieu* den Hugenotten die politischen Sonderrechte, beläßt ihnen aber die Religionsfreiheit (27.6.). Nach dem polnischen Sieg bei Stuhm Waffenstillstand mit Schweden zu Altmark (25.9.): Schweden behält Livland und die Eroberungen in Preußen.

KULTUR Kaiser *Ferdinand* (51) verlangt im »Restitutionsedikt« die Herausgabe aller seit 1552 von den Protestanten eingezogenen geistlichen Territorien (6.3.).

KUNST *Francisco de Zurbarán* (31) »Leben des hl. Bonaventura«. *Lorenzo Bernini* (31) übernimmt Bauleitung an St. Peter zu Rom.

MUSIK *Heinrich Schütz* (44) »Symphoniae sacrae« (2.Teil 1647).

1630

POLITIK Der Regensburger Kurfürstentag unter *Maximilian I.* von Bayern (57) erzwingt vom Kaiser die Entlassung *Wallensteins* (47). *Gustav II. Adolf* von Schweden (36) landet auf Usedom (24.7.) zur Unterstützung der deutschen Protestanten und verbündet sich in Stettin mit Pommern (20.7.). Englische puritanische Kolonisten besiedeln Massachusetts und gründen Boston. Ein Aufstandsversuch des französischen Hochadels unter Herzog *Gaston von Orléans* (22), dem Bruder des Königs, und mit Beteiligung *Marias von Medici* (57) gegen *Richelieu* (45) scheitert amWiderstand *Ludwigs XIII.* (29).

LITERATUR *Calderon* (30) »El principe constante« (um 1630). *Tirso de Molina* (59) »El Burlador de Sevilla« (erste Dramatisierung des Don-Juan-Stoffes).

KUNST *Peter Paul Rubens* (53) Ildefonso-Altar (bis 1632). *Adriaen Brouwer* (etwa 25) »Bauernschlägerei beim Kartenspiel« (um 1630). *Diego Velásquez* (31) »Schmiede des Vulkan«.

1631

POLITIK Subsidienvertrag *Gustav Adolfs* (37) mit Frankreich zu Bärwalde (23.1.). *Tilly* (70) zerstört Magdeburg (20.5.). *Gustav Adolf* verbündet sich mit Kurfürst *Johann Georg* (46) von Sachsen (11.9.), besiegt *Tilly* bei Breitenfeld (17.9.) und zieht bis zum Rhein. Sächsische Truppen erobern Prag (15.11.). Französisch-bayrisches Bündnis zu Fontainebleau (30.5.). *Ferdinand II.* überläßt im Frieden von Cherasco (6.4.) Mantua und Montferrat dem von Frankreich unterstützten Herzog *Karl von Nevers.* In einem Sondervertrag tritt *Viktor Amadeus* von Savoyen (44) die Festung Pinerolo an Frankreich ab. *Urban VIII.* (63) zieht Urbino als erledigtes Lehen ein.

KULTUR Gründung der »Gazette de France« in Paris.

KUNST *Baldassare Longhena* (33) beginnt S. Maria della Salute in Venedig.

1632

POLITIK *Gustav Adolf* besiegt *Tilly* (73) bei Rain am Lech (15.4.) und zieht in München ein, *Tilly* tödlich verwundet. Kaiser *Ferdinand* (54) betraut aufs neue *Wallenstein* (49) mit dem Oberbefehl über das kaiserliche Heer. Dieser vertreibt die Sachsen aus Böhmen. In der Schlacht bei Lützen gegen *Wallenstein* (16.11.) fällt *Gustav Adolf* (38). Für seine Tochter *Christina* (6) führt Reichskanzler *Axel Oxenstierna* (49) die schwedische Politik. Den militärischen Oberbefehl übernimmt *Johann von Banér* (36). *Friedrich Heinrich von Oranien* (48) erobert Maastricht. Aufstand des französischen Adels unter Herzog *Henri II. von Montmorency* (37) wird niedergeschlagen. Gründung der Kolonie Maryland, vor allem Zufluchtsort der englischen Katholiken.

LITERATUR *Paul Fleming* (23) »Klagegedichte« (über die Leiden Christi). *Lope de Vega* (70) »La Dorotea« (Dialogroman).

KUNST *Rembrandt* (26) »Anatomie des Dr. *Tulp*«. *Jacques Callot* (40) »Misères de la Guerre« (2 Radierungsfolgen, bis 1633).

WISSENSCHAFT *Galileo Galilei* (68) »Dialogo sopre i due massimi sistemi del mondo, Tolemaico e Copernicano«.

1633

POLITIK *Axel Oxenstierna* (50) erreicht in Heilbronn die Erneuerung des Subsidienvertrages mit Frankreich (19.4.) und das »Heilbronner Bündnis« mit den süddeutschen Protestanten. *Wallenstein* (50) vertreibt mit dem Sieg bei Steinau (23.10.) die Schweden aus Schlesien. Herzog *Bernhard* von Sachsen-Weimar (29) erobert Regensburg (14.11.). Frankreich besetzt Lothringen, Herzog *Karl IV.* (29) wird vertrieben.

KULTUR *Galileo Galilei* (69) wird in einem Inquisitionsprozeß zum Widerruf seines Bekenntnisses zur kopernikanischen Lehre gezwungen (22.6.). Erste Baptisten-Gemeinde in London.

LITERATUR *Martin Opitz* (36) »Trostgedichte in Widerwärtigkeit des Krieges«.

KUNST *Frans Hals* (53) »Adriaenschützen«. *Lorenzo Bernini* (35) vollendet Tabernakelbekrönung in Sankt Peter zu Rom.

1634

POLITIK *Wallenstein* (51) wird als Hochverräter abgesetzt (18.2.) und in Eger ermordet (25.2.). Das vereinigte kaiserlich-spanische Heer unter *Matthias Gallas* (50) und Erzherzog *Ferdinand* (26) schlägt die Schweden und Sachsen unter *Gustav Horn* (42) und *Bernhard* von Weimar (30) bei Nördlingen (5./6.9.).

KULTUR *Vinzenz von Paul* (58) gründet zusammen mit *Louise de Marillac* (43) die Genossenschaft der »Filles de la charité« (Vinzentinerinnen).

KUNST *Peter Paul Rubens* (57) »Bathseba«.

1635

POLITIK Friede zu Prag zwischen Kaiser *Ferdinand* (57) und Kurfürst *Johann Georg* von Sachsen (50): *Johann Georg* sagt Hilfe gegen die Schweden zu und erhält die Ober- und Niederlausitz, *Ferdinand* verzichtet auf die Durchführung des Restitutionsedikts (30.5.). Fast alle eingeladenen Reichsstände treten dem Frieden bei. Frankreich greift mit der Kriegserklärung an Spanien aktiv in den Krieg ein (19.5.). *Richelieu* (50) nimmt *Bernhard* von Weimar in französische Dienste (27.10.). Graubünden erobert unter französischer Unterstützung unter Herzog *Henri de Rohan* (56) das Veltlin zurück.

KULTUR *Richelieu* gründet die Académie Française.

LITERATUR *Tirso de Molina* (64) »Don Gil de las calzas verdes« (Don Gil von den grünen Hosen).

KUNST *Peter Paul Rubens* (58) »Liebesgarten« (um 1635). *Rembrandt* (29) »Selbstbildnis als Zecher mit *Saskia*«, »Raub des Ganymed«. *Diego Velásquez* (36)

»Übergabe von Breda«. *Jacques Lemercier* (etwa 50) beginnt Kirche der Sorbonne in Paris.

WISSENSCHAFT *Paul Guldin* (58) »Centrobaryca« (bis 1643, mit »Guldinscher Regel« zur Berechnung des Volumens von Rotationskörpern).

1636

POLITIK Sieg der Schweden unter *Banér* (40) über das kaiserlich-sächsische Heer bei Wittstock (4.10.). *Roger Williams* (32) gründet wegen der Unduldsamkeit der Puritaner von Massachusetts die Kolonie Providence (später Rhode Island). Die Franzosen besetzen Guadeloupe und Martinique.

KULTUR Stiftung der ersten nordamerikanischen Universität: Harvard-College. Gründung der Universität Utrecht.

LITERATUR *Pierre Corneille* (30) »Le Cid«. *Calderon* (36) »Comedias« (9 Bde. bis 1691).

KUNST *Rembrandt* (30) »Blendung Simons«, »Danaë«.

1637

POLITIK Nach *Ferdinands II.* (59) Tod wird sein Sohn *Ferdinand III.* (29) Kaiser. Mit *Bogislaw XIV.* stirbt das pommersche Herzogshaus aus. Die Graubündner unter *Jörg Jenatsch* (41) vertreiben die französische Besatzung. *Friedrich Heinrich von Oranien* (53) erobert Breda und die Generalitätslande. Donkosaken erobern die türkische Festung Asow (die Rußland aber 1642 zurückgibt).

KULTUR *William Laud* (64), Erzbischof von Canterbury, versucht die Einführung der anglikanischen Liturgie in Schottland. Erste öffentliche Oper in Venedig.

LITERATUR *René Descartes* (41) »Discours de la méthode«.

KUNST *Peter Paul Rubens* (60) »Der Krieg« (um 1637). *Frans Hals* (57) »Hille Bobbe« (um 1637). *Anton van Dyck* (38) »Karl I.«, »Kinder Karls I.« (um 1637).

WISSENSCHAFT *René Descartes* (41) »La Géometrie« (Grundlegung der analytischen Geometrie).

1638

POLITIK *Bernhard von Weimar* (34) erobert mit französischen Truppen Breisach (17.12.). Die Schweden dringen bis Prag vor. Schottischer Aufstand gegen den Versuch, die Presbyterianische Kirche durch die Anglikanische Staatskirche zu ersetzen.

KUNST *Rembrandt* (32) »Simsons Hochzeit«. *Francesco Borromini* (39) beginnt S. Carlo alle Quattro Fontane zu Rom.

WISSENSCHAFT *Galileo Galilei* (74) »Discorsi e dimostrazioni matematiche intorno a due nuove scienze« (hierin die Fallgesetze).

1639

POLITIK Entscheidender Sieg der niederländischen Flotte über die spanische Flotte in den Downs (21.Okt.).

Thomas Wentworth, Graf von Strafford (46), wird erster Ratgeber *Karls I.* (39). Die Englisch-Ostindische Kompanie gründet Fort Madras.

KUNST *Peter Paul Rubens* (62) »Helene Fourment im Pelz«.

MUSIK *Heinrich Schütz* (54) »Kleine geistliche Konzerte«.

WISSENSCHAFT *Gérard Desargues'* (46) Bericht zur projektiven Geometrie der Kegelschnitte.

1640

POLITIK Kurfürst *Friedrich Wilhelm* von Brandenburg (20), der »Große Kurfürst«, tritt nach dem Tod seines Vaters *Georg Wilhelm* die Regierung an (bis 1688). *Karl I.* beruft zur Geldbewilligung für den Krieg gegen die aufständischen Schotten das Parlament (»Kurzes Parlament« 13.4.—5.5. und »Langes Parlament« seit 3.11. bis 1660). Die Schotten fallen in England ein und besiegen das königliche Heer am Tyne (28.8.). Erhebung Portugals gegen die spanische Herrschaft mit französischer Unterstützung, Revolution in Lissabon (1.12.). König wird *Johann IV.* (36) aus dem alten Königsgeschlecht *Braganza* (bis 1668): Ende der Personalunion mit Spanien. Die Katalanen rufen die unabhängige Republik unter französischem Protektorat aus. Frankreich besetzt Roussillon.

KULTUR *Cornelius Jansens* (gest. 1638) Schrift »Augustinus« begründet die theologische Bewegung des Jansenismus.

LITERATUR *Thomas Hobbes* (52) »Elements of Law, Natural and Politic« (teilweise erschienen 1650).

KUNST *David Teniers* (30) »Flämische Kirmes«.

WIRTSCHAFT Die Holländer erhalten das Monopol für den Handel der Europäer mit Japan.

1641

POLITIK Brandenburg schließt zu Stockholm Waffenstillstand mit Schweden (24.7.). Nach dem Tod *Banérs* (20.5.) übernimmt *Lennart Torstensson* (38) den Oberbefehl über die schwedischen Truppen in Deutschland. Holland erobert das portugiesische Malakka. Das englische Parlament zwingt *Karl I.* (41) zur Unterschrift unter das Todesurteil über *Strafford* (48), seinen ersten Ratgeber (hingerichtet 12.5.), und zum Verbot der Auflösung des Parlaments ohne dessen Zustimmung und erhebt in der »Großen Remonstranz« Vorwürfe gegen die Politik des Königs. Ein Aufstand in Irland führt zur Ermordung zahlreicher englischer Protestanten in Ulster (Okt.).

LITERATUR *René Descartes* (45) »Meditations de prima philosophia« (mit ontologischem Gottesbeweis).

KUNST *Rembrandt* »Mennonitenprediger *Anslo* und seine Frau«. *Jusepe de Ribera* (etwa 51) »Hl. Agnes«.

MUSIK *Claudio Monteverdi* (74) »Ritorno d'Ulisse« (Oper).

1642

POLITIK *Torstensson* besiegt das kaiserliche Heer bei Breitenfeld (2.11.). Nach dem Mißlingen des Versuchs, die Führer der Unterhausopposition zu verhaften (4.1.), flieht *Karl I.* nach dem Norden (10.1.). Ausbruch des Bürgerkriegs zwischen der Königs- und der Parlamentspartei. Kardinal *Richelieu* (57) stirbt (4.12.). Franzosen gründen Montreal.

KULTUR Mit dem »Schulmethodus« führt Herzog *Ernst der Fromme* von Sachsen-Gotha (41) als erster deutscher Fürst die allgemeine Schulpflicht für 5- bis 12jährige Kinder ein. Die Puritaner erreichen Verbot von Theateraufführungen in England (bis 1660).

LITERATUR *Thomas Hobbes* (54) »De cive« (Bd. 3 der »Elementa philosophiae«).

KUNST *Rembrandt* (36) »Nachtwache«.

WISSENSCHAFT *Abel Tasman* (39) entdeckt »Tasmanien« (1643 Neuseeland und Fidschi-Inseln).

1643

POLITIK Bündnis *Georgs I. Rákóczi* (50) von Siebenbürgen zu Weißenburg mit Schweden gegen den Kaiser (16.11.). Die Truppen *Karls I.* (43) unter Prinz *Ruprecht* von der Pfalz (24) erobern gegen das Parlamentsheer den Südwesten Englands (Bristol 25.7.). *Edward Hyde, Graf von Clarendon* (34), wird Ratgeber und Schatzkanzler *Karls I.* Die vier puritanischen Kolonien Plymouth, Massachusetts, Connecticut und New Haven schließen sich zu den »Vereinigten Kolonien von Neu-England« zusammen. Nach dem Tod *Ludwigs XIII.* (42) folgt sein Sohn *Ludwig XIV.* (5) als König von Frankreich. Unter der Regentschaft von dessen Mutter *Anna* von Österreich (42) führt Kardinal *Mazarin* (41) als Erster Minister die französische Politik. *Louis Prinz von Condé* (22) besiegt die Spanier unter *Francisco de Mello* bei Rocroi (19.5.) und besetzt Flandern und Hennegau. Daraufhin wird Spaniens leitender Staatsmann, *Graf Olivares* (56), gestürzt. Schwedisch-dänischer Krieg (bis 1645). *Torstensson* (40) fällt in Jütland ein.

KULTUR Die Westminster-Synode (vom 1.7.—1649) wird vom schottischen Presbyterianismus beherrscht. *Molière* (21) gründet das Illustre Théâtre (später Comédie française).

LITERATUR *Johann Michael Moscherosch* (42) »Wunderbarliche und wahrhaftige Geschichte Philanders von Sittewald«. *Hermann Conring* (37) »De origine iuris germanici« (begründet deutsche Rechtsgeschichte). *Pedro Calderon* (43) »El alcalde de Zalamea« (um 1643).

WISSENSCHAFT *Evangelista Torricelli* (35) erzeugt Vakuum in Glasröhren mit Hilfe von Quecksilber (Quecksilberbarometer).

1644

POLITIK *Georg Rákóczi* fällt in das kaiserliche Ungarn ein und erobert Kaschau und Sathmár. In Münster und Osnabrück beginnen die Friedensverhandlungen des Reiches mit Frankreich und Schweden. Kurfürst *Friedrich Wilhelm* (24) beginnt die Aufstellung eines stehenden Heeres in Brandenburg. Das Parlamentsheer unter *Oliver Cromwell* (45) besiegt das königliche Heer bei Marston Moor (2.7.).

KULTUR *Giambattista Pamfili* (70) folgt nach dem Tod *Urbans VIII.* (76) als Papst *Innozenz X.* (bis 1655).

LITERATUR *John Milton* (36) »Areopagitica« (Verteidigung der persönlichen Freiheit).

1645

POLITIK *Torstensson* (42) besiegt die kaiserlichen Truppen bei Jankau (6.3.). Friede zu Linz zwischen Kaiser *Ferdinand III.* (37) und *Rákóczi* (52). *William Laud* (72) wird wegen Hochverrats hingerichtet (10.1.). *Cromwell* besiegt das königliche Heer bei Naseby (14.6.). Die Türken beginnen mit einem Angriff auf Kreta und der Belagerung der Festung Kandia den Krieg gegen Venedig (bis 1669). Nach dem Tod *Michail Romanows* (49) regiert sein Sohn *Aleksej* (16) als Zar von Rußland. Im Frieden von Brömsebro (13.8.) tritt Dänemark Jämtland mit Härjedalen, Gotland und Ösel an Schweden ab und gewährt diesem uneingeschränkte Sundzollfreiheit.

KULTUR *Wladyslaw IV.* (50) bemüht sich im »Colloquium charitativum« zu Thorn vergeblich um einen Ausgleich zwischen den Konfessionen. In Thorn beginnt der »Synkretistische Streit« in der lutherischen Kirche durch den Angriff *Abraham Calovs* (33) gegen die vermittelnde Haltung des Helmstedter Theologen *Georg Calixt* (59).

LITERATUR *Herbert of Cherbury* (62) »De causis errorum«, »De religione gentilium« (vollständig 1663).

KUNST Kirche Val-de-Grâce in Paris nach Entwurf von *Jacques Lemercier* (etwa 60) und *François Mansart* (47).

1646

POLITIK Die Franzosen unter *Prinz Louis II. Condé* (25) erobern Dünkirchen von den Spaniern. *Karl I.* (46) flieht nach Schottland (5.5.).

KUNST *Lorenzo Bernini* (48) »Verzückung der heiligen Therese« (in S. Maria della Vittoria zu Rom).

1647

POLITIK Die Schotten liefern *Karl I.* dem englischen Parlament aus (30.1.). Revolte in Neapel unter Führung des Fischers *Masaniello* (27) (Juli) und Ausrufung der Republik (Okt., niedergeschlagen 1648).

KULTUR *Johann Philipp von Schönborn*, Bischof von Würzburg (1642), wird Erzbischof von Mainz (1663 auch Bischof von Worms).

LITERATUR *Joost van den Vondel* (60) »Leeuwendalers« (Drama). *Baltasar Gracián* (46) »Oráculo manual« (Leitfaden der Lebensphilosophie). *Pierre Gassendi* (55) »De vita et moribus Epicuri«.

KUNST *Claude Lorrain* (47) »Flucht nach Ägypten«.

1648

POLITIK Friedensschluß des Reiches und des Kaisers mit Frankreich in Münster und mit Schweden in Osnabrück (Westfälischer Friede, 24. 10.). Frankreich wird im Besitz von Toul, Metz und Verdun bestätigt, erhält alle habsburgischen Rechte im Elsaß, Breisach, Besatzungsrecht in Philippsburg und die savoyische Festung Pinerolo; Schweden: Vorpommern, Wismar, die Bistümer Bremen und Verden; Brandenburg: Hinterpommern, die Bistümer Cammin, Halberstadt und Minden, Grafschaft Hohenstein und die Anwartschaft auf Erzbistum Magdeburg-Halle; Mecklenburg: Bistum Schwerin mit Ratzeburg; Bayern behält die Oberpfalz und die Kurwürde, für die Pfalz wird eine achte Kurwürde errichtet. Unabhängigkeit der Schweiz wird anerkannt; der Augsburger Friede wiederhergestellt und auf die Reformierten ausgedehnt, konfessionelle Grenzen gemäß Stand vom 1. 1. 1624 (»Normaljahr«). Die Reichsstände erhalten Mitbestimmungsrecht in allen Reichsangelegenheiten, volle Souveränität, Bündnisrecht auch mit auswärtigen Mächten. Gewährung der vollen Unabhängigkeit der Niederlande durch einen Sonderfrieden mit Spanien (30. 1.). *Oliver Cromwell* (49) siegt bei Preston (17.–19. 8.) und vertreibt die Presbyterianer und Royalisten aus dem Parlament (6. 12.). Fronde-Aufstand des Pariser Parlaments und des französischen Hochadels gegen *Mazarin* (bis 1653). *Condé* (27) besiegt die Spanier bei Lens (20. 8.).

KULTUR Gründung der Académie royale de peinture et sculpture in Paris.

KUNST *Rembrandt* (42) »Emmausmahl«. *Gerard Terborch* (31) »Friedensschluß zu Münster«. *Nicolas Poussin* (54) »Landschaft mit Diogenes«.

MUSIK *Heinrich Schütz* (63) »Musica ad chorum sacrum« (geistliche Chormusik).

1649

POLITIK Nach Verurteilung durch das Parlament wird *Karl I*. von England (49) in London hingerichtet (30. 1.), die Monarchie aufgehoben (7. 2.): England ist Republik (»Commonwealth«). *Karls I*. Sohn, *Karl II*. (19), wird in Schottland und Irland anerkannt. *Cromwell* (50) wirft den irischen Aufstand blutig nieder. Einführung eines neuen russischen Gesetzbuches (»Uloshenije«).

LITERATUR *Friedrich Spee von Langenfeld* (gest. 1635) »Trutznachtigall« (katholische Gedichte).

KUNST *Rembrandt* »Hundertguldenblatt« (Radierung). *Jusepe de Ribera* (etwa 59) »Einsiedler Paulus«.

MUSIK *Francesco Cavalli* (47) »Giasone« (Oper).

WISSENSCHAFT *Galileo Galilei* (gest. 1642) »Della scienza meccanica«.

1650

POLITIK Hauptabschied des Nürnberger Exekutionstages zur Durchführung der Bestimmungen des Westfälischen Friedens (26. 6.). *Karl II*. landet in Schottland (24. 6.). *Cromwell* besiegt die Schotten bei Dunbar (3. 9.). Portugal verliert Maskat an die Araber.

KUNST *Rembrandt* (44) »Mann mit Goldhelm«. *Nicolas Poussin* (56) »Et in arcadia ego« (um 1650). *Diego Velásquez* (51) »Innozenz X.«.

MUSIK *Samuel Scheidt* (64) »Görlitzer Tabulaturbuch« (Gemeindelieder mit Orgelbegleitung).

1651

POLITIK Neuorganisation des Geheimen Rates als Zentralbehörde für alle Lande des Kurfürsten von Brandenburg (4. 12.). *Oliver Cromwell* (52) besiegt *Karl II*. (21) bei Worcester (3. 9.); *Karl* flieht nach Frankreich. *Mazarin* flieht vor der Fronde vorübergehend aus Frankreich.

LITERATUR *John Milton* (43) »Pro populo anglicano defensis« (gegen den Absolutismus). *Thomas Hobbes* (63) »Leviathan«.

KUNST *Lorenzo Bernini* (53) Vierströmebrunnen auf der Piazza Navona in Rom. *Carlo Carnevale* Servitenkirche zu Wien (bis 1677).

WIRTSCHAFT Die Navigationsakte des englischen Parlaments schaltet den holländischen Zwischenhandel aus (9. 10.).

1652

POLITIK Die Holländer besetzen Kapland. Seekrieg zwischen England und Holland (bis 1654). Das königliche Heer unter *Turenne* (41) besiegt *Condé* (31) vor Paris (2. 7.). *Condé* flieht in die spanischen Niederlande und tritt in spanischen Dienst. Nach der Unterwerfung Barcelonas erkennen die Katalanen *Philipp IV*. (47) wieder als König an.

KULTUR Gründung der Kongregation der Barmherzigen Schwestern vom hl. Borromäus (Borromäerinnen) in Nancy. *George Fox* (28) baut von Swarthmoore aus die Society of Friends (Quäker) auf. Gründung der »Leopoldinisch-Carolinischen Deutschen Akademie der Naturforscher« in Schweinfurt.

KUNST *Carlo Rainaldi* (41) und *Francesco Borromini* (53) S. Agnese in Rom (bis 1670).

1653

POLITIK Schweizer Bauernkrieg unter *Niklaus Leuenberger* (42) gegen die Städte. *Jan de Witt* (28) leitet als Ratspensionär von Holland die niederländische Politik (bis 1672). *Oliver Cromwell* (54) löst das »Rumpfparlament« auf (20. 4.), ebenso das »Parlament der Heiligen« (12. 12.), und läßt sich zum Lordprotektor von England, Schottland und Irland ernennen (16. 12.). Siege der englischen Flotte unter Admiral *Robert Blake* (54) über die holländische unter *Maarten van Tromp* (56). Kardinal *Mazarin* (51) wirft mit der Eroberung von Bordeaux den Fronde-Aufstand endgültig nieder.

KULTUR Konstituierung des »Corpus Evangelicorum« als Vertretung der evangelischen Stände in

Regensburg unter kursächsischem Direktorium (22.7.). *Innozenz X.* (79) verurteilt mit der Bulle »Cum occasione« fünf Sätze der jansenistischen Lehre als häretisch.

KUNST Rembrandt (47) »Drei Kreuze« (Radierung).

1654

POLITIK »Jüngster Reichsabschied« des Reichstags zu Regensburg (17.5., letzter Abschied bis zum Ende des Reiches), mit Prozeßgesetz für das Reichskammergericht. Königin *Christina* von Schweden (28) legt die Regierung nieder, um zum katholischen Glauben überzutreten. Ihr Vetter *Karl X. Gustav* (32) aus dem Haus Pfalz-Zweibrücken regiert bis 1660. Im Vertrag von Perejaslawl (18. 1.) unterstellen sich die von Polen abgefallenen Saporoger (ukrainischen) Kosaken unter *Chmelnizckij* (etwa 59) dem Schutz Moskaus. Im darauf folgenden Krieg gegen Polen (bis 1667) erobert Rußland Smolensk.

KULTUR Patriarch *Nikons* (49) Reform der liturgischen Bücher ruft die Abtrennung der »Altgläubigen« hervor, damit Spaltung (»raskól«) der russischen Kirche.

LITERATUR *Johann Amos Comenius* (62) »Orbis sensualium pictus« (Bilderfibel).

WISSENSCHAFT *Otto von Guericke* (52) führt dem Regensburger Reichstag die Wirkung der von ihm erfundenen Luftpumpe vor.

1655

POLITIK *Karl X. Gustav* von Schweden (33) beginnt Krieg gegen Polen (bis 1660), erobert Warschau und Krakau. Verteidigung des Klosters Tschenstochau durch die Polen. Zar *Aleksej* (26) verkündet die Befreiung der orthodoxen Glaubensbrüder und erobert Weißrußland und einen Teil Litauens (Wilna).

KULTUR Auf *Innozenz X.* (81) folgt Papst *Alexander VII.* (*Fabio Chigi*, 56). Blutige Verfolgung der Waldenser in Savoyen.

LITERATUR *Thomas Hobbes* (67) »De corpore«.

1656

POLITIK Im Königsberger Vertrag erkennt Brandenburg die schwedische statt der polnischen Lehnshoheit über das Herzogtum Preußen an (17.1.) und verbündet sich mit Schweden (Marienburg, 25.6.). *Karl X. Gustav* von Schweden (34) und der Große Kurfürst (36) besiegen die Polen bei Warschau (28. bis 30. 7.). Schweden verzichtet in Labiau zugunsten Brandenburgs auf die Lehnshoheit über Preußen (20.11.). Im Glaubenskrieg siegen die katholischen Orte der Schweiz über die reformierten bei Villmergen (24.1.). Sieg der venezianischen Flotte über die türkische vor den Dardanellen (26.6.).

LITERATUR *Blaise Pascal* (33) »Lettres à un provincial«. *Johann Clauberg* (34) »Ontosophia«.

KUNST *Vermeer van Delft* (24) »Kupplerin«. *Jan van Goyen* (60) »Haarlemer See«. *Diego Velásquez* (57) »Las Meninas« (Die Ehrendamen). *Lorenzo Bernini* (58) Kolonnaden vor St. Peter zu Rom und Hochaltar »Cathedra Petri« in St. Peter. *Pietro da Cortona* (60) Fassade von S. Maria della Pace zu Rom.

1657

POLITIK Kaiser *Ferdinand III.* (49) stirbt (2.4.). Kurfürst *Friedrich Wilhelm* von Brandenburg (37) wechselt gegen die polnische Anerkennung seiner Souveränität über Preußen von der schwedischen auf die polnische Seite (Vertrag von Wehlau, 19.9.) und erhält von Polen Lauenburg und Bütow (6. 11.). Offensivbündnis *Cromwells* (58) mit Frankreich gegen Spanien (23.3.). *Robert Blake* (58) besiegt die spanische Flotte vor Teneriffa. *Friedrich III.* von Dänemark (48) erklärt Schweden den Krieg.

KULTUR Gründung der naturwissenschaftlichen Accademia del Cimento (des Versuchs) in Florenz.

LITERATUR *Andreas Gryphius* (41) »Deutscher Gedichte erster Teil« (u.a. »Cardenio und Celinde«, erstes deutsches bürgerliches Trauerspiel.

KUNST *Gerard Terborch* (40) »Konzert«. *Diego Velásquez* »Teppichwirkerinnen«. *Louis Levau* (45) Schloß Vaux-le-Vicomte bei Paris (bis 1660).

MUSIK *Heinrich Schütz* (72) »Zwölf geistliche Gesänge.« *Adam Krieger* (23) Sammlung deutscher Lieder.

WISSENSCHAFT *Christian Huygens* (28) erfindet die Pendeluhr.

1658

POLITIK Kaiser *Ferdinands III.* Sohn *Leopold I.* (18) wird zum deutschen Kaiser gewählt (18.7.). Reichsfürsten schließen sich auf Initiative des mainzischen Erzbischofs *Johann Philipp von Schönborn* (53) zur rheinischen Allianz zusammen, der Frankreich als Garantiemacht beitritt (15.8.). Berliner Allianzvertrag zwischen Brandenburg, Österreich und Polen gegen Schweden (9.2.). Das französisch-englische Heer unter *Turenne* (47) besiegt die Spanier unter *Condé* (37) in den Dünen von Niewpoort vernichtend. *Karl X. Gustav* von Schweden (36) dringt nach Fünen vor und zwingt Dänemark im Frieden von Roskilde (26.2.) zur Abtretung von Schonen, Blekinge, Halland, Bornholm, Bohuslän und Stift Drontheim.

LITERATUR *Thomas Hobbes* (70) »De homine«. *John Dryden* (27) »Heroic Stanzas« (Verklärung Oliver Cromwells). *Georg Sternhielm* (60) »Hercules« (Lehrgedicht).

KUNST *Pieter de Hooch* (29) »Der Hof«.

WISSENSCHAFT *Jan Swammerdam* (21) beschreibt erstmals die roten Blutkörperchen.

1659

POLITIK Österreichische und brandenburgische Truppen besetzen Schwedisch-Pommern. Der »Pyrenäenfriede« (7.11.) beendet den Krieg zwischen Frankreich und Spanien. Die Portugiesen unter *Antonio Luis Marquis de Marialva* (38) besiegen die Spanier bei Elvas (14.1.).

LITERATUR *Molière (Jean Baptiste Poquelin,* 37) »Les Précieuses ridicules«.

KUNST *Jacob van Ruysdael* (31) »Der große Wald« (um 1659). *Pieter Post* (51) Rathaus zu Maastricht (bis 1664).

1660

POLITIK Schweden schließt zu Oliva Frieden mit Österreich, Brandenburg und Polen (3.5.): Bestätigung der brandenburgischen Souveränität über Preußen. Das englische Parlament beruft *Karl II. Stuart* (30) zurück. Einzug *Karls* in London (29.5.). Lordkanzler ist *Edward Hyde, Earl of Clarendon* (51) (bis 1667). *Ludwig XIV.* von Frankreich (22) heiratet die spanische Infantin *Maria Theresia* (22). Im Frieden von Kopenhagen erhält Dänemark Bornholm und das Stift Drontheim von Schweden zurück (27.5.). Durch Beschluß des Reichstags wird Dänemark in eine Erbmonarchie umgewandelt.

KULTUR In Leipzig erscheint 5mal wöchentlich die »Leipziger Zeitung«.

LITERATUR *Kaspar von Stieler* (28) »Die geharnischte Venus« (Liebeslieder). *John Dryden* (29) »Astraea redux« (Lobdichtung auf die Rückkehr der Stuarts).

KUNST *Vermeer van Delft* (28) »Briefleserin« (um 1660). *Adriaen van Ostade* (50) »Stammtisch in der Dorfschänke«.

1661

POLITIK Bischof *Christoph Bernhard von Galen* (55) unterwirft die Stadt Münster. *Karl II.* von England erhält als Heiratsgut für seine Gemahlin, *Katharina von Braganza,* Bombay und Tanger. Er überträgt der Ostindischen Kompanie souveräne Rechte in Indien. Nach dem Tod *Mazarins* (59) übernimmt *Ludwig XIV.* (23) die Alleinherrschaft (9.3.). Die Finanz- und Wirtschaftspolitik überträgt er *Jean Baptiste Colbert* (42). Herzog *Karl IV.* von Lothringen (57) wird durch den Vertrag von Vincennes wieder in sein Herzogtum eingesetzt. Im Frieden von Kardis muß Rußland die in Livland eroberten Gebiete an Schweden zurückgeben.

KULTUR Das »Korporationsgesetz« zwingt alle Inhaber öffentlicher Ämter in England zur Teilnahme am anglikanischen Abendmahl (20.11.).

KUNST *Rembrandt* (55) »Staalmeesters« (bis 1662). *Jacob van Ruysdael* (33) »Wassermühle«. *Louis Levau* (49) beginnt Schloß Versailles (1678–84 von *Jules Hardouin-Mansart* fortgesetzt) und Collège des Quatre Nations in Paris.

WISSENSCHAFT *Marcello Malpighi* (33) entdeckt unter dem Mikroskop den Kapillarkreislauf des Blutes.

1662

POLITIK Kampf *Friedrich Wilhelms* von Brandenburg (42) gegen die ständische Opposition im Herzogtum Preußen. Holland verliert Formosa (seit 1624 in Besitz) an China. England verkauft Dünkirchen an Frankreich.

KULTUR Durch die »Uniformitätsakte« wird das »Book of Common Prayer« in England wieder eingeführt. Gründung der Londoner Royal Society, der ersten englischen wissenschaftlichen Gesellschaft.

LITERATUR *Molière* (40) »L'école des femmes« (Komödie). *Cyrano de Bergerac* (gest. 1655) »Histoire comique des états et empire du soleil«.

WISSENSCHAFT *Robert Boyle* (35) findet das Gesetz über Druck und Volumen idealer Gase (ebenso *Edme Mariotte* 1676: »Boyle-Mariottesches Gesetz«).

TECHNIK Bau des Friedrich-Wilhelm-Kanals (bis 1668).

1663

POLITIK Zusammentreten des »Immerwährenden Reichstags« zu Regensburg, der als Gesandtenkongreß bis zum Ende des Reiches besteht. Großwesir *Ahmed Köprülü* (28) fällt in das kaiserliche Ungarn ein und erobert Festung Neuhäusel. Holland entreißt Portugal die Kolonie Cochin in Indien. *Karl II.* (33) gründet die englische Kolonie Carolina in Nordamerika.

KULTUR Eröffnung des Pariser Missionsseminars (Missions Etrangères de Paris), des ersten Weltpriester-Missionsseminars.

KUNST *Antonio Barelli* und (seit 1674) *Enrico Zuccali* Theatinerkirche in München. *Lorenzo Bernini* (65) Scala Regia im Vatikan (bis 1666). *Carlo Rainaldi* (52) S. Maria in Campitelli in Rom.

1664

POLITIK Sieg des kaiserlichen Heeres unter *Raimund Montecuccoli* (55) zusammen mit Reichs-, Rheinbund- und französischen Truppen über die Türken unter *Ahmed Köprülü* bei St. Gotthard a.d. Raab (1.8.). Im Frieden von Eisenburg erkennt Österreich die türkische Tributherrschaft über Siebenbürgen und den Besitz von Neuhäusel und Großwardein an (10.8.). *Karls II.* Bruder *Jakob,* Herzog *von York* (31), erobert das niederländische Neu-Amsterdam (umbenannt in New York). Aus Neu-Niederland werden die englischen Kolonien New York, New Jersey und Delaware.

KULTUR Das englische »Konventikelgesetz« verbietet alle öffentlichen religiösen Veranstaltungen in nicht-anglikanischer Form. *Armand Jean de Rancé* (38), Abt des Zisterzienserklosters La Trappe, beginnt die strenge Reform der Zisterzienser (Trappisten, bestätigt 1678 von *Innozenz XI.*).

LITERATUR *Molière* (42) »Tartuffe«.

KUNST *Frans Hals* (84) »Vorsteher« und »Vorsteherinnen des Altmännerhauses in Haarlem«. *Nicolas Poussin* (70) »Apollo und Daphne«.

WIRTSCHAFT *Thomas Mun* (gest. 1641) »England's Treasure by Foreign Trade« (merkantilistische Wirtschaftstheorie). *Jean Baptiste Colbert* (45) beseitigt

Binnenzölle in Frankreich. Gründung der französischen Ostindischen und Westindischen Kompanie.

1665

POLITIK Vereinigung Tirols mit Österreich nach dem Aussterben des Tiroler Zweiges der *Habsburger*. Zweiter englisch-holländischer Seekrieg (bis 1667). Niederlage der niederländischen Flotte vor Lowestoft (3.6.). Sieg der Portugiesen unter *Antonio Luis Marquis de Marialva* (44) über die Spanier bei Montes Claros (17.6.). Durch das dänische Königsgesetz (Lex Regia, 14.11.) wird der Absolutismus gesetzlich eingeführt.

KULTUR Gründung der holstein-gottorpischen Universität Kiel. »Große Pest« in London.

LITERATUR *Molière* (43) »Don Juan«. *Jean de La Fontaine* (44) »Contes et nouvelles en vers« (4 Bde. bis 1675). *François La Rochefoucauld* (52) »Réflexions ou sentences et maximes morales«.

KUNST *Vermeer van Delft* (33) »Herr und Dame beim Wein«. *Lorenzo Bernini* (67) Marmorbüste *Ludwigs XIV.* und Palazzo Odescalchi in Rom.

MUSIK *Heinrich Schütz* (80) Passionen.

WISSENSCHAFT *Francesco Grimaldi* (gest. 1663) »Physicomathesis de lumine, coloribus et iride« (Beugungserscheinungen des Lichts).

1666

POLITIK Endgültiger Teilungsvertrag zwischen Brandenburg und Pfalz-Neuburg bezüglich Cleve (9.9.). Kurfürst *Friedrich Wilhelm* von Brandenburg (46) unterwirft die Stadt Magdeburg. Die niederländische Flotte unter *Michiel de Ruyter* (59) besiegt die englische im Kanal (11.—14.6.).

KULTUR Gründung der Pariser Akademie der Wissenschaften.

LITERATUR *Molière* (44) »Le Misanthrope«. *Gottfried Wilhelm Leibniz* (20) »De arte combinatoria« (Lehre von der Begriffskombination).

KUNST *Guarino Guarini* (42) S. Lorenzo in Turin.

MUSIK *Marc' Antonio Cesti* (43) »Il pomo d'oro« (»Der goldene Apfel«, Oper).

WISSENSCHAFT *Isaac Newton* (23) findet Infenitesimalrechnung, von ihm Fluxionsrechnung genannt (um 1666, veröffentlicht erst 1704).

1667

POLITIK Auflösung der Rheinischen Allianz mit Frankreich. Oldenburg-Delmenhorst fällt an Dänemark. *Michiel de Ruyter* (60) treibt die englische Flotte in die Themse zurück. Im Frieden von Breda erhält England die niederländischen Kolonien in Nordamerika (31.7.). *Ludwig XIV.* (29) erhebt Erbansprüche auf die spanischen Niederlande und beginnt den Devolutionskrieg gegen Spanien. *Turenne* (56) fällt in die Niederlande ein und erobert Lille. Im Waffenstillstand von Andrussow tritt Polen die Ukraine östlich des Dnjepr und Kiew an Rußland ab.

KULTUR Auf *Alexander VII.* (68) folgt *Clemens IX.* (*Giulio Rospigliosi*, 67). Gründung des Observatoriums in Paris.

LITERATUR *Samuel von Pufendorf* (35) »De statu imperii germanici« (Kritik an der Reichsverfassung). *John Milton* (59) »Paradise Lost«. *Jean Baptiste Racine* (28) »Andromaque«.

KUNST *Bartolomé Murillo* (49) »Inmaculada aus S. Ildefonso«. Jesuitenkirche zu Luzern (bis 1670). *Claude Perrault* (54) Ostfassade des Louvre (bis 1674).

WIRTSCHAFT *Johann Joachim Becher* (32) »Politischer Diskurs« (merkantilistische Wirtschaftstheorie). »Zinnaischer Münzfuß«, festgesetzt zwischen Brandenburg und Sachsen zu Kloster Zinna. *Jean Baptiste Colbert* (48) führt Schutzzoll in Frankreich ein.

1668

POLITIK Geheimvertrag zwischen *Leopold I.* (28) und *Ludwig XIV.* (30) über die Teilung des spanischen Besitzes nach dem Tod *Karls II.* (19.1.). Die Tripelallianz von Holland, England und Schweden (23.1.) zwingt Frankreich zum Frieden von Aachen (2.5.): Frankreich erhält zwölf flandrische Grenzfestungen (Lille). Gegen Überlassung von Ceuta erkennt Spanien die Unabhängigkeit Portugals an (13.2.). Nach Adelsaufständen dankt *Johann II. Kasimir* von Polen (59) ab.

LITERATUR *Molière* (46) »George Dandin«, »Amphitryon«, »L'Avare«. *Jean de La Fontaine* (47) »Fables« (12 Bde. bis 1694). *Jean Baptiste Racine* »Les Plaideurs«.

KUNST *Rembrandt* (62) »Judenbraut«. *Jan Steen* (42) »Bohnenfest«. *Emanuel de Witte* (51) »Kircheninneres«.

1669

POLITIK Umbildung des Geheimen Rates in Österreich in eine »Geheime Konferenz« zur unmittelbaren Beratung des Kaisers. Geheimvertrag des Großen Kurfürsten (49) mit Frankreich über das spanische Erbe (31.12.). Letzter Hansetag in Lübeck. *Sébastien le Prestre de Vauban* (36) wird Generalinspekteur der französischen Festungen. Kreta wird nach Eroberung der Festung Kandia (6.9.) von den Türken besetzt (1670 von Venedig abgetreten).

KULTUR Kurfürst Erzbischof *Johann Philipp von Schönborn* (64) schafft in Mainz die Hexenprozesse ab.

LITERATUR *Hans Jakob Christoffel von Grimmelshausen* (etwa 47) »Der Abenteuerliche Simplizissimus«. *Mariana Alcoforada* (29) »Lettres« (Liebesbriefe).

WISSENSCHAFT *Hennig Brand* entdeckt Phosphor.

1670

POLITIK Geheimbündnis *Karls II.* (40) mit *Ludwig XIV.* (32) gegen Holland (Vertrag von Dover 26.5.). Die Franzosen besetzen erneut Lothringen und vertreiben Herzog *Karl IV.* (66). Bauernaufstand unter Führung des Donkosaken *Stepan Rasin* in Südrußland (1671 blutig niedergeschlagen).

KULTUR *Philipp Jakob Spener* (35) richtet »Collegia pietatis« (erbauliche Zirkel) ein. Nach dem Tod *Clemens' IX.* (9.12.1669) folgt *Emilio Altieri* (80) als Papst *Clemens X.*

LITERATUR *Baruch Spinoza* (38) »Tractatus theologicopoliticus«. *Blaise Pascal* (gest. 1662) »Pensées sur la religion«. *Jean Baptiste Racine* (31) »Bérénice«.

KUNST *Antonio Petrini* (45) Kirche Stift Haug zu Würzburg (bis 1691). *Francesco Caratti* Palais Czernin in Prag (bis 1682).

1671

POLITIK Niederschlagung einer Verschwörung ungarischer und kroatischer Magnaten durch Habsburg. Dänemark erwirbt die westindische Insel Sankt Thomas. Hinrichtung *Stepan Rasins* (6.6.).

KULTUR *Jean Baptiste Colbert* (52) gründet die Académie d'architecture in Paris.

LITERATUR *John Milton* (63) »Samson Agonistes«.

KUNST *Jan Davidsz de Heem* (65) »Früchtestilleben«.

MUSIK *Robert Cambert* (43) »Pomone« (erste bedeutende französische Oper zur Eröffnung der Académie royale de musique).

1672

POLITIK England beginnt gegen Holland den Krieg zur See (17.3.), Frankreich fällt in Holland ein. Bündnis zwischen Holland und Brandenburg (6.5.) und zwischen Österreich und Brandenburg (23.6.). Ratspensionär *Jan de Witt* (47) und sein Bruder *Cornelis* (49) ermordet (20.8.), *Wilhelm III. von Oranien* (22) wird zum Statthalter ausgerufen. Admiral *de Ruyter* (65) siegt über die englische und französische Flotte. Die Türken greifen Polen an und erobern die Festung Kamenez, die sie zusammen mit Podolien im Vertrag von Buczacz erhalten (18.10.).

KULTUR Die »Declaration of Indulgence« *Karls II.* von England (42) hebt die Strafgesetze gegen Katholiken und Dissidenten auf.

LITERATUR *Christian Weise* (30) »Die drei ärgsten Erznarren«. *Samuel von Pufendorf* (40) »De iure naturae et gentium«. *Molière* (50) »Les Femmes savantes«.

KUNST *Christopher Wren* (40) St. Stephens Walbrook in London (bis 1678).

WISSENSCHAFT *Isaac Newton* (29) berichtet über seine Versuche zur Zerlegung des Sonnenlichts mit dem Prisma (die Spektralfarben).

1673

POLITIK Durch den Sonderfrieden von Vossem (16.6.) tritt Brandenburg vom Kampf gegen Frankreich zurück. Bündnis zwischen Österreich, Holland, Spanien und *Karl IV.* von Lothringen (69) im Haag gegen Frankreich. *Thomas Osborne, Earl of Danby* (42), wird Lordschatzkanzler von England. Frankreich gliedert die zehn elsässischen Reichsstädte völlig ein. Der polnische Feldherr *Johann Sobieski* (49) besiegt Großwesir *Ahmed Köprülü* (38) entscheidend bei *Chocim* (11.11.).

KULTUR *Leopold I.* (33) gründet die Universität Innsbruck. Die Ausdehnung des königlichen Regalienrechts auf ganz Frankreich durch Dekret *Ludwigs XIV.* (35) führt zur Auseinandersetzung mit dem Papst.

LITERATUR *Molière* (51) »Le Malade imaginaire«.

KUNST *Adriaen van Ostade* (63) »Spielmann«.

MUSIK *Dietrich Buxtehude* (etwa 36) »Abendmusiken«. *Johann Theile* »Matthäuspassion«.

WISSENSCHAFT *Christian Huygens* (44) »Horologium oscillatorium« (Die Pendeluhr, Theorie der Pendelbewegung).

WIRTSCHAFT Königliches Edikt über die Zünfte in Frankreich (Förderung unter staatlicher Aufsicht).

1674

POLITIK Kriegserklärung des Reichstages zu Regensburg an Frankreich (24.5.). Brandenburg schließt sich erneut der Koalition gegen Frankreich an (1.7.). *Turenne* (63) besiegt das kaiserliche Heer bei Sinsheim (16.6.), *Condé* (53) das verbündete spanisch-kaiserlichniederländische Heer bei Seneffe (11.8.). Auf Veranlassung *Ludwigs XIV.* (36) fallen die Schweden in Brandenburg ein. Das englische Parlament zwingt *Karl II.* (44) zum Frieden mit Holland (Vertrag von Westminster, 19.2.). Frankreich setzt sich in Pondicherry (Indien) fest. *Johann III. Sobieski* (50) wird zum König von Polen gewählt.

LITERATUR *Nicolas Boileau-Despréaux* (38) »Art poétique«. *Nicolas Malebranche* (36) »De la recherche de la vérité« (2 Bde. bis 1675).

WISSENSCHAFT *Antony van Leeuwenhoek* (42) gibt erste exakte Beschreibung der roten Blutkörperchen.

1675

POLITIK *Friedrich Wilhelm* von Brandenburg (55) besiegt die Schweden bei Rathenow (25.6.) und Fehrbellin (28.6.). *Turenne* (64) fällt auf dem Feldzug gegen die Kaiserlichen unter *Montecuccoli* (66) im Treffen bei Saßbach (27.7.). Marschall *François de Créqui* (50) unterliegt dem Reichsheer an der Konzer Brücke (11.8.). Nach dem Aussterben der letzten Piastenlinie gliedert Kaiser *Leopold I.* (35) die schlesischen Herzogtümer Liegnitz, Wohlau und Brieg Böhmen an. Dänemark erklärt Schweden den Krieg (»Schonischer Krieg«, bis 1679).

LITERATUR *Philipp Jakob Spener* (40) »Pia desideria« (Beginn des Pietismus).

KUNST *Jacob van Ruysdael* (47) »Judenkirchhof«. *Christopher Wren* (43) St. Paul's Cathedral in London (bis 1710).

WISSENSCHAFT *Gottfried Wilhelm Leibniz* (29) entwickelt unabhängig von *Newton* die Grundlagen der Infinitesimalrechnung (teilweise veröffentlicht 1684). *Isaac Newton* (32) beobachtet »Newtonsche Interferenzringe«.

1676

POLITIK Das Reichsheer unter Herzog *Karl V.* von Lothringen (33) erobert den französischen Vorposten Philippsburg (9.9.). Nach dem Sieg *Johann Sobieskis* (52) bei Lemberg beendet der Vertrag von Zuravno (16.10) den Krieg zwischen Polen und der Türkei, die Podolien mit Kamenez behält. Nach dem Tod Zar *Aleksejs* (47) folgt sein Sohn *Fjodor III.* (20).

KULTUR Auf *Clemens X.* (86) folgt *Benedetto Odescalchi* (65) als Papst *Innozenz XI.*

WISSENSCHAFT *Olaus Römer* (32) bestimmt als erster aus den Verfinsterungen der Jupitermonde die Lichtgeschwindigkeit.

1677

POLITIK Der französische Marschall *François Henri de Luxembourg* (49) besetzt Valenciennes und Cambrai (17.3.) und schlägt *Wilhelm III.* von Oranien (27) bei Mont Cassel (11.4.). Die Franzosen besetzen Freiburg im Breisgau (16.11.). *Michel Le Tellier* (74) wird Kanzler *Ludwigs XIV.* (39). Erster Krieg Rußlands gegen die Türken (bis 1681).

LITERATUR *Jean Baptiste Racine* (38) »Phèdre«.

WISSENSCHAFT *Antony van Leeuwenhoek* (45) entdeckt mikroskopisch Infusionstierchen.

1678

POLITIK Die Kapitulation von Stettin (6.1.) vollendet die Eroberung Vorpommerns durch *Friedrich Wilhelm* von Brandenburg (58). Der Friede von Nimwegen beendet den Krieg Frankreichs gegen Holland (10.8.) und Spanien (17.9.): Spanien tritt die Franche Comté und Gebiete in den Niederlanden (Valenciennes, Cambrai, St. Omer) an Frankreich ab. Die angebliche Aufdeckung einer Verschwörung der Katholiken (»Popish Plot«) durch den Betrüger *Titus Oates* (30) führt zum Ausschluß der Katholiken aus dem englischen Parlament.

LITERATUR *John Bunyan* (50) »Pilgrim's Progress« (2. Band 1684). *Marie-Madelaine Comtesse de La Fayette* (44) »La princesse de Clèves«.

MUSIK *Dietrich Buxtehude* (etwa 41) »Hochzeit des Lammes« (Kantate). Eröffnung des Hamburger Opernthcaters »am Gänsemarkt«, des ersten in Deutschland.

WISSENSCHAFT *Christian Huygens* (49) »Traité de la lumière« (gedruckt 1690, Begründung der Wellentheorie des Lichts).

1679

POLITIK Friede des Reiches mit Frankreich zu Nimwegen (5.2.): Frankreich erhält Freiburg an Stelle von Philippsburg. Der Große Kurfürst (59) vertreibt die Schweden aus Preußen. Im Frieden von St. Germain-en-Laye (29.6.) muß er Vorpommern an Schweden zurückgeben. Französisch-brandenburgisches Geheimbündnis (25.10.). *Ludwig XIV.* (41) richtet Reunionskammern ein und beginnt die Besetzung elsässischer und lothringischer Reichsgebiete. Das Parlament zwingt *Karl II.* (49) zur »Habeas-Corpus-Akte«. *Karl* löst (bis 1681) drei Parlamente auf, weil die Mehrheit den Ausschluß seines katholischen Bruders, des Herzogs *Jakob von York* (46), von der Thronfolge fordert. Für die Befürworter dieser »Exklusionsbill« kommt in dieser Zeit die Bezeichnung »Whigs« und für die Gegner »Tories« auf. Im Frieden von Lund gibt Dänemark alle Eroberungen an Schweden zurück (26.9.).

KUNST *Charles Le Brun* (60) Deckenmalerei in der Spiegelgalerie von Schloß Versailles (bis 1683).

1680

POLITIK Das Erzstift Magdeburg-Halle fällt an Brandenburg. Unter dem Druck *Karls XI.* (25) nehmen die schwedischen Stände ein Gesetz über die Reduktion des Krongutes an.

KULTUR Gründung der »Comédie Française« in Paris.

KUNST *Jules Hardouin-Mansart* (34) Invalidendom in Paris (bis 1706). *Guarino Guarini* (56) beginnt Palazzo di Carignano in Turin.

MUSIK *Arcangelo Corelli* (27) Erstes »Concerto grosso«.

WISSENSCHAFT *Denis Papin* (33) Dampfkochtopf mit Sicherheitsventil (»Papinscher Topf«).

1681

POLITIK Kaiser *Leopold I.* (41) erreicht eine Reform der Reichskriegsverfassung. Frankreich besetzt die freie Reichsstadt Straßburg und die Hauptstadt der Grafschaft Montferrat, Casale (beide 30.9.). *Karl II.* von England schenkt *William Penn* (37) die Kolonie Pennsylvania, Zufluchtsort für die Quäker (Gründung von Philadelphia 1683). Der Vertrag von Bachtschisaraj (13.1.) beendet den russisch-türkischen Krieg und bestätigt die bisherigen Grenzen.

LITERATUR *Jacques-Bénigne Bossuet* (54) »Discours sur l'histoire universelle« (christliche Universalgeschichte).

WISSENSCHAFT *Jean Mabillon* (49) begründet mit »De re diplomatica« die wissenschaftliche Urkundenlehre.

1682

POLITIK Der oberrheinische und der fränkische Kreis schließen mit dem Kaiser ein Verteidigungsbündnis (Laxenburger Allianz, 10.6.). Antihabsburgischer Aufstand in Ungarn (Kurutzen-Aufstand) unter Graf *Imre Thököly* (25) mit türkischer Unterstützung. *Robert La Salle* (39) nimmt für Frankreich das Mississippital (Louisiana) in Besitz. *Ludwig XIV.* (44) verlegt die königliche Residenz von Paris nach Versailles. Durch die »Souveränitätserklärung« des schwedischen Reichstags erhält *Karl XI.* fast unumschränkte Macht. Nach dem Tod Zar *Fjodors III.* (21) führt als

Regentin *Sofia* (25) zusammen mit Fürst *Wasilij Golicyn* (39) die Regierung für ihren schwachsinnigen Bruder *Iwan V.* (16) und ihren Halbbruder *Peter I.* (10).

KULTUR Eine Versammlung der französischen Geistlichkeit zu St. Germain nimmt die von *Jacques-Bénigne Bossuet* (55) ausgearbeiteten Vier gallikanischen Artikel an (»Declaratio cleri Gallicani« 19.3.).

KUNST *Pierre Puget* (62) vollendet »Milon von Croton«.

WISSENSCHAFT *Otto Mencke* gründet in Leipzig die erste deutsche wissenschaftliche Zeitschrift, »Acta Eruditorum« (bis 1782).

1683

POLITIK Ausbruch eines neuen Türkenkrieges (bis 1699). Kaiser *Leopold I.* (43) verbündet sich mit König *Johann Sobieski* von Polen (59) gegen die Türken (31.3.). Diese belagern unter Großwesir *Kara Mustafa* (49) Wien (seit 14.7.), das unter Graf *Ernst Rüdiger Starhemberg* (45) verteidigt wird. Entsatz durch den Sieg des Reichsheeres zusammen mit polnischen Hilfstruppen unter Herzog *Karl V. Leopold* von Lothringen (40) am Kahlenberge (12.9.). Erste brandenburgische Kolonie an der afrikanischen Guineaküste (Groß-Friedrichsburg). Erste größere deutsche Siedlung in Amerika durch die Auswanderung niederrheinischer Mennoniten unter *Franz Daniel Pastorius* (32) nach Pennsylvania (Germantown). Aufdeckung einer Verschwörung gegen den König (Rye House Plot) führt zur blutigen Verfolgung der oppositionellen Whigs. *Karl II.* (53) regiert bis zu seinem Tod (1685) ohne Parlament. Nach dem Tod seiner Gattin *Maria Theresia* (45) heiratet *Ludwig XIV.* (45) heimlich *Marquise de Maintenon* (48). *Christian V.* (37) führt das neue »Danske lov« (Dänisches Gesetz) ein.

LITERATUR *Gottfried Wilhelm Leibniz* (37) »Mars christianissimus« (gegen Ludwig XIV.).

WISSENSCHAFT *Antoni Leeuwenhoek* (51) beschreibt Bakterien.

1684

POLITIK Heilige Liga zwischen Kaiser, Polen und Venedig auf Initiative *Innozenz' XI.* (73) zum Kampf gegen die Türken (5.3.). Venedig greift in den Krieg ein. Die Franzosen erobern die Festung Luxemburg (4.6.) und besetzen Trier. Im 20jährigen Regensburger Waffenstillstand zwischen Frankreich, dem Kaiser und Spanien werden alle bis zum 1.8.1681 reunierten Gebiete, dazu Straßburg und Luxemburg provisorisch im Besitz Frankreichs anerkannt (15.8.).

KUNST *Pierre Puget* (64) vollendet Marmorgruppe »Befreiung der Andromeda«.

1685

POLITIK Mit dem Tod Kurfürst *Karls* (34) erlischt die Linie Pfalz-Simmern, Land und Kurwürde fallen an die Linie Pfalz-Zweibrücken-Neuburg. *Ludwig XIV.* (47) erhebt Ansprüche für seine Schwägerin Liselotte von der Pfalz (33). Nach dem Tod *Karls II.* von England (55) regiert sein Bruder *Jakob II.* (52). Er schlägt einen Aufstand des Herzogs *von Monmouth* (36), eines illegitimen Sohns *Karls II.*, und des Grafen von *Argyll* (56) nieder. Die Venezianer erobern unter *Francesco Morosini* (69) Morea von den Türken (bis 1687).

KULTUR Die Aufhebung des Edikts von Nantes durch das Revokationsedikt von Fontainebleau (18.10.) führt zur Auswanderung zahlreicher Hugenotten nach Holland, England und Deutschland. Mit dem Edikt von Potsdam (8.11.) nimmt der Große Kurfürst (65) die Hugenotten in Brandenburg auf.

1686

POLITIK Geheime Defensivallianz zwischen Kaiser *Leopold* (46) und dem Großen Kurfürsten gegen Frankreich (1.4.). Augsburger Allianz zwischen Kaiser, süddeutschen Ständen, Spanien und Schweden (9.7.). Herzog *Karl* von Lothringen (43) erobert Ofen (2.9.). Im »Ewigen Frieden« von Moskau (6.5.) erkennt Polen endgültig die Abtretungen von 1667 an, Rußland tritt der antitürkischen Heiligen Liga bei.

LITERATUR *Gottfried Wilhelm Leibniz* (40) »Discours de métaphysique«. *Abraham a Santa Clara* (42) »Judas, der Erzschelm« (4 Bde. bis 1695).

KUNST *Carlo Antonio Carlone* und *Jakob Prandtauer* (26) Stiftskirche St. Florian (bis 1750).

1687

POLITIK Herzog *Karl* von Lothringen besiegt die Türken am Berge Harsan bei Mohácz (12.8.). Befreiung Ungarns von der Türkenherrschaft. Auf dem Landtag zu Preßburg erreicht Kaiser *Leopold* (47) die Aufgabe des Widerstandsrechts der ungarischen Stände und die Erblichkeit der ungarischen Krone im Hause Habsburg (9.12.). Sein Sohn *Josef* (9) wird zum König gekrönt. Erste russische Angriffe auf die Krim.

KULTUR *Christian Thomasius* (32) hält an der Universität Leipzig die erste öffentliche Vorlesung in deutscher Sprache. *Jakob II.* (54) hebt durch die »Indulgenzakte« alle Gesetze gegen Katholiken und Dissidenten auf (4.4.). Zerstörung der Akropolis bei der Eroberung Athens durch die Venezianer.

LITERATUR *François Fénelon* (36) »Traité de l'éducation des filles«.

WISSENSCHAFT *Isaac Newton* (44) »Philosophiae naturalis principia mathematica« (System der theoretischen Mechanik aus dem Kraft-Wirkungs- und Gravitationsgesetz).

1688

POLITIK *Ludwig XIV.* (50) beginnt die Eroberung von Philippsburg und die Besetzung der Pfalz (»Pfälzischer Krieg«, 24.9.). Im »Magdeburger Konzert« schließen sich Brandenburg, Kursachsen, Hannover und Hessen-Kassel gegen Frankreich zusammen (22.10.). Das kaiserliche Heer unter Kurfürst *Maximilian Emanuel* von Bayern (26) erobert Belgrad (6.9.).

Die Geburt des Thronfolgers *Jakob* (10.6.) veranlaßt die Führer der Tories und der Whigs zur Einladung *Wilhelms III.* von Oranien (38) nach England. Er landet in der Torbay (15.11.), *Jakob II.* (55) flieht nach Frankreich (»Glorious Revolution«).

LITERATUR *Aphra Behn* (48) »Oroonoko or the Royal Slave« (Roman gegen die Sklaverei). *Jacques-Bénigne Bossuet* (61) »Histoire des variations des églises protestantes«. *Jean de La Bruyère* (43) »Les Caractères de Théophraste, traduits du grec, avec les Caractères ou les moeurs de ce siècle«.

1689

POLITIK *Ludwig XIV.* läßt auf *Louvois'* (50) Rat die Pfalz verwüsten. In der Großen Allianz von Wien verbünden sich der Kaiser, England und Holland gegen Frankreich (12.5.) und beginnen den Krieg. Der kaiserliche Feldherr Markgraf *Ludwig Wilhelm von Baden* (34) besiegt die Türken bei Nisch (24.9.). Nach Anerkennung der vom Parlament erlassenen »Declaration of Rights« überträgt diese den englischen Thron an *Wilhelm III.* und seine Gemahlin *Maria* (27). *Jakob II.* landet mit französischer Unterstützung in Irland (März), wo ein Aufstand zu seinen Gunsten ausbricht. Nach den erfolglosen Feldzügen gegen die Krim wird die Regentin *Sofia* (32) zusammen mit *Golicyn* (46) gestürzt: *Peter I. (der Große*, 17) wird allein Zar. Durch den ersten Vertrag mit China zu Nertschinsk muß Rußland das Amurgebiet räumen und die Festung Albasin am oberen Amur zerstören.

KULTUR Eine Toleranzakte verbürgt den protestantischen Nonkonformisten in England die freie Ausübung des Gottesdienstes (24.5.).

LITERATUR *Jean Baptiste Racine* (50) »Esther«.

KUNST *Meindert Hobbema* (51) »Allee von Middelharnis«.

MUSIK *Henry Purcell* (30) »Dido und Aeneas« (Oper).

1690

POLITIK *Mustafa Köprülü* (53) erobert Belgrad zurück (8.10.). Marschall *Luxembourg* (62) besiegt die Holländer bei Fleurus (1.7.). Die französische Flotte unter Graf *Anne de Tourville* (48) schlägt die englische bei Beachy Head (10.7.). *Jakob II.* (57) wird am Boyne-Fluß geschlagen (11.7.) und flieht nach Frankreich zurück. Spanien und Savoyen treten der Großen Allianz gegen Frankreich bei. Die Englisch-Ostindische Kompanie gründet Kalkutta.

LITERATUR *John Locke* (58) »An Essay concerning Human Understanding«, »Two Treatises of Government«, »Letter concerning Toleration«.

1691

POLITIK *Ludwig Wilhelm* von Baden (36) besiegt die Türken bei Slankamen (19.8.), Großwesir *Mustafa Köprülü* fällt. Siebenbürgen wird erobert und zum habsburgischen Kronland erklärt.

KULTUR Nach dem Tod *Alexanders VIII.* (81) folgt Papst *Innozenz XII.* (*Antonio Pignatelli*, 76).

LITERATUR *Jean Baptiste Racine* (52) »Athalie«.

KUNST *Andrea Pozzo* (49) Gewölbefresken in S. Ignazio zu Rom (bis 1694).

1692

POLITIK Kaiser *Leopold I.* (52) verleiht *Ernst August* (63), Herzog von Braunschweig-Lüneburg, die neunte Kurwürde für Hannover (19.12.). Die vereinigte englisch-niederländische Flotte unter Admiral *Edward Russell* (39) besiegt die französische bei *Tourville* (50) bei La Hogue (19.–23.5.). Marschall *Luxembourg* (64) besiegt *Wilhelm III.* (42) bei Steenkerke (3.8.).

KULTUR *Innozenz XII.* verbietet mit der Bulle »Romanum decet Pontificem« den Nepotismus (22.7.).

KUNST *Domenico Martinelli* (42) Stadtpalais Liechtenstein in Wien (bis 1705) mit Deckenmalereien von *Andrea Pozzo* (50). Lehrbuch der Perspektive von *Pozzo*.

1693

POLITIK Erneute Eroberung und Zerstörung von Heidelberg durch die Franzosen. Verlegung des Reichskammergerichts von Speyer nach Wetzlar. Marschall *Luxembourg* besiegt *Wilhelm III.* bei Neerwinden (29.7.). *Tourville* siegt über eine englisch-niederländische Flotte vor Lagos (28.6.).

KULTUR *Innozenz XII.* (78) erreicht die formale Zurücknahme der Deklaration über die gallikanische Unabhängigkeit von 1682.

MUSIK *Alessandro Scarlatti* (34) »Theodora« (Oper).

1694

POLITIK Einführung dreijähriger Parlamente in England. Wegen der Opposition des livländischen Adels gegen die Reduktionen hebt *Karl XI.* von Schweden (39) die livländische Selbstverwaltung auf.

KULTUR Gründung der brandenburgischen Universität Halle. Aufhebung der Zensur in England.

LITERATUR *William Congreve* (24) »Love for Love«.

KUNST *François Girardon* (66) vollendet Grabmal *Richelieus* in der Sorbonnekirche zu Paris. *Johann Bernhard Fischer von Erlach* (38) beginnt Dreifaltigkeitskirche in Salzburg (bis 1702) und Schloß Schönbrunn (nach 1704 vollendet von *Nikolaus von Pacassi*).

1695

POLITIK Königin *Maria II.* von England (33) stirbt (7.1.). Damit ist *Wilhelm III.* (45) Alleinherrscher. Er erobert Namur zurück (Sept.).

KULTUR *August Hermann Francke* (32) gründet in Halle die »Franckeschen Stiftungen«.

LITERATUR *John Locke* (63) »The Reasonableness of Christianity«. *Pierre Bayle* (48) »Dictionnaire historique et critique« (2. Bd. 1697, grundlegend für die Philosophie der Aufklärung).

KUNST *Johann Arnold Nering* (36) Parochialkirche in Berlin (bis 1703).

1696

POLITIK Savoyen schließt einen Sonderfrieden mit Frankreich, durch den es die von Frankreich besetzten Gebiete (Pinerolo) zurückerhält. *Peter der Große* (24) erobert die türkische Festung Asow (28.7.).

KULTUR Gründung der Akademie der Künste in Berlin.

LITERATUR *Christian Reuter* (31) »Schelmuffskys wahrhaftige, kuriose und sehr gefährliche Reisebeschreibung zu Wasser und zu Lande« (Schelmenroman). *John Toland* (1697 als erster »Freidenker« genannt, 26) »Christianity not Mysterious«.

KUNST *Andreas Schlüter* (32) »Masken sterbender Krieger« am Zeughaus zu Berlin. *Johann Bernhard Fischer von Erlach* (40) Kollegienkirche in Salzburg (bis 1707).

1697

POLITIK Prinz *Eugen* von Savoyen (34) erhält den Oberbefehl im Türkenkrieg und besiegt Sultan *Mustafa II.* (33) entscheidend bei Zenta (11.9.). Friedensschlüsse Frankreichs zu Ryswijk mit England, Holland und Spanien (20.9.) sowie mit Kaiser und Reich (30. 10.): *Ludwig XIV.* erkennt *Wilhelm III.* als König von England an, gibt die rechtsrheinischen Eroberungen und das Herzogtum Lothringen heraus, behält aber das Elsaß. Kurfürst *Friedrich August I.* von Sachsen (27) setzt sich in Polen mit russischer und österreichischer Unterstützung gegen den von der Mehrheit gewählten französischen Prinzen *Franz Ludwig von Conti* (33) durch und wird als *August II.* gekrönt. *Peter I.* von Rußland (25) tritt seine Europareise an (März). Der Kosakenführer *Atlassow* erobert Kamtschatka für Rußland bis 1699.

KUNST *Nikolaus Tessin d. J.* (43) beginnt Königsschloß und Dreifaltigkeitskirche in Stockholm.

1698

POLITIK Erster Teilungsvertrag zwischen Frankreich und den Seemächten (England und Holland) über das spanische Erbe (11.10.): Spanien mit Kolonien und Niederlanden an Kurprinz *Josef Ferdinand* von Bayern (6), Mailand an Erzherzog *Karl* von Österreich (13), Neapel, Sizilien und Sardinien an *Philipp* von Anjou (15). *Karl II.* von Spanien (37) setzt *Josef Ferdinand* als Alleinerben ein (Nov.).

KULTUR Auf französischen Druck hin (besonders *Bossuets*) verurteilt *Innozenz XII.* (83) die Lehrsätze *François de Fénelons* (»Explication des Maximes des Saints«, 1697) wegen ihres Quietismus.

LITERATUR *Jacques-Bénigne Bossuet* (71) »Relation sur le quiétisme« (gegen den Quietismus *Fénelons*).

KUNST *Andreas Schlüter* (34) beginnt Berliner Schloß (seit 1706 fortgesetzt von *Eosander von Göthe*) und Reiterdenkmal des Großen Kurfürsten.

1699

POLITIK Friede der Türkei zu Karlowitz mit Österreich, Venedig und Polen (26. 1.): Anerkennung der österreichischen Herrschaft über Ungarn, Siebenbürgen, Bosnien und Kroatien, der venezianischen über Morea und der polnischen über Podolien und Kamenez. Bündnis zwischen Dänemark, Sachsen-Polen und Rußland gegen Schweden. Städtereform *Peters des Großen* (27) zur Schaffung einer formellen Selbstverwaltung.

LITERATUR *Gottfried Arnold* (33) »Unparteiische Kirchen- und Ketzerhistorie« (4 Bde. bis 1700). *François de Fénelon* (48) »Les aventures de Télémaque«.

KUNST *Jules Hardouin-Mansart* (53) und *Robert de Cotte* (43) Schloßkapelle in Versailles (bis 1710).

WISSENSCHAFT Beginn des Prioritätsstreites zwischen *Gottfried Wilhelm Leibniz* (53) und *Isaac Newton* (56) um die Begründung der Infinitesimalrechnung.

1700

POLITIK Zweiter Teilungsvertrag Frankreichs und der Seemächte über das spanische Erbe (25.3.): Spanien mit Kolonien und Niederlanden an Erzherzog *Karl* von Österreich, Neapel, Sizilien und Sardinien an *Philipp von Anjou*, Mailand an Herzog von Lothringen, Lothringen an Frankreich. Kurz vor seinem Tod (1.11.) setzt *Karl II.* von Spanien (39) *Philipp von Anjou* (17) zum Alleinerben ein (2.10.): Ende der spanischen Linie der Habsburger. *Ludwig XIV.* (62) proklamiert seinen Enkel als *Philipp V.* zum spanischen König. Beginn des Nordischen Krieges Dänemarks, Sachsen-Polens und Rußlands gegen Schweden (bis 1721). *Karl XII.* (18) landet auf Seeland und zwingt Dänemark zum Frieden von Traventhal (28.8.). Im Frieden von Konstantinopel gewinnt Rußland von den Türken Asow (13.7.). *Peter I.* (28) fällt in Ingermanland ein, wird aber von *Karl XII.* bei Narwa geschlagen (30.11.).

KULTUR In den protestantischen Gebieten Deutschlands wird der Gregorianische Kalender eingeführt. *Gottfried Wilhelm Leibniz* (54) gründet die Sozietät (Akademie) der Wissenschaften in Berlin. Nach dem Tod *Innozenz' XII.* (85) wird Kardinal *Gian Francesco Albani* (51) zum Papst *Clemens XI.* gewählt.

1701

POLITIK Kurfürst *Friedrich III.* von Brandenburg (44) wird in Königsberg zum König *Friedrich I.* in Preußen gekrönt (18.1.). *Philipp V.* (18) zieht in Madrid ein. Spanischer Erbfolgekrieg zwischen Österreich und Frankreich (bis 1714). Prinz *Eugen* (38) besiegt die französischen Marschälle *Nicolas Catinat* (64) und *François, Herzog von Villeroi* (57), bei Carpi (9.7.) und

Chiari (1.9.). Große Allianz zwischen Österreich und den Seemächten gegen Frankreich im Haag (7.9.). *Wilhelm III.* von England (51) ernennt *John Churchill* (51), *Herzog von Marlborough* (seit 1702), zum Befehlshaber der englischen Truppen in den Niederlanden und ordnet die Thronfolge zugunsten des protestantischen Hauses Hannover gegen die katholischen Stuarts im »Act of Settlement« (12.6.). *Jakob II.* (68) stirbt in St. Germain (16.9.), *Ludwig XIV.* (63) erkennt dessen Sohn als König *Jakob III.* (13) von England, Schottland und Irland an. *Karl XII.* (19) erobert nach seinem Sieg über die sächsischen Truppen bei Riga (8.7.) Kurland.

KUNST Anlage des Place *Louis le Grand* (jetzt Vendôme) begonnen nach einem Plan von Jules *Hardouin-Mansart* (von 1685).

WISSENSCHAFT *Edmond Halley* (45) gibt erste bedeutende Karte der magnetischen Deklination heraus.

1702

POLITIK Kriegserklärung der Seemächte und des Reiches an Frankreich. *Marlborough* (52) erobert Venloo und Lüttich. Die Grafschaften Lingen und Mörs fallen an Preußen. *Wilhelm III.* von England (52) stirbt (19.3.). Die zweite Tochter *Jakobs II.*, *Anna Stuart* (37), folgt ihm auf den Thron. *Karl XII.* von Schweden nimmt Warschau, besiegt das sächsisch-polnische Heer bei Klissow (19.7.) und besetzt Krakau.

KULTUR *Leopold I.* (62) gründet die Universität Breslau.

KUNST *Jakob Prandtauer* (42) beginnt Stift Melk. *John Vanbrugh* (36) Howard Castle (bis 1714).

1703

POLITIK Geheimer habsburgischer Familienvertrag über die Erbfolge in den österreichischen und spanischen Landen (»Pactum mutuae successionis«, 12.9.). Ungarische Erhebung gegen Habsburg unter *Franz II. Rákóczi* (27) mit französischer Unterstützung (bis 1711). *Peter der Große* (31) erobert die schwedische Festung Nyenschanz an der Newamündung und gründet Peter-Pauls-Festung u. St. Petersburg (27.5.).

KULTUR Erste russische periodische Zeitung, »Moskovskije vedomosti« (Moskauer Nachrichten).

KUNST *Andreas Schlüter* (39) Kanzel der Marienkirche zu Berlin. *Christoph Dientzenhofer* (48) beginnt Nikolauskirche an der Kleinseite zu Prag (ab 1722 vollendet von seinem Sohn *Kilian Ignaz*).

WISSENSCHAFT *Georg Ernst Stahl* (43) gibt einen bei der Verbrennung frei werdenden Stoff »Phlogiston« an (Phlogistontheorie).

1704

POLITIK Prinz *Eugen* (41) und *Marlborough* (54) besiegen Franzosen und Bayern bei Höchstädt (13.8.). Englisch-deutsche Truppen erobern Gibraltar (3.8.). Erzherzog *Karl* von Österreich (19) landet in Portugal. *Karl XII.* (22) siegt bei Pultusk (1.5.1703) und erzwingt die Absetzung *Augusts des Starken* (34) und die Wahl *Stanislaus Leszczyńskis* (27) durch den polnischen Reichstag. *Peter der Große* erobert Narwa und Dorpat.

KULTUR *Clemens XI.* (55) verbietet die Anerkennung der ostasiatischen Riten durch die Jesuitenmission.

LITERATUR *Gottfried Wilhelm Leibniz* (58) »Nouveaux essais sur l'entendement humain« (veröffentlicht in »Oeuvres« 1765). *Daniel Defoe* (44) gibt die Wochenschrift »The Review« heraus (bis 1711).

KUNST *Johann Dientzenhofer* (39) Dom zu Fulda (bis 1712). *Caspar Moosbrugger* (48) Kloster Maria Einsiedeln (bis 1718).

WISSENSCHAFT *Isaac Newton* (61) »Optik« (korpuskulare Lichttheorie). *Diesbach* entdeckt Berliner Blau.

1705

POLITIK Kaiser *Leopold I.* (65) stirbt (5.5.). Sein Sohn folgt ihm als *Josef I.* (27) auf den Thron. Die englische Flotte und Erzherzog *Karl* erobern Barcelona (14.10.), das *Karl* zu seiner Residenz macht.

LITERATUR *Christian Thomasius* (50) »Fundamenta iuris naturae et gentium«.

MUSIK *Georg Friedrich Händel* (20) »Almira« (Oper in Hamburg aufgeführt).

WISSENSCHAFT Atmosphärische Dampfmaschine von *Thomas Newcomen* (42), seit 1711 in Bergwerken eingesetzt. *Edmond Halley* (49) sagt Wiederkehr des »Halleyschen Kometen« von 1682 für 1758 richtig voraus.

WIRTSCHAFT Erstes modernes Lebensversicherungsunternehmen in England.

1706

POLITIK Vertreibung der Franzosen aus den spanischen Niederlanden durch den Sieg *Marlboroughs* (56) über *Villeroi* (62) und *Maximilian Emanuel* (44) bei Ramillies (23.5.) und aus Oberitalien durch den Sieg des Prinzen *Eugen* (43) bei Turin (7.9.). Ächtung der Kurfürsten *Maximilian Emanuel* von Bayern und *Josef Clemens* von Köln (35). Ein portugiesisch-englisches Heer erobert für Erzherzog *Karl* vorübergehend Madrid (Juni—Okt.). *Karl XII.* (24) rückt in Sachsen ein und zwingt *August den Starken* (36) im Frieden von Altranstädt zum Verzicht auf die polnische Krone und zur Anerkennung *Stanislaus Leszczyńskis* (24.9.).

KULTUR *Christoph Semler* (37) gründet in Halle die erste deutsche Realschule.

1707

POLITIK Die Grafschaften Neuenburg (Schweiz) und Tecklenburg fallen an Preußen. *Josef I.* (29) wird vom Landtag zu Ónod als König von Ungarn abgesetzt (13.7.). Österreichische Truppen besetzen Neapel (7.7.). Marschall *Villars* (54) dringt in Schwaben und Franken vor. Das Heer *Philipps V.* (24) unter Herzog von *Berwick* (37) besiegt Erzherzog *Karl* (22)

bei Almansa (25.4.). *Philipp* erklärt alle Sonderrechte von Aragon, Katalonien und Valencia für erloschen. Vereinigung Englands und Schottlands zu einem Königreich Großbritannien mit einem Parlament (1.5.). *Karl XII.* (25) wendet sich gegen Rußland. Kosakenaufstand unter *Kondrati Bulawin* (1708 niedergeschlagen).
KULTUR Die Altranstädter Konvention (1.9.) zwischen *Karl XII.* und dem Kaiser sichert den schlesischen Protestanten Religionsfreiheit.
LITERATUR *Sébastien de Vauban* (74) »Projet d'une dîme royale« (Anprangerung sozialer Mißstände).
WISSENSCHAFT *Georg Ernst Stahl* (47) »Theoria medica vera« (Animalismus in der Medizin).

1708

POLITIK Prinz *Eugen* (45) und *Marlborough* (58) besiegen die Franzosen bei Oudenaarde (11.7.) und erobern Lille (22.10.). Letzter Krieg eines Papstes gegen den Kaiser wegen der österreichischen Herrschaft in Italien (bis Jan. 1709). Erfolgloser Landungsversuch des Prätendenten *Jakob III. Eduard* (20) mit französischer Unterstützung in Schottland. *Karl XII.* (26) weicht von seinem Marsch auf Moskau in die Ukraine ab und vereinigt sich mit dem Hetman der Dnjeprkosaken, *Iwan Mazeppa* (56). Einteilung Rußlands in zunächst acht Gouvernements.

1709

POLITIK *Josef I.* (31) richtet die »Ständige Geheime Konferenz« als Zentralministerium in Österreich ein. Beginn der Massenauswanderung aus der Pfalz und anderen süddeutschen Staaten nach Nordamerika. Prinz *Eugen* (46) und *Marlborough* (59) siegen bei Malplaquet (11.9.) über *Villars* (56) und Marschall *Boufflers* (65). Die Engländer erobern Menorca. Entscheidender Sieg *Peters des Großen* (37) über *Karl XII.* (27) bei Poltawa (8.7.) und Kapitulation der schwedischen Armee bei Perewolotnja am Dnjepr (12.7.). Flucht *Karls* nach den türkischen Bender am Dnjestr. *August der Starke* (39) vertreibt *Stanislaus Leszczyński* (32) aus Polen. Die Dänen fallen in das schwedische Schonen ein.
KULTUR *Ludwig XIV.* (71) hebt Kloster Port Royal, das Zentrum des Jansenismus, auf und läßt es 1710 zerstören.
LITERATUR *Richard Steele* (37) gibt die moralische Wochenschrift »Tatler« mit Unterstützung *Joseph Addisons* (37) heraus.
MUSIK Erfindung des Hammerklaviers durch *Bartolommeo Cristofori* (54).
WISSENSCHAFT Herstellung des Hartporzellans von *Johann Friedrich Böttger* (27) nach Vorarbeiten von *Ehrenfried Walter von Tschirnhaus* (58). Beginn der Ausgrabung von Herculaneum.

1710

POLITIK »Haager Konzert« zur Sicherung der Neutralität Norddeutschlands im Nordischen Krieg (31.3.

und 4.5.). In England erringt die Friedenspartei der Tories die Macht unter Lordkanzler *Robert Harley* (49), *Earl of Oxford* (1711), und Staatssekretär des Äußeren *Henry Saint-John* (32), *Viscount of Bolingbroke* (1713). Sieg des Heeres *Philipps V.* unter *Herzog von Vendôme* (56) über die englischen und österreichischen Truppen bei Brihuega bzw. Villaviciosa (8./10.12). Erzherzog *Karl* (25) wird aus dem (am 28.9.) von ihm eroberten Madrid vertrieben. Die Russen erobern Festung Wiborg, Riga (4.7.), Pernau (12.8.) und Reval (29.9.). Die Ritterschaften und Städte Livlands und Estlands unterwerfen sich Rußland.
KULTUR Gründung der Charité in Berlin.
LITERATUR *Gottfried Wilhelm Leibniz* (64) »Théodicée«. *George Berkeley* (25) »Treatise concerning the principles of human knowledge«.
KUNST *Johann Dientzenhofer* (45) Klosterkirche Banz (bis 1719).
WIRTSCHAFT Gründung der Meißener Porzellanmanufaktur durch *August den Starken.*

1711

POLITIK Nach dem Tod *Josefs I.* (17.4.) wird sein Bruder, Erzherzog *Karl* (26), bisher spanischer Regent, in Barcelona als *Karl VI.* zum Kaiser gewählt (12.10.). *Marlborough* (61) wird aller Ämter enthoben. *Bolingbroke* (33) leitet Verhandlungen mit Frankreich ein. Ungarn erkennt im Frieden von Sathmar die habsburgische Herrschaft wieder an (1.5.). *Peter der Große* (39) wird bei seinem Zug gegen die Türken am Pruth eingeschlossen (22.7.), erhält aber gegen Verzicht auf Asow freien Abzug.
LITERATUR *Alexander Pope* (23) »Essay on Criticism«. *Anthony Shaftesbury* (40) »Characteristics of Men, Manners, Opinions, Times«.
KUNST *Johann Dientzenhofer* (46) Schloß Pommersfelden (bis 1718) mit Treppenhaus von *Johann Lukas von Hildebrandt* (43). *Matthäus Daniel Pöppelmann* (49) Dresdener Zwinger (bis 1722), Figurenschmuck von *Balthasar Permoser* (60).
WIRTSCHAFT Gründung der englischen Südseegesellschaft.

1712

POLITIK Niederlage der katholischen Orte im erneuten Schweizer Glaubenskrieg (Zweiter Villmergerkrieg) gegen Bern bei Villmergen (25.7.) und Friede von Aarau (11.8.). Eröffnung des Friedenskongresses zu Utrecht.
LITERATUR *Christian Wolff* (33) »Vernünftige Gedanken von den Kräften des menschlichen Verstandes«. *John Arbuthnot* (45) »History of John Bull« (Satire gegen die Whigs).
MUSIK *Arcangelo Corelli* (59) zwölf Concerti grossi.

1713

POLITIK *Friedrich Wilhelm I.* (25) regiert nach dem Tod seines Vaters *Friedrich I.* (56) als König von Preußen.

Die Pragmatische Sanktion legt in Österreich die weibliche Erbfolge fest (19.4.). Friedensverträge Frankreichs zu Utrecht mit Großbritannien, Holland, Savoyen, Portugal und Preußen (11.4.): Frankreich tritt an England Hudsonbay, Akadien (Neuschottland), Neufundland und die Insel St. Christoph ab; Holland erhält Besatzungsrecht in Grenzfestungen der bisherigen spanischen Niederlande, Preußen Ober-Geldern und Anerkennung der Königswürde. Friede Spaniens mit Großbritannien und Savoyen (13.7.): England erhält Gibraltar und Menorca, Savoyen das Königreich Sizilien. *Peter der Große* (41) landet bei Helsingfors, schlägt die Schweden bei Storkyro und erobert ganz Finnland (bis 1714).

KULTUR *Clemens XI.* (64) verurteilt in der Bulle »Unigenitus« 101 jansenistische Thesen des Abbé *Paschasius Quesnel* (79) aus dessen Buch »Réflexions Morales«. Gründung der Akademie der Wissenschaften in Madrid.

KUNST *Johann Lukas Hildebrandt* (45) Palais *Kinsky* in Wien.

WISSENSCHAFT *Jakob Bernoulli* (gest. 1705) »Ars coniectandi« (erste wichtige Darstellung über die Wahrscheinlichkeitsrechnung).

WIRTSCHAFT »Asientovertrag« (26.3.) zwischen Spanien und England gibt diesem das Recht, Negersklaven in das spanische Südamerika einzuführen.

1714

POLITIK Friede Frankreichs mit Kaiser und Reich in Rastatt (7.3.) und Baden/Schweiz (7.9.): Österreich erhält Neapel, Mailand, Stato dei Presidi, Sardinien und die spanischen Niederlande. Königin *Anna* von England (49) stirbt (1.8.). Kurfürst *Georg* von Hannover (54) besteigt als *Georg I.* den englischen Thron. *Bolingbroke* (36) flieht nach Frankreich, *Oxford* (53) wird verhaftet. Ende des Kampfes um den spanischen Thron mit der Eroberung von Barcelona durch *Philipp V.* (31) und die Franzosen (11.9.). Krieg zwischen der Türkei und Venedig (bis 1718). *Karls XII.* (32) 16tägiger Gewaltritt vom Schwarzen Meer nach Stralsund (Nov.). *Peter der Große* (42) erläßt Einerbengesetz für den Adel.

LITERATUR *Gottfried Wilhelm Leibniz* (68) »Monadologie«. *Alexander Pope* (26) »The Rape of the Lock« (komisches Heldenepos). *Bernard de Mandeville* (44) »The Fable of the Bees or Private Vices made Public Benefits« (satirisches Gedicht).

MUSIK *Antonio Vivaldi* (etwa 34) Violinkonzerte. *Gottfried Silbermann* (31) Orgel für den Freiberger Dom.

WISSENSCHAFT *Gabriel Daniel Fahrenheit* (28) Thermometer mit »Fahrenheit«-Gradeinteilung.

1715

POLITIK Preußen und Hannover erklären Schweden den Krieg und erobern Rügen und Stralsund (24.12.). Markgraf *Karl Wilhelm* von Baden gründet Karlsruhe. *Ludwig XIV.* (77) stirbt (1.9., sein Sohn *Ludwig* und sein Enkel starben 1711 bzw. 1712). Sein Urenkel *Ludwig XV.* (5) folgt als König von Frankreich. Die Regentschaft führt bis 1722 *Philipp II. von Orléans* (41). *Philipp* gibt dem Pariser Parlament das ihm von *Ludwig XIV.* genommene Recht der Remonstranz bei königlichen Edikten zurück. Türken erobern von Venedig Morea zurück. Generalkonföderation des polnischen Adels zu Tarnogrod zur Vertreibung der sächsischen Truppen.

KUNST Régencestil in Frankreich (bis 1726, Übergang vom Barock zum Rokoko). *Franz Beer* (55) Abteikirche Weingarten (bis 1722).

1716

POLITIK Bündnis zwischen Österreich und Venedig gegen die Türken (13.4.). Prinz *Eugen* (53) besiegt die Türken bei Peterwardein (5.8.) und erobert Temesvar (13.10.) und das Banat. Die Venezianer verteidigen unter Graf *von der Schulenburg* (55) erfolgreich Korfu. Einführung 7jähriger Sitzungsperioden des englischen Parlaments (»Septennial-Act«).

MUSIK *Georg Friedrich Händel* (31) vertont Passion von *Bertholi Brockes* (36).

WIRTSCHAFT Mit Unterstützung des Regenten *Philipp von Orléans* gründet der schottische Bankier *John Law* (45) auf Aktiengrundlage die Banque générale zur Sanierung der französischen Finanzen.

1717

POLITIK Prinz *Eugen* (54) besiegt die Türken bei Belgrad (16.8.) und erobert die Stadt. Preußen verkauft bis 1721 seine Kolonien an der Guineaküste an Holland. Der Abbé *Giulio Alberoni* (53) wird leitender spanischer Minister und Kardinal. Spanische Truppen landen auf dem österreichischen Sardinien. Der »stumme Reichstag« zu Warschau (31.1.) muß den Vermittlungsvertrag *Peters I.* (45) zwischen *August dem Starken* (47) und dem polnischen Adel zustimmen, der Rußland das Recht der Einmischung gibt.

KULTUR Schulpflicht in Preußen (aber Mangel an Lehrern). Beginn der Freimaurerei mit der Stiftung der Großloge in London (24.6.).

KUNST *Antoine Watteau* (33) »Einschiffung nach der Insel Cythera«. Die Brüder *Egid Quirin* (25) und *Cosmas Damian Asam* (31) beginnen Klosterkirche Rohr mit Hochaltar »Mariä Himmelfahrt«. *Johann Bernhard Fischer von Erlach* (61) beginnt Karlskirche in Wien. *J. F.* und *J. P. Ludwig* Klosterpalast Mafra bei Lissabon (bis 1730). *Filippo Juvara* (39) Supergakirche bei Turin (bis 1731).

1718

POLITIK Friede von Passarowitz zwischen Österreich, Venedig und Türkei (21.7.): Österreich erhält Banat, Kleine Walachei und Nordserbien mit Belgrad, Venedig verliert Morea. Spanische Truppen landen auf dem savoyischen Sizilien. Österreich, England, Holland unf Frankreich schließen sich gegen Spanien in der Quadrupelallianz zur Sicherung des Utrechter Vertrages zusammen (2.8.). Sieg der englischen Flotte über die spanische bei Kap Passero (10.8.). Frankreich gründet New Orleans als Hauptstadt von Louisiana. Errichtung des spanischen Vizekönigreiches Neu-Granada (Kolumbien). *Karl XII.* (36) fällt vor der norwegischen Festung Fredrikshall (11.12.). Seine Schwester *Ulrike Eleonore* (30) wird Königin von Schweden (3.2.1719).

LITERATUR *Voltaire* (24) »Oedipe« (Tragödie).

WIRTSCHAFT Gründung der Wiener Porzellanmanufaktur. Handelsvertrag zwischen Österreich und Türkei.

1719

POLITIK Wiener Defensivallianz zwischen Kaiser *Karl VI.* (34), *August dem Starken* (49) und *Georg I.* (59) gegen Preußen und Rußland (5.1.). Nach Niederlagen gegen die Quadrupelallianz Sturz und Ausweisung des spanischen Ministers *Alberoni* (55). Die Russen fallen in Schweden ein. *Georg I.* schließt als Kurfürst von Hannover Frieden mit Schweden und erhält Bremen und Verden (20.11.). Änderung der schwedischen Verfassung zugunsten der Macht des Reichstags, also der Stände (Verfassung der »Freiheitszeit«, bis 1772).

LITERATUR *Christian Wolff* (40) »Vernünftige Gedanken von Gott, der Welt und der Seele des Menschen«. *Daniel Defoe* (59) »Robinson Crusoe«.

KUNST *Antoine Watteau* (35) »Liebesfest« (um 1719). *Lukas von Hildebrandt* (51) beginnt Stift Göttweig.

WIRTSCHAFT Verbot des Bauernlegens in Preußen (später wieder gelockert) und teilweise Aufhebung der Erbuntertänigkeit der Domänenbauern.

1720

POLITIK Im Vertrag vom Haag erhält Österreich Sizilien und Neapel, Savoyen dafür Sardinien mit dem Königstitel (17.2.). Im Frieden von Stockholm tritt Schweden an Preußen Vorpommern bis zur Peene mit Stettin, Usedom und Wollin ab (1.2.). Im Frieden von Friedrichsburg/Seeland mit Dänemark verzichtet Schweden auf die Sundzollfreiheit und die Unterstützung von Hollstein-Gottorp (14.7.). Der herzogliche Anteil von Schleswig fällt an Dänemark. Kurfürst *Karl Philipp* verlegt die pfälzische Residenz von Heidelberg nach Mannheim. *Friedrich von Hessen-Kassel* (44), Gemahl *Ulrike Eleonores* (32), wird als *Friedrich I.* zum schwedischen König gewählt.

KUNST *Antoine Watteau* (36) »Firmenschild für den Kunsthändler *Gersaint*«. *Balthasar Permoser* (69) »Apotheose des Prinzen Eugen« im Schloß Belvedere in Wien. *Balthasar Neumann* (33) Würzburger Residenz (bis 1744).

WIRTSCHAFT Zusammenbruch der Mississippikompanie *John Laws* (49) und Staatsbankrott Frankreichs. Zusammenbruch der englischen Südseekompanie.

1721

POLITIK *Robert Walpole* (45), seit 1715 Schatzkanzler, wird erster »Premierminister«. Im Frieden zu Nystad tritt Schweden Livland, Estland, Ingermanland, Ostkarelien mit Wiborg und die Inseln Ösel und Dagö an Rußland ab (10.9.). *Peter I.* (49) nimmt den Kaisertitel an (2.11.).

KULTUR Auf *Clemens XI.* (72) folgt *Michelangelo dei Conti* (66) als *Innozenz XIII.* Das im Auftrag *Peters des Großen* von Bischof *Feofan Prokopowitsch* (40) verfaßte »Reglement duchovnoj kollegii« (Reglement des geistlichen Kollegiums) ersetzt das Amt des Patriarchen durch die Kirchenbehörde des »Heiligen dirigierenden Synod« unter staatlicher Aufsicht.

LITERATUR *Johann Jakob Bodmer* (23) und *Johann Jakob Breitinger* (20) geben die moralische Wochenschrift »Discourse der Mahlern« bis 1723 heraus. *Charles de Montesquieu* (32) »Lettres persanes«.

KUNST *Alessandro Specchi* (53) und *Francesco de Sanctis* Spanische Treppe in Rom (bis 1728).

MUSIK *Johann Sebastian Bach* (36) Sechs »Brandenburgische Konzerte«. *Georg Philipp Telemann* (40) wird Kantor der fünf Hamburger Hauptkirchen.

1722

POLITIK Die ungarischen Stände erkennen die Pragmatische Sanktion an. Feldzug *Peters des Großen* (50) gegen Persien (bis 1723).

KULTUR Beginn der Herrnhuter Brüdergemeine auf dem Gut des *Grafen von Zinzendorf* (22). »Dienstrangtabelle« *Peters des Großen* in 14 Rangstufen eröffnet Nichtadeligen den Aufstieg.

KUNST *James Gibbs* (48) beginnt St. Martin in the Fields in London.

MUSIK *Johann Sebastian Bach* (37) »Wohltemperiertes Klavier« (2. Teil 1737), »Notenbüchlein für Anna Magdalena« (4). *Jean Philippe Rameau* (39) Moderne Harmonielehre.

WISSENSCHAFT *René-Antoine Réaumur* (39) »L'art de convertir le fer forgé en acier et l'art d'adoucir le fer fondu« (über Erzeugung von Stahl und Schmiedeguß). *Jakob Roggeveen* (63) entdeckt zu Ostern die »Osterinsel«.

1723

POLITIK Zusammenfassung der obersten preußischen Verwaltung im Generalober-Finanz-, Kriegs- und Domänendirektorium (Generaldirektorium, Instruktion vom 20.12.1722). *Ludwig XV.* (13) wird für großjährig erklärt. Nach dem Tod des französischen Regenten Herzog *Philipps von Orléans* (49) wird *Ludwig Heinrich von Condé* (31) leitender Minister.

KULTUR *Clemens August von Wittelsbach* (23) wird Erzbischof von Köln. *Christian Wolff* (44) wird auf Betreiben der orthodoxen Protestanten aus Halle ausgewiesen.

LITERATUR *Lodovico Antonio Muratori* (51) beginnt »Scriptores rerum Italicarum« (28 Bde. bis 1751).

KUNST *Lukas von Hildebrandt* (55) vollendet Belvedere-Schloß für Prinz *Eugen* in Wien.

MUSIK *Johann Sebastian Bach* (38) wird Thomaskantor in Leipzig; »Johannespassion«.

1724

POLITIK Kongreß der großen Mächte in Cambrai zur Verhinderung eines drohenden Krieges um die Erbfolge in Parma und Toskana.

KULTUR Auf *Innozenz XIII.* (69) folgt Kardinal *Pietro Francesco Orsini* (75) als Papst *Benedikt XIII.* »Thorner Blutgericht« über protestantische Bürger nach Ausschreitungen gegen das Jesuitenkollegium (7.12.).

1725

POLITIK Bündnis- und Handelsvertrag zwischen Österreich und Spanien zu Wien (1.5.). Dagegen Bündnis von Herrenhausen zwischen Großbritannien, Frankreich und Preußen (3.9.). *Peter der Große* (53) stirbt (8.2.). Seine Gemahlin *Katharina I.* (41) regiert zusammen mit Fürst *Aleksander Menschikow* (53).

KULTUR Allgemeine Medizinalordnung in Preußen. Gründung der Petersburger Akademie der Wissenschaften.

LITERATUR *Johann Christoph Gottsched* (25) gibt bis 1727 die moralische Wochenschrift »Die vernünftigen Tadlerinnen« heraus. *Giovanni Battista Vico* (57) »Principi di una scienza nuova d'intorno alla comune natura delle nazioni« (»Grundzüge einer neuen Wissenschaft über die gemeinschaftliche Natur der Völker«).

KUNST *Josef Emanuel Fischer von Erlach* (32) Hofbibliothek in Wien (bis 1730).

1726

POLITIK Bündnis zwischen Österreich und Rußland (6.3.) und zwischen Preußen und Rußland (mit Bestimmungen über die Interessen in Polen). Österreichisch-preußischer Geheimvertrag von Wusterhausen (12.10.). Kardinal *André Hercule de Fleury* (73) bis 1743 leitender französischer Minister.

LITERATUR *Jonathan Swift* (59) »Gulliver's Travels«.

KUNST *Georg Bähr* (60) beginnt Frauenkirche in Dresden.

1727

POLITIK *Peters des Großen* Enkel *Peter II.* (12) folgt nach dem Tod *Katharinas I.* (43) als Zar von Rußland. Durch den Einfluß der Familie *Dolgorukij* wird *Menschikow* (55) nach Sibirien verbannt. Vertrag von Kiachta zwischen Rußland und China (21.10.): Grenzregelung am Amur, Handelsfreiheit, eine russische Kirche in Peking.

KULTUR *Friederike Caroline Neuber* (»Neuberin«, 30) beginnt die Arbeit mit ihrer Schauspieltruppe (»Hofkomödianten«) in Leipzig.

WIRTSCHAFT In Halle und Frankfurt/Oder wird zuerst an deutschen Universitäten die Kameralwissenschaft (Merkantilismus) gelehrt.

1728

POLITIK Bündnisvertrag zu Berlin zwischen Österreich und Preußen (23.12.): Preußen erkennt die Pragmatische Sanktion gegen Unterstützung seiner Ansprüche auf Jülich und Berg an. *Friedrich Wilhelm I.* (40) richtet »Departement der auswärtigen Affären« für Preußen ein.

LITERATUR *Ephraim Chambers* (48) »Cyclopaedia or Universal Dictionary of Arts and Sciences«.

KUNST *Robert de Cotte* (72) Fürstbischöfliches Palais Rohan in Straßburg (bis 1741).

MUSIK *Johann Christoph Pepusch* (61) »The Beggar's Opera« nach Text von *John Gay* (43).

WISSENSCHAFT *James Bradley* (36) entdeckt die Aberration des Lichts der Fixsterne. *Vitus Bering* (48) durchfährt vom Ochotskischen Meer aus die »Beringstraße«.

1729

POLITIK Im Vertrag von Sevilla (9.11.) verbündet sich Spanien mit Großbritannien und Frankreich.

KUNST *Filippo Juvara* (51) Jagdschloß Stupinigi bei Turin (bis 1735).

MUSIK *Johann Sebastian Bach* (44) »Matthäuspassion«.

WISSENSCHAFT *Stephen Gray* (etwa 59) entdeckt Unterschied zwischen elektrischen Leitern und Nichtleitern.

WIRTSCHAFT Frankfurt wird Sitz der Postverwaltung der *Thurn und Taxis*.

1730

POLITIK Fluchtversuch des preußischen Kronprinzen *Friedrich* (18) führt zu seiner Gefangensetzung und zur Hinrichtung seines Freundes *Hans Hermann von Katte* (26). Zar *Peter II.* (15) stirbt (19.2.), ihm folgt *Anna Iwanowna* (37), Herzogin von Kurland, unter maßgebendem Einfluß ihres Günstlings *Ernst Johann Biron* (40, 1737 Herzog von Kurland).

KULTUR Auf *Benedikt XIII.* (81) folgt *Lorenzo Corsini* als Papst *Clemens XII.* (78).

LITERATUR *Johann Christoph Gottsched* (30) »Versuch einer kritischen Dichtkunst«. *James Thomson* (30) »The Seasons« (Verdichtung, 1801 von *Haydn* vertont).

WISSENSCHAFT *René-Antoine Réaumur* (47) Weingeistthermometerskala.

1731

POLITIK Kaiser *Karl VI.* (46) verzichtet im Vertrag mit England zu Wien (16.3.) auf den Ostindienhandel und erhält dafür die Anerkennung der Pragmatischen Sanktion. Holland tritt dem Vertrag bei.

KULTUR Vertreibung der Salzburger Protestanten durch Erzbischof *Firmian* (52).

LITERATUR *Voltaire* (37) »Histoire de Charles XII.«.

Abbé *Prévost* (*Antoine François Prévost d'Exiles*, 34) »Histoire du Chevalier des Grieux et de Manon Lescaut«.

MUSIK *Johann Adolf Hasse* (32) wird Operndirektor in Dresden; »Arminius« (Oper).

WIRTSCHAFT Reichshandwerksordnung gegen Zunftmißbräuche. Erstes Versicherungsgesetz in Hamburg, die »Hamburger Assekuranz- und Haverey-Ordnung«.

1732

POLITIK *Karl VI.* (47) erreicht beim Regensburger Reichstag durch die Mehrheit der Reichsstände Garantie der Pragmatischen Sanktion.

KULTUR *Friedrich Wilhelm I.* von Preußen (44) siedelt vertriebene Salzburger Protestanten in Ostpreußen an. *Alfonso Maria di Liguori* (36) gründet die Congregatio Sanctissimi Redemptoris (Redemptoristen), eine katholische Priesterkongregation.

LITERATUR *Johann Christian Gottsched* (32) »Der sterbende Cato«.

KUNST *Jean-Nicolas Servandoni* (37) Fassade von Saint-Sulpice in Paris (bis 1745).

MUSIK *Johann Gottfried Walther* (48) »Musikalisches Lexikon«.

1733

POLITIK Kantonsreglement *Friedrich Wilhelms I.* (45) für die Rekrutierung des preußischen Heeres (1.5.). *August der Starke* (63) stirbt (1.2.), auf Betreiben Frankreichs wird *Stanislaus Leszczyński* (56) zum polnischen König gewählt (12.9.). Rußland und Österreich erzwingen mit Waffengewalt von einer Minderheit die Wahl von *Augusts des Starken* Sohn *Friedrich II. August* (37) zum König *August III.* von Polen. Beginn des Polnischen Thronfolgekrieges (bis 1735). Frankreich besetzt Lothringen. Erster Familienpakt zwischen der französischen und spanischen Linie des Hauses Bourbon (Escorialvertrag 7.11.).

KUNST *Georg Raphael Donner* (40) »Hl. Martin«, Bleiplastik im Dom zu Preßburg. *Johann Joachim Kändler* (27) wird Modellmeister der Meißener Porzellanmanufaktur. *Cosmas Damian* (47) und *Egid Quirin Asam* (41) beginnen Johann-Nepomuk-Kirche und Haus der Gebrüder *Asam* in München.

MUSIK *Johann Sebastian Bach* (48) h-Moll-Messe. *Georg Friedrich Händel* (48) »Deborah« (Oratorium). *Valentin Rathgeber* (51) »Ohren vergnügendes und Gemüt ergötzendes Augsburger Tafelkonfekt« (Liedersammlung bis 1742). *Giovanni Battista Pergolesi* (23) »La Serva Padrona« (Die »Magd als Herrin«) (erste bedeutende Opera buffa).

WIRTSCHAFT *Robert Walpole* (57) führt in England Verkehrssteuern ein.

1734

POLITIK Reichskriegserklärung an Frankreich. Die Österreicher unterliegen den Spaniern bei Bitonto (25.5.) und den französisch-sardinischen Truppen bei Parma (29.6.) und müssen Neapel-Sizilien und fast ganz Oberitalien räumen. *Philipps V.* Sohn wird als *Karl III.* (18) König von Neapel-Sizilien.

LITERATUR *Voltaire* (40) »Lettres philosophiques sur les Anglais«. *Charles de Montesquieu* (45) »Considérations sur les causes de la grandeur des Romains et de leur décadence«. *François Gayot de Pitaval* (61) beginnt »Causes célèbres et intéressantes« (Sammlung von Kriminalfällen, insgesamt 20 Bde.).

KUNST *François de Cuvilliés* (39) beginnt Schloß Amalienburg in Nymphenburg (bis 1739).

MUSIK *Johann Sebastian Bach* (49) Weihnachtsoratorium.

1735

POLITIK Ende des Polnischen Thronfolgekrieges durch den Wiener Präliminarfrieden zwischen Österreich und Frankreich (3.10., ratifiziert 18.11.1738). *August III.* (39) wird als König von Polen anerkannt, *Leszczyński* (58) mit der Anwartschaft auf Lothringen entschädigt, das nach seinem Tod an Frankreich fallen soll. Österreich verliert an Sardinien Novara, und Tortona an den spanischen Infanten *Karl III.* (19) Neapel-Sizilien und erhält dafür Parma-Piacenza. Frankreich erkennt die Pragmatische Sanktion an.

LITERATUR *Alain-René Le Sage* (67) »Gil Blas« (Schelmenroman).

KUNST *William Hogarth* (38) »Leben eines Wüstlings«. *Niccolo Salvi* (etwa 36) Fontana di Trevi in Rom (1762 vollendet).

WISSENSCHAFT *Carl von Linné* (28) »Systema naturae« (13. Aufl. 1788 in 12 Bänden).

1736

POLITIK Verzicht des Reichstags zu Regensburg auf das Herzogtum Lothringen (18.5.). Herzog *Franz Stephan* von Lothringen (28) heiratet *Maria Theresia* von Österreich (19). Krieg zwischen Rußland und der Türkei (bis 1739). Die Russen erobern Asow.

KUNST Fassade von St. Roche zu Paris nach Entwurf von *Robert de Cotte* (gest. 1735; bis 1738).

MUSIK *Gottfried Silbermann* (53) vollendet Orgel für die Dresdener Frauenkirche.

WISSENSCHAFT *Leonhard Euler* (29) »Mechanica sive motus scientia analytice exposita« (2. Bd. 1742).

1737

POLITIK Nach dem Aussterben des Hauses *Medici* tritt *Franz Stephan* von Lothringen (29) die Herrschaft in Toscana an. *Stanislaus Leszczyński* (60) wird Herzog von Lothringen (bis 1766). Österreich tritt an der Seite Rußlands in den Krieg gegen die Türkei ein.

KULTUR Gründung der hannoverschen Universität Göttingen. Erste deutsche Freimaurerloge in Hamburg.

UNIVERSALGESCHICHTE IN STICHWORTEN 671

LITERATUR *Johann Jakob Moser* (36) »Deutsches Staatsrecht« (50 Teile bis 1754).

KUNST *Georg Raphael Donner* (46) Neumarktbrunnen in Wien. *Johann Michael Fischer* (45) St. Michael in Berg am Laim (bis 1743). *James Gibbs* (55) Radcliffe-Bibliothek in Oxford (bis 1746).

1738

POLITIK Österreich, England, Holland und Frankreich wenden sich gegen den preußischen Anspruch auf Jülich und Berg (10.2.).

KULTUR Papst *Clemens XII.* (86) verurteilt die Freimaurerei in der Bulle »In eminenti« (28.4.). *John Wesley* (35) beginnt seine Predigertätigkeit, begründet zusammen mit seinem Bruder *Charles* (31) und *George Whitefield* (24) die Methodistenbewegung.

LITERATUR *Friedrich von Hagedorn* (30) »Poetische Fabeln und Erzählungen«.

KUNST *Gaetano Chiaveri* (49) Katholische Hofkirche in Dresden (bis 1753).

MUSIK *Georg Friedrich Händel* (53) »Xerxes« (Oper), »Saul« (Oratorium).

WISSENSCHAFT *Daniel Bernoulli* (38) gibt in »Hydrodynamica« Anregung zu einer kinetischen Gastheorie.

1739

POLITIK Nach russischem Sieg unter Feldmarschall *Münnich* (56) bei Stawutschane/Pruth (17.8.) und österreichischer Niederlage bei Grocka (23.7.) Friede von Belgrad mit den Türken (Österreich 1.9., Rußland 18.9.). Seekrieg Englands gegen Spanien (»War of *Jenkins*' Ear«, bis 1748).

KULTUR Gründung der Königlichen Schwedischen Akademie der Wissenschaften in Stockholm.

LITERATUR Kronprinz *Friedrich* von Preußen (27) »Antimachiavell« (ersch. 1740). *David Hume* (28) »A Treatise on Human Nature« (3 Bde. bis 1740).

KUNST *Antoine Pesne* (56) »*Friedrich II.* als Kronprinz«. *Edme Bouchardon* (41) Fontaine de Grenelle in Paris bis 1745.

MUSIK *Georg Friedrich Händel* (54) zwölf Concerti grossi.

1740

POLITIK König *Friedrich Wilhelm I.* von Preußen (52) und Kaiser *Karl VI.* (55) sterben (31.5. und 20.10.). Es folgen *Friedrich II.* (der Große, 28) und *Maria Theresia* (23). *Friedrich* marschiert in Schlesien ein (16.12.: Erster Schlesischer Krieg, bis 1742). Zarin *Anna* (47) stirbt (28.10.), ihr folgt der Sohn ihrer mecklenburgischen Nichte *Anna*, *Iwan VI.* (geb. Aug.). *Münnich* (57) stürzt den Regenten *Biron* (50).

KULTUR *Friedrich II.* schafft in Preußen die Folter ab und stiftet den Orden »Pour le mérite«. Gründung der Universität von Pennsylvania. Auf *Clemens XII.* (88) folgt Papst *Benedikt XIV.* (Prospero Lambertini, 65).

LITERATUR *Johann Christoph Gottsched* (40) »Deutsche Schaubühne« (6 Bde. bis 1745). *Johann Jakob Breitinger* (39) »Kritische Dichtkunst«. *Johann Jakob Bodmer* (42) »Abhandlung von dem Wunderbaren in der Poesie« (beide gegen *Gottsched*). *James Thomson* (40) Operntext »Alfred« (enthält »Rule Britannia«).

WISSENSCHAFT *Benjamin Huntsman* (36) erfindet Tiegel- oder Gußstahlverfahren (um 1740).

1741

POLITIK *Friedrich II.* (29) zieht in Breslau ein (3.1.). Breslauer Bündnis zwischen Frankreich und Preußen (4.6.). Ausweitung des Schlesischen Krieges zum Österreichischen Erbfolgekrieg (bis 1748) mit dem Eingreifen Frankreichs, Sachsens, Bayerns und Spaniens gegen Österreich. Bayern überfällt Passau (31.7.). Vorübergehender Waffenstillstand zwischen Preußen und Österreich zu Kleinschnellendorf (9.10.). Bayrische, sächsische und französische Truppen erobern Prag (26.11.). Kurfürst *Karl Albert* von Bayern läßt sich als König von Böhmen huldigen. Ein Staatsstreich bringt *Elisabeth* (32), Tochter *Peters des Großen*, in Rußland an die Macht.

KUNST *Georg Wenzeslaus von Knobelsdorff* (42) Opernhaus in Berlin (bis 1743).

1742

POLITIK *Karl Albert* von Bayern (45) wird in Frankfurt zum Kaiser *Karl VII.* gewählt (24.1.). Im Breslauer Präliminarfrieden (11.6., ratifiziert Berlin 28.7.) tritt Österreich Ober- und Niederschlesien und die Grafschaft Glatz an Preußen ab. Österreich erobert Böhmen zurück und besetzt Bayern.

KULTUR Gründung der Königlichen Dänischen Akademie der Wissenschaften in Kopenhagen.

LITERATUR *Edward Young* (59) »Night Thoughts on Life, Death and Immortality« (Gedichte bis 1744).

KUNST *François Boucher* (39) »Diana im Bade«.

MUSIK *Johann Sebastian Bach* (57) »Goldberg-Variationen«. *Georg Friedrich Händel* (57) »Messias«. Eröffnung der Berliner Oper.

WISSENSCHAFT *Andreas Celsius* (41) schlägt 100teilige Thermometerskala vor.

1743

POLITIK Bayern schließt die Neutralitätskonvention von Niederschönfeld (27.6.). Durch den Wormser Vertrag (13.9.) mit Österreich und England tritt Sardinien gegen Frankreich und Spanien in den Krieg ein. Zweiter bourbonischer Familienpakt zwischen Frankreich und Spanien in Fontainebleau. Im Frieden von Åbo (19.8.) erhält Rußland von Schweden Gebiete in Ostfinnland (Vilmanstrand, Frederikshamn). Zarin *Elisabeth* (34) erzwingt die Wahl ihres Günstlings *Adolf Friedrich* von Holstein-Gottorp (33) zum schwedischen Thronfolger.

KULTUR Gründung der Universität Erlangen. Verbot der Freimaurerei in Österreich und Portugal.

KUNST *Balthasar Neumann* (56) Treppenhaus in Schloß Brühl (bis 1745) und Wallfahrtskirche Vierzehnheiligen (bis 1772).

WISSENSCHAFT *Jean d'Alembert* (26) »Traité de dynamique« (mit »d'Alembertschem Prinzip«).

1744

POLITIK In der »Frankfurter Union« verbinden sich *Karl VII.* (47), Preußen, Pfalz und Hessen-Kassel zur Aufrechterhaltung der Reichsverfassung (22.5.). Erneuerung des preußisch-französischen Bündnisses (5.6.). *Friedrich II.* (32) marschiert in Böhmen ein (Aug.: Zweiter Schlesischer Krieg, bis 1745). Frankreich tritt an der Seite Spaniens in den Seekrieg gegen England ein.

LITERATUR *Ludwig Gleim* (25) »Versuch in scherzhaften Liedern« (3 Bde. bis 1758).

KUNST *Giovanni Battista Piranesi* (24) »Carceri« (Radierungen).

MUSIK *Georg Friedrich Händel* (59) »Joseph« und »Semele« (Oratorien).

WISSENSCHAFT *Pierre Louis Maupertuis* (46) formuliert Prinzip der kleinsten Wirkung.

1745

POLITIK Allianz Großbritanniens, Hollands, Österreichs und Sachsens zu Warschau (Jan.). Kaiser *Karl VII.* (48) stirbt (20.1.). Sein Sohn *Maximilian Josef* (18) verzichtet im Füssener Frieden (22.4.) mit Österreich auf seine Erbansprüche gegen Rückerstattung Bayerns, *Maria Theresias* Gemahl wird als *Franz I.* (37) in Frankfurt zum Kaiser gewählt (13.9.). Gegen Bestätigung des Besitzes von Schlesien erkennt Preußen im Frieden von Dresden (25.12.) die Wahl an. Der Stuartprätendent *Charles Edward* (25) unterwirft mit französischer Unterstützung Schottland. Madame *Pompadour* (24) wird die Geliebte *Ludwigs XV.* (35) mit wachsendem Einfluß auf die Politik.

LITERATUR *Carlo Goldoni* (38) »Il Servitore di due padroni« (»Diener zweier Herren«).

KUNST *William Hogarth* (48) »Ehe nach der Mode«. *Jean-Etienne Liotard* (43) »Schokoladenmädchen« (um 1745). *Georg Wenzeslaus von Knobelsdorff* (46) beginnt Schloß Sanssouci (bis 1747). *Balthasar Neumann* (58) Klosterkirche Neresheim (bis 1792).

MUSIK *Johann Stamitz* (28) wird Musikdirektor in Mannheim und begründet die Mannheimer Schule.

WISSENSCHAFT Erfindung des elektrischen Kondensators von *Ewald Jürgen von Kleist* (45) und *Pieter van Musschenbroek* (53) in Leiden (»Leidener Flasche«).

1746

POLITIK Defensivbündnis zwischen Österreich und Rußland (2.6.). Sicherung der österreichischen Herrschaft in Oberitalien durch den Sieg über Spanier und Franzosen bei Piacenza (15.6.). Sieg des Marschalls *Moritz von Sachsen* (50) über die Pragmatische Armee bei Rocourt (11.10.).

LITERATUR *Friedrich II.* (34) »Histoire de mon temps«. *Christian Fürchtegott Gellert* (31) »Fabeln und Erzählungen« (2.Bd. 1748), »Das Leben der schwedischen Gräfin von G.«

KUNST *Dominicus Zimmermann* (61) Wallfahrtskirche Wies (bis 1754).

MUSIK *Georg Friedrich Händel* (61) »Judas Makkabäus« (Oratorium).

1747

POLITIK *Wilhelm IV. von Oranien* (36) wird Erbstatthalter aller niederländischen Provinzen. Englischer Seesieg über die französische Flotte bei Kap Finisterre (3.5.).

KULTUR *Samuel von Cocceji* (68) wird preußischer Großkanzler und reformiert das preußische Justizwesen.

LITERATUR *Samuel Richardson* (58) »Clarissa« (Briefroman, bis 1748).

KUNST *Johann Boumann* (41) beginnt Hedwigskirche in Berlin.

MUSIK *Johann Sebastian Bach* (62) »Musikalisches Opfer«.

WISSENSCHAFT *James Bradley* (55) berichtet über seine Entdeckung der Nutation der Erdachse. *Andreas Marggraf* (38) entdeckt Zuckergehalt der Rübe.

1748

POLITIK Ende des Österreichischen Erbfolgekrieges durch den Frieden von Aachen zwischen Großbritannien, Österreich, Holland und Sardinien einerseits und Frankreich, Spanien, Modena und Genua andererseits (18.10.): Verzicht Österreichs und Sardiniens auf Parma, Piacenza und Guastalla zugunsten der spanischen Bourbonen. Garantie der Pragmatischen Sanktion und des preußischen Besitzes von Schlesien.

LITERATUR *Johann Christoph Gottsched* (48) »Deutsche Sprachkunst«. *Friedrich Gottlieb Klopstock* (24) »Messias« (Gesang 1–3, vollendet 1773). *David Hume* (37) »An Enquiry concerning Human Understanding«. *Charles de Montesquieu* (59) »De l'Esprit des Lois«. *Julien Offray de Lamettrie* (39) »L'homme machine«.

MUSIK Eröffnung des Bayreuther Opernhauses.

WISSENSCHAFT *Michail Lomonossow* (37) formuliert Massenerhaltungsgesetz bei chemischen Prozessen (in Westeuropa nicht beachtet).

1749

POLITIK Übertragung der Befugnisse der ständisch zusammengesetzten österreichischen und böhmischen Hofkanzleien in Wien auf das zentralistische »Directorium in publicis et cameralibus« (2.5.) als oberster Verwaltungsbehörde.

UNIVERSALGESCHICHTE IN STICHWORTEN 673

LITERATUR *Henry Fielding* (42) »Tom Jones«. *Emanuel Swedenborg* (61) »Arcana Coelestia« (8 Bde. bis 1758, mystische Theologie).

KUNST *Conte Carlo Rastrelli* (49) beginnt Großes Palais in Zarskoje Selo (jetzt Puschkin).

MUSIK *Johann Sebastian Bach* (64) »Kunst der Fuge«.

WISSENSCHAFT *George de Buffon* (42) »Histoire naturelle« (36 Bde. bis 1788).

1750

POLITIK Vertrag von Madrid zur genauen Festlegung der Grenze zwischen portugiesischem und spanischem Besitz in Südamerika (13.1.): Spanien erhält Colonia do Sacramento.

KULTUR *Voltaire* (56) am Hof in Sanssouci (bis 1753).

LITERATUR *Carlo Goldoni* (43) »La bottega di caffé«.

KUNST *Giovanni Battista Tiepolo* (54) Fresken in der Würzburger Residenz (bis 1753). *François de Cuvilliés* (55) Residenztheater in München (bis 1753).

WIRTSCHAFT England verzichtet gegen Geldzahlung auf den Asientovertrag (5.10.).

1751

POLITIK *Adolph Friedrich* (41), vermählt mit *Friedrichs II.* Schwester *Luise Ulrike* (31), wird König von Schweden. *Johann Hartwig Ernst Bernstorff* (39) ist leitender dänischer Minister.

KULTUR Gründung der »Vossischen Zeitung« aus der »Berlinischen Privilegierten Zeitung« von 1721. Gründung der Göttinger »Gelehrten Gesellschaft« (Akademie der Wissenschaften).

LITERATUR *David Hume* (40) »An Enquiry concerning the Principles of Morals«. *Voltaire* (57) »Le siècle de Louis XIV.«. »Encyclopédie, ou Dictionnaire raisonné des sciences, des arts et des métiers par une societé de gens de lettres...«, hrsg. von *Denis Diderot* (38) und *Jean Baptiste d'Alembert* (34; in 35 Bd. bis 1780).

WIRTSCHAFT Errichtung der preußischen Handelsgesellschaft in Emden.

1752

LITERATUR *Friedrich II.* (40) »Politisches Testament«. *Carlo Goldoni* (45) »La locandiera« (Mirandolina).

KUNST *Luigi Vanvitelli* (52) Schloß Caserta bei Neapel (bis 1773).

MUSIK Buffonistenstreit um die italienische Oper in Paris.

WISSENSCHAFT *Benjamin Franklin* (44) erfindet den Blitzableiter.

1753

POLITIK *Wenzel Anton, Graf Kaunitz* (42), wird Leiter der neuen österreichischen Hof- und Staatskanzlei für die Außenpolitik.

KULTUR Gründung des Britischen Museums in London. Päpstliches Konkordat mit Spanien auf Kosten der Rechte des Vatikans.

KUNST *Ignaz Günther* (28) Figurenschmuck in der Klosterkirche Weyarn (bis 1764). *Jacques Ange Gabriel* (55) beginnt Anlage des Place de la Concorde in Paris.

1754

POLITIK Nach englischen Siegen in Indien unter *Robert Clive* (29) verzichtet die französische Ostindien-Kompanie auf jede Machtstellung in Ostindien. Zusammenstoß zwischen Engländern und Franzosen beim Vordringen ins Ohiotal.

KULTUR Gründung der Columbia University in New York.

LITERATUR *Denis Diderot* (41) »Pensées sur l'interprétation de la nature« (pantheistischer Materialismus).

KUNST *Konrad Schlaun* (59) Erbdrostenhof in Münster (bis 1757). *Conte Carlo Rastrelli* (54) Winterpalais in Petersburg (bis 1762).

1755

POLITIK »Landesgrundgesetzlicher Erbvergleich«, Grundlage der ständischen Verfassung in Mecklenburg bis 1918. Die Zusammenstöße in Nordamerika führen zum Krieg zwischen England und Frankreich (bis 1763). Niederlage der Engländer unter General *Braddock* (etwa 60) gegen die Franzosen bei Fort Duquesne (9.7.).

KULTUR Zerstörung Lissabons durch Erdbeben (1.11.). Gründung der Moskauer Universität.

LITERATUR *Gotthold Ephraim Lessing* (26) »Miß Sara Sampson« (erstes deutsches bürgerliches Trauerspiel). *Johann Joachim Winckelmann* (38) »Gedanken über Nachahmung der griechischen Werke in Malerei und Bildhauerkunst«. *Samuel Johnson* (46) »Dictionary of the English Language«. *Michail Lomonossow* (44) erste russische Grammatik.

KUNST Place *Stanislas* in Nancy (um 1755).

MUSIK *Josef Haydn* (23) Erstes Streichquartett. *Karl Heinrich Graun* (51) »Der Tod Jesu« (Oratorium).

1756

POLITIK Preußen schließt mit England die Westminsterkonvention zur Aufrechterhaltung des Friedens und zur gemeinsamen Abwehr eines Angriffs auf Deutschland (16.1.), woraufhin sich Frankreich und Österreich in Versailles verbünden (1.5.): »Der Wechsel der Koalitionen«. *Friedrich II.* (44) marschiert in Kursachsen ein (29.8.: Beginn des 7jährigen Krieges). Gegenseitige Kriegserklärung Englands und Frankreichs. Die Franzosen erobern Menorca. Englisch-russischer Subsidienvertrag.

LITERATUR *Voltaire* (62) »Essai sur les moeurs et l'esprit des nations« (endgültige Fassung 1769).

KUNST *Giovanni Battista Piranesi* (36) »Le Antichità romane« (Radierungen der römischen Altertümer).

WIRTSCHAFT Erste Gewerbeausstellung in London. Gründung der Porzellanmanufaktur von Sèvres.

1757

POLITIK Reichstagsmehrheit (ohne Hannover, Braunschweig-Wolfenbüttel, Hessen-Kassel) beschließt Reichskrieg gegen Preußen (10.1.). Bündnis zwischen Österreich und Rußland (22.1.), dem sich Schweden anschließt, und Erweiterung des österreichisch-französischen Bündnisses (1.5.) zu einer Offensivallianz (»Kaunitzsche Koalition gegen Preußen«). Sieg der Franzosen unter Herzog *von Estrées* (60) über die englisch-hannoverschen Truppen unter *Cumberland* (36) bei Hastenbeck (26.7.), Kapitulation von Kloster Zeven (8.9.). Die Russen dringen in Ostpreußen ein und siegen bei Großjägersdorf (30.8.). Die Schweden fallen in Pommern ein (Sept.). Der österreichische Feldmarschall *Andreas Hadik* (47) besetzt vorübergehend Berlin (16./17.10.). *Friedrich II.* besiegt Franzosen und Reichsheer bei Roßbach (5.11.) und Österreicher bei Leuthen (5.12.). *William Pitt d. Ä.* (49) führt (bis 1761) die preußenfreundliche Außenpolitik Englands. *Robert Clive* (32) besiegt die von Frankreich unterstützten Bengalen bei Plassey (23.6.): Beginn der Eroberung Indiens durch England.

LITERATUR *Christian Fürchtegott Gellert* (42) »Geistliche Lieder und Oden«. *David Hume* (46) »The Natural History of Religion«.

WISSENSCHAFT *Albrecht von Haller* (49) »Elementa physiologiae corporis humani« (8 Bde. bis 1766).

1758

POLITIK Subsidienvertrag Preußens mit England zu Westminster (11.4.). Eroberung der französischen Festungen Louisbourg (26.7.) und Fort Duquesne (25.11., umbenannt in Pittsburgh) in Nordamerika durch die Engländer. Nach einem Attentat auf König *Joseph I.* (43) läßt Pombal (59) die Führer des portugiesischen Adels hinrichten.

KULTUR Nach dem Tod *Benedikts XIV.* (83) folgt *Carlo Rezzonico* (65) als Papst *Clemens XIII.*

LITERATUR *Claude Adrien Helvétius* (43) »De l'esprit«.

WIRTSCHAFT *François Quesnay* (64) »Tableau économique« (Grundlage der modernen Wirtschaftswissenschaft).

1759

POLITIK *Friedrich II.* (47) wird von den vereinigten Österreichern und Russen unter *Freiherr von Laudon* (42) bei Kunersdorf vollständig geschlagen (12.8.). Der preußische General *Finck* (41) kapituliert vor *Daun* (54) bei Maxen (21.11.). Die Engländer erobern das französische Quebec (18.9.). Englische Seesiege vor Lagos (Aug.) und Quiberon (26.11.) vernichten die französische Mittelmeer- und Atlantikflotte. Nach dem Tod *Ferdinands VI.* (47) folgt sein Halbbruder *Karl III.* (43) als König von Spanien, Neapel-Sizilien erhält dessen Sohn *Ferdinand IV.* (8).

KULTUR Pombal (60) setzt die Ausweisung der Jesuiten aus Portugal durch.

LITERATUR *Gotthold Ephraim Lessing* (30), *Friedrich Nicolai* (26) und *Moses Mendelssohn* (30) geben bis 1766 die Zeitschrift »Briefe, die neueste Literatur betreffend« heraus.

KUNST *Johann Michael Fischer* (67) Klosterkirche Rott am Inn (bis 1763).

MUSIK *Josef Haydn* (27) 1. Sinfonie D-Dur.

WISSENSCHAFT *Caspar Friedrich Wolff* (26) »Theoria generationis« (embryonale Epigenesis in der Entwicklungsgeschichte). Gründung der Kurfürstlichbayerischen Akademie der Wissenschaften in München.

1760

POLITIK Russen und Österreicher besetzen vorübergehend Berlin (9.–12.10.). Errichtung des portugiesischen Vizekönigreiches Brasilien.

KULTUR Zarin *Elisabeth* (51) gibt den Gutsbesitzern das Recht, unbotmäßige Bauern nach Sibirien zu verschicken.

LITERATUR *Laurence Sterne* (47) »The Life and Opinions of Tristram Shandy« (9 Bde. bis 1767).

WISSENSCHAFT *Johann Heinrich Lambert* (32) »Photometria sive de mensura et gradibus lucis, colorum et umbrae« (Begründung der Lichtmessung).

1761

POLITIK *William Pitt d. Ä.* (53) wird von der englischen Friedenspartei der *Stuarts* gestürzt (5.10.). Sein Nachfolger *John Stuart Bute* (48) erneuert den Subsidienvertrag mit Preußen nicht und scheidet aus dem Festlandskrieg aus. Eroberung der letzten französischen Stützpunkte in Indien, Pondicherry (10.1.), durch England.

LITERATUR *Jean Jacques Rousseau* (49) »Julie, ou la nouvelle Héloise«.

MUSIK *Christoph Willibald Gluck* (47) »Orfeo ed Euridice« (erste Reformoper).

WISSENSCHAFT *Leopold Auenbrugger* (39) erfindet Perkussion zur medizinischen Untersuchung.

WIRTSCHAFT Gründung der Nymphenburger Porzellanmanufaktur.

1762

POLITIK Zarin *Elisabeth* (53) stirbt (5.1.), ihr Neffe Herzog *Karl Peter Ulrich* von Holstein-Gottorp (34) folgt als *Zar Peter III.* (Haus Holstein-Gottorp bis 1917). Er schließt Frieden mit Preußen (5.5.), dem Schweden beitritt (22.5.). *Peter* wird gestürzt und ermordet (9.7.), seine Gemahlin besteigt als *Katharina II.* (*Sophie Auguste* von Anhalt-Zerbst, 33) den Zarenthron. England erklärt Spanien den Krieg

UNIVERSALGESCHICHTE IN STICHWORTEN 675

(Jan.) und erobert Kuba (Habana) und Philippinen (Manila).
LITERATUR *Jean Jacques Rousseau* (50) »Emile, ou l'éducation«, »Du contrat social, ou principes du droit politique«. *Carlo Gozzi* (42) »Turandot«.
KUNST *Giovanni Battista Tiepolo* (66) wird zur Ausmalung der Residenz nach Madrid berufen (u. a. »Schmiede des Vulkan«). *Jacques-Ange Gabriel* (64) »Petit Trianon« im Park von Versailles (bis 1764).
WISSENSCHAFT *Joseph Black* (34) Lehre von der »latenten Wärme«. Erste Tierarzneischule in Lyon.

1763

POLITIK Ende des 7jährigen Krieges Preußens mit Österreich und Sachsen durch den Frieden von Hubertusburg (15.2.): Preußen behält Schlesien und Glatz. Friede Frankreichs und Spaniens mit England und Portugal zu Paris (10.2.): England erhält Kanada, Neuschottland, Kap Breton, St.-Lorenz-Strom, Louisiana östlich des Mississippi, die westindischen Inseln Grenada, St.Vincent, Dominica und Tobago, von Spanien Florida, gibt Kuba an Spanien zurück; Spanien erhält von Frankreich Louisiana westlich des Mississippi. Mit dem Tod *Augusts III*. (5.10.) endet die Personalunion zwischen Sachsen und Polen.
KULTUR Preußisches Generallandschulreglement, ausgearbeitet von *Johann Julius Hecker* (56).
LITERATUR *David Hume* (52) »History of England« (8 Bde.).
KUNST *Joshua Reynolds* (40) »Nelly O'Brien«.
WIRTSCHAFT Gründung der Königlich-Preußischen Porzellanmanufaktur in Berlin.

1764

POLITIK *Joseph II*. (23) wird in Frankfurt zum römischen König gewählt. Bündnis zwischen Preußen und Rußland zur Wahrung der gemeinsamen Interessen in Polen (11.4.). *Katharina II*. (35) erzwingt mit Waffengewalt die Wahl ihres Günstlings *Stanislaus Poniatowskij* (32) zum polnischen König *Stanislaus II. August* (7.9.). Mit Errichtung des »Kleinrussischen Kollegiums« wird die Autonomie der ukrainischen Kosaken beseitigt. Beginn der Ansiedlung von Deutschen an der Wolga.
KULTUR *Choiseul* (45) erreicht Verbot des Jesuitenordens in Frankreich. *Cesare Beccaria* (26) fordert in »Dei delitti e della pene« (»Über Verbrechen und ihre Strafen«) Humanisierung des Justizverfahrens.
LITERATUR *Johann Joachim Winckelmann* (47) »Geschichte der Kunst des Altertums«. *Thomas Reid* (54) »Inquiry into the Human Mind or the Principles of Common Sense«. *Voltaire* (70) »Dictionnaire philosophique«.
KUNST *Jacques-Germain Soufflot* (51) Ste.-Geneviève (Pantheon) in Paris (bis 1790).
WIRTSCHAFT Kabinettsorder *Friedrichs II*. gegen das wieder zunehmende Bauernlegen. Englisches Gesetz zur Änderung der Zollsätze für die amerikanischen Kolonien (»Sugar Act«).

1765

POLITIK Nach dem Tod *Franz' I*. (57) wird sein Sohn *Joseph II*. (24) zum Kaiser gewählt (18.8.). In den habsburgischen Ländern wird er Mitregent neben *Maria Theresia* (48). Englisches Stempelgesetz für die Besteuerung der Rechtsurkunden in den amerikanischen Kolonien (1766 zurückgenommen).
LITERATUR *Friedrich Nicolai* (32) »Allgemeine deutsche Bibliothek« (bis 1806). *James Macpherson* (29) »The works of Ossian«. *Thomas Percy* (36) »Reliques of Ancient English Poetry«.
WISSENSCHAFT Verbessertes Chronometer von *John Harrison* (72). Gründung der Bergakademie Freiberg.
WIRTSCHAFT Staatliches Tabakmonopol in Preußen.

1766

POLITIK Vereinigung des Herzogtums Lothringen mit Frankreich nach dem Tod *Stanislaus Leszczyńskis* (23.2.). Zarin *Katharinas* (37) liberale »Instruktion für die Kommission zur Abfassung eines Projektes für ein neues Gesetzbuch«. Ergebnislose Arbeit der Kommission 1767-68.
LITERATUR *Gotthold Ephraim Lessing* (37) »Laokoon oder über die Grenzen der Malerei und Poesie«. *Christoph Martin Wieland* (33) »Agathon«. *Oliver Goldsmith* (38) »Vicar of Wakefield«.
KUNST *Jean-Honoré Fragonard* (34) »Die Schaukel«. *Etienne Maurice Falconet* (50) beginnt in Petersburg Reiterdenkmal *Peters des Großen*.
WISSENSCHAFT *Henry Cavendish* (37) entdeckt Wasserstoff (»inflammable air«).
WIRTSCHAFT *Anne Robert Turgot* (39) »Réflexions sur la formation et la distribution des richesses« (physiokratische Gedanken).

1767

POLITIK Beginn der Arbeit einer Reichsdeputation zur Bearbeitung der Revisionsurteile am Reichskammergericht zu Wetzlar.
KULTUR Gründung des Hamburger Nationaltheaters. Ausweisung der Jesuiten aus Spanien, Neapel und den Kolonien.
LITERATUR *Gotthold Ephraim Lessing* (38) »Minna von Barnhelm«, als Dramaturg am Hamburger Nationaltheater gibt er die (1763 geschriebene) »Hamburgische Dramaturgie« (2. Bd. 1769) heraus.
KUNST *Johann Konrad Schlaun* (72) Fürstbischöfliches Schloß zu Münster (bis 1773).
MUSIK *Christoph Willibald Gluck* (53) »Alceste«.
WISSENSCHAFT »Jenny«-Spinnmaschine von *James Hargreaves* (etwa 22).
WIRTSCHAFT *P. S. Dupont de Nemours* (28) »Physiocratie, ou constitution naturelle du gouvernement le

plus avantageux du genre humain« (zusammenfassende Darstellung des Physiokratismus).

1768

POLITIK Genua tritt gegen Geldentschädigung Korsika an Frankreich ab. Der national gesinnte polnische Adel schließt sich zur Konföderation von Bar zusammen (29.2.). Bürgerkrieg mit russischer Intervention gegen die Konföderation, zu deren Gunsten die Türken eingreifen (Okt.).
LITERATUR *Justus Möser* (69) »Osnabrückische Geschichte« (2. Bd. 1780). *Laurence Sterne* (55) »Sentimental Journey through France and Italy«. »Encyclopaedia Britannica« (bis 1771).
MUSIK *Wolfgang Amadeus Mozart* (12) »Bastien und Bastienne«.
WISSENSCHAFT Erste Forschungsreise *James Cooks* (40; bis 1771) an die australische Ostküste.

1769

POLITIK Zusammenkunft *Friedrichs II.* (57) mit *Joseph II.* (28) in Neiße (25.8.) und Mährisch-Neustadt (3.–7.9. 1770) wegen der russischen Erfolge gegen die Türken auf dem Balkan. Österreich besetzt die seit 1412 an Polen verpfändete Zips.
KULTUR Auf *Clemens XIII.* (76) folgt *Lorenzo Ganganelli* (64) als Papst *Clemens XIV.*
LITERATUR *Friedrich Gottlieb Klopstock* (45) »Hermanns-Schlacht«. Gründung des Göttinger »Musenalmanachs«. »Letters of Junius« bis 1773 im »Public Advertiser« (London, scharfe Kritik an der englischen Regierung).
KUNST *Friedrich Wilhelm von Erdmannsdorf* (33) Schloß Wörlitz bei Dessau (bis 1773).
MUSIK *Christoph Willibald Gluck* (55) »Paris und Helena«, Text von *Ranieri Calzabigi* (55).
WISSENSCHAFT *James Watt* (33) erhält Patent für seine verbesserte Dampfmaschine. *Richard Arkwright* (37) erfindet Spinnmaschine mit automatischer Garnzuführung (1775 mit Wasserkraftantrieb).
WIRTSCHAFT *Josiah Wedgwood* (39) errichtet Manufaktur für das von ihm erfundene Steinzeug.

1770

POLITIK »Erbvergleich« Herzog *Karl Eugens* (42) mit den Ständen bestätigt die alten Rechte der württembergischen »Landschaft«. Zusammenstoß zwischen Bürgern und englischen Soldaten in Boston (»Boston Massacre« 5.3.). *Johann Friedrich Struensee* (33) verdrängt *Johann Hartwig Ernst Bernstorff* (58) und wird leitender dänischer Minister. Vernichtende Niederlage der türkischen Flotte durch die russische Ostseeflotte bei Tschesme (5./6.7.).
KULTUR Herzog *Karl Eugen* gründet Karlsschule auf der Solitude, 1775 nach Stuttgart verlegt. *Immanuel Kant* (46) wird Professor der Logik und Metaphysik in Königsberg.
LITERATUR *Johann Bernhard Basedow* (47) »Methodenbuch für Väter und Mütter der Familien und Völker«.

1771

POLITIK Das Pariser Parlament wird aufgelöst und unter Kanzler *Nicolas Charles Augustin de Maupeou* (57) ein königlicher Rat gebildet (Parlament *Maupeou*).
LITERATUR *Friedrich Gottlieb Klopstock* (47) »Oden«. *Matthias Claudius* (31) gibt den »Wandsbecker Boten« heraus. *Tobias Smollett* (50) »Humphrey Clinker«.
KUNST *Anton Graff* (35) »Lessing«. *Thomas Gainsborough* (44) »Knabe in Blau« (um 1771).

1772

POLITIK Niederschlagung des Aufstandes der polnischen Konföderierten durch Rußland. Erste Teilung Polens (5.8.). Unter Führung von *Samuel Adams* (51) entstehen in den Neuengland-Kolonien von Massachusetts aus »Korrespondenzkomitees«. *Struensee* (35) wird von einer Adelsverschwörung gestürzt und enthauptet (28.4.). *Gustav III. Adolf* (26) beseitigt mit einem Staatsstreich die Macht der Adelsparteien (19.8.) und stellt die volle königliche Autorität in Schweden wieder her (19.8.): Ende der »Freiheitszeit«.
KULTUR Ende der Inquisition in Frankreich.
LITERATUR *Gotthold Ephraim Lessing* (43) »Emilia Galotti«. *Christoph Martin Wieland* (39) »Der goldene Spiegel«. *Johann Gottfried Herder* (28) »Über den Ursprung der Sprache«. Gründung des Göttinger »Hainbundes«.
MUSIK *Josef Haydn* (40) »Sonnenquartette«.
WISSENSCHAFT *Karl Wilhelm Scheele* (30) entdeckt Sauerstoff (unabhängig von ihm 1774 *Joseph Priestley*).
WIRTSCHAFT Gründung der preußischen Seehandlungsgesellschaft.

1773

POLITIK Die Ostindische Kompanie wird der Kontrolle des britischen Parlaments unterstellt (»Regulating Act«). Versenkung von Teeladungen im Hafen von Boston aus Protest gegen die englische Zollpolitik (»Boston Tea Party«, 16.12.). Nach militärischen Drohungen der Teilungsmächte ratifiziert der polnische Reichstag den Teilungsvertrag von 1772 (18.9.). *Graf Andreas von Bernstorff* (38) dänischer Außenminister. Russischer Kosaken- und Bauernaufstand unter Jemeljan Pugatschow (etwa 31; 1774 blutig niedergeworfen).
KULTUR Abschaffung der Sklaverei in Portugal, nicht aber in Brasilien. *Clemens XIV.* (68) hebt den Jesuitenorden auf (21.7.).
LITERATUR *Johann Wolfgang von Goethe* (24) »Götz von Berlichingen«. *Christoph Martin Wieland* (40) gibt

den »Teutschen Merkur« (bis 1789) heraus. *Denis Diderot* (60) »Jacques le fataliste«.

KUNST *Daniel Chodowiecki* (47) »Reise nach Danzig« (Federzeichnungen).

1774

POLITIK Sperrung des Hafens von Boston, Übertragung umfassender Vollmachten auf den Gouverneur von Massachusetts und Festlegung der Südgrenze Kanadas (Quebec Act) durch England. 1. Kontinentalkongreß in Philadelphia (5.9.) mit Erklärung der Rechte der Kolonien (nur Georgia nicht vertreten). *Warren Hastings* (42), seit 1772 Gouverneur von Bengalen, wird erster englischer Generalgouverneur von Indien. *Ludwig XV.* (64) stirbt (10.5.), sein Enkel *Ludwig XVI.* (20) König von Frankreich. Das Pariser Parlament erhält seine alten Rechte zurück. Im Frieden von Kütschük-Kainardschi (21.7.) erwirbt Rußland vom Osmanischen Reich Asow, Küstengebiet zwischen Bug und Dnjepr und Interventionsrecht in Moldau und Walachei.

LITERATUR *Johann Wolfgang von Goethe* (25) »Leiden des jungen Werther«, »Clavigo«. *Friedrich Gottlieb Klopstock* (50) »Deutsche Gelehrtenrepublik«. *Justus Möser* (54) »Patriotische Phantasien« (bis 1786).

MUSIK *Christoph Willibald Gluck* (60) »Iphigénie en Aulide«.

WISSENSCHAFT Experimente *Antoine Laurent Lavoisiers* (31) zum Beweis der Erhaltung der Masse bei chemischen Veränderungen.

1775

POLITIK Die Türkei tritt die Bukowina an Österreich ab (7.5.). Erster bewaffneter Zusammenstoß zwischen englischen Truppen und amerikanischer Miliz bei Lexington (19.4.). Der 2. Kontinentalkongreß ernennt *George Washington* (43) zum Oberbefehlshaber der amerikanischen Truppen (15.6.). Verlustreicher Sieg der Engländer bei Bunkershill (16.6.). KULTUR Nach dem Tod *Clemens' XIV.* (22.9.1774) folgt *Gianangelo Graf Braschi* (58) als Papst *Pius VI.*
LITERATUR *Johann Kaspar Lavater* (34) »Physiognomische Fragmente zur Beförderung der Menschenkenntnis und Menschenliebe« (4 Bde. bis 1778). *Pierre de Beaumarchais* (43) »Le barbier de Séville«. KUNST *Jean Honoré Fragonard* (43) »Wäscherinnen«. WISSENSCHAFT *Alessandro Volta* (30) erfindet den Elektrophor.

1776

POLITIK Vermietung deutscher Soldaten an England zum Kampf gegen die amerikanischen Kolonien, besonders aus Hessen-Kassel. Die englischen Truppen werden zum Abzug aus Boston gezwungen (17.3.). Unabhängigkeitserklärung der 13 amerikanischen Kolonien (4.7.). Die Engländer unter General *Howe* (47) besiegen *Washington* (44) in der Schlacht von Long Island (27.8.) und erobern New York (15.9.).

Benjamin Franklin (70) wird erster amerikanischer Gesandter in Paris. Nach der Entlassung *Turgots* (49) wird *Jacques Necker* (44) französischer Finanzminister. KULTUR Abschaffung der Folter in Österreich. Gründung des Wiener Nationaltheaters (Burgtheater).

LITERATUR *Friedrich Maximilian Klinger* (24) »Sturm und Drang« (Schauspiel). *Edward Gibbon* (39) »History of the Decline and Fall of the Roman Empire« (7 Bde. bis 1788). *Thomas Paine* (39) »Common Sense«.

WIRTSCHAFT *Adam Smith* (53) »Inquiry into the Nature and Causes of the Wealth of Nations«.

1777

POLITIK General *Howe* (48) besetzt Philadelphia (26.9.) und schlägt *Washington* (45) bei Germantown (4.10.). Kapitulation der englischen Truppen unter General *Burgoyne* (55) bei Saratoga (17.10.). Konföderationsakte: erste Verfassung der Vereinigten Staaten (15.11., ratifiziert bis 1781). Vertrag von San Ildefonso (1.10.) regelt erneut die Grenzziehung zwischen spanischen und portugiesischen Kolonien in Südamerika: Portugal tritt Colonia do Sacramento ab.

LITERATUR *Thomas Chatterton* (15) »Rowley Poems« (als mittelalterlich ausgegeben). *William Robertson* (56) »History of America«.

KUNST *Jean Baptiste Greuze* (52) »Der zerbrochene Krug«.

MUSIK *Josef Haydn* (45) C-Dur-Sinfonie.

1778

POLITIK Nach dem Aussterben der bayerischen Linie der *Wittelsbacher* mit dem Tod Kurfürst *Maximilian Josephs* (30.12.1777) und Vertrag mit dem Erben, Kurfürst *Karl Theodor* von der Pfalz (3.1.), besetzt Österreich Niederbayern und Oberpfalz. Eingreifen Preußens mit Einmarsch in Böhmen (5.7.), aber keine militärische Auseinandersetzung: »Bayerischer Erbfolgekrieg«. Bündnis- und Handelsvertrag der Vereinigten Staaten mit Frankreich (6.2.).

LITERATUR *Johann Gottfried Herder* (34) »Volkslieder« (bis 1779).

KUNST *Jean-Antoine Houdon* (37) Bronzebüsten *Voltaires* (Berlin) und *Rousseaus*.

WISSENSCHAFT *James Cook* (50) entdeckt Hawaii.

1779

POLITIK Friede von Teschen zwischen Preußen und Österreich unter russischer und französischer Garantie (13.5.): Österreich erhält das Innviertel, Preußen die Anerkennung seiner Ansprüche auf Ansbach und Bayreuth, Kurfürst *Karl Theodor* (55) behält Bayern und vereinigt die pfälzische mit der bayerische Kurwürde. Spanien tritt dem französischamerikanischen Bündnis bei und beginnt den Krieg gegen England (Juni). Vergebliche Belagerung Gibraltars (bis 1783).

KULTUR Gründung des Mannheimer Nationaltheaters. Gründung der Königlichen Akademie der Wissenschaften in Lissabon.

LITERATUR *Gotthold Ephraim Lessing* (50) »Nathan der Weise«. *Friedrich Heinrich Jacobi* (36) »Woldemar« (Roman). *David Hume* (gest. 1776) »Dialogues concerning Natural Religion«. *Samuel Johnson* (70) »Lives of the most Eminent English Poets« (10 Bde. bis 1781).

MUSIK *Christoph Willibald Gluck* (65) »Iphigénie en Tauride« (dt. 1781, seine letzte Reformoper).

WISSENSCHAFT »Mule-Jenny«-Spinnmaschine von *Samuel Crompton* (26).

1780

POLITIK *Joseph II.* (39) wird nach dem Tode *Maria Theresias* (63) Alleinherrscher. Treffen zwischen *Josef II.* und *Katharina II.* (51) in Mogilew (Juni). Katharina verkündet die bewaffnete Neutralität gegen die englische Seekriegführung im amerikanischen Unabhängigkeitskrieg. Die Engländer unter *Clinton* (41) erobern Charleston (12.5.). und schlagen unter *Cornwallis* (41) die Amerikaner bei Camden (16.8.). Aufstand der Indianer unter *Inka Tupac Amaru* in Peru gegen die Spanier. Die dänische antideutsche Hofpartei unter *Ove Guldberg* (49) stürzt Außenminister *Graf Bernstorff* (45).

KULTUR Eröffnung der Universität Münster. Gründung der American Academy of Arts and Letters in Boston.

LITERATUR *Johann Heinrich Pestalozzi* (34) »Abendstunde eines Einsiedlers« (pädagogisches Programm). *Friedrich II.* (68) »De la littérature allemande«.

WISSENSCHAFT *Antoine Laurent Lavoisier* (37) gibt Zusammensetzung der Luft dem Volumen nach zu ¼ Sauerstoff und ¾ Stickstoff an.

1781

POLITIK Entscheidende Kapitulation der Engländer unter *Cornwallis* (43) bei Yorktown (19.10.). Geheimbündnis zwischen Österreich und Rußland. Finanzminister *Jacques Necker* (49) veröffentlicht zum erstenmal einen Bericht über die französische Finanzlage (Compte rendu, présenté au roi) und wird entlassen.

KULTUR Reformen *Josephs II.* (40): Aufhebung der Leibeigenschaft (15.11.), Toleranzedikt zur staatsbürgerlichen Gleichstellung der Nichtkatholiken mit den Katholiken (20.10.), Aufhebung der geistlichen Zensur.

LITERATUR *Immanuel Kant* (57) »Kritik der reinen Vernunft« (2. veränd. Aufl. 1787). *Johann Heinrich Voß* (30) deutsche Übersetzung von *Homers* »Odyssee« (1793 »Ilias«). *Jean Jacques Rousseau* (gest. 1778) »Confessions«.

KUNST *Johann Heinrich Füßli* (40) »Der Nachtmahr«.

MUSIK *Josef Haydn* (49) »Russische Streichquartette« (werden zur Grundlage des klassischen Stils).

1782

POLITIK Sieg der englischen Flotte unter Admiral *Rodney* (64) über die französische bei Martinique (12.4.). Spanien erobert Menorca von den Engländern. England gibt dem irischen Parlament die formelle Unabhängigkeit von jeder britischen Kontrolle.

KULTUR Papst *Pius VI.* (65) reist nach Wien, um *Josephs II.* Religionspolitik zu beeinflussen.

LITERATUR *Friedrich Schiller* (23) »Die Räuber« (Erstaufführung im Mannheimer Nationaltheater). *Johann Karl August Musäus* (47) »Volksmärchen der Deutschen« (bis 1786). *Denis Iwan Fonwisin* (37) »Nédoroslj« (»Der Landjunker«, Komödie).

KUNST *Iwan Starow* (39) »Taurisches Palais« *Katharinas II.* in Petersburg.

MUSIK *Wolfgang Amadeus Mozart* (26) »Entführung aus dem Serail«.

WISSENSCHAFT *Pierre Simon Laplace* (33) Differentialgleichung der Mechanik.

1783

POLITIK Im Frieden von Paris erkennt Großbritannien die Unabhängigkeit der Vereinigten Staaten an (3.9.). Im Frieden von Versailles tritt Großbritannien Tobago und Senegal an Frankreich, Florida und Menorca an Spanien ab (3.9.). *William Pitt d.J.* (24) wird englischer Premierminister (26.12.). *Katharina II.* (54) besetzt das Gebiet der Krimtataren, abgetreten von der Türkei im Vertrag von Ainali Kawak unter österreichischer Vermittlung (8.1.1784).

KULTUR Markgraf *Karl Friedrich* von Baden (55) hebt die Leibeigenschaft auf.

LITERATUR *Moses Mendelssohn* (54) »Jerusalem oder über religiöse Macht und Judentum«.

KUNST *Jean-Antoine Houdon* (42) Marmorbüste *Buffons*.

WISSENSCHAFT *William Herschel* (45) entdeckt die »Eigenbewegung der Sonne und des Sonnensystems«. Erster Aufstieg eines Warmluftballons der Brüder *Jacques-Etienne* (38) und *Joseph-Michel Montgolfier* (43).

1784

POLITIK *William Pitt d.J.* (25) erläßt Indiengesetz, das die Ostindienkompanie vollständig der Kontrolle des Kabinetts unterstellt. Generalgouverneur *Warren Hastings* (52) tritt daraufhin zurück.

KULTUR Der Entwurf des Allgemeinen Landrechts für Preußen wird veröffentlicht (in Kraft 1794). *Josef II.* (43) verordnet für seine Lande Deutsch als alleinige Amtssprache. Gründung der Universität Bonn und Neuerrichtung der Universität Mainz. Eröffnung der ersten Blindenschule in Paris.

LITERATUR *Friedrich von Schiller* (25) »Kabale und Liebe«, »Die Schaubühne als moralische Anstalt«. *Friedrich Gottlieb Klopstock* (60) »Hermann und die Fürsten«. *Johann Gottfried Herder* (40) »Ideen zur Philosophie der Geschichte der Menschheit« 4 Bde. bis 1791). *Gawriil Dershawin* (41) Ode »Gott«.

1785

POLITIK Auf Initiative *Friedrichs II.* (73) schließen sich Preußen, Hannover und Sachsen zur Sicherung von Besitz und Rechten der Reichsstände gegen *Joseph II.* (44) zu einem Fürstenbund zusammen (23.7.). Erster Freundschafts- und Handelsvertrag zwischen Großbritannien und den Vereinigten Staaten (10.9.). Schädigung des Ansehens der französischen Krone durch die »Halsbandaffäre«. *Katharina II.* (56) faßt die sozialen Privilegien des Adels in einem »Gnadenbrief« zusammen.

KULTUR Errichtung der päpstlichen Nuntiatur in München führt zum Nuntiaturstreit wegen Verletzung der Rechte der deutschen Bischöfe.

LITERATUR *Johann Wolfgang von Goethe* (36) bricht Arbeit an »Wilhelm Meisters theatralische Sendung« ab. *Christian Friedrich Daniel Schubart* (46) »Gedichte aus dem Kerker«. *Friedrich Heinrich Jacobi* (42) »Über die Lehre des *Spinoza*, in Briefen an *Moses Mendelssohn*«. *Pierre de Beaumarchais* (53) »Le mariage de Figaro«.

KUNST *Thomas Gainsborough* (58) »Schauspielerin Sara Siddons«.

WISSENSCHAFT *Charles Augustin de Coulomb* (49) entdeckt das für die Elektrizitätslehre grundlegende »Coulombsche« Gesetz. *Lazzaro Spallanzani* (56) weist experimentell Befruchtung durch Besamung nach.

WIRTSCHAFT Handelsvertrag zwischen Preußen und den Vereinigten Staaten.

1786

POLITIK *Friedrich II.* von Preußen (74) stirbt (17.8.). Ihm folgt sein Neffe *Friedrich Wilhelm II.* (42). Höhepunkt der Finanzkrise in Frankreich.

KULTUR Gründung des königlichen Nationaltheaters in Berlin. Die vier deutschen Erzbischöfe (von Mainz, Trier, Köln, Salzburg) unterzeichnen die »Emser Punktation« mit Anklagen gegen Übergriffe der Kurie (25.8.). Höhepunkt des Febronianismus. Toskanische Diözesansynode zu Pistoia unter Führung des Bischofs von Pistoia, *Scipione de' Ricci* (45), Versuch zur Bildung einer nationalen Kirche.

LITERATUR *Gottfried August Bürger* (39) »Wunderbare Reise zu Wasser und zu Lande, Feldzüge und lustige Abenteuer des Freiherrn von Münchhausen«.

KUNST *Joshua Reynolds* (63) »Herzogin von Devonshire mit Tochter«. *Ludwig Du Ry* (60) beginnt Schloß Wilhelmshöhe bei Kassel.

MUSIK *Wolfgang Amadeus Mozart* (30) »Le nozze di Figaro«.

WISSENSCHAFT Dampfschiff von *John Fitch* (43; 1787 Probefahrt auf dem Delaware).

WIRTSCHAFT Englisch-französischer Handelsvertrag (26.9.). Minderung der Einfuhrzölle auf englische Waren führt zur Industriekrise in Frankreich.

1787

POLITIK Prozeß gegen *Warren Hastings* (55) auf Betreiben von *Edmund Burke* (58) und *Charles James Fox* (38) wegen Willkürherrschaft in Indien (1795 freigesprochen). »Nordwestordonnanz« der Vereinigten Staaten für die Regierung des Gebiets jenseits des Ohio (13.7.). Kontinentalkonvent in Philadelphia: Bundesverfassung der USA (17.9.). Zur Behebung der französischen Finanzkrise wird die Notabelnversammlung einberufen (Febr.). Sie verweigert *Calonnes* (53) Reformprogramm die Unterstützung, dieser wird entlassen. Kriegserklärung der Türkei an Rußland (24.8.; Krieg bis 1792).

LITERATUR *Johann Wolfgang von Goethe* (38) vollendet »Egmont« und Versfassung der »Iphigenie«. *Friedrich von Schiller* (28) »Don Carlos«. *Johann Gottfried Herder* (43) »Gott, einige Gespräche«. *Friedrich Gottlieb Klopstock* (63) »Hermanns Tod«.

KUNST *Johann Heinrich Wilhelm Tischbein* (36) »Goethe in der Campagna«.

MUSIK *Wolfgang Amadeus Mozart* (31) »Don Giovanni«.

WIRTSCHAFT Französisch-russischer Handelsvertrag. *Jeremy Bentham* (39) »Defense of Usury« (gegen Reglementierung der Wirtschaft durch den Staat).

1788

POLITIK Dreibund von Preußen, Großbritannien und Holland (13.6.). Österreich tritt an Rußlands Seite in den Türkischen Krieg ein (9.2.). Antihabsburgische Verschwörung in Ungarn (1790 niedergeworfen). *Jacques Necker* (56) wird erneut französischer Finanzminister. *Ludwig XVI.* (34) beruft zum 1.5.1789 die Generalstände ein (8.8.). Eröffnung des 4jährigen Reichstags in Polen zur Ausarbeitung von Reformen. Offiziersverschwörung für die Selbständigkeit Finnlands (Anjalabund). Der russische Oberbefehlshaber Fürst *Grigorij Potjomkin* (49) erobert die türkische Festung Otschakow.

KULTUR Religionsedikt *Johann Christoph Wöllners* (56), Leiters des geistlichen Departements in Preußen, gegen den Einfluß der Aufklärung (9.7.). Einführung der Abiturientenprüfung in preußischen Gymnasien. *Jacques Pierre Brissot* (34) gründet in Paris die Gesellschaft »Amis des Noirs« für Abschaffung der Sklaverei. Erste Verbrecherkolonie in Australien nahe des heutigen Sydney. Gründung der African Association in London zur Erforschung des inneren Afrikas.

LITERATUR *Friedrich von Schiller* (29) »Geschichte des Abfalls der vereinigten Niederlande von der spanischen Regierung«. *Immanuel Kant* (64) »Kritik der praktischen Vernunft«. *Adolf Freiherr von Knigge* (36) »Über den Umgang mit Menschen«.

KUNST *Carl Gotthard Langhans* (56) Brandenburger Tor in Berlin (bis 1791). *Karl von Gontard* (57) beginnt Marmorpalais in Potsdam.

MUSIK *Josef Haydn* (56) »Pariser Sinfonien« (darunter »Oxford-Sinfonie«). *Wolfgang Amadeus Mozart* (32) Sinfonien Es-Dur, g-Moll, C-Dur (Jupitersinfonie).

NAMEN- UND SACHREGISTER

A

Aachen 34, 429, 431, 437f., 451, 633, 659, 672, *Kartenskizze 139*
Aarau, an der Aare, Schweiz 666
Ablaßstreit 33, 40, 632f.
Åbo, am Finnischen Meerbusen 437, 671
Absolutismus 135, 144, 148f., 273, 295–299, 336, 351, 353, 355, 367, 370f., 388, 401f., 416, 419, 432, **448–460**, 465, 496
Abraham a Santa Clara, eigentlich Heinz Ulrich Megule, Kanzelredner und satirischer Schriftsteller 662
—, »Judas, der Erzschelm« (1686) 662
Académie Française 302, 653
Acadia (Akadien), Landschaft in Nova Scotia, Kanada 346, 667
Act of Settlement (1701) 397, 665
Acton, John Emerich Edward Dalberg, Baron, englischer Historiker 141, 212
Acton, John Francis Edward, englischer Admiral und Staatsmann 451
Adams, John, zweiter Präsident der Vereinigten Staaten von Amerika 542, 544ff., 559, 567
Adams, Samuel, nordamerikanischer Politiker 528, 530f., 542, 550, 559, 676, *Abb. 529*
Adanson, Michel, französischer Naturforscher 477
—, »Familles naturelles des plantes« (1763) 477
—, »Histoire naturelle du Sénégal« (1757) 477
Addison, Joseph, englischer Essayist, Dichter und Literat 399, 471, 475, 483, 500, 599, 666
Adel, Aragon 646
—, Böhmen 93, 156, 158ff., 167f., 210, 650
—, Burgund 28, 46
—, Dänemark 455, 676
—, Deutschland 51f., 118ff., 168, 229, 318
—, England 59, 115, 233, 242, 248f., 255, 270, 315, 336, 387 bis **400**
—, Europa 135, 449

Adel, Flandern 168
—, fränkischer 51
—, Frankreich 43, 65, 105f., 142f., 173f., 283ff., 287f., 290ff., 298, 300, 323f., 326f., 345, 417, 464, 641, 653, 656
—, Italien 168, 393, 452
—, Livland 663
—, Niederlande 108f., 111, 314, 642
—, Österreich 151, 168, 338, 417, 643
—, Polen 93, 123, 144, 319, 446, 649, 659, 667, 676
—, Portugal 674
—, Preußen 416f., 419
—, Rußland 319, 341, 435f., 465, 667, 679
—, Schottland 114f., 168, 248f., 271, 640f.
—, Schweden 184, 201, 344, 456, 642, 676
—, Spanien 46, 96, 168, 308ff., 460
—, Ungarn 93, 154, 337, 345, 463, 632
Adelsreform 291f., 324
Adolf Friedrich, Sohn Herzog Christian Augusts von Holstein-Eutin, König von Schweden 671, 673, *Stammtafel 427*
Adolf Friedrich I., Herzog von Mecklenburg-Schwerin 178, 185
Adorno, Antonio Botta, Marchese, österreichischer Feldmarschall 429, 436
Adrianopel, Bulgarien 392f.

Ägäis (Ägäisches Meer) 446, 637
Ägypten 47, 321, 334, 371, 633
Ärmelkanal (Channel, La Manche) 325
Affekt, Gemütsbewegung, -erregung, die nach ästhetischen Anschauungen in der Musik nachgeahmt wird 577, **580** bis **586**, **588–591**, 602, 612, 623
Afrika 92, 117, 124, 310, 316, 321, 325, 397, 444
Agazzari, Agostino, italienischer Komponist und Schriftsteller 576, 578
Agnadello, östlich von Mailand, Italien 631

Agnostizismus, Lehre von der Unerkennbarkeit des übersinnlichen Seins 362
Agricola, Alexander, Komponist der Ockeghem-Schule 612
Agricola (eigentlich Bauer), Georg, Arzt und Mineraloge 638, 640
—, »De ortu et causis subterraneorum« (Basel 1546) 638
—, »De re metallica« (1556) 640
Agrippa von Nettesheim, Heinrich Cornelius, Arzt und Philosoph 584
Ahmed III. (Achmed), Sohn Muhammads IV., türkischer Sultan 392
Aigues-Mortes, Languedoc 71
Aix, Hauptstadt der Provence 43
Akademie der Wissenschaften, Berlin (1700) 365, 422, 488, 664
—, Florenz (1657) 365, 657
—, Göttingen (1751) 673
—, Kopenhagen (1742) 671
—, Lissabon (1779) 678
—, Madrid (1713) 667
—, München (1759) 454, 674
—, Paris (1666) 302, 365, 367, 659
—, Petersburg (1725) 365, 367, 473, 669
—, Stockholm (1739) 671
Aktienwesen 402, 667
Alba, Ferdinand Alvarez de Toledo, Herzog von, spanischer Feldherr und Staatsmann 39, 94, 109f., 640, 642 f.
Albanerberge, südöstlich von Rom 428
Albany, John Stewart, Herzog von, schottischer Adliger 44
Albasin, Festung am oberen Amur 663
Alberoni, Giulio, spanischer Kardinal und Staatsmann 391, 394ff., 667f.
Albert, Heinrich, Liedermeister 596
Albrecht (Albert) VII., Sohn Maximilians II., Erzherzog von Österreich, Statthalter der Niederlande 140, 161, *Stammtafel 90f.*
Albrecht IV., Herzog von Bayern 631

NAMEN- UND SACHREGISTER

Albrecht V., Sohn Herzog Wilhelms IV., Herzog von Bayern 119, *Stammtafel 90f.*
Albrecht (von Brandenburg), Sohn des Kurfürsten Johann Cicero, Erzbischof, Kurfürst von Mainz, Kardinal 73, 75, 632
Albrecht, Sohn des Markgrafen Friedrich d. Ä. von Ansbach-Bayreuth, Markgraf von Ansbach, letzter Hochmeister des Deutschen Ordens, erster Herzog von Preußen 634, 638
Albrecht (II.) Friedrich, Sohn Herzog Albrechts, Herzog von Preußen 650
Albrecht II., Herzog von Mecklenburg-Güstrow 178, 185
Albuquerque, Affonso, portugiesischer Staatsmann 631 f.
Alcántara, bei Lissabon 645
Alcoforado, Schwester Mariana, portugiesische Nonne 659
—, »Lettres portugaises« (Paris 1669) 659
Aldringen, Johann, Graf, kaiserlicher Heerführer 206, 208
Aleander, Hieronymus, italienischer Humanist, Diplomat 37 f.
Aleksej Michailowitsch, Sohn des Michail Fjodorowitsch, Zar von Rußland 319, 341, 655, 657, 661
Alembert, Jean le Rond d', französischer Mathematiker und Schriftsteller 473, 488, 493 ff., 501, 504 f., 601, 672 f., *Abb. 493*
—, »Discours préliminaire« (Einleitung der Enzyklopädie 1751) 494, 673
—, »Traité de dynamique« (1743) 473, 672
Alethinopel, musikalischer Almanach (1782) 602
Alexander VI., vorher Rodrigo Borgia, Kardinaldiakon und Bischof von Valencia, Papst 64
Alexander VII., vorher Fabio Chigi, päpstlicher Nuntius, Papst 220f., 305, 323, 330f., 657
Alexander VIII., vorher Pietro Ottoboni, Kardinal, Papst 663
Alexander Michailowitsch, siehe Aleksej
Alexander I. Pawlowitsch, Sohn Pauls I., Zar von Rußland 448
Algarotti, Francesco, Graf, italienischer Philosoph und Kunstschriftsteller 472, 598
—, »Newtonianismo per le dame« (1737) 472
Algier 77, 104
Allen, William, englischer Kardinal, Erzbischof von Mecheln 116
Allianz, Augsburger, gegen Ludwig XIV. (1686) 336, 662, (1701) 345, 665
Allianz, Berliner (1658) 657

Allianz, Große, von Wien (1689) 663
—, von Haag (1701) 345, 665
Allianz, Laxenburger (1682) 661
Allianz, rheinische (1658) 657, 659
Allianz, russisch-schwedische (1735) 410
Allianz, Warschauer (1745) 672
Allmende (Gemeingut), gemeinsam genutztes Gemeindegut 282 f., 285, 324
Almagro, Diego de, spanischer Conquistador 636
Almeida, Francisco d', portugiesischer Vizekönig in Indien 631
Alonso Perez de Guzman el Bueno, Don, Herzog von Medina Sidonia 125, 645
Alpen 279, 311, 462
Altes Testament 361 f.
Althusius (Althus, Althusen), Jurist und Staatsrechtler 648
Altmark, südostwärts von Marienburg, Ostpreußen 652
Altötting, Oberbayern 149
Altranstädt, bei Leipzig 388, 665 f.

Alumbrados, spanische Sekte von Mystikern 68
Amalfi, am Golf von Sorrent 49
Amboise, an der Loire 105 f., *Karte 80*
—, Friedensedikt von (1563) 641
Amboyna (Amboina, Ambon), Molukkeninsel bei Ceram 265
Amelot de la Houssaye, Abraham Nicolas, französischer Historiker und Publizist 479
Amerika 92, 117, 138, 307, 314, 344, 346, 374—377, 437 f., 444
—, Mittel- 522
—, Süd- 144, 420, 460, 522, 639, 673, 677
—, Nord- 234, 248, 314, 334, 420, 437, 443 ff., 449, 457, 634, 673
Amerikanische Revolution (1776 bis 1789) 513—567, 677 ff.

Amerikanisch-französischer Bündnisvertrag (1778) 541 f., 544 f., 677
Amsterdam, Niederlande 313 f., 362
Amur, Fluß in Ostasien 663, 669
Amurgebiet 663
Analphabetentum 294, 300
Andrewes, Lancelot, Bischof von Winchester 241
Andrussowo, an der Iljarodna südwestlich Smolensk, Westrußland 320, 659
Angelus Silesius, eigentlich Johann Scheffler, geistlicher Dichter 357, 384
Anhalt, Herzogtum 57, 120, 162
Anjala, Gut in Südfinnland 679

Anjalabund, Zusammenschluß schwedischer adliger Offiziere (1788) 679
Anna Iwanowna, Tochter Iwans V., Gemahlin Friedrich Wilhelms von Kurland, Zarin von Rußland 411, 435 f., 669, 671
Anna Stuart, Tochter Jakobs II., Königin v. England 347, 397, 399, 665, 667
Anna von Österreich, Tochter Kaiser Maximilians II., Gemahlin Philipps II. von Spanien 96, *Stammtafel 90f.*
Anna (von Österreich, Anna Maria Mauritia), Tochter Philipps III. von Spanien, Gemahlin Ludwigs XIII., Königs von Frankreich 218, 650, 655 *Abb. 137*, *280, Stammtafel 90f.*
Anna, Tochter Ladislaus' II. von Ungarn, Gemahlin Kaiser Ferdinands I. 633, *Stammtafel 90f.*
Anna Amalia von Braunschweig, Gemahlin Ernst Augusts II. von Sachsen-Weimar 455
Anna Leopoldowna (Elisabeth Katharina Christina), Tochter des Herzogs Leopold von Mecklenburg, Großfürstin und Regentin von Rußland 436, 671
Annaberg, Erzgebirge 631
Annaberger Bergordnung 631
Annapolis, Maryland 558
Annaten, Jahrgelder an Papst und Kardinäle für die Verleihung von Kirchenpfründen 634, 636
Année littéraire, französische Zeitschrift (1754—90) 483
Ansbach, Franken 153, 194, 649, 677, *Kartenskizze 191, 595*
Anson, George, Baron, englischer Admiral 421
Antike 302 f., 312, 332 f., 352, 366, 398 f., 479, 488, 500
Antillen, Inselgruppe in der Karibischen See 314, 325
Antin, Antoine d', französischer Admiral 421
»Antirömischer Affekt« in Deutschland 31, 33, 35, 37, 40
Anton, Herzog von Lothringen 635
Anton von Bourbon, Herzog von Vendôme, König von Navarra 105, *Stammtafel 342 f.*
Anton Ulrich, Prinz von Braunschweig-Bevern 436
Anton Wolfradt, Abt von Kremsmünster, Fürstbischof von Wien 209
Antwerpen, Brabant 65, 68, 111, 636, 645, *Kartenskizze 139*
Apianus, Philipp, Geograph und Kartograph 642
Apologie des englischen Unterhauses (1604) 237

NAMEN- UND SACHREGISTER 683

Appalachen, Gebirge im östlichen Nordamerika 555
Appeaser, um den Frieden bemühte englische Gruppe 257
Apulien, Südostitalien 71, 410
Arabien 483, 490
Aragon, Landschaft in Nordostspanien 28f., 235, 631ff., 646, 666
Aragona, Giovanna di, Gemahlin von Vittorio Colonna 66
Aranda, Pedro Pablo Abarca de Bolca, Graf von, spanischer Staatsmann 460
Arbuthnot, John, englischer Schriftsteller 399, 666
Archangelsk, Nordrußland 317
Architektur, Frankreich 302 ff., 312, 325 f.
—, Niederlande 314
—, Italien 312 f.
—, Österreich 338 ff.
Argyll, Archibald Campbell, Marquess, später Earl of, schottischer Adliger 249
Argyll, Archibald Campbell, Earl of, schottischer Adliger 662
Arie, Sologesang von geschlossener Form 578, 583, 589, 593 f., 621, 626
Ariosto, Lodovico, italienischer Dichter 631, 633
Aristoteles, griechischer Philosoph 300, 333, 398, 477, 580
Arles, Rhône-Delta 43
Armada, Flotte Philipps II. von Spanien 116f., 124f., 219, 396, 645
Armer Konrad, Bauernaufstand in Württemberg 632
Arminius (Hermansz), Jakob, niederländischer prostantischer Theologe, Gründer einer calvinistischen Sekte: Arminianer, Remonstranten 141, 242, 650
Arnaud, Abbé François, französischer Schriftsteller 588
Arnauld, Antoine, französischer Theologe 290, 357
Arnd(t), Johann, lutherischer Geistlicher, Schriftsteller 648
Arnim, Hans Georg von, sächsischer Heerführer 193, 196f., 199, 203f., 210f.
Arnold, Benedict, amerikanischer Offizier 540
Arnold, Gottfried, lutherischer Theologe 664
—, »Unparteyische Kirchen- und Ketzerhistorie« (4 Tle. 1699—1700) 664
Arras, Artois 111, 607, 644
Ars nova, die Neue Kunst zwischen 1300 und 1430 606f.
Arthur, Sohn Heinrichs VII. von England, Prinz von Wales 60, *Stammtafel 90f.*

Artois, Grafschaft in Flandern 28, 46, 230, 279, 635, *Karte 184*
Artusi, Giovanni Maria, italienischer Musiktheoretiker 579
Aschersleben, südlich von Magdeburg 216, 218
Asien 329, 420
—, Südost- 124
Asiento-(Assiento-)Traktat (26.3. 1713) 346, 420, 667, 673
Aske, Robert, englischer Landedelmann, Anführer der Rebellen in der Pilgrimage of Grace 637
Asow, an der Donmündung 341, 344, 392 f., 411 f., 664, 666, 670, 677
Asowsches Meer, Becken des Schwarzen Meeres 321, 393, 412
Assemblies, die Vertretungskörperschaften in den nordamerikanischen Kolonien 520f., 525f., 528, 532f., 551, 559
Astrachan, tatarisches Chanat 640
Astronomie 366, 473, *Abb. 472*
Atawallpa, Inkaherrscher 636
Atheismus 358, 362, 372, 460
Athen, Akropolis 662
Atlantik 88, 104, 112, 115, 117, 315, 325, 335, 404, 421, 443
Athassow, Wolodomir, Kosakenführer 664
Aufklärung, westeuropäische Geistesbewegung (Mitte 17. bis Anfang 19.Jh.) 351f., 419 bis 512
Augsburg, Reichsstadt 40, 50, 55, 57, 81, 84f., 180, 189, 196f., 633, 648, 650, *Kartenskizze 191, 595*
Augsburger Allianz, siehe Allianz
Augsburger Konfession (Confessio Augustana, 1530) 57, 73, 79, 85, 121, 636, 640, 646
Augsburger Religionsfrieden (1555) 89, 92f., 117—123, 141, 151f., 154, 180, 192, 228, 640, 656
August, Sohn Herzog Heinrichs des Frommen, Kurfürst von Sachsen 89, 119, 121, 145
August II., der Starke, König von Polen, als Friedrich August I. Kurfürst von Sachsen 391, 409, 419, 428, 664—668, 670, *Abb. 417*
August III., König von Polen, als Friedrich August II. Kurfürst von Sachsen 405, 409, 411, 440, 446, 669, 675, *Stammtafel 406f.*
Augustiner, geistlicher Orden 338
Augustiner-Eremiten, Bettelorden 32
Augustinus, Aurelius, Kirchenvater 33, 55, 305, 580

Auhausen (Ahausen), an der Wörnitz nordostwärts von Nördlingen 649
Australien 679
Autodafé, in Spanien und Portugal Verkündigung und Vollstreckung der Urteile der Inquisition 140
Avaux, Claude de Mesmes, comte d', französischer Diplomat 222
Avignon, Provence 43, 335, 461
Avila, Kastilien 641
Avison, Charles, englischer Komponist 584
Azoren, Inselgruppe im Atlantik 124

B

Bach, Carl Philipp Emanuel, Komponist 572, 590f., 601ff., 626
Bach, Johann Christian, Komponist 626
Bach, Johann Sebastian, Tonschöpfer 589—592, 596, 599, 603, 615, 623ff., 668—673
—, »Wie schön leuchtet der Morgenstern«, Choral (1703—07)
Bachtschisaraj, Krim 661
Bacon, Francis, Viscount von Saint Albans und Baron von Verulam, englischer Philosoph und Staatsmann 240f., 352, 355, 363, 469, 471f., 494, 505, 647, 650f.
—, »De dignitate et augmentis scientiarum« (1605, 1623) 494, 648
Baden, Markgrafschaft 153, 214, 449
Baden, Schweiz 388, 667
Baden-Durlach, Markgrafschaft 153, 171, 649
Bärwalde in der Neumark 187, 653
Baglivi, Giorgio, italienischer Arzt und Musiker 584
Bahia, Brasilien 310
Baïf, Jean-Antoine de, französischer Dichter und Musiker, Dichter der Pléiade 611
Balboa, Vasco Núñez de, spanischer Conquistador 632
Balkan 321, 392, 412, 446f., 463, 676
Balkanvölker 446
Balearen, Inselgruppe im Mittelmeer 443
Balleroy, südwestlich Bayeux, Frankreich 304
Baltikum 59, 65, 122, 234
Baltimore, Familie (George Calvert, Baron, englischer Staatsmann und Sohn Cecil, Gründer von Maryland) 377

NAMEN- UND SACHREGISTER

Banat, Landschaft an der unteren Donau 340, 393 f., 412, 418, 667
Bancroft, Richard, Erzbischof von Canterbury 237
Banér, Johan, schwedischer Heerführer 155, 185, 216 ff., 653 f.
Banister, John, englischer Violinist 597
Bankwesen 402
Bar (Le Barrois), Herzogtum an der oberen Maas 411
Bar, Podolien 446
—, Konföderation von (29.2.1768) 446, 676
Barbados, Kleine Antillen 652
Barbareskenstaaten (Staaten der Berberei), Nordafrika 449
Barbezieux, Louis-François-Marie Le Tellier, Marquis de, französischer Staatsmann 329
Barcelona, Katalonien 49, 68, 346, 635, 656, 665, 667

Barcelonette in den Seealpen, Südostfrankreich 346
Bardi, Giovanni dei Conti di Vernico, italienischer Literat, Musiker 573, 575 f., 578, 593
Barebone (Barbon, Barebones), Praise-God, englischer Politiker 263
Barents (Barendsz), Willem, niederländischer Seefahrer 647
Baretti, Giuseppe Marc' Antonio, italienischer Kritiker 507
—, »A Dissertation upon the Italian Poetry, in which are Interpreted some Remarks on Voltaire's Essay on the Epic Poet« (1753) 507
—, »Discours sur Shakespeare et sur M. de Voltaire« (1777) 507
—, »Frusta letteraria« (1763 ff.) 507
Barock 279, 301, 303, 312 f., 326, 667
—, österreichisches 339 f.
—, römisches 339
—, Rußland 320
Baron, Ernst Gottlieb, Lautenist 590
Barras, Paul François Jean Nicolas, Vicomte de, französischer Offizier 544
Bartenstein, Johann Christoph, Freiherr von, österreichischer Staatsmann 408, 430 f.
Bartholomäusnacht, Ermordung der Hugenotten in Paris, 23./24. August 1572 107, 110, 643, *Abb. 109*
Bartolommeo, Fra (Baccio della Porta), italienischer Maler 632
Basel, Reichsstadt 55, 65, 98, 217, 223 f., 328, 635

Basso continuo, Generalbaß, bezifferter Baß 578, 596, 617 ff.
Basta, Georg, Freiherr von Sult, Graf in Huszt und Waemmosch, kaiserlicher Feldherr 647
Bastwick, John, englischer religiöser Eiferer 247
Batavia, Java 651
Báthory, Sigismund, Sohn des Christoph Báthory, Fürst von Siebenbürgen 647 f.
Báthory, Stephan (IV.), siehe Stephan Báthory
Batteux, Abbé Charles, französischer Ästhetiker 502, 585, 590, 602
Bauern 163, 165, 167, 229; Baden 454; Bayern 213; Böhmen 162, 165; Deutschland 135, 138, 197, 418; England 135, 234; Frankreich 135, 142, 283, 285, 292, 300, 324, 327, Italien 452; Österreich 463; Preußen 417, 675; Rußland 319, 456, 674; Schweden 135, 185, 456
Bauernaufstände, Baden 634; Böhmen 336; Deutschland 318, 632; England 234, 639; Tirol 635; Ungarn 632; Österreich 646, 652; Rußland 649, 659, 676; Schweiz 656
Bauernkrieg (1525) 52—55, 634, *Abb. 52*
—, Zwölf Artikel der Bauernschaft 52, 634 f.
Bayerischer Erbfolgekrieg (1778/ 1779) 448 f., 453, 463, 677
Bayern, Herzogtum, seit 1623 Kurfürstentum 56, 58, 73—76, 118 f., 121, 137, 148 f., 151, 164, 170, 172, 176, 182 f., 186 f., 195, 197 f., 206 f., 213 f., 216, 219 f., 223, 225, 228, 345, 390, **423 bis 426**, 454 f., 463, 631, 634, 636, 641, 656, 665, 671 f., 677, *Kartenskizze 191*
Bayle, Pierre, französischer Philosoph und Schriftsteller 351, **362 bis 365**, 378, 384, 477, 479 f., 483 f., 493, 495, 663 f.
—, »Dictionnaire historique et critique« (1695/97) 364, 483, 493, 663 f., *Abb. 368*
—, »Nouvelles de la République des Lettres« (1684 bis 1718) 362, 483
—, »Projet d'un dictionnaire« (1692) 483
Bayreuth, Franken 153, 649, 672, 677, *Kartenskizze 191, 595*

Beachy Head, Vorgebirge an der Südküste Englands 663
Beale, Robert, Mitglied des englischen Staatsrates, *Abb. 113*
Beamtenwesen 293 f., 324
—, Ämterkauf 293 f.

Béarn, Landschaft in Süd-West-Frankreich 289, 651
Beaufort, Louis de, französischer Historiker 483
—, »Dissertation sur l'incertitude des cinq premiers siècles de l'histoire romaine« (1738) 483
Beaulieu Lès Loches, Touraine, Frankreich 643
Beaumarchais, Pierre Augustin Caron de, französischer Dramatiker 540, 677, 679
—, »Barbier von Sevilla« (1775) 540, 677
—, »Le mariage de Figaro« (1785) 679
Beauvais, französisches Adelsgeschlecht 304
Beauvais (Beauvaisis), Grafschaft in der Picardie 287
Beccaria, Cesare Bonesana, Marchese de, italienischer Jurist und Philosoph 450, 456, 485, 675
—, »Dei delitti e delle pene« (1764) 450, 675
Becher, Johann Joachim, Arzt, Naturforscher und Wirtschaftstheoretiker 326, 659
—, »Politischer Diskurs von den eigentlichen Ursachen des Auf- und Abnehmens der Städte, Länder und Republiken« (1667) 326, 659
Bede, älteste direkte Steuer 293
Bedfordshire, Grafschaft in Südengland 260
Beer, Johann, österreichischer Violinist und Schriftsteller 596, 600
Beethoven, Ludwig van, Tonschöpfer 571, 585, 590, 600, 603, 627 f.
Bekker, Ballthazar, holländischer reformierter Theologe 362
Belgien, spanische, österreichische Niederlande 140, 162, 165 f., 202 f., 223, 327 f., 330 f., 345 f., 395, 404, 409, 425, 428 ff., 438 f., 443, 453, 463 f., 647, 656, 659, 665 ff., *Kartenskizze 139*,
Belgrad 47, 389, 394 f., **412**, 423, 463, 634, 662, 667, 671, *Abb. 448*
Bellarmin, Robert, italienischer Jesuit und Theologe, Kardinal 645, 648
Bellay, Joachim du, französischer Dichter 639
—, »Défense et illustration de la langue française« (1549) 639
Bellasy (Bellasi), englische Familie 247
Belle-Isle, Charles-Louis-Auguste Fouquet, Duc de, französischer Marschall 423
Bembo, Pietro, italienischer Humanist und Dichter 635 f.

NAMEN- UND SACHREGISTER

Bender, am Dnjestr 666
Benedikt XIII., vorher Pietro Francesco Orsini, Erzbischof von Benevent, Papst 669
Benedikt XIV., vorher Prospero Lambertini, Erzbischof von Ancona, Kardinal, Papst 671, 674
Benediktiner, Mönchsorden 338
Benevent, Fürstentum im Königreich Neapel 461
Benevoli, Orazio, italienischer Komponist 618
Bengalen, nordostindische Landschaft 674, 677
Bennington, Vermont 540
Benthem, Jeremy, englischer Jurist und Philosoph 679
Berain, Jean, französischer Baumeister und Graphiker, *Abb. 369*
Berardi, Angelo, italienischer Komponist und Musiktheoretiker 584
Berg, Herzogtum, siehe Jülich-Berg
Bering, Vitus, Asienforscher 669
Berkeley, George, englischer Bischof und Philosoph 372, 475, 564
—, »Treatise concerning the principles of human kowledge« (1710) 666
Berlin 191, 372, **426**, 428, 441, 594, 597, 664, 671, 674f., 679, *Kartenskizze 191*
—, Akademie der Künste 664
—, Hedwigskirche 434
—, Nationaltheater 679
—, Parochialkirche 664
—, Schloß 664
Berliner Liederschule, Kreis von Komponisten (1750—1850) 593
Berlinische Monatsschrift, Die (1783) 483
Berlinische Privilegirte Zeitung (1721) 673
Bern, Schweiz 635, 666

Bernhard, Herzog von Sachsen-Weimar, protestantischer Heerführer 155, 185, 200, 202, 206, 210f., 214, 216ff., 653f.
Bernini, Giovanni Lorenzo, italienischer Baumeister, Bildhauer und Maler 303, 312, 325ff., 363, 618, 651ff., **655** bis 659, *Abb. 324*
Bernoulli, Schweizer Familie von Wissenschaftlern, besonders Mathematikern 473
Bernoulli, Jakob, Mathematiker 667
—, —, »Ars coniectandi« (1713) 667
—, Daniel, Mathematiker 671
—, —, »Hydrodynamic« (1738) 671

Bernstorff, Andreas Peter, Graf von, dänischer Staatsmann 455, 678
Bernstorff, Johann Hartwig Ernst, Graf von, dänischer Staatsmann 455, 673, 676
Berwick, James Fitzjames, Duke of, Marschall von Frankreich 665
Besançon, Franche Comté 331
Bessarabien, Landschaft am Dnjestr 446
Bestuschew-Rjumin, Graf Aleksej Petrowitsch, russischer Staatsmann 436f.
Bethlen von Iktár, Gabriel (Gábor), Fürst von Siebenbürgen 162, 165, 177, 216, 650f.
Beuthen, Schlesien 646
Bexon, Gabriel Léopold Charles Aimé, Abbé, französischer Naturforscher und Historiker 474
Beza, Theodor, eigentlich de Bèze, schweizerischer reformatorischer Theologe 99, 106
Bibel 103, 252, 322, 474, 476, 490, 633—637, 639, 649
—, Kritik 361f., 369, 478f.
Biberach, Oberschwaben, Württemberg *Abb. 52*
Bicocca, La, Lombardei 42, 634
Biedermann, Johann Gottlieb, Kantor in Freiberg/Sa. 600
Bignon, Jérôme, französischer Rechtsgelehrter 296
Bilderstürmerbewegung in Württemberg 634
»Bill of Rights« (Declaration of right), englisches Staatsgrundgesetz (1689) 336, 373, 375
Biologie 472f., 499
Biron (Bühren), Ernst Johann, Reichsgraf von, Herzog von Kurland, russischer Staatsmann 411, 435f., 669, 671
Bitonto, Apulien 410, 412, 669
Blake, Robert, englischer Admiral 656f.

Blois, an der Loire, Frankreich 650
Blondel, David, französischer protestantischer Theologe und Historiker 652
—, »Pseudo-Isidorus et Turrianus vapulantes« (Genf 1628) 652
Blow, John, englischer Komponist 620
Bockelson (Beuckelszoon), Jan (Johann von Leiden), Schneider aus der Nähe von Leiden, Anführer der Wiedertäufer zu Münster 636
Bocskay, Stephan (István), Fürst von Siebenbürgen 648f.

Bodin, Jean, französischer Schriftsteller 107, 480, 486, 642, 644
—, »Colloquium heptaplomeres de rerum sublimium arcanis abditis« (1588) 480
—, »Six livres de la République« (1576) 107, 644
Bodmer, Johann Jakob, schweizerischer Kritiker und Dichter 504, 668, 671
—, »Die Discourse der Mahlern« (moralische Wochenschrift 1721—23) 504, 668
—, »Abhandlung von dem Wunderbaren in der Poesie« (1740) 671
Böblingen, westlich Stuttgart 634
Böcklin zu Böcklinsau, Franz Friedrich Siegmund August, deutscher Kammerherr 597
Böhme, Jakob, Mystiker und Theosoph 122, 651
Böhmen, Königreich 47, 92ff., 135ff., 146, 150, 170, 172, **174—177**, 187f., 193f., 197, 200f., **204—207**, 212, 215f., 219, 225, 240, 355, 404, 425f., 432, 631f., 635, 643, 650f., 653, 671f., 677, *Kartenskizze 191*
—, Revolution (1619/20) **154—169**, 225, 227f., *Abb. 161*
—, Restauration (1621) 168, 225
Böhmen, siehe Tschechen
Böhmische (Mährische) Brüder, religiöse Gemeinschaft des 15. Jahrhunderts 639, 643
Böhmische Konfession, Abart des Protestantismus 144, 156, 168
Bogislaw, Herzog von Pommern 186f., 654
Boileau, genannt Boileau-Despréaux, Nicolas, französischer Dichter und Literarkritiker 301, 504, 572, 598f., 660
—, »L'art poétique«, Theorie der Dichtkunst, in Versen (1674) 660
Boisayrault, Gut bei Saumur 285
Boisguillebert, Pierre le Pesant, Sieur de, französischer Nationalökonom und politischer Schriftsteller 497
—, »Le détail de la France sous le règne de Louis XIV« (1695) 497
Bojaren, russischer fürstlicher Dienstadel 319, 341, 640, 645
Boleyn (Bullen), Anna, Tochter des Sir Thomas Boleyn, zweite Gemahlin Heinrichs VIII. von England 61f., 636f., 640
Bolingbroke, Henry Saint-John, Viscount of 397, 399, 666f.
Bologna, Emilia 49, 82, 632, 636, 638
Bologna, Giovanni da, flämischer Bildhauer 641, 645f.

Bolotnikow, Iwan, russischer Anführer eines Aufstands 649
Bombay, Westküste Indiens 310, 658
Bonn, am Rhein 678
Bonneval, Claude-Alexander, Comte de 389, 412
Bonvouloir, Achard de, französischer Diplomat 540
Booth, George, Baron Delamere, englischer Politiker 270
Bordeaux, Südwestfrankreich 143, 483, 656
Bordelon, Laurent, französischer Schriftsteller 504
Bornholm, Insel in der Ostsee 658
Borromäerinnen, Schwestern der Kongregation vom heiligen Borromeo, Zweig der Barmherzigen Schwestern 656
Borromeo, Carlo, Graf, Kardinal, Erzbischof von Mailand 103, 656
Borromini, Francesco, italienischer Baumeister und Bildhauer 312, 654, 656, *Abb. 309*
Boscawen, Edward, englischer Admiral 443
Bosnien 412, 646, 664

Bossuet, Jaques-Bénigne, Bischof von Meaux 290, 296, 306, 332f., 351, 363, 368ff., 378, 382f., 479, 487, 490, 660f., 663f., *Abb. 369*
—, »Declaratio cleri gallicani« (1682) 662
—, »Défense de la tradition et des Saints-Pères« (1700, gedruckt 1743) 479
—, »Discours sur l'histoire universelle« (1681) 368, 490, 661
—, »Histoire des variations des églises protestantes« (1688) 368, 664
—, »Politique tirée des propres paroles de l'Ecriture sainte« (gedruckt 1709) 296
—, »Relations sur le quiétisme« (1698) 664
Boston, Massachusetts 528–531, 534, 536f., 539, 653, 676f., *Abb. 536*
—, American Academy of Arts and Letters (1780) 678
Boston Tea Party (1773) 531, 676
Bothwell, James Hepburn, Graf von, Herzog von Orkney und Shetland 115
Boucher, François, französischer Maler 671
Boufflers, Louis François, Herzog von, französischer Marschall 666
Bouguer, Pierre, französischer Mathematiker 473
Bouillon, Landschaft in den Ardennen 142

Boulainvilliers, Henri, Comte de, französischer politischer Schriftsteller 486
Boulogne sur mer, Frankreich 288
Bourbon, französisches Herrschergeschlecht 43, 105f., 126ff., 171, 344, 346, 404, 420, 430, 439, 646, 670f., *Stammtafel 342f.*
Bourges, Frankreich 98
Boyé, M., französischer Schriftsteller 591
Boyle, Robert, englischer Physiker und Chemiker 365, 658
Boyne, Fluß in Ostirland 663
Brabant, Landschaft in Belgien 330, 645
Braddock, Edward, englischer General 438, 673
Bradley, James, englischer Astronom 669, 672
Brahe, Tycho, dänischer Astronom 644, 648
Bramante, eigentlich Donato d'Angelo, italienischer Baumeister und Maler 647
Brand, Hennig, Soldat, Krämer in Hamburg, Alchemist 659
Brandenburg, Mark, Kurfürstentum 137, 142, 146, 151, 153, 158, 164, 172, 178, 186, 189f., 206f., 213f., 217–220, 224, 226, 340, 344, 372, 634, 637, 649f., 654, 656–662, *Kartenskizze 191*
Brandenburg-Ansbach, Markgrafschaft 636
Brandenburg-Kulmbach (später Brandenburg-Bayreuth), Markgrafschaft der fränkischen Hohenzollern 210, 649
Brandenburg-Preußen 224

Brandywine Creek, rechter Nebenfluß des Deleware-River 539
Brasilien 124, 138, 310, 346, 636, 674, 676
Braunau, Böhmen 160
Braunschweig, Herzogtum 153, 194, 440, 455, 637, 642
Braunschweig-Lüneburg, Herzogtum 215
Braunschweig-Wolfenbüttel, Herzogtum 379, 594, 600, 634, 674, *Kartenskizze 595*
Brecht, Bertolt, Schriftsteller 399
—, »Dreigroschenoper« (1928) 399
Breda, an der Aa, Niederlande 272, 330, 652, 654, 659
Brederode, Heinrich, Graf von, niederländischer Adliger 109
Breisach, am Rhein, westlich Freiburg 217, 279, 331, 338, 654, 656
Breisgau, Landschaft am Oberrhein 41, 632, 661

Breitenfeld bei Leipzig, Schlacht (1631) 192ff., 197, 199f.; (1642) 216, 653, 655, *Kartenskizze 191*
Breitinger, Johann Jakob, schweizerischer Gelehrter und Schriftsteller 668
Bremen, Reichsstadt 120, 178, 194, 596, 649, 656, 668, *Kartenskizze 595*
Brenz, Johann, schwäbischer Reformator 641
—, Kirchenordnung Herzog Christophs von Württemberg (1559) 641
Brescia, Lombardei 66
Breslau, Schlesien 156, 165, 167, **426**, 428, 671
Brest, Bretagne 325
Brest (Brest-Litowsk), am Bug, Polen 123, 647
Bret, Cardin di, französischer Historiker 295
Bretagne, Landschaft Westfrankreichs 128, 299, 306
Breton, Kap, Kanada 444, 675
Brevier, römisches 103
»Briefe die Neueste Litteratur betreffend«, Zeitschrift (Berlin 1759–66) 674
Brieg, Schlesien 423, 660
Briel, an der Maasmündung 642
Brienne, siehe Loménie
Brihuega, Spanien 666
Brissot, Jacques Pierre, genannt de Warville, französischer Politiker 679
Bristol, John Digby, Earl of, englischer Diplomat 243
Bristol, Südwestengland 267, 655
Brizard, Jean Baptiste Britard, genannt, französischer Schauspieler, *Abb. 492*
Brömsebro (»Brömse-Brücke«), nordostwärts von Karlskrona, Südostschweden 637, 655

Brown, John, englischer Mediziner 592
Browne, Robert, englischer Puritaner 644
Brucker, Johann Jakob, Philosoph 495
—, »Historia critica philosophiae a mundi incunabulis ad nostram usque aetatem deducta« (1747–44) 495
Brüdergemeine, Evangelische Brüderkirche, Erneuerte Brüderunität, Herrnhuter 668
Brüder-Unität, Böhmische (Mährische) Brüder, christliche Sekte in Böhmen 156
Brühl, Heinrich, Graf von, kursächsischer Staatsmann 391

NAMEN- UND SACHREGISTER 687

Brünn, Mähren 165
Brüssel 88, 108, 111, 161, 633. 647, *Kartenskizze 139*
Brumel, Antoine, franko-flämischer Komponist 612
Bruno, Giordano (eigentlich Filippo), italienischer Philosoph 645, 647
Bubna, Jaroslaw, Graf von, böhmischer Emigrant 204 f.
Bucer (Butzer), Martin, oberdeutscher Kirchenreformator 76, 99, 639
—, »De regno Christi« (1550) 639
Buchner, August, Professor der Poesie in Dresden 580
Buckingham, George Villiers, Herzog von, englischer Staatsmann 174 f., 236, 238 f., **241—244**, 650, 652
Bucquoy, Karl Bonaventura de Longueval, Baron von Vaux, Graf von, Kaiserlicher Heerführer 166, 218, *Abb. 161*
Buczacz, an der Strypa unweit des Dnjestr, Galizien 660
Buda (Ofen), Stadtteil von Budapest 337
Bürger, Gottfried August 679
—, »Münchhausen« (1786) 679
Bürgerkrieg, englischer, erster (1642) **254—260**
—, zweiter (1648) 260
Bürgertum, Europa 400, 449, 451
—, England 315, 399 f.
—, Frankreich 284, 292, 294 f., 300
—, Italien 452
—, Preußen 419
—, Schweden 456
—, Spanien 309
Bütow, Hinterpommern 657.

Buff Coat, volkstümlich für Soldat 260
Buffon, George Louis Leclerc, Comte de, französischer Naturforscher **474—477**, 673
—, »Histoire naturelle générale et particulière« (1749 bis 1789) 474, 673, *Abb. 473*
Bug, rechter Nebenfluß der Weichsel 448, 676
Bugenhagen (Pomeranus), Johann, Reformator 637
Bukowina, Landschaft in den Karpathen 448, 677
Bulawin, Kondrati, Kosakenführer 666
Bulle, päpstliches Handschreiben 33, 37, 61, 126
—, »Exsurge Domine« (1520) 633
—, »Laetare Jerusalem« (1544) 77, 80
—, »Regnans in excelsis« (1570) 115 f., 124
—, »Inter gravissimas« (1582) 644
—, »Postquam verus« (1585) 645

Bulle gegen Heinrich IV. von Navarra (9.9.1585) 126, 645
—, »Cum occasione«, gegen die Jansenisten (Mai 1653) 657
—, »Ad sacram« (1661) 305
—, »Romanum decet Pontificem« (1692) 663
—, »Unigenitus« (1713) 401 f., 460, 667
—, »In eminenti« (1738) 671
Bullinger, Heinrich, schweizerischer Reformator 637, 642
Bundschuh, Symbol von Bauernaufständen 52, 632 f.
Bunker Hill, in Charlestown, nördlich Boston 536, 539, 677
Bunyan, John, englischer religiöser Schriftsteller 661
—, »The Pilgrim's Progress from this World to That Which is to come« (London 1678) 661
Burgkmair d. Ä., Hans, Maler und Zeichner 633, *Abb. 572*
Burglehner, Matthias, Chronist
—, »Der tirolische Adler«, *Abb. 84*
Burgoyne, John, englischer General und Dramatiker 540, 677
Burgund (Bourgogne), Herzogtum 46, 49, 94, 128, 138, 282, 284 f., 287, 331, 632 f., 635
Burgund, Freigrafschaft (Franche-Comté) 28, 41, 71, 92, 330 f., 661
Burgundische Frage 28, 94
Burgundischer Vertrag 84, 638
Burke, Edmund, englischer Politiker und Publizist 679
Burleigh (Burghley), William Cecil, Lord, englischer Staatsmann 114, 235, 640
Burmeister, Joachim, Musiktheoretiker 585
—, »Hypomnematum Musicae Poeticae« (1599) 585
Burney, Charles, englischer Musikforscher 572, 579, 581, 585, 600, 602
Burton, Robert, englischer Geistlicher 584
—, »The Anatomy of Melancholy« (von Democritos Junior 1621) 584
Bury, John Bagnell, englischer Historiker 351
—, »The Idea of Progress« 351
Busseto, bei Parma, Oberitalien 78
Bute, John Stuart, Earl of, englischer Staatsmann 444, 674
Butler, Pierce, Kongreßabgeordneter von South Carolina 561
Buttstedt, Johann Heinrich, Organist 598
Byng, Sir John, englischer Admiral 443
Byrd, William, englischer Komponist 613

C

Caboto, Sebastiano, Sohn des Giovanni Caboto, italienischer Seefahrer, Kartograph 638
Caccia, kanonartiges Tonstück der Ars nova 607
Caccini, Giulio, italienischer Komponist 573, 575 ff., 598, 648
Cadalso (Cadahalso) Vazquez, José, spanischer Schriftsteller 472, 504
—, »Marokkanische Briefe«, Cartas marruecas (1793) 504
Cádiz, Südspanien 242, 645, 647
Caetani, Enrico, Kardinal 127 f.
Cajamarca, Peru 636
Cajetan (Jacobus Gaëtanus, Klostername Tommaso de Vio), General des Dominikanerordens, Kardinal, Bischof von Gaëta 48, 633
Calais, am Ärmelkanal 88, 94, 640, *Kartenskizze 139*
Calderón de la Barca, Pedro, spanischer dramatischer Dichter 98, 310, 363, 653 f.
Calixt, Georg, lutherischer Theologe 655
Callot, Jacques, französischer Graphiker 212, 653
—, »Les Misères de la Guerre«, Radierungen, *Abb. 213*
Calmet, Dom Antoine Augustin, französischer Benediktiner, Theologe und Historiker 483
Calonne, Charles Alexandre, französischer Staatsmann 679
Calov, Abraham, Professor zu Wittenberg, lutherischer Theologe 655
Calugareni, Ort im Neajlov-Tal südlich Bukarest 647
Calvin, Johann (Jean Cauvin, Chauvin), Reformator 39, 65, 76, 79, 93, 98 ff., 102, 105 f., 119 f., 147, 151, 368, 611, 637, 641, *Abb. 101*
—, »Institutio religionis Christianae« (1535) 98, 637
—, »Ordonnances ecclésiastiques« (1541) 99
Calvinismus 113, 650
—, Deutschland 118 ff., 142, 147, 150, 226, 413, 641 f., 650
—, Frankreich 105 ff., 322, 641
—, Niederlande 108 f., 111 f.
—, Nordamerika 519
—, Polen 123, 144
—, Schottland 114
—, Schweiz 99 f.
Cambray (Cambrai), Nordfrankreich 49, 70, 370, 607, 631, 635, 661, 668

Cambridge, am Cam, Südostengland 60, 62, 638
—, Schule von 478f.
—, Trinity College 638
Camden, South-Carolina 543, 678
Camerarius, Ludwig, Pfälzer Diplomat in Schweden 185
Camerata, Kameradschaft kunstsinniger Mäzene in Florenz um 1600 575ff., 580f., 584, 591f.
Camisards, aufständische hugenottische Bauern in den Cevennen (1702—1705) 345
Cammin (Kammin), Bistum, Pommern 656
Camões (Camoens), Luis de, portugiesischer Dichter 643
Campanella, Tommaso, italienischer Dominikaner, Naturforscher und Philosoph 647
—, »Città del Sole« (1602 und 1611), »Der Sonnenstaat«, Utopie vom kommunistischen Staat 647
Campbell, Patrick, amerikanischer Schriftsteller
—, »Travels through the Interior Inhabited Parts of North America« (1793), *Abb. 521*
Campeggio (Campeggi oder Campegi), Lorenzo, Kardinal 56
Campion, Thomas, englischer Komponist 612
Canisius, Petrus, eigentlich de Hondt, Jesuit 103, 638, 640
Cantillon, Richard de, englischer Volkswirtschafter 497
—, »Essai sur la nature du commerce en général« (1755) 497
Cantus firmus, fester Gesang, eine Melodie, die einem neuen Tonstück zugrunde gelegt wird 605, 618, 623
Canzona da sonare, Lied für Instrumente 615, 617
Capitation (Kopfsteuer), Frankreich 337
Capmany y Montpalau, Antonio de, spanischer Sprach- und Geschichtsforscher 492
Cara, Marco, italienischer Komponist 612
Caracas, Venezuela 638
Caraccioli (Caracciolo), Dominico, Marquis de, italienischer Staatsmann 451
Caravaggio, Michelangelo da, eigentlich Merisi, auch Amerighi genannt, italienischer Maler 302, 646, 648
Carcassonne, Ély, französischer Historiker 487
—, »Montesquieu et le problème de la constitution française au XVIIIᵉ siècle« (1927) 487

Cardano, Girolamo (Hieronymus Cardanus), italienischer Mathematiker, Arzt, Philosoph 638
Cardona, Antonio Folchy, Herzog von Sessa, Gesandter Philipps II. 128f.
Caretto, Francesco de, Marchese di Grana, kaiserlicher Heerführer 208
Carissimi, Giacomo, italienischer Komponist 583, 620
Carlisle, Frederick Howard, Earl of, englischer Staatsmann 540
Carlos, Don, Sohn Philipps II. von Spanien und der Maria von Portugal, Infant von Spanien 88, 96, 119, *Stammtafel 90f.*
Carolina, englische Kolonie in Nordamerika (1663) 658
Caroline Mathilde, Tochter des Prinzen Friedrich Ludwig von Wales, Gemahlin Christians VII., Königin von Dänemark 456
Carpi, Modena 664
Carr, George, Graf von Rochester 238
Carracci, Annibale, italienischer Maler 302, 647f.
Carreño de Miranda, Juán, spanischer Maler, *Abb. 308*
Cartesianismus, Philosophie des René Descartes 300
Cartwright, Thomas, englischer puritanischer Geistlicher 643
Casale, Stadt und Landschaft am oberen Po 331, 661
Cassel, auf dem Mont Cassel südlich Dünkirchen, Französisch-Flandern 661
Cateau-Cambrésis, Le, östlich Cambrai 94, 129, 640, 647
Catinat, Nicolas, Seigneur de Saint-Gratien, Marschall von Frankreich 329, 664
Cavalieri, Emilio de, italienischer Komponist 578
Caylus, Anne Claude Philippe de Tubières, Comte de, französischer Archäologe 483
—, »Recueil d'antiquités égyptiennes, étrusques, grecques, romaines et gauloises« (1752 bis 1767) 483
Cecil, Robert, siehe Salisbury, Earl of
Cecil, William, siehe Burleigh
Cellini, Benvenuto, italienischer Goldschmied, Bildhauer 638f.
Celsius, Anders, schwedischer Astronom 474, 671
Celtis, Conrad, eigentlich Pickel, Humanist 611, 632
Cerdagne, Haute-, Landschaft in den Ostpyrenäen 279, 308
Cervantes Saavedra, Miguel de, spanischer Dichter 98, 503, 648

Cesti, Marc'Antonio (ursprünglich Pietro), italienischer Komponist, zeitweilig Franziskanermönch 659
—, »Il pomo d'oro«, »Der Goldene Apfel« (des Paris), Oper nach Text von Francesco Sbarra (1666) 659
Ceuta (Sebtah), Marokko 659
Cevennen, Höhenzug in Südostfrankreich 389f.
Ceylon 633
Chaconne, spanischer Tanz seit 1600, später musikalische Form 616f., 620
Chaireddin (Chair ad-Din) Barbarossa, türkischer Herrscher in Algier 70, 636
Chambers, Ephraim, englischer Enzyklopädist 493, 669
—, »Cyclopaedia or Universal Dictionary of Arts and Sciences« (1728) 493, 669
Chambord, Renaissanceschloß an der Loire 86
Chambord und Friedewald, Vereinbarungen (1551/52) 86, 639
Chamfort, Nicolas Sébastien Roch, genannt de Chamfort, französischer Schriftsteller 505
Champaigne, Philipp de, französischer Maler, *Abb. 176*
Champlain, Samuel de, französischer Seefahrer, erster Gouverneur von Neu-Frankreich (Canada) 649
Champlain-See, Vermont 540
Champmeslé, Charles Chevillet de, französischer Schauspieler und Dramatiker 502
Chanson, weltliches Lied 611, 615
Charles Edward, Sohn James Edwards (Jakob III.), Stuartprätendent 397, 428, 672
Charleston, South Carolina 543, 678, *Kartenskizze 535*
Charlestown, heute Stadtteil von Boston 536
Charpentier, Marc Antoine, französischer Komponist 620
Charron, Pierre, französischer Philosoph 477
Chartres, Nordwestfrankreich 606
Châtelet, Gabrielle-Emilie Le Tonnelier de Breteuil, Marquise du 482, 490
Châtillon, siehe Coligny
Chemie 473
Chemnitz, Martin, schwedischer Hofrat 185
Cherasco, unweit des Tanaro südostwärts von Turin 653
Chesapeake-Bucht, Maryland 539, 544
Cheshire, Grafschaft, westliches Mittelengland 270
Chiari, Poebene 665

NAMEN- UND SACHREGISTER

Chiaveri Gaetano, italienischer Baumeister 671
Chièvres, Wilhelm von Croy, Herzog von, Oberstkämmerer Karls V. 30, 41
Chile, Südamerika 138
Chillingworth,William, engl. Geistlicher und Kontroversalist 478
China 383, 483, 490 f., 658, 663, 669
Chios, ägäische Insel 642
Chmelnizkij (Chmielnicki, Chmelnyzkyj), Bogdan, Hetman der Saporoger Kosakenschaft 657
Chodkiewicz (Chodkowic), Jan Karol, polnischer Feldherr 648, 651
Chodowiecki, Daniel Nicolaus, Maler, Radierer, Zeichner 677
Choiseul, Étienne-François, Duc de, französischer Staatsmann 443 f., 675
Choral (Chor-Gesang) 618, 623 ff.
Chotusitz, Böhmen 426
Chozim (Chotin, heute Hotin) am Dnjestr, Bessarabien 412, 651, 660
Christentum 136, 304, 306, 321, 333, 370, 448, 476, 478, 482, 485 f., 604
Christian II., Enkel Christians I., König von Dänemark 633 f.
Christian III., Sohn Friedrichs I., König von Dänemark und Norwegen 39, 59
Christian IV., Enkel Christians III., König von Dänemark 155, 177 f., 184, 645, 652
Christian V., Enkel Christians IV., König von Dänemark 662
Christian VII., Sohn Friedrichs V., König von Dänemark 455
Christian, Fürst von Anhalt, Heerführer der Union 162, 651
Christian, Herzog von Braunschweig, Administrator von Halberstadt 171, 651
Christian Wilhelm, Markgraf von Brandenburg, Administrator von Magdeburg 186
Christine, Tochter Gustav II. Adolfs, Königin von Schweden 201, 355, 653, 657, *Abb. 224*
Christliche Einung, katholischer Bund (1538) 73, 637
Christoph Bernhard von Galen, Fürstbischof von Münster 658
Cibber, Colley, englischer Schauspieler und Dramatiker 502
Cicero, Marcus Tullius, römischer Staatsmann, Redner und Philosoph 368
City, The, Stadtkern Londons 234, 240, 250, 254, 256, 260 f., 265, 269 f.
Clairaut, Alexis Claude, französischer Mathematiker 473
—, »La théorie de la lune« (1752) 473

Clarendon, Edward Hyde, Earl of, englischer Staatsmann, Geschichtsschreiber 239, 246, 251, 254, 272, 655, 658
Clark, George Rogers, Führer der amerikanischen Miliz 543
Clauberg, Johann, Philosoph 657
—, »Ontosophia«, Versuch einer Metaphysik (Leiden 1655) 657
Claudius, Matthias, Dichter 676
Clemens VII., vorher Giulio de'Medici, natürlicher Sohn Giulianos de'Medici, Erzbischof von Florenz, Kardinal, Papst 39, 44, 46–50, 56 f., 61 f., 64, 66, 70, 634 ff.
Clemens VIII., vorher Hippolyt Aldobrandini, Kardinal, Papst 129, 646 ff.
Clemens IX., vorher Giulio Rospiglioni, Kardinal, Papst 656, 660
Clemens X., vorher Emilio Altieri, Bischof von Camerino, Kardinal, Papst 660 f.
Clemens XI., vorher Giovanni Francesco Albani, Kardinaldiakon, Papst 393, 459, 664 bis 668
Clemens XII., vorher Lorenzo Corsini, Kardinal, Papst 669, 671
Clemens XIII., vorher Carlo Rezzonico, Papst 460 f., 674, 676
Clemens XIV., vorher Lorenzo Ganganelli, Papst 461, 676 f.
—, »Dominus ac Redemptor«, Breve 461
Clemens August, von Wittelsbach, Erzbischof und Kurfürst von Köln 425, 668
Clément, Jaques, Dominikanermönch 127
Cleve, Herzogtum am Niederrhein 77 ff., 118, 638, 649 f., 659
Clinton, Sir Henry, englischer General 542 f., 559, 678
Clive of Plassey, Robert, Lord, Gouverneur von Ostindien 438, 444, 673 f.
Cocceji, Samuel, Freiherr von, preußischer Staatsmann 434, 672
Cochin, Stadt und Landschaft in Südindien 658
Cockaynes Projekt, Plan eines englischen Textilmonopols von Alderman Sir William Cockayne (1616) 234
Cod, Kap, Massachusetts, USA 651
Coen, Jan Pieterszoon, niederländischer Kolonisator, Generalgouverneur von Niederländisch-Indien 651
Cogito, ergo sum (Ich denke, also bin ich), philosophischer Grundsatz des Descartes 355

Cognac an der Charente, Westfrankreich 46
Cognet, Louis, französischer Theologe und Historiker 305
Coke, Sir Edward, englischer Rechtsgelehrter 244, 650
Colbert, Charles, Marquis de Croissy, französischer Staatsmann 297
Colbert, Jean Baptiste, französischer Staatsmann 282, 295, 297 f., 302 f., 323–327, 332 f., 363, 390, 402, 444, 658 ff., *Abb. 293*
Colbertismus 324
Coligny, Gaspard de Châtillon, Graf, Admiral von Frankreich, Führer der Hugenotten 39, 105 ff., 642 f.
Coligny, Odet de, genannt der Kardinal von Châtillon, Erzbischof von Toulouse 105
Collegium musicum, freie Vereinigung von Musizierenden vom 16. bis zum 18. Jh. 596 f.
Colin, Alexander, flämischer Bildhauer 640
Collins, Anthony, englischer Deist 478
—, »Discourse of Freethinking, occasioned by the Rise and Growth of a Sect called Freethinkers« (1713) 478
Colonia do Sacramento, an der La Plata-Mündung, Uruguay 673, 677
Colonna, Vittoria, Marchesa von Pescara, italienische Dichterin 65 f., 673
—, »Rime«, Gedichtsammlung (Parma 1538) 673
Coloredo, Rudolf, Graf, kaiserlicher Heerführer 208
Comacchio, Podelta 459
Combe,William, englischer Schriftsteller 504
Comenius, Johann Amos (Jan Amos Komenský), böhmischer Pädagoge und protestantischer Theologe, letzter Bischof der Böhmischen Brüder 652, 657
—, »Informatorium der Mutterschul oder Über die fürsorgliche Erziehung der Jugend« (deutsch und tschechisch, 1628–1631) 652
—, »Janua linguarum reserata«, »Die geöffnete Sprachentür« (1628–1631) 652
—, »Orbis sensualium pictus, hoc est omnium fundamentalium in mundo rerum et in vita actionum pictura et nomenclatura«, Bilderfibel (lateinisch 1654, ungarisch 1658) 657
Commedia dell'arte, Stegreifkomödie seit dem 18. Jahrhundert 577

Commitee of Both Kingdoms, Bündnis zwischen England und Schottland 257
Common Law (Gemeines Recht), englisches Gewohnheitsrecht 244, 252, 650
Commons, Mitglieder des Unterhauses 236f., 240—243, 245, 251, 259, 261, 267—270, 272
Commonwealth (of England), englische Republik (1649—1660) 261, 270, 314, 656, *Abb. 268*
—, Heads of the Proposals von Cromwell und Ireton (1647) 260, 263
—, Staatsrat 263 f., 266, 268, 271
Compère, Loyset, franko-flämischer Komponist 612
Compiègne, an der Oise 173, 216
Comuneros, die spanischen Aufständischen von 1520 633f.
Concert spirituel, erste öffentliche Konzertveranstaltung (1725) 597
Concini, Concino, italienischer Hofmann, später Marquis d'Ancre, Marschall von Frankreich 649f.
Concord, New Hampshire 534, 539
Condé, Heinrich I., Prinz von, Herzog von Enghien, Führer der Hugenotten 126, *Stammtafel 342f.*
Condé, Heinrich II., Prinz von, Heerführer der Hugenotten 143, *Stammtafel 342f.*
Condé, Louis I., Prinz von, Bruder des Königs Anton von Navarra, Führer der Hugenotten 642, *Stammtafel 342f.*
Condé, Louis II., Prinz von, Herzog von Bourbon, Herzog von Enghien, genannt der große Condé, französischer Heerführer 218, 329, 370, 655 f., 660, *Abb. 221, Stammtafel 342f.*
Condé, Louis Henri, Herzog von Bourbon, Prinz von, französischer Staatsmann, 403, 668, *Stammtafel 342*
Confessio Augustana siehe Augsburger Konfession
Conföderationsakte, böhmische Verfassung von 1619 156, 163
Confutatio pontificia, römisch-katholischeWiederlegung der Confessio Augustana (3.8. 1530) 636
Congregatio de propaganda fide, katholische Gesellschaft zur Verbreitung des Glaubens 173, 651
Congrave, William, englischer Dramatiker 663
—, »Love for Love« (1694) 663
Connecticut, Staat der USA 375, 377, 516, 519, 555, 655, *Kartenskizze 535*

Conring Hermann, Professor der Medizin und der Politik zu Helmstedt 655
—, »De origine iuris germanici« (1643) 655
Consensus Tigurinus (1549) 99
Constitutio Criminalis Carolina (Strafgesetzbuch 1532) 636
Contarini, Gasparo, Kardinal 67, 75ff., 102, 637
—, »Consilium de emendanda ecclesia« (1537) 67, 637
Contarini, Luduvico, venezianischer Staatsmann 220f.
Conti, Franz Ludwig, Prinz von Roche-sur-Yon und Marschall von Luxembourg 664
Continuo, die bezifferte, vom Cembalo und Violoncello gespielte Baßstimme in der Generalbaß-Musik 624, 626f.
Convenant, Bund schottischer Presbyteraner (1580 und 1639) 247, 249, 257, 259, 261f., 273, 640
Conz, an der Mündung der Saar in die Mosel 660
Cook, James, englischer Weltumsegler 676f.
Cooper, Anthony Ashley, Earl of Shaftsbury, englischer Politiker 263
Cooper, Gilbert, englischer Theologe 478
Coote, Eyre, englischer Oberst 444
Copley, John Singleton, englischer Maler, *Abb. 529*
Corelli, Arcangelo, italienischer Komponist 622f., 661, 666
Corneille, Pierre, französischer Dramatiker 301, 654
—, »Le Cid«, Tragödie, ursprünglich Tragikomödie (Paris 1637) 654
Cornwall, Grafschaft in Südwestengland 639
Cornwallis, Charles Cornwallis, Marquess, englischer General 543f., 678
Coronelli, Marco Vincentio, italienischer Geschichtsschreiber und Geograph
Corporation Act (1661) 658
Corpus Evangelicorum, seit 1526 Name der protestantischen Reichsstände 198, 202, 656f.
Corpus Germanicum, zeitgenössische Bezeichnung des Deutschen Reiches 146, 327
Correggio, eigentlich Antonio Allegri, italienischer Maler 633 bis 636
Correspondence littéraire, philosophique, critique addressée à un Souverain d'Allemagne, französische Zeitschrift (1753 bis 1790) 483, 488

Corsi, Jacopo, italienischer Edelmann 575
Cortés, Hernán (Hernando), spanischer Conquistador 633f.
Cortona, Pietro da, eigentlich Berrettini, italienischer Maler und Baumeister 657
Costanza e Fortezza, Festspiel anläßlich der Krönung Karls VI. zum König von Böhmen, *Abb. 592*
Coste, Pierre, französischer Schriftsteller 479
Cotte, Robert de, französischer Baumeister 664, 669f., *Abb. 325*
Coulomb, Charles Augustin de, französischer Physiker 679
Council, Great (1940) 250
Council of the North, von Heinrich VIII. errichtete kirchliche Verwaltungsbehörde 235, 244, 246f., 252
Council in the Marches of Wales 246, 252
Couperin, François, französischer Komponist 590
Court, High Commission 248, 252
Court de Gébelin, Antoine, französischer Gelehrter 483
—, »Le monde primitif« (1773 bis 1783) 483
Coutras an der Dronne, Südwestfrankreich 645
Coverdale, Miles, Bischof von Exeter, englischer Bibelübersetzer 637
Cranach d.Ä., Lucas, Maler, Kupferstecher und Zeichner 32, 631, 636
Cranfield, Lionel, Schatzmeister unter Jacob I. 238—242
Cranmer, Thomas, Erzbischof von Canterbury 62, 636, 639f.
Cremonini, Cesare, italienischer Philosoph 477
Crépy en Laonnais, nordwestlich Laon 79f., 638
Créqui, François de Bonne, Marquis de, Marschall von Frankreich 660
Crescimbeni, Giovanni Mario, italienischer Dichter und Literaturhistoriker 492
—, »L'Istoria della volgar poesia« (1698) 492
Cristofori, Bartolomeo, italienischer Klavierbauer 666
Crivelli, Andrea, italienischer Baumeister 639
Croce, Benedetto, italienischer Philosoph 383f.
Cromwell, Henry, Sohn von Oliver Cromwell 268f.
Cromwell, Oliver, Lordprotektor der englischen Republik 229, 239, 256, **259—269**, 271, 281, 314, 353, 376, 517, 655ff., *Abb. 269*

Cromwell, Richard, ältester Sohn und Nachfolger von Oliver 269f.
Cromwell, Thomas, Earl of Essex, englischer Staatsmann 62f., 238, 256, 637
Crotus Rubianus, eigentlich Johannes Jäger, thüringischer Humanist 632
Crowe, Sir Sockville, Schatzmeister der englischen Flotte 242
Cuius regio, eius religio, Grundsatz des Augsburger Religionsfriedens 150, 318, 353
Cuius est regio, eius est religionis dispositio 215, 226
Culloden, Schottland 428
Cumberland, Richard, englischer Moralphilosoph 479
Cumberland, Wilhelm August, Herzog von, englischer Heerführer 428, 443, 674
Cusanus, siehe Nikolaus von Cues
Cuvilliés, François de, Baumeister 670, 673
Cuzco, Hauptstadt des Inkareiches 636
Cyrano de Bergerac, Savinien de, französischer Schriftsteller 658
—, »Histoire comique des états et empires du Soleil«, phantastische Reisebeschreibung (posthum gedruckt 1662) 658

D

Dach, Simon, Dichter 596
Dacier, André, französischer Philologe 598
Dacier, Anne Lefèbvre, Madame, französische Gelehrte und Übersetzerin 503
Dänemark 59, 65, 77, 122, 136f., 145f., 165, 174, **177—181**, 183, 206, 214, 216, 228, 250, 310, 317, 344, 455f., 633, 637, 641ff., 649f., 652, **657—661**, 664, 666, 668, *Kartenskizze 191*

—, Indigenatsgesetz (1776) 456
Dalberg, Johann Friedrich Hugo, Komponist und Musikschriftsteller 603
—, »Blicke eines Tonkünstlers in die Musik des Geistes« (1787) 603
Dampfmaschine, athmosphärische (1705) 665
—, Kolben- (1769) 676
Dampfschiff von John Fitsch 679
Dampierre, Heinrich Duval, Graf von, kaiserlicher Feldherr, *Abb. 161*
Danby, Thomas Osborne, Earl of, später Herzog von Leeds, englischer Staatsmann 334, 660

Dancourt, Florent Carton, Sieur d'Ancourt, französischer Schauspieler und Dramatiker 502
Dante, Alighieri, italienischer Dichter 577
Danzig 447, 644

Dardanellen (Hellespont) 657
Darnley, Henry Stuart, Lord, Graf von Ross, Herzog von Albany 114f.
Daubenton, Louis-Jean-Marie, französischer Naturforscher 474
Daun, Leopold Joseph, Graf von, österreichischer Feldmarschall 391, 431, 440f., 674
Dauphiné, Landschaft in Südfrankreich 128
Davies, Lady Eleonor, geborene Touchet, Tochter des Baron Audley, Gemahlin von Sir John Davies, Schriftstellerin 247
Davis (Davys), John, englischer Seefahrer und Entdecker 645f.
Décimes, siehe Zehnt
Deane, Silas, amerikanischer Diplomat 540f., 549
Declaratio Ferdinandae, siehe Augsburger Religionsfrieden
Defensoren, böhmische Adlige, Verteidiger der protestantischen Religion 156, 160
Deffand, Marie Anne de Vichy-Chamrond, Marquise du 506
Defoe, Daniel, eigentlich Foe, englischer Politiker und Schriftsteller 399, 656, 668
—, »The Review« (Wochenschrift 1704—13) 665
—, »Robinson Crusoe« (1719) 668
De la Gardie, Pontus, Freiherr von Eckholm, schwedischer Feldmarschall französischer Herkunft 644
Delaware, Staat der USA 516, 658, *Kartenskizze 535*
Delbrück, Hans, Historiker 200
Delft, Holland 314, 645
Delmenhorst, westlich Bremen, Oldenburg 455, 659
Deloney (Delone), Thomas, Seidenweber aus Norwich, englischer Schriftsteller 647
—, »The Gentle Craft«, Roman (1597) 647
Demosthenes, attischer Redner 368
Denain, westlich von Valenciennes, Nordfrankreich 346
De Ruyter, Michiel Adriaenszoon, niederländischer Admiral 659f., *Abb. 316*
Derschawin, Gawriil Romanowitsch, russischer Offizier und Staatsmann, Dichter 678
—, »Bog« (»Gott«), Ode (1784) 678

Desargues, Gérard (oder Gaspard), französischer Ingenieur und Mathematiker 654
—, »Brouillon projet des coniques« (1639, verschollen) 654
Descartes, René (Renatus Cartesius), französischer Philosoph und Wissenschaftler 300f., 333f., 353, **355—358**, 363, 365, 369, 372, 380, **469—473**, 482, 484, 494, 581—**585**, 654, *Abb. 356*
—, »Discours de la méthode« (1637) 471, 654, *Abb. 380*
—, »Méditationes de prima philosophia« (1641) 654
Desjardins, Martin van den Bogaert, genannt, holländischer Bildhauer, *Abb. 293*
Dessau, Anhalt 652
Dessauer Bund 634
Deulino, bei Sergijewsk Posad (Sagorsk) nordostwärts von Moskau 650
Deutscher Orden, geistlicher Ritterorden (1198) 641
Deutschland 31, **33—42, 50—59**, 65, 70, **73—93**, 98, 101, 117 bis 122, 131, 166, 170, **172—175**, 177ff., 183f., **186—189, 192** bis **195**, 197, **201—204**, 213, 215f., 224, 235, 249, 281, 296, 307, 315, 317, 340, 372, 375, 416, 419, 430, 439, 441ff., 455, 459, 462, 469, 472, 478f., 482f., 485, 491, 493, **500—503**, 506, 580, 590, 592ff., 599, 602, 611, 613, 618f., 625, 673
Deveroux, Walter, kaiserlicher Hauptmann (Kapitän) 210
Devolutionskrieg, erster Eroberungskrieg Ludwigs XIV. 327
Devolutionsrecht (Anfallsrecht), kraft Gesetzes eintretende Übertragung eines Rechtes auf einen anderen 330
De Witt, Jan, niederländischer Staatsmann 330, 358, 360f., 656, 659
—, Cornelis, holländischer Staatsmann 659
Diana von Poitiers, später Herzogin von Valentinois, Geliebte König Heinrich II. von Frankreich 639
Dickmann, Fritz, Historiker 221
Diderot, Denis, französischer Schriftsteller und Enzyklopädist 362, 457, 477f., **493—496, 498** bis **505**, 509, 673, 677, *Abb. 493*
—, »De la suffisance de la religion naturelle« 478
—, »Jaques le fataliste et son maître« (1796) 502f., 677
—, »Neveu de Rameau« (1813) 502, 509
—, »Réflexions sur Térence« (1765) 509

Diderot, Denis, französischer Schriftsteller und Enzyklopädist
—, »Salons« 503, *Abb. 501*
—, »Pensées sur l'interprétation de la nature« (1754) 673
Dientzenhofer, Christoph, Baumeister 665
Dientzenhofer, Johann, Baumeister 665f.
Dientzenhofer, Kilian Ignaz, Baumeister 665
Dietterlin, Wendel, eigentlich Wendling Grapp, Baumeister, Maler und Kupferstecher 646
—, »Architectura« (1593/94) 646
Digger, englische Agrarkommunisten 257, 262, 353, 360
Digges, Dudley, politischer Schriftsteller 257
Dijon, Burgund 483
Dillingen, an der Donau, Schwaben 640
Dilthey, Wilhelm, Philosoph 493
Dîme royale, von Vauban vorgeschlagene Steuer von ein Zwanzigstel bis ein Zehntel des Einkommens 345
Discantus, die abgespaltene Stimme, der Sopran 605
Dithmarschen, Landschaft im Westen Holsteins 640
Diu, Insel an der Südspitze Indiens 631
Djakarta, Java 651
Dmitrij (Dimitrij, Demetrius) Iwanowitsch, jüngster Sohn Zar Iwans IV. 646
—, der (erste) falsche Dmitrij (Jurij oder Grigorij, Otrepjew, Mönch aus dem Kloster Tschudow?), russischer Thronprätendent, Zar 648f.
—, der (zweite) falsche Dmitrij, genannt der »Dieb von Tuschino« 649
Dnjepr, Fluß in Rußland 447f., 659, 677
Dohna-Schlobitten, Alexander Burggraf und Graf zu, brandenburgischer Staatsmann 413
Dolgorukij, russisches Fürstengeschlecht 669
Dolland, John, englischer Optiker 473
Domenichino, eigentlich Domenico Zampieri, italienischer Baumeister und Maler 649, 651
Dominica, Insel der Kleinen Antillen 444, 675
Dominikaner, Predigerorden 312, 632, 645
Donato, venezianischer Senator 127
Donau 150, 206, 313, 339
Donauwörth, Schwaben 152, 196, 214, 226, 649

Donne, John, englischer Geistlicher und Dichter 241
—, »Progress of the Soul« (1601) 648
Donner, Georg Raphael, Bildhauer 670f.
Doolittle, Amos, englischer Graphiker, *Abb. 537*
Dorch, Johann Georg, Pfarrer zu Peterstal, südwestlich Freudenstadt 228
Dorchester Heights, südlich von Boston, Massachusetts 537
Dordrecht, Südholland 650
Doria, Andrea, genuesischer Admiral und Staatsmann 49, 635, 638
Dorpat, Livland 640, 665
Dorset, Grafschaft der englischen Kanalküste 249
Douai, Artois 116, 331, 641f.
Dover, England 243, 245, 659
Dowland, John, englischer Komponist und Lautenist 615
Downs, The (Duins), Reede an der Südostküste Englands vor Deal, nördlich von Dover 219, 654, *Abb. 220*
Dózsa, Georg (György), ungarischer Heerführer 632
Dragonnades, Zwangsmaßnahmen Ludwigs XIV. gegen die Protestanten (Einquartierung von Dragonern) 335
Drake, Sir Francis, englischer Admiral 117, 643ff.
Drake, Peter, irischer Hauptmann 389
Dreifelderwirtschaft 286
Dreißigjähriger Krieg, Zeitalter 133 bis 230, *Kartenskizze 191*
—, Europa um 1618 135—154
—, die böhmische Revolution 154 bis 169
—, der deutsche Bürgerkrieg 169 bis 172, 190, 202, 216
—, Olivares und Richlieu 172—175
—, Wallenstein 175—183
—, Gustav Adolf von Schweden 183—201
—, Wallensteins Ende 201—211
—, der europäische Krieg 212—219
—, Friedensschluß 219—230
—, Wesen 170, 176f., 198, 200
—, Rekatholisierung 166, 172, 170
Dresden 150, 161, 167, 179, 197, 202, 210, **428**, 430, 433, 580, 619, 672, *Kartenskizze 595*

Dritte Stand, Der (Tiers-état), Frankreich 287, **292—295**, 496
Drontheim (Trondheim), Norwegen 658
Droysen, Johann Gustav, Historiker 489
—, »Grundriß der Historik« (1868) 489

Dryden, John, englischer Dichter 252, 503, 658
—, »Astraea redux«, Gedicht (1660) 658
—, »Heroic Stanzas consecrated to the Memory of His Highness Oliver Lord Protektor of this Commonwealth«, Elegie (1658) 657
Dschaldiran, südwestlich Kars, Armenien 632
Dualismus 333
Dublin, Irland 249
Dubos (Du Bos), Jean Baptiste, Abbé, französischer Historiker 483, 486, 507, 590, 598
—, »Histoire critique de l'établissement de la monarchie française dans les Gaules« (1734) 483
—, »Réflexions sur la poésie et la peinture« (1719) 507
Du Cange, Charles du Fresne, Sieur, französischer Wissenschaftler 483
—, »Glossarium ad scriptores mediae et infimae latinitatis« 483
Duclos, Charles Pinot, französischer Schriftsteller 495
Düna (Dwina), Fluß in Litauen 447
Dünkirchen, spanische Niederlande 269, 279, 315, 329, 345f., 655
Dürer, Albrecht, Maler und Graphiker 33, 631ff., 635
Du Fay, Charles François de Cisternay, französischer Chemiker 474
Dufay, Guillaume, flämischer Komponist 574, 607, 609, 612, 615
Duins, siehe Downs, The
Duma, Versammlung der Bojaren 319
Dunbar, Dunbar, östlich von Edinburgh, Schottland 262, 656
Dunkelmännerbriefe, »epistolae obscurorum virorum«, Sammlung fingierter satirischer Briefe aus dem Erfurter Humanistenkreis (1515/17) 633
Dunstable, John, englischer Komponist 607
Dupleix, Joseph François, französischer Kolonialpolitiker 438, 444
Du Plessis-Mornay, siehe Mornay, Philippe de
Du Pont de Nemours, Pierre Samuel, französischer Volkswirtschaftler 454, 496, 675
—, »Physiocratie ou constitution naturelle du gouvernement le plus avantageux au genre humain« (1767) 496, 675

NAMEN- UND SACHREGISTER

Duquesne, Fort in Kanada, siehe Pittsburg
Dyck, Anton van, flämischer Maler 652, 654

E

Ebro, Fluß in Spanien 310
Eck, Johann (eigentlich Maier), katholischer Theologe 76, 633
Eck, Leonhard von, bayerischer Kanzler 52
Edgehill, Mittelengland 256
Edinburgh, Schottland 138, 248, 428
—, Holyrood Castle 428
Eduard VI., Sohn Heinrichs VIII. und der Johanna Seymour, König von England 60, 63, 88, 638f.
Eger, Böhmen 156, 159, 203, 210f., 653, *Abb. 212*
Eggebrecht, Hans Heinrich, Musikforscher 602
Eggenberg, Hans Ulrich Fürst von, österreichischer Staatsmann 161, 168, 195, 207, 209
Eglisau, am Rhein, Schweiz 213
Egmont (Egmond), Lamoral, Graf von, Fürst von Gavre (Gaveren) 39, 108f., 141, 640, 642
Eidgenossenschaft, siehe Schweiz
Eisenburg (Vasvár), an der Raab südostwärts von Steinamanger, Westungarn 658
Eisleben, Sachsen 31
Elbe 179, 190
Elberfeld, an der Wupper 437
Elektrizität 474
Elfsborg, einstige Festung am Göta-Elf gegenüber Göteburg, Südwestschweden 650
Eliot, Sir John, englischer Politiker 243 f.
Elisabeth I., Tochter Heinrichs VIII. und der Anne Boleyn, Königin von England 39, 62, 94, 101, **112—116**, 124, 140, 144, 233, 235, 237, 241, **640** bis **643**, 645, 648, *Abb. 112*
Elisabeth I. Petrowna, Tochter Peters I., Zarin von Rußland 391, 435 ff., 441 f., 445, 671, 674
Elisabeth von Valois, Tochter Heinrichs II. von Frankreich, Gemahlin Philipps II. von Spanien 94, 96, 128, *Stammtafel 90f.*
Elisabeth, Tochter König Jakobs I. von England, Gemahlin des Kurfürsten Friedrich V. von der Pfalz (Winterkönigin) 165,167, 171, 355, *Abb. 241*
Elisabeth, Tochter des Kurfürsten Friedrich V. von der Pfalz und der Elisabeth von England, Prinzessin 355
Elisabeth, »Prinzessin« 445
Elisabeth Charlotte, Tochter des pfälzischen Kurfürsten Karl Ludwig, genannt Liselotte von der Pfalz 401, *Stammtafel 90f.*, *342*
Elisabeth Christine von Braunschweig-Wolfenbüttel, Gemahlin Kaiser Karls VI. 405, *Stammtafel 406f.*
Elisabeth Cristine von Braunschweig-Bevern, Gemahlin Friedrichs II., Königin von Preußen 421, *Stammtafel 427*
Elisabeth Farnese von Parma, Gemahlin Philipps V. von Spanien 345 f., 403, 409, 411, 423, 428, 451, *Stammtafel 342 f.*
Ellenbogen (Elbogen), Böhmen 156, 159
Elsaß, Landgrafschaft 41, 52, 172, 202, 214, 217, 222 ff., 279, 298, 330 f., 337 f., 346, 426, 634, 656, 664
Elsheimer, Adam, Maler und Radierer 649
Elzevier (Elsevier, Elzevirius), niederländische Buchhändler- und Buchdruckerfamilie in Leiden und Amsterdam 314
Emanuel I. der Große, König von Portugal 631, *Stammtafel 90f.*
Emanuel Philibert, Sohn Herzog Karls II., Herzog von Savoyen 94, 640
Emden, Hafenstadt in Niedersachsen 673
Empirismus 333
Ems, Bad, an der Lahn 462
Emser Punktation (1786) 462, 679
»Encyclopédie« (Dictionnaire raisonné des sciences, des arts et des métiers, 35 Bde., 1751 bis 1780) 383, 450, 494, 673, *Abb. 496*
Engel, Johann Jakob, Schriftsteller 58=
—, »Über die musikalische Malerei« 585
Enghien, Herzog von, siehe Condé, Louis II. Prinz von
Engländer 150, 177, 240, 244, 248, 253, 272 ff., 307, 316, 336, 346 f.
England 27, 29, 34, 42 f., **59—64**, 88, 93 f., 104, 108, 110, **112** bis **117**, 124, 129, 135 ff., 140, 144 ff., 148, 150, 161, 164, 169, 174 f., 181, 196, 220, 225, 228, 233, 235, 241 ff., 245, 248 f., 252, 261, 266, 269, 271 ff., 281, 307, 310, **313—317**, 330 ff., **334** bis **337**, 341, 345 f., 360, 362, **371—377**, 379, 387 f., 392, 395 ff., **399—403**, 408 ff., 413 f., 418 ff., 423, 425, 428 f., **437—444**, 449, 455 f., 458, 464, 469, 471 f., **478** bis **480**, 483, 485, 491, 500 ff., 504, **515—546**, 553 ff., 557, 594, 597, 599, 607 f., 612, 615, 618, 620 f., 642, 652, 655 f., 658 ff., 663, 667, 671, 673, 675, 677, 679
—, Bill of right (Declaration of right) 336, 373, 375, 663
—, Bürgerkrieg, zweiter 260
—, Geschworenengerichte 246 f., 251
—, Glorreiche Revolution (1688) 238, 336, 371, 373, 663
—, Gunpowder plot (Pulververschwörung 5.11.1605), gefeiert als Guy Fawkes day 648
—, Kalenderreform (1750), *Abb. 372*
—, New Modell Army 257, **259** bis **263**, **268—271**
—, Protestantenverfolgung 640
—, Regime der Generalmajore 265 ff.
—, Republik 261, 270, 314, 656, *Abb. 268*
—, —, Rat der 263 f., 266, 268, 271
—, Restauration 256, 262, 264, **269—272**
—, Schisma 88
Englisch-französische See- und Kolonialkriege (1744—1748) 437 f. (1754—1763) 438 f., 443 f., 673 ff.
Englisch-holländische Seekriege (1652—1654) 264, 656 (1665 bis 1667) 659 (1672) 660
Englisch-spanischer Krieg (Jenkins' Ohr 1739—48) 400, 420, 671 f.
Entente cordiale 401
Episkopal Kirche, Kirche mit bischöflicher Verfassung, siehe Anglikanische Kirche
Enzyklopädie 383, 450, 488, **493** bis **499**, 505, *Abb. 496*
—, Artikel: Botanique mise à l'usage de tout le monde 499; Économie 498; Fermiers (1756/57) 496f.; Grains (1756/57) 496f.; Oeconomie 498; Pensées sur l'interprétation de la nature 499
—, Tableau économique 496f.; Anhang des Tableau économique: Extrait des économies royales de M. de Sully (1759) 496
—, Sammelband: Physiocratie ou constitution naturelle du gouvernement et la plus avantageux au genre humain (1767) 496 675
Epikur, griechischer Philosoph 422
Erasmus (von Rotterdam), Desiderius, eigentlich Gerhard Gerhards, Humanist 29, 37, 54, 57, 60, 65, 74, 85, 390, 482, 631, 633

NAMEN- UND SACHREGISTER

Erasmus (von Rotterdam)
—, »Ciceronianus« (1528) 635
—, »De recta Latini Graecique sermonis pronuntiatione« (1528) 635
—, »De libero arbitrio«, »Von der Willensfreiheit« (1524) 634
—, »Encomion morias seu laus stultitiae« (Lob der Torheit, 1509) 631, *Abb. 573*
—, »Institutio principis christiani (1516) 390
Erbleihe 282
Erblichkeitsprinzip 269
Erbsünde, Dogma 480 ff.
Erdmannsdorf, Friedrich Wilhelm, Freiherr von, Baumeister 676
Erfurt, Thüringen 31, 194, *Kartenskizze 191*
Erich XIV., Sohn Gustav Wasas, König von Schweden 641 f.
Erkenntnistheorie 372
Erlach, Johann Ludwig von, schweizerischer Heerführer 217
Erlangen, Franken 455, 671
—, »Erlanger Zeitung« 455
Ermak (Jermak), Timofejewitsch, Ataman der Don-Kosaken 644
Ermes (lettisch Ērgeme), nordwestlich Walk, Livland 641
Ermland, Landschaft an der Ostsee 447
Ernst (von Bayern), Sohn Herzog Albrechts V., Erzbischof und Kurfürst von Köln, Bischof von Münster 121 f., 645
Ernst, Sohn Heinrich des Mittlern, Herzog von Braunschweig 57, 635
Ernst (der Fromme, »Bet-Ernst«), Sohn Herzog Johann Wilhelms von Sachsen-Weimar, Herzog von Sachsen-Gotha-Altenburg 655
Ernst August, Herzog von Braunschweig-Lüneburg, Kurfürst von Hannover 382, 663
Ernestiner, älterer Zweig der Wettiner 640
Erthal, Friedrich Carl Joseph, Freiherr von, Erzbischof und letzter Kurfürst von Mainz 463
Escorial, Schloß Philipp II., nordwestlich von Madrid 97, 339, 669, *Abb. 100*
Essex, Grafschaft im Südosten Englands 246
Essex, Robert Devereux, Earl of, Oberbefehlshaber des Parlamentsheeres 255, 257
Estaing, Charles Hector, Comte d', französischer Admiral 543
Este, Ippolito d', der jüngere, Kardinal 106
Este, Luigi d', Kardinalprotektor 126

Estland, Landschaft an der Ostsee 641, 644 f., 647, 666
Estrées, Louis Charles César Lettellier, Herzog von, Marschall von Frankreich 674
Estremadura, Landschaft Westspaniens 93
Ettmüller, Michael Ernst, Professor der Medizin in Leipzig 584
—, »Effectus musices in hominem« 584
Eugen (Eugène-François de Savoie-Carignan), genannt Prinz von Savoyen, österreichischer Feldherr und Staatsmann 176, 340, 391, 393 f., 404, 408, 410 bis 413, 415 f., 422, 664–668
Euler, Leonhard, Schweizer Mathematiker 473, 670
—, »Mechanica sive motus scientia analytice exposita« (1736/42) 670
Europäisches Gleichgewicht 346, 388, 392, 394, 396, 409
Europa 71, 122, 135 ff., 144, 146, 148, 161, 163, 170, 174, 184, 194, 200–203, 212, 221, 224, 228, 265, 272 f., 277 ff., 286, 288, 296, 298, 307–310, 312 ff., 316 f., 319 f., 322 ff., 326, 328, 332, 341, 344, 346 ff., 376 f., 379, 388 ff., 392, 396 f., 400–403, 417, 421, 428 f., 433–446, 439 f., 442, 446, 448–451, 453 f., 457, 465, 489
— um 1618 135–154
—, Krise des europäischen Bewußtseins 332–341, 344 ff.
—, politischer und religiöser Aufbruch 25–132
—, Vorherrschaft in 28 ff. 41–50, 70, 73, 77–80, 86–89, 92 ff., 332
—, Mittel- und Ost- 317–322
—, Nord- 59, 73, 93, 117, 122, 313–317
—, Ost- 93, 117, 122, 329
—, Süd- 94, 307–313
—, West- 54, 58, 65, 94, 117, 120, 122, 136, 329
Eworth (Ewouts), Hans, niederländisch-englischer Maler, *Abb. 112*
Exchequer, englisches Schatzamt 265
Expektanten, religiöse Partei 65, 74
Exulanten, um des Glaubens willen Verbannte 116

F

Faber, Jakob (Jaques le Fèvre d'Étaples, Jacobus Faber Stapulensis), französischer Humanist und Theologe 65

Faber, Johann, Augsburger Dominikanerprior 37
Faesi, Johann Conrad, schweizerischer Geograph und Historiker 504
Fahrenheit, Gabriel Daniel, Physiker 474, 667
Fairfax, Thomas, Lord, englischer Feldherr 260, 271
Falconet, Étienne Maurice, französischer Bildhauer 675
Fantasie, Fancy, Tonstück des 16. und 17. Jahrhunderts ohne verbindliche Form 615, 617
Farel, Guillaume, schweizerischer Reformator 98, 637
Färöer-Inseln 455
Farquhar, George, englischer Dramatiker 502
Farnese, italienisches Fürstengeschlecht 72, 78, 302, 396, 638
Farnese, Alessandro, siehe Paul III., Papst
Farnese, Alessandro, Sohn Pier Luigis, Kardinal 72, 80
Farnese, Alessandro, Sohn Ottavios, Herzog von Parma und Piacenza, vorher Statthalter der Niederlande 111 f., 124 f., 127, 644 ff., *Stammtafel 90 f.*
Farnese, Elisabeth, siehe Elisabeth Farnese
Farnese, Giulia, Schwester Alessandros (Papst Pauls III.) 64
Farnese, Ottavio, Sohn Pier Luigis, Herzog von Parma und Piacenza 72, 78, *Stammtafel 90 f.*
Farnese, Pier Luigi, Sohn Alessandros (Papst Pauls III.), Herzog von Castro und Ronciglione, später Herzog von Parma und Piacenza 72, 82, 638
Fasch, Johann Friedrich, Komponist 597
Fatouville, Nolant de, französischer Dramatiker 502
Faust, Johannes (Georg?), Heilkundiger und Schwarzkünstler 645 f.
—, »Historia von D. Johann Fausten« (Frankfurt 1587) 645
Fawkes, Guy, englischer Verschwörer 648
Febronius, Justinus, Deckname des Johann Nikolaus von Hortheim, Weihbischof von Trier 461, 679
—, »De statu ecclesiae et legitima potestati Romani Pontificis (1763) 461, 679
Fehderecht 51
Fehrbellin, südlich Neuruppin, Osthavelland 331, 660
Feijóo y Montenegro, Benito Jeronimo, spanischer Mönch und Gelehrter 472, 475

NAMEN- UND SACHREGISTER 695

Felbiger, Johann Ignaz von, katholischer Pädagoge 454
Fellenberg, Philipp Emanuel von, schweizerischer Sozialpädagoge 458
Fénelon, François de Salignac de la Mothe, Erzbischof von Cambrai, französischer Schriftsteller 290, 351, 363, 370f., 390, 413, 487, 503f., 599, 662, 664
—, »Les aventures de Télemaque« (1699) 370f., 390, 413, 503, 664
—, »Explication des Maximes des Saints« (1697) 664
—, »Traité de l'éducation des filles« (1687) 662
Feo, Francesco, italienischer Komponist
—, »L'Arsace« (1731), *Abb. 593*
Ferdinand I., Sohn Philipps des Schönen von Österreich, deutscher König und Kaiser 39, 41, 47f., 50, 56, 58, 73, 80, 84, **87** bis **93**, 101f., 104, 117f., 121, 157, **633—641**, *Abb. 28, Stammtafel 90f.*
Ferdinand II., Sohn Erzherzog Karls, deutscher König und Kaiser 152, 154f., 157, **159** bis **163**, **166—169**, 173f., 176, 178, 180ff., 184, 186, 189f., **192** bis **196**, 199ff., **204—209**, 214f., 217, 221, 228, 352, 355, 647, **650—654**, *Abb. 28, 193, Stammtafel 90f.*
Ferdinand III., Sohn Ferdinands II., König von Ungarn, deutscher König und Kaiser 155, 203, 209, 214, 216f., **219—225**, 227, 229, 353, **652—657**, *Stammtafel 90f., 406f.*
Ferdinand IV., König von Neapel, König (Ferdinand I.) beider Sizilien 451, 674, *Stammtafel 342f.*
Ferdinand II., der Katholische, König von Aragon, König (Ferdinand V.) von Spanien 28f., 631ff., *Stammtafel 90f.*
Ferdinand VI., Sohn Philipps V., König von Spanien 451, 674, *Stammtafel 342f.*
Ferdinand, Sohn Philipps III. von Spanien, Kardinal-Infant 203, 214, *Stammtafel 90f.*
Ferdinand, Sohn Kaiser Ferdinands I., Erzherzog von Österreich (in Tirol) 642, *Stammtafel 90f.*
Ferdinand, Herzog von Braunschweig-Wolfenbüttel, preußischer Feldmarschall 443
Ferdinand Maria, Sohn des Kurfürsten Maximilian I., Kurfürst von Bayern 230, *Stammtafel 90f., 406f.*

Ferguson, Adam, schottischer Geschichtsschreiber, Moral- und Sozialphilosoph 475
Feria, Gómez Suárez de Figueroa, Herzog von, Statthalter von Mailand 206
Ferney (-Voltaire), über dem Genfer See, Frankreich 471
Ferrara, Stadt und Landschaft an der Po-Mündung 647, *Karte 184*
Ferreras García, Juan de, spanischer Historiker und Theologe 492
—, »Antiguedades de España« (1717) 492
—, »Sinopsis histórica y cronológica de España« (1700—18) 492
Ferrers, Benjamin, englischer Maler, *Abb. 396*
Feudalismus 252, 282f., 291, 486
— in Mittel und Osteuropa **317** bis **322**
Feuquières, Isaac Manassés de Pas, Marquis de, französischer General und Diplomat 202
Fideismus 477f.
Fidschi-Inseln, im Stillen Ozean 655
Fielding, Henry, englischer Romanschriftsteller und Journalist 502, 673
—, »History of the Life of the late Mr. Jonathan Wild, the Great« (1743) 502
—, »Tom Jones« (1749) 502, 673
Fieschi, Gian (Giovanni) Luigi de', Graf von Lavagna, genannt Fiesco, genuesischer Politiker 638
Filaret (Philaret), Patriarch von Moskau, vorher Fjodor Nikititsch Romanow, russischer Bojar 319, 651
Filofej (Philotheus), russischer Mönch aus Pskow (Pleskau) 631
Finck, Friedrich August, preußischer General 441, 474
Finisterre, Cap, Nordwestspanien 438, 672
Finnen (Suomalaiset), Volk der finnisch-ugrischen Sprachfamilie 194
Finnischer Meerbusen 437
Finnland 59, 136, 145, 667, 671, 679
Firmian, Carl Joseph, Graf von, österreichischer Staatsmann 453, 669
Firmian, Leopold Anton, Graf von, Erzbischof von Salzburg 419
Fischart, Johann, genannt Menzer (Mentzer), Satiriker 644
—, »Das glückhafft Schiff von Zürich« (1576) 644
—, »Philosophisch Ehzuchtbüchlein« (Straßburg 1578) 644

Fischer von Erlach, Johann Bernhard, Baumeister 339, 363, 663f., 667, 669
Fisher, John, Bischof von Rochester 63, 636f.
Fitch, John, amerikanischer Ingenieur, Pionier des Dampfschiffbaus 679
Fjodor I. Iwanowitsch, Sohn Iwans des Schrecklichen, Zar von Rußland 645, 647
Fjodor III. Aleksejewitsch, Sohn des Aleksej Michailowitsch, Zar von Rußland 661
Flacius (eigentlich Vlacich), Matthias, aus Istrien stammender (Beiname Illyricus) lutherischer Theologe 119, 640f.
—, »Catalogus testium veritatis«, »Verzeichnis der Zeugen der Wahrheit« (1556) 640
—, »Magdeburger Centurien«, protestantische Kirchengeschichte (1559—1574) 641
Flamen, fränkisch-friesischer Volksstamm 140, 216
Flandern, Landschaft an der Nordseeküste 28, 46, 142, 230, 268, 635, 645, 655
Fléchier, Valentin-Esprite, Bischof von Nîmes, französischer Kanzelredner und Schriftsteller 290
Fleming (Flemming), Paul, Arzt und Dichter 653
Fleurus, Hennegau 663
Fleury, André Hercule de, Kardinal und französischer Staatsmann 391, 403f., 409ff., 414, 419, 421, 423, 439, 669
Fleury-sur-Loire, bei Sully, Frankreich 304
Flodden Field, Nordengland 632
Florenz, Toskana 46, 49, 84, 307, 313, 452, 456, 461, 470, 593, 599, 631, 634f., 640, 644, 657
—, Accademia della Crusca (1582) 644
—, Accademia del Cimento (1657) 365, 657
Florida, Nordamerika 124, 444, 516, 525, 544, 546, 557, 632, 675, 678
Flotte, ägyptische 631
—, englische 117, 225, 346f., 420, 438, 443, 539, 542ff., 645, 656, 659f., 663, 665, 668
—, französische 43, 325, 329, 337, 421, 438, 443, 543f., 660, 663
—, genuesische 49, 311, 643
—, kaiserliche 70, 77, 180
—, niederländische 654, 659, *Abb. 220, 318*
—, nordamerikanische 539, 542
—, päpstliche 104
—, russische 393, 445ff., 449, 676

Flotte, spanische 49, 104, 116f., 124f., 219, 395, 421, 643, 645, 647, 654, 656f., 659, 668
—, türkische 47, 49, 77, 104, 393, 446, 643, 676
—, venezianische 104, 657
Fontainebleau, südöstlich von Paris 187, 326, 444, 653, 662, 671

—, Edikt von (1540) 637
Fontana, Domenico, italienischer Baumeister, *Abb. 128*
Fontenelle, Bernard Le Bovier de, französischer Schriftsteller 332, 363, 365ff., 378ff., 471f., 479, 495, 504
—, »Dialogues des morts« (1683) 366, 504
—, »Disgression sur les Anciens et les Modernes« 367
—, »Entretiens sur la pluralité des mondes« (1686) 365f., 471, *Abb. 472*
Fontenoy, Hennegau 428
Fonwisin, Denis Iwanowitsch, russischer Schriftsteller und Komödiendichter 678
Foranes (Floranes), Rafael de, spanischer Historiker 492
Forkel, Johann Nikolaus, Musikforscher 591
Formosa (Taiwan) 658
Formula Reformationis (1548) 85f.
Fortescue, Sir Faithful, englischer Feldherr 256
Fotheringhay, Northamptonshire, Mittelengland, *Abb. 113*
Fouquet, Nicolas, französischer Staatsmann 302, 323
Fox, Charles, James, englischer Staatsmann 679
Fox, George, englischer Webersohn, Wanderprediger, Anreger der Bewegung der Quäker 656
Fragonard, Jean Honoré, französischer Maler und Radierer 675, 677
Francesco da Milano, italienischer Lautenist 615
Franche Comté, siehe Burgund, Freigrafschaft
Franck (Frank von Wörd), Sebastian, religiöser Schriftsteller, Geschichtsschreiber 636f.
Francke, August Hermann, evangelischer Theologe, Begründer des hallischen Pietismus 384, 413, 663
—, Franckesche Stiftungen zu Halle 663
Franken, Landschaft am Main 177f., 180, 194, 198f., 202, 217, 455, 634, 643, 665
Frankenhausen, Thüringen 635
Frankfurt am Main 30, 34, 73, 120, 164, 194, 355, 425f., 442, 464, 633, 669, *Kartenskizze 595*

Frankfurt am Main, Frankfurter Anstand (1539) 73, 637
—, Frankfurter Assoziation (1697) 419
—, Frankfurter Union (1744) 672
—, Reichsdeputationstag (1643) 220
Frankfurt an der Oder 187, 206, 416, 631, 669, *Kartenskizze 191*
Franklin, Benjamin, amerikanischer Philosoph, Staatsmann und Schriftsteller 474, 521, 541, 545f., 559, 564, 673, 677
Franko-flämische Schule, Kreis von Komponisten aus Burgund, Belgien und Holland 574, 607ff., 611—615, 619f., 623
Frankreich 27—30, 41—47, 49, 56, 58, 65, 70—73, 76—80, 84, 86 bis 89, 92ff., 101—108, 112, 115, 124—130, 136f., 140, 141—148, 154, 161, 166, 171—175, 181ff., 187f., 194f., 200, 202, 204f., 207, 213—221, 223ff., 227—230, 237, 242f., 245, 247, 249, 273, 277—281, 287f., 293, 295f., 299, 303f., 307f., 310, 319, 321, 323—332, 334—339, 344 bis 348, 362, 368f., 379, 387ff., 392, 395—404, 409, 411, 413f., 417f., 420f., 423f., 428f., 436 bis 444, 449f., 453, 456, 460, 462—465, 469—473, 477—480, 482f., 487, 490—493, 500 bis 504, 506f., 540—546, 549, 554, 592, 594, 597, 605, 608, 618f., 632, 634, 636, 640, 648, 656f., 659ff., 663, 665, 667, 671ff., 675, 677, 679
—, Agrarverfassung (17. Jahrh.) 281—287
—, gesellschaftliche Umschichtung im 17. Jh. 278, 284f.
—, Bündnis mit Bayern und Schweden 187, 653
—, Generalstände (1614) 143, 287f., 291, 295, 650
—, Partei der Politiker 107f.
—, Staatsrat 297
Franz I. (Franz Stephan), Sohn Leopolds von Lothringen, Herzog von Lothringen, Großherzog von Toskana, Kaiser 409, 411, 423f., 426, 428, 431, 442, 461, 670, 672, 675, *Stammtafel 406f.*
Franz II., Sohn Kaiser Leopolds II., deutscher Kaiser, als Franz I. Kaiser von Österreich 464, *Stammtafel 406f.*
Franz I., Sohn Karls von Orléans, Grafen von Angoulême und der Luise von Savoyen, König von Frankreich 29f., 39, 42—46, 49, 62f., 65, 70, 74, 79ff., 98, 632—637, *Stammtafel 90f., 342f.*

Franz II., Sohn Heinrichs II. und der Katharina von Medici, König von Frankreich 105f., 114, 640f., *Stammtafel 342f.*
Franz, Herzog von Anjou, fünfter Sohn Heinrichs II. von Frankreich und der Katharina von Medici 108, 645
Franz Albrecht (Albert), Herzog von Sachsen-Lauenburg, sächsischer Heerführer 204, 208, 210
Franz, Günther, Historiker 213
Franz von Sales, Titularbischof von Genf, französischer katholischer Schriftsteller, Heiliger 650
—, »Traité de l'amour de Dieu« (1616) 650
Franziskaner, Mönchsorden 63
Fredrikshall (Fredrikshald, heute Halden), Südnorwegen 388, 668
Fredrikshamn (heute Hamina), am Finnischen Meerbusen 437, 671
Freiberg, Sachsen 675
Freiburg, Breisgau 338, 453, 661

Freidenker, englische 478, 664
Freihandel 450
Freimaurerei 400, 419, 460, 667, 670f., *Abb. 457*
Freising, an der Isar 121
Fréron, Elie Catherine, französischer Kritiker 483
Freytag, Gustav, Schriftsteller 212
Friedewald, Hessen 86
Friedland, böhmisches Herzogtum 176, 210
Friedrich I., Sohn des Großen Kurfürsten, König in Preußen (als Kurfürst von Brandenburg Friedrich III.) 340, 362, 387, 414, 423, 664, 666 *Stammtafel 427*
Friedrich II., der Große, Sohn Friedrich Wilhelms I., König von Preußen 229, 387, 391, 387, 410, 413f., 416f., 421—426, 428, 430f., 433ff., 437, 439—442, 446f., 453ff., 457, 461, 475, 483, 492, 504, 594, 600, 669, 671—676, 678f., *Abb. 433, Stammtafel 427*
—, »Antimachiavell« (1739) 422, 424, 454, 671
—, »Considérations sur l'état présent du corps politique de l'Europe« (1738) 422
—, »De la littérature allemande« (1780) 454, 678
—, »Histoire de mon temps« (1740—45) 492, 672
—, »Politisches Testament« (1752) 434, 673
Friedrich I., Sohn König Christians I., König von Dänemark 634
Friedrich II., Enkel Friedrichs I., König von Dänemark 640f., 643

NAMEN- UND SACHREGISTER 697

Friedrich III., Enkel Friedrichs II., König von Dänemark 657
Friedrich I., Sohn des Landgrafen Karl von Hessen, König von Schweden 668
Friedrich III., der Fromme, Sohn des Pfalzgrafen Johann II. von Pfalz-Simmern, Kurfürst von der Pfalz 120
Friedrich V., Kurfürst von der Pfalz, König von Böhmen (Winterkönig) 150, 155, 162—167, 169, 171f., 177f., 180, 184f., 197, 205, 214ff., 228, 240, 464, 651
Friedrich III., der Weise, Sohn des Kurfürsten Ernst, Kurfürst von Sachsen 33, 37, 53f.
Friedrich II., Landgraf von Hessen-Kassel 455
Friedrich Heinrich von Oranien, Statthalter der Niederlande 202, 652ff.
Friedrich Wilhelm, genannt der Große Kurfürst, Sohn Georg Wilhelms, Kurfürst von Brandenburg 155, 218, 224, 331, 335f., 387, 413—417, 421, 423, 654f., 657ff., 661f., *Stammtafel 427*
Friedrich Wilhelm I., Kurfürst von Brandenburg, König von Preußen 387, 391, 408, 410, 413 bis 419, 421ff., 433f., 666, 669ff., *Abb. 416f., Stammtafel 427*
—, »Politisches Testament« (1722) 415
Friedrich Wilhelm II., Sohn des Prinzen August Wilhelm, Kurfürst von Brandenburg, König von Preußen 679, *Stammtafel 427*
Friedrich-Wilhelms- (Müllroser) Kanal, verbindet Spree und Oder 658
Friedrichsburg, Seeland 668
Friesland, Landschaft in den Niederlanden 644
Fritz, Jos, Bauernführer 632f.
Frobisher, Sir Martin, englischer Seefahrer und Forscher 117
Fron (Frohn), Dienstleistung 157, 282, 318f.
Fronde, politische Bewegung in Frankreich gegen Mazarin und den Absolutismus (1648—53) 230, 280f., 287ff., 298, 656
Frottola, Scherzgesang um 1500 mit wechselndem Metrum 612
Fruchtbringende Gesellschaft (seit 1658 auch Palmenorden), die erste der Sprachgesellschaften (Weimar, 1617—1680) 650
Frundsberg, Jörg von, kaiserlicher Feldhauptmann 44, 634
Fünfkirchen (Pecs), Ungarn 638
Fürstenbund, Deutscher 448, 463f.
Fürst und Kupferberg, Karl Joseph Maximilian, Freiherr von, Jurist, preußischer Staatsmann 431
Füssen am Lech, Bayern 426, 672
Füßli, Johann Heinrich, schweizerischer Maler und Dichter 678
Fugger, Jakob, der Reiche, Augsburger Patrizier 631ff.
Fuggerei 633
Fux, Johann Joseph, österreichischer Komponist 593f., 603

G

Gabriel, Jacques Ange, französischer Bildhauer 673, 675
Gabrieli, Giovanni, italienischer Komponist 617
—, »Sacrae symphoniae« (1597) 647
Gage, Thomas, englischer General und Gouverneur von Massachussetts 534, 536
Gagliano, Marco da, italienischer Komponist 599
Gainsborough, Thomas, englischer Maler 676, 679
Gaismair (Gaydsmayr), Michael, Schreiber des Bistums Brixen Bauernführer 635
Galen(us), römischer Arzt 584
Galilei, Galileo, italienischer Physiker und Astronom 469f., 472, 490, 647, 651, 654, 656
—, »Discorsi e dimostrazioni matematiche intorno a due nuove scienze (1638) 654
—, »Della scienza meccanica« (1649) 656
—, »Dialogo sopra i due massimi sistemi del mondo« (1632) 653
—, »Il saggiatore«, »Die Goldwaage« (1623) 651
—, »Sidereus nuncius...«, »Der Himmelsbote« (1610) 649
Galilei, Vincenzo, italienischer Komponist und Musiktheoretiker 573—576, 580, 582, 612
Galizien, Landschaft am Nordabhang der Karpaten 447
Galland, Antoine, französischer Orientalist 503
—, »Tausendundeine Nacht« (1704—1717) 503
Gallas, Matthias, Graf von Campo, Herzog von Lucera, kaiserlicher Heerführer 208f., 211, 216, 218, 653
Galli-Bibiena, Giuseppe, italienischer Bühnenausstatter *Abb. 592f.*
Galloway, Joseph, amerikanischer Rechtsanwalt und Politiker 531, 533
Gardiner, Stephen, englischer Geistlicher und Diplomat, Bischof von Winchester, Lordkanzler 637, 639
—, »De vera obedientia« (1535) 637
Gardoqui, Don Diego de, spanischer Diplomat 556f.
Garonne, Fluß in Frankreich 306
Garve, Christian, philosophischer Schriftsteller 505f.
Gassendi, Pierre Gassend, genannt, französischer Physiker, Mathematiker und Philosoph 300, 655
—, »De vita et moribus Epicuri« (1647) 655
Gates, Horatio, amerikanischer General 540
Gattinara, Mercurino, Großkanzler Kaiser Karls V. 29f., 42, 44, 46, 50, 130, 633
Gay, John, englischer Dichter 399
—, »The Beggar's Opera« (1728) 399, 669, *Abb. 397*
Gazette, La (später Gazette de France), französische Zeitschrift 653
Gebert, Martin, Theologe 598
Gebhard, Truchseß von Waldburg, Kurfürst und Erzbischof von Köln 121, 645
Gegenreformation 94f., 123, 132, 148, 204, 228, 304, 333, 335, 459, 617, 641f., 647, 651
—, England 235, 240, 273
Geistlicher Vorbehalt, Grundsatz des Augsburger Religionsfriedens 121, 152, 215, 640
Geistliche Territorien (Deutschland) 51, 120f., 215, 226, 640, 652
Geistlichkeit, Frankreich 287—290, 292ff., 305
Geldern, Landschaft in den Niederlanden 78, 414, 638, 644, 667, *Kartenskizze 139*
Gellert, Christian Fürchtegott, Dichter 672, 674
—, »Das Leben der schwedischen Gräfin von G.« (1746) 672
—, »Fabeln und Erzählungen« (1748) 672
—, »Geistliche Lieder und Oden« (1757) 674
Gemeindebildung, reformatorische 53f., 99
Generalstaaten, Versammlung der von den sieben Provinzen der Vereinigten Niederlande gewählten Abgeordneten 140f., 314
Genf, Schweiz 93, 98f., 138, 144, 362, 637, 639, 641
Geniekult 505, 507, 509

NAMEN- UND SACHREGISTER

Gent, Flandern 28, 111, 607, 637, 643f., *Kartenskizze 139*

Genter Pazifikation (1576) 111, 643f.

Gentry, niederer Adel Englands 233, 242, 249

Gentz, Friedrich von, Publizist und Staatsmann 377

Genua, Ligurien 42, 49, 77, 307, 311, **429**, 436, 458, 634f., 638, 642f., 672, 676

Geoffrin, Marie-Thérèse Rodet, Madame, *Abb. 508*

Geographie 474

Geologie 473

Georg I. (Ludwig), Sohn Ernst Augusts, König von Großbritannien und Kurfürst von Hannover 379, 391, 397f., 667f., *Abb. 396*

Georg II. (August), Sohn Georg I. Ludwigs, König von England, Kurfürst von Hannover 391. 397f., 400, 408, 415, 428, 439, 441

Georg III. (Wilhelm Friedrich), Sohn des Prinzen Friedrich Ludwig von Wales, König von Großbritannien und Kurfürst (seit 1814 König) von Hannover 391, 441, 444, 456, 544, *Abb. 528*

Georg (der Reiche, der Bärtige), Sohn Albrechts des Beherzten, Herzog von Sachsen 73, 635

Georg (der Fromme, der Bekenner), Sohn Friedrichs des Älteren, Markgraf von Brandenburg-Ansbach 57, 635

Georg Friedrich, Markgraf von Baden-Durlach 171, 651

Georg Wilhelm, Kurfürst von Brandenburg - Ansbach und Bayreuth 155, 170, 178, 186, 189ff., 217f., 654

Georgia, Staat der USA 516f., 543, 555, 677, *Kartenskizze 535*

Gerber, Ernst Ludwig, Musikhistoriker 627

Gerhard, Hubert, Bildhauer 646

Gerhardt, Paul, evangelischer Theologe 155, 212, 229

Germantown, Pennsylvania 539, 662

Gerry, Elbridge, amerikanischer Staatsmann 537

Gerstenberg, Heinrich Wilhelm von, Dichter und Kritiker 601

Geschichtswissenschaften 478, **482** bis **493**

Gesualdo, Don Carlo, Fürst von Venosa, italienischer Komponist 612

Geusen, protestantische Aufständische in den Niederlanden 109f., 115, 642f.

Gewissensfreiheit, Forderung 480

Geyer, Florian, fränkischer Edelmann 635

Gianni, Francesco Maria, Berater Kaiser Leopolds II. 452

Gibbon, Edward, englischer Historiker 475, 485, 491, 677

—, »The Decline and Fall of the Roman Empire« (1776—88) 491, 677

Gibbs, englischer Baumeister 668, 671

Gibraltar, Spanien 346, 389, 396, 544, 546, 665, 667, 677

Gießen, Hessen 649

Gil de Hontañón, Rodrigo, spanischer Baumeister 634

Gilbert (Gylberde), William, englischer Arzt, Naturforscher 647

—, »De magnete magneticisque corporibus et de magno magnete tellure« (1600) 647

Gimma, Giacinto, italienischer Literarhistoriker 492

—, »Idea della storia dell'Italia letterata« (1723) 492

Gindely, Anton, böhmischer Historiker 158

Girardon, François, französischer Bildhauer 663

Gitschin, Böhmen 204

Glareanus, Henricus, eigentlich Heinrich Loriti, schweizerischer Humanist und Musiktheoretiker 573f., 581, *Abb. 573*

—, »Dodekachordon« (1547), *Abb. 573*

Glatz, Grafschaft, Schlesien 671, 675

Gleichgewicht, europäisches 346, 388, 392, 396, 409

Gleim, Johann Wilhelm Ludwig, Dichter 672

—, »Versuch in scherzhaften Liedern« (1744) 672

Gluck, Christoph Willibald, Komponist 576, 587, 601, 626

—, »Alceste« (1769) 601, 665

—, »Iphigenie en Aulide« (1774) 587, 677

—, »Iphigenie en Tauride« (1779) 678

—, »Orfeo ed Euridice« (1761) 674

—, »Paris und Helena« (1769) 676

Goa, Vorderindien 631, 638

Godunow, Boris Fjodorowitsch, russischer Bojar, Regent und Zar **645—648**

Göllersdorf, Niederösterreich 196

Göllersdorfer Abmachung, Vertrag zwischen Wallenstein und Kaiser Ferdinand II. (1632) 196

Görz am Isonzo, Grafschaft 642

Göteborg, Schweden 185, 649

Goethe, Johann Wolfgang von, Dichter 229, 391, 442, 449, 455, 458, 464f., 503, 508f., 583, 600, 602, 676

—, »Clavigo« (1774) 677

—, »Dichtung und Wahrheit« (1811) 509

—, »Egmont« (1787) 679

—, »Faust« (I. Teil 1806) 449

—, »Götz von Berlichingen« (1773) 676

—, »Iphigenie« (1787) 679

—, »Leiden des jungen Werther« (1774) 677

—, »Weltliteratur« (Gedicht 1827) 508

—, »West-östlicher Diwan« (1819) 508

—, »Wilhelm Meister« (1785, 1796, 1821) 602, 679

Göttingen, Hannover 455, 493, 670, 676

—, »Gelehrten Gesellschaft« (1751) 670

Göttingische Gelehrte Anzeigen, Zeitschrift (1739) 483

Goldene Bulle Karls IV. von Nürnberg und Metz (1356) 425

Goldene Horde, Heerlager und Reich der Tataren in Osteuropa und Asien 320

Goldoni, Carlo, italienischer Lustspieldichter 672f.

—, »Il servitore di due padroni« (1745) 672

—, »La bottega di caffè« (1750) 673

—, »La locandiera« (1752) 673

Goldsmith, Oliver, englischer Dichter 471, 503, 675

—, »Citizen of the World« (1762) 503

—, »The vicar of Wakefield« (1766) 503, 675

Goletta, La, Tunesien 636

Golizyn, Wasilij Wasiljewitsch, russischer Staatsmann 662f.

Gondomar, Diego, Graf von, spanischer Staatsmann 239f.

Góngora y Argote, Luis de, spanischer Dichter 650

—, »Soledades«, »Einsamkeiten«, Gedichte (1613) 650

Gontard, Karl von, Baumeister 679

Gonzaga, oberitalienisches Adelsgeschlecht 652

Gooch, George Peabody, englischer Historiker 403

Gordon, Johann, kaiserlicher Heerführer 210

Gotha, Herzogtum, siehe Sachsen-Gotha

Gotha, Thüringen 635, *Kartenskizze 595*

NAMEN UND SACHREGISTER

Gotik 303
Gotland, Ostseeinsel 655
Gottorp, Schloß bei Schleswig 668
Gottsched, Johann Christoph, Schriftsteller 475, 479, 500, 572, 586, 590, 592, 599f., 602, 669 bis 672
—, »Der sterbende Cato« (1732) 670
—, »Deutsche Schaubühne« (1740) 671
—, »Deutsche Sprachkunst« (1748) 672
—, »Versuch einer kritischen Dichtkunst« (1730) 600, 669
—, »Von dem Einfluß und Gebrauch der Einbildungskraft« (1727) 500
Goudimel, Claude, französischer Komponist 611
Goujon, Jean, französischer Bildhauer 638

Goyen, Jan van, holländischer Maler 657
Gozzi, Carlo, Graf, italienischer Dramatiker 472
—, »Turandot« (1762) 675
Gracián, Baltasar, spanischer Jesuit und Schriftsteller 472, 478f., 655
—, »El Discreto« (1646) 472, 478
—, »El Oráculo manual y arte de prudencia« (1647) 472, 478, 655
Graff, Anton, Bildnismaler und Radierer 676
Gran (Parkan), an der Donau, Ungarn 638
Granada, Südspanien 642
Granvella (Granvelle), Antoine Perrenot de, Erzbischof von Mecheln, Kardinal 108f., 642
Granvella, Nicolas Perrenot, Herr von, Staatssekretär Kaiser Karls V. 75, 80
Grasse, François Joseph Paul, Marquis de Grassetilly, Comte de, französischer Seeoffizier 544
Graubünden, Schweizer Kanton 224, 651, 653f.
Gravamina nationis Germanicae, Beschwerden der deutschen Nation über die Mißstände der Kirche 37, 101
Gravelingen (Gravelines), westlich Dünkirchen, Nordfrankreich 94, 125, 640
Gravitationstheorie 473, 662
Gray, Stephen, englischer Physiker 474, 669
Graz, Steiermark 216, 645

Great Contract (1610) 237
Great Meadows, Kanada 438
Greco, El, eigentlich Dominikos Theotokópulos, griechisch-spanischer Maler und Bildhauer 98, 644f., 647ff.
Greene, Nathanael, amerikanischer General 543
Gregor XIII., vorher Ugo Buoncompagni, Kardinal von San Sisto, Papst 103, 107, 123, 643f.
Gregor XV., vorher Alessandro Ludovisi, Erzbischof von Bologna, Kardinal, Papst 172f., 651
Gregory, James, schottischer Mathematiker und Astronom 473
Grenada, Insel der Kleinen Antillen 675
Grenville, George, englischer Staatsmann 525
Greuze, Jean Baptiste, französischer Maler 677, Abb. 501
Grey, Jane (Johanna), Tochter des Herzogs von Suffolk, englische Gegenkönigin 639
Griechen 216
Griechische Musik, klassische 574f., 578
Grimaldi, Francesco Maria, italienischer Jesuit, Mathematiker und Physiker 659
—, »Physico-mathesis de lumine, coloribus et iride, aliisque adnexis libri II« (gedruckt 1665) 659
Grimm, Friedrich Melchior, Baron von, Schriftsteller und Kritiker 483, 488, 601
Grimmelshausen, Hans Jakob Christoffel von, Dichter 155, 212, 659
—, »Der Abentheuerliche Simplicissimus Teutsch, Das ist: die Beschreibung eines seltzamen Vaganten« (1668 und 1669) 659
Groningen, Stadt und Landschaft in den Niederlanden 644, 650
Grocka, an der Donau, östlich Belgrad 671
Gropper, Johann, katholischer Theologe 76
Groß, Johann Friedrich, Publizist 455
Großbritannien, Name des Vereinigten Königreichs (1.5.1707) 666, siehe England
Groß-Friedrichsburg, preußische Kolonie an der Guineaküste 662
Großjägersdorf, Ostpreußen 674
Großwardein (Oradea Mare), an der Schnellen Kreisch (Körös), Ungarn 637, 658

Grotius, Hugo (Huig van Groot), niederländischer Gelehrter, Jurist und Staatsmann 141, 189, 226, 479, 495, 649, 652
—, »De iure belli ac pacis libri tres« (Paris 1625) 652, Abb. 380
—, »Mare liberum« (1609), Teil von »De iure praedae« (1604; gedruckt 1868) 649
Grünewald Matthias, eigentlich Mathis Neithardt oder Nithart, auch Gothardt 632ff.
Grundherrschaft (Großgrundbesitz) 283f., 288, 294, 318f., 324, 341, 416, 432
Gryphius (Gryph), Andreas, Dichter 212, 228, 657
—, »Cardenio und Celinde«, bürgerliches Trauerspiel (nach 1647; gedruckt Breslau 1657) 657
—, »Deutscher Gedichte erster Teil«, gesammelte Werke (Breslau 1657) 657
Gua de Malves, Jean Paul de, Abbé, französischer Gelehrter 493
Guadeloupe, Insel der Kleinen Antillen 654
Guarini, Guarino, italienischer Baumeister 313, 659, 661
Guastalla, Poebene 672
Guéneau de Montbéliard, Philibert, französischer Schriftsteller 474
Güns (Koszeg), an der Güns, Ungarn 636
Guericke (auch Gericke), Otto von, Magdeburger Ratsherr, Ingenieur und Physiker 352, 657
Guevara, Luiz Velez de, spanischer Schriftsteller 502
Guicciardini, Francesco, italienischer Jurist und Geschichtsschreiber 641
—, »La istoria delle cose d'Italia« (1561—64) 641
Guilford, North Carolina 543
Guineaküste, Westafrika 662, 667
Guines, südlich von Calais, Nordfrankreich 638
Guingate (Enguinegatte), Flandern 632
Guipúzcoa, nordspanische Landschaft 344
Guise, Franz von Lothringen, Herzog von, französischer Heerführer 641
Guise, Heinrich I. von Lothringen, Herzog von, Führer der Guisen 107, 126, 644f.
Guise, Karl von, Kardinal von Lothringen 641
Guise, Louis de, Kardinal von Lothringen 126f., 645
Guise, Karl von, Sohn Franz' von Lothringen, Herzogs von Guise, Herzog von Mayenne 126, 646

Guldberg, Ove Hoegh-, dänischer Gelehrter und Staatsmann 678
Guldin, Paul, Goldschmied, später Mathematiker 654
—, »Centrobaryca« (Wien 1635, 1640, 1641) 654
Gustav I. Eriksson, genannt Gustav Wasa, schwedischer König 633 ff.
Gustav II. Adolf Wasa, König von Schweden 137, 145 f., 155, 174, 176, 180, 182—201, 204, 212, 215, 218, 344, 651 ff., *Abb. 192*
Gustav III., Sohn König Adolf Friedrichs, König von Schweden 456, 676, *Abb. 456*
Guyon, Jeanne Marie Bouvier de la Motte, französische Mystikerin 370
Györ (Raab) an der Donau 321

H

Haag, Den, Niederlande 177, 644, 644, 668
Haarlem, Holland 314
Habana (Havanna), Kuba 675
Habeas-Corpus-Akte von 1679, englisches Staatsgrundgesetz zum Schutz der persönlichen Freiheit 243, 661
Habsburger, deutsches Herrschergeschlecht 29, 44, 46, 58, 109, 114, 117, 123, 136 f., 140, 142 f., 148, 151, 154, 157, 160, 162, 165 f., 169 ff., 173 f., 176 ff., 180 f., 187 f., 202, 204, 214 f., 218, 220, 223, 228, 245, 250, 279, 317, 323, 331 f., 336—339, 346, 394, 405, 415, 420, 432, 436, 439, 659 f., 662, 664, 666, 679, *Stammtafel 90 f., 406 f.*
—, Erblande 148, 151, 163, 187, 206, 217, 337, 339
—, Erbteilung 41, 92, 96, 117
—, innerdynastische Nachfolgeregelung 84, 92, 639, 665
—, und Valois, Rivalität 28 ff., 41 bis 50, 70, 73, 77—81, 86—89, 92 ff., 96, 103
Hadik von Futak, Andreas, Reichsgraf, österreichischer Feldmarschall 440 f., 674
Hadrian VI., vorher Adrian Florisz (Florent), aus Utrecht, Rektor der Universität Löwen, Bischof von Tortosa, Kardinal, Großinquisitor von Aragon, Papst 634
Händel, Georg Friedrich, Komponist 572, 591, 621, 623, 625, 665, 667, 670 ff.
Häresie (Irrlehre) 38, 66, 126, 129, 138, 289, 305 f., 320, 323, 357, 368

Härjedalen, mittelschwedische Landschaft, Südteil des Län Jämtland 655
Hagedorn, Friedrich von, Dichter 671
Hagenau, Unterelsaß 75, 87, 99, 637
Hakluyt, Richard, englischer Geograph und Schriftsteller 646
Halberstadt, am Harz, Bistum 171, 178, 180, 224, 598, 632, 656
Hales, John, englischer Gelehrter 478
Halifax, Neuschottland 537
Halle, an der Saale 199, 362, 414, 416, 422, 455, 600, 623, 656, 661, 663, 665, 669, *Kartenskizze 595*
Haller, Albrecht von, Anatom, Physiologe, Botaniker, Arzt und Dichter 475, 504, 584, 674
—, »Erste Gedichte« 504
—, »Elementa physiologica corporis humani« (8 Bde 1757 bis 1766) 584, 674
Halley, Edmond, englischer Astronom 665
Hals, Frans, niederländischer Maler 632 f., 654, 658, *Abb. 356*
Halsbandaffäre 464, 679
Hamann, Johann Georg, philosophischer Schriftsteller 416, 475, 500
Hamburg, Reichsstadt 213, 229, 317, 593 f., 596 ff., 600, 631, 661, 671, 675, *Kartenskizze 191 595*
Hamilton, Alexander, amerikanischer Staatsmann 559, 566, 567
Hamilton, Anthony, Earl of, englischer Historiker 307
Hampton Court, Schloß an der Themse, südwestlich von London 236, 648
Handel, China 669
—, Deutschland 122, 229
—, England 115, 117, 124, 233 f., 246, 264, 315 ff., 334, 336, 344, 346 f., 397, 420, 438, 640 f., 646, 648, 669, 679
—, Frankreich 278, 290 f., 293 f., 321 f., 325, 327, 331, 335, 344 f., 420, 438, 677, 679
—, Italien 311
—, Niederlande 111 f., 140, 313 f., 650, 654, 656
—, Österreich 405, 408, 669
—, Polen 319
—, Portugal 640
—, Preußen 453, 673, 679
—, Rußland 117, 640, 669, 679
—, Spanien 115, 124, 308, 641, 648, 669
—, Toskana 452
—, Türkei 321
—, Vereinigte Staaten 545, 553 f., 557, 677, 679

Handwerk, Deutschland 318
—, Frankreich 292, 300, 304, 495
Hannah's Cowpens, South Carolina 543
Hannover, Stadt und Kurfürstentum 379, 439 f., 443, 455, 662, 667, 674, 679, *Kartenskizze 595*
Hannover, deutsches Kurfürstenhaus und englische Dynastie 347, 379, 397, 428, 441, 665
—, Hannoverian Settlement (1701) 379, 656
Hanse, deutscher Städte- und Kaufmannsbund 180, 647
Hardenberg, Karl August Fürst von, preußischer Staatsmann 452
Hargreaves, James, englischer Zimmermann und Weber 675
Harrington, William Stanhope, Earl of, englischer Staatsmann 400
Harrison, Thomas, englischer Parlamentarier 263
Harsdörffer, Georg Philipp, Dichter 596
Hartsoecker, Nikolaus, holländischer Arzt und Physiker 472
Harvard College, Cambridge, Massachusetts 654
Harvey, William, englischer Arzt 352, 652
—, »Exercitatio anatomica de motu cordis et sanguinis« (Frankfurt 1628) 352, 652, *Abb. 352*
Haselrig (Hesilrige, Heselrig), Sir Arthur, Baronet of Noseley, englischer Parlamentarier 269, 271
Hasse, Johann Adolf, Komponist 625 f., 670
Hassinger, Erich, Historiker 95
Hastenbeck, südöstlich von Hameln 443, 674
Hastings, Warren, anglo-indischer Staatsmann 678 f.
Haugwitz, Friedrich Wilhelm, Graf von, österreichischer Staatsmann 431 f.
Havel, rechter Nebenfluß der Elbe 190
Hawai, Insel, Stiller Ozean 677
Hawke, Edward, englischer Admiral 443
Hawkins, Sir John, englischer Admiral 641, 645
Hawkins, Sir John, englischer Musikforscher 572
Haydn, Joseph, österreichischer Komponist 571, 601, 603, 626 ff., 669, 673 f., 676—679
Hazard, Paul, französischer Literarhistoriker 334, 351
—, »La Crise de la Conscience Européenne« (1935) 351

NAMEN- UND SACHREGISTER

Hecker, Johann Julius, Pädagoge 675
Hegel, Georg Wilhelm Friedrich, Philosoph 229, 358, 384, 485, 488
—, »Über die wissenschaftlichen Behandlungen des Naturrechts« 488
Hegemonie (Suprematie), europäische 28 ff., 41—50, 60, 70, 73, 77—80, 86—89, 92 ff., 332, 346 ff., 390, 392, 395, 401
Heidelberg 138, 150, 164, 172, 358, 663, 668
»Heidelberger Katechismus« 120, 641
Heilbronn 52, 202, *Karte 184*
Heilbronner Bund (1633) 202, 206, 214, 653
Heine, Heinrich, Dichter 579
Heinrich VII., Sohn des Edmund Tudor, Earls of Richmond, König von England 631, *Stammtafel 90f.*
Heinrich VIII., Sohn Heinrichs VII., König von England 29, 39, 42 f., **59—63**, 79, 81, 113 f., 116, 631 f., **634—638**, *Abb. 60, Stammtafel 90 f.*
—, »Assertio septem sacramentorum« (1521) 60
Heinrich II., Sohn Franz' I., König von Frankreich 39, 86 ff., 93 f., 104 f., 302, 638 ff., *Stammtafel 342 f.*
—, Heilung Kranker 296, *Abb. 85*
Heinrich III., von Anjou, Sohn Heinrichs II., König von Frankreich 108, 125 ff., 149, 611, 642, 645 f., *Stammtafel 342 f.*
Heinrich IV., Sohn Antons von Bourbon und Sohn der Johanna d'Albret, König von Navarra, später König von Frankreich 39, 106, 108, **126—130**, 132, **140—143**, 153, 218, 279, 293, 296, 643, 645 f., 649, *Abb. 129, 136, Stammtafel 342 f.*
Heinrich, Sohn Emanuels I., Kardinal, König von Portugal 644, *Stammtafel 90 f.*
Heinrich, Sohn Jacobs I. von England, Prince of Wales 242
Heinrich der Jüngere, Sohn Heinrichs des Älteren, Herzog von Braunschweig-Wolfenbüttel 73, 637
Heinse, Johann Jakob Wilhelm, Dichter 571, 601
—, »Hildegard von Hohenthal« (1795/96) 571
Held, Matthias, Vizekanzler Kaiser Karls V. 73
Helmstedt, Braunschweig 644
Helsingfors (Helsinki), Finnland 437, 667
Helvétius, Claude Adrien, französischer Philosoph 475, 499, 674

Henlein, Peter, Nürnberger Kunstschlosser 632
Hennegau, Landschaft in Belgien 279, 655
Henri II., Sohn Johanns d'Albret, König von Navarra 42, *Stammtafel 90f, 342f.*
Henriette Maria von Frankreich, Tochter Heinrichs IV., Gemahlin Karls I. von England 174, 241, 254, *Abb. 248, Stammtafel 342f.*
Henry, Patrick, amerikanischer Politiker 525, 533

Herbert of Cherbury, Edward Herbert, englischer Historiker und Philosoph 477, 652, 655
—, »De veritate prout distinguitur a revelatione, a verisimile, a possibile et a falso« (1624) 477, 652
Herborn an der Dill, Hessen 645
Herder, Johann Gottfried von, Dichter und Philosoph 416, 455, 475, 485, 488, 500, 505, 507 f., 600, 602, **676—679**
—, »Gott, einige Gespräche« (1787) 679
—, »Ideen zur Philosophie der Geschichte der Menschheit« (1784) 678
—, »Kalligone« (1800) 600, 602
—, »Shakespeare« (Aufsatz in Goethes »Fliegende Blätter von deutscher Kunst und Art« 1773) 507
—, »Über den Ursprung der Sprache« (1772) 676
—, »Volkslieder« (1778) 677
Herrenhausen, Schloß bei Hannover 414, 669
Herrera, Juan de, spanischer Baumeister 641, 645, *Abb. 100*
Herrnhut, Oberlausitz 668
Herrnhuter Brüdergemeine, siehe Brüdergemeine
Herschel, William, englischer Astronom 473, 678
Herstal (Herristall), preußische Herrschaft bei Lüttich 422
S'Hertogenbosch, Brabant 652
Hessen-Darmstadt 194, 206, 214, *Karte 184*
Hessen-Kassel, Kurhessen 120, 153, 177, 192, 194, 215, 226, 440, 455, 539, 635, 638, 662, 672, 674, 677, *Kartenskizze 191*
Heterodoxie 479 f.
Hexenprozesse 362, 659
Heywood, Thomas, englischer Dramatiker 648
Hieronymiten, Eremiten des heiligen Hieronymus, ehemals Mönchsorden 78, 97

Highmore, Joseph, englischer Maler, *Abb. 500*
Hildebrandt, Johann Lukas von, Baumeister 666 ff.
Hildesheim, Bistum 121, *Karte 184*
Hiller, Johann Adam, Komponist 591
Hilleström d. Ä., Per, schwedischer Maler, *Abb. 456*

Hippel, Theodor Gottlieb von, Schriftsteller 506
Hippokrates, griechischer Arzt 584
Hobbes, Thomas, englischer Philosoph und Staatstheoretiker 239, 257, **353—361**, 363, **377—380**, 479, 495, **654—657**
—, »De Cive« (Paris 1642), später 3. Teil der »Elementa philosophiae« 655
—, »De corpore« (London 1655), später 1. Teil der »Elementa philosophiae« 657
—, »De homine« (London 1658), später 2. Teil der »Elementa philosophiae« 657
—, »Leviathan«, philosophische Utopie (1651) 257, 353, 656, *Abb. 353*
—, »The Elements of Law, Natural and Politic« (1640; gedruckt 1650: »Human Nature«, »De corpore politico«) 654
Hochkirch, Schlesien 441
Hoë von Hoenegg, Matthias, lutherischer Theologe 151
Höchst am Main 651
Höchstädt im Donauried, Bayern 665
Höringk, Philipp Wilhelm von, Volkswirtschafler 338
—, »Österreich über alles, wenn es nur will« (1684) 338
Hofhaimer, Paulus von, österreichischer Organist und Komponist 611
Hogarth, William, englischer Maler, Zeichner und Kupferstecher 670, 672, *Abb. 397*
Hohenfall, Fabricius, Freiherr von, Sekretär der böhmischen Statthalterschaft 160, *Abb. 160*
Hohenfriedberg, Schlesien 426
Hohenstein, Grafschaft, Sachsen 656
Hohenzollern, deutsches Herrschergeschlecht 151, 416, *Karte 184, Stammtafel 427*
—, Hausgesetz 415, 418
Holbein der Jüngere, Hans, Maler **634—637**, *Abb. 60, 573*
Holk, Heinrich Graf von, kaiserlicher Feldmarschall 199
Holl, Elias, Baumeister 648, 650

NAMEN- UND SACHREGISTER

Holl, Karl, evangelischer Theologe, Lehrer der Kirchengeschichte 53
Holländischer Krieg (1672—79) 330f., 660f.
Holland, Landschaft in den Niederlanden 110f., 140ff., 310, 351, 355, 360, 362, 371, 401, 425, 428f., 470, 479f., 615, 636, 642ff., 651, 654, 656, 658—661, 663, 667, 671, *Kartenskizze 139*
Holles, Denzil, englischer Parlamentarier 259
Holstein, Herzogtum 177, 180, 455
Holstein-Gottorp, schleswig-holsteinisches Herrscherhaus 668, 674
Homer, griechischer Dichter 503, 600, 678
—, »Odyssee« 600, 678
—, »Ilias« 508, 678
Homophonie, Einstimmigkeit, Musik, in der eine Stimme das Hauptgewicht trägt 573f., 576, 607, 611, 614
Hontheim, Johann Nikolaus von, Weihbischof von Trier 461, 679
Hooch (Hoogh), Pieter de, niederländischer Maler 657
Hooke, Robert, englischer Physiker und Naturforscher 472
—, »Micrographia« (1664) 472
Hoorn(e) (Hornes), Philipp II. von Montmorency-Nivelle, Graf von, niederländischer Edelmann 108f., 141, 642
Hôpital (Hospital), Michel de L', Kanzler Katharinas von Medici 106
Horaz, Quintus Horatius Flaccus, römischer Dichter 500, 503
Horn, Gustav Karlsson, schwedischer Feldherr 185, 214, 653
Hosius, Stanislaus, Bischof von Ermland, Kardinal 642
Hotman (Hotomannus), François, Sieur de Villiers Saint-Paul, französischer Jurist deutscher Abstammung 643
—, »Franco-Gallia seu Tractatus isagogus de regimine regum Galliae« (1573) 643
Houckgeest, Gerard, niederländischer Maler, *Abb. 249*
Houdon, Jean-Antoine, französischer Bildhauer 677f., *Abb. 509*
Hougue (Hogue), La, Bucht im Osten der Halbinsel Cotentin, südostwärts von Cherbourg 337, 663
Howard, altes englisches Geschlecht 238
Howard, Charles, Baron of Effingham, Earl of Nottingham, englischer Admiral 645

Howe, William, Viscount, englischer General 539, 542, 559, 677
Hubertusburg, Sachsen 441f., 675
Huch, Ricarda, Dichterin 212, 216
Hudson, Henry, englischer Seefahrer 649
Hudson-Bay, Kanada 420, 667
»Hüte«, schwedische Adelspartei 656
Hugenotten (aus dem deutschen eygenots, Eidgenossen), französische Protestanten 95, 101, 106ff., 115, 124, 126f., 130, 141, 144, 166, 171, 173ff., 181, 241, 345, 364, 417, 517, **641** bis **645**, 651f., 662
Hugenottenkriege 104, 106, 109, 235, 641f., 647
Humanismus, Geistesrichtung der Renaissance 31, 33, 40, 54, 144, 469f., 472, 500, 575ff., 579f., 585, 611
Humble Petition and Advice, The, englische Verfassung von 1657 267f.
Hume, David, englischer Philosoph, Historiker und Nationalökonom 372, 472, 475, 485, 491, 506f., 671ff.
—, »An Enquiry concerning Human Understanding« (1748) 672
—, »An Enquiry concerning the Principles of Morals« (1751) 673
—, »A Treatise on Human Nature« (1739) 671
—, »Dialogues concerning Natural Religion« (1779) 678
—, »History of England« (1763) 675
—, »Natural History of Religion« (1755) 673
—, »Standard of Taste« (1746) 507
Huntingdon an der Ouse, nordwestlich Cambridge 256
Huntsman, Benjamin, englischer Erfinder 671
Hurter, Friedrich von, österreichischer Historiker 167, 217
Hus, Jan (Johannes Huß), tschechischer Reformator 158
Hussiten, Anhänger der Lehre des Jan Hus 156, 167
Hutten, Ulrich von, Reichsritter und Humanist 39, 51, 633, 635
Huygens, Christian, holländischer Mathematiker und Physiker 302, 365, 473, 657, 660f.
—, »Horologium oscillatorium« (Paris 1673) 660
—, »Traité de la lumière« (1678; gedruckt Leiden 1690) 661
Hyde, Edward, siehe Clarendon

I

Iberische Halbinsel 310
Idealismus 356, 372
Ikonenmalerei 320
Ile de France, Landschaft im Pariser Becken 605, 637
Ilow, Christian von, kaiserlicher Heerführer 210
Impeachment, in England Staatsanklage gegen Minister und hohe Beamte 240
Independente (Kongregationalisten), calvinistisch-puritanische Kirchenpartei in England 260f., 644
Index librorum prohibitorum (1564) 642
Indianer, einheimische Bevölkerung Amerikas 311, 375f., 438, 522f., 540, 543, 555f., 632, 638, 678
Indien 47, 103, 124, 144, 310, 325, 437f., 444, 490, 631, 646, 650, 658, 672, 674, 677, 679
Indischer Ozean 47, 313
Indulgence, Declaration of (1672) 660, (1687) 662
Industrie, England 315
—, Frankreich 292, 327, 347f.
—, Niederlande 314
—, Preußen 453
—, Rußland 341
Infinitesimalrechnung 334, 659f.
Ingermanland, Landschaft am Finnischen Meerbusen 644f., 664
Ingolstadt, Bayern 119, 196f., 639
Inn, rechter Nebenfluß der Donau 364
Innviertel, Landschaft zwischen Inn, Donau und Salzach 364, 677
Innozenz III., vorher Lotario, Graf Segni, Kardinal von San Sergio, Papst 67
Innozenz X., vorher Giovanni Battista Pamfili, Kardinal, Papst 155, 213, 221, 227, 357, 655, 657
Innozenz XI., vorher Benedetto Odescalchi, Kardinal, Papst 331, 335, 658, 661f., *Abb. 332*
Innozenz XII., vorher Antonio Pignatelli, Erzbischof von Neapel, Kardinal, Papst 663f.
Innozenz XIII., vorher Michelangelo dei Conti, Nuntius, Kardinal, Papst 668f.
Innsbruck, Tirol 87, 660
Innungen 292
Inquisition 65, 68, 77, 108f., 248, 638, 642
Instrumentalmusik 571f., 583, 586, 592, 596, 600, 602, **613** bis **616**, 618, 623, 626f.

NAMEN- UND SACHREGISTER 703

Instrument of Government (Dez. 1653), geschriebene Verfassung Englands 263–268, 270
Intendant, in Frankreich wichtigster Verwaltungsbeamter des Ancien régime 298f., 324, 327, 332, 338, 347, 415
Interim, Augsburger (15.5.1548) 85f., 637
—, Leipziger (22.12.1548) 85, 637
Intermedium, musik-dramatisches Zwischenspiel des 16.Jahrhunderts 577
Interregnum, englisches (1649–60) 260–269, 272
Investitur, Belehnung von Bischöfen und Äbten mit ihrem Amt 288
Iran (Persien) 319
Iren, Volk aus dem gälischen Zweig der keltischen Völkergruppe 253, 428
Ireton, Henry, englischer Feldherr 259f.
Irland 245, 247f., 259, 261f., 641, 644, 646ff., 654, 656, 678
Ironsides (Eisenseiten), seit 1648 Name der geharnischten Reiter Oliver Cromwells 265
Isaak, Heinrich, flämischer Komponist 612
Isabella (I.), die Katholische, Gemahlin Ferdinands II., König von Aragonien 28, *Stammtafel 90f.*
Isabella Clara Eugenia, Tochter Philipps II. von Spanien, Regentin der spanischen Niederlande (Belgien) 128, 140, 202f., *Stammtafel 90f.*
Ischia, Insel am Golf von Neapel 49
Isidor von Sevilla, spanischer Theologe und Schriftsteller 580f.
Islam 103, 310, 320f., 490
Island, Insel im Atlantik 455
Isorhythmik, mittelalterliche Kompositionstechnik. Während sich die Töne ändern, bleibt der Rhythmus gleich 607
Italianismus 303f.
Italien 28ff., 31, 41–50, 65f., 70, 84, 86f., 89, 93, 98, 103, 137f., 173, 179, 181ff., 214, 218, 229, 278, 302f., 307, 311ff., 331, 337, 339f., 393ff., 410, 412, 414, **426–430**, 450ff., 460ff., 469f., 472, 483ff., 491f., 507, 592, 596, 599, 607, 612f., 618, 631, 639, 665f., 670, 672
Italiener 140, 208, 216
Ivry-La-Bataille, westlich von Paris 128, 646
Iwan IV. Wasiljewitsch, Grosnij (der Schreckliche), Sohn Wasilijs III., Zar von Rußland 122f., 636, 638ff., 642ff.
Iwan V. Aleksejewitsch, Sohn des Zaren Aleksej Michailowitsch, Zar von Rußland 662
Iwan VI. Antonowitsch, Sohn Anton Ulrichs von Braunschweig-Bevern und der Großfürstin Anna Leopoldowna, Zar von Rußland 436, 445, 671
Iwangorod an der Narowa, gegenüber Narwa 645

J

Jacobi, Friedrich Heinrich, Philosoph 678f.
—, »Über die Lehre des Spinoza« (1785) 679
—, »Woldemar« (1779) 678
Jacquet, Mathieu, französischer Bildhauer, *Abb. 136*
Jackson, Andrew, Präsident der Vereinigten Staaten 567
Jägerndorf, Schlesien 423, 426
Jämtland, nordschwedische Landschaft 655
Jagiellonen, litauisch-polnisches Herrschergeschlecht 47, 122, 145, 643
Jakob I., Sohn der Königin Maria Stuart und Henry Darnleys, König von England, als König von Schottland Jakob VI. 115, 140, 144, 161, 174, **233–241**, 243f., 248, 516f., 642, 645, **648–651**, *Abb. 240f.*
Jakob II., Herzog von York, Sohn Karls I., König von Großbritannien und Irland 243, 252, 334, 336, 375ff., 620, 658, 661ff., 665
Jakob (III.) Eduard Stuart, Chevalier de Saint George, Sohn Jakobs II. von England, Thronprätendent 395ff., 399, 662, 665f.
Jakob IV., Sohn Jakobs III., König von Schottland 632
Jakob V., Sohn Jakobs IV., König von Schottland 632, 637
Jakob VI., König von Schottland, siehe Jakob I., König von England
Jamaika, Insel der Großen Antillen 266
Jamestown, Virginia 649
Jansen, Cornelius, niederländischer katholischer Theologe, Bischof von Ypern 305, 356f., 363, 654
—, »Augustinus sive doctrina Sti. Augustini de humanae naturae sanitate, aegritudine, medicina« (posthum gedruckt 1640) 654
Jansenismus, katholische Richtung, die die Gnadenlehre des Kirchenvaters Augustinus vertrat (17./18.Jh.) 289, 305', 348, 356, 369f., 401ff., 449, 459–462, 654, 657, 666f.
Japan 638f.
Jarnac, an der Charente, Westfrankreich 642
Jaspers, Karl, Philosoph 358
Jay, John, amerikanischer Jurist und Staatsmann 545, 556f.
Jedin, Hubert, katholischer Theologe und Professor für Kirchengeschichte 67, 74
Jefferson, Thomas, Präsident der Vereinigten Staaten 373, 523, 534, 538, 545ff., 554ff., 559, 566f.
Jena, Thüringen 458, 640
Jenatsch, Georg (Jörg, Jürg), Graubündener Truppenführer, zuletzt Gouverneur von Chiavenna, ursprünglich evangelischer Pfarrer 654
Jenkins, Robert, englischer Kapitän 400, 419ff., 671
Jerusalem, Johann Friedrich Wilhelm, protestantischer Theologe 478
Jesuiten, Orden der Gesellschaft Jesu (Societas Jesu 1534) 68f., 116, 119, 123, 136, 144f., 149, 152, 161, 166, 193, 204, 300, 305, 331, 339, 356, 450, 459ff., 495, 636f., 639f., 646, 649, 665, 669, 674ff.
Jeune, Claude le, französischer Komponist 611
Joachim I., Sohn Johann Ciceros, Kurfürst von Brandenburg 631
Joachim II., Sohn Joachims I., Kurfürst von Brandenburg 75
Jodelle, Étienne, Sieur de Lymodin, französischer Dichter der Pléiade 639
—, »Cléopâtre captive« (1552) 639
Johann II. Kasimir, Sohn Sigismunds III., König von Polen 319, 659
Johann III. Sobieski, König von Polen 332, 660ff.
Johann IV. von Braganza, König von Portugal 219, 654
Johann III., Sohn König Gustav Wasas, König von Schweden 122, 642, 646
Johann, der Beständige, Sohn des Kurfürsten Ernst, Kurfürst von Sachsen 54, 56f., 635
Johann III., der Friedfertige, Herzog von Cleve 77ff.
Johann von Österreich (Don Juan d'Austria), natürlicher Sohn Kaiser Karls V. und der Barbara Blomberg, Statthalter der Niederlande 104, 111, 643f., *Stammtafel 90f.*

704 NAMEN- UND SACHREGISTER

Johann Friedrich, der Großmütige, Sohn Johanns des Beständigen, Kurfürst von Sachsen 81, 638
Johann Georg I., Sohn Christians I., Kurfürst von Sachsen 150, 155, 159, 161, 163 ff., 168 f., 178, 186, 189 f., 192 f., 197 ff., 202 f., 217, 653
Johann Philipp von Schönborn, Erzbischof und Kurfürst von Mainz, auch Bischof von Würzburg und von Worms 655, 657, 659
Johann Sigismund, Sohn Joachim Friedrichs, Kurfürst von Brandenburg 650
Johann Wilhelm IV., Herzog von Jülich, Berg und Cleve 649
Johann, Erzbischof von Lund 73
Johanna, die Wahnsinnige, von Kastilien und Aragon, Gemahlin Herzog Philipp I. des Schönen von Burgund 28 f., *Stammtafel 90f.*
Johanniter (Hospitaliter, Malteser), ältester geistlicher Ritterorden 636, 643
Johnson, Samuel, englischer Schriftsteller 399, 503, 673
—, »Dictionary of the English Language« (1755) 673
—, »Lives of the most Eminent English Poets (1779) 678
—, »Rasselas« (1759) 503
Johnstone, Charles, englischer Satiriker 475, 502
—, »Chrysal or the Adventures of a Guinea« (1760) 502
Jones, Inigo, englischer Baumeister 241, 261, 316, 651, *Abb. 273*
Jones, John Paul, amerikanischer Seeoffizier 542
Jonghe, Jan Martszen de, niederländischer Maler, *Abb. 192*
Jonson, Ben(jamin), englischer Dramatiker 241, 647 ff.
—, »Every Man in his Humour«, Komödie (1598) 647
—, »The Alchimist« (1610) 649
—, »Volpone«, Komödie (1605) 648
Joseph I., Sohn Leopolds I., König von Ungarn und Böhmen, Kaiser 337, 346, 388, 391 f., 405, 459, 662, 665 f., *Stammtafel 406 f.*
Joseph II., König von Ungarn und Böhmen, Kaiser 391, 431, 436, 442, 446 f., 452 f., 457 f., 461–464, 675 f., 678 f., *Abb. 448, Stammtafel 406 f.*
Joseph, Kapuzinerpater, Berater Richelieus 183, 217
Joseph Clemens, Sohn des Kurfürsten Ferdinand Maria, Herzog von Bayern, Kurfürst von Köln 665

Joseph I. Emanuel, Sohn Johanns V., König von Portugal 460, 674
Joseph Ferdinand, Sohn des Kurfürsten Maximilian II. Emanuel, Kurprinz von Bayern, Erbe der spanischen Monarchie 664, *Stammtafel 406 f.*
Josephinismus, von Kaiser Joseph II. in Österreich durchgeführtes Staatskirchentum 431, 461 f.
Josquin de Près, flämischer Komponist 573, 577, 609–612, 615, 625
Josua, Buch des Alten Testaments 361
Journal des scavans, Le, französische Zeitschrift (1665) 362, 483
Journal étranger, französische Zeitschrift 483
Jovellanos, Gaspar Melchor de, spanischer Staatsmann und Schriftsteller 472, 475, 492
Juan d'Austria, Don, siehe Johann von Österreich
Juden 264, 478, 490 f.
Jülich-Berg, Herzogtum 142, 147, 151, 153, 410, 413, 423, 455, 649 f., 669, 671
Jülich-Cleve, Herzogtum 118
—, Erbfolgestreit (1609) 649 f.
Jütland, nördlicher Teil der Jülischen oder Zimbrischen Halbinsel 178, 180, 216, 655
Julius II., vorher Giuliano della Rovere, Papst 61, 64, 631 f.
Julius III., vorher Giovanni Maria Ciochi del Monte, Kardinal, Papst 82, 86, 88 f., 639 f.
Julius, Sohn Herzog Heinrichs des Jüngeren, Herzog von Braunschweig-Wolfenbüttel 642, 644
Julius Echter von Mespelbrunn, Fürstbischof von Würzburg 643 f.
Jungius, Joachim, Naturwissenschaftler und Philosoph 651
Juniusbriefe (Letters of Junius), 69 unter dem Decknamen Junius 1769–72 im Public Advertiser in London erschienene Briefe 676
Justi, Carl, Kunsthistoriker 484
Juvara, Filippo, italienischer Baumeister 667, 669

K

Kaaden, Böhmen 636
Kadenz, harmonischer Schluß eines Tonstückes 586 f., 608 ff., 622
Kändler, Johann Joachim, Porzellanmodelleur 670

Kärnten, Landschaft an der Drau 41, 52, 162, 405, 431, 642
Kahlenberg, bei Wien 662
Kairo, Ägypten 633
Kajetan, Kardinal, siehe Cajetan (Jacobus Gaëtanus)
Kalabrien, Landschaft in Süditalien 647
Kalifornien, Staat der USA 117
Kalmar, Südschweden 634
Kalmarer Union (Dänemark, Norwegen, Schweden) 634
Kalmar-Krieg, dänisch-schwedischer (1611–13) 649
Kamenez (-Podolsk), am Smotritsch unweit des Dnjestr, Westukraine 660 f., 664
Kamtschatka, Halbinsel, nordöstliches Asien 664
Kanada 325, 346, 438, 444, 516, 525, 537, 539 f., 545, 649, 675, 677
Kandia (Candia), italienischer Name für Herakleion auf Kreta 655, 659
Kanon, musikalische Form, bei der ein Thema von anderen Stimmen nachgeahmt wird 611
Kant, Immanuel, Philosoph 355 f., 367, 372, 390, 416, 475, 501, 505 f., 512, 572, 600, 676, 678 f.
—, »Grundlegung zur Metaphysik der Sitten« (1785) 505
—, »Kritik der praktischen Vernunft« (1788) 501, 679
—, »Kritik der reinen Vernunft« (1787) 506, 678
—, »Kritik der Urteilskraft« (1790) 501
—, »Prolegomena zu einer jeden künftigen Metaphysik« (1783) 506
Kantate, Singstück aus mehreren Teilen 598, 623–626
Kanton (Nan-hai, Kuang, Kuang-chou), Südchina 633
Kapitalismus 142, 316, 318, 374
Kapland, Südafrika 656
Kappel, Kanton Zürich 58, 636
Kapuziner (Ordo fratrum minorum S. Francisci Capucinorum), Zweig des Franziskanerordens 635
Karelien, Landschaft zwischen Weißem Meer und Ladoga-See 137, 145
Karibische See, Becken des amerikanischen Mittelmeeres 115, 124, 544
Karl I., der Große, König der Franken, deutscher Kaiser 329, 490
Karl IV. (ursprünglich Wenzel), Sohn Johanns von Böhmen, deutscher König und Kaiser 594

NAMEN- UND SACHREGISTER

Karl V., Sohn Philipp des Schönen von Österreich und der Johanna von Kastilien und Aragon, König (Karl I.) von Spanien, deutscher König und Kaiser 27—30, 34—50, 56—60, 63, 65, 67, 70—98, 101, 108f., 117, 125, 130, 132, 172, 394, 404, 631—640, *Abb. 28f.*, *Stammtafel 90f.*

Karl VI., Sohn Leopolds I., Erzherzog von Österreich, Regent von Spanien, Kaiser 337, 344, 346, 348, 391—394, 396, 400, 404f., 408—415, 418, 421, 423, 431, 436, 664ff., 668—671, *Abb. 405, 592, Stammtafel 406f.*

Karl VII. Albert (Albrecht), Sohn Maximilian Emanuels, Kurfürst von Bayern, Kaiser 405, 425f., 671f., *Stammtafel 406f.*

Karl I. Stuart, Sohn Jakobs I., König von England 174, 234f., 238f., 241—245, 248—256, 258 bis 261, 265, 353, 517, 633, 652, 654ff., *Abb. 248f.*

Karl II., Sohn Karls I., König von England 239, 262, 265, 271f., 279, 310, 330, 334, 344, 517, 620, 656, 658—662, *Abb. 272*

Karl IX., Sohn Heinrichs II. und der Katharina von Medici, König von Frankreich 106ff., 611, 641ff., *Abb. 108f.*, *Stammtafel 90f., 342f.*

Karl IX., Sohn Gustav Wasas, Herzog von Södermanland, König von Schweden 123, 145, 642, 647

Karl X. Gustav, Sohn Johann Kasimirs von Pfalz-Zweibrücken, König von Schweden 657

Karl XI., Sohn König Karls X. Gustavs, König von Schweden 331, 344, 661

Karl XII., Sohn Karls XI., König von Schweden 344f., 387f., 392, 397, 403, 456, 489, 664—668

Karl II., Sohn Philipps IV., König von Spanien 309f., 330, 335, 659, 664, *Abb. 308, Stammtafel 90f.*

Karl III., Sohn Philipps V., König von Spanien, als Karl IV, König von Neapel-Sizilien 403, 409, 411, 451, 460, 670, 674, *Stammtafel 342f.*

Karl (II.), Sohn Kaiser Ferdinands I., Erzherzog von Österreich (in Steiermark) 642, 644f., *Stammtafel 90f.*

Karl, Herzog von Braunschweig-Wolfenbüttel 599

Karl, der Kühne, Sohn Herzog Philipps des Guten, Herzog von Burgund 28, 608, *Stammtafel 90f.*

Karl III. (IV.), Herzog von Lothringen 194, 653, 658ff.

Karl V. (Karl Leopold), Sohn des Nikolaus Franz, Herzog von Lothringen, Feldmarschall 332, 336, 660, 662, *Stammtafel 90f., 406f.*

Karl (Alexander), Prinz von Lothringen, österreichischer Feldmarschall 426, 429, 440f., *Stammtafel 406f.*

Karl IV. (Ferdinand), Herzog von Mantua 331

Karl von Bourbon, Herzog von Vendôme, genannt der Connétable von Bourbon 43, 46, 48, *Stammtafel 342f.*

Karl von Bourbon, jüngerer Bruder Antons, Königs von Navarra, genannt Kardinal von Bourbon, als Karl X. zum König proklamiert 126ff., *Stammtafel 342f.*

Karl von Lothringen, Kardinal 102, 105, 125f.

Karl August, Herzog von Sachsen-Weimar 455, 464

Karl Emanuel I., Herzog von Savoyen 163, *Stammtafel 90f.*

Karl Emanuel I., Herzog (Karl Emanuel III.) von Savoyen, König von Sardinien 410f., 428f., *Stammtafel 406f.*

Karl Eugen, Sohn Karl Alexanders, Herzog von Württemberg 454f., 599, 676

Karl Friedrich, Markgraf, später Großherzog von Baden 454f., 678

Karl Ludwig, Sohn Karl Friedrichs, Erbprinz von Baden 454

Karl Ludwig, Sohn Friedrichs V., Kurfürst von der Pfalz 225, 335, 358, 662

Karl Ludwig Johann, Erzherzog von Österreich, Herzog von Teschen, österreichischer Feldmarschall 176, *Stammtafel 406f.*

Karl III. Philipp, Sohn Philipp Wilhelms, Kurfürst von der Pfalz 668

Karl Theodor, Sohn des Pfalzgrafen Johann Christian von Pfalz-Sulzbach, Kurfürst von der Pfalz 455, 677

Karl Wilhelm Ferdinand, Herzog von Braunschweig 455

Karlowitz, an der Donau oberhalb Belgrad 340, 344, 389, 392, 664

Karlsburg, früher Weißenburg (rumänisch Alba Julia), an der Mieresch (Maros, Mures) nordwestlich Hermannstadt, Siebenbürgen (Rumänien) 655

Karlsruhe, Baden 454, 456

Karlsschule, Stuttgart (gegründet 1770) 455, 676

Karlstadt, eigentlich Andreas Bodenstein, Vorkämpfer der Reformation 633f.

Karmeliterinnen (Dienerinnen des Herzens Jesu), katholischer weiblicher Orden 641

Karoline von Brandenburg-Ansbach, Gemahlin Georgs II., Königin von England 398, 400

Kartäuser, Einsiedlerorden 63

Kasan, tatarisches Chanat 639

Kaschau (slowakisch Košice), am Hernad, Ostslowakei 655

Kaspisches Meer 319, 411

Kassel, Hessen 648, *Karte 184.*

Kastilien, mittelspanisches Hochland 28f., 96, 138, 308, 460, 631, 633, 649

Katalanen 219, 654, 656

Katalonien, nordspanische Landschaft 173, 308, 337f., 344, 346, 665

Katharina I. Aleksejewna, Gemahlin Peters I., Zarin von Rußland 435f., 669

Katharina II., Aleksejewna (Sophie Auguste Friederike), die Große, Tochter des Fürsten Christian August von Anhalt-Zerbst, Gemahlin Peters II., Zarin von Rußland 437, 441, 445ff., 450, 456, 461, 463, 496, 674f., 678f., *Abb. 448*

Katharina von Aragon, Tochter Ferdinands des Katholischen, Gemahlin Arthurs, Prinzen von Wales, später König Heinrichs VIII. von England 60ff., 636, 639, *Stammtafel 90f.*

Katharina von Braganza, Tochter König Johanns IV. von Portugal, Gemahlin König Karls II. von England 658

Katharina von Medici, Tochter Lorenzos, Gemahlin Heinrichs II. von Frankreich, Königin von Frankreich 39, 96, 106ff., 641ff., *Abb. 108, Stammtafel 342f.*

Katholizismus, Böhmen 161, 165
—, Deutschland 31, 34, 51, 57, 73—77, 79, 84ff., 92, 101, 117ff., 121f., 170, 177, 188, 307, 333, 462, 479
—, England 114ff., 124, 144, 236, 240, 253, 316, 334, 336, 637, 639, 660ff.
—, Frankreich 106f., 126ff., 130, 132, 141f., 174, 304ff., 322f., 403
—, Niederlande 111f.
—, Polen 144
—, Schweden 647, 650
—, Schweiz 657, 666
—, Türkei 321

Katte, Hans Herrmann von, preußischer Leutnant 421, 669

Kaukasus 448
Kaunitz, Wenzel Anton, Graf von, Reichsfürst von Kaunitz-Rittberg, österreichischer Staatsmann 391, 431 f., 439, 442, 447, 450, 453, 461 f., 673
Kausalität, philosophisches Prinzip 372 f.
Keiser, Reinhard, Komponist 594, 597
Kent, Grafschaft in Südengland 246, 249, 639
Kent-Bittschrift (März 1642) 255
Kentucky, Staat der USA 556
Kepler, Johannes, Astronom 122, 648 f., 651 f.
—, »Astronomia nova« (Prag 1609) 649
—, »Dioptrice« (Augsburg 1611) 649
—, »Harmonices mundi libri V« (Linz 1619) 651
—, »Tabulae Rudolphinae«, Planetentafeln (Ulm 1627) 652
Keresztes (heute Mezökeresztes), südostwärts von Erlau, Nordungarn 647
Kerle, Jacobus de, franko-flämischer Komponist 612
Kettler (Ketteler), Gotthard von, Heermeister des Schwertbrüderordens, hernach Herzog von Kurland 641
Khevenhüller, Ludwig Andreas, Graf von, österreichischer Feldmarschall 425
Khlesl (Klesl), Melchior, Bischof von Wien, Kardinal, österreichischer Staatsmann 158, 161
Kiachta, Transbaikalien 669
Kiel, Holstein 216, 659
Kiew am Dnjepr, Ukraine 320, 659
Kinsky, Ulrich, böhmischer Adliger 160
Kinsky, Wilhelm, böhmischer Adliger, Offizier Wallensteins 163, 204 f., 209 f.
Kirche, anglikanische 62 f., 88, 101, 103—106, 236, 242, 248 f., 250, 253, 258, 264, 316, 322, 478, 517 ff., 640 f., 643, 654, 658
—, in den nordamerikanischen Kolonien 518—520
—, Böhmen, Confessio Bohemica 643
—, gallikanische, französische Staatskirche 289 f., 295, 304 ff., 335 f., 402, 449, 663
—, Kleine, von Utrecht 462
—, niederländische (Confessio Belgica) 641
—, schottische (Confessio Scotica) 248, 641, 654
—, schwedische 635
—, schweizerische (Confessio helvetica secunda) 642
Kirche, römisch-katholische 31, 33 f., 36, 38, 40 f., 54, 56, 60, 62—69, 72—76, 85, 88, 92 f., 95, 98, 101—104, 107—116, 118 bis 123, 313, 320, 322, 333, 480
—, Deutschland 33 f., 36, 40 f., 54, 56, 65, 73—76, 92 f., 101, 118 bis 121
—, England 60, 62 ff., 88, 101, 113—116
—, Frankreich 65, 101, 322 f.
—, Italien 65 f.
—, Niederlande 108—112
—, Polen 123
—, Spanien 101
Kirche (griechisch-orthodoxe), russische 103, 123, 320, 341, 657, 668 f.
Kirche und Staat in Europa, Konflikte zwischen 458—462, 517, 519
Kirche und Staat in den nordamerikanischen Kolonien, später in den USA 518 f., 548
Kirchenmusik 596, 598, 605, 607, 617 f., 620, 626
Kirchenstaat 44, 48, 144, 632
Kirchenunion 57, 78 f., 86, 123, 478 f.
Kirchenvisitation, sächsische (1526 bis 1529) 54, 635
Kircher, Athanasius, Gelehrter 584
Kirchholm (Üxküll, Ikškile), an der Düna südostwärts von Riga, Lettland 648
Klassizismus, französischer 312, 326, 339
Kleinasien 321
Klein-Schnellendorf, Schlesien 425, 671
Kleist, Ewald Jürgen von, Physiker 672
Klinger, Friedrich Maximilian, Dichter 677
—, »Sturm und Drang«, Schauspiel (1776) 677
Klissow, nordöstlich von Krakau, Polen 655
Klopstock, Friedrich Gottlieb, Dichter 672, 676—679
—, »Deutsche Gelehrtenrepublik« (1774) 677
—, »Hermanns-Schlacht« (1769) 676
—, »Hermann und die Fürsten« (1784) 678
—, »Hermanns Tod« (1787) 679
—, »Messias« (1751—1773) 672
—, »Oden« (1771) 676
Klosterberge bei Magdeburg 644
Klostergrab (Hrob), Nordwestböhmen 160
Klosterreform 312
Kluschino, westlich von Moskau unweit Moschaisk 649

Knäred (Knäröd, Ulfsbäck), am Lagan südostwärts von Halmstad, Halland, Südwestschweden 650
Knigge, Adolf, Freiherr von, Schriftsteller 679
—, »Über den Umgang mit Menschen« (1788) 679
Knobelsdorff, Georg Wenzeslaus von, Baumeister und Maler 671 f.
Knox, John, schottischer Reformator und Geschichtsschreiber 641
Knüpffer, Sebastian, Komponist 597
Koalitionskriege, siehe Holländischer Krieg (1673—78), Nordischer Krieg (1700—21), Pfälzischer Erbfolgekrieg (1688—97)
Koblenz, am Rhein 217, 223
Köln 121 f., 146, 151 f., 220, 462, 679, *Kartenskizze 191*
Königsberg, Ostpreußen 596, 638, 657, 676, *Karte 184*
Königshofen an der Tauber 635
Königsmarck, Maria Aurora, Gräfin von, Geliebte Augusts des Starken 428
Königswusterhausen, südöstlich Berlin 414, 669
Köprülü (Kuprili, Kiuperli), Ahmed, türkischer Großwesir 658, 660
Köprülü (Kuprili, Kiuperli), Mustafa, genannt Fazil, Großwesir 663
Kolin, Böhmen 440
Kolonien, englische 273, 315, 438
—, französische 325, 438, 444, 464
—, niederländische 313 ff.
—, nordamerikanische, siehe Nordamerikanische Kolonien
—, portugiesische 103, 124, 310, 460
—, spanische 97, 124, 138, 144, 309, 344, 346, 420 f., 640
—, Gesetze Karls V. 638
Kolowrat, böhmisches Adelsgeschlecht 163
Kongreß der nordamerikanischen Kolonien und später der USA 526, 531—538, 540 ff., 544 f., 549—554, 556—561, 563 f., 566
Konkordat, Vertrag zwischen Kurie und Staat, Frankreich (Boulogne 1516) 288, 633
—, Spanien (1753) 673
Konkordie, Wittenberger (1536) 637
—, württembergische (1580) 119, 644
Konkordienformel (1577) 644
Konstantin, Sohn des Zaren Paul I. 448

Konstantinopel 178, 319, 321, 392, 446, 664
—, Hagia Sophia 446
Konstanz 55, *Abb. 193, Karte 184*
Konstitutionalismus, neuzeitlicher 451
Kontrapunkt, Kompositionstechnik der Mehrstimmigkeit 573, 575f., 579, 583, 589, 592, 605, 607ff., 611, 615, 618f., 623ff., 627
Konzert, öffentliche Darbietung von Musik, seit dem 17.Jahrhundert 572, 622f., 626f.
Konzil, als Forderung auf den Reichstagen 51, 56, 79
—, ökumenisches, sechzehntes, zu Konstanz (1414—1418) 38
—, —, achtzehntes, im Lateran (fünftes Laterankonzil, 1512 bis 1517) 632f.
—, —, neunzehntes, zu Trient (Tridentinum, 1545—63) 31, 77, 80ff., 85f., 100—103, 114, 118, 122, 131, 288f., 312, 322, 333, 617, 638f., 641f., 650
—, —, zwanzigstes, zweites Vatikanisches (1962ff.) 31
Konzilpolitik Kaiser Karls V. 14, 77—82, 85
—, päpstliche 57f., 66ff., 70ff.
Kopenhagen, Dänemark 637, 658, 671
Kopernikanisches Weltsystem 470, 650
Kopernikus (Koppernigk), Nikolaus, Astronom 334, 638
—, »De revolutionibus orbium coelestium« (Nürnberg 1543) 638
Korfu (Kerkyra), Ionische Insel 393, 637, 667
Korsaren, algerische 47, 70, 77
Korsika, Mittelmeerinsel 449
Kosaken 216, 644, 649, 659, 665, 675f.
Kosmopolitismus 449, 458
Krafft (Kraft), Adam, Bildhauer 631
Krain 41, 405, 431, 642
Krakau, Polen 144, 319, 634, 643, 647, 657, 665
Krause, Christian Gottfried, Musikschriftsteller und Komponist 584, 586, 590f., 593
Kreditwesen 402
Kreolen, reinrassige in Lateinamerika geborene Weiße und Mischlinge zwischen Weißen und Eingeborenen 309
Kreta (Kandia), Mittelmeerinsel 321, 655, 659
Krim, Halbinsel im Schwarzen Meer 412, 448, 678
Krimtataren 412, 643

Kritik 478f., 487, 490f., 500f., 506f., 510
—, Bibel- 361f., 369, 478f.
—, historische 479
—, Quellen- 478
Kroaten, südslawischer Volksstamm 206, 216, 646
Kroatien 405, 664,
Kuba, Antilleninsel 632, 675
Kütschük-Kainardsche in der Dobrudscha 448, 677
Kuhnau, Johann, Komponist 583, 593, 600
Kunersdorf, Brandenburg 441, 674
Kurfürstentag, Nürnberg (1639) 220
—, Regensburg (1630) 182f., 653
Kurland, Landschaft an der Ostsee 435, 641, 665
Kurutzen (Kuruczen), ungarische Adelsgruppe 337, 345, 661

L

Labanc (Labancz), ungarische Adelsgruppe 337
Labiau, an der Deime nordostwärts von Königsberg, Ostpreußen 657
La Bruyère, Jean de, französischer Moralphilosoph 332, 356, 502, 662
—, »Les caractères de Théophraste, traduits du grec, avec les caractères ou les mœurs de ce siècle« (1688) 332, 662
Lacépède, Bernard Germain Étienne de la Ville, Comte de, französischer Naturforscher 474
Lacy, Franz Moritz, Graf von, österreichischer Feldmarschall 436
Lacy, Peter, Graf von, russischer Feldherr 435ff.
Ladislaus (Wladislaw), Sohn Kasimirs IV. von Polen, König von Böhmen und (Ladislaus II.) Ungarn 631f., *Stammtafel 90f.*
Ladogakanal, zwischen Ladoga- und Onegasee 435
La Fayette, Marie Madeleine Pioche de La Vergne, Comtesse de, französische Schriftstellerin 471, 661
—, »La Princesse de Clèves«, Roman (1678) 471, 661
Laffemas, Barthélemy, französischer Handelsminister 247
La Fontaine, Jean de, französischer Dichter 301, 332, 363, 659
—, »Contes et nouvelles en vers« (4 Bde., 1665—1675) 659
—, »Fables« (12 Bde., 1668 bis 1694) 659

Lagos, nahe der Südwestspitze Portugals 443, 663, 674
Lagrange, Joseph Louis, französischer Mathematiker 473
—, »Mécanique analytique« (1788) 473
Lally, Thomas Arthur, Comte de, Baron de Tolendal, französischer Feldherr 444
La Luzerne, Anne-César de, französischer Diplomat 545
Lambert, französisches Adelsgeschlecht 304
Lambert, Anne Thérèse de Marguenal de Courcelles, Marquise de, französische Schriftstellerin 506
Lambert, Johann Heinrich, Physiker und Schriftsteller 674
Lambert, John, englischer General 263—266, 268, 270f.
Lamotte-Houdar, eigentlich Antoine Houdar de La Motte, französischer Schriftsteller 598
Lampadius, Jakob, braunschweigischer Diplomat und Rechtsgelehrter 225
Lamu, ostafrikanische Insel, vor Kenya 631
Lancashire (Lancaster), Grafschaft in Nordwestengland 255
Landeskirchen, evangelische 53f., 58, 65, 101, 119
—, Sächsische Kirchenvisitation (1526—29) 54, 635
Landini, Francesco, italienischer Komponist 607, 609
Landriano, südlich Mailand, Lombardei 635
Landsberg an der Warthe, Brandenburg 187, 206
Landstuhl, Pfalz 51, 634
Lang, Matthäus, Erzbischof von Salzburg 73
Langhans, Carl Gotthard, Baumeister 679
Langhorne, John, englischer Dichter 504
Languedoc, Landschaft in Südfrankreich 105
Lannoy, Charles de, Vizekönig von Neapel 45f., 48
Laplace, Pierre Simon, Marquis de, französischer Mathematiker und Astronom 473, 678
—, »Exposition du système du monde« (1796) 473
Lappland, nordeuropäische Landschaft 629
La Rochefoucauld, François (VI.) de, franz. Moralist 356, 659
—, »Réflexions ou sentences et maximes morales« (»Maximen«, 1665) 659
La Sablière, Marguerite Hessein, Dame de, französische Schriftstellerin 299

Las Casas, (Fray) Bartolomé de, spanischer Dominikaner, Chronist 632, 639
Lasso, Orlando di, Roland de Lattre, franko-flämischer Komponist 577, 612, 640, *Abb. 609*
Laud, William, englischer Geistlicher, Erzbischof von Canterbury 239, **245–248**, 250, 252f., 517, 654f.
Laudon, Gideon Ernst, Freiherr von, österreichischer Feldmarschall 441, 463, 674
Lauenburg, an der Leba, Pommern 657
Laurens, Henry, amerikanischer Staatsmann 542, 545
Laurentius, Erzdiakon in Rom, Heiliger, Schutzpatron des Escorial 97, *Abb. 100*
Lausitz 156, 159, 162, 165, 167, 206, 215
Lautrec, Odet de Foix, Vicomte de, Marschall von Frankreich 42, 49
Lauzun, französisches Adelsgeschlecht 304
Lavater, Johann Kaspar, schweizerischer Schriftsteller 677
—, »Physiognomische Fragmente« (Leipzig 1775–78) 677
Lavoisier, Antoine Laurent, französischer Chemiker 474, 677f.
Law of Lauriston, John, schottischer Wirtschaftstheoretiker 402, 667f.
Laxenburg, südlich von Wien, Niederösterreich 661
Laynez, Jakob, zweiter General der Jesuiten 106
Lazarillo, »La vida de Lazarillo de Tormes y de sus fortunas y adversidades«, spanischer Schelmenroman eines unbekannten Verfassers (Burgos 1554) 640
Lazaristen, üblicher Beiname der katholischen Missionsgesellschaft der »Congregatio Missionis« 652
Lebensdaten, Europa im 16. Jahrhundert 39
—, Zeitalter des Dreißigjährigen Krieges 155
—, englische Revolution 239
—, europäischer Geist im 17. Jahrhundert 363
—, europäische Staatenwelt im 18. Jahrhundert 391
—, europäische Aufklärung 475
—, amerikanische Revolution 559
Le Breton, André-François, französischer Drucker 494
Lebrun (Le Brun), Charles, französischer Maler 278, 326, 661
Lecerf de la Viéville, Jean Laurent, französischer Jurist 572

Lech, rechter Nebenfluß der Donau 196
Le Clerc, Sébastien, französischer Graphiker, *Abb. 324*
Lee, Arthur, amerikanischer Diplomat 541, 558
Lee, Charles, amerikanischer General 542
Lee, Richard Henry, amerikanischer Staatsmann 527, 565
Leeuwenhoek, Antony van, niederländischer Naturforscher 365, 660ff.
Lehnsrecht 284
Leibeigenschaft 165, 436, 678
Leibniz, Gottfried Wilhelm, Naturforscher und Philosoph 333f., 351, 355, 363, 365, 368, 372, **377–384**, 419, 422, 473f., 478f., 481, 499, 659f., 662, **664–667**, *Abb. 381*
—, »Characteristica generalis« (nach 1690) 473
—, »Nouveaux essais sur l'entendement humain«, »Neue Abhandlungen über den menschlichen Verstand« (1704, 1765) 355, 378, 665
—, »Principes de la nature et de la grâce fondés en raison« (1714–18) 381
—, »Principes de la philosophie ou Monadologie« (1714-21) 381, 667
—, »Systema theologicum« (1686) 382
—, »Théodicée« (»Essais de théodicée sur la bonté de Dieu, la liberté de l'homme, et l'origine du mal«, 1710) 381, 666, *Abb. 380*
Leicester, Robert Dudley, Graf von, Günstling Königin Elisabeths von England 112, 645
Leiden (Leyden), am Alten Rhein, Holland 110, 314, 643f., 647, 672, *Kartenskizze 139*
Leipzig 150, *189f*., **192**, 194, 198, 201, 362, 596f., 600, 633, 658, 662, 668, *Kartenskizze 595*
—, Universität 662
Leipziger Bund 189f., 192, 198
»Leipziger Zeitung« (1660 gegründet: »Neue einlaufende Nachrichten von Kriegs- und Welthändeln«; 1671: »Leipziger Post- und Ordinari-Zeitung«; 1810: »Leipziger Zeitung«; 1921–1945: »Neue Leipziger Zeitung«) 658
Lekain, geläufiger Name des Henri-Louis Cain, französischer Schauspieler, *Abb. 508*
Lemberg (Lwów), Ostgalizien 661

Lemercier (Le Mercier), Jaques, französischer Baumeister und Bildhauer 655, *Abb. 301*
Lemonnier, Anicet-Charles-Gabriel, französischer Maler, *Abb. 508*
Le Monnier, Pierre Charles, französischer Astronom 473

Le Nôtre, André de, französischer Gartenkünstler 326
Lens, südwestlich Lille, Pas-de-Calais 656
Leo X., vorher Giovanni de'Medici, Kardinal, Papst 29, 33, 37, **39–42**, 60, 66, 632ff., *Abb. 41*
—, Bannbulle »Exsurge domine« gegen Luther (15. 6. 1520) 33, 37, 633
León, Fray Luis Ponce de, spanischer lyrischer Dichter, Theologe und Mystiker 645
—, »Los nombres de Cristo« (3 Bücher, 1583–1585) 645
Leonardo da Vinci, italienischer Maler, Baumeister und Naturforscher 631
Leonin(us), Magister, französischer Komponist 605
Leonore (Eleonore), Tochter Philipps des Schönen von Burgund, Gemahlin König Emanuels I. von Portugal, hernach des Königs Franz I. von Frankreich 43, 46, *Stammtafel 90f., 342f.*
Leopold I., Sohn Ferdinands III., König von Böhmen und Ungarn, Kaiser 317ff., 321, 330, 332, **335–338**, 340, 344f., 389, 405, 657, **660–665**, *Stammtafel 90f., 406f.*
Leopold II., Großherzog von Toskana, Erzherzog von Österreich, König von Ungarn und Böhmen, Kaiser 391, 436, 448, 452, 458, 461f., 464, *Stammtafel 406f.*
Leopold, Sohn Kaiser Karls VI. 405, *Stammtafel 406f.*
Leopoldinisch-Carolinische Deutsche Akademie der Naturforscher (»Leopoldina«, seit 1878 in Halle/Saale) 656
Leopold (Leopold Joseph), Herzog von Lothringen 459, 664, *Stammtafel 406f.*
Lepanto (Naupaktos), Ätolien 104, 643
Lepautre, Antoine, französischer Architekt 304
»Le Pour et le Contre«, französische Zeitschrift (1733–60) 483
Lerma, Francisco Gómez de Sandoval y Rojas, Herzog von, spanischer Staatsmann, Kardinal 138, 310, 647

NAMEN- UND SACHREGISTER 709

Le Sage (Lesage), Antoine René, französischer Roman- und Bühnenschriftsteller 502, 670
—, »Le Diable boiteux«, »Der hinkende Teufel« (1707) 502
—, »Gil Blas« (1735) 670
Le Sauvage, Großkanzler Kaiser Karls V. 30
Lescot, Pierre, französischer Baumeister 638
Lesley (Leslie), Walter, kaiserlicher Oberwachtmeister 210
Lessing, Gotthold Ephraim, Dichter und Kritiker 472, 475, 480, 482, 485, 500, 502, 505f., 588, 673—676, 678
—, »Emilia Galotti«, Trauerspiel (1772) 676
—, »Hamburgische Dramaturgie« (1767—69) 506, 588, 675
—, »Minna von Barnhelm«, Lustspiel (1767) 675
—, »Miss Sara Sampson«, Trauerspiel (1755) 673
—, »Nathan der Weise« (1779) 480, 678
Le Tellier, Michel, französischer Staatsmann, Kanzler von Frankreich 297, 323, 328f., 661
Leuenberger, Niklaus, Anführer der Bauern des Entlebuch im Aufstand gegen Luzern 656
Leuthen, westlich Breslau, Niederschlesien 441, 674
Levante, Küstenländer des östlichen Mittelmeeres 117, 234, 316, 321, 325, 646
Levau (Le Vau, Leveau), Louis, französischer Baumeister 304, 326, 657f.
Leveller, radikale republikanische Partei Englands 253, **256** bis **262**, 352, 360
Lexington, Dorf bei Boston, Massachusetts 534, 677, *Abb. 537*
Lex Salica, Salisches Gesetz, in den Monarchien der Ausschluß der Frauen von der Thronfolge 296
Leyden, Lucas van, niederländischer Maler und Kupferstecher 635f.

Liberalismus 359, 374, 451, 458, 462
»Libertät«, Freiheit der deutschen Reichsstände 151, 179, 187
Libertiner (Freidenker), Name mystischer Richtungen der Reformationszeit 478
Lichtenberg, Georg Christoph, Physiker und Schriftsteller 472, 505
Lieben (tschechisch Liben), nordwestlich Prag (heute eingemeindet) 649

Liechenstein, Joseph Wenzel, Fürst von, österreichischer Feldmarschall 429
Liechtenstein, Karl, Fürst von, Statthalter in Böhmen 167f.
Liegnitz, an der Katzbach, Niederschlesien 423, 660
—, einstiges Herzogtum 660

Liga, Heilige (1511) 632
Liga, Heilige (Liga von Cognac, 1526) 46ff., 635
Liga, Heilige, gegen die Türken (1570/71) 103f., 643
Liga, Heilige, gegen die Hugenotten (1576) 107, **125—128**, 644ff.
Liga, Heilige, von Linz gegen die Türken (1684) 393, 662
Liga, katholische (10.6.1609) 153f., 166f., 169, 173, 176ff., 183, 187, 189, 190, 192f., 195ff., 355, 649, 651
Liga von Augsburg (1686) **336**, 345, (1701) 345
Liga von Cambrai (1508) 631
Ligatur, Zusammenfassung mehrerer Noten in der Mensuralnotenschrift 605
Ligurisches Meer, Teil des Mittelmeeres 49
Lilburne, John, englischer republikanischer Politiker 244, 247, 258, 261
Lille (Ryssel), an der Deule, Französisch-Flandern 345, 659, 666
Lillo, George, englischer Dramatiker 502
Lima, Peru 637f.
Limoges, an der Vienne, Frankreich 605
Lincoln, Abraham, Präsident der Vereinigten Staaten 567
Lingen, an der Ems, Niedersachsen 665
Linköping, südwestlich Norrköping, Östergötland, Südschweden 647
Linné (Linnaeus), Carl von, schwedischer Naturforscher 475, 477, 670
—, »Systema naturae« (1735) 477, 670
Linz, Oberösterreich 166, 217, 655
Lionne, Hugues de, Marquis de Berny, französischer Staatsmann 297, 323
Lippershey, Hans (Jan Lipperhey, Lippershein), Brillenmacher in Middelburg 647
Lipsius, Justus (Joest Lips), klassischer Philologe 110f., 645
—, »De constantia libri II« (Antwerpen 1584) 645
Liselotte von der Pfalz, siehe Elisabeth Charlotte

Lissabon 219, 654, 673
Litauen 122, 632, 642, 644, 657
Literatur, Aufklärungszeit **470** bis **472**, 488, 494, **500—512**: Anekdote 504f.; Aphorismus 504f.; Brief 504f.; Dialog 504f.; Drama 501; Epigramm 505; Epik 502; Erzählung 502; Essay 504; Komödie 502, 505; Kritik 506; Maxime 502, 505; Ode 502; Pamphlet 502; Polemik 502; Roman 471, 502, 504f.; Satire 471, 502, 503, 505; Tragödie 501f., 506, 639; Trauerspiel, bürgerliches 502
—, englische 317, 399
—, französische 300ff.
—, spanische 310ff.
Literaturgeschichte 492
Liturgie, Ordnung des Gottesdienstes 573, 604ff., 610, 634
—, russische Kirche 657
Livet, Georges, französischer Geschichtsforscher 298
Livius, Titus, römischer Historiker 488
Livländischer Krieg (1558—82) 644
Livland, Landschaft im Baltikum 145, 640, 644, 652, 658, 663, 666, 668
Livorno, Toskana 311
Lobkowitz, böhmisches Adelsgeschlecht 159, 163
Lobkowitz, Johann, Georg Christian, Fürst von, österreichischer Feldherr 428
Lobkowitz, Wilhelm von, böhmischer Adliger 160
Lobositz, an der Elbe, Nordböhmen 440
Locke, John, englischer Philosoph 273, 333f., 351, 355, 363, **371** bis **376**, 378, 380, 384, 472, 478ff., 494, 523, 526, 663

—, »Epistola de tolerantia« (Gouda 1689, englisch: »Letter concerning Toleration«, London 1690) 663
—, »An Essay Concerning Human Understanding«, »Über die menschliche Erkenntnis« (London 1690) 333f., 372f., 663
—, »Some Thoughts concerning Education« (1693) 372
—, »Two Treatises of Government« (1690) **371—374**, 523, 663
Lodomerien, wolhynische Landschaft 447
Löschenkohl, Hieronymus, Verleger und Graphiker, *Abb. 448*
Löwen, Brabant 453
Lohenstein, Daniel Casper von, schlesischer Dichter 599

NAMEN- UND SACHREGISTER

Loire, Fluß in Frankreich 306
Lombardei, Landschaft in Oberitalien 311, 405, 428 f., 452 f., 461
Loménie de Brienne, Henri-Auguste, französischer Staatsmann 297
Lomonossow, Michail Wasiljewitsch, russischer Gelehrter und Schriftsteller 672 f.
—, »Russische Grammatik« (1755; gedruckt 1757) 673 London 135, 164, 234, 248, 253, 256, 258, 271, 316, 334, 339, 441, 443, 463, 505, 621, 644, 659 f., 667 f., 673 f., 678 f., *Abb 396*
—, Bank of England 316
—, British Museum 673
—, Sankt-Pauls-Kathedrale 316 f., 660
—, Somerset House, Friedensschluß zwischen England und Spanien (1604) 237
Longhena, Baldassare, italienischer Baumeister 313, 653
Long Island, Insel vor New York 539, 677
Longjumeau, an der Yvette südlich Paris 642
Longueville, Heinrich II., Herzog von, französischer Staatsmann 221
Lords, englischer Adelstitel 236, 251, 267, 272
—, neue 268, 270
Lothringen 87 f., 142, 194, 202, 223, 230, 331, 338, 244, 403, 411, 653, **658—661**, 664, 670, 675
Lothringen-Guise, französische Adelsfamilie 107, 126 f.
Lothringen-Vaudémont, französische Adelsfamilie 102, 105, 125 f.
Louisbourg, auf der Cape Breton-Insel, Kanada 438, 674
Louise-Elisabeth, Tochter Ludwigs XV., Gemahlin Philipps, Herzogs von Parma 423, *Stammtafel 342 f.*
Louise Marie von Gonzaga-Nevers, Gemahlin König Wladislaws IV., hernach König Johanns II. Kasimirs von Polen 319
Louisiana, Landschaft am Golf von Mexiko 402, 438, 444, 661, 668, 675
Louvois, François Michel Le Tellier, Marquis de, französischer Staatsmann 297, 328 f., 663
Loyola, Ignatius von (Iñigo Lopez de), Gründer des Jesuitenordens 39, 42, 68 f., 173, 636, 639 f.
—, »Exercitia spiritualia« (1548) 639

Loyseau, Charles, französischer Rechtsgelehrter 287, 292 ff.
—, »Traité des Ordres« 292
Lublin, Polen 642
Lucca, Toskana 66, 458, 634
Luçon, nördlich von La Rochelle, Vendée 143, 288
Ludwig II., Sohn Ladislaus' II., König von Ungarn und Böhmen 47, 634, *Stammtafel 90 f.*
Ludwig XII., Sohn Herzog Karls von Orléans, König von Frankreich 631 f.
Ludwig XIII., Sohn Heinrichs IV., König von Frankreich 137, 142 f., 155, 173 f., 188, 194, 217, 219, 241, 249, 287, 296, 303, 305, 619, 649 f., 652 f., 655, *Abb. 137, Stammtafel 90 f., 342 f.*
Ludwig XIV. (Dieudonné), Sohn Ludwigs XIII., König von Frankreich 155, 218, 223, 229 f., 265, 289, **291—294, 296—299, 301—304,** 306, 315, 317, 322 f., **325—332, 334—337,** 344 f., 347 f., 351, 358, 360, 362, 364 f., 367 f., 370 f., 377, 382, **387** bis 390, 401 f., 405, 418, 433, 444, 451, 459, 619 f., 655, **658** bis 667, *Abb. 280 f., 292 Stammtafel 90 f., 342 f.*
—, Eroberungspolitik 328
—, Zeitalter Ludwigs XIV. **275—348**
Ludwig XV., Urenkel Ludwigs XIV., König von Frankreich 401, 403, 411, 429, 440, 464, 667 f., 672, 677, *Abb. 404, Stammtafel 342 f.*
Ludwig XVI., Enkel Ludwigs XV., König von Frankreich 368, 450, 454, 464, 540 f., 677, 679, *Stammtafel 342 f.*
Ludwig, Sohn Ludwigs XIV., Dauphin von Frankreich 370, 667, *Stammtafel 342 f.*
Ludwig, Enkel Ludwigs XIV., Dauphin von Frankreich, Herzog von Burgund 370, 667, *Stammtafel 342 f.*
Ludwig, Sohn Albrechts IV., Herzog von Bayern 56, 74 f.
Ludwig Wilhelm, genannt Türkenlouis, Markgraf von Baden 336, 419, 663
Lübeck 180, 194, 596, 598, 634, 636, 641 f., 652, 659, *Kartenskizze 191*
Lüder von Bentheim, Baumeister 649
Lüttich (Luik, Liége), an der Maas 121, 422, 429, 665
Lützen, südwestlich Leipzig 200 ff., 653, *Kartenskizze 191*

Luini, Bernardino, italienischer Maler 636
Luise von Savoyen, Tochter Herzog Philipps II., Gemahlin Karls von Orleans, Grafen von Angoulême 45, 635, *Stammtafel 90 f.*
Luise Ulrike, Tochter Friedrich Wilhelms I. von Preußen, Gemahlin des Adolf Friedrich von Holstein-Gottorp, Königs von Schweden 673, *Stammtafel 427*
Lukian(os), griechischer Schriftsteller 504
Lukrez, Titus Lucretius Carus, römischer Dichter 500
Lully, Jean-Baptiste, französischer Komponist italienischer Geburt 576, 589 f., 594, 618 ff., 623
Lund, nordostwärts von Malmö, Südschweden 73, 661
Luther, Martin, Reformator **31** bis **41, 50—57,** 60, 67, 73 f., 76, 79, 98 ff., 102, 131, 144, 147, 173, 368, 476, 482, 611, 618, **633** bis 638, 641
—, Auftreten gegen den Ablaßpredigt 33
—, vor dem Reichstag zu Worms **37—41,** 634, *Abb. 40*
—, »An den christlichen Adel deutscher Nation« (Wittenberg 1520) 35, 633
—, »Biblia, das ist die gantze Heilige Schrifft Deudsch« (Wittenberg 1534) 636
—, »De captivitate babylonica ecclesiae« (1522) 633
—, »De servo arbitrio« (Wittenberg 1525) 635
—, »Ermahnung zum Frieden auf die zwölf Artikel der Bauernschafft« (Wittenberg 1525) 635
—, »Von der freyheyt eynes Christen menschen« (Wittenberg 1520) 635
—, »Von der Ordnung des Gottesdienstes in der Gemeinde« (1523) 634
—, »Wider die Mordischen und Reubischen Rotten der Bawren« (1525) 53, 635, *Abb. 53*
—, »Wider das Papsttum zu Rom, vom Teufel gestiftet« (1544) 638
Lutter am Barenberge, südwestlich Salzgitter, Niedersachsen 177, 652, *Kartenskizze 191*
Luxembourg, François de, Herzog von Piney, französischer Staatsmann 128
Luxembourg, François Henri de Montmorency-Bouteville, Herzog von, Marschall von Frankreich 329, 661, 663

NAMEN- UND SACHREGISTER 711

Luxemburg, an der Eltz (Alzette), Stadt 662
—, Herzogtum 230, 279, 331, 662
Luzán, Ignacio de, spanischer Dichter 502, 507
—, »Poética« (1737) 507
Lyly (Lilly, Lylie), John, englischer Dichter 644
—, »Euphues, or The Anatomy of Wit« (London 1578) 644
—, »Euphues and His England« (London 1580) 644
Lyon, an der Rhône 45, 126, 638, 648, 675
Lyrik, französische 391
Lyttelton, George Lyttelton, Baron, englischer Staatsmann, Geschichtsschreiber und Dichter 503 f.
—, »Letters from a Persian in England to His Friend in Japan« (1734) 503

M

Maastricht, Niederlande 202, 653, 658
Macao, an der Südküste Chinas 640
Machaut, Guillaume de, französischer Dichter und Musiker 607
Machiavelli, Niccolò, florentinischer Staatsmann und Schriftsteller 83, 130, 132, 144, 359, 374, 395, 422, 424, 487, 632 f.
—, »Il Principe« (1513) 632
—, »Discorsi sopra la prima deca di Tito Livio (1519) 633
Maderna (Maderno), Carlo, italienischer Baumeister 649, 652
Madison, James, Präsident der Vereinigten Staaten 559 ff., 565 ff.
Madras, an der Ostküste Südindiens 438, 654
Madrid 45 f., 96 f., 135 ff., 138, 149, 161, 165, 171, 176, 181, 187, 194, 204, 241, 243, 308, 346, 393, 395, 409, 420, 423, 460, 504, 635, 641, **664—667**, 673, 675
—, Hutaufstand von 1766 460
Madrigal, mehrstimmiges Gesangsstück, vertonte Dichtung 575, 577, 582, 612 f., 615, 617 f., 650
Mähren 154, 156, 159, 161 f., 167, 176, 197, 404, 652, *Kartenskizze 191*
Mäller, Ignaz, geistlicher Berater Maria Theresias 461
Magdeburg, an der Elbe 180, 186, 190, 193 f., 197, 212, 229, 653, 659, 662, *Kartenskizze 191*
—, Erzbistum 178, 180, 186, 215, 224, 229, 632, 634, 656, 661

Magdeburger Centurien, protestantische Kirchengeschichte (1559—1574) 641
Magellan (Magalhães), Fernão de, portugiesischer Seefahrer 117, 633
Magie 306
Magna Charta (libertatum; »Großer Freiheitsbrief«), englisches Grundgesetz (1215) 244, 252, 270
Mailand, Stadt und Herzogtum 28 f., 42 f., 45, 47, 49, 70 f., 78, 80, 84, 92, 203, 206, 311, 344, 346, 394, 404, 410 f., 428, 452, **632—636**, 640, 642, 664, 667
Maine, Anna Luise Bénédicte von Bourbon-Condé, Herzogin von, Gemahlin des Herzogs Ludwig August von Maine 506, *Stammtafel 342 f.*
Maintenon, Françoise d'Aubigné, Marquise de, Geliebte und zweite Gemahlin Ludwigs XIV. von Frankreich 332, 662
Mainz 151, 166, 179, 194 f., 462, 632, 634, 657, 659, 678 f., *Kartenskizze 191*
Majestätsbrief Kaiser Rudolfs II. (9.7.1609) 154, **157—160**, 168, 649
Malakka (Malaische Halbinsel), Südostasien 632, 654
Malaspina, Germanico, Nuntius in Polen 123
Malebranche, Nicolas (de), französischer Oratorianer, Philosoph 333, 363, 482, 660
—, »De la Recherche de la verité« (2 Bde., Paris 1674/75) 660
Malpighi, Marcello, italienischer Arzt, Anatom und Physiologe 658
Malplaquet, Valenciennes, Frankreich 389, 666
Malta, Mittelmeerinsel 636, 642
Malvasia (Monemwassia), Lakonien, Griechenland 637
Manchester, Edward Montagu, Earl of, englischer Feldherr 257
Mancini, Olympia, Nichte Kardinal Mazarins, Mutter Eugens von Savoyen 340
Mander, Karel van, flämischer Maler und Schriftsteller 648
—, »Het Schilder-Boeck«, »Das Malerei-Buch« (1604) 648
Mandeville, Bernard de, englischer Arzt und Philosoph 475, 504, 667
—, »Fable of the Bees or Private Vices made Public Benefits« (1714) 504, 667
Mann, Thomas, Dichter 579

Mannheim, an Neckar und Rhein, Baden 602, 626, 668, 672, 678
Mannheimer Schule, Kreis von Komponisten in der Mitte des 18. Jahrhunderts 602, 626, 672
Manresa, nordwestlich Barcelona, Katalonien 68
Mansart (Mansard), François, französischer Baumeister 655, *Abb. 301*
Mansart (Mansard), angenommener Name des Jules Hardouin-Mansart, französischer Baumeister 326, 332, 658, 661, 664 f., *Abb. 325*
Mansfeld, Agnes von, Stiftsdame 121
Mansfeld, Peter Ernst Graf von, protestantischer Heerführer 163, 167, 171, 177, 651 f.
Manteuffel, Ernst Christoph, Reichsgraf von, kursächsischer Staatsmann 422
Mantua, Poebene 181 ff., 331, 404, 593, 612, 652 f.
Manuzio (Mannucci, Manutius), Paolo, italienischer Buchdrucker und Gelehrter 103
Manzanares, Fluß in Spanien 138
Marañon, Gregorio, spanischer Arzt und Historiker 172
Marburg, Hessen 635
Marburger Religionsgespräch (1529) 57, 635
Marcellus II., vorher Marcello Cervini, Kardinal, Papst 640

Marcq, bei Calais 88 f.
Margarete, Tochter Heinrichs II. von Frankreich (Valois), Gemahlin Heinrichs IV., Königs von Navarra und Frankreich (Bourbon) 106, 643, *Stammtafel 342 f.*
Margarete, Tochter Kaiser Maximilians I., Gemahlin Juans, Infanten von Spanien, und hernach Herzog Philiberts II. von Savoyen, Generalstatthalterin der Niederlande 28, 635, *Stammtafel 90 f.*
Margarete, natürliche Tochter Kaiser Karls V., Gemahlin des Alessandro de' Medici und hernach des Ottavio Farnese, Herzogs von Parma, Statthalterin der Niederlande 72, 109, 640, 642, 644, *Stammtafel 90 f.*
Margarete von Navarra (von Angoulême), Gemahlin Herzog Karls von Alençon und hernach König Heinrichs II. von Navarra 641, *Stammtafel 342 f.*
—, »Heptameron«, Novellensammlung (Paris 1559) 641

NAMEN- UND SACHREGISTER

Maria, Herzogin von Burgund, Gemahlin Kaiser Maximilians I. *Abb. 28, Stammtafel 90f.*
Maria I. (Tudor, die Katholische, Bloody Mary), Tochter Heinrichs VIII. und Katharinas von Aragon, Königin von England, vermählt mit Philipp II. von Spanien 61, 88f., 94, 113, 639f., *Stammtafel 90f.*
Maria von Modena, Gemahlin Jakobs II., Königs von England 324
Maria II. (Stuart), Tochter König Jakobs II. von England, Gemahlin Wilhelms III. von Oranien, Königin von England 336, 371, 663
Maria von Medici, Gemahlin Heinrichs IV. von Frankreich, Regentin von Frankreich 142f., 647, 649 ff., 653, *Stammtafel 342f.*
Maria (Leszczyńska), Tochter des Stanislaus I. Leszczyński, Königs von Polen, Gemahlin Ludwigs XV., Königs von Frankreich 403, *Stammtafel 342f.*
Maria von Guise, Gemahlin König Jakobs V., Regentin von Schottland 639f.
Maria Stuart, Tochter König Jakobs V. von Schottland, Königin von Schottland 114f., 124, 638f., 641f., 645, *Abb. 113*
Maria, Tochter Philipps des Schönen von Kastilien, Gemahlin Ludwigs II. von Böhmen und Ungarn, hernach Statthalterin der Niederlande 42, *Stammtafel 90f.*
Maria Anna Josepha, Tochter Kaiser Leopolds I., Gemahlin Johanns V., Königs von Portugal, *Stammtafel 406f.*
Maria Carolina, Tochter Kaiser Franz' I., Gemahlin Ferdinands I., Königs beider Sizilien 451, *Stammtafel 342f.*
Maria Theresia, Tochter Kaiser Karls VI., Erzherzogin von Österreich, Königin von Ungarn und Böhmen, Gemahlin Kaiser Franz' I. 391, 403, 405, 409, 411, 423—426, 428—433, 435 ff., 440 ff., 447, 449, 451, 453 f., 459, 462 f., 594, 670 ff., 675, 678, *Abb. 437, 449, Stammtafel 406f.*
Maria Theresia, Tochter Philipps IV. von Spanien, Gemahlin Ludwigs XIV., Königs von Frankreich 369, 658, 662, *Abb. 281, Stammtafel 90f., 342f.*
Maria-Theresien-Orden, höchster militärischer Verdienstorden Österreichs (1757) 440
Marialva y Menezes, Antonio Luis Marquis von, Graf von Castanheda, portugiesischer Staatsmann und Heerführer 658f.
Marienburg, an der Nogat, Westpreußen 657
Marignano (Melegnano), Poebene 632
Marillac, Louise de, Mitbegründerin und erste Oberin der Vinzentanerinnen 653
Marinedienstpflicht in Frankreich 325
Mariotte, Edme, französischer Physiker 658
Marivaux, Pierre Carlet de Chamblain de, französischer Novellist und Dramatiker 483
Mark, Graf Robert de la, Herr von Sedan 42
Mark, Grafschaft in Westfalen 650
Marlborough, John Churchill, Herzog von, englischer Heerführer 665f.
Marlowe, Christopher, englischer Dramatiker 646
—, »Edward the Second«, Tragödie (1591) 646
—, »The Tragicall History of the horrible Life and death of Doctor Faustus«, Drama (1588; gedruckt London 1604) 646
Marly-le-Roi, an der Seine, unterhalb von Paris 332
Marmontel, Jean François, französischer Schriftsteller 495
Marnix, Philipp van, Herr von Sint Aldegonde, niederländischer Schriftsteller und Staatsmann 109
Marpurg, Friedrich Wilhelm, Musiktheoretiker 583, 588, 591
Marseille 43, 71, 295
Marsin (Marchin), Ferdinand, Comte de, Marschall von Frankreich 329
Marston Moor, Moor in Yorkshire 257, 655
Martin, Pierre Denis, französischer Maler, *Abb. 404*
Martinelli, Domenico, italienischer Baumeister 338, 663
Martinique, Insel der Kleinen Antillen 654, 678
Martinitz (Martinic), Jaroslav, Graf von, böhmischer Staatsmann 160, *Abb. 160*
Marvell, Andrew, englischer Politiker und Dichter 262
Maryland, Staat der USA 316, 377, 516f., 653, *Kartenskizze 535*
Masaniello, eigentlich Tommaso Aniello, italienischer Fischer, Anführer eines Neapolitaner Volksaufstandes 655
Mascherata, Maskenzug, Maskenspiel des 16. und 17. Jahrhunderts 577
Masdeu, Juan Francisco de, Jesuit und spanischer Historiker 492
—, »Historia crítica de España de la cultura española« (1783—1805) 492
Maskelyne, Nevil, englischer Astronom 473
Maskat (Muskat), am Golf von Oman 656
Massachusetts, Staat der USA 362, 516, 519, 526f., 530f., 534, 536, 555, 557, 565, 653ff., 676f., *Kartenskizze 535*
Mathematik 472f., 482f., 499
Mathesius, Johannes, lutherischer Geistlicher 641
—, »Historien von Martin Luthers Leben«, Predigten (1562—66) 641
Mattheson, Johann, Musiktheoretiker und Komponist 572, 582ff., 586, 588f., 591f., 594, 598f., 601f.
Matthias, dritter Sohn Kaiser Maximilians II., Erzherzog von Österreich, König von Ungarn und Böhmen, Kaiser 147, 151, 154f., 157—161, 649—651, *Abb. 145, Stammtafel 90f.*
Matthys (Mathieszoon), Jan, Bäkker aus Haarlem, Anführer der Wiedertäufer zu Münster 636
Mauduit, Jacques, französischer Komponist 611
Maulnoir (Maunoir), Julien, französischer Jesuit, Philologe 306
Maupeou, René Nicolas Charles Augustin de, französischer Politiker, zeitweilig Kanzler von Frankreich 676
Maupertuis, Pierre Louis Moreau de, französischer Mathematiker und Astronom 422, 473, 477, 482, 488, 499, 672
—, »Essai de cosmologie« (1756) 477
—, »Essai de philosophie morale« (1750) 482
—, »Système de la nature« (1751) 477
—, »Vénus physique« (1745) 477
Mauriner (Congregatio St. Mauri, nach dem heiligen Maurus), französischer Zweig des Benediktinerordens 493, 650
Maxen, südwestlich Pirna, Sachsen 441, 674
Maximilian I., Sohn Friedrichs III., Kaiser 28f., 35f., 631ff., *Abb. 28, 572, Stammtafel 90f.*
Maximilian II., Sohn Ferdinands I., König von Böhmen und Ungarn, deutscher König, Kaiser 84, 93, 96, 104, 117, 119, 151, 157, 641 ff., *Stammtafel 90f.*
Maximilian I., Sohn Herzog Wilhelms V., Kurfürst von Bayern

148f., 152–155, 161, 164–167, 178, 183, 187f., 190, 195ff., 206f., 213, 215–218, 225f., 228, 230, 355, 649, 651f., *Stammtafel 90f., 406f.*
Maximilian II. Emanuel, Sohn des Kurfürsten Ferdinand Maria, Kurfürst von Bayern, Statthalter der Niederlande 336, 662, 665, *Stammtafel 406f.*
Maximilian III. Joseph, Sohn Kaiser Karls VII., Kurfürst von Bayern 426, 454, 672, 677
Maximilian Franz Xaver Joseph, Sohn Kaiser Franz' I., Hoch- und Deutschmeister, Kurfürst von Köln und Bischof von Münster 462, *Stammtafel 406f.*
Mayenne, Herzog von, siehe Guise, Karl von, Herzog von Mayenne
Mayflower, Schiff der puritanischen Pilgerväter 651
Mazarin, eigentlich Mazarini, Jules (Giulio), Herzog von Nevers, Kardinal, französischer Staatsmann 155, 218, 230, 265, 278, 280, 298, 303, 323, 353, 594, 655f., 658, *Abb. 221*
Mazzini, Giuseppe, genuesischer Rechtsanwalt 395
Mazzoni, Antonio Maria, italienischer Komponist 612
Mazzucchelli, Giovanni Maria, italienischer Literarhistoriker 492
—, »Catalogo bibliografico di tutti gli scrittori d'Italia« 492
Meaux an der Marne 65, 368
Mechanik 473
Mecklenburg 178, 185, 187, 194, 196, 214, 440, 656, 673

—, Verfassung (1755–1918) 673
Mecklenburg-Schwerin, Herzogtum 440, *Karte 184*
Medici (Mediceer), Patriziergeschlecht in Florenz 49, 66, 72, 365, 396, 411, 632, 634, 670
Medici, Alessandro de', natürlicher Sohn Lorenzos II., Herzog von Florenz 72, *Stammtafel 90f.*
Medici, Cosimo I., Herzog von Florenz, Großherzog von Toskana 639, 642
Medici, Giovanni Gastone de', Großherzog von Toskana 411
Medina-Sidonia, südöstlich von Cadiz, Spanien 125
—, siehe Alonso Perez de Guzman
Medizin 472f., 498, 669
Mehmed (Muhammad) III., Sohn Murads III., türkischer Sultan 647
Mehmed (Muhammad) IV., Sohn Ibrahims I., türkischer Sultan 331
Mei, Girolamo, italienischer Humanist 574ff.

Meinungsfreiheit 237
Meißen, an der Elbe 666, 670

Meister, Jakob Heinrich, Schriftsteller 483
Melanchthon, Philipp, Humanist, reformatorischer Theologe 39, 57, 85, 119, 368, 636, 643
—, »Confessio Augustana« (1530) 57, 73, 79, 85, 121, 636
—, »Loci communes rerum theologicarum« (1521) 634
Melisma, melodische Bindung, Koloratur 604, 606, 610
Melk, an der Donau, Niederösterreich 339, 665
—, Benediktinerabtei 339, 665, *Abb. 337*
Mello, Don Francisco de, spanischer Statthalter der Niederlande 655
Melodie 573, 584, 588, 592, 602, 604f., 607ff., 616f., 620, 622ff., 625
Memmingen, Schwaben 52, 55

Mémoires (Journal) de Trévoux, französische jesuitische Zeitschrift (1701–1775) 483, 495
Mendelssohn, Moses, Philosoph 475, 506, 674, 678f.

Meneses, Xavier de, Graf von Ericeira, portugiesischer Gelehrter und Dichter 502
—, »Henriqueida« 502
Ménétrier, fahrender Spielmann im Mittelalter 619
Menno Simons, ursprünglich Priester, später Missionar, Führer der nach ihm benannten Täufergemeinde 637
—, »Fundament-boek des Christelijken leers« (1539/40) 637
Mennoniten, reformatorische Sekte, Nachfahren der Wiedertäufer 637, 644, 662
Menorca (Minorca), Baleareninsel 397, 443, 546, 666f., 673, 678
Menschikow, Aleksandr Danilowitsch, Fürst, russischer Feldherr und Staatsmann 435, 669
Mercator, eigentlich Kremer, Gerhard, Geograph und Kartograph 640, 642
Merchant Adventures, englische Kaufmannsgilde 642
Mercier, Louis Sebastien, französischer Dramatiker und Essayist 509
—, »J.-J. Rousseau comme l'un des premiers auteurs de la révolution française« 509
Mercure de France, Le, französische Wochenschrift (gegründet 1672) 505

Mercy, Claudius Florimund, Graf von, österreichischer Feldmarschall 410
Mercy, Franz, Freiherr von, bayerischer Heerführer 218
Mergentheim, Württemberg 178

Merkantilismus, wirtschaftspolitisches System des europäischen Absolutismus 315, 326, 390, 402, 416f., 433, 453, 456f., 669
Merle, Louis, französischer Arzt und Historiker 283f.
Merowinger, fränkisches Herrschergeschlecht 297
Mersenne, Marin, französischer Theologe, Mathematiker und Philosoph 584
Messe, Kulthandlung der abendländischen Kirche 607f., 611, 617f.
Messina, Sizilien 104
Mestizen, Mischlinge zwischen Weißen und Indianern 309
Metaphysik 358f., 361f., 474, 481, 494, 498, 505f.
Metrum, Maß, Verhältnis der langen und kurzen oder betonten und unbetonten Werte in Sprache und Musik 575, 582f., 609, 611
Metz, Lothringen 87f., 94, 194, 223, 639, 656
Mexiko 138, 633f., 637, 643
Meytens, Daniel, niederländischer Maler, *Abb. 248*
Meytens d.J., Martin van, niederländisch-schwedischer Maler, *Abb. 432*
Michael der Tapfere, Fürst der Walachei und Fürst von Siebenbürgen 647f.
Michail Fjodorowitsch, Sohn des Fjodor Nikititsch Romanow (späteren Patriarchen Filaret), Zar von Rußland 319, 650, 655
Michelangelo, Michelagniolo Buonarotti, italienischer Bildhauer und Maler 631f., 634, 637, 642
Mignard, Pierre, genannt le Romain, französischer Maler, *Abb. 292*
Milton, John, englischer Dichter 252, 263, 272, 659f.
—, »Areopagitica, a Speech for the Liberty of Unlicensed Printings« (1644) 655
—, »Paradise Lost«, Verdichtung (London 1667) 659
—, »Pro populo anglicano, defensio«, Rechtfertigung des Tyrannenmords (1651) 656
—, »Samson Agonistes«, Trauerspiel (London 1671) 660
Minas Geraes, Binnenstaat Brasiliens 346

Minden, an der Weser, Westfalen 178, 656
Minot de Mairetet, burgundische Familie 284
Mirabeau, Honoré Gabriel Victor Riquetti, Graf von, französischer Staatsmann 454, 497f.
—, »Ami des hommes« (1765) 497
Mīr Ja'far (Ja'far Ali Khan), Nawāb von Bengalen 444
Mississippi, Fluß in Nordamerika 438, 555ff., 661, 675
Mississipi-Kompanie (Compagnie d'Occident), französische Handelsgesellschaft 402, 668
Mittelmeer 47, 49, 70f., 77, 103f., 343, 316, 321, 325, 334, 341, 346, 397, 443, 445ff.

Modena, Lombardei 66, 428, 453, 672, *Karte 184*
Modulation, Übergang von einer Tonart zu anderen 576, 622, 625
Moers, in der Rheinniederung nordwestlich Duisburg 665
Möser, Justus, Historiker, Staatsmann und Publizist 475, 485, 493, 676f.
—, »Osnabrücks Geschichte mit Urkunden (1768) 493, 676
—, »Patriotische Phantasien« (1774—1786) 493, 677
Mogilew, am Dnjepr, Weißrußland 678,
Mogulen (Moghulen), islamische Dynastie in Indien 438
Mohácz, an der Donau, Südungarn 47, 635, 662

Molanus, Gerhard Walter, lutherischer Theologe und Abt von Loccum 382
Moldau, Landschaft am Pruth 412, 632, 677
Molière, Schriftstellername des Jean Baptiste Poquelin, französischer Lustspieldichter 284, 301f., 326, 363, 655, 658ff., *Abb. 300*
—, »Amphitryon«, Schauspiel (aufgeführt Paris 1668) 659
—, »Don Juan, ou Le festin du pierre«, Komödie (aufgeführt Paris 1665) 659
—, »George Dandin ou le mari confondu«, Prosakomödie (aufgeführt Paris 1668) 659
—, »L'Avare«, Komödie (aufgeführt Paris 1668) 659
—, »L'école des femmes«, »Die Schule der Frauen«, Komödie (Paris 1662) 658
—, »Le Malade imaginaire«, Komödie (Paris 1673) 660
—, »Le Misanthrope«, Komödie (Paris 1666) 659, *Abb. 300*

Molière
—, »Les Femmes savantes«, Komödie (Paris 1672) 660
—, »Les précieuses ridicules«, Komödie (1659) 658
—, »Le Tartuffe« (»L'imposteur«), Komödie (Versailles 1664) 326, 658
Molina, Luis de, spanischer Theologe 646
—, »Concordia liberi arbitrii cum Gratia donis« (1588) 646
Mollwitz, westlich von Brieg, Schlesien 424
Molukken (Gewürzinseln), indonesische Inselgruppe 117, 632
Monarchia Universalis, Weltherrschaftsgedanke Kaiser Karls V. 29, 45, 80, 84, 86, 92, 117, 125, 130
Monarchia Hispania 98, 130
Moncontour, Bretagne 642
Monismus, Weltanschauung, die als Grund der Wirklichkeit nur ein einziges absolutes Prinzip annimmt 333
Monk, George, Herzog von Albemarle, englischer Feldherr und Staatsmann 256, 268, 270ff.
Monmouth, James Scott, Herzog von, Sohn Karls II. von England und der Mätresse Lucy Walter, englischer Thronprätendent 662
Monmouth, heute Freehold, New Jersey 542
Monodie, homophoner Musikstil 573—579, 592, 596, 607, 614
Monopolwesen, Deutsches Reich 632
—, England 246f., 251
—, Preußen 454, 675
Montaigne, Michel Eyquem de, französischer Skeptiker und Moralist 356, 366, 469, 477
—, »Les Essais« (1580) 644
Montcalm de Saint-Véran, Louis-Joseph, Marquis de, französischer Feldherr 438, 443f.
Montchrestien (Montchrétien), Antoine de, französischer Dramatiker und Wirtschaftswissenschaftler 650
—, »Traité de l'oeconomie politique« (1615) 650
Montecuccoli, Raimund Graf von, Reichsfürst, kaiserlicher Feldherr 658, 660
Montemayor, Jorge de, spanischer Dichter aus Portugal 641
—, »Diana,Schäferroman (Valencia um 1558/59) 641
Montenegro, Landschaft am Balkan 635
Montes Claros, bei Vila Viçosa, südwestlich Elvas, Portugal 659

Montesquieu, Charles de Secondat, Baron de la Brède et de, französischer philosophisch-politischer Schriftsteller 375, 398, 474f., 481f., 485—489, 492f., 499f., 503ff., 508, 668, 670, 672
—, »Considérations sur les causes de la grandeur des Romains et de leur décadence« (1734) 488, 670
—, »Esprit des lois« (1748) 486—489, 672
—, »Lettres persanes« (1721) 485, 503, 668
Monteverdi, Claudio, italienischer Komponist 576—582, 589, 591, 595, 598, 612, 617, 619, 649, 654
—, »Orfeo« (1607) 649
—, »Ritorno d'Ulisse«(1641)654
Montfaucon, Bernard de, französischer Benediktiner, Gelehrter 483
—, »L'Antiquité expliquée et représentée en figures«(1719 bis 1724) 483
—, »Palaeographia graeca sive de Ortu et Progressu litterarum graecarum« (1708) 483
Montferrat, Landschaft in Piemont 652, 661
Montgolfier, Joseph-Michel und Jacques-Etienne, Brüder, Erfinder des Warmluftballons 678
Montgomery, Richard, amerikanischer General 537
Montmorency, Anne de, Herzog von, Connétable und Marschall von Frankreich 105
Montmorency, Henri II., Herzog von, Sohn des Henri I., französischer Flottenführer, Marschall von Frankreich 653
Montpellier, Südfrankreich 651
Montreal, Kanada 444, 537, 655
Montrose, James Graham, Earl of, schottischer Adliger 249
Mooker Heide, Ebene an der Maas bei Mook, südwestlich Nimwegen 643
Morales, Cristobal de, spanischer Komponist 613
Moratín, Nicolás Fernández de, spanischer Dichter 502
—, »La toma de Granada« 502
Morea, mittelalterlicher Name, siehe Peloponnes
Moréri, Louis, französischer Gelehrter 493
—, »Grand dictionnaire historique« (1674) 493
Moriscos (Mauren) in Spanien 97, 139, 310, 642f., 649
Moritz, Sohn Wilhelms I. von Oranien, Prinz von Oranien, Graf von Nassau, Statthalter der Niederlande 112, 141, 161, 355, 645, 647, 650

NAMEN- UND SACHREGISTER 715

Moritz, Sohn Heinrichs des Frommen, Herzog, später Kurfürst von Sachsen 81, 85ff., 119, 638f.
Morney, Philippe de, Seigneur du Plessis-Marly, genannt Du Plessis-Morney, französischer Protestant, Schriftsteller 644
Morone, Giovanni, Bischof von Modena, Kardinal, später Bischof von Novara 89, 101–104
Morris, Robert, amerikanischer Finanzmann 549
Morristown, New Jersey 539
Morus, Thomas, Sir Thomas More, englischer Staatsmann und Schriftsteller 63, 635 f.
—, »Utopia« (1566) 633
Moscherosch, Johann Michael, Satiriker 212, 655
—, »Wunderliche und wahrhafftige Gesichte Philanders von Sittewald« (um 1640; gedruckt 1642/43) 655
Moses, jüdischer Gesetzgeber 361, 454
Moskau, Großfürstentum 117, 122f., 136f., 145, 319f., 631f.
—, Drittes Rom, russische Vorstellung vom christlichen Endreich 319, 631
—, Stadt 341, 631, 639, 643, 648ff., 662, 666, 673
—, —, Basiliuskathedrale (1555) 640
Motecuhzoma I., Aztekenherrscher 633
Motette, mehrgliedriges Tonstück der vokalen Polyphonie 574, 607, 611, 624
Mozambique, Ostafrika 631
Mozart, Leopold, österreichischer Komponist 582
Mozart, Wolfgang Amadeus, österreichischer Komponist 576, 582, 586, 603, 621, 626ff., 676, 678f.
—, »Bastien und Bastienne«, Singspiel (1768) 676
—, »Zauberflöte« (1791) 586
Mühlberg, an der Elbe 81, 638
Mühlhausen, Thüringen 178
Muelich (Mielich), Hans, Maler und Zeichner, *Abb. 609*
München 138, 154, 161, 167, 169, 176, 179, 195ff., 225, 425, 462, 612f., 640, 645, 653, 658, 670, 672, 674, 679, *Kartenskizze 191, 595*
—, Jesuitenkirche (1583) 645
Münnich, Burkhard Christoph, Graf von, russischer Feldmarschall und Staatsmann 411f., 435f., 671
Münster, Westfalen 55, 220–224, 227, 229, 655f., 658, 673, 675, 677, *Abb. 225, Kartenskizze 191*

Münster, Sebastian, ursprünglich Franziskaner, später reformiert, Theologe, Mathematiker und Geograph 638
—, »Cosmographia universalis«, »Beschreibung aller Länder« (Basel 1544) 638
Müntzer (Münzer), Thomas, reformatorischer Theologe 53, 635
»Mützen«, schwedische Adelspartei 456
Muffat, Georg, österreichischer Komponist französischer Herkunft 589
—, »Florilegium«, Orchestersuiten (1695–98) 589
Muhammad, osmanischer Sultan, siehe Mehmed
Mun, Thomas, englischer Kaufmann und Wirtschaftstheoretiker 658
—, »Discourse on England's Treasure by Forraigne Trade«, Untersuchung über die Handelsbilanz (posthum gedruckt 1664) 658
Muñoz, Juan Bautista, spanischer Historiker und Philosoph 492
Murad III., Sohn Selims II., türkischer Sultan 646
Murad IV., Sohn Ahmeds I., türkischer Sultan 178 f.
Muratori, Ludovico Antonio, italienischer Gelehrter, Historiker und Antiquar 475, 492, 507, 592, 599
—, »Annali d'Italia« (1744–49) 492
—, »Antiquitates italicae medii aevi« (1738–42) 492
—, »Della perfetta poesia italiana« (1706) 507
—, »Rerum italicarum scriptores« (1725–51) 492
—, »Teatro italiano« 592
Murer, Jakob, Abt des Prämonstratenserklosters Weißenau bei Ravensburg
—, »Chronik des Bauernkrieges« (1525), *Abb. 52*
Murner, Thomas, Franziskaner und Prediger aus dem Elsaß, Satiriker 632, 634
—, »Narrenbeschwörung« (1512) 632
—, »Die schelmen Zunfft« (Frankfurt 1512) 632
—, »Von dem großen Lutherischen Narren wie den doctor Murner beschworen hat« (Straßburg 1522) 634
Murillo, Bartolomé Esteban, spanischer Maler 310, 363, 659
Muscovy Company, englische Handelsgesellschaft (1555) 117, 640
Musenalmanach, Göttinger, periodische Gedichtsammlung, im

letzten Drittel des 18. und im ersten des 19. Jahrhunderts 676
Musik, europäische 312f., 317, **569–628**, *Kartenskizze 595*
—, Aesthetik und Soziologie **571** bis 603
Musikinstrumente 581f., 608, 613f., 617, 619, 623, 667, 670, *Abb. 572*
Musschenbroek, Petrus van, holländischer Physiker 474
Mussolini, Benito, italienischer Diktator 429
Mustafa II., Sohn Mehmeds IV., türkischer Sultan 392, 664
Mustafa Zade, Kara, Wesir des Sultans Mehmed IV. 331
Mystik 98
Mystizismus 312

N

Nancy (Nanzig), an der Meurthe, Ostfrankreich 656, 673, *Karte 184*
Namur (Namen), an der Maas 337, 663
Nantes, Bretagne 105
—, Edikt von (1598–1685) 130, 141, 154, 175, 335, 351, 370, 382, 480, 647, 662, *Abb. 129, 336*
Napier (häufig auch Neper), John, schottischer Mathematiker 650
—, »Mirifici logarithmorum canonis descriptio...« (Edinburgh 1614) 650
Narwa, nordostwärts vom Peipus-See, Estland 344, 389, 640, 645, 664f.
Naryshkin (Narischkin), russisches Adelsgeschlecht 320
Naseby, Mittelengland 258, 655
Nassau-Dillenburg, Fürstentum 120
Nationalismus 458
Nationalökonomie, wissenschaftliche 416, 451, 454
Naturrecht 252, 375, 419, 478f., 486, 488, 665
Naturreligion **477–480**, 491, 678
Naturwissenschaften **470–477**, 479, 482, 501
Nauplia, Argolis, Griechenland 637
Navarra, Landschaft in Nordspanien 42, 71, 105, 632
Naves, Raymond, französischer Essayist 507
Navigationsakte (1651) 264, 656
Nayler, James, englischer Puritaner und Quäker 267

Neapel, Stadt und Königreich 28, 44, 47 ff., 65, 84, 92, 230, 311, 344, 346, 394, 404, 411, 426, 428 f., 449, 451 f., 453, 460 f., 484, 593, 625, 640, 655, 664 f., 667 f., 670, 673 f.
Neapel-Sizilien, Königreich beider Sizilien 411, 449, 451, 453, 664, 667 f., 670, 673 ff.
Neapolitanische Schule, Kreis von in Neapel geborenen oder dort wirkenden Tonschöpfern 625
Necker, Jacques, französischer Politiker deutscher Abkunft 464, 677 ff.
Needham, John Tuberville, englischer Naturforscher 474, 477
Neerwinden, nordwestlich Lüttich unweit Tienen 663
Neger 316, 397, 420, 667
Neiße, Oberschlesien 425, 446, 676

Neologie, Entwicklungsstufe der aufklärerischen Theologie (etwa 1740—90) 482
Neri, Filippo, katholischer Priester und Ordensstifter, Heiliger 643
Nertschinsk, an der Nertscha, Sibirien 663
Neu-Amsterdam, bis 1664 Name von New York 314, 652, 656
Neuber, Friedrike Caroline (»die Neuberin«), Schauspielerin, Leiterin einer Theaterkompanie 669
Neuburg, an der Donau (Pfalz-Neuburg), 149 ff., 649 f., 659, 662, Kartenskizze 595
Neuenburg (Neuchâtel), am Neuenburger See, Schweiz 665

Neuengland (umfaßt die Staaten: Maine, New Hampshire, Vermont, Massachusetts, Rhode Island, Connecticut) 517, 519, 533, 651, 655, 676, Kartenskizze 535
Neues Testament 633 ff., 639
Neufundland, kanadische Insel 346, 420, 667
Neuhäusel (Nové Zámky, Érsekujvár), an der Neutra, Westslowakei 658
Neumeister, Erdmann, Theologe und Dichter 598
Neu-Niederlande, holländische Kolonie, Nordamerika 516, 658
Neuschottland, kanadische Provinz 420, 675
Neustadt, Mährisch-Neustadt (tschechisch Uničov), an der Oskawa, Nordmähren 446, 676

Nevers, Grafschaft an der Loire 181, 653
Nevers, Karl von Gonzaga (de Gonzague), Herzog von, Herr von Mantua und Montferrat 181, 653
Nevers, Ludwig (Luigi) Gonzaga, Herzog von Nevers und Rethel 125
Newa, Abfluß des Ladogasees zum Finnischen Meerbusen 665
New Brunswick, New Jersey 539
Newcastle, Nordengland 258 ff.

Newcastle, Thomas Pelham-Holles, Herzog von, englischer Staatsmann 400
Newcomen, Thomas, englischer Ingenieur 665
New Hampshire, Staat der USA 516, Kartenskizze 535
New Haven, Connecticut 655
New Jersey, Staat der USA 516 f., 531, 537, 658, Kartenskizze 535
New Orleans, am Mississippi 556, 668
Newport, am Bristol-Kanal, England 261
Newport, Rhode Island 543 f.
Newton, Sir Isaac, englischer Naturforscher 334, 351, 363, 365, 378, 472 f., 494, 499, 659 f., 662, 664 f.
—, »Philosophiae naturalis principia mathematica« (1687) 365, 472, 662
New York, Staat 516 f., 531, 537, 555, 565 f., 658, 677, Kartenskizze 535
New York, Stadt (vorher Neu-Amsterdam) 314, 526, 529, 539, **542—546**, 652, 656, 658, 673
Nibelungenlied 508
Nicolai, Christoph Friedrich, Schriftsteller 599, 674 f.
Nicolai, Laurens, schwedischer Resident in Dresden 185
Niederlande 34, 41, 71, 80, 84, 88, 92, 98, 357 f., 360, 362, 371, 608, 631, 640 f., 644
—, Aufstand der (1566) **108—111**, 115, 642 ff.
—, Pazifikation von Gent (1576) 111, 643 f.
—, Spanische, siehe Belgien
—, Vereinigte 114 f., 124, 129, 132, **135—138**, 140 f., 145 f., 161, 164 f., 169, 171, 174, 177 ff., 182 f., 186, 192, 202, 204, 214 f., 219, 223 f., 228, 235, 237, 245, 248, 279, 296, 307, 313 ff., 330, 335 f., 341, 344, 346, 388, 395 f., 409 f., 419, 423, 425, 462 f., 651 f., 656, **658** bis **662**, 664 f., 667 f., 671 f., 679, Abb. 220, Kartenskizze 191

Niedersachsen 172, 177 f., 180, 194
Niederschönfeld, nordostwärts von Bunzlau, Niederschlesien 671
Nietzsche, Friedrich, Philosoph 579

Nieuwpoort, an der Yser, Westflandern 647, 657
Nikolaus von Cues (Nikolaus Cusanus), Kardinal, Humanist und Theologe 480
—, »De pace fidei« (1473, gedruckt 1488) 480
Nikolsburg (tschechisch Mikulov), Südmähren 651
Nikon, Patriarch von Rußland, vorher Metropolit von Nowgorod 657
Nimwegen (Nijmegen), an der Waal, Niederlande 331, 335, 661
Nineteen Propositions (Juni 1942) 255
Nisch (Nissa, Niš), Serbien 662

Nizza, Provence 71 f.

Noailles, Louis Antoine de, Kardinal, Erzbischof von Paris 402
Nördlingen, Reichsstadt, Schwaben 51, **214—217**, 653, 657
Nominalismus, Richtung der Frühscholastik 360
Nordamerikanische Kolonien 438, 464, 658 f., 661 f., 666, 673, **675—678**
—, Arbeit, Einstellung zur **521** bis **524**
—, Assemblies, die Vertretungskörperschaften 520 f., 525 f., 528, 532 f., 551, 559
—, Eigentum, Einstellung zum 523 f., 526 f., 548, 555, 557, 560, 563
—, Kirche und Staat 518 ff., 548
—, Kontinental-Kongreß **531** bis **534**, 536 ff., 550, 677
—, Kontinentalarmee 536 f., 539, 548 ff.
—, Konvente, Regierungsorgane 546 f., 550
—, Korrespondenzkomitees, Organisation des Widerstandes 530 f.
—, Religionsfreiheit 519 f.
—, Sklavenwirtschaft 516, 522 f.
—, »Söhne der Freiheit«, Widerstandsbewegung gegen die Befolgung der »Stempelakte« 526, 528
—, Soziale Unterschiede 522 f.
—, Staatsauffassung 521, 524, 527, 534
—, »Stempelakte« (Stamp Act, 1765) **525—528**, 533, 675
—, »Teesturm« (Dez. 1773) 529 ff., 676
—, Unabhängigkeitserklärung 538, 541, 551, 567, 677
—, »Zuckerakte« (Sugar Act, 1764) 525, 528, 675
Nordischer Krieg (1700—21) 344, **387—390**, 414, 664 ff.
Nordischer Siebenjähriger Krieg (1563—70) 641 f.

NAMEN- UND SACHREGISTER

Nordsee 178, 317
Norfolk, Grafschaft an der Ostküste Englands 639
North, Frederick, Earl of Guilford, genannt Lord North, englischer Staatsmann 530, 534, 544, 559
North Carolina, Staat der USA 516f., 555, 566, *Kartenskizze 535*
Northumberland, John Dudley, Viscount Lisle, Earl of Warwick, Duke of, Lordprotektor 639
Norwegen 59, 65, 122, 317, 455, 643, 668
Norwich, Ostengland 644

Nottingham, Mittelengland 255, 644

Nouvelles ecclésiastiques, Zeitschrift der Jansenisten in Frankreich 402, 495
Novara, Piemont 411, 632, 670

Nowgorod, am Wolchow, Nordrußland 643, 650
Noyers, François Sublet, Baron de, französischer Staatsmann 303
Noyon, Ile de France 98, 632
Nürnberg, Reichsstadt 50, 55, 58, 153, 184, 194, **196–199**, 227, 596, 613, 634, 636, 651, 656, *Abb. 145, Kartenskizze 191, 595*

—, Kurfürstentag (1639) 220
—, St. Lorenz 633
»Nürnberger Anstand« (1532) 58f., 636f.
Nürnberger Bund (1538) 637
Nuove musiche, die Neue Musik am Anfang des 17. Jahrhunderts 573, 575ff., 579, 585
Nyenschanz (Nyen), schwedische Festung an der Newamündung im Gebiet des späteren St. Petersburg 665
Nymphenburg, Schloß und westlicher Vorort von München 670, 674
Nystadt (Nystad, Uusikaupunki), Südwestfinnland 388, 668

O

Oates, Titus, englischer Geistlicher, Betrüger 661
Oberhaus, House of Lords 251, 261, 268, 272, 520
Obrecht, Jacob, franko-flämischer Komponist 612
Obstal, Gérard van, flämischer Elfenbeinschnitzer 278

Ochino, Bernardino, italienischer Reformator 66
Ockeghem, Johannes, franko-flämischer Komponist 573, 609, 615
Ockham (Occam), Wilhelm von englischer Franziskaner, scholastischer Philosoph 31, 33
Ode, strophisches Lied der griechischen Dichtung 575, 611, 620f.
Oder, Fluß 187, 190, 433
Odenwald, süddeutsches Gebirge 635
Ökonomisten, siehe Physiokraten
Oelhafen von Schöllenbach, Tobias, Gesandter der Stadt Nürnberg 225
Örebro, am Svartå westlich vom Hjälmar-See, Schweden 650

Ösel, Ostseeinsel 641, 655, 668

Oeser, Adam Friedrich, Maler, Bildhauer und Radierer 509
Österreich 41, 118f., 136, 138, 144, 151, 154, 157, 164ff., 169, 174, 178f., 180, 188, **194–197**, 199, 203f., 211, 213ff., 218, 225, 228, 230, 318, 337, 339f., 387ff., **392–396**, 404f., 408 bis **412**, 417f., 421, 425f., **428** bis **433**, 435, 437, **439–443**, 446ff., 450, 454, **461–464**, 633f., 636, 646, **657–660**, **664–678**
—, theresianische Staatsreform 430ff., 672
—, —, Directorium in publicis et cameralibus 432, 672
Österreich, Ober- 163, 166, 219, 646, 652
—, Nieder- 163, 646
—, Vorder-, südwestdeutsche Lande der Habsburger 642
Österreichischer Erbfolgekrieg (1741–48) 400, 429f., 435, 437, 439f., 671f.
Österreich-Ungarn, Doppelmonarchie 432
Österreich-ungarischer Ausgleich (1867) 432
Ofen (ungarisch Buda) früher Hauptstadt von Ungarn, heute Teil von Budapest 637, 662
Ogle, Sir Chaloner, englischer Admiral 420
Ohio, linker Nebenfluß des Mississippi 438, 554, 556, 673, 679
Ohio-Mississippi-Becken, Nordamerika 555f.
Okkultismus 306
Oldenbarnevelt (Barnevelt), Jan van, niederländischer Staatsmann 141, 650
Oldenburg, Grafschaft 213, 455, 659

Olinda, nördlich von Pernambuco, Brasilien 310
Oliva, vormalige Zisterzienserabtei, westlicher Stadtteil von Danzig 658
Olivares (Olivárez), Gaspar de Gusman, Graf von, Herzog von San Lucar, spanischer Staatsmann 125, 128, 155, 172ff., 202, 219, 308, 651, 655

Olivero, Pietro Domenico, italienischer Maler, *Abb. 593*
Olmütz, Mähren 644
Oñate (Ognate), Don Iñigo Velez de Guevara, Graf von, spanischer Diplomat 161, 164, 650
Oñate-Geheimvertrag (Pactum de Successione Regnorum Hungariae et Bohemiae; Prag 20.3.1617) 650
O'Neill, Hugh, Earl of Tyrone, irischer Adliger, Anführer katholischer Nationalisten 648
Ónod, am Sajó südostwärts von Miskolc, Ungarn 665
Ontario, Fort, Nordamerika 443
Oper 301, 313, 572, **575–578**, 580f., 589f., 592ff., **597–600**, 602, 617, 620f., 623, 625, 627, 646, 649, 654, 656, 659ff., 671, 673, 678, *Abb. 397*
Opitz (von Boberfeld), Martin, Dichter 228, 580, 652f.
—, »Buch von der Deutschen Poeterey« (Breslau 1624) 652
—, »Dafne«, Operntext zur Musik von Schütz (Breslau 1627) 652
—, »Teutsche Poemata« (hrsg. von Zinkgref, Straßburg 1624) 652
—, »Trostgedichte in Widerwärtigkeit des Krieges« (um 1621; gedruckt 1633) 653
Oppeln, Fürstentum, Schlesien 647
Opritschnina (russisch »Ausgesondertes Land«) 642
Optik 473, 665
Oran, Westalgerien 631

Oratorianer, zwei Kongregationen von Weltgeistlichen ohne Ordensgelübde (italienische: Filippo Neri 1564/1575; französische: Pierre de Bérulle 1611) 300, 401, 643
Oratorium, großformatiges Tonwerk zunächst geistlichen Inhaltes mit lyrischen Einlagen 575, 602, 619f.
d'Orbey, François, französischer Baumeister 326
Ordensreform, 63, 66, 68f., 103

Organum, frühe Art der Mehrstimmigkeit, seit dem 7. Jahrhundert 604 ff.
Orléans, Frankreich 98
Orléans, französisches Herrschergeschlecht 403
Orléans, Gaston, Bruder König Ludwigs XIII., Herzog von 194, 653, *Stammtafel 342f.*
Orléans, Philipp I., Herzog von, Sohn Ludwigs XIII. von Frankreich, französischer Heerführer 335, *Stammtafel 90f., 342f.*
Orléans, Philipp II., Herzog von, Regent von Frankreich 395, 401, 419, 667f., *Stammtafel 342f.*
Orlow, Aleksej Grigorowitsch, Graf, russischer Admiral 445 f.
—, Grigorij Grigorowitsch, Graf und Reichsfürst 445
Orthodoxie 476f., 480, 494
Orvieto, Kirchenstaat 61
Oschatz, Sachsen 441
Osmān ('Othmān) II., Sohn Ahmeds I., türkischer Sultan 165
Osmanenreich, siehe Türkisches Reich
Osnabrück, Bistum 220f., 224, **227**, 229, 655f., *Kartenskizze 191*
Ostende, Belgien 404f., 408
Osterinsel, Insel im Pazifik 668
Ostermann, Heinrich Johann Friedrich (Andrej Iwanowitsch), Graf, russischer Staatsmann 411, 435 f.
Ostfriesland, nordwestdeutsche Küstenlandschaft 433, 439
Ostindische Kompanie, englische 438, 530, 647, 650, 654, 658, 663, 673, 676, 678
—, französische 658 f., 673
—, niederländische 648
Ostpreußen 59, 416, 418, 440, 447, 670, 674
Oströmisches Reich 448
Ostsee (Baltisches Meer) 117, 122, 137, 145, 177f., 180, 185, 197, 317, 319, 344, 397, 416, 446

Osuna, François Marie de Paule, Herzog von, spanischer Diplomat 306
Oswego, Fort am Ontariosee, Nordamerika 443
Otranto, Apulien 71
Otschakow, am Liman des Dnjepr, Ukraine 679
Otto Heinrich, Pfalzgraf bei Rheine, Kurfürst von der Pfalz 640
Oudenaarde, an der Schelde, Ostflandern 666
Ouvertüre, Vorspiel zu musikalischen Bühnenwerken 572, 588, 623

Overbury, Sir Thomas, englischer Dichter und Essayist 238, 243
Overyssel (Overijsel), Landschaft in den Niederlanden 644
Oxenstierna, Axel, Graf, schwedischer Staatsmann 155, 180, 184f., 201f., 204f., 215, 217, 653, *Abb. 224*
Oxenstierna, Johan, Sohn von Axel Oxenstierna, schwedischer Diplomat 221, 224
Oxford, an der Themse 62, 256 f., 362
Oxford (eigentlich Oxford and Mortimer), Robert Harley, Earl of, englischer Staatsmann 666 f.

P

Pack, Otto von, Rat am sächsischen Hof zu Dresden 635
Packsche Händel, politische Verwicklungen, ausgelöst durch Aktenfälschung des Otto von Pack 635
Paderborn, Westfalen 650
Padua, Venetien 477, 638
Pagés, Georges, französischer Historiker 347
Paine (Payne), Thomas, englischer Schriftsteller 537, 559, 677
—, »Common Sense« (1776) 537, 677
Palermo, Sizilien 311
Palestrina, Giovanni Pierluigi, italienischer Komponist 613, 623, 639f., 645 f.
Palladio, Andrea, italienischer Baumeister 314, 317, 639, 643 f.
—, »Quattro libri dell'architettura« (Venedig 1570) 643
Pamplona (baskisch Iruña), Navarra, Nordspanien 42, 68

Panckoucke, Charles Joseph, französischer Buchhändler 495, *Abb. 493*
Pantheismus, philosophische Lehre, daß Gott und die Welt eins seien 333, 358
Papiergeld 402
Papin, Denis, französischer Physiker 661
Pappenheim, Gottfried Heinrich, Graf zu, kaiserlicher Heerführer 155, 192, 199 ff.
Papsttum 240 ff., 666, 673, 679
—, Renaissance- 31, 33, 37f., 41, 44, 48 ff., **57—63**
—, Reform- **64—67**, **69—80**, 82, 86, 88f., 93, **100—104**, 107,

113f., 118f., **121—125**, 128f., 131, 143f., 148f., 165, 170, 240ff., 289f., 316, 362
Paracelsus, Philippus Aureolus, Gelehrtenname des Theophrast Bombast von Hohenheim, Arzt und Naturforscher 637
—, »Die große Wundarzney« (Ulm/Augsburg 1536/37) 637
Paraguay, südamerikanisches Land 649
Pardo, El, am Manzanares, nördlich von Madrid 420
Paris 43, 105, 128f., 137, 214, 217, 221, 230, 278ff., 282, 284f., 288f., 294, 298f., 303ff., 320, 326, 332, 404, 409, 423, **441**, **444**, 449, 471, 483, 488, 505, 605, 607, 619, 641, 646, 656, 658ff., 665, 667, 670, 673, 675f., 679
—, Louvre 303, 325 l., 638, 659, *Abb. 324*
—, Notre Dame, Chor, *Abb. 369*
—, Place Royale, *Abb. 137*
—, Sainte Chapelle, *Abb. 404*
—, Val-de-Grâce, Kirche 303, 655, *Abb. 301*
—, Academie des sciences (1666) 302, 365, 367, 659
—, Collège de France (1530) 636
—, Comédie Francaise 661
—, Palais Luxembourg (1615) 650
—, Sorbonne 65, 68, 98, 300, 303, 305, 663
Pariser Bluthochzeit, siehe Bartholomäusnacht
Pariser Schule, Tonschöpfer der Ars nova 606
Parlament, englisches 399, **515** bis **521**, **525—534**, 537, 539f., 652, 654, 656, **660—663**, 666f., 676, *Abb. 61*
—, —, elisabethanisches (1604) 237
—, —, »Kleines« (1653) 263
—, —, »Kurzes« (1640) 250, 654
—, —, »Langes« (1640—60) **250** bis **254**, 272, 654
—, —, »Rumpf«- (1648), Spottname auf den Rest des »Langen Parlaments« 261 f., 264, 271, 656
—, französisches 667, 676 f.
—, irisches 678
—, schottisches 666
Parma, Oberitalien 395 f., **409** bis **412**, 428f., 451, 453, 460f., 632, 634, 638, 669f., 672
Parma und Piacenza, Herzogtum 451, 632, 638, 668, 670
Pascal, Blaise, französischer Philosoph und Mathematiker 305, 333, 356 ff., 363, 365, 471, 477 f., 480 f., 657, 660
—, »Memorial« (1654), *Abb. 357*

NAMEN- UND SACHREGISTER 719

Pascal, Blaise
—, »Pensées sur la religion«, posthum herausgegebene Fragmente einer geplanten »Apologie des Christentums« (Paris 1669—70) 357, 471, 481, 660
—, »Les Provinciales, ou lettres écrites par Louis de Montalte à un provincial de ses amis« (23.1.1656—24.3. 1657; Paris 1657) 305, 357, 471, 657
Passacaglia, tanzartiges Tonstück über einem gleichbleibenden Baß von acht Takten 616 f., 621 f.
Passarowitz (Poscharewatz, Pozarevac), südostwärts von Belgrad, Serbien **394**, 397, 409, 412, 417, 667
Passau, Niederbayern 87 f., 639, 671
Passero (Passaro), Kap, Südostspitze Siziliens 396, 668

Pastoraldrama, theatralisches Spiel mit lyrischen Hirtenszenen 577
Patel, Pierre, französischer Landschaftsmaler, *Abb. 325*
Paterson, William, Kongreßabgeordneter von New Jersey 561
Patriarchat, orthodoxes 321, 668
Patriot, Der, moralische Wochenschrift (1724—26) 483
Patronatsrecht 305
Paul III., vorher Alessandro Farnese, Bischof von Ostia, Kardinal, Papst 39, **63—68, 70** bis **75, 77—80**, 82, 85 f., **636—639**
Paul IV., vorher Gian Pietro Caraffa, Erzbischof von Brindisi, Kardinal, Bischof von Tusculum und Ostia, Papst 66 f., 89, 93 f., 100 f., 640 f.
Paul V., vorher Camillo Borghese, Kardinal, Papst 144, 173, 648
Paul I. (Pawel Petrowitsch), Sohn Peter III. und der Zarin Katharina II., Zar von Rußland »Paulette«, französisches Beamtengesetz (nach Charles Paulet) 293
Paulus, Apostel 425
—, erster Brief an Thimotheus 425
Paumann, Conrad, Komponist 613
Pavia, Lombardei 43 ff., 453, 634

Pavillon, Nicolas, Bischof von Alet 290
Pazifik 421
Pázmány, Peter, Erzbischof von Gran, Kardinal 188
Peene, Fluß in Mecklenburg und Pommern 44, 668
Peers, Mitglieder des englischen Hochadels 243, 251, 254 ff., 268, 270
Peking, China 648, 669

Pellegrini, Vincenzo, italienischer Kanonikus 584
Peloponnes (Morea), griechische Halbinsel 393, 662, 664, 667

Penn, William, englischer Quäker und Gründer von Pennsylvanien 363, 376 f., 661
—, »Essay towards the Present and Future Peace of Europe« (1692) 377
Pennsylvania, Staat der USA 376 f., 516 f., 519 f., 531, 537, 547, 565, 661 f., 671, *Kartenskizze 535*
Penruddock, John, englischer Oberst 265
Pentateuch, die fünf Bücher Mose 361
Pepys, Samuel, englischer Tagebuchverfasser 264
Péréfixe, Hardouin de Beaumont de, Bischof von Rodez, französischer Geschichtsschreiber 306
Perejaslawl, am Trubesch südostwärts von Kiew, Ukraine 657
Pergolesi (Pergolese), Giovanni Battista, italienischer Komponist 670
Peri, Jacopo, italienischer Komponist 575, 646 f.
—, »Dafne« (1594) 646
—, »Euridice« (1600) 647
Pernambuco, Brasilien 310
Pernau (estnisch Pärnu), am Rigaischen Meerbusen, Estland 666

Pérotin (Perotinus Magnus), französischer Komponist 605, 608
Perrault, Charles, französischer Schriftsteller 367, 590
Perrault, Claude, französischer Arzt, Gelehrter und Baumeister 326, 659, *Abb. 324*
Persien (Iran) 47, 117, 178, 319, 394, 411, 483, 632, 668
Persius Flaccus, Aulus, römischer Satiriker 503
Peru, südamerikanisches Land 138, 638
Perugia, Umbrien 631
Peruzzi, Baldassare, italienischer Baumeister und Maler 637
Pesne, Antoine, französischer Maler 471, *Abb. 416 f., 433*
Pestalozzi, Johann Heinrich, Pädagoge 372, 458, 678
Peter I. Aleksejewitsch, der Große, Zar von Rußland 341, 344, 379, 391 f., 435 f., 445, **662—669**, 675
Peter II. Aleksejewitsch, Enkel Peters I., Zar von Rußland 435, 669
Peter III. Fjodorowitsch (Karl Peter Ulrich, Herzog von Holstein-Gottorp), Sohn der Großfürstin Anna Petrowna, Zar von Rußland 437, 441, 445, 674

Peter-Pauls-Festung, auf der Insel Sajatschje, Sankt Petersburg 665
Peterwardein (Petrovaradin), an der Donau, Serbien 412, 667
Petition, Millenary (von 1000 Geistlichen unterzeichnet) 236
Petition of Right (1628), Aufzählung der Rechte der Untertanen 244, 652
Petition of Twelve Peers 270
Petrarca, Francesco, italienischer Dichter 395, 612
Petri, Olaus, schwedischer Reformator, Stadtschreiber, später Pfarrer in Stockholm 635
Petrucci, Ottaviano, italienischer Musikverleger 611
Petrus Tritonius, österreichischer Humanist 611
Petzel, Johann Christoph, Komponist 597
Peutinger, Conrad, Humanist, Altertumsforscher 34, 40

Peyrat (Dupeyrat), Guillaume, französischer Abgeordneter, Priester und Schriftsteller 296
Pfälzischer Erbfolgekrieg (Koalitionskrieg, 1688—97) 336 f., 348, 662 f.
Pfalz, rheinische (Kurpfalz) 137, 146, 150, 153 f., 161, 164, 166, 169, 171 f., 177 f., 180, 187, 194, 197, 219, 225 f., 336, 418, 455, 640 f., 651, 656 f., 659, 662 f., 666, 668, 672, 677, *Kartenskizze 191*
— -Zweibrücken 662
Pfalz, Ober- 150, 172, 197, 225, 228, 651, 656, 677, *Kartenskizze 191*
— -Neuburg 147, **149 ff.**, 151, 153, 649 f., 659, 662
— -Sulzbach 423, 455
Pfund- und Tonnengeld, englische Steuer 224, 242 f., 245 f., 252
Philadelphia, Pennsylvania, USA 376, 531, 539, 542, 558, 661, 677, 679
—, Kontinentalkongreß, erster (1774) 531 ff., 677
—, —, zweiter (1775/76) 534, 536 ff., 550, 677
—, Nationalkonvent (1787) **558** bis **564**, 679
Philipp I., der Schöne, Sohn Kaiser Maximilians I., Herzog von Burgund, König von Kastilien 28, 631, *Abb. 28, Stammtafel 90 f.*
Philipp II. von Spanien, Sohn Kaiser Karls V., König von Spanien 39, 78, 84, 86, **88—98**, 104, 106, **108—111**, 114 f., 119, **123—130**, 132, 138, 143, 247, 396, 433, **639—647**, *Stammtafel 90 f.*

Philipp III., Sohn Philipps II., König von Spanien 137f., 161, 647ff., 651, *Stammtafel 90f.*
Philipp IV., Sohn Philipps III., König von Spanien 137f., 172, 203, 310, 651, 656, *Stammtafel 90f., 406f.*
Philipp V., Enkel Ludwigs XIV., Herzog von Anjon, König von Spanien 344ff., 391, 394ff., 401, 404, **664–667**, 670, *Stammtafel 342f.*
Philipp III., der Gute, Herzog von Burgund 608, *Abb. 608*
Philipp (der Großmütige), Sohn Wilhelms II., Landgraf von Hessen 56f., 74, 76, 81, 635
Philipp (von Bourbon), Sohn Philipps V. von Spanien, Herzog von Parma, Piacenza und Guastalla 423, 428f., 451, *Stammtafel 342f.*
Philipp Ludwig, Sohn Wolfgangs von Neuburg-Sulzbach (Pfalz-Zweibrücken), Pfalzgraf von (Pfalz-) Zweibrücken-Neuburg 149f., 649
Philippinen, Inselgruppe im Malaischen Archipel 309, 675
Philippsburg, in der Rheinebene südlich Speyer, Baden 338, 410, 656, 661f.
Philosophie 332ff., 355, 358, 360ff., 366, 369, 377, 434, 451, 459, 471f., 478, 495, 501, 505f., 509
Phrygische Kadenz, harmonischer Schluß mit Verwendung des aus den Kirchentonarten stammenden phrygischen Halbtonschrittes 586
Physik 472ff., 494
Physiokratie, volkswirtschaftliche Theorie, die Boden und Ackerbau als alleinige Quelle des Reichtums ansieht 446, 449, **454–457**, 464, 496ff., 675f.
Physiologie 473, 499
Piacenza, Lombardei 395f., 411, 428f., 451, 632, 638, 668, 670, 672
Picart, Bernard, französischer Graphiker, *Abb. 472*
Piccolomini, Francesco, Bischof von Pienza 461
Piccolomini-Pieri, Octavio, Fürst, Herzog von Amalfi, kaiserlicher Heerführer 155, 208f., 211, 218, 222, 227
Piemont, Landschaft in Nordwestitalien 71
Piemont-Sardinien, Königreich 410f., 423, 428f.
Pietismus 340, 384, 413, 417, 423, 660, 663
Pignerol, siehe Pinerolo
Pilgrimage of Grace (1536/37) 63, 637

Pillau, am Frischen Haff, Ostpreußen 652
Pilon Germain, französischer Bildhauer 641
Pilsen, an der Mies, Nordwestböhmen 166, **207–210**, 222
Pilsener Schluß (Reverse vom 12.1. und 20.2.1634) 208
Pinerolo (französisch Pignerol), südwestlich Turin, Piemont 279, 331, 653, 656, 664
Pinto, Fernam Mendes, portugiesischer Schriftsteller 638
Pirna, an der Elbe, Sachsen 440
Pisa, Toskana 453, 631
Pistoia, Toskana 462, 679
—, Synode (1786) 462, 679
Pitt, William (der Ältere), Earl of Chatham, englischer Staatsmann 443f., 674
Pitt, William (der Jüngere), Sohn des Earl of Chatham, englischer Staatsmann 678
Pittsburgh (Fort Duquesne), Pennsylvania 438, 443, 673f.
Pius IV., vorher Giovanni Angelo de'Medici, Kardinal, Papst **100–103**, 641f.
Pius V., vorher Antonio Michele Ghislieri, Bischof von Sutri, Kardinal, Papst 103f., 115f., 124, 642f.
Pius VI., vorher Giovanni Angelo Graf Braschi, Kardinal, Papst 461f., 677f.
Pizzaro, Francisco, Eroberer Perus 636f.
Plassey (Palasi), Dorf am Bhagirathi, Bengalen 444, 674
Platon, griechischer Philosoph 368, 470, 574, 580f.
Playford, Henry, englischer Musikverleger 621
Pléiade, französische Dichterschule 639
Pljussa (Plyussa), rechter Nebenfluß der Narowa, Westrußland 645
Pluche, Noël-Antoine, l'Abbé, französischer Gelehrter 572
Plymouth, Neuengland 651, 655
Podolien, ukrainische Landschaft zwischen Dnjestr und Dnjepr 660f., 664
Poissy, westlich Paris 106, 288, 641
Pole, Reginald, englischer Kardinal und Erzbischof von Canterbury 88, 102
Polen 27, 65, 93, 104, 122f., 135ff., 144ff., 158, 164, 174, 179, 182f, 185, 216, 319ff., 329, 340, 344, 409, 416, 418, 435, 437, 445ff., 458, 464, 631f., 639, 642f., 646, 648, 652, **657–662**, **664–667**, 669f., 675f., 679

Polen, Pacta conventa (1573) 643
—, erste Teilung (5.8.1772) 447, 454, 676
Polnischer Thronfolgekrieg (1733 bis 1735/38) 400, 403, 409ff., 413f., 418, 426, 437, 442, 451, 670
Polozk, an der Düna, Weißrußland 644
Poltawa (Pultawa, ukrainisch Piltawa), an der Worskla, Ukraine 389, 392, 666
Polybios, griechischer Historiker 398, 482
Polyphonie, Vielstimmigkeit, Mehrstimmigkeit, Musik mit Gleichwertigkeit aller Stimmen 573f., 576, 579, 592, **603** bis **608**, 611, 613ff., 617, 619, 627
Pombal, Sebastião José de Carvalho e Mello, Graf von Oeyras, Marquis von, portugiesischer Staatsmann 460, 674
Pommern 178, 183, 187, 206, 214, 220, 224, 636, 653, 657, 661, 668, 674,
—, Hinterpommern, östlich der Oder 224, 656
—, Vorpommern, westlich der Oder 224, 414, 656, 661, 668
—, Schwedisch- 224, 435, **657**, 668
Pompadour, Jeanne, Antoinette Poisson, Marquise de, Geliebte Ludwigs XV. von Frankreich 672
Pomponazzi, Pietro, italienischer Philosoph 477
Pomponne, Simon Arnauld, Marquis de, französischer Staatsmann 297, 337
Ponce de León, Juan, spanischer Entdecker 632
Pondicherry (Pondichéry), Landschaft und Stadt, Südost-Vorderindien 438, 444, 660, 674
Pontchartrain, Louis Phélypeaux, Comte de, französischer Staatsmann 297
Pontecorvo, Kampanien 461
Pope, Alexander, englischer Dichter 391, 399, 475, 503, 507, **666**f.
—, »Essay on Criticism« (1711) 507, 666
—, »Essay on Man« (1733) 399
—, »The Rape of the Lock« (1714) 667
Porta, Giacomo della, italienischer Baumeister 642, 647
Port-Royal(-des-Champs), Zisterzienserinnen-Kloster südwestlich Versailles 305, 357, 666
Portugal 43, 47, 103f., 123f., 136, 173, 219f., 265, 307f., 310, 314, 345f., 396, 449, 460, 483, 631ff., 636, 640, 644, 656, 658f., 665, 667, 671, **673–677**

NAMEN- UND SACHREGISTER 721

Porzellanmanufakturen: Berlin (1763) 675, Meißen (1710) 666, 670, Nymphenbourg (1761) 674, Sèvres (1756) 674, Wien (1718) 668
Possevino, Antonio, Jesuit, päpstlicher Legat 122f., 644
Post, Pieter, niederländischer Baumeister 658
Postwesen 650, 669
Potjomkin (Potemkin), Grigorij Aleksandrowitsch, Reichsfürst, Fürst (Tawritscheskij), russischer Feldherr und Staatsmann 391, 445, 679
Potsdam 434, 662, 679
—, Edikt von (1685) 335, 662
—, Sanssouci 673
Poussin, Nicolas, französischer Maler 303, 656, 658
Pozzo, Andrea (dal), italienischer Baumeister, Bildhauer und Maler 339, 663
Practica prima, seconda, Unterscheidung Monteverdis (alter Stil gegenüber dem neuen Stil, seit 1600) 579
Prädestination (Vorherbestimmung) 136, 141, 399, 650
Prärogative (Vorrechte), königliche 237, 245, 248, 252
Prätorius, Michael, Komponist 580, 618f., 648
Prag 125f., 138, 160ff., 165, 167f., 180, 193, 197, 216, 226f., 339f., 425, 440, 650, 653f., 665, 671, *Kartenskizze 191*

—, Fenstersturz (1618) 160, 650, *Abb. 160*
—, Karlsbrücke 340
—, Vertrag von 1635 214f., 217f., 220f., 245
Pragmatische Sanktion, Hausgesetz der Habsburger (19. IV. 1713) 404f., **408—411**, 413, 415, 418, 423, 425, 428, **667** bis **670**, 672, *Abb. 405*
Prandtauer (Prandauer), Jakob, Baumeister 339, 363, 662, 665, *Abb. 337*
Prayer Book (Book of Common Prayer), englisches Gebetbuch (1549/1552) 113, 639, 641, 658
Presbyterianer, Angehörige der reformiert-evangelischen Kirche mit calvinistischer Gemeindeordnung **258—261**, 270ff.
Preßburg (Bratislava), an der Donau, Ľ'owakei 339, 424, 662, 670

Preston, Lancashire 656,

Preuß, Hugo, Staatsrechtslehrer 416

Preußen 145, 151, 169, 224, 340, 387f., 409, 413, 416, 418, 422, 424, 428, 430, 432ff., 437, **439—443**, **446—449**, 452, 454, 461, 464, 483, 634, 639, 652, 657f., 661, **664—675**, 677ff.,
—, Heer 415ff., 670
—, Schulwesen 667, 679
—, Verwaltungsreform 415f., 668
Prévost d'Exiles, Antoine François, Abbé, französischer Schriftsteller 483, 502, 670
Pride, Thomas, englischer Oberst 261
Priestley, Joseph, englischer Chemiker 474, 676
Princeton, New Jersey 539
Printz, Wolfgang Caspar, Musiktheoretiker 600
Privy Council, Geheimer Staatsrat des englischen Königs 116, 243, 251f., 268f.
»Projekt von Bourgfontaine« der Jansenisten 403
»Protestanten« 635, 639
Protestantismus 63, 95, 98, 101, 106f., 112, 132, 136, 182, 200, 221, 316, 333, 479f.
—, Böhmen 115, 180
—, Deutschland **56—59**, 65, **71 bis 82**, 84ff., 89, 92, 100ff., **118 bis 121**, 141, 147, 163, 165, 170, 172, 182, 186, 192f., 196, 202, 214f., 225f., 229, 388, 664ff., 668ff.
—, England 99, 112f., 249, 272, 347, 665
—, Frankreich 98ff., 105ff., 125, 130, 146, 174, 305f., 310, 322, 335, 637
—, Italien 99
—, Niederlande 99, 108
—, Österreich 151f., 463
—, Schottland 114f.
Provence, Landschaft in Südfrankreich 43, 71
Providence, siehe Rhode Island
Pruth, linker Nebenfluß der Donau 392, 666, 671
Prynne, William, englischer Schriftsteller 235, 247, 270f.
Pskow (Pleskau), südöstlich vom Peipussee 631
Psychologie 479, 494
Ptolemäisches Weltsystem 470
Public Advertiser, englische Zeitschrift 676
Puertobello, Panama 346, 420f.
Puerto Mahon, Menorca 443
Pufendorf, Samuel Freiherr von, Jurist und Historiker 479, 495, 659f.
—, »De iure naturae et gentium« (Lund 1672) 660
—, »De statu imperii germanici« (den Haag 1667) 659

Pugatschow, Jemeljan Iwanow, Anführer eines Kosakenaufstandes 676
Pultawa, siehe Poltawa
Pultusk, am Narew nördlich Warschau, Zentralpolen 665
»Pulververschwörung« (Gunpowder Plot, 1605), Verschwörung gegen das englische Parlament 240, 648
Purcell, Henry, englischer Komponist 591, 615, 618, 620f., 663
Puritaner, englische Protestanten calvinistischer Richtung 236, 242, 245, 247, 258f., 316, 516ff., **520—523**, 643, 648, 655, *Abb. 520*
Putney, Vorstadt von London 257, 260, 352
Pym, John, engl. Politiker 239, 250, 253, 256f., 263
Pyrenäen-Friede zwischen Frankreich und Spanien (7. 11. 1659) 230, 279, 657f.

Q

Quadrupelallianz, Bündnis Englands, Frankreichs, Österreichs und der Vereinigten Niederlande 394ff., 404
Quäker (Society of Friends, Gesellschaft der Freunde), religiöse Gemeinschaft 261, 267, 377, 517, 519, 656, 661
Quantz, Johann Joachim, Komponist 572, 584, **591—594**, 601
Quebec, Kanada 443, 537, 649, 674, 677
Quebec Act (1774) 677
Quedlinburg, an der Bode 598
Queich, linker Nebenfluß des Rheins in der Pfalz 338
Quesnay, François, französischer Arzt und Volkswirtschaftler 475, 496ff., 674
—, »Économie animale« (1742) 497f.
Quesnel, Paschalis, Oratorianer, katholischer Theologe 401f., 667
—, »Le Nouveau Testament en français, avec des réflexions morales sur chaque verset« (1693) 402, 667
Questenberg, Gerhard Freiherr von, kaiserlicher Staatsmann 192, 195, 207
Quevedo y Villegas, Francisco Gómez de, spanischer Dichter 652
—, »Historia de la vida del Buscón llamado D. Pablos, ejemplo de vagamundos y espejo de tacaños« (»Historia del Gran Tacaño«) Schelmenroman (Saragossa 1626) 652

Quevedo y Villegas
—, »Sueños y discursos de verdades descubridoras de abusos, vicios y engaños in todos los oficios y estados«, satirische Phantasiestücke (1627) 652
Quiberon, an der Südküste der Bretagne südostwärts von Lorient 443, 674
Quietismus, religiöse Lehre 369f., 664
Quiroga, Diego de, Kapuzinerpater 208

R

Raab, rechter Nebenfluß der Donau 658
Raab (Györ), an der Raab, Nordwestungarn 646
Rabelais, François, französischer Geistlicher und Arzt, satirischer Schriftsteller 636
Racine, Jean Baptiste, französischer Tragödiendichter 301f., 332, 363, 659ff., 663
—, »Andromaque« (1667) 301, 659
—, »Athalie« (1691) 332, 663
—, »Bérénice« (1670) 660
—, »Esther« (1689) 332, 663
—, »Phèdre« (1677) 661
—, »Les Plaideurs« (1668) 659
Radetzky von Radetz, Joseph, Graf von, österreichischer Feldmarschall 176
Radom, Polen 631

Raffael, Raffaello Sanzio (Santi), italienischer Maler 631—634
Ragaz, an der Tamina nordwestlich Chur, Schweiz 167
Rain am Lech, südostwärts von Donauwörth, Schwaben 653

Rákóczi, Franz (Ferenč) II., Führer der ungarischen Unabhängigkeitsbewegung 389, 665
Rákóczi, Georg I., Fürst von Siebenbürgen 216, 655
Raleigh, Sir Walter, englischer Seefahrer und Schriftsteller 239, 645, 648, 650
Rameau, Jean-Philippe, französischer Komponist 592, 623, 625, 668
—, »Traité de l'harmonie« (1722) 592, 668
Ramillies, südlich Tienen, Brabant, Belgien 665
Ramis de Pareja, Bartolomé, spanischer Musiktheoretiker 584
Ramsay, David, amerikanischer Arzt 546f., 558

Rancé, Armand Jean le Bouthillier de, französischer Ordensgeistlicher, Stifter der Trappisten 306, 658
Randolph, Edmund (Jennings), amerikanischer Staatsmann 560
Ranke, Leopold von, Historiker 94, 103, 173, 200, 380
Raschin, Sesyna, böhmischer Sekretär 200, 211
Rasin (Razin), Stepan (Stjenka) Timofejewitsch, Donkosak, Anführer eines Aufstandes 320, 659f.
Raskól (Kirchenspaltung), der Abfall von Dissidenten von der russischen Kirche 320, 341, 657
Rastatt, an der Murg, Baden 388, 667
Rathenow, an der Havel, Westhavelland 660
Rathgeber, Johann Valentin, Komponist 597, 670
Ratibor, im Odertal, Oberschlesien 647
Rationalismus 355, 358, 458
Ratzeburg, südostwärts von Lübeck, Schleswig 656
Raubkriege Ludwigs XIV.: Devolutionskrieg (1667/68) 327, 659, Holländischer Krieg (1672 bis 79) 330f., 660f., Pfälzischer Erbfolgekrieg (1688—97) 336f., 348, 389, 662f.
Raucoux, siehe Rocourt
Raumer, Kurt von, Historiker 377
—, »Ewiger Friede« (1953) 377
Ravenna, Emilia 632

Ravensberg, Ravensberger Land, westfälische Landschaft 650,
Raynal, Guillaume Thomas François, Abbé, französischer Schriftsteller 515
Rayneval, Joseph Matthias Gérard de, französischer Publizist und Diplomat 545
Razumowskij, Aleksej Grigorjewitsch, Graf, russischer Feldmarschall 445
Ré, Isle de, französische Insel vor La Rochelle 243
Real, spanische Währungseinheit 308
Réaumur, René Antoine Ferchault de, französischer Physiker und Zoologe 474ff., 668f.
—, »Histoire des insectes« (1734 bis 42) 476
Rebeur, Jean Philippe, schweizerischer Pädagoge 413
Rechtswesen, Bayern 662
—, Dänemark 662
—, England 282, 284, 286, 299
—, Habsburgische Erblande 416, 452, 677

Rechtswesen, Heiliges Römisches Reich 636, 657
—, Preußen 416, 434, 454, 672, 678
—, Römisches Reich 287
—, Rußland 320, 450, 456, 639, 656, 675
Redefiguren, gleichbleibende und allgemeingültige musikalische Motive 585f., 589
Rednitz, Quellfluß der Regnitz in Mittelfranken 198
Reform, katholische 65ff., 69f., 72, 75, 77, 85f., 102f., 107, 111, 118, 121, 131, 138, 144, 173, 200, 228, 312, 322, 431, 459—462
—, russisch-orthodoxe 657
Reformation, Baltikum 59, 65
—, Dänemark 637, 643
—, Deutschland 30—41, 50—59, 65, 73—82, 85—93, 99, 131, 317, 415, 458, 635ff., 642
—, England 59—64, 88, 99, 235, 249
—, Frankreich 65, 98—101, 333
—, Niederlande 99, 108—112
—, Norwegen 643
—, Polen 65
—, Schweiz 54f., 58, 98f., 635ff.
—, Skandinavische Reiche 59, 65
—, Spanien 65
—, Ungarn 65
Régence, Stilstufe der französischen Kunst (1715—1723) 503, 667
Regensburg 75ff., 87ff., 92, 99, 153, 196, 206f., 214, 216, 218, 220, 332, 653, 657f., 660, 669, Kartenskizze 191, 595
—, Konvent (1524) 56, 634
—, Kurfürstentreffen (1630) 182f., 653
Reichardt, Johann Friedrich, Komponist, Musikschriftsteller 583
Reichel (Reichle, Reuchlen), Hans, Bildhauer 648
Reichenbach am Eulengebirge, Niederschlesien 464
—, Konvention von (27.7.1790) 464
Reichsdeputationen 220, 675
Reichsstädte 35f., 51f., 55, 57, 78f., 81, 84, 122, 147, 189, 223, 229, 418, 458
Reichsstände 36f., 40f., 51, 56, 58, 78f., 83f., 86f., 89, 92, 120f., 146f., 151, 170, 177, 189f., 215f., 217, 219ff., 223, 226, 640, 653, 656, 669, 679
—, katholische 147, 152, 225, 440, 637
—, protestantische 147, 153f., 164f., 169, 171, 177, 189f., 192, 194, 214, 225f., 231, 440, 636
Reichstag 163, 165
—, Köln (1511) 632
—, Worms (1521) 34—42, 50, 55, 76, 80, 99, 634

NAMEN- UND SACHREGISTER

Reichstag, Nürnberg (1521–1524) 50, 56, 634
—, Speyer (1526) 56, 635; (1529) 56f., 635
—, Augsburg (1530) 50, 57f., 636
—, Regensburg (1540/41) 75 ff., 99, 637
—, Speyer (1544) 78f., 638
—, Regensburg (1546) 638
—, Augsburg (1547/48) 81, 84f., 639; (1555) 87f., 92, 640
—, Regensburg (1594) 646; (1608) 153, 649; (1613) 153; (1640) 216, 218, 220; (1654) 657
—, —, der »Immerwährende Reichstag« (1663–1806) 658, 660, 669, 674
Reimarus, Hermann Samuel, Theologe und Philosoph 475, 478
Religionsfriede, Augsburger (1555) 89, 92f., **117–123**, 141, 151f., 154, 180, 192, 228, 640
—, deutscher (1648) 225f., 229, 656
—, Nürnberger (1532) 58f., **636** bis **639**
Religions-Soziologie 361
Rembrandt Harmensz van Rijn, niederländischer Maler und Radierer **653–659**
—, Saskia van Uijlenburgh, Gemahlin Rembrandts 653
Remonstrance, Grand, Beschwerdeschrift des englischen Parlaments (1641) 253f., 654
Remonstranten, siehe Arminius
Renaissance 98, 310, 317, 321, 326, 352, 469
—, französische 303
—, italienische 302, 304, 312f.
Reni, Guido, italienischer Maler 649
Renner, Karl, österreichischer Staatsmann 408
Requesens y Zuñiga, Luis de, spanischer Feldherr und Staatsmann 110f., 643
Restitutionsedikt (6.3.1629) **180** bis **183**, 186, 188f., 195, 199, 215, 652f.
Reuchlin, Johannes, Humanist 631f.
—, »Rudimenta hebraica« (Pforzheim 1506) 631
Reunionen(Wiedervereinigungen), die gewaltsamen Gebietsaneignungen Ludwig XIV. im Elsaß und in Lothringen 331f., 337, 661f.
Reutlingen, Württemberg 633
Reval, Estland 145, 641, 666
Revokationsakte (Act of Revocation), englische (1627) 248
Revokationsedikt von Fontainebleau (1685) 662

Revolution, amerikanische (1774 bis 1783) 457f., **515–567**, 676 bis **679**
—, englische (1603–1688) **231** bis 273, 352
—, —, England unter Jakob I. 233 bis 241
—, —, Kampf um die Verfassung **242–245**
—, —, Zentralismus von Krone und Altar **246–250**
—, —, Langes Parlament **250–254**, 654
—, —, erster Bürgerkrieg **254–260**, 353, 655
—, —, Oliver Cromwell und das Interregnum (zweiter Bürgerkrieg) **260–269**, 656f.
—, —, Restauration **269–273**, 658
—, französische (1789) 351, 373, 387, 402, 419, 442, 449, 451f., 458, 464f.
—, österreichische Niederlande (Belgien), »Brabanter Revolution« (1789) 463f.
—, polnische (1787–1791) 464, 679
—, ungarische (1788–1790) 463f., 679
Rezitativ, Sprechgesang zu andeutenden Akkorden 575, 577, 585, 589, 594, 622f.
Rhein 137, 140, 142f., 145, 150, 179, 196, 202, 215, 223, 279, 328, 330, 337, 340, 410ff., 414, 426
Rheinland 657f., 661f., 664
Rhetorik 585f., 588ff., 616, 620
Rhode Island (Providence), Staat der USA 375, 377, 516, 519, 566, 653, *Kartenskizze 535*
Rhodos 47
Řičan, Paul, böhmischer Adliger 160
Ricci, Matteo, italienischer Jesuit, Missionar in Indien und China 648
Ricci, Scipione de', Bischof von Pistoia, italienischer Kirchenreformer 462, 679
Riccio, David, Geheimschreiber Maria Stuarts 114
Richard von Greiffenklau, Erzbischof und Kurfürst von Trier 51, 634
Richardson, Samuel, englischer Romanschriftsteller 502, 672
—, »Pamela«, Roman (1740), *Abb. 500*
—, »Clarissa«, Roman (1747) 672
Richelieu, Armand-Jean du Plessis, Herzog von, Kardinal, französischer Staatsmann 95, 143, 155, 171, **173–176**, 181ff., **185–188**, **193–196**, 202, 214, 217f., 223, 226, 228, 230, 241, 245, 247, 279, 288, 294f., 299, 303, 327, 332, 652f., 655, *Abb. 176*

Richelieu, Louis François Armand de Vignerot du Plessis, Herzog von, französischer Feldherr und Diplomat 443
Riedinger (Riedtinger, Ridinger), Georg, Baumeister 648
Riemenschneider, Tilman, Bildhauer und Bildschnitzer 634
Riese, Adam, Rechenmeister 639
Riga, an der Düna, Livland 641, 651, 665f.
Rinteln, an der Weser, Niedersachsen 651
Rinuccini, Ottavio, italienischer Librettist 575, 577, 580, 646f., 652
Rio de Janeiro, Brasilien 310
Ripon, nordwestlich York, England 250
Risco, Manuel, spanischer Augustiner und Historiker 475, 492
Risorgimento, die italienischen Einigungsbestrebungen 395, 462
Ritornell, mehrmals wiederkehrende musikalische Wendung 624ff.
Ritter, Gerhard, Historiker 120
Ritterbund, süddeutscher, Aufstand (1523) 51f., 634
Rivarol, Comte de, geläufiger Name des Antoine Rivaroli, französischer Moralist 475, 505
Robbé de Beauveset, französischer Dichter 502
Robertson, William, schottischer Historiker 485, 491, 677
—, »History of America« (1777) 677
—, »History of the Reign of the Emperor Charles V.« (1769) 491
Robot (tschechische Fronarbeit), Patent Maria Theresias (13.8. 1775) 432
Rochambeau, Jean Baptiste Donatien de Vimeur, Comte de, französischer Marschall 543f.
Rochefort, an der Charente, Südwestfrankreich 325
Rochelle, La, Hafen, Westfrankreich 105, 110, 175, 289, 295, 652
Rochers, des, Schloß bei Argentré, nahe Vitré, Bretagne 283
Rocourt-Lez-Liège (Raucoux, Rocoux), im Maastal nordostwärts von Lüttich 429, 667
Rocroy (Rocroi), in den Ardennen, Nordfrankreich 219, 370, 655, *Abb. 221*
Rodrigue, Jean Ignace de, deutscher Publizist 425f.
—, »Gazette de Cologne« 425
Römer (Romer), Olaus, dänischer Astronom 365, 661

Römisches Reich Deutscher Nation, Heiliges 27—30, 34f., 41, 50ff., 56ff., 73—92, 101, 104, 117—122, 135ff., 142, 146 bis 154, 180ff., 184, 201, 206, 214f., 217f., 224, 226—229, 235, 289, 315, 317f., 322, 332, 338, 382, 394, 396, 404, 418f., 426, 656, 659, 661 ff., 665, 667, 669ff., 674f., 678f.,
—, Reichsbundprojekt Karls V. 83 f.
—, Reichsdeputationen 220, 675
—, Reichshofrat 146, 152, 419
—, Reichskammergericht 146, 152, 224, 226, 419, 657, 663, 675
—, Reichsrecht 150, 172, 187, 675
—, Reichsreform 35 f.
—, Reichsregiment 36, 50f., 634
—, Reichsverfassung 35f., 83f., 87—92, 118, 120f., 146, 151, 463, 659, 661, 672
Rohan, Henri, Duc de, Prince de Léon, Anführer der Hugenotten 95, 175, 651 ff.
Rokoko 667
Rollenhagen, Georg, Dichter 647
—, »Froschmeuseler« (1595) 647
Rom 33, 42f., 48, 68ff., 73, 94, 102, 116, 124, 202f., 308, 311f., 319, 339, 402, 428, 461f., 593, 659, 663
—, Sacro di Roma (1527) 48, 635
—, Accademia dei Lincei 648
—, Accademia di San Luca 312
—, Gesù 642
—, Palazzo Farnese 647
—, Sankt Peter 638
—, Sant'Agnese 339
—, Santa Maria del Popolo 648
—, Santa Maria Maggiore, *Abb. 128*
—, Sant'Ignacio 339, 663
—, Sant'Ivo, *Abb. 309*
Romano, Giulio, eigentlich Giulio Pippi, italienischer Maler und Baumeister, *Abb. 41*
Romanow, russisches Herrschergeschlecht 319, 650
Romantik 571, 585, 593, 602f.
Ronsard, Pierre de, französischer Dichter 639f., 643
—, »Les Amours«, Sonette (1552) 639
—, »Franciade« (1572) 643
—, »Les Hymnes« (1555) 640
—, »Odes« (1550) 639
Roosevelt, Theodore, Präsident der USA 567
Rore, Cypriano de, franko-flämischer Komponist 612
Roskilde, westlich Kopenhagen, Seeland, Dänemark 657
Roßbach, nordwestlich Weißenfels an der Saale 441, 674
Rostock, an der Warnow, Mecklenburg 180, 651

Rota, The, englischer politischer Debattierclub (1659 gegründet) 257
Rotterdam 314
Rottmayr, Johann Michael, Maler 339
Rottofreddo, südwestlich Piacenza, Emilia 429
Roupnel, Gaston, französischer Schriftsteller 284
Rous, Francis, englischer Puritaner 263
Rousseau, Jean Jacques, französicher Philosoph 372, 374, 390f., 475, 482, 487, 495f., 498, 500f., 506, 509—512, 585, 590, 601, 674f., 678, *Abb. 509*
—, »Confessions« (1760—1779) 51c, 678
—, »Contrat social, ou principes du droit politique« (1762) 510f.
—, »Émile« (1762) 509, 675
—, »Nouvelle Héloïse« (1761) 511, 674
—, »Rêveries du promeneur solitaire« (1778) 511
—, »Rousseau juge de Jean-Jacques« (1776) 511
Roussillon, Landschaft in den Ostpyrenäen 230, 279, 308, 654
Royalisten, englische 250f., 262, 265f., 271f.
Royal Society, die älteste wissenschaftliche Gesellschaft, London 334, 365, 658
Rubens, Peter Paul, niederländischer Maler 647, 649—654
Rudolf II., Sohn Maximilians II., deutscher (römischer) König, Kaiser 147, 151, 155, 157, 643, 646—650, *Stammtafel 90 f.*
—, Majestätsbrief (Prag 1609) über religiöse Toleranz 154, 157 bis 160, 168, 649
Rügen 667
Ruetz, Kaspar, Komponist und Schriftsteller 598, 600
Rumänien 321
Rumpfparlament, Spottname auf den Rest des Langen Parlaments 261f., 264, 271
Ruppa, Wenzel von, böhmischer Adliger 160
Ruprecht (Rupert), Sohn Kurfürst Friedrichs V. von der Pfalz, Pfalzgraf bei Rhein, Herzog von Bayern 225, 239, 655
Rurik (Rjurik), russische Dynastie 647
Russell, Bertrand Arthur William
Russell, Earl, englischer Philosoph 267, 376, 380
—, »A Critical Exposition of the Philosophy of Leibniz« (1900) 380

Russell, Edward, Earl of Orford, englischer Admiral 663
Rußland 122f., 145, 169, 174, 179, 183, 317, 319ff., 329, 331, 340f., 344, 387f., 392, 409, 411f., 435ff., 439—442, 445 bis 450, 456, 463, 489f., 496, 639, 641, 644, 648f., 656—659, 661—679
—, Zeit der Wirren (smuta, 1598 bzw. 1610 bis 1613) 647f., 650
—, Verfassung 666, 675
Ryswijk (Ryswick), bei den Haag, Holland 221, 338, 348, 418, 664

S

Saalfeld, an der Saale, Thüringen 636
Saar, rechter Nebenfluß der Mosel 338
Sacco di Roma (1527) 48, 635
Sachs, Hans, Schuhmacher zu Nürnberg, Meistersinger und Dichter 633f.
—, »Das hofgesind Veneris«, Fastnachtsspiel (1517) 633
—, »Die wittenbergisch Nachtigall«, Gedicht (1523) 634
Sachsen, Kurfürstentum 145f., 150f., 158, 161, 163f., 169, 172, 182, 186f., 189, 192f., 197ff., 201, 204—207, 210f., 214f., 219, 229, 388, 405, 418, 423, 428, 435, 440f., 634f., 637f., 643, 657, 662, 664f., 667, 670—673, 679
Sachsen-Gotha, Herzogtum 440,
Sachsen, Moritz, Graf von, natürlicher Sohn Augusts des Starken, Marschall von Frankreich 428f., 672
Sackville, Thomas, Earl of Dorset, englischer Staatsmann und Dichter 641
—, »Gorboduc or Ferrex and Porrex«, Tragödie (1560; gedruckt 1565) 641
Sade, Donatien Alphonse François, Marquis de, französischer Schriftsteller 213
Saint-Aubin, Augustin de, französischer Maler und Graphiker, *Abb. 493*
Saint Aubin, Gabriel de, französischer Maler und Graphiker, *Abb. 501*
Saint Cristopher, Insel der Kleinen Antillen 346, 651, 667
Saint Cyr l'École, bei Versailles 332
Saint Étienne, Jean de Beaumont, Baron de, französischer Diplomat 196
Saint Evremond, Charles de Saint-Denis, Seigneur de, französischer Schriftsteller 598f.

NAMEN- UND SACHREGISTER

Saint-Germain (-en-Laye), westlich Paris 326, 642, 661f., 665
—, Edikt von (1562) 106, 641
Saint Gobain, bei Laon, Frankreich 325
Saint Jacob, Pierre de, französischer Historiker 282, 285f.
Saint John's, Fort, Kanada 540
Saint Malo, Bretagne 295
Saint Mard, Toussaint Rémond de, französischer Schriftsteller 504, 584
Saint-Maur-des-Fossés, bei Paris, französisches Benediktinerkloster 483
Saint-Omer, an der Aa südwestlich Dünkirchen, Französisch-Flandern 661
Saint Pierre, Charles Irénée Castel, genannt Abbé de, französischer Schriftsteller 383, 390
Saint Quentin, Picardie 94, 97, 607, 640
Saint-Simon, Louis de Rouvroy, Duc de, französischer Heerführer 298
Saint-Vanne, Lothringen, französisches Benediktinerkloster 483
Saint Vincent, Insel der Kleinen Antillen 444, 675
Sakralmusik 340, 647, 652, 654, 656
Salesianerinnen, Orden von der Heimsuchung Mariä, gegründet 1610 von Franz von Sales 649
Salisbury, siehe Cecil, Robert
Salvius, Johan Adler, schwedischer Diplomat 185, 198, 221
Salzburg 197, 339, 418, 462, 618, 634, 649f., 663f., 669f., 679

—, Dreifaltigkeitskirche 339, 663
—, Kollegienkirche 339, 664
—, Protestantenaustreibung (1731/32) 418, 669f.
Salzmonopol in England 247
Salzsteuer, Frankreich 293
Samuel, 2 Bücher des Alten Testaments 361
Sandomierz (russisch Sandomir), an der Weichsel, Polen 643

—, »Consensus Sandomiriensis« (1570) 643
Sangallo, Antonio da (d.J.), eigentlich Antonio Cordiani, italienischer Baumeister 636
San Ildefonso, am Nordfuß des Guadarramagebirges südostwärts von Segovia 677
Sankt Gotthard (Szent-Gotthard), an der Raab, Westungarn 658
Sankt-Lorenz-Strom (St. Lawrence river), Fluß in Nordamerika 554, 675
—, Große Seen (Great Lakes) 554

Sankt Petersburg (seit 1924 Leningrad), am Finnischen Meerbusen, Rußland 230, 341, 411, 440, 664f., 669, 673, 675, 678

—, Kaiserliche Akademie der Wissenschaften (1725) 365, 669
—, Winterpalais 673
Sankt Pölten, Niederösterreich 339
Santander, Hafen Nordspaniens 125
São Paolo, Südbrasilien 311
Sapolskij, Jam, Westrußland (Sapolje an der Pljussa, nordwestlich Pleskau, oder Kiwerowa gora, südlich Pleskau) 644
Saporoger Kosaken (sa porógi, hinter den Stromschnellen des Dnjepr) 657
Saratoga Springs, nördlich von New York 540f., 677
Sardinien, Mittelmeerinsel 394ff., 404, 410f., 423, 428, 664, 667f., 670ff.
Sasbach, am Westfuß der Hornisgrinde südwestlich Bühl, Baden 660
Sathmar (ungarisch Szatmár, rumänisch Satu Mare), an der Szamos, Nordwestrumänien 655, 666
Saumur, an der Loire 284f.
Savannah, Georgia 543
Saville, englische Familie 235, 247
Savoyen, Landschaft in den französischen Alpen 71, 84, 163, 174, 337, 344f., 637, 643, 647, 652, 657, 663f., 667f.
Scaliger, Joseph Justus, französischer Altertumsforscher 580
Scaliger, Julius Caesar, lombardischer Humanist 641
—, »Poeticis libri septem« (Lyon 1561) 641
Scarlatti, Alessandro, italienischer Komponist 622f., 663
Scarlatti, Domenico, italienischer Komponist 623
Scève, Maurice, französischer Dichter 638
—, »Délie, objet de plus haute vertu« (1544) 638
Scheele, Karl Wilhelm, schwedischer Chemiker 474, 676
Scheibe, Johann Adolf, Musiktheoretiker und Komponist 572, 586, 588, 592, 599f.
Scheidt, Samuel, Lieder- und Orgelkomponist 652, 656
—, »Tabulatura nova«, Orgelkompositionen (3 Bde. 1624 bis 1653) 652
—, »Tabulatur-Buch 100 geistlicher Lieder und Psalmen« (»GörlitzerTabulaturbuch«, 1650) 656
Scheits, Andreas, Maler, *Abb. 381*

Schelling, Friedrich Wilhelm Joseph von, Philosph 358
Schickhardt, Heinrich, Ingenieur und Baumeister 647
Schiffsgeld, englische Steuer 246, 251f., 258
Schiiten, islamische Glaubensrichtung 321
Schiller, Johann Christoph Friedrich von, Dichter und Philosph 195, 210f., 455, 503, 584, 589, 599, 678f.
—, »Kabale und Liebe« (1784) 455, 599, 678
—, »Die Räuber« (vollendet 1780, aufgeführt 1782) 678
Schiner (Schinner), Matthäus, schweizerischer Kardinal und Politiker 632
Schisma (Kirchenspaltung), deutsches 478f.
—, russisches (1654) 657; (1666) 320, 341
Schlachta, der polnische Adel 631
Schlesien 154, 156, 159, 162, 167, 174, 177, 187, 193, 204, 206, 388, 404, 423f., 426, 430f., 433f., 439, 441ff., 660, 666, 671f., 675
Schlesischer Krieg, Erster (1740 bis 1742) 424f., 671
—, Zweiter (1744/45) 426, 428, 433, 672
—, Dritter, siehe Siebenjähriger Krieg
Schleswig, Land nördlich der Eider 180, 216, 455, 668
Schlick, böhmisches Adelsgeschlecht 159
Schlözer, August Ludwig von, Historiker 493
Schlüsselburg, an der Newa, östlich von Sankt Petersburg 445
Schlüter, Andreas, Baumeister und Bildhauer 664f.
Schmalkalden, Thüringen 58, 72, 636
Schmalkaldische Artikel, Bekenntnisschrift Luthers (1537) 637
Schmalkaldischer Bund 58, 63, 72ff., 77, 80f., 83, 85, 636f.
Schmalkaldischer Krieg 81, 85, 638
Schönaich, Christoph Otto, Freiherr von, Dichter 502
—, »Heinrich der Vogler« (1757) 502
Schönborn, mainfränkisches Adelsgeschlecht 419, 657, 659
Schönborn, Friedrich Karl, Graf von, Fürstbischof von Bamberg 419
Scholastik 459, 469, 477
Schonen (Skåne), südlichste Landschaft Schwedens 657, 660, 666
Schonischer Krieg (1675–1679) 660f.

Schotten 216, 245, 247—250, 258, 260f.
Schottland 77, 114f., 125, 136, 233, 245, 248f., 254, 256, 260, 270f., 397, 428, 632, 637, 639, 641, 654, 656, 665f., 672
Schubart, Christian Friedrich Daniel, Dichter und Musiker 582, 585, 596, 601
—, »Skizzierte Geschichte der Musik« (um 1785) 582
Schütz, Heinrich, Komponist 229, 580, 618f., 650ff., 654, 656f., 659
—, »Dafne«, Oper mit Text von Martin Opitz (1627) 580, 652
Schulenburg, Johann Matthias, Graf von der, sächsischer und venezianischer Feldherr 393, 667
Schul- und Erziehungswesen, österreichische Erblande 452 ff., *Abb. 449*
—, Preußen 454, 667, 675
—, Sachsen-Gotha 655
Schulpflicht, allgemeine 655, 667
Schulz, Johann Abraham Peter, Komponist und Theoretiker 590
Schuwalow, Peter Andrejewitsch, Graf, russischer Diplomat 436
Schwabach, Franken 197
Schwaben 41, 52, 634, 665
Schwäbischer Bund 36, 51f., 84, 633 ff.
Schwarmgeister, Wittenberger 634
Schwarzenberg, Johann, Freiherr zu, Humanist, Landhofmeister des Bistums Bamberg 631
Schwarzes Meer 47, 321, 411, 448, 667, 677
Schweden 59, 65, 77, 122f., 135ff., 145, 147, 165, 169f., 174, 176, 180, 182—187, 190, 202ff., 206f., 213, 215—221, 223—228, 317, 330, 336, 341, 344, 388f., 412, 436f., 440, 445, 449, 456, 458, 463, 489, 634, 637, 641f., 644ff., 648ff., 652, 654, 656 bis 660, 663—669, 671, 673f., 676
—, Reichsrat 184, 198, 201, 215
—, Reichstag 185, 198, 201, 647, 661, 668
—, Verfassung 184f., 201, 668
Schwedisch-dänischer Krieg (1643 bis 1645) 655
Schweinfurt am Main, Bayern 656
Schweiz 54f., 58, 65, 135, 137, 164, 213, 220, 224, 458, 596, 632ff., 636, 644f., 648, 656f., 666
Schwerin, Mecklenburg 656
Schwertbrüder (Brüder der Ritterschaft Christi in Livland), geistlicher Ritterorden 641

Schwiebus, Brandenburg 423
Seckendorff, Veit Ludwig von, Staatsmann und Geschichtsforscher
—, »Teutscher Fürstenstaat« (Gotha 1656)
Sedaine, Michel Jean, französischer Dramatiker 472
—, »Le philosophe sans le savoir« (1765) 472
See-Handlungs-Gesellschaft, preußische, begr. 1772, 1904: Königliche Seehandlung (Preußische Staatsbank), seit 1918: Preußische Staatsbank (Seehandlung) 676
Seeland (Sjælland), Insel Dänemarks 643, 648, 664, 668
Seeland (Zeeland), Landschaft in den Niederlanden 110f., 643f., *Kartenskizze 139*
Séguier, Pierre, Kanzler in Frankreich 323
Seicento (sechshundert), italienische Bezeichnung des 17. Jahrhunderts 617—621
Seklucjan, Jan, polnischer Bibelübersetzer 639
Selbstbestimmungsrecht der Völker 219
Self-Denying Ordinance, englischer Parlamentsbeschluß (1644) 257
Selim I., der Unbeugsame (Javuz), türkischer Sultan 632
Selim II., Sohn Suleimans II. (I.) türkischer Sultan 642
Semgallen, Landschaft in Lettland 641
Semler, Christoph, Pfarrer und Schulmann 665
Semler, Johann Salomo, Kirchenhistoriker und Bibelkritiker 478
Seneffe (Sennef), nordostwärts von Mons, Hennegau 660
Senegal, Fluß und Land in Westafrika 325, 444, 678
Senfl, Ludwig, schweizerischer Komponist 611
Seni, Giovanni Baptista, italienischer Astrologe 210f.
Sensualismus, philosophischer Standpunkt, daß alle Erkenntnisse aus Sinneseindrücken abzuleiten seien 372
Serbien 394, 404, 412, 667
Servede (Serveto), Miguel (Michael Servet, Villanovanus), spanischer Jurist, Arzt und Naturphilosoph 99, 639
Sessa, Herzog von, siehe Cardona
Seuchen 212f., 216, 659
Sève, Jacques de, französischer Illustrator, *Abb. 473*
Severn, Fluß in England 315

Sévigné, Marie de Rabutin-Chantal, Marquise de, französische Schriftstellerin 283
Sevilla 65, 96, 116, 308, 669
Sèvres, südwestlicher Vorort von Paris, an der Seine 674
Sexby, Edward, englischer Soldat 256, 261
Seydlitz, Friedrich Wilhelm von, preußischer Reitergeneral 441
Sforza, Francesco Maria, Sohn des Ludovico il Moro, Herzog von Mailand 42, 46, 70, 635f.
Sforza, Massimiliano, Sohn des Ludovico il Moro, Herzog von Mailand 42, 632
Shaftesbury, Anthony Ashley Cooper, dritter Earl of, englischer Philosoph 471, 475, 479, 482, 499ff., 504, 666
Shakespeare, William, englischer dramatischer Dichter 113, 239, 241, 506f., 509, 600, **646—649**
—, »Antony and Cleopatra« (1607) 649
—, »As You Like It« (1599) 647
—, »Hamlet« (1601) 648
—, »Julius Caesar« (1600) 647
—, »King Lear« (1605) 648
—, »Love's Labour's Lost« (1594) 646
—, »Macbeth« (1605) 648
—, »Measure for Measure« (1604) 648
—, »The Merchant of Venice« (1597) 647
—, »Merry Wives of Windsor« (um 1598) 647
—, »Midsummer Night's Dream« (1595) 647
—, »Much Ado About Nothing« (1599) 647
—, »Othello« (1604) 648
—, »Richard III.« (1592) 646
—, »Romeo and Juliet« (1595) 647
—, »Sonnets« (1609) 649
Shay, David, amerikanischer Offizier 557f.
Sheridan, Richard Brinsley Butler, englischer Dichter 471
Sickingen, Franz von, Reichsritter 39, 51, 634
Siddons, Sarah, englische Schauspielerin 679
Sidney, Sir Philip, englischer Staatsmann und Dichter 646
—, »Astrophel und Stella«, Sonette (1591) 646
—, »The Countesse of Pembroke's Arcadia«, Pastoraldichtung (gedruckt 1590) 646
Siebenbürgen, Fürstentum 47, 137, 145, 154, 157, 159, 169, 216, 228, 321, 329, 632, 639, **647** bis **650**, 655, 658, 663f.

NAMEN- UND SACHREGISTER

Siebenjähriger Krieg (1756—1763) 432, 436f., 439—444, 453, 464, 525, 673
Sibir (Isker), am Irtysch ostwärts von Tobolsk, Hauptstadt des gleichnamigen Tatarenchanats 644
Sibirien 319, 644f., 669, 674
Siena, Toskana 84, 87, 453, 634, 640
Sigismund von Luxemburg, Sohn Kaiser Karls IV., König von Ungarn und Böhmen, deutscher König und Kaiser 157
Sigismund I. (Zygmunt), Sohn Kasimirs IV., König von Polen 632, 639, *Stammtafel 90f.*
Sigismund II. August, Sohn Sigismunds I., König von Polen 639, 641, 643, *Stammtafel 90f.*
Sigismund III., Sohn König Johanns III. von Schweden, König von Polen und Schweden 123, 145, 161, 179, 185, 645ff., 649f.
Silva-Tarouca, siehe Tarouca
Simon, Richard, französischer Bibelforscher 361f., 369, 479
—, »Histoire critique du Vieux Testament« (1678) 361, 369
Sindercombe, Miles, englischer Verschwörer 266
Sinsheim, an der Elsenz südostwärts von Heidelberg 660
Sirāj ad-Daulah, Nawāb von Bengalen 444
Sisak (ungarisch Sziszek, kroatisch Sissek), an der Save, Kroatien 646
Sistowa, Bulgarien 448
Sixtus V., vorher Felice Peretti, Bischof von Sant'Agata de' Goti, Kardinal, Papst 39, 103, **124** bis **129**, 645, *Abb. 128*
Sizilien 28, 47, 70, 92, 311, 346, 389, 394ff., 404, 411, 449, 451, 453, 664, 667f., 670, 674

Sizilien, Königreich beider, siehe Neapel-Sizilien
Skarga, Peter, Jesuit, polnischer Kanzelredner 646
Skeptizismus 372, 403
Skippon, Philipp, englischer Soldat 267
Sklaverei 117, 309ff., 316, 318f., 341, 346, 397, 420, 633, 641, 667, 676, 679
—, nordamerikanische Kolonien (spätere USA) 516, 522f., 548, 562f., 641
Slankamen, an der Donau gegenüber der Theißmündung, nordwestlich Belgrad 663
Slavata, böhmisches Adelsgeschlecht 159, 163
Slavata, Wilhelm, Graf von Chlum und Koschumberg, böhmischer Staatsmann 160, *Abb. 160*

Slowaken, westslawisches Volk 159
Smiřicky, böhmisches Adelsgeschlecht 163
Smith, Adam, englischer Moralphilosoph und Volkswirtschaftler 497, 677
—, »The Wealth of Nations« (1776) 497, 677
Smolensk, am oberen Dnjepr, Westrußland 632, 649f., 657
Smollett, Tobias George, englischer Arzt, Romanschriftsteller 676
—, »The Expedition of Humphrey Clinker« (1771) 676
Snellius (Snell van Royen), Willebrord, niederländischer Mathematiker und Physiker 651
Södermanland (Sörmland), mittelschwedische Landschaft südlich von Hjelmar- und Mälar-See 646
Söldnertum 140, 162, 166, 170f., 216
Sofia (Sophia) Aleksejewna, Tochter des Zaren Aleksej, Regentin von Rußland 341, 662f.
Soissons, Marie von Bourbon, Gräfin von, Großmutter des Prinzen Eugen von Savoyen 340
Sokotra, ostafrikanische Insel am Golf von Aden 631
Sokrates, griechischer Philosoph 366
Solari, Santino, lombardischer Baumeister 650
Soldatenhandel 455, 539, 599, 677
Solemn League, Bündnis zwischen Schottland und England (1643) 257
Solís, Juan Díaz de, spanischer Seefahrer 633
Solms, Philipp Reinhard, Graf, schwedischer Oberst 185
Somerset, Edward Seymour, Earl of Hertford, Herzog von, Lordprotektor von England 638f.
Somme, Fluß in Nordfrankreich 279
Sonate, Klangstück, mehrgliedrige musikalische Hauptform 572, 583f., 602, 615, 618, 622f.
Sophia, siehe Sofia
Sophie Auguste Friederike von Anhalt-Zerbst, siehe Katharina II. Aleksejewna
Sophie Charlotte von Hannover, Gemahlin Friedrichs I., Königs von Preußen 413, *Stammtafel 427*
Sophie Dorothea, Gemahlin Friedrich Wilhelms I., Königs von Preußen, *Abb. 417, Stammtafel 427*
Sormani, Leonardo, italienischer Bildhauer, *Abb. 128*

South Carolina, Staat der USA 516f., 543, 555, *Kartenskizze 535*
Spalding, Johann Joachim, protestantischer Theologe 478
Spallanzani, Lazzaro, italienischer Wissenschaftler 477, 679
Spanien 27—30, 41f., 46, 49, 65, 78, 85, 92, **94**—**98**, 101, 103f., **107**—**112**, 114ff., 121, 123ff., 127ff., 136, **138**—**140**, 142, **144** bis **148**, 154, 162, 165f., 170 bis **173**, 175, 181, 183, 185, 188, 202, **214**—**221**, 223f., 228, 230, 235, 237, **239**—**243**, 245, 250, 261, 265f., 268, 273, 279, 281, 289, 296, **307**—**311**, 323, 330f., 336f., 344ff., 388, 393, 397, 400, 404f., 409, 411, 420f., 423f., 428, 444, 449, 451, 456, 460, 469, 472, 483, 491f., 522, 540f., **544**—**546**, **554**—**557**, 594, 613, 631f., 640, 642, 644f., 648, 650, 654, **656**—**675**, 677f.
—, Kunst und Kultur 309f.
Spanier 139f., 176f., 186f., 194, 202, 204, 207, 216, 223, 268
Spanischer Erbfolgekrieg (1701 bis 1713) 344ff., 348, 387ff., 392f., 400, 404, 414, 418f., 426, 429, 443, 664
Spectator, englische Zeitschrift (1711—1760) 483
Spee von Langenfeld, Friedrich von, Jesuit, katholischer Dichter 229, 656
—, »Cautio criminalis« (1631 anonym erschienen) 229
—, »Trutz-Nachtigall oder geistlich-poetisch Lust-Waldlein«, Sammlung religiöser Lieder (Köln 1649) 656
Spener, Philipp Jakob, protestantischer Theologe, Anreger des Pietismus 384, 413, 660
—, »Pia desideria, oder herzliches Verlangen nach gottgefälliger Besserung der wahren evangelischen Kirche« (Frankfurt 1675) 660
Spenser, Edmund, englischer Dichter 644
—, »The Faerie Queene« (1590 bis 1596) 646
—, »The Shepheardes Calender« (1579) 644
Sperontes, eigentlich Johannes Sigismund Scholze, Musiksammler 597
Speyer, am Rhein 78f., 663
Spinola, Ambrogio (Ambrosius), Marchese, Heerführer in habsburgischen Diensten 140, 203, 218, 651f.
Spinola, Christoph Rojas de, katholischer Theologe, Bischof von Wiener-Neustadt 382

Spinoza (eigentlich Bento Despinosa), Baruch, portugiesisch-holländischer Philosoph 314, 333, 351, 355, **357—365**, 367, 372f., 375, 378, 380, 384, 479, 660, 679
—, »De deo et homine« (1660) 314
—, »Ethik« (1677) 314, 333, 351, **358—361**, 378, 381, *Abb. 368*
—, »Renati des Cartes principia philosophiae« (1663) 358, 361
—, »Tractatus theologico-politicus« (Hamburg 1670) 333, 351, 358f., 361, 369, 373, 660, *Abb. 380*
Spittler, Ludwig Timotheus, Freiherr von, Geschichtsschreiber und Publizist 493
Spitzbergen, Inselgruppe im Nördlichen Eismeer 647
Sprat, Thomas, Bischof von Rochester 252
Squilace, Eugenio, spanischer Finanzminister 460
Staden, Sigmund Theophilus, Organist und Komponist 596
Stadtlohn, an der Berkel westlich Münster, Westfalen 651

Staël-Holstein, Anna Louise Germaine, Baronin von, französische Schriftstellerin 487
Stände, Bayern 149
—, Böhmen 154, **156—161**, 165, 169, 179, 205, 425, 432, 643, 649, 672
—, Deutschland 149, 161, 177f., 455, 662, 669, 673, 679
—, England 245, 251
—, Frankreich 143, 174, **287—295**, 345, 464, 679, *Abb. 108*
—, Lausitz 161
—, Mähren 161, 649
—, Mecklenburg 673
—, Niedersachsen 177f.
—, Österreich 154, 158, 163, 166, 168, 170, 432, 649, 672
—, Schlesien 161
—, Schottland 249
—, Schweden 201, 456, 668
—, Ungarn 158, 161, 425, 432, 649, 662, 668
—, Württemberg 455, 676
Staffordshire (Stafford), Grafschaft in Mittelengland 255f.
Stamitz, Johann, deutsch-böhmischer Komponist und Violinist 626, 628, 672
Stanhope, James, Earl of, englischer General und Staatsmann 397
Stanislaus I. Leszczyński, Woiwode von Posen, König von Polen 403, 409, 411, 665f., 670, 675, *Stammtafel 342f.*

Stanislaus II. Poniatowski, König von Polen 446, 675
Stanley, englische Familie 255
Stapleton, Philip, englischer Parlamentarier 259
Starhemberg, Ernst Rüdiger, Graf von, österreichischer Feldmarschall 662
Stark, John, amerikanischer Offizier 540
Stato dei presidi (»Besatzungsgebiet«), das Gebiet zwischen Talamone und Orbetello, Toskana 667
Steele, Sir Richard, englischer Schriftsteller 399, 471, 666
Steenkerke, an der Senne nordostwärts von Mons, Hennegau 663
Steffani, Agostino, italienischer Komponist 584, 594
Steiermark, Herzogtum 41, 137, 162, 405, 642, 649
Stein, Heinrich Friedrich Karl, Reichsfreiherr vom und zum, Staatsmann 452
Steinau, an der Oder, Schlesien 206, 653
Stempelakte (Stamp Act, 1765) **525—528**, 533, 675
Stephan Báthory, Fürst von Siebenbürgen, König von Polen 123, 643ff.
Sterne, Lawrence, englischer Schriftsteller 475, 500, 503, 674, 676
—, »The life and opinions of Tristram Shandy« (1760 bis 1767) 503, 674
—, »Sentimental Journey through France and Italy« (1768) 676
Sternkammer (Star Chamber), nach der Deckenverzierung benannter Raum in Westminster, auch Bezeichnung für die dort tagenden Kollegien 252
Stettin, Pommern 186, 224, 414, 642, 653, 661, 668, *Kartenskizze 191*
Steuerwesen, Baden 454
—, Böhmen 168
—, England 234, 236f., **242—247**, 251f., 257f., 264, 315, 334, 670
—, Frankreich 258, 288f., 291ff., 324, 327, 345, 390, 497, 666
—, Nordamerika 520, 525ff., 529, 562f.
—, Österreich 405
—, Preußen 416, 454
—, Rußland 320
—, Spanien 308
—, Türkisches Reich 321
Stevin, Simon, holländischer Mathematiker 470
Stieler, Kaspar von, Hofbeamter, Sprachforscher und Dichter 658
—, »Die geharnschte Venus oder Liebeslieder im Kriege, gedichtet von Filidor dem Dorfferer« (Hamburg 1660) 658
Stiernhielm (Stjernhjelm), Georg, ursprünglich Göran Lilja (Georgius Olai), schwedischer Dichter 657
—, »Hercules«, heroisches Epos (1658) 657
Stile antico, der alte, mehrstimmige Kompositionsstil im Sinne Palestrinas 579, 593, 598, 603
Stile concertato, Stil der Musik im Sinne des Konzertes, des Wettstreites verschiedener Instrumente 617, 619, 623
Stile concitato, erregter, leidenschaftlicher Stil der Barockmusik 581
Stile moderno, der neue homophone Stil der Monodie 579f.
Stile rappresentativo, der darstellende, italienische Opernstil im 17. Jahrhundert 578
Stiles, Ezra, amerikanischer Kirchenmann und Pädagoge 520
Stockholm 135, 137, 201, 215, 217, 355, 388, 456, 654, 664, 668, 671
Stockholmer Blutbad (1520) 633
Stóglaw, Hundert-Kapitel-Buch, russisches (1551) 639
Stoizismus, griechische philosophische Lehre 422, 434
Stolbowo (Stolbowa), südlich des Ladoga-Sees, Rußland 650

Stone, Henry, englischer Hauptmann 256
Storkyro, südostwärts von Vasa, Westfinnland 667
Stoß, Veit, Nürnberger Bildhauer, Maler und Kupferstecher 633
Strafford, Thomas Wentworth, Earl of, englischer Staatsmann 239, **244—247**, 249, 251, 253, 654
Stralsund, Pommern 180, 185, 652, 667, *Kartenskizze 191*

Straßburg, Elsaß 55, 65, 98f., 223, 331, 337f., 345f., 661f., 669, *Kartenskizze 191, 595*

Straßburger Kapitelstreit (1583) 645
Straßburger Relation, Wochenzeitung 649
Streichquartett, Tonstück in Form einer Symphonie und Sonate für vier Instrumente (2 Violinen, Bratsche, Violoncello) 571, 627
Strigel, Bernhard, Maler, *Abb. 28*
Strozzi, Piero, italienischer Komponist 575
Struensee, Johann Friedrich, Graf von, dänischer Staatsmann 391, 455f., 676

NAMEN- UND SACHREGISTER

Stuart (Stewart), schottisches Herrschergeschlecht 114, 143, 233f., 238, 250, 256, 265, 272, 315, 336, 398ff., 648, 658, 665, 672, 674
Stühlingen, Herrschaft im Südschwarzwald 634
Stuhlweißenburg (Székesfehérvár), nordöstlich vom Plattensee, Ungarn 638
Stuhm, südlich Marienburg, Ostpreußen 652
Sture, Sten, d. Ä., schwedischer Reichsverweser 633
Stuttgart, Württemberg 599, 676, *Kartenskizze 595*

Südseegesellschaft, englische 397, 402, 420, 668
Suite, Folge von Tänzen oder einzelnen Tonstücken, musikalische Hauptform 589, 616ff., 624, 626
Sukzession, England (1534) 62, 636
—, Haus Habsburg 665
—, Österreich 665
—, Salisches Gesetz (Lex Salica) 296
—, Spanien 84, 92, 639, 665
Suleiman II. (I.), der Prächtige oder der Große, Sohn Selims I., Sultan der Osmanen 47, 70, 80f., 87, 103, 634f., 637f., 641
Sund, Meerenge zwischen Schweden und Dänemark 145, 180, 655, 668
Sundainseln (Malaiischer Archipel) 646
Sunniten, islamischer Glaubensrichtung 321
Suprematsakte, englische (1534) 62, 636, (1559) 113
Surat, am Golf von Cambay, Indien 650
Swammerdam, Jan, holländischer Biologe und Zoologe 472, 657
Sweelinck, Jan Pieterszon, niederländischer Komponist und Organist 615
Swieten, Gerard van, niederländischer Arzt, Jansenist 431, 461
Swift, Jonathan, englischer Satiriker 399, 475, 499f., 669
—, »Travels into Several Remote Nations of the World, by Lemuel Gulliver« (London 1726) 669
Sydney, Australien 679
Syllabische Deklamation, Singweise, bei der auf jede Silbe ein Ton kommt 574, 589
Symphonie, Tondichtung für Orchester in mehreren Sätzen 571f., 583f., 588, 602, 619, 621, 626ff.
Synod, heiliger, höchste russischorthodoxe Kirchenbehörde 668

Synode, Brest (1596) 123
—, Moskau (1551) 639
—, Paris (1559) 641
Syrien 47

T

Tabulatur, Notenschrift des 14. bis 18. Jahrhunderts 613, 656
Tacitus, Cornelius, römischer Geschichtsschreiber 111
Tadelsbreve vom August 1544 79
Täbris, Persien 632
Taille, Steuer in Frankreich 291, 324
Taine, Hippolyte Adolphe, französischer Philosoph, Kritiker und Historiker 488
—, »Essai sur Tite-Live« (1853) 488
Tajo, Fluß in Spanien 138

Takt, Maß für die verschiedenen Zeitwerte in der Musik 582, 589, 610
Tanger, Marokko 310
Tanucci, Bernardo, Marchese, italienischer Staatsmann 451
Tarnogród, nördlich von Przemyśl, Galizien 667
Tarouca, Francisco Manoel da Sylva, portugiesischer Graf, österreichischer Staatsmann 431
Tartaglia (Tartalea), Niccolò (Nicola Fontana), italienischer Mathematiker 640
—, »Trattato generale di numeri e misure«, Handbuch der Mathematik (Venedig 1556, 1560) 640
Tartini, Giuseppe, italienischer Violinist und Komponist 591
Tasman, Abel Janszoon, niederländischer Seefahrer 655
Tasso, Torquato, italienischer Dichter 578, 641, 644
—, »Aminta«, Schäferspiel (1580) 644
—, »Rinaldo«, Versepos (1562) 641
Tassoni, Alessandro, italienischer Dichter 651
—, »La secchia rapita«, (1614 bis 1617, Paris 1622) 651
Tatler, englische Wochenschrift 666
Tatra, Gebirgszug der Karpaten 446
Taxis, seit 1650: Thurn und Taxis, Adelsgeschlecht 159, 650, 669
Taxis, Lamoral Reichsgraf von, Generalpostmeister des Reichs 650
Tecklenburg, im westlichen Teutoburger Wald, Westfalen 665
Telemann, Georg Philipp, Komponist 597, 668

Temesvár (Temeschburg), Siebenbürgen 340, 393, 639, 667
Tempo, Zeitmaß in der Musik 582f.
Tencalla, Costantino, italienischer Baumeister 338
Tencin, Claudine Alexandrine Guérin de, französische Schriftstellerin 506
Teneriffa, kanarische Insel 657
Tengler, Ulrich, Landvogt zu Höchstädt 631
—, »Laienspiegel von rechtmäßigen Ordnungen in bürgerlichen und peinlichen Regimenten« (1509) 631
Tennessee, Staat der USA 556
Tenochtitlan, Mexiko 633
Tenor, Contratenor, die Stimme in der mittelalterlichen Musik, die den Cantus firmus »hielt«, und seine Gegenstimme 605, 609, 611, 613
Ter Borch (Terburg), Gerard, niederländischer Maler, *Abb. 225*
Teschen, an der Olsa, Schlesien 426, 463, 677
Teusin(a), am Finnischen Meerbusen, nördlich Narwa 647
Teutsche Merkur, Der, Zeitschrift 676f.
Textilindustrie 292, 314f., 338, 347, 675, 678
Theater, deutsches 463, 648, 675, 677ff.
—, englisches 643, 655
—, französisches 301, 471, 655, 661, *Abb. 300*
Theatiner, Orden regulierter Chorherren, gestiftet 1524 67, 634
Themse, Fluß in England 256, 659
Theodizee (griechisch), Rechtfertigung Gottes 480, 482, 666
Theologie 360f., 471, 477–482, 486
Theresia von Avila (Teresa de Jesús), Heilige, Karmeliterin, spanische Mystikerin 98, 641, 646
—, »El Castillo interior o Las Moradas« (postum gedruckt 1588) 646
—, »El libro de sua vida« (postum gedruckt 1588) 646
Thermes, Paul de La Barthe, Seigneur de, französischer Heerführer 640
Theuerdank, autobiographische Versdichtung Maximilians I. 633
Thilo, Valentin, Professor der Rhetorik in Königsberg 584
—, »Specimen pathologiae musicae« 584

730 NAMEN- UND SACHREGISTER

Thomas von Aquino, italienischer Dominikaner, scholastischer Kirchenphilosoph 375
Thomasius, Christian, Jurist und Philosoph 362, 472, 479, 662, 665
—, »Kurze Lehrsätze von dem Laster der Zauberei mit dem Hexenprozeß« (1704) 362
—, »Scherzhafte und ernsthafte, vernünftige und einfältige Gedanken über allerhand lustige und nützliche Bücher und Fragen« (1688) 362
—, »Fundamenta juris naturae et gentium« (1705) 665
Thorn, an der Weichsel 447, 655, 669
Thorner Blutgerichte (1724) 418, 669
Thüringen, Landschaft in Mitteldeutschland 52, 192, 198f., 634
Thukydides, griechischer Geschichtsschreiber 353
Thurloe, John, englischer Politiker 265, 270
Thurn, Heinrich Matthias, Graf von, Führer der Protestanten in Böhmen 155, 159—162, 167, 193, 195, 204f., 211
Thurn und Taxis, siehe Taxis
Tibaldi, Pellegrino, italienischer Baumeister und Maler 642
Tieck, Ludwig, Dichter 571, 585, 602
Tillot, Guillaume Léon du, Marquis de Félino, französischer Staatsmann 451
Tilly, Johann Tserclaes, Graf von, Feldherr des Dreißigjährigen Krieges 153, 155, 166f., 172, 177, 183, 186f., 190, 192, 195f., 199, 218, 631 ff.
Tinctoris, Johannes, franko-flämischer Musiktheoretiker und Komponist 609, 614
Tintoretto (eigentlich Robusti), Jacopo, italienischer Maler 638f., 641f., 646
Tiraboschi, Girolamo, italienischer Literarhistoriker 492
—, »Storia della letteratura italiana« (1772—1782) 492
Tirol, Grafschaft 41, 44, 161, 390, 404, 408, 634, 642, 659

Tirso de Molina, Pseudonym des Ordensgeistlichen Gabriel Téllez, spanischer Dramatiker 653
—, »Don Gil de las calzas verdes« (1635) 653
—, »El Burlador de Sevilla y Convidado de piedra«, Verskomödie (Barcelona 1630) 653
Tjumen, an der Tura, Westsibirien 645
Tizian, eigentlich Tiziano Vecelli(o), italienischer Maler 81, 633f., 636, 638f., 640, 642

Tobago, Insel in der Karibischen See 444, 675, 678
Tobolsk, am Irtysch, Westsibirien 645
Tököly (Thököly), Imre, ungarischer Adliger, zeitweilig Fürst von Siebenbürgen 661
Toland, John, englischer Deist 478, 664
—, »Christianity not Mysterious« (1696) 478, 664
Toledo, Kastilien 44, 96, 492
Toledo, Juan Bautista de, spanischer Baumeister 641, *Abb. 100*
Toleranz 478, 480
Toleranzakte, England (1689) 663
Toleranzpatent Josephs II. (13.10. 1781) 463, 678
Tomsk, am Tom, Westsibirien 648
Tonart, Tonsystem auf einem der zwölf Halbtöne der Tonleiter 581, 583ff., 622, 625
Torbay, Bucht südlich Torquay, Südwestengland 663
Torcy, Jean-Baptiste Colbert, Marquis de, französischer Staatsmann 297
Torelli, Giuseppe, italienischer Violinist und Komponist 622
Torgau, an der Elbe, Sachsen 441, 639, 644
Torgau-Gothaer Bund 56, 635
Tories, ursprünglich die Parteigänger der Stuarts, heute die konservative Partei Englands 397ff., 456, 661, 663, 666
Torricelli, Evangelista, italienischer Mathematiker und Physiker 472, 655
Torstensson, Lennart, Graf von Ortala, schwedischer Feldherr 185, 216f., 222, 654f.
Tortona, nördlich von Genua, Oberitalien 411, 670
Toskana 311, 396, 409, 411, 449, 451ff., 461f., 642, 669, 679
Totalitarismus 457
Tott, Ake, schwedischer Feldherr 185
Toul, Lothringen 87, 94, 223, 639, 656
Toulon, Südfrankreich 295
Toulouse, Südfrankreich 483, 638
Tournai, Hennegau 111, 607
Tourville, Anne Hilarion de Cotentin, Graf von, französischer Admiral 663
Townshend, Charles, englischer Politiker 528ff., 559
Tradition 479f., 490
Trappe, La, Kloster zu Soligny-la-Trappe, nordostwärts von Alençon, Normandie 306, 658

Trappisten, Reformierte Zisterzienser, katholischer Orden 306, 658
Trauttmansdorf, Maximilian, Graf von und zu, österreichischer Staatsmann 155, 207, 209, 218f., 222f.
Traventhal, an der Trave südlich Bad Segeberg, Schleswig-Holstein 664
Trčka (Terzka, Terzky) Adam Erdmann, Graf, kaiserlicher Heerführer 207—210
Treitschke, Heinrich von, Historiker und politischer Schriftsteller 415
Treitzsaurwein von Erentreitz, Marx (Marcus), Geheimschreiber Kaiser Maximilians I. 632
Trenton, New Jersey 539
Trianon, zwei Lustschlösser im Park von Versailles 332
Tridentiner Katechismus 103, 107
Trient am Etsch 31, 77, 80, 82, 86, 101
Trientiner Dekrete 103, 642
Trier 40, 51, 146, 151, 194, 462, 634, 679, *Kartenskizze 191*
Triest, Istrien 405
Trinität, Dreifaltigkeit 99, 639
Tromboncino, Bartolomeo, italienischer Komponist 612
Tromp, Maarten Harpertszoon, niederländischer Admiral 656
Trompeter und Pauker, Zunft der, die wichtigste musikalische Zunft im Mittelalter 596
Troppau (Schlesien) 426
Tropus, melodische Wendung der frühmittelalterlichen Musik 604, 606
Troubadour, ritterlicher Sänger im 11.—14. Jahrhundert 605
Trubar, Primož (Primus Truber), slowenischer Reformator 639
—, »Catechismus in der windischen Sprach« (Tübingen 1550 und 1555) 639
Tschechen, westslawisches Volk 156, 158f., 161—169, 179f., 215f., 222
Tschenstochau (Częstochowa), an der Warthe, Südwestpolen 657
Tscheme (Tscheschme), westlich Smyrna, Kleinasien 446, 676
Tschirnhausen, Ehrenfried Walther, Graf von, Mathematiker, Physiker und Philosoph 365, 666
Tudor, englisches Herrschergeschlecht 59, 94, 135, 144, 233—236, 241, 246, 648
Tübingen, Württemberg 632
Türken 216, *Abb. 448*
Türkenkriege (16. Jh.) 47, 58, 71, 636ff., 642ff., 646, 658—661

Türkenkriege, Österreich (1683 bis 1699) 332, 348, 389, 393, 662ff.
—, Rußland (1711) 392f., 666
—, Venedig und Österreich (1714 bis 1718) 393ff., 418, 667
—, Rußland und Österreich (1737 bis 1739) 411ff., 418, 423, 436, 670f.
—, Rußland (1768—1779) 447ff., 676f.
—, Rußland und Österreich (1787 bis 1791) 448, 456, 463f., 679
Türkisches Reich 41, 47, 49, 58, 70f., 77ff., 86f., 103f., 123, 136, 153f., 157, 177ff., 216, 220, 319, 321ff., 329, 331f., 334f., 338, 340, 388, 392ff., 411f., 417, 441, 445—448, 463f., 632, 648, 651, 655, 657—664, 666f., 670f., 676—679

Tula, an der Upa, Rußland 649

Tunis 70, 104, 636
Turenne, Henri de La Tour d' Auvergne, Vicomte de, französischer Feldherr 155, 175, 218, 222, 329f., 656f., 659f.
Turgot, Anne Robert Jacques, Baron de D'Aulne, französischer Staatsmann 450, 464, 675, 677
Turin, Oberitalien 313, 401, 665, *Abb. 593*
—, Capella della Santa Sidone im Dom San Giovanni Battista 313
—, San Lorenzo 313
Turnham Green, Essex 256, 267
Tuschino, Dorf nordwestlich Moskau (heute Vorort) 649
Tyndale, William, englischer Humanist, Übersetzer der Lutherbibel 60, 635
Tyne, Fluß in Nordengland 654

U

Ufa, an der Bjelaja, Baschkirenland 645
Ukraine 145, 273, 319, 321, 446, 649, 657, 659, 666, 675
Ulm, Reichsstadt 55, 153, 166, 355, *Kartenskizze 191*
Ulrich, Herzog von Württemberg 632f., 636
Ulrich, Anton, Baumeister 594
Ulrike Eleonore, Tochter Karls XI., Königin von Schweden 668
Ulster, Landschaft in Nordirland 247, 649
—, Rebellion von 1641 247, 253, 654
Unabhängigkeitserklärung der nordamerikanischen Kolonien (1776) 373, 538, 541, 551, 567, 677

Ungarn 27, 41, 47, 58, 65, 77—80, 92f., 136, 146, 154, 157, 162, 165, 169, 177, 179, 321, 337, 340, 392, 408, 418, 424, 446, 463f., 631f., 634, 638f, **648** bis **651**, 655, 658, 660ff., 664f., 668, 679
Uniformitätsakte, einheitliche Gestaltung der gottesdienstlichen Formen in England (1549, 1552, 1559, 1662) 113, 641, 658
Union, englisch-schottische 396, 666
Unionspartei, deutscher Fürsten (1538) 75
Union, Protestantische (Deutsche 4.(14.) 5. 1608) 153f., 162, 164f., 169, 171, 177, 197f., 355, 649, 651, *Karte 184b*
Unterhaus, House of Commons 236, 238, 243, 251, 254, 267ff., 271, 520f., 527, 537, *Abb. 268*
Uppsala, Schweden 185, 647

Ural, europäisch-asiatisches Grenzgebirge 319, 341, 449, 644
Urban VIII., vorher Maffeo Barberini, Papst 155, 173, 181, 188, 201, 217, 220f., 250, 651ff., 655
Urfé, Honoré d', französischer Schriftsteller 649
—, »L'Astrée«, Schäferroman (1607—27) 649
Urkirche 459
Ursulinen (nach der heiligen Ursula) Orden für Erziehung und Unterricht der weiblichen Jugend (gegründet 1535) 638
Usedom, Insel am Stettiner Haff 199, 653, 668
Utraquisten, gemäßigte Richtung der hussitischen Lehre 156, 643
Utrecht, Niederland 221, 339, **346**, 388, 390, 395f., 420, 462, 635, 644, 654, 666ff., *Kartenskizze 139*
Utrechter Union (23.1.1579) 111f., 644

V

Västerås, nördlich am Mälar-See, Schweden 635

Valdés (Valdez, Valdesso), Juan de, spanisch-italienischer Humanist 65, 636f.
—, »Dialogo de doctrina cristiana« (1529) 636
Valencia, Ostspanien 308, 666
Valenciennes, an der Schelde, Nordfrankreich 661
Valladolid, Spanien 65, 96, 116, 645

Valmy (Champagne), Kanonade von (20.9.1792) 465
Valois, französisches Herrscherhaus 96, 105, 646
— und Habsburg, Rivalität 28ff., **41—50**, 70, 73, **77—80**, **86—89**, 92ff., 96, 107
Van Dale (van Dalen), Antonius, holländischer Arzt 479
Van Dyck, Anthonis (in England Sir Anthony), flämischer Maler 654
Vasari, Giorgio, italienischer Maler, Architekt und Kunstschriftsteller 107, 639, 641
Vassy-sur-Blaise, Nordostfrankreich 641
Vauban, Sébastien le Prestre, Marquis de, Marschall von Frankreich 328, 337, 345, 363, 390, 497, 659, 666
—, »Projet d'une dîme royale« (1707) 497, 666
Vaucelles, Weiler bei Crèvecoeur nahe Cambrai 93
Vauvenargues, Luc de Clapiers, Marquis de, französischer Moralist 475, 504f.
Vaux-le-Vicomte, Schloß zu Maincy, nordostwärts von Melun, Ile-de-France 657
Vauxhall, bei London, Mitte des 18. Jahrhunderts bis etwa 1830 berühmte Vergnügungsstätte 600
Vega Carpio, Felix Lope de, spanischer Dichter 139, 653
—, »La Dorotea« (1632) 653
Vehus, Hieronymus, badischer Kanzler 40
Velázquez, (Velásquez), Diego Rodriguez de Silva y, spanischer Maler 172, 310, 363, 651, 653, 656f
Velázquez (de Cuéllar), Diego, spanischer Offizier, erster Gouverneur von Cuba 632
Velde d. Ä., Willem van de, niederländischer Maler, *Abb. 220, 316*
Velletri, Italien 428
Veltlin, Landschaft zwischen Ortler und Comer See 651, 653
Venaissin, Grafschaft der Provence (Kirchenstaat) 461
Vénard, Marc, französischer Historiker 284
Vendôme, Ludwig Joseph, Herzog von, französischer Heerführer 666, *Stammtafel 342f.*
Venedig 29, 44, 46f., 66f., 71, 103f., 127f., 135f., 165, 174, 181, 302, 307, 311, 313, 320f., 331, 393, 458, 593, 596, 617, 625, 631f., 634f., 637, 641, 643, 653ff., 657, 659, 662, 667
—, Palazzo Ducale 646
—, Palazzo Rezzonico 313

Venedig, S. Maria della Salute 313, 653
Venezianische Schule, Kreis der Tonschöpfer um Adrian Willaert 617
Venezuela, Südamerika 635, 638
Venlo (Venloo), an der Maas, Limburg 665
Verden an der Aller, Hannover 656, 668
Verdun, Lothringen 87, 94, 223, 639, 656
Vereinigte Staaten von Nordamerika 273, 538—567, 677 ff.
—, »Artikel der Konföderation« (1777) 550 ff., 560, 564, 677
—, »Bill of Rights« (1791) 566
—, Kirche und Staat 548
—, Kongreß 540 ff., 544 f., 549, 552 ff., 556—561, 563 f., 566
—, Kontinentalarmee 539, 548 ff.
—, Philadelphia-Konvent 558 bis 564, 679
—, Religionsfreiheit 548, 563, 566
—, Repräsentantenhaus 562
—, Senat 562 f.
—, Sklavenwirtschaft 548, 563
—, Staatsbürgerrechte 547, 563, 565 f.
—, Unabhängigkeitserklärung 373, 538, 541, 551, 567, 677
—, Verfassung 550 ff., 558—567, 677
—, Westen 554 ff.
Verfassung, England 242, 252, 263—268, 270, 272, 336, 398 f.
—, Frankreich 487
—, Heiliges Römisches Reich Deutscher Nation 35 f., 83, 87—92, 118, 120 f., 146, 151, 463, 659, 661, 672
—, Polen 446, 464
—, Preußen 419
—, Rußland 666, 675
—, Schweden 668
—, Toskana 452, 457
—, Vereinigte Staaten von Nordamerika 550 ff., 558—567, 677
—, Weimarer 416
Vergennes, Charles Gravier, Comte de, französischer Staatsmann 452, 540 f., 544 ff., 559
Vergil, Publius Virgilius Maro, römischer Dichter 368, 500
Vermeer van Delft, eigentlich Jan van der Meer, niederländischer Maler 657 ff.
Vermigli, Pietro Martire (Petrus Martyr Vermilius), italienischer Reformator 66
Verney, Luis Antonio, portugiesischer Schriftsteller 507
—, »Verdadeiro método de estudar« (1746) 507
Vernon, Sir Edward, englischer Admiral 420
Vernünftigen Tadlerinnen, Die, Wochenschrift (1725) 669

Verona (Bern), Venelien 66
Veronese, Paolo, eigentlich Caliari (Cagliari), italienischer Maler 641, 643
Verrazzano, Giovanni, florentinischer Seefahrer 634
Versailles, südwestlich Paris 348, 393, 411, 419, 430, 440, 460 f., 464, 673, 678
—, Schloß 326, 332, 348, 419, 675, *Abb. 325*
Versicherungswesen 665, 670
Vervins, östlich St. Quentin (Picardie) 129, 647
Vesal (Vesalius), Andreas, flämischer Arzt, Begründer der neuzeitlichen Anatomie 638
—, »De humani corporis fabrica«, »Vom Aufbau des menschlichen Körpers« (1539—1542, Basel 1543) 638
Vicenza, Venetien 639, 664
Vico, Giovanni Battista, italienischer Philosoph 363, 383 f., 475, 484 f., 669
—, »De nostri Temporis studiorum ratione« (Rede 1708) 484
—, »Scienza nuova« (1725) 484 f., 669
Vieta (eigentlich Viète), François, französischer Jurist und Mathematiker 643
—, »Canon mathematicus« (1571) 643
Vignola, Giacomo Barozzi da, italienischer Baumeister und Schriftsteller 639, 641 f.
—, »Regola delli cinque ordini d'architettura« (Venedig 1562) 641
Viktor Amadeus I., Herzog von Savoyen, König von Sardinien 653
Viktor Amadeus II., Herzog von Savoyen, König von Sizilien und Sardinien 337, 344 ff., 394, 396, 459, 667 f., 670 ff., *Stammtafel 406 f.*
Villach, Kärnten 87 f.
Villalar, südwestlich von Valladolid, Spanien 634
Villars, Claude Louis Hector, Herzog von, Marschall von Frankreich 329, 346, 665 f.
Villaviciosa, Spanien 666
Villeroi, François de Neufville, Herzog von, Marschall von Frankreich 664 f.
Villiers, englische Familie, siehe Buckingham
Villmergen, im Freiamt bei Wohlen, südwestlich Baden, Nordschweiz 657, 666

Vilmanstrand, am finnischen Meerbusen, Finnland 437, 671
Vincennes, östlich an Paris anschließend 658
Vincentino, Nicola, italienischer Komponist und Musiktheoretiker 574
»Vindiciae contra tyrannos« (Basel 1579), von »Stephanus Junius Brutus« (Hubert Languet?, Philippe de Mornay?) 644
Vinzenz von Paul (Vincent de Paul), Heiliger, katholischer Ordensstifter 290, 304 f., 652 f.
Vinzentinerinnen, Filles de la Charité, ältester Zweig der Barmherzigen Schwestern 653
Virdung, Sebastian, Sänger und Komponist 614
Virginia, Staat der USA 316, 438, 516 f., 519, 525, 543, 555 f., 565, 645, 649, *Abb. 317, Kartenskizze 535*
Vischer der Ältere, Peter, Bildhauer 632
Vitruv, Marcus Vitruvius Pollio, römischer Baumeister und Schriftsteller 302
Vivaldi, Antonio, italienischer Komponist und Violinist 590, 622, 625, 667
Vivonne, Jean de, französischer Gesandter 126
Vokalmusik, Gesangsmusik 571 f., 586, 590 f., 613—618, 621
Volkswirtschaft 473, 496 ff.
Voltaire, eigentlich François Marie Arouet, französischer Schriftsteller 471, 474 f., 480—483, 485 f., 489—493, 495 f., 498 bis 501, 503—507, 668, 670, 673, 675, *Abb. 492*
—, »Candide ou l'optimisme« (1759) 381
—, »Dictionnaire philosophique« (1764) 504, 507, 675
—, »Essai sur les mœurs et l'esprit des nations« (1756) 489 f., 673
—, »Essai sur la poésie épique« (1733) 507
—, »Henriade« (1723) 502
—, »Histoire de Charles XII.« (1731) 489, 670
—, »Histoire de Jenni« 504
—, »Histoire de la Russie sous Pierre le Grand« (1759) 89 f.
—, »Histoire d'un taureau blanc« 504
—, »Le Siècle de Louis XIV.« (1751) 489 f., 673
—, »Lettres philosophiques« (1734) 505, 670
—, »L'homme aux quarante écus« (1767) 498

NAMEN- UND SACHREGISTER

Voltaire
—, »L'Orpheline de la Chine«, Tragödie (1775), *Abb. 508*
—, »Poème sur la loi naturelle« (1752) 504
—, »Princesse de Babylone« (1768) 503
—, »Temple de goût« (1733) 507
—, »Traité sur la tolérance« (1763) 480
Vondel, Joost van den, niederländischer Dichter 655
—, »De Leeuwendalers«, pastorales Schauspiel (1647) 655
Vorarlberg, Landschaft südöstlich vom Bodensee 404
Voß, Johann Heinrich, Dichter und Übersetzer 590, 678
Vossem, zwischen Brüssel und Löwen 660
Vossische Zeitung (begr. 1704), seit 1751 »Königlich privilegierte Berlinische Zeitung von Staats- und gelehrten Sachen« (bis 1934) 673
Vries, Adriaen de, niederländischer Maler 648
Vulgata, Bibelübersetzung 638

W

Wackenroder, Wilhelm Heinrich, Schriftsteller 585, 602f.
Walachei, Landschaft an der unteren Donau 394, 404, 412, 647, 667, 677
Waldburg, Georg Freiherr Truchseß von, Heerführer des Schwäbischen Bundes 52, 634
Waldenser, Arme von Lyon, religiöse Sekte 657
Waldseemüller (Waltzemüller, Hylacomylus), Martin, Geograph und Kartograph 631
—, »Cosmographiae universalis introductio« (Saint-Dié 1507) 631
Waldstein (Waldenstein), böhmisches Adelsgeschlecht 159, 193, 179
Waldstein, Graf Ferdinand Ernst Joseph Gabriel, Ritter des Deutschen Ordens 627
Wales, Landschaft in Westengland 235, 255, 260f., 637
Wallenstein (Waldstein), Albrecht Eusebius Wenzel von, Herzog von Friedland und Mecklenburg, Fürst von Sagan, Feldherr 150, 155, 162, 168, 174–183, 185, 187ff., 192f., 195–212, 214–217, 222, 652f., *Abb. 177 212*
Wallonen, germanisch durchmischte, später romanisierte Kelten (Belgen) 111, 208, 247

Walpole, Sir Robert, Earl of Oxford, englischer Staatsmann 391, 397f., 400, 403f., 410, 414, 419f., 439, 668, 670
Walther, Johann Gottfried, Komponist, Musiktheoretiker 586, 670
—, »Musicalisches Lexicon oder Musicalische Bibliothec« (1732) 586, 670
Walwyn, William, englischer republikanischer Publizist 252f., 258f., 261
Wandewash (Wandiwash), südwestlich von Madras, Indien 444
Wandsbecker Bothe, Der (1771 bis 1775) 676
Wardship, Vormundschaftsrechte (Person und Besitz) der Markgrafen in England 237, 252
Warren, Joseph, amerikanischer Soldat und Patriot 527
Warschau, Polen 138, 319, 647, 657, 665, 667, 672
Warschauer Konföderation (1573) 123, 643
Wartburg, bei Eisenach, Thüringen 41, 53, 634
Warwick, Sir Robert Rich, Earl of, englischer Admiral 255
Wasa, schwedisches Herrschergeschlecht 123, 135, 145, 634, 645
Washington, George, amerikanischer General, Staatsmann und erster Präsident der USA 391, 438, 536f., 539, 542–544, 546, 559, 564, 566, 567, 677
Wasilij III. Iwanowitsch, Sohn Iwans III., russischer Zar 632, 636
Wasilij (IV.) Schuiskij, russischer Bojar, Zar 649
Watt, James, Erfinder der Dampfmaschine 676
Webb, Daniel, englischer Schriftsteller 591
Weber, Max, Volkswirtschaftler und Soziologe 521
Wedgwood, Josiah, englischer Steinzeugfabrikant 676
Wehlau an Alle und Pregel ostwärts von Königsberg, Ostpreußen 657
Wehrpflicht, allgemeine 417
Weichsel, Fluß im östlichen Mitteleuropa 319
Weimar, Thüringen 194, 455
Weise, Christian, Schulmeister und Dichter 660
—, »Die drei ärgsten Ertznarren in der ganzen Welt«, Roman (Leipzig 1672) 660
Weißenau, Kloster bei Ravensburg, Württemberg, *Abb. 52*
Weißenburg, Siebenbürgen, siehe Karlsburg

Weißenfels, an der Saale 598, 600, *Kartenskizze 595*
Weißer Berg (Bilá Hora), westlich von Prag 167, 171, 192, 415, 651
Weißkunig, Autobiographie Maximilians I., zusammen mit Marx Trautsauerwein von Erentreitz 632, *Abb. 572*
Weißrußland (Weißruthenien), Landschaft am oberen Dnjepr 145, 649, 657
Weistumssammlungen, alte Rechtsspruchaufzeichnungen 287
Welfen, deutsches Herrschergeschlecht 421
Welser, Augsburger Patriziergeschlecht 635, 638, 650
Weltkrieg, erster und zweiter 442
Wentworth, englische Familie 235
Wentworth, Sir Thomas, siehe Strafford
Wenzel (Wenzeslaus), der Heilige, Herzog von Böhmen 163
Werckmeister, Andreas, Organist und Musiktheoretiker 584, 598
Wert, Giaches, flämischer Komponist 612
Werth, Johann von, auch Jan de Weert genannt, Reichsgraf, Heerführer 216ff., 222
West, Benjamin, englischer Maler, *Abb. 528*
Westfälischer Friede 219–230, 279, 317, 463, 656, *Abb. 225*
Westfalen, Herzogtum 172, 180
Westindische Inseln, Westindien 325, 397, 421, 444, 660
Westindische Kompanie, französische 658f.
—, niederländische 651
Westminster, heute Stadtteil von London 249, 251ff., 257f., 439, 660, 673f.
Westpreußen 435, 447
West Riding, Verwaltungsbezirk der Grafschaft York 255
Wettiner, deutsches Herrschergeschlecht 73, 150
Wettstein, Rudolf, Bürgermeister von Basel 224
Wetzlar, an der Lahn, Hessen 663, 675
Weyarn, unweit Bad Aibling, Oberbayern 673
Whigs, ursprünglich antikatholische Parlamentspartei in England, aus der sich die Liberale Partei entwickelte 397ff., 456, 661 ff., 666
Whitehall, englischer Königspalast in London, 1691 und 1697 abgebrannt 261, 651, *Abb. 249*, 273
Wiborg (Vilipuri), an der Wiborger Bucht, Südostfinnland 666, 668

NAMEN- UND SACHREGISTER

Wickram, Jörg, Schriftsteller 640
—, »Der Goldfaden«, Roman (1557) 640
—, »Das Rollwagenbüchlein«, Schwanksammlung (1555) 640
Wiclif (Wicliffe, Wiclef, Wycliff), John, englischer Kirchenreformator 60
Wiedertäuferbewegung 53, 55f., 108, 636f.
Wiek (Lääne), Landschaft im Westen Estlands 641
Wieland, Christoph Martin, Dichter 455, 472, 485, 500, 502ff., 592, 675f.
—, »Agathon« (1766) 675
—, »Der goldene Spiegel« (1772) 676
—, »Don Sylvio« (1764) 503
—, »Versuch über das deutsche Singspiel« (1775) 592
Wielicka, Galizien 446
Wien 41, 136ff., 146, 160ff., 165f., 168, 171, 176, 178, 181, 187, 191f., 194f., 197, 199, 201, 203 bis 209, 211, 215f., 219, 221, 225, 227, 320f., 332, 335f., 338f., 390, 393, 403f., **409**—**412**, 418f., 430, 440, 447, 453, 462, 594, 597, 602, 635, 639, 648, 662f., **667**—**670**, 672, 677f., *Abb. 332, Kartenskizze 191, 595,*
—, Abwehr der Türken (1529) 47, 635; (1683) 332, 662
—, Burgtheater 463, 677
—, Hofburg 339
—, Schönbrunn 339, 663
—, Servitenkirche 656
Wiener Kongreß (1815) 387
Wiener Präliminarfrieden (1735) 411, 670
Wiener Vertrag (1731) 408, 669
Wiesloch, bei Heidelberg 651
Wight, Insel an der Südküste Englands 260
Wildman, Sir John, englischer Politiker 261
Wilhelm I., der Schweigsame (Wilhelm von Oranien), Sohn Graf Wilhelms d. Ä., Graf von Nassau, Prinz von Oranien, Statthalter der Niederlande 39, **108**—**112**, 137, 643ff.
Wilhelm II., Sohn Friedrich Heinrichs, Prinz von Oranien, Statthalter der Niederlande 371
Wilhelm III., Sohn Wilhelms II., Prinz von Oranien, Erbstatthalter der Niederlande, König von England 330, 336, ,396, 620, 660f., 663ff.
Wilhelm IV., Sohn des Prinzen Johann Wilhelm Friso von Nassau-Dietz, Prinz von Oranien, Erbstatthalter der Niederlande 672

Wilhelm IV., Sohn Albrechts IV., Herzog von Bayern 56, **73**—**76**, 639, *Stammtafel 90f.*
Wilhelm V., der Reiche, Sohn Herzog Johanns III., Herzog von (Jülich und) Cleve 638
Wilhelm, Bischof von Riga 641
Wilhelmine, Tochter König Friedrich Wilhelms I. von Preußen, Gemahlin Friedrichs, Markgrafen von Bayreuth 413, 455, *Stammtafel 427*
Williams, Roger, Geistlicher, Gründer von Rhode Island und Vorkämpfer religiöser Freiheit 375f., 653
Wilna, an der Memel, Litauen 641 644, 657
Wimpheling (Wympfeling), Jakob, Priester und Prediger, Pädagoge 631, 634
—, »Epitoma rerum Germanicarum usque ad nostra tempora« (1502; gedruckt Straßburg 1505) 631
—, »Gravamina nationis Germanicae« (1511; gedruckt 1520) 634
Winckelmann, Johann Joachim, Altertumsforscher 475, 484, 493, 592, 673, 675
—, »Geschichte der Kunst des Altertums« (1764) 493, 675
Windsor, westlich London 634, *Karte 256a*
Winkelried, Arnold (Erni), Anführer eines Schweizer Heerhaufens 634
Winstanley, Gerrard, religiös-politischer Publizist 252, 262
Wismar, Mecklenburg 180, 656
Witte, Johann de, Finanzmann Wallensteins 208
Wittelsbacher, deutsches Herrschergeschlecht 148, 668, 677
Wittenberg, an der Elbe 32, 53, 93, 144, 633, 638, 640
Wittstock, an der Dosse, Nordwestbrandenburg 654
Wladislaw IV., Sohn Sigismunds III., König von Polen 319, 655, *Stammtafel 90f.*
Wochenschriften 137, 483, 504f., 649, 665f., 668f., 674
Wörlitz, unweit der Elbe östlich Dessau, Anhalt 676
Wohlau, nordwestlich Breslau, einstiges Herzogtum, Niederschlesien 423, 660
Wolfe, James, englischer General 443
Wolff, Caspar Friedrich, Anatom und Physiologe 674
—, »Theoria generationis«, Dissertation (Breslau 1759) 674

Wolff, Christian, Freiherr von, Mathematiker und Philosoph 414, 419, 422, 475, 478, 500, 504, 506, 666, 668
Wolfgang, Sohn Waldemars IV., Fürst von Anhalt (Köthensche Linie) 57, 635
Wolga, Fluß in Rußland 319f., 447, 675
Wolgadeutsche 675
Wollin, Insel am Stettiner Haff 668
Wolsey, Thomas, englischer Kardinal und Staatsmann 59, 62, 632, 635
Worcester am Severn, England 262, 656
Worms, am Rhein **34**—**42**, 50f., 55f., 76, 80, 634, 637, 671
—, Religionsgespräch (1540/41) 75, 99, 640
Wormser Edikt (1521) 41, 51, 56f., 634f.
Wrangel, Karl Gustav, Graf von Salmis, schwedischer Heerführer 217
Wratislaw, Johann Wenzel, Graf, österreichischer Diplomat 388
Wren, Sir Christopher, englischer Baumeister 316, 660
Württemberg 119, 153, 180, 194, 213f., 440, 632f., 636, 641, 649, 676, *Kartenskizze 191*
Würzburg, am Main, Unterfranken 178, 194, 198, 645, 673, *Kartenskizze 191*
Wullenwever, Jürgen, Politiker und zeitweilig Bürgermeister in Lübeck 636
Wusterhausen, siehe Königs Wusterhausen
Wyat, Sir Thomas (der Jüngere), Sohn des gleichnamigen englischen Staatsmanns, Rebellenführer 639

X

Xanten, nahe Wesel am Niederrhein 650
Xaver, Franz, Jesuit 638

Y

York, an der Ouse, Nordostengland 250
Yorkshire, Grafschaft in Nordostengland 255
Yorktown, Virginia 543f., 678
Ypern, Flandern 305
Yuste, ehemaliges Kloster San Gerónimo de Yuste, am Rande der La Vera, Estremadura 78, 92, 640

NAMEN- UND SACHREGISTER

Z

Zabern, am Nordfuß der Vogesen, Unterelsaß 635
Zaccaria, Francesco Antonio, italienischer Gelehrter und Polemiker 485
Zápolya, Johann (János), auch Szapolyai, Woiwode von Siebenbürgen, König von Ungarn 47, 632, 635, 637
Zarlino, Gioseffo, italienischer Musiktheoretiker und Komponist 574, 583
Zarskoje Selo (1917: Detskoje Selo, 1937: Puschkin), südlich St. Petersburg 673
Zauberwesen 362, 478f.
Zehnt (décimes), Abgabe eines bestimmten Bruchteils vom Ertrag eines Grundstücks oder des Einkommens 264, 288f., 345, 390
Zeitschriften 362, 402, 482f., 488, 495, 504, 653, 662, 665—669 674, 676f.
Zeitungen 455, 658, 665, 673
Zeller, Gaston, französischer Historiker 328
Zelter, Karl Friedrich, Komponist 583
Zensur, England 252, 266, 663
Zenta (Senta), an der Theiß südlich Szegedin, Banat 340, 412, 664
Zentralismus in England 246 bis 250, 266
Zeven (Kloster Zeven), südwestlich Stade, Niedersachsen 443, 674
Zierotin (Žerotín), Karl, Graf von, Landeshauptmann von Mähren 154, 156, 161f.
Zinna, Kloster Zinna, an der Nuthe zwischen Luckenwalde und Jüterbog, Brandenburg 659
Zinzendorf, Carl, Graf von, österreichischer Staatsmann 458
Zinzendorf, Nikolaus Ludwig, Graf von, Begründer der Herrnhuter Brüdergemeine 668
Zips, Landschaft am Fuße der Tatra, Ungarn 446, 676
Zisterzienser (nach dem Kloster Cîteaux, Cistercium), katholischer Orden 305, 338, 658
Zollwesen 284, 315, 325, 436, 450, 453, 525, **528**—**531**, 652, 655, 658f., 668, 675f., 679
Zoologie 476
Zorndorf, nördlich Küstrin, Ostbrandenburg 441
Zsitva-Torok (Zsitva-Mündung, östlich Komorn, Südslowakei heute Mócs), an der Donau 649
Zuccali (Zuccalli), Enrico (Johann Heinrich), italienischer Baumeister in München 658
Zuckerakte (Sugar Act, 1764) 525, 528, 675
Zürich 54f., 65, 213, 633f., 636
Zunftwesen 55, 660, 670
Zuravno, südostwärts von Lemberg, Ostgalizien 661
Zurbarán, Francisco de, spanischer Maler 310, 652
Zweibrücken, im Westrich, Rheinpfalz 662
Zwingli, Huldrych, Schweizer Reformator 50, 54f., 57f., **633** bis **636**
—, »Vom Erkiesen und Freiheit der Speisen« (1522) 634
Zwölf Artikel, »Dye Grundtlichen Und rechten haupt Artickl aller Bauerschafft und Hyndersessen der Gaistlichen und Weltlichen oberkayten«, Streitschrift der oberschwäbischen Bauern (1525) 52, 634
Zypern 104, 643

QUELLENVERZEICHNIS DER ABBILDUNGEN

Die Aufnahmen stammen von: Archiv für Kunst und Geschichte, Berlin (177) – Archives Photographiques, Paris (176, 325, 404) – Fratelli Alinari, Florenz (128, 309) – Jean Arlaud, Genf (101) – Bärenreiter Verlag, Kassel (573 u.) – Bildarchiv Foto Marburg (100, 293, 381) – Bildarchiv der Österreichischen Nationalbibliothek, Wien (160, 224) – Brunel, Lugano (60) – J. E. Bulloz, Paris (129) – Chomon-Perino, Turin (292) – A. C. Cooper Ltd., London (112, 248, 249, 528) – Devonshire Collection, Chatsworth, mit Erlaubnis der Trustees of the Chatsworth Settlement (41) – Adolf Düringer, Wien (405) – Giraudon, Paris (281, 300 u., 301, 356, 508, 509) – Roger Guyard, Paris (221, 336) – Jossé Lalance, Paris (369) – Siegfried Lauterwasser, Überlingen (193) – Photo Löbl, Bad Tölz (337) – The Lord Chamberlain, London, »Copyright reserved«, (61, 112, 248, 249, 272, 528) – Allan Ludwig, New Haven/Conn. (520) – Leonard von Matt, Buochs, aus »Vinzenz von Paul«, Echter Verlag, Würzburg (136, 137, 144) – Ministry of Public Building and Works, London (272) – Österreichische Nationalbibliothek, Fotoatelier, Wien (84, 161) – Photo Meyer KG, Wien (308) – Propyläen-Archiv (212, 416, 433, 572, 609) – Giustino Rampazzi, Turin (593) – Jean Roubier, Paris (109, 473) – Foto Sitzler, Leutkirch i. Allg. (52) – Helga Schmidt-Glassner, Stuttgart (29) – Walter Steinkopf, Berlin (417) – Rudolf Stepanek, Wien (448, 449, 457) – Tate Gallery, London, mit Erlaubnis der Trustees (500) – Theaterwissenschaftl. Institut der Freien Universität Berlin (592) – Alle anderen Fotos verdanken wir den in den Bildunterschriften genannten Museen und Archiven.